中国—中东欧研究院丛书

CHINA-CEE INSTITUTE

中东欧国家2018年回顾和2019年展望

『上』

Central and Eastern European Countries:
Reviews on 2018 and Perspectives on 2019

陈新 ◎ 主编

中国社会科学出版社

图书在版编目（CIP）数据

中东欧国家2018年回顾和2019年展望：全2册／陈新主编．—北京：中国社会科学出版社，2019.9

（中国—中东欧研究院丛书）

ISBN 978-7-5203-5045-7

Ⅰ.①中⋯　Ⅱ.①陈⋯　Ⅲ.①中欧—研究②东欧—研究　Ⅳ.①D751

中国版本图书馆 CIP 数据核字（2019）第 196402 号

出 版 人	赵剑英	
责任编辑	范晨星	
责任校对	闫　萃	
责任印制	王　超	

出　　版	中国社会科学出版社	
社　　址	北京鼓楼西大街甲 158 号	
邮　　编	100720	
网　　址	http://www.csspw.cn	
发 行 部	010-84083685	
门 市 部	010-84029450	
经　　销	新华书店及其他书店	

印　　刷	北京君升印刷有限公司	
装　　订	廊坊市广阳区广增装订厂	
版　　次	2019 年 9 月第 1 版	
印　　次	2019 年 9 月第 1 次印刷	

开　　本	710×1000　1/16	
印　　张	40	
字　　数	481 千字	
定　　价	198.00 元（全二册）	

凡购买中国社会科学出版社图书，如有质量问题请与本社营销中心联系调换

电话：010-84083683

版权所有　侵权必究

前　　言

本报告是中国—中东欧研究院出版的第二本年度国别分析报告。同第一本年度国别分析报告相比，中国—中东欧研究院覆盖的国别研究从8个国家扩展到除捷克和拉脱维亚之外的14个中东欧国家，此外，还包括希腊。中国—中东欧研究院从2018年起，把希腊纳入到国别研究范围。2019年4月，希腊正式加入中国—中东欧国家合作，"16+1合作"更名为"17+1合作"。

本报告从国内政治、经济状况、社会发展以及对外关系4个方面对相关国家在2018年的主要发展状况进行回顾，并对2019年的发展趋势进行展望。所有报告均由中东欧国家的学者们于2018年年底至2019年年初撰写而成，所有报告均为原创成果，对于我们了解中东欧国家在2018年的发展状况和对2019年的预测展望提供了很好的文献。英文版已经第一时间在中国—中东欧研究院网站进行了发布。受篇幅限制，本报告分上、下两册出版。上册针对中东欧国家2018年回顾，下册注重中东欧国家2019年展望。文中表达的观点均为作者个人观点，并不代表中国—中东欧研究院的立场。

中国—中东欧研究院非营利有限责任公司由中国社会科学院于2017年4月在匈牙利首都布达佩斯注册成立，是中国在欧洲首家独立注册的新型智库。中国—中东欧研究院坚持务实合作的原则，稳步而积极地寻求与中东欧国家智库合作，并以匈牙利为依托，在

◆ 前言

中东欧乃至整个欧洲开展实地调研、合作研究、联合出版、人员培训、系列讲座等学术和科研活动。中国—中东欧研究院成立之后，联系中东欧国家的智库和高校，邀请中东欧学者参与研究，迅速建立起针对中东欧国家的国别研究网络，依据第一手的研究信息，出版了大量的原创成果，并在中国—中东欧研究院的英文网站（www.china-cee.eu）及时发布。中文信息通过"中国—中东欧研究院"微信公众号进行发布。

希望本报告在推动国内外对中东欧国家的国别研究方面成为有价值的文献。

陈 新 博士

中国—中东欧研究院执行院长兼总经理

中国社会科学院欧洲研究所副所长

上册目录

中东欧国家 2018 年回顾

一	阿尔巴尼亚	（3）
二	爱沙尼亚	（26）
三	保加利亚	（54）
四	波斯尼亚—黑塞哥维那	（80）
五	波兰	（102）
六	黑山	（122）
七	捷克	（139）
八	克罗地亚	（148）
九	立陶宛	（169）
十	罗马尼亚	（189）
十一	马其顿	（205）
十二	塞尔维亚	（228）
十三	斯洛伐克	（250）
十四	斯洛文尼亚	（269）
十五	希腊	（288）
十六	匈牙利	（307）

上 册

中东欧国家 2018 年回顾

一　阿尔巴尼亚[*]

（一）2018年的阿尔巴尼亚政治：又一个陷入困境的年度

1. 概述

2018年阿尔巴尼亚政治格局的特点是执政党社会党（PS）与反对派联盟——民主党（PD）和争取一体化社会运动党（LSI）之间始终存在对立。他们的公共话语的主流有一个永久的方向：指控和反指控。控制行政部门的社会党和阿尔巴尼亚议会中的大多数代表（140个中的75个）现在已着手执行管理国家第二阶段的任务。虽然反对派正在不断发起反对的浪潮，但政府还是继续执行其既定计划，没有任何障碍或负担。

2. 主要政治角色：事件、成绩和舆论

社会党是阿尔巴尼亚的执政党，其领导人埃迪·拉马（Edi Rama）是关键人物，正努力将自己展现为建设西方式的阿尔巴尼亚的新动力。另外，为了更接近阿尔巴尼亚的传统和民族情感，社会党也在其纲领中回顾了过去的价值观、国家建设过程的记忆，

---

[*] 作者：Marsela Musabelliu；翻译：李丹琳；校对和审核：陈新。

并以历史上的"阿尔巴尼亚民族觉醒"时期（Rilindja Kombëtare）作为参考。这一民族复兴时期的回忆以及竞选活动对福利、法治以及治理失业和贫困的承诺引起了人们的共鸣，选民们在投票时对国家的稳定和选择一个更好的管理国家的机构寄予厚望。社会党的宣传一直集中在领导者的形象和行动上，并且在塑造选民的观念方面非常成功。然而，宣传只是赢得选举的一种手段，不能成为保持人民信心的工具。除了对城市中心进行现代化改造的计划和一些非常缓慢的改革（司法和教育）之外，执政党似乎应该有实质性的成绩。

　　民主党及其领导人卢尔辛·巴沙（Lulzim Basha）6年来一直处于反对党的地位，他们只是在不断宣传政府官员与有组织犯罪、腐败和滥用公共资金之间的关系。而这些只在媒体发布，反对党没有作出具体努力将这些声明付诸实际行动。他们试图聚集他们的支持者并在首都游行，但都失败了。由于反对党参与率低，对政府的压力很小，因此没有取得任何实际效果。值得一提的是，巴沙先生永远无法摆脱民主党历史上著名领袖萨里·贝里沙（Sali Berisha）的阴影，萨里·贝里沙曾是1991年政权更迭的推动者之一，担任总理和总统几十年，1997年给国家造成重创，使阿尔巴尼亚处于内战的边缘。

　　争取一体化社会运动党试图将自己定位为中左翼的政治形象，并试图结束阿尔巴尼亚政治的二分法。时间和选举表明，他们永远不可能成为强大的第三力量，至少不足以成为变革的推动者，因为争取一体化社会运动党经常摇摆不定，将其政治影响力、支持者和资金首先依附民主党，然后依附社会党，2018年再次依附民主党，这种不连贯的观点和不断变化的盟友使它得到的支持有限。争取一体化社会运动党唯一的政治利益是任命他们的领导人伊利尔·梅塔（Ilir Meta）担任阿尔巴尼亚总统。得到总统这个职位后，梅塔再也无法领导他的政党了，所以争取一体化社会运动党的缰绳落到了他的妻子身上。

在2018年11月一份名为"自由之家"的报告中说，在阿尔巴尼亚，媒体很受政治的左右。媒体最重要的宣传就是标记哪边是左派，哪边是右派，然后，人们根据媒体所标记的政治派别从一个派别转到另一个派别。

关于舆论倾向，政治通常被视为个人成就的工具。事实上，在阿尔巴尼亚"永无止境"的这个时期，政党一直是创造就业机会和失业的机制（这在民主党执政时期特别频繁，成千上万的"左"倾的人被驱逐出公共服务部门）。截至2018年，社会上的舆论主要组成部分是不信任和悲观，由于左右党派的计划和利益多次重叠，因此没有更理想化的隶属关系。公众似乎对其代表失去了信心。下一次地方选举将在2019年6月举行，将证明这种失去信心会对一方或另一方造成的影响有多大。

3. 2018年的主要政治活动

2018年开年就发生了民主党在首都发起的抗议活动，宣称其推翻政府的意图。1月27日，民主党又与争取一体化社会运动党联手走上了首都的街头，要求总理和政府部长们辞职，指责他们与有组织犯罪有联系。除了夸大的言论和公民参与度低之外，这次抗议活动还证明了民主党所得到的支持力度很弱。

2018年春天的抗议特点是更精确的攻击，这次是针对政府的某个成员，即内政部部长法特米尔·扎法伊（Fatmir Xhafaj）。这些攻击是录像带泄露给新闻界后公布的，据称该部长的兄弟在阿尔巴尼亚国内和国外从事麻醉品贩运活动。同时，他在2000年被意大利定罪，但逃避处罚。但这一指责并没有破坏该部长的政治生涯，相反，他在总理埃迪·拉马及其政党的支持下继续履行职责。此外，在他的监督下高调地逮捕了一些官员，同时还有两名议员被起诉和逮捕。

5月26日，民主党再次选择在总理办公室前聚集其支持者抗议，这次的支持者比1月游行时的支持力度更弱。

阿尔巴尼亚政治受到的主要挫折是在6月下旬，当时阿尔巴尼亚被拒绝与欧盟开始入盟谈判，该谈判进程被推迟到2019年6月。该拒绝的决定在卢森堡召开的一般事务理事会上正式确定。在此次会议上，法国、荷兰和丹麦反对与阿尔巴尼亚开始入盟谈判，并决定不对阿尔巴尼亚（和马其顿）作出决策，责成阿尔巴尼亚在司法改革、打击腐败和有组织犯罪方面取得更多进展。

10月27日，阿尔巴尼亚的政治局势出现了最令人惊讶的举动，内政部部长辞职。令人惊讶的是，公众在周六早上通过总理本人的推特了解了这一事件。在这条推文中，他通告全国他已经接受了扎法伊的辞职，但没有具体说明关于他离职的细节。有意思的是，迄今为止，有人猜测内务部部长不是辞职，而是被免职。这条消息在几分钟之内传播开来，并且在几小时内传遍全世界。《纽约时报》、《华盛顿时报》、美联社、新华社、路透社、英国广播公司等主要国际媒体都报道了这个消息。

人们普遍认为，阿尔巴尼亚内政部部长事实上是政府中第二重要的职位。迄今为止，没有具体细节说明部长辞职的原因，这也助长了对立双方对拉马和扎法伊潜在对抗的怀疑。然而，一切都仅仅是指控。

4. 最后的反思

2018年的阿尔巴尼亚政治日益成为"一个人的作秀"。决策过程由一些选定的参与者掌握，他们这一方似乎总是遵循总理的意愿。在这一年里，社会党在外部和内部事务方面有两个截然不同的支柱：在外交政策取向方面，主要目标是开始加入欧盟的谈判。而关于国内的计划，本届政府的蓝图是确定对法官和检察官进行审查程序的司法改革。截至 2018 年年底，第一个支柱被推迟，第二个支柱进展缓慢。

政府与反对派之间缺少对话是影响国家重大问题的关键，尤其是阿尔巴尼亚的欧洲一体化道路。在没有两党决策的情况下，一个势不可当的政治领导层和昏昏欲睡的反对派正在产生一股对社会超然态度的潮流，伴随着对未来发展的过度不信任。事实是，欧盟给出的条件正在影响政治领域的各个方面，并影响着每个阶段的决策过程。国际因素决定了何时、何地以及在国内计划中优先考虑什么。一方面，阿尔巴尼亚正在努力遵守欧盟提出的每一项强制措施；另一方面，这些限制没有明显的优势。阿尔巴尼亚人为了加入欧盟而同意这一条件。然而，似乎做得越多，要求就越多。在等待 2019 年 6 月的过程中，政治和社会的耐心正在接受考验。

（二）2018 年的阿尔巴尼亚经济

1. 概述

在过去的几年，阿尔巴尼亚经济艰难地走在发展和繁荣的道路上。与希望成为欧盟成员国的其他国家即西巴尔干地区相比，阿尔巴尼亚仍然是该地区最贫穷的国家之一，属于较不发达国家。截至 2018 年，世界银行的数据显示，阿尔巴尼亚的国内生产总值为 130.4 亿美元（人口为 287 万），其中 40.7% 是外国直接投资（FDI），贸易逆差超过 20 亿美元，人均国内生产总值非常低，为 4573 美元；总失业率为 14.5%，青年失业率为 22%，17% 的人口生活在贫困线以下。2018年没有发生剧烈的变化，情况似乎处于与上一年同一水平和轨迹上，GDP增长比上一年高了0.52个百分点，略有改善，但通货膨胀率达2.7%。

2. 2018年经济综述

阿尔巴尼亚当局的唯一官方数据来自阿尔巴尼亚中央银行[①]和国家统计局[②]，后者是该国政府授权的唯一统计机构。根据上述情况，与2017年相比，阿尔巴尼亚国内生产总值（GDP）增长从3.8%升至4.32%。对GDP增长的主要贡献是工业、电力和水等，增加了2.37%；贸易、运输业和餐饮服务业增长0.82%；专业服务和行政服务增长0.44%；农业、林业和渔业增长0.29%；艺术、娱乐和娱乐服务及其他服务增长0.21%；公共管理、教育和医疗增长0.17%。而建筑业下降0.19%；信息和通信业下降0.16%。产品净税收增长了0.26个百分点。

如果我们进一步分析这些数字，将它们与前一年的数字进行比较，情况如下：工业中，电力增加了20.87%，这主要是得益于该国的雨季，尤其是冬季和春季。农业、林业和渔业活动增加了1.56%，贸易、运输业和餐饮业服务业增长了5.71%，其中主要是因为住宿和饮食服务增长了21.4%，这是旅游业带动的。金融保险业增长3.21%，房地产增长0.52%，专业服务和行政服务增长8.33%，艺术、娱乐和娱乐服务及其他服务增加了8.87%。

然而，并非所有行业的表现都比上一年好。例如，建筑业下降了2.16%，信息和通信业下降了5.81%，采矿业减少了3.98%，净税收增加了2.02%（见图1.1）。

[①] https：//www.bankofalbania.org/.

[②] http：//www.instat.gov.al/.

一 阿尔巴尼亚

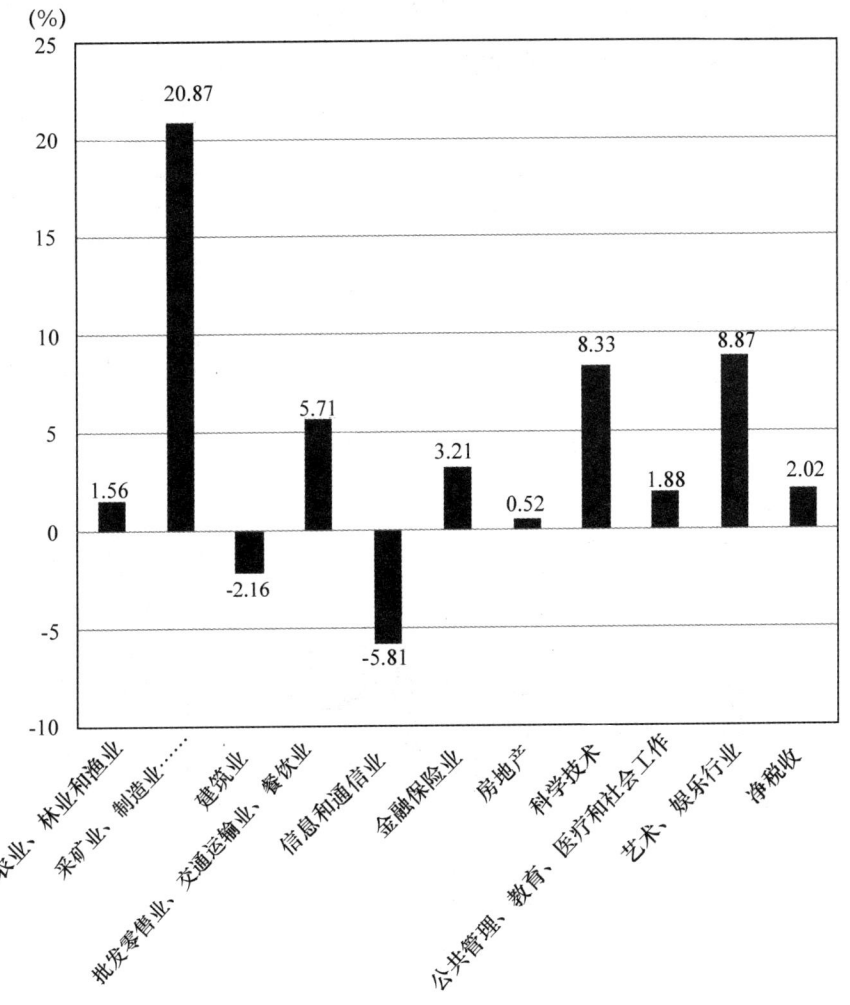

图1.1 2018年阿尔巴尼亚分部门GDP增长率

资料来源：阿尔巴尼亚国家统计局。

消费者价格指数（CPI）与净税收相同，都有所增长，特别是考虑到"一篮子产品"的波动成本。主要类别的年增长率与上一年相比，情况如下：住房、水、电及其他燃料增长3.1%，文化和娱乐增长3%,运输业增长2.5%,食品和非酒精饮料增长2%,酒精饮料和烟草增长1.9%。食品类别中,蔬菜价格涨幅最大,达15.2%。

在贸易方面,2018年出口乐观,增长率为21.2%,主要是矿产、燃料和电力增长8.8%,设备和零件增长4.1%,建筑材料和金属增长3.1%。出口商品市场主要是意大利,增加3.5%,西班牙增加91.7%,科索沃增加46.8%。2018年5月的数据,创历史新高,为301.2亿列克(约合2.78亿美元)(见图1.2)。

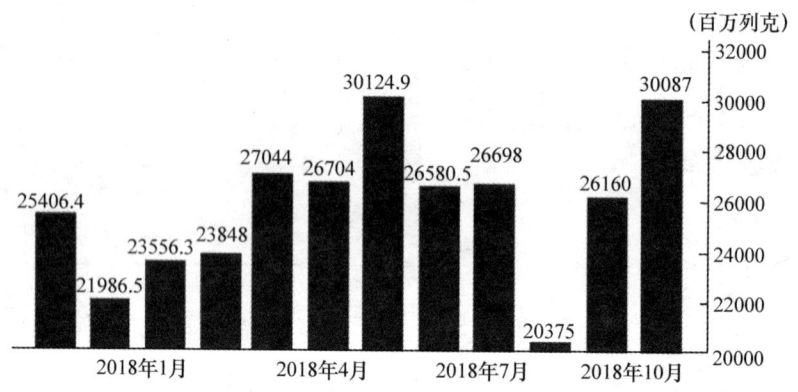

图1.2 阿尔巴尼亚的月出口情况(10亿阿尔巴尼亚列克=914万美元)①

资料来源:阿尔巴尼亚国家统计局。

截至2018年11月,阿尔巴尼亚的进口与2017年相比仅增长了1%。一方面,这一增长主要归因于机械和设备的进口增加1.2%,木材和纸制品增加0.8%,建筑材料和金属增加0.4%;另一方面,矿物、燃料和电力的进口下降2.1%。

---

① Exchange rate is calculated according to an average of official monthly reports on US Dollar conversion to Albanian LEK form Central Bank of Albania.

一　阿尔巴尼亚

关于进口商品的来源地，中国的市场扩大了，增长了17.9%，德国增长3.4%，土耳其增长1.7%。进口减少的主要市场是瑞士，减少53%；俄罗斯减少28.1%；意大利减少4.3%（见图1.3）。

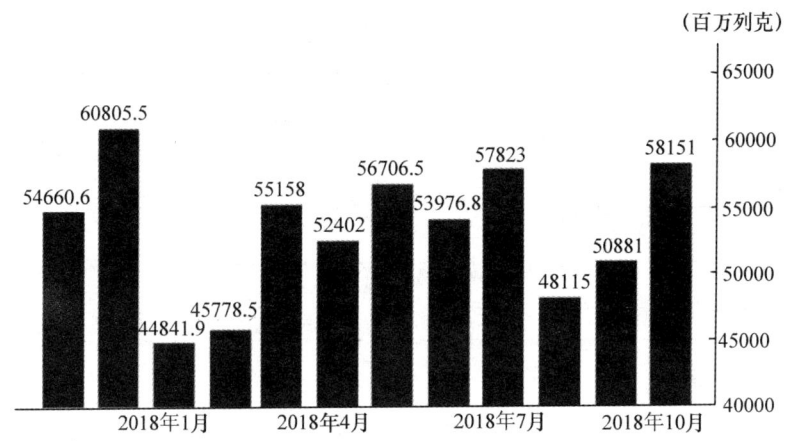

图1.3　阿尔巴尼亚的月进口情况（10亿阿尔巴尼亚列克＝914万美元）[①]

资料来源：阿尔巴尼亚国家统计局。

工资的基本参考数据来自阿尔巴尼亚税务总局，然后再划分为公共和私有部门。下表为阿尔巴尼亚申报的分别以当地货币列克和美元表示的2018年工资总额。

如果扣除工资，社会保险费和税收在15%—22%，而阿尔巴尼亚雇员的平均净工资约为400美元。从表1.1可以看出，2018年第一季度的工资下降了3%，而在第二季度增加了2.5%，然后在第三季度再次下降了1.5%。唯一增加的部门是公共部门，而私有部门的情况仍然不稳定。唯一没有改变的指标是最低工资。

[①] Exchange rate is calculated according to an average of official monthly reports on US Dollar conversion to Albanian LEK form Central Bank of Albania.

表1.1　　阿尔巴尼亚2018年前三个季度工资一览表

单位	项目	1—3月	4—6月	7—9月
阿尔巴尼亚列克	私有部门每位雇员月均工资	452	464	460
	公共部门每位雇员月均工资	549	557	557
	允许的最低工资	221	221	221
美元	私有部门每位雇员月均工资	49145	50392	50015
	公共部门每位雇员月均工资	59728	60595	60494
	允许的最低工资	24000	24000	24000

3. 外国直接投资

外国直接投资是阿尔巴尼亚经济的另一项重要收入。根据阿尔巴尼亚银行2018年秋季发布的官方数据，外国直接投资存量及投资国家如图1.4所示：

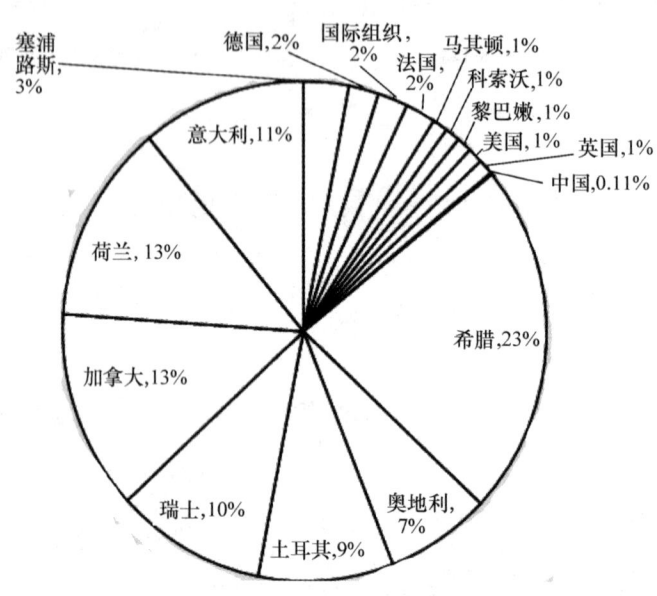

图1.4　阿尔巴尼亚外国直接投资来源国及占比

资料来源：笔者根据阿尔巴尼亚中央银行数据整理而得。

一 阿尔巴尼亚

根据图1.4所示,希腊、意大利、加拿大、荷兰和瑞士是阿尔巴尼亚的主要投资者,随后是土耳其和奥地利。

4. 政府和社会资本合作(PPP)

阿尔巴尼亚过去几年的另一个重要发展领域是政府和社会资本合作,它是政府在特许权方面最常见的做法,2018年这些做法得到进一步加强。11月底,阿尔巴尼亚央行行长詹特·赛科(Gent Sejko)在向议会经济和金融委员会提交的年度报告中指出,政府和社会资本合作对阿尔巴尼亚的债务增长产生影响,他要求政府更严格地审查,尤其是不断增加的基础设施项目。他特别提出,不向因此项目赢利的公司提供更多的公共资金。根据他的专家组的结论,在公共投资领域签订的政府和社会资本合作协议应符合该国发展计划中确定的中长期战略投资计划。

5. 结论

上述分析中显示的数字似乎令人鼓舞,几乎所有指标都显示积极而不是消极的趋势。然而,重要的是,这种增长不会立即转化为普通公民的实际福利。GDP的增长不会立即影响个人购买力或使家庭收入增加。对GDP增长贡献最多的是电力生产,对该数据的支持是因为阿尔巴尼亚的雨季,然而,这是一种自然现象,不可靠,无法预测未来的发展。为了使该国经济实现可持续增长,应消除一些不合规的制度和实现人力资本指数(HCI)的升级。正如阿尔巴尼亚中央银行的年度报告所确定的那样,重点应放在改善商业环境和更好地提升国家实力上,最终吸引更多的外国直接投资。欧盟委员会2018年的报告指出,阿尔巴尼亚的公共财政管理(PFM)已经证明了阿尔巴尼亚存在一些结构性缺陷,如缺乏透明度，公共资源使用效率低下。该报告进一步强调，由于阿尔巴尼亚的能源资源和地理位置各不相同，其能源和运输部门是可持续经济增长的战略资源。能源市场竞争力的主要障碍包括缺乏基础设施，特别是缺乏铁路和海上交通的连通性。

（三）2018年阿尔巴尼亚社会发展概况

1. "被冻结的民主"中社会的困境

"被冷冻的民主"一词最早是在1941年创造的，意思是"不愿意进行改革的、受限制的、精英主导的民主"。在阿尔巴尼亚有一个28年的政治利益的时间跨度——从一个精英（"精英"在这里使用非常宽松）到另一个精英，该国现在已成为改革和反改革的实验室。这些实验的试验场是阿尔巴尼亚社会，这是一群弱势群体，他们努力为自己谋求更好的生活，在日常生活中努力谋求生存。

2. 人口趋势

在过去的10年中，居住在城镇地区的人口首次超过了农村地区的人口，这不是因为缺乏可耕地，而主要是由于条件恶劣和农村基础设施缺乏。截至2018年，城镇常住人口占65.3%，农村人口占34.7%。与其他县相比，地拉那和都拉斯县的人口密度分别为每平方公里454人和343人。这两个县向外移民人数较少，吸收了大量内部移民，而其他县都面临着居民人数下降的情况。

由于生育率下降，人口萎缩的速度也快于预期。根据最新统计数据，与2017年相比，出生人数减少了8%。2018年的官方数据表明，每对夫妇的平均子女数也取决于父母的受教育程度，事实上，受过高等教育的夫妇平均生育1.7个孩子，受过小学或中等教育的家庭平均生育 3.2 个孩子。

生育率确实取决于劳动力市场的结构变化、教育水平以及传统社会制度的影响，如大家庭和父权文化，这可能导致人口的不规则下降。

3. 移民

移民一直是造成国家大规模人口萎缩的一个问题，2017 年这种现象急剧增加。数据表明有大量的阿尔巴尼亚人居住在国外。

阿尔巴尼亚人口仍然是欧洲最年轻的，平均年龄为 32.6 岁，而欧盟人口的平均年龄为 41 岁（欧盟统计局数据）。然而，阿尔巴尼亚也向人口老龄化趋势转变，这在不久的将来会对该国产生重大的经济和社会影响。这个问题不仅针对那些已经离开阿尔巴尼亚的人群，而且最令人担忧的是仍希望向外迁移的人群。盖洛普国际组织 2018 年 7 月的最新报告指出，阿尔巴尼亚人向外的移民愿望与世界上某些战争地区相比更加强烈（见图 1.5）。

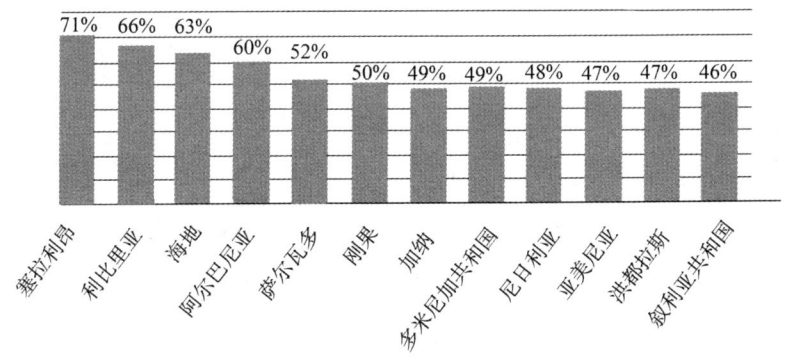

图 1.5 "移民意愿"指数的世界排名前 12 位

资料来源：笔者根据盖洛普 2018 年国际民意调查数据绘制。

萨塞克斯大学的拉塞尔·金和阿尔巴尼亚研究员伊利尔·盖代希（Ilir Gedeshi）的一项研究得出结论，经济动机仍然是2018年移民的主要因素。然而，关键的问题是阿尔巴尼亚移民特点根据时代的变化具有典型特征，早年大规模移民都是迁移到邻国（意大利和希腊是主要目的地），但典型的移民主要来自农村地区、失业人员、非熟练人员和未受过教育人员，而2018年的典型移民是高技能、受过良好教育的双语人士，并且正在寻求机会迁移至更远和更发达的国家，如德国、英国、美国、加拿大。鉴于潜在移民的教育水平不断提高，阿尔巴尼亚的关键问题仍然是高技能人才流失的社会成本。

4. 劳动力趋势

尽管取得了一些进展，但就业和劳动力市场的参与率仍然很低，未申报进行工作的概率很高。增强竞争力和保持就业率增长的一个关键瓶颈是劳动力市场缺乏具有适当技能的劳动力。阿尔巴尼亚推出的积极的劳动力市场政策覆盖范围狭窄，就业服务薄弱，与被动的社会计划的联系有限。2018年阿尔巴尼亚失业率整体下降，但对年轻人来说失业率仍然非常高，预计从29%提高至35%。妇女的劳动力市场参与率仍然很低，因为她们面临着照顾老人和与社会规范有关的更多障碍。

劳动力市场的供需差距正在急剧扩大，因为就业需求对私有或公共部门的需求没有反映。据阿尔巴尼亚投资局（AlbInvest Agency）称，阿尔巴尼亚受过高等教育的员工人数最多，在西巴尔干地区排名第一位。一个问题是劳动力大多是年龄在25—54岁的人，个体经营者比重最高。与西巴尔干地区其他国家相比，阿尔巴尼亚的工资水平最低。另一个问题是工会的缺失，工会只存在于纸上但没有实际意义，当涉及有效保护劳工权利时，工会无处可寻，甚至更糟，有证据证明，工会代表非常腐败，被公司或工厂老板贿赂，当工人权益受到侵害时，这些工会代表保持沉默。

5. 财产权

2018年10月和11月，在宣布推进地拉那的二环路延伸和现代化改造项目之后，首都的抗议活动使该市交通最繁忙的一条主要道路瘫痪。政府打算拆除阻碍该项目改造的许多建筑物，其中大部分是非法建造的，这一举措立即成为一个政治问题，各方相互指责，舆论开始两极分化。有些人认为这些非法建筑物应该拆除，因为明显滥用公共财产，而那些抗议的人声称，在这些房屋居住超过20年后，该财产自动归他们所有，所以任何政府都不能剥夺他们的财产。

与财产权和土地登记有关的问题继续在整个社会引起轰动。这是影响基础设施、工业发展、农业和外国直接投资（FDI）的跨领域问题。

关于产权的第一部法律在1991年政权更迭后立即颁布，即第7501/1991号法律，这是执政两党关于挪用曾经属于国家的"合作社土地"的决定。这项法律为今后产权纠纷出现问题提供了导火索，这将成为未来几年社会内部冲突的负担和根源。

截至2018年，房地产证书重叠、征用土地和掠夺土地是一个常见现象，据估计，有40万人在一块不属于他们的土地上建造了房产。

为了获得选票，左翼和右翼政府都承诺这些人被占领的土地合法化。在某些情况下，这些土地实现了合法化，而在其他一些情况下则没有。有一件事是肯定的，无论这些土地现在是否合法化，这一现实都将是一场瘟疫，通过破坏城市规划和实施重要基础设施项目而影响了所有领域，而这些项目将不仅仅使一些"抢夺土地的人"受益，也能够使整个社区受益。

6. 司法改革

由于人们普遍认为司法腐败的存在源于根深蒂固的对司法机构的不信任，其主要信念是有罪不罚和法治缺失，这些信念渗透社会发展的各个方面。阿尔巴尼亚的司法系统长期存在问题，对整个系统产生重大的影响。2016年，司法改革得到了议会的批准，这项改革的启动主要是受到美国和欧盟驻阿尔巴尼亚代表的推进和认可。事实上，该过程的持续进行受到高度监控，是顺利加入欧盟的主要条件之一。

两年后，在解雇了35名法官和检察官之后，最后一线希望在最后一次漫长而艰难的振荡过程中终于复活了，建立了两个重要的机构——高等司法委员会（KLGJ）和高级检察委员会（KLP）。然而，鉴于反腐败和有组织犯罪特别结构（SPAC）的成立推迟到2019年2月，因此，高等司法委员会和高级检察委员会的建立将被延迟。

7. 结论

贫困和脆弱家庭获得教育、就业和社会保护措施的机会有限。社会和经济融入对生活在农村或山区的人们来说是一个特殊的挑战。

减贫和平等机会应该是政府的优先事项，但正如欧盟委员会关于西巴尔干地区的报告在2018年得出的结论所说："与去年相比，经济改革计划（ERP）的结构改革部分的质量没有改善。社会保障制度的改革已经开始。然而，地方当局仍然缺乏将社会支持与有效措施更有效联系起来的手段。"①

2018年阿尔巴尼亚社会发展的问题似乎很严重，但应该指出的是，该国人民倾向于通过努力工作、移民，以争取更好的教育和照顾家庭核心来"塑造自己的命运"。制度的可靠性是模糊的，因此，个人关系、扩展的家庭联系成为大多数人的新"社会安全网"，并且正在改变他们的生活方式。

（四）2018年阿尔巴尼亚外交发展概况

1. 得到西方的认可

2018年，阿尔巴尼亚外交政策没有脱离过去5年来的轨迹，其外交政策目标广受赞誉。执政的社会党始终坚持其外交政策理念，如宣传的"与邻国零问题"政策、不惜一切代价的欧盟一体化措施以及各级机构广泛接受的亲华盛顿倾向。阿尔巴尼亚的对外关系政策目标是致力于巴尔干地区的安全、和平与繁荣，并为此方向制定其外交战略，在加强区域影响力和为区域发展作出贡献方面发挥决定性作用。另外，阿尔巴尼亚政策制定者清楚地认识到加入欧洲—大西洋框架对阿尔巴尼亚具有重大影响。

2. 欧盟一体化进程的坎坷之路

自1991年政权更迭以来，加入欧盟是每届阿尔巴尼亚政府的重点。2017年9月新一届社会党政府上台后，为了更好地推动"入盟"的步伐，总理埃迪·拉马（Edi Rama）决定将外交部的名

---

① European Commission's Overview & Country Assessments, Albania Report, 2018.

称改为"欧洲和外交事务部"。

2017—2021年政府加入欧盟的计划旨在尽快开始谈判进程，并结束主要章节的谈判，以推进阿尔巴尼亚加入欧盟这一不可逆转的进程，实现阿尔巴尼亚加入欧盟的愿望。

然而，2018年6月26日，欧盟各国政府在布鲁塞尔举行会议一致同意推迟与阿尔巴尼亚谈判的决定，将与阿尔巴尼亚"入盟"谈判推迟到2019年6月。对于何时开始谈判，欧盟各国部长展开了激烈的辩论，法国、荷兰和丹麦继续反对为阿尔巴尼亚"入盟"开绿灯，除非阿尔巴尼亚在打击腐败和有组织犯罪方面采取进一步措施。

推迟"入盟"谈判的决定使阿尔巴尼亚感到痛苦并产生怨恨。2018年夏在阿尔巴尼亚展开了政治辩论，此问题成为焦点。虽然反对派指责社会党在"入盟"谈判问题上的失败，但政府正在设法找出是布鲁塞尔的责任还是阿尔巴尼亚内部的责任。正如经常发生的那样，真相介于两者之间。

推迟阿尔巴尼亚"入盟"谈判的主要原因是其打击腐败和有组织犯罪没有取得更多进展，另外，法国总统马克龙在此次会议之前明确表示欧盟应该在接受新成员之前先进行自身的改革。

考虑到2019年5月将举行欧洲议会选举，阿尔巴尼亚这个里程碑事件的被推迟也受到不支持欧盟扩大意见的影响。一段时期以来，民粹主义浪潮在欧洲蔓延，新的欧洲议会可能会制定更加严格的欧盟扩大政策，因此阿尔巴尼亚在2019年6月开始"入盟"谈判的可能性似乎很小。

3. 地区政策

（1）2018年与希腊进行了密集会谈

阿尔巴尼亚与希腊关系的不协调与国际法相违背。鉴于历史上双边关系曾发生动荡，一个政府的每一个行动或另一个政府的反应都会引起本国的强烈反应。一方面，从技术上讲，这两个国家的关系源于希腊于1940年宣布的战争法，并且从未被撤销；另一方面，他们都是北约成员，并签署了军事领域的合作协议。两国政府还签署了合作条约，尽管存在技术上的战争状态，但合作条约使得两国建立了正常的外交关系。

2018年，希腊外交部部长科齐阿斯（Kotzias）与阿尔巴尼亚外交部部长布沙蒂（Bushati）分别在克里特岛和科尔察举行会谈，以解决双边悬而未决的问题并就未批准的条约进行谈判，此后，双边合作得到加强。两国政府一致认为，实现外交关系正常化的首要任务必须是签订新的海事协议。2009年曾达成类似的协议，但阿尔巴尼亚民众和反对派提起诉讼，阿尔巴尼亚宪法法院在2010年发现该协议是非法的。

这些谈判在阿尔巴尼亚掀起了众多的争议，尤其是科齐阿斯通过希腊媒体宣布与阿尔巴尼亚外长举行会谈，双方承认了科孚岛12海里主权。该协商是根据《联合国海洋法公约》的原则而商定的。《联合国海洋法公约》于1982年12月10日在牙买加的蒙特哥湾召开的第三次联合国海洋法会议最后会议上通过。该公约第3款界定了"领海的广度"（希腊在需要对抗土耳其的情况下也采用相同的12海里原则）。

该公约的实施使得两国有可能在明确界定的区域内行使充分的主权和权利，海洋坐标位于商定的地图上，并附有一个三个部分的海上坐标。目前两国关系的重点是达成《海洋协定》。这是关于爱奥尼亚海（科孚海峡）的问题，因为阿尔巴尼亚和希腊在爱奥尼亚海共享三个部分：领海、大陆架和专属经济区，后两个涉及使用空间和天然气、石油等海底勘探。

鉴于问题的敏感性,谈判陷入僵局,至少在阿尔巴尼亚,谈判结果尚未公布。人们没有看到条款,这种情况导致公众对谈判严重质疑。

在阿尔巴尼亚方面,伊利尔·梅塔总统阻止了这一进程,他没有批准谈判委员会拥有充分的决策权。下一步将是须得到议会2/3以上多数批准,之后将需要得到阿尔巴尼亚宪法法院的批准(目前不存在,因为9名法官中的8名因腐败指控而被解职)。

到2018年为止,阿尔巴尼亚人清楚地明白,希腊在与阿尔巴尼亚的谈判中处于优势地位,这不仅是因为它是阿尔巴尼亚最大的投资者,也是第二大贸易伙伴,而且还因为约有100万阿尔巴尼亚公民居住在希腊,这部分在希腊的阿尔巴尼亚人是在20世纪90年代后大规模迁移过去的。

(2)塞尔维亚与阿尔巴尼亚

2014年是阿尔巴尼亚与塞尔维亚领导人之间68年后的第一次会晤。拉马总理对贝尔格莱德的访问是加强双边关系改善的第一步。然而,在双方宣布了改善关系的良好意愿和实施了一些二级项目后,一切都仍处在初级阶段。

除非与科索沃的关系得到解决,否则,阿尔巴尼亚与塞尔维亚将永远无法进行建设性的合作。由于历史原因,阿尔巴尼亚是第一个承认科索沃独立的国家,自那时以来一直在努力提升科索沃在国际上的地位,并加强阿尔巴尼亚与科索沃之间的合作。当然,支持科索沃影响了与塞尔维亚的关系(因此也影响了与俄罗斯的关系)。然而,对于埃迪·拉马总理而言,这似乎不是问题。事实上,2018年11月埃迪·拉马与哈拉迪纳伊(Hajradinaj)在佩伊(Pej)会晤期间签署了9项双边协议,并对塞尔维亚提出指责。

这次会议引起了人们的共鸣,并在阿尔巴尼亚政界广受好评。阿尔巴尼亚总理拉马在科索沃的爱国演讲不仅针对塞尔维亚,而且针对欧盟，这是后社会主义时代的阿尔巴尼亚总理第一次对欧盟的科索沃政策持否定态度。

4. 阿尔巴尼亚在全球

（1）库乔瓦（Kucova）的美国和北约军事基地

阿尔巴尼亚政府的外交政策从未隐藏其亲美国倾向。这种态度在媒体、学术界和知识分子以及公众舆论中也有其肥沃的土壤。最近的一项民意调查显示，阿尔巴尼亚已被认定为欧洲最"亲美"的国家。在国家的每一项重要政治事件中，美国的支持都被用作宣传的工具。

2018年引起更多关注的事件是在北约规划下，在库戈瓦市建立空军军事基地，并得到美国的高度赞同。在"冷战"期间，这个空军基地首先被苏联人使用，后来一直由中国援助和维护，在政权更迭后完全被废弃。这将是西巴尔干地区唯一的北约军事空军基地，阿尔巴尼亚政府以骄傲的姿态宣布了这个决定。

公众舆论也很赞同这项决定，希望这笔5000万美元的投资能够从经济上帮助贫困地区。但对在此建空军基地的声音非常少，也没有造成任何后果。

（2）伊朗——驱逐大使

阿尔巴尼亚是流亡的伊朗反对派——人民圣战组织近2500名成员的家园，2014—2016年他们在美国的保护和倡议下由伊拉克迁往阿尔巴尼亚。

2018年12月中旬，阿尔巴尼亚政府驱逐伊朗驻阿大使和使馆的另一名外交官，理由是他们涉嫌从事威胁阿尔巴尼亚国家安全的非法活动，他们利用外交官身份针对那些在欧洲的伊朗持不同政见者采取恐怖活动。阿尔巴尼亚的这一举动使得其与伊朗关系进一步恶化。伊朗外交部发言人在两名外交官被驱逐后立即宣布此举是在以色列和美国的压力下进行的。

美国总统国家安全事务助理约翰·博尔顿、美国国务卿迈克·蓬佩奥和美国总统特朗普都赞扬了阿尔巴尼亚政府的这一行动，并特别感谢埃迪·拉马对抗伊朗的坚定努力。

（3）埃尔多安悖论

由于阿尔巴尼亚过去被奥斯曼帝国统治（被奥斯曼帝国统治了五个世纪），因此，土耳其在与阿尔巴尼亚的关系上的影响力依然强劲。

看起来，埃迪·拉马与土耳其领导人的联系比以前任何一届政府都要紧密，许多分析师将这种关系归因于土耳其在阿尔巴尼亚的投资，这些投资是有选择和战略性的，包括土耳其拥有阿尔巴尼亚第二大银行，拥有阿尔巴尼亚水电站、炼铁厂以及前国有电信运营商"Albtelecom"和移动运营商"Eagle Mobile"的所有权。

拉马总理多次赞扬埃尔多安总统在土耳其的经济和政治成就，在遇到麻烦和需要时总是向埃尔多安寻求协助。当欧盟拒绝阿尔巴尼亚的"入盟"谈判时，拉马立刻前往伊斯坦布尔；地拉那的学生抗议活动愈演愈烈时，拉马也迅速约见埃尔多安。

拉马与埃尔多安的这种"调情"在西方并不受欢迎，不仅如此，甚至许多当地知识分子、媒体和在线平台都不喜欢埃尔多安这个"经纪人"。鉴于对阿尔巴尼亚重新伊斯兰化、埃尔多安的专制倾向的恐惧，以及最重要的是对曾经的入侵者——奥斯曼帝国的歌颂倾向的恐惧，这些团体提出抗议。

（4）中国

中国和阿尔巴尼亚在"冷战"期间有着悠久的传统友谊。在那些非常孤立的几十年中，中国是东方集团中对阿尔巴尼亚的唯一支持者。

如今，这一传统友谊又进入了一个新的阶段。阿尔巴尼亚政府已宣布将对持普通护照的中国公民实行旅游旺季免签证政策。2018年4月1日—10月31日，中国等9个国家的公民持普通护照可免签入境阿尔巴尼亚，停留期不超过90天，在此期间阿尔巴尼亚试图推动"怀旧旅游"。根据阿尔巴尼亚边境管理办公室的数据，2018年期间来自中国的游客增加了48%。

根据公众舆论的看法，"16+1合作"机制及其峰会吸引了阿尔巴尼亚相关媒体的关注，中国驻阿尔巴尼亚大使姜瑜女士在重要的国家活动中的积极参与、在阿尔巴尼亚新闻界的文章和访谈以及她对双边关系的有效促进，使中国更多地出现在阿尔巴尼亚社会中。但是，在阿尔巴尼亚方面，深化和加强与中国合作的政治意愿似乎犹豫不决，远没有达到应有的合作水平，因此，还有很多潜力有待挖掘。

（5）最后的考虑

阿尔巴尼亚外交政策的现实应在西巴尔干地区的范围内以及大国在该地区的利益着眼。阿尔巴尼亚社会普遍认为，该国具有国际重要性的重大事件都是受世界大国的影响和引导。阿尔巴尼亚总是大国不同利益的"代理人"和"棋子"。

阿尔巴尼亚人非常清楚他们在国际舞台上的地位，也明白其地缘战略和地缘政治的重要性，同时由于阿尔巴尼亚领土规模和人口规模小造成的沉重负担，其联盟和国际化倾向成为主流。

阿尔巴尼亚外交政策方针与欧洲—大西洋框架仍然完全一致，2018年不会发生重大变化。

二　爱沙尼亚*

（一）2018年爱沙尼亚国内政治回顾

2013年3月27日，爱沙尼亚进入一个新的政治时代。自1991年重新获得独立以来，与两个世界大战之间的时期相比，该国作为一个独立国家，成功地超过第一个自由时期，即1918—1940年，比该时期多"活"了一天①。爱沙尼亚共和国强调其作为欧盟和北约成员，在地缘战略上感到安慰，同时始终是欧盟和北约最坚定不移的支持者之一。从某种程度上来说，这一论点显然再次被证实，英国因"脱欧"于2016年7月20日宣布放弃担任2017年下半年欧盟轮值主席国，欧盟于2016年7月27日作出决定，不指定特定国家代为执行，而由原先排在英国之后的爱沙尼亚顺序递补。事实上，爱沙尼亚的欧盟轮值主席国对于其2018年具有非常特殊的意义，当时有130万人庆祝爱沙尼亚的第一个百年庆典。在政治上，成功安排的轮值主席国职位对于爱沙尼亚而言，通常也是真正的荣誉，正如人们所说的那样，在英国"脱欧"这段非常忙碌的时期，"帮助该集团避免了一个主要的香蕉皮"②，为国家未知的

---

* 作者：E - MAP Foundation；翻译：李丹琳；校对和审核：陈新。
① Estonia celebrates Lasting Liberty Day, *Estonian World*, 28 March 2013, http://estonian-world.com/life/estonia - celebrated - lasting - liberty - day/.
② Estonia's presidency: How it went, *Politico*, 3 January 2018, https://www.politico.eu/article/estonias - presidency - how - it - went/.

未来做好了准备。

1. 新议会选举的"幽灵"

2018年年初，在塔维·罗伊瓦斯（Taavi Rõivas）的第二次组阁剧烈崩溃之后，爱沙尼亚总理于里·拉塔斯（Jüri Ratas）已经习惯了在2016年11月分配给他的角色。自议会对总理罗伊瓦斯提出不信任案以后，改革党退出了联合政府（ER）。从2005年4月开始，改革党在该联盟已经连续领导了11年组阁5次，在目前的爱沙尼亚议会（Riigikogu）中，改革党拥有的席位最多，赢得了2015年的议会选举，占总票数的27.7%。在这样的背景下，人们可以很容易地预见到，2019年3月举行的议会选举主要是拉塔斯领导的爱沙尼亚中间党（EK）与改革党之间的斗争。中间党是一个成功的中左翼政党，拥有左派思想，务实、灵活的意识形态，通常表现为不同形式的跨社会民粹主义；而爱沙尼亚改革党是一个在其政策制定方面以自由主义而闻名的中右翼政党，对财政问题非常严格，自2002年1月起领导该国政府，有超过12年的经验。

2018年4月，为给新的选举做好准备，爱沙尼亚改革党任命了一位新领导人卡娅·卡拉斯（Kaja Kallas）①，她后来担任欧洲议会议员。根据一系列不同的民意调查，两个全国最大的政党也全年保持着他们作为爱沙尼亚最受欢迎的政党的地位。与此同时，在一个稳定的欧洲民主国家（爱沙尼亚显然是其中之一），选举胜利者通常需要一个联盟伙伴或合作伙伴来组建政府。目前，爱沙尼亚政府由三个政党组成：爱沙尼亚中间党（担任总理，负责公共行政、教育和研究、农

---

① 卡娅·卡拉斯是爱沙尼亚著名政治家之一西姆·卡拉斯（Siim Kalla）的女儿。西姆·卡拉斯在2002年1月至2003年4月任爱沙尼亚第14任总理，他曾是欧盟委员会负责行政事务、审计与反腐的副主席，是两任巴罗佐委员会的副主席。

村事务、经济事务和基础设施领域）、社会民主党（SDE，负责文化、健康和劳动力、内政、外交和企业）以及代表保守中右翼的祖国联盟—共和国党（Isamaa，负责司法、国防、环境和金融）。在爱沙尼亚政治上有一个明显的变化，即爱沙尼亚相对稳定的政治形势由一波新的政党组织重新构建，2018年的政治环境有了突破。从2018年11月起，爱沙尼亚目前的政治构成不再"照常营业"。

2. 新的政党"浪潮"

2018年11月3日，爱沙尼亚200党（Eesti 200）成立，拥有543名党员，其将目标瞄准了2019年3月的议会选举。从某种程度上来说，爱沙尼亚共和国的"反应/参与"模式在欧洲已经有相当长一段时间处于"摇摆不定"的态势，这是一个新的政治党派趋势。正如之前的一次简报中所指出的那样，在一个相对较短的历史时期（即2015—2017年），23个欧盟成员国中，共有31个新政党进入国家议会[1]。事实上，爱沙尼亚议会（Riigikogu）也是欧洲议会的机构之一。2015年，两个新政党的成立加强了该国议会内部的政治地位。一个是爱沙尼亚保守人民党（EKRE），这是一个以极端民粹主义、民族主义、仇外心理和欧洲怀疑主义为基础的政治组织；另一个是爱沙尼亚自由党（EV），一个试图在中右翼政治和自由主义相结合的基础上寻找政治突破的政党。这两个政党在2015年的议会选举中取得了不错的成绩，他们的竞选计划得到了选民总数的8.1%和8.7%的支持[2]。尽管如此，两个议会新星，各自出于不同的原因，都没有组成政府。这一次，进入了这

---

[1] New Parties in Europe: A Comeback for the Parties or Just Another Symptom for Their Decline?, *The ECPR 2018 General Conference*, Universität Hamburg, 22 – 25 August 2018, https://ecpr.eu/Events/SectionDetails.aspx? SectionID = 778&EventID = 115.

[2] Eesti Vabariik, *Riigikogu* 20 March 2015, http://rk2015.vvk.ee/voting – results.html.

二　爱沙尼亚

个严肃的竞争者圈子中，对于一个新的政党而言，未来参与新的联合政府，爱沙尼亚200党①可能看起来很有希望，因为无论哪个领先的党派都有可能。

据推测，2018年10月，爱沙尼亚200党得到大量受过良好教育和未受过良好教育的人的欢迎，甚至有人称其在预投票时可能会得到约为总数9%的选票。因此，爱沙尼亚许多人不耐烦地等待最新民意调查的结果。由爱沙尼亚媒体"Eantti Meedia"委托"Kantar Emor"进行的一项在线调查于11月发布，该调查强调了两个事实：首先，改革党和中间党仍然是该国最受欢迎的政党（得票率分别为29%和24.7%）；其次，爱沙尼亚200党，从零开始，确实享有高水平的民众支持，得票率为8.5%②。由塔林的一家独立的民意调查公司"Turu-uuringute AS"进行的另一项调查于11月发布，也证实了同样的情况，但又推高了两个主要政党的得票率，即爱沙尼亚中间党为33%，爱沙尼亚改革党为23%。至于爱沙尼亚200党，在民意调查结果显示其得票率为8%，甚至超过了社会民主党③。这种发展趋势可能会导致在2019年3月之后的新爱沙尼亚政府构成不同于以前的党派构成，特别是2018年的政治格局不是执政联盟最好的时期，那么，未来的政府构成必须经历一场重大危机。

3. 危机？危机！什么危机？④

世界正在发生一个重大事件，2018年12月10—11日在马拉喀

---

① 爱沙尼亚200党的政治背景和党的名字的由来在2018年《政治概览》中大量宣传。
② Poll: Estonia 200 now firth most popular party, *ERR*. 15 November 2018, https://news.err.ee/877211/poll-estonia-200-now-fifth-most-popular-party.
③ Urmet Kook, Eesti 200 võib nurjata Reformierakonna valimisvõidu, *ERR*. 19 November 2018, https://www.err.ee/877234/eesti-200-voib-nurjata-reformierakonna-valimisvoidu.
④ The briefing's title is a wordplay based on the title of the fourth album by the English rock band *Supertramp*, released in 1975, *Crisis? What Crisis?*

· 29 ·

什举行联合国移民问题政府间大会并于12月10日通过了《移民问题全球契约》①，爱沙尼亚政府不得不解决一个真正的执政联盟契约危机。2018年11月15日，为了确定爱沙尼亚共和国是否应该支持在马拉喀什会议上通过的《安全、有序和正规移民全球契约》②所规划的愿景，爱沙尼亚政府开会讨论此事。在外交部部长斯文·米克塞尔（Sven Mikser）提议内阁应该支持该文件之后，另一位政府成员乌尔马斯·雷恩萨鲁（Urmas Reinsalu）（司法部部长）表达了他的意见，即内阁应该拒绝支持它。同一天，爱沙尼亚总理于里·拉塔斯认识到这一困难局面，他提出："我们组建了这个执政联盟，我们就决策达成了共识。然而不幸的是，今天没有达成共识。……全面管理移民对所有国家都很重要，我们保证欧洲的民主原则今天要反映在爱沙尼亚的法律中，未来也将如此。"③

1月16日，负责文化、健康和劳动力、内政、外交和企业的社会民主党主席杰夫根尼·奥辛诺夫（Jevgeni Ossinovski）表达了他的立场，即总理应该解雇司法部部长雷恩萨鲁④。这是一个明显的迹象，表明爱沙尼亚执政联盟已进入动荡时期。为了找到一种方法来防止内阁瘫痪甚至更乱，社会民主党提出，现在应该由议会来决定爱沙尼亚是否参与上述新的移民框架⑤。几乎同时，改革

---

① Intergovernmental Conference on the Global Compact for Migration，https：//refugeesmigrants. un. org/intergovernmental – conference – 2018.

② 该契约被非正式地称为《联合国移民契约》。

③ Jüri Ratas in "The government could not reach consensus on the UN migration pact". 15 November 2018，https：//www. valitsus. ee/en/news/government-could-not-reach-consensus-un-migration-pact.

④ Jevgeni Ossinovski in "Ossinovski demanding Reinsalu's resignation". 16 November 2018，https：//news. err. ee/877521/ossinovski – demanding – reinsalu – s – resignation.

⑤ To solve government crisis, let Riigikogu decide on UN compact, says SDE in *ERR*. 19 November 2018, https：//news. err. ee/878149/to – solve – government – crisis – let – riigikogu – decide – on – un – compact – says – sde.

党主席卡娅·卡拉斯做出了反应，她发表声明表示她的政党做好了接管内阁的准备①。

克尔斯季·卡柳莱德（Kersti Kaljulaid）总统一直在耐心地注视已经白热化的内阁讨论如何展开，她决定进行干涉，呼吁要与包括反对派在内的所有主要政党的领导人会面。会面结束后，卡柳莱德总统的反应明确而清楚，她概述了最终就此问题作出最后决定的框架："我们必须清楚的是，我们的政权是议会民主制。……我相信，如果你发现没有别的办法可以解决这个问题，那就把这个问题交给议会进行讨论。然而，在议会讨论这个问题不仅是要解除政府的责任，更是动摇民主的基础。"②

然而，这并不是危机的结束。2018年11月20日，在总统决定发布后的第二天，爱沙尼亚内政部部长安德烈斯·安维尔特（Andres Anvelt）召开新闻发布会宣布辞职。安维尔特是一位极具影响力的政治家，他是社会民主党人，三次在政府中出任重要职务，他出人意料地高调从部长职位中退出，因为健康原因完全离开了爱沙尼亚政治③。面对未来几天关于国家预算的重要议会辩论，更不用说议会关于《联合国移民契约》的决定已于11月26日作出，可以说，目前的爱沙尼亚政府处于自2016年11月23日成立以来的最低潮。

在议会对《联合国移民契约》进行表决的前一天，爱沙尼亚共

---

① Kaja Kallas in "Kallas: Reform prepared to take over government" in *ERR*. 19 November 2018, https://news.err.ee/878237/kallas-reform-prepared-to-take-over-government.

② Kersti Kaljulaid in "Kaljulaid: Let the Riigikogu discuss the migration framework" in *ERR*. 19 November 2018, https://news.err.ee/878309/kaljulaid-let-the-riigikogu-discuss-the-migration-framework.

③ "Minister of the Interior Andres Anvelt resigns, to leave politics" in *ERR*. 20 November 2018, https://news.err.ee/878520/minister-of-the-interior-andres-anvelt-resigns-to-leave-politics.

和国前外交部部长（2005—2014年间担任），目前代表改革党和在欧洲议会担任代表的乌尔玛斯·佩特（Urmas Paet）发表了一份全面的声明，以某种方式帮助理解他的政党在这个问题上的最后呼吁：

"因此，要让政府决定停止对联合国关于移民问题事件的过度神秘化。……爱沙尼亚社会正面临着更加实质性的和紧迫的问题。躲在人为创造的共识愿望背后没有任何意义。……在这个问题上花费了不成比例和不合理的精力，并加剧了紧张态势，因为这份联合国文件没有为爱沙尼亚规定某项义务，而是解决与移民有关的全球问题，如非法移民、拐卖人口及类似问题，其中没有一个是爱沙尼亚国家的问题。……没有一项爱沙尼亚的法律规定政府必须以协商一致的方式作出决定。与此同时，很显然，这次政府必须做出决定，而投票绝对是一种合法的决策方式。"①

第二天，即2018年11月26日，几乎所有议会成员都到会以确定该国对《联合国移民契约》的看法。经过数小时的讨论，结果如下：41名议员投票赞成该文件，27名议员投票表示反对。可以预见的是，在乌尔玛斯·佩特公开发表了讲话之后，反对党——改革党决定不参与投票②。最有可能的是，这一举动将使该党在即将举行的选举中失去一些预期选票。总的来说，一个主要的政治派别通常不会对具有全球意义的问题投弃权票。然而，尽管"赞成"的数字并不代表简单的议会多数，但由于在这一特定场合适用的"参与投票的简单多数"的规则，该决定仍然有效。据报道，爱沙尼亚议会

---

① Urmas Paet in "Paet: Let Estonian government decide on migration pact with a vote", *ERR*. 25 November 2018, https://news.err.ee/879789/paet-let-estonian-government-decide-on-migration-pact-with-a-vote.

② Riigikogu adopts declaration in support of UN Compact on Migration in *ERR*. 27 November 2018, https://news.err.ee/880211/riigikogu-adopts-declaration-in-support-of-un-compact-on-migration.

"表示希望，在全球移民框架中所列出的目标将有助于打击非法移民并减少非法移民"①。

爱沙尼亚共和国对于《联合国移民契约》"寻求"官方意见的事件结束了，但恰逢俄罗斯与乌克兰冲突升级。2018年11月25日俄乌两国在刻赤海峡和亚速海的冲突迅速提醒爱沙尼亚和该国政党在外交政策制定过程应具有更广泛的视角。爱沙尼亚执政联盟政治危机的主要原因突然由于欧洲大陆目前最大的军事冲突而被忽略了。在这样的背景下，爱沙尼亚国防部部长于里·卢伊克（Jüri Luik）将俄乌冲突情况描述为"危险"，因为"一场全面的军事冲突随时都可能爆发"②。卢伊克部长得到了有影响力的国会议员以及国防部卢伊克的前任马古斯·萨克纳（Margus Tsahkna）的间接支持，他表示"俄乌冲突事件"再次证明对爱沙尼亚国家主权和独立的威胁来自于东部。政府中的党派必须立即停止这场日常政治斗争并结束这场伪政府危机③。根据上述陈述，爱沙尼亚政府已恢复"一切照旧"状态。危机是什么？新的一年即将到来。

（二）2018年爱沙尼亚经济发展概况

对于爱沙尼亚的许多专家以及研究爱沙尼亚的许多专家来说，该国在欧盟和经济合作与发展组织（OECD）的正式成员资格是

---

① Estonian parlt approves draft statement in support of UN Global Compact on migration in *The Baltic Times*. 27 November 2018, http：//m. baltictimes. com/article/jcms/id/142553/.

② Jüri Luik in "Luik：Full – fledged military conflict could erupt in Ukraine at any moment". *ERR*. 26 November 2018, https：//news. err. ee/880050/luik – full – fledged – military – conflict – could – erupt – in – ukraine – at – any – moment.

③ Margus Tsahkna in "Tsahkna：Security situation requires end to political games in Estonia". *ERR*. 26 November 2018, https：//news. err. ee/880092/tsahkna – security – situation – requires – end – to – political – games – in – estonia.

分析爱沙尼亚共和国在政治和经济领域立场重要参考点。事实上，从爱沙尼亚成为经合组织①这个被非正式地称为世界上唯一的"最发达国家俱乐部"的一员开始，这个波罗的海的小国经济发展水平显著提高，从2018年预算年度起被允许的国家预算高于100亿欧元②。

1. 经合组织如何评估爱沙尼亚经济

经合组织评估有很多不同的指标，爱沙尼亚今年基本完成各项指标，如果指标分开来看，则总体上前景相对乐观。例如，在"订购移动宽带"部分，爱沙尼亚在发达国家中处于领先地位（每100名居民中有132.7人），远远超过经合组织平均值（102.4），并把新西兰（98.8）和德国（79.2）等国家抛在后面③。"就业率"部分也是一样，该部分显示了可用劳动力资源（可以工作的人）的利用程度。在爱沙尼亚，适合年龄工作人口的就业率为74.6%。与经合组织平均值（68.3%），七国集团平均值（71.2%）以及法国（65.3%）、比利时（63.8%）和意大利（58.7%）等大型经济体相比，该指标爱沙尼亚的排名更高④。但与此同时，爱沙尼亚在"研发方面的国内总支出"方面落后，而这是关键指标，因为爱沙尼亚更愿意被视为高科技电子国家。虽然在该部分中，经合组织的平均值为2.34%，但爱沙尼亚的指标目前要低得多，仅为1.28%⑤。如

---

① 2010年12月9日加入。
② Riigikogu kiitis tuleva aasta riigieelarve heaks, Majandus, *ERR*, 12 December 2018, https：//www.err.ee/884128/riigikogu – kiitis – tuleva – aasta – riigieelarve – heaks.
③ Mobile broadband subscriptions, *OECD*, https：//data.oecd.org/broadband/mobile – broadband – subscriptions.htm.
④ Employment rate, *OECD*, https：//data.oecd.org/emp/employment – rate.htm.
⑤ Gross domestic spending on R&D, *OECD*, https：//data.oecd.org/rd/gross – domestic – spending – on – r – d.htm.

果能够回顾过去，则可发现，这是一个急剧下降的过程，即在2011年爱沙尼亚所有公司、研究机构、大学和政府实验室在研发方面的总支出（包括资本）与经合组织平均值（2.3%）处于同一水平。

值得注意的是，从上述以及其他指标来看，就欧盟所制定的分类指标而言，爱沙尼亚正在从低收入国家转变为中等收入国家。必要时，这一因素将推动爱沙尼亚对经济进行重新设计，寻求一系列新举措，探讨如何以及在何处寻找重要的内部储备以维持国家经济的发展，而不是到目前为止从欧盟接受多少资金来发展经济。2018年5月，欧盟委员会就《2021—2027年多年度财务框架》提出了自己的愿景，称其为"一个保护、赋权和捍卫联盟的现代预算"①。这份文件一旦采纳，则爱沙尼亚经济将不得不接受。

2. 主要数据

根据惠誉评级机构公布的信用评级，爱沙尼亚为AA-（前景稳定）②，与2017年同期相比，爱沙尼亚2018年第三季度的GDP增长率为4.2%③，而这种情况是一个积极的迹象。对于这个国家来说，该国GDP的总增加值高达惊人的64%是由哈留县（Harju county）创造的，该县包括首都塔林及其周边地区④。这一因素使爱沙尼亚经济依赖首都地区及其周边地区的经济稳定水平，特别

---

① A Modern Budget for a Union that Protects, Empowers and Defends: The Multiannual Financial Framework for 2021–2027, *The European Commission*, https://eur-lex.europa.eu/legal-content/EN/TXT/?uri=COM%3A2018%3A321%3AFIN.

② Eesti krediidireitingud. *Rahandusministeerium*, https://www.rahandusministeerium.ee/et/eesmargidtegevused/riigikassa/riigi-finantsvarad-ja-kohustused/eesti-krediidireitingud.

③ III kvartalis majanduskasv kiirenes, 30 November 2018, https://www.stat.ee/pressiteade-2018-123.

④ Maakondade majanduspanus elaniku kohta ühtlustub. 13 December 2018, https://www.stat.ee/pressiteade-2018-132.

是这一地区 GDP 总增加值的 70% 以上都是由服务业所创造的[①]。

关于对外贸易，由于 2018 年的最终数据尚未公布和分析，因此，特别值得将 2018 年 1—10 月的统计数据与 2017 年生成的数据进行比较（见表 2.1）。

表 2.1　　2017—2018 年爱沙尼亚月对外贸易数据

月份	出口（亿欧元）			进口（亿欧元）			差额（亿欧元）	
	2017 年	2018 年	同比增长（%）	2017 年	2018 年	同比增长（%）	2017 年	2018 年
总计	106.98	119.63	12	123.00	135.85	10	−16.02	−16.22
1	9.41	10.32	10	13.52	12.53	−7	−4.12	−2.20
2	9.74	11.16	15	10.75	12.03	12	−1.01	−0.87
3	11.82	11.42	−3	13.23	13.61	3	−1.41	−2.20
4	10.29	11.91	16	12.14	13.61	12	−1.86	−1.69
5	11.51	12.37	7	13.05	14.43	11	−1.54	−2.06
6	10.89	12.67	16	12.06	14.14	17	−1.17	−1.46
7	9.42	11.95	27	11.30	13.22	17	−1.88	−1.27
8	11.09	11.87	7	12.05	13.50	12	−0.96	−1.63
9	11.21	12.35	10	11.91	13.20	11	−0.70	−0.84
10	11.62	13.60	17	12.99	15.60	20	−1.37	−1.99

资料来源：爱沙尼亚国家统计局。

从 2017 年和 2018 年前 10 个月的数据比较中可以看出，2017 年全年的货物出口和进口分别达到 129 亿欧元和 147 亿欧元[②]，由此可以推断，2018 年年底的数据也与 2017 年相似。换句话说，爱

[①] Maakondade majanduspanus elaniku kohta ühtlustub.

[②] Eesti Statistika Kvartalikiri 3/18, 28 September 2018, https：//www.stat.ee/publication-2018_quarterly-bulletin-of-statistics-estonia−3−18.

沙尼亚的货物贸易仍是逆差。2017 年，在爱沙尼亚出口商品中，占最大份额的是电气设备（占全国总量的 17%），其次是木和木制品（11%），最后是矿产品（燃料和电力）（10%）；在进口商品方面，主要商品仍为电气设备（15%）、运输设备（13%）、机械设备（10%）和矿产品（燃料）（10%）[1]。

在与社会问题相关的货币等一些经济主要指标方面，月工资和月度养老金在稳步增长（见表 2.2）。

表 2.2　　　　　　　2015—2017 年爱沙尼亚主要指标

指标	平均工资（欧元/月）			平均养老金（欧元/月）			失业率（%）	
	2015 年	2016 年	2017 年	2015 年	2016 年	2017 年	2016 年	2017 年
数值	1065	1146	1221	365.6	386.0	405.40	6.7	5.8

资料来源：爱沙尼亚国家统计局。

预测 2018 年年底的数据以及该国 2018 年的平均工资可能为 1307 欧元，2019 年约为 1385 欧元[2]。这一特别指标使爱沙尼亚在波罗的海国家中处于最高位置，同时也领先于葡萄牙、希腊和捷克等国家[3]。

3. 欧盟如何评估爱沙尼亚经济

与经合组织发布的指标一样，欧盟也确定爱沙尼亚共和国在构成数字化单一市场方面的主导作用：2018 年的数字经济与社会指数排名中，爱沙尼亚在欧盟中位列第 9[4]。事实也是如此，爱沙尼亚可

---

[1] *Eesti Statistika Kvartalikiri* 3/18.

[2] Finance Ministry sets 2018 economic growth forecast at 3.6%.

[3] Average Salary in European Union 2018, https：//www.reinisfischer.com/average-salary-european-union-2018.

[4] Estonia ranks 9th in EU for digital economy, *The Baltic Times*. 19 May 2018, https：//www.baltictimes.com/estonia_ranks_9th_in_eu_for_digital_economy.

以向大多数欧盟成员国表明这一正确的道路。与此同时，该国一直依靠欧盟预算资金用于大型和长期基础设施项目。2017 年，欧盟用在爱沙尼亚的资金总支出达到 6.48 亿欧元，而爱沙尼亚对欧盟预算的贡献总额只有 1.54 亿欧元，仅为欧盟用于爱沙尼亚资金的 1/4[①]。

因此，在考虑英国"脱欧"后（当然，如果英国在政治上脱离欧盟这一欧洲大陆最一体化的部分）共同体财务达到最"健康"的同时，欧盟希望准备新的七年度的预算，该预算将不包含与英国有关的 910 亿欧元。具体而言，正如欧盟委员会所建议的那样，欧盟应该相应地减少分配给"共同农业政策"和"区域发展和凝聚政策"的资金，分别减少 5% 和 7%[②]。在这种情况下，爱沙尼亚经济的前瞻性上升，使得爱沙尼亚政府在欧盟范围内的预算问题上拥有新的地位，即爱沙尼亚准备为欧盟的新预算作出更多贡献[③]。

在预算平衡方面，爱沙尼亚仍将是欧盟预算基金的净接收国，但该国经济将尽快适应这一变化。到目前为止，欧盟与爱沙尼亚共同为爱沙尼亚的项目提供资金，欧盟提供项目总资金的 85%，另外的 15% 资金由爱沙尼亚支付；在下一个预算期内，该比例将相应调整为 55% 和 45%[④]。另外，在共同农业政策的背景下分配给爱沙尼亚的资金总额可能会增加 26%，但（到新预算期结束时）"对爱沙尼亚农民的直接支持将达到欧盟平均水平的 76%"[⑤]。无

---

① Estonia：Overview，*The European Union*，https：//europa.eu/european－union/about－eu/countries/member－countries/estonia_ en#trade－and－econom.

② Piret Kuusik，"It's the rules, stupid！" Estonia and EU financial framework negotiations'. *ERR*. 2 July 2018. Available from ［https：//news.err.ee/843643/it－s－the－rules－stupid－estonia－and－eu－financial－framework－negotiations］.

③ Government prepared to increase Estonia's contribution to EU budget'. *ERR*. 15 June 2018. Available from ［https：//news.err.ee/839743/government－prepared－to－increase－estonia－s－contribution－to－eu－budge］.

④ Kuusik.

⑤ Government prepared to increase Estonia's contribution to EU budge.

论如何，欧盟希望表明爱沙尼亚作为一个国家和经济已经从一个未成年梯队中"成长"，进入一个不同的"阶级"。欧盟也向拉脱维亚和立陶宛表达了一系列类似的看法。在爱沙尼亚之后，这两个国家也已成功地加入经合组织①，他们的经济是欧盟中增长最快的。有趣的是，整个2018年，"拉脱维亚主题"成为爱沙尼亚的"城市谈资"。其原因在于爱沙尼亚和拉脱维亚的跨境酒精贸易，这种贸易突然间开始为拉脱维亚经济作出巨大贡献。

4. 一个友好伙伴关系的经济

在这个时刻，爱沙尼亚面临着一个问题，这也是芬兰的上一代人所面临的问题，当时有相当多的芬兰人在邻国购买酒精②。那时是芬兰人的爱沙尼亚，但现在已成为爱沙尼亚人的拉脱维亚。而随后爱沙尼亚政府批准的关于提高酒精消费税的两个决定，在经过多次的预告之后，最终落下实锤，"达到了"可预测的结果。2010—2016年，国家预算每年从酒精消费税中获得更多，每年增加约1400万欧元；但是在2017年，该预算受到完全不同结果的挑战——"酒精消费税比前一年少"③。

爱沙尼亚与拉脱维亚这两个友好邻国自2007年12月成为申根地区后，两国的边境完全处于安静状态，而到2017—2018年，两国边境又开始经历难以想象的"贸易复兴"。根据一份报

---

① Latvia and Lithuania deposited their instruments of accession to the OCED Convention correspondingly on 1 July 2016 and 5 July 2018, becoming full members of the Organisation. See more on [http://www.oecd.org].

② Tuomas Tenkanen and Lauri Beekmann, "How to cope with cross-border alcohol trade?" 12 June 2018. Available from [https://nordan.org/how-to-cope-with-cross-border-alcohol-trade].

③ Shortfall in alcohol excise duty inflow to total tens of millions'. ERR. 29 January 2018. Available from [https://news.err.ee/677930/shortfall-in-alcohol-excise-duty-inflow-to-total-tens-of-million].

告，在2018年上半年，拉脱维亚边境的啤酒销售量比2017年同期增加了80%多，低酒精饮料数量增加了3.4倍多①，前往拉脱维亚购买一些酒精饮料成为成千上万爱沙尼亚人的惯例，尤其是那些生活在该国南部的人。爱沙尼亚啤酒协会统计，"2017年前6个月拉脱维亚边境地区共销售了712万升啤酒，这一数字在2018上半年增长了近两倍，达到1260万升"②。2018年8月，另一份报告发布（该报告在财政年度结束后审核）：酒精消费税流入国家预算将约为2.4亿欧元，但这个数字仍比预算少1亿欧元③。

这种情况激怒了前爱沙尼亚总理安德鲁斯·安西普（Andrus Ansip），他现在是欧盟委员会副主席。他说："根据目前的消费税制度，我们有效地向拉脱维亚捐赠了2.16亿欧元。"现任总理认为，是安西普的继任者于里·拉塔斯开始提高消费税，但是，在拉塔斯执政期间，虽然酒精消费税增加了，比预算还要多，但他没有将啤酒税提高70%④。

与此同时，在起草2019年的新国家预算时，爱沙尼亚现政府决定不对酒精征收消费税。可能正如一些人带有讽刺意味的评论那样，这是一种真诚地祝贺拉脱维亚共和国百年纪念的方式，即这个爱沙尼亚的邻国将于11月18日庆祝其建国百年。

---

① Cross – border alcohol trade, resulting losses for Estonia continue to grow. *ERR*. 19 July 2018. Available from [https://news.err.ee/847711/cross – border – alcohol – trade – resulting – losses – for – estonia – continue – to – grow].

② Cross – border alcohol trade, resulting losses for Estonia continue to grow.

③ Estonian beer producers predict fiscal year tax gap to reach 100 million. *ERR*. 22 August 2018. Available from [https://news.err.ee/855569/estonian – beer – producers – predict – fiscal – year – tax – gap – to – reach – 100 – million].

④ Andrus Ansip in "Andrus Ansip: Coalition minority not like one he headed, causing chaos". *ERR*. 12 October 2018. Available from [https://news.err.ee/868641/andrus – ansip – coalition – minority – not – like – one – he – headed – causing – chao].

（三）2018年爱沙尼亚社会发展综述

世界上并不是每个国家都能达到一个重要的里程碑。当人们试图分析20世纪的湍流和无情时，情况就更是如此，在此期间，数十个国家来来往往，然而，其中一些已经完全消失。因此，2018年爱沙尼亚共和国自2月开始自豪地拉开全年庆祝独立100周年活动的序幕是无可争议的事实，爱沙尼亚的百年庆典成为这个国家所有的讨论主题，在整个2018年，爱沙尼亚要举办哪些活动，存在的弊端和社会发展方面的预测成为核心要素。总结一下这一年社会发展的特点，主要反映在以下三个"篮子"中，而这三个方面似乎更积极而不是令人担忧：数字化，社会生活和社会凝聚力。

1. 数字化

与爱沙尼亚政府在1997年战略性地选择电子政务概念直接相关，爱沙尼亚社会的数字化已经带来了重大突破。到2018年，该国大约99%的公共服务都可为公民（居民）提供电子服务，在绝大多数情况下，爱沙尼亚公民（居民）不需要亲自到提供服务的机构[①]。如今，几乎所有居住在爱沙尼亚的公民或永久（临时）居民都拥有特定类型的身份证——电子身份证，该身份证基本上已成为该国的国民卡，它携带重要文件并使用2048位公共密钥。电子投票、旅行、商业运营（包括公司注册和银行业务）、电子签名、数字医疗处方以及许多其他活动和功能都与爱沙尼亚这种身份证的使用有关。但是，很少有人记得爱沙尼亚第一张智能身份证于

---

① Success stories, *e-Estonia*, https://e-estonia.com/.

2002年发布，而当时的"数字"世界非常不同。2018年9月，电子居民系统（e-Residency）常务董事卡斯帕尔·科尔尤斯（Kaspar Korjus）指出："已经提供了3.7亿个数字签名，每年为爱沙尼亚节省相当于GDP的2%"。①

值得注意的是，通过数字化，世界上任何人都可以轻松获得该国的文化遗产，正如最近报道的那样，"（爱沙尼亚）文化遗产中最有价值的部分已被数字化"②。在此背景下，电子居民③的概念在2018年进行了大规模的促销和推动，可被视为爱沙尼亚向全世界提供的另一项提议，以便有效、广泛地与具有共同利益的人分享该国在数字化方面的整体愿景。

2. 社会生活

然而，爱沙尼亚几乎完美和有效的数字化水平可能会受到一些社会生活相关指标的挑战，并在某种程度上被削弱。例如，正如2018年12月报道的那样，22.6%的爱沙尼亚人口面临贫困的风险，不幸的是，这一风险仍有增长的势头④。举例说明，2017年，如果"他/她的每月可支配收入为523欧元"，则统计上将其视为面临贫困的风险。绝对贫困水平为月可支配收入少于207欧元⑤。

---

① Kaspar Korjus in Oliver Pickup, Estonia: the world's most advanced digital society? *Raconteur*. 5 September 2018, https://www.raconteur.net/technology/estonia-digital-society.

② Digital Agenda 2020 for Estonia, *Ministry of Economic Affairs and Communications*, https://www.mkm.ee/sites/default/files/digital_agenda_2020_estonia_engf.pdf.

③ 正如所宣称的那样，爱沙尼亚电子身份是一种跨国数字身份，可供世界上任何有兴趣在线管理独立业务的人使用。电子身份可以使用安全便捷的数字服务，提高在线信誉和信任度。但电子身份不授予爱沙尼亚或欧盟的公民身份、税务居留权、居住权或入境权。这不是签证或居留许可。https://apply.gov.ee/。

④ 295,000 Estonian residents lived at risk of poverty last year. *Statistics Estonia*. 18 December 2018, https://www.stat.ee/news-release-2018-133.

⑤ 295,000 Estonian residents lived at risk of poverty last year.

二 爱沙尼亚

2017年，3.4%的爱沙尼亚人口（约4.4万人）生活在绝对贫困之中，而且这种动态趋势还有上升势头①。

与此同时，还有一个社会指标可以帮助该国成功解决与贫困相关的挑战，这就是50—74岁的人在劳动力市场上变得更加活跃。在2018年第三季度，爱沙尼亚社会50—74岁人员的就业率为59.1%，这一指标是21世纪最高的，如果与2017年同期相比，"50—74岁的就业人数增加了4500人，这部分失业人数减少了3000人"②。这一积极发展趋势对于爱沙尼亚消除贫困进程具有极其重要的意义，因为较老的社会群体是这方面最脆弱的群体之一。同样令人鼓舞的是，该国的社会建设框架具有稳定性，因为爱沙尼亚人口中最活跃的部分是25—49岁人群，他们也是劳动力市场中最活跃的社会群体，这部分人群的就业率为88.1%③（见图2.1）。

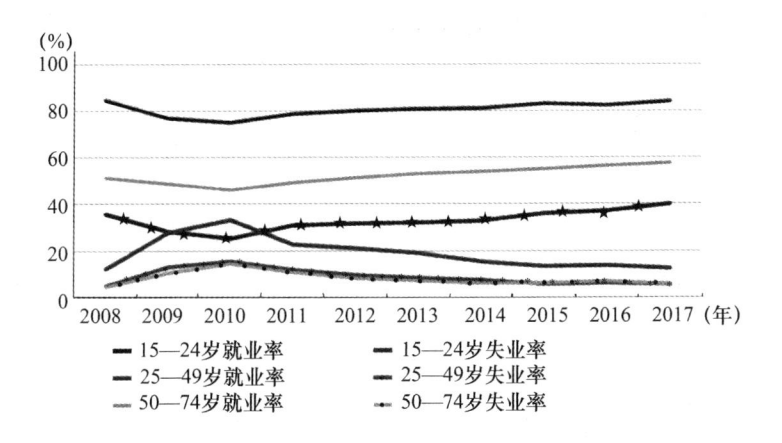

图2.1 2008—2017年爱沙尼亚就业率和失业率（按年龄组划分）

资料来源：爱沙尼亚统计局。

---

① 295,000 Estonian residents lived at risk of poverty last year.
② Older persons are becoming more active in the labour market. *Statistics Estonia*. 14 November 2018, https://www.stat.ee/news-release-2018-117.
③ Ibid..

3. 社会凝聚力

截至2018年1月1日，爱沙尼亚人口初步估计为131.87万，比一年前增加了3000多人。与此同时，人们应该记住的是，该国的人口在种族上并非同质。如前所述，早在2017年，当时的总人口为131.5635万人，记录显示爱沙尼亚人（90.4639万）是最大的族群，其次是俄罗斯人（33.0206万）、乌克兰人（2.3183万）、白俄罗斯人（1.1828万）、芬兰人（7591人）和其他人[①]。2018年1月1日居住在爱沙尼亚的外国人总数（该数字包括其他欧盟成员国和非欧盟国家的公民）为19.6344万人[②]。因此可以说，许多白俄罗斯人、俄罗斯人、乌克兰人和其他非爱沙尼亚族居民拥有爱沙尼亚公民身份。

还有一个有趣的数据，即2017年有1.7616万人拿到了爱沙尼亚居住证，而有1.2358万人离开该国，这个数据在2017年创下历史新高[③]。在与公民身份有关的定义中，在爱沙尼亚新移民中，几乎一半是爱沙尼亚公民，其次是俄罗斯公民、乌克兰公民、芬兰公民和拉脱维亚公民，与此同时，爱沙尼亚公民占向外移民总人数的2/3，其余则是俄罗斯人、芬兰人和未确定身份的公民。

作为这一发展的结果，如果这些数字是指净移民，那么，现在居住在爱沙尼亚的乌克兰和拉脱维亚公民人数增加最多（分别为

---

① Population by ethnic nationality, 1 January, years, *Statistics Estonia*. 9 June 2017, https：//www.stat.ee/34278.

② Population by citizenship – Foreigners. *Statistics Estonia*，https：//www.stat.ee/57209.

③ See more on the topic via *Statistics Estonia*, 9 May 2018, https：//www.stat.ee/news-release-2018-007.

744人和683人）①。总的来说，尽管人口缺乏自然增长，但过去3年该国人口发展趋势仍然有希望，也就是说，爱沙尼亚人口正在增加（见图2.2）。

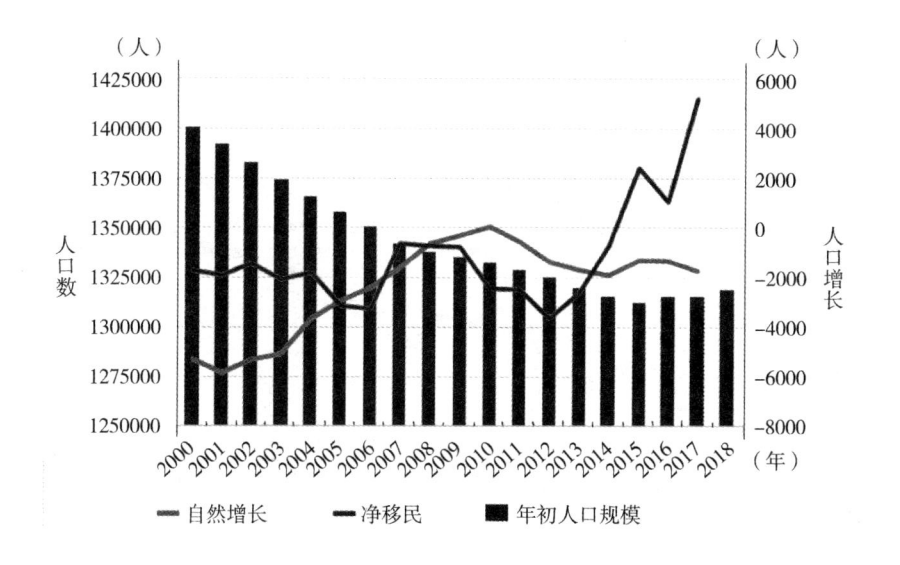

图2.2　2000—2018年人口规模变化

资料来源：爱沙尼亚统计局。

上述积极发展趋势还伴随着一项指标，即爱沙尼亚的预期寿命增长指标。目前，爱沙尼亚男性预期寿命为73.7岁，女性为82.3岁（见图2.3），爱沙尼亚在欧盟成员国中排名第23位②。然而，考虑到在过去10年中，男性预期寿命增加了6岁，女性预期寿命增加了3.5岁，也就是说，该国预期寿命很可能很快还会上升。自20世纪80年代末（苏联占领的最后阶段）和20世

---

① *Statistics Estonia*, 9 May 2018.
② Life expectancy is increasing in Estonia, *Statistics Estonia*, 5 September 2018, https://www.stat.ee/news-release-2018-094.

纪90年代初（恢复独立后的最初阶段），爱沙尼亚设法有效地关注了许多因素，预期寿命取决于环境问题、总体生活水平和医疗保健水平。

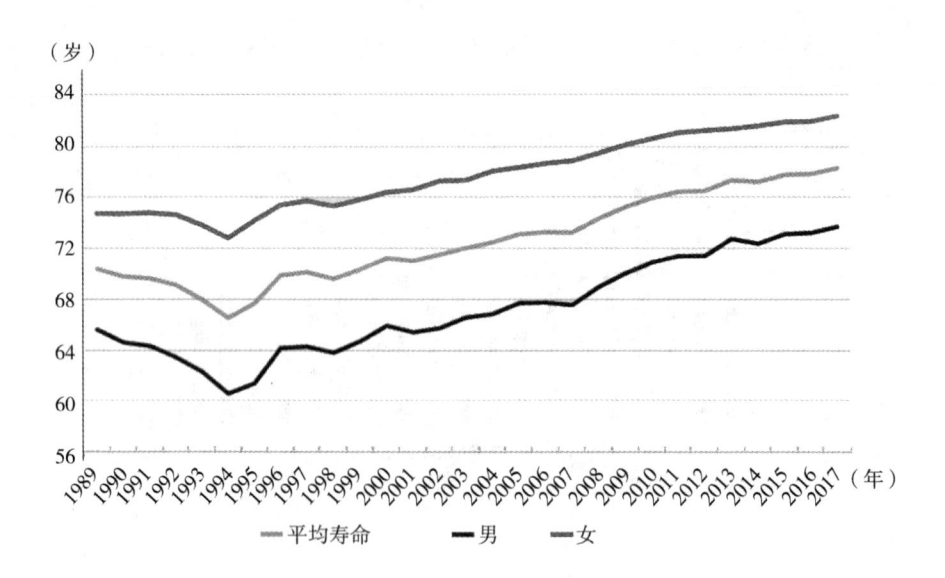

图 2.3　1989—2017 年爱沙尼亚预期寿命

资料来源：爱沙尼亚统计局。

人们可能会说，到 2018 年，爱沙尼亚已达到其历史上的顶点，国家拥有大量社会宝贵财产，最终实现了仅在 30 年前看起来像"科幻小说"的事情，即一个具有社会凝聚力的人口。绝大多数人，无论其语言和文化背景如何，都可以积极参与国家的建设进程，同时分享同一套价值观。越来越多的人口的预期寿命正朝着积极的态势发展，而且，该国日常生活中独特的"数字"维度，更重要的还是体现在爱沙尼亚国家中，很多非爱沙尼亚人拥有爱沙尼亚公民身份。所有这些以及许多其他因素为该国非种族同质化社会的进一步发展打下了坚实的基础。从各方面来看，

2018年是一个非常不错的开端。显然，爱沙尼亚已为下个世纪做好准备。

（四）2018年爱沙尼亚外交发展概述

显然，从20世纪90年代爱沙尼亚试图重新获得独立时开始，这个国家从未像2018年那样在国际上更加引人注目。部分原因是百年纪念——庆祝其独立100周年，爱沙尼亚抓住时机向世界"讲述"其全部的故事。与此同时，还有其他因素"塑造"了爱沙尼亚共和国在国际舞台上的形象，最主要的就是2020—2021年爱沙尼亚申请联合国安理会非常任理事国并特别关注俄罗斯联邦在欧洲的激进立场。

1. 爱沙尼亚申请2020—2021年联合国安理会非常任理事国

尽管爱沙尼亚不是联合国的创始成员，但它于1921年成功加入了国际联盟，这可能是因为爱沙尼亚期待长期积极参与解决具有国际上各种重大且复杂的问题。一切并没有按照计划进行，因为在苏联占领之前，爱沙尼亚作为一个独立国家存在的时间不到19年。以联合国为基础的国际体系于1945年建立，在苏联所有加盟共和国中，新诞生的联合国成员国的权利仅给予了白俄罗斯和乌克兰。直到1991年9月17日[①]，当爱沙尼亚也从解体的苏联中独立出来时，成为联合国这个国际体系中不可或缺的一部分的机会来临了。

到目前为止，令许多人感到意外的是，爱沙尼亚共和国仍然

[①] Estonia in the United Nations, *Välisministeerium*, https：//vm.ee/en/estonia-united-nations.

是 69 个现代国家（在联合国 193 个成员国中）从未当选过联合国安理会非常任理事国的国家。2017—2018 年，爱沙尼亚试图明确指出，它应该有机会通过（联合国）安全理事会成员参与维护世界的稳定与安全……分享其有效国家治理和创造性的电子解决方案的最佳经验①。这次申请于 2017 年 7 月 13 日正式启动②，但 2018 年所做的努力对于未来的结果绝对有帮助。在这一年中，爱沙尼亚外交部，特别是外交部部长斯文·米克塞尔（Sven Mikser）为爱沙尼亚在联合国主要执行机构中的地位所做的努力得到了其他爱沙尼亚各部和不同政治机构的支持，这些机构的高级官员们也尽可能多地访问了许多国家。例如，马良内·米科（Marianne Mikko，社会民主党议员）于 2018 年 1 月参加了在圭亚那、特立尼达和多巴哥举行的高级别会议③；外交事务委员会主席、祖国联盟—共和国党成员马尔科·米赫尔松（Marko Mihkelson）3 月访问了阿曼、阿拉伯联合酋长国和巴林④；5 月，国

---

① Estonia to the UN Security Council 2020 – 2021, *Välisministeerium*, https：//vm. ee/en/estonia – un – security – council – 2020 – 2021.

② Estonia's UN Security Council membership campaign kicks off, *Välisministeerium*, https：//vm. ee/en/news/estonias – un – security – council – membership – campaign – kicks – 0.

③ President's advisory council member Marianne Mikko meets Foreign Minister of Guyana Carl B. Greenidge in the framework of Estonia's UN Security Council membership campaign visit to Caribbean countries' and Estonian President's advisory council member Marianne Mikko's high – level meetings in Trinidad and Tobago, *Välisministeerium*, https：//vm. ee/en/news/presidents – advisory – council – member – marianne – mikko – meets – foreign – minister – guyana – carl – b and https：//vm. ee/en/news/estonian – presidents – advisory – council – member – marianne – mikkos – high – level – meetings – trinidad – and.

④ Chairman of the Foreign Affairs Committee of the Estonian Parliament Mr. Marko Mihkelson's working visit to Oman, Chairman of the Foreign Affairs Committee of the Estonian Parliament Mr. Marko Mihkelson's working visit to the United Arab Emirates, and Chairman of the Foreign Affairs Committee of the Estonian Parliament Mr. Marko Mihkelson's working visit to Bahrain. *Välisministeerium*, https：//vm. ee/en/news/chairman-foreign-affairs-committee-estonian-parliament-mr-marko-mihkelsons-working-visit-oman, https：//vm. ee/en/news/chairman-foreign-affairs-committee-estonian-parliament-mr-marko-mihkelsons-working-visit-united, and https：//vm. ee/en/news/chairman-foreign-affairs-committee-estonian-parliament-mr-marko-mihkelsons-working-visit.

二　爱沙尼亚

防委员会主席、社会民主党议员汉内斯·汉索（Hannes Hanso）对拉丁美洲进行了密集的访问——智利、秘鲁、厄瓜多尔和巴拿马①。这些活动仅仅代表了爱沙尼亚在全球范围内传递"爱沙尼亚信息"方面取得的成果的一小部分，其中一些国家是爱沙尼亚代表团首次访问的。在分析这些外交方面的发展时，应该记住的是，爱沙尼亚共和国是一个拥有约130万人口的国家，对于美国、中国甚至法国来说，到世界各地访问是一个"国际"的日常生活，但对于一个在人口规模和领退规模小得多的国家来说，这是一个令人难以置信的"壮举"。

上述活动仍在进行中，需要强调爱沙尼亚总统柯斯迪·卡留莱德（Kersti Kaljulaid）的积极、有效的作用。2018年，很明显，总统柯斯迪·卡留莱德对其国家外交政策方向的看法与她的任何前任相比都要广泛得多。总统在2018年下半年的外交活动几乎是一个接一个，柯斯迪·卡留莱德访问了格鲁吉亚、乌克兰、中国、亚美尼亚、韩国、澳大利亚、瓦努阿图、斐济、新西兰和美国。接近年底，总统又赴贝宁（她的第一次非洲之行）和塞内加尔②。到目前为止，这是爱沙尼亚有史以来最全面的全球战略外交活动。2018年9月，卡留莱德总统在第73届联合国大会上致辞，详细解

---

① High – level meetings in Chile of Member of Estonian Parliament and Member of the President's Advisory Council Mr. Hannes Hanso, *Välisministeerium*, https://vm.ee/en/news/high – level – meetings – chile – member – estonian – parliament – and – member – presidents – advisory – council – mr.

② "President Kaljulaid discussed cooperation between the two states with her Benin colleague", "President Kaljulaid discussed opportunities for co – operation with the President of Senegal", *The President of the Republic of Estonia*, https://president.ee/en/meedia/press – releases/14745 – president – kaljulaid – discussed – cooperation – between – the – two – states – with – her – benin – colleague/index.html and https://president.ee/en/meedia/press – releases/14747 – president – kaljulaid – discussed – opportunities – for – co – operation – with – the – president – of – senegal/index.html.

释了她的国家愿景：

"小国没有时间实现小目标。我们最主要的目标是将所有数字化的东西带到安理会。网络风险是爱沙尼亚人作为完全数字化国家的公民比大多数人更了解的事情。我们希望阐述我们的观点，现在的世界面临与网络相关的威胁和与传统威胁相结合的新形势，人类在这个新的世界要如何保证生存。我们对联合国安理会非常任理事国候选资格和整个联合国的愿景基于三个关键词——同情、平等和效率。"[1]

在 2020—2021 年成为联合国安理会非常任理事国，爱沙尼亚的阐述看起来非常可靠。当然，2019 年，将由国际社会决定下一次非常任理事国将选择哪些国家，但将从东欧各国中挑选爱沙尼亚的可能性很高。

2. 俄罗斯成为 2018 年爱沙尼亚的"主题"

爱沙尼亚与俄罗斯边境长 294 公里，这条分界线表明俄罗斯是欧盟和北约的直接邻国。自 2014 年以来，俄罗斯非法吞并乌克兰大部分地区（克里米亚自治共和国和塞瓦斯托波尔市）并维持其在乌克兰主权领土其他地区（顿涅茨克和卢甘斯克的某些地区）的非法军事存在的因素，爱沙尼亚完全支持对俄罗斯联邦实施的广泛的国际制裁。在这方面，2018 年爱沙尼亚官方立场没有发生重大变化。与此同时，仍有一些事情需要强调，从 2018 年起，爱沙尼亚的政治家们在谈到他们国家对于俄罗斯及其目前

---

[1] Kersti Kaljulaid in "Address by the President of the Republic of Estonia Kersti Kaljulaid at the 73rd United Nations General Assembly". 26 September 2018. *The President of the Republic of Estonia*, https://www.president.ee/en/official–duties/speeches/14577–address–by–the–president–of–the–republic–of–estonia–kersti–kaljulaid–at–the–73rd–united–nations–general–assembly/index.html.

二 爱沙尼亚

咄咄逼人态势的立场时,表达的是代表大部分国家和整体的观点。现实也是显而易见的,当国际社会试图找到一个积极的解决方案来阻止俄罗斯对乌克兰任何形式的侵略时,世界不应该忘记其他地区的冲突,这些冲突也许或并不涉及同一个侵略者。在欧洲(格鲁吉亚、阿塞拜疆、摩尔多瓦)、中东(叙利亚)或其他地方(非洲)可以看到这些冲突局势。可以说,通过这种方法,国际社会将更容易更准确地发现世界面临的实际挑战。正如卡留莱德总统指出:

"乌克兰东部正在进行的军事侵略继续在欧洲的核心地带进行。克里米亚半岛仍然被占领,格鲁吉亚的部分地区仍然被占领,并且非洲旷日持久的冲突仍然没有得到解决。很难容忍这些令人悲伤的问题。然而,言语无法解决问题。对于那些处于困境中的人来说,了解他们的真实情况,我承认,除了同情,我们不能做更多,但至少提供了一些希望。"[①]

爱沙尼亚与俄罗斯关系本身有一个重要问题多年来一直未得到解决,即两国签署的边界条约尚未得到批准。这件事可以追溯到2005年5月,当时爱沙尼亚和俄罗斯签署了关于两个邻国之间陆地和海上边界的一些条约。爱沙尼亚国会于2005年6月通过了这些条约,增加了一个小序言,其中有一个解释说"在批准边界条约时,国会考虑到,根据(爱沙尼亚)宪法第122条,边界条约将部分改变1920年塔尔图和平条约所界定的国家边界线,但不会影响条约的其余部分,也不会规定与边界条约无关的任何

---

① Kaljulaid in "Address by the President of the Republic of Estonia Kersti Kaljulaid at the 73rd United Nations General Assembly".

双边问题的处理"①。正如报道的那样，俄罗斯方面撤回了其签字，认为塔尔图和约已经失去法律效力，若加入相关条文，爱沙尼亚有可能在今后对俄罗斯提出领土要求，指出上述序言开启了"未来领土要求的方式"②，而事实上，爱沙尼亚否认了对俄罗斯有任何领土要求。由此双方出现了"僵局"，2013年双方恢复谈判，"僵局"有所缓和，随后于2014年2月18日举行条约签署仪式③。爱沙尼亚国会于2015年11月的议会一读通过条约，但俄罗斯国家杜马尚未开始这一进程④。根据爱沙尼亚国会的程序规则，"在国会任期期满后，所有没有在国会任期内完成的法案和决议草案的程序都将被废除"⑤。它只能意味着，为了不被废除，该进程必须在2019年3月初全部完成，届时议会将举行最后一次会议。

到目前为止，双方的立场没有太大变化。2018年12月，俄罗斯驻爱沙尼亚大使亚历山大·彼得罗夫（Alexander Petrov）强调了这一点，他指出："俄罗斯与爱沙尼亚的关系目前尚不处于最佳状态……时间过去很快，到3月3日基本没有改变……虽然我不想做出可能被误解的预测，但解决这个对我们双方都很重要的问题，并将使我们能够继续推进以达成其他协议，显然已不再可能，而

---

① "Moscow: Border treaty won't be ratified if Estonia doesn't change conduct". 23 May 2018. *ERR*, https: //news. err. ee/833760/moscow – border – treaty – won – t – be – ratified – if – estonia – doesn – t – change – conduct.

② "Moscow: Border treaty won't be ratified if Estonia doesn't change conduct".

③ "After 20 years, Russia and Estonia sign border treaty". 18 February 2014. *Reuters*, https: //www. reuters. com/article/us – russia – estonia – idUSBREA1H0QN20140218.

④ "Moscow: Border treaty won't be ratified if Estonia doesn't change conduct".

⑤ "Russian ambassador: Estonian – Russian relations not currently at their best". 17 December 2018. *ERR*, https: //news. err. ee/885533/russian – ambassador – estonian – russian – relations – not – currently – at – their – best.

二 爱沙尼亚

且不得不由下一届爱沙尼亚议会处理。"①

至于爱沙尼亚方面,在 2018 年 5 月,卡留莱德总统表示她将准备访问莫斯科并会见俄罗斯总统,前提是俄罗斯将在她的访问之前批准该边境条约②。2018 年,爱沙尼亚共和国度过了繁忙而多事的一年。

---

① Alexander Petrov in "Russian ambassador: Estonian – Russian relations not currently at their best".

② Kersti Kaljulaid in "Кальюлайд: я готова поехать в Москву, когда Россия ратифицирует пограничный договор". 22 May 2018. *Delfi*, http://rus. delfi. ee/daily/estonia/kalyulajd – ya – gotova – poehat – v – moskvu – kogda – rossiya – ratificiruet – pogranichnyj – dogovor? id = 82186669.

三 保加利亚[*]

（一）2018年保加利亚的政治进程和趋势

1. 丑闻、抗议和不稳定的一年

2018年保加利亚在政治上是丑闻、期望和失望的一年。2018年是保加利亚第93届内阁的第二年，于2017年5月4日组阁。这是一个由博伊科·鲍里索夫（Boyko Borisov）担任主席的联合政府。在鲍里索夫领导的中右翼政党保加利亚公民欧洲发展党（GERB）于2017年年初赢得议会选举后成立了政府。然而，保加利亚公民欧洲发展党在国民议会的240个席位中只赢得了95个席位，因此需要组建一个联盟才能组阁。这是鲍里索夫的第三届政府。鲍里索夫是保加利亚公民欧洲发展党的创始人，于2009年7月首次担任政府总理。鲍里索夫的保加利亚公民欧洲发展党与反移民组织——联合爱国者联盟组成了执政联盟。政府由执政的保加利亚公民欧洲发展党的几位部长、小的联盟政党——联合爱国者联盟的两位领导人和其他几位部长组成。由于总理博伊科·鲍里索夫与国内最主要的大媒体老板关系密切，因此政府得到了媒体的不寻常的待遇。这种待遇使

---

[*] 作者：Evgeniy Kandilarov；翻译：李丹琳；校对和审核：陈新。

政府能够推迟任何结构性改革，转而采取民粹主义政策。作为政府的主要合作伙伴，联合爱国者联盟是保加利亚的民族主义选举联盟，由三个政党组成：保加利亚民族运动（IMRO）、保加利亚爱国者阵线（NFSB）和"阿塔卡"联盟。所谓的小联盟中的三个政党之间的冲突早已是常态，并且形成永久的丑闻。在任何问题上几乎都没有达到正常水平：地缘政治（俄罗斯或乌克兰）、意识形态（保守或民族主义）、经济、人事（部长候选人和欧洲议会议员）。联合爱国者联盟的弱点使得人们开始质疑他们的政治前途。

执政联盟在议会中占多数（240个席位中的122个）。许多政治观察家预计，亲欧盟的保加利亚公民欧洲发展党与其民族主义的联盟伙伴之间的政策差异将在中期内就会动摇政府的基础并导致提前选举。群众对政治的不满情绪仍然很高，特别是因为政府在打击贪污腐败以及在社会福利方面的进展缓慢。在现任政府奉行亲欧盟政策的同时，社会党和总统鲁门·拉德夫（Rumen Radev）则赞成与俄罗斯建立更密切的政治和经济关系。

2018年的政治开始于主要反对党保加利亚社会党提出对总理博伊科·鲍里索夫领导的联盟政府的不信任投票。不信任投票是失败的，或者更确切地说，是因为缺乏与腐败作斗争的政策。投票没有成功。而更重要的是，在保加利亚接任欧盟轮值主席国时，反对派意外地开始了投票。

由于安全问题，2018年6月新一轮不信任投票开始了，10月因健康问题而失败。在此期间，各种抗议活动频发。残疾儿童的母亲们坚持要求国家对儿童自身的需求和家庭的需求采取公平和区别对待的方法。他们抗议的主要口号是"制度杀死了我们"，而随着越来越多不满意的公民因不断加深的社会差异举行大规模抗议活动时，这个口号就成为标志。鲍里索夫的统治还没有到一年，社会上的丑闻就如此众多和多样。从年初到年底一直累积，难以统计和分类。政府找到了稳定的模式，在这种背景下，鲍里索夫不愿做出任何改变甚至会更强硬。

2. 保加利亚担任欧盟轮值主席国对国内政治进程的影响

2018年保加利亚开始担任欧盟轮值主席国。6个月以来，保加利亚一直领导着欧洲，在保加利亚举办了300多场活动，参加的代表和人员创历史纪录。保加利亚于2018年1月1日至7月1日担任欧盟轮值主席国，不仅在国际上具有很大影响，而且对国内政治进程产生了巨大的影响。它使得不仅可以在政府与反对派之间，而且在社会内部划出新的分界线。保加利亚政府试图将其关于欧盟轮值主席国的立场和政策作为全国共识提出，但事实并非如此。他们提出的问题和行动有许多争议。反对派利用这个机会进一步攻击执政联盟，因为如果在许多外国政治观察者面前这样做，这可能会产生更好的效果。保加利亚社会党为保加利亚担任欧盟轮值主席国制定了自己的愿景和优先事项，其中包括凝聚力政策和欧洲社会团结问题。反对派指责总理基本上没有采取任何有利于保加利亚国家利益的政治行动，而只是欧洲官僚和有影响力的西欧政治领导人被动的和顺从的"仆人"。实际上，无论反对派的攻击如何，政府只将轮值主席国的职位作为政治公关的工具，社会学调查显示，大多数保加利亚人都认为这一事件非常积极，这也增强了人民对政府的信任，提升了对总理和政府的政治评价。因此，我们可以肯定地得出结论，保加利亚的欧盟轮值主席国是一种稳定因素，在普遍存在的政治不稳定和不断出现的丑闻和危机的情况下非常及时和重要。

3. 代议制民主制度的危机

2018 年夏季对执政联盟的冲击以及一些部长的辞职并没有改变任何事情。内阁最大的变化是副总理瓦列里·西梅诺夫（Valeri Simeonov）的辞职，他也是政府的执政联盟伙伴保加利亚国家救国阵线的领导人。但这次辞职并没有阻止抗议活动，因为这次抗议的主要问题不仅仅是低工资、高能源价格和税收等问题。与当局缺乏对话，而当局只是重申他们的选举计划，而反对派的计划没有替代的解决方案。

在秋季结束时，欧盟表示欧盟委员会对保加利亚的改革努力表示赞赏，予以积极评价。根据保加利亚的进展报告，如果该国继续努力实施 2017 年欧盟合作与核查机制报告中的 17 项建议，欧盟委员会将于 2019 年终止监督机制。用欧洲委员会第一副主席弗朗斯·蒂默曼斯（Frans Timmermans）的话说，六个有问题的指标中的三个——司法独立、立法框架和打击有组织犯罪问题可以考虑暂时中止。

但真实情况则完全不同。对社会和政治进程的分析表明，在保加利亚，我们看到代议制民主的危机日益严重。对政府的不信任是巨大的。在某种程度上出现的抗议活动越来越多。

社会上的冲突仍在继续，这些冲突分为几个部分。在政治层面，我们看到政府与反对派之间发生的冲突，这种冲突正在变得越来越不可调和，这并不意味着任何好事，因为具有战略目标的政府需要基本的社会协议，而 2018 年的情况并非如此。这是一整年的冲突和问题，这些冲突和问题是不断深化的代议制民主的危机导致的。在这方面，我们看到的是，选举产生的代表脱离选民并逐渐变为寡头群体的过程。这一过程破坏了政府与统治者之间的关系，使他们无法确定发展方向。保加利亚存在着巨大的不满和不信任。民主是一个完全基于信任的体系，上述进程是对民主制度基础的打击。

4. 机构间的争斗

在这一年中，保加利亚总统鲁门·拉德夫与总理鲍里索夫之间的紧张关系以及频繁的口头攻击和批评日益加剧。拉德夫被抨击说，他没有履行团结国家的义务，而鲍里索夫则被指责加强了他的政府的不民主统治。拉德夫致力于批评政府的制度，反对派直接采用了鲍里索夫和拉德夫的角度。拉德夫言论的主题是腐败、法律和言论自由等。从拉德夫的整个行为中可以清楚地看出，他拒绝目前制定政策者采用的模式，但猜测他很快会创建一个政党并参加选举。提前选举对他来说不是一个好的选择，因为社会已经衰竭并寻求其他替代方案的关键时刻还没有到来。

5. 政府的政治选择

主要反对党保加利亚社会党将其2018年所做的工作总结为：他们已将自己确立为主要的反对力量，是国家未来管理的主要力量。这一说法有一些原因。社会党制定了一条总是反对执政党的政策路线，并且不允许另一个政党竞争这一地位。在这一年中，社会党启动了反对派言论，并得到了强有力的支持。社会党反对执政党的努力，其结果是制定了一份战略和计划文件，称为"保加利亚愿景"，该文件是与"保加利亚公民欧洲发展党模式"完全相反的对应版本。"保加利亚愿景"被证明是保加利亚政治生活中唯一的计划，同样没有其他政党能够竞争，为社会党在全国的宣传和长期的动员提供了机会。

6. 结论

2019年，保加利亚会面临至少两场选举，也可能是三场。各政治力量的行为缺乏可预测性使对未来选举的评估变得困难。对治理和政治结构的决定性考验将是2019年的欧洲议会选举，这也是保加利亚政治体系中一支可能的新兴政治力量成功开始的最后期限。社会学家预测，如果保加利亚公民欧洲发展党在2019年欧洲议会选举中失败，它将失去权力。2018年年初的大规模抗议活动可能会动摇政府的治理，也可能会使其在欧洲选举和秋季的地方选举中获胜而稳定其地位。不久的将来会给我们答案。

（二）2018年保加利亚经济发展概况

保加利亚的经济以自由市场原则为基础，拥有庞大的私有部门和较小的公共部门。根据世界银行的界定，保加利亚是一个中等收入偏上的国家，是欧洲联盟（EU）、世界贸易组织（WTO）、欧洲安全与合作组织（OSCE）和黑海经济合作组织（BSEC）的成员国。保加利亚货币是列弗（lev，复数为leva），与欧元挂钩，汇率为1欧元等于1.95583列弗。保加利亚拥有11.0994万平方公里的土地，土地面积在欧洲排名第16位。保加利亚人口约710万，主要是城市人口，主要集中在28个行政区。大多数商业和文化活动都集中在首都和最大的城市索菲亚。最强劲的经济部门是食品工业、机械和加工工业、农业、旅游和服务业、采矿业、电力工程等。出口主要是初级工业，包括服装、钢铁、机械和精炼燃料。主要贸易伙伴是德国、意大利、罗马尼亚、土耳其、希腊、法国、西班牙、比利时、荷兰、英国、波兰、奥地利、塞尔维亚、中国和捷克共和国（见表3.1）。

表 3.1　　　　　保加利亚主要经济指标　　　　　单位：%

指标	2016 年	2017 年	2018 年（第 1—3 季度）
GDP 实际增长率	3.9	3.8	2.7
固定资本形成总额	-6.6	3.2	3.0
消费	3.3	4.3	7.5
出口	8.1	5.8	-3.2
进口	4.5	7.5	3.8
农业	5.3	8.9	-0.8
工业（建筑业除外）	5.9	4.0	0.9
建筑业	-6.8	4.4	2.1
服务业	3.1	3.9	4.3
年通货膨胀率	2.4	0.4	2.8
失业率	12.3	12.9	
就业率	0.5	1.8	-0.9
预算盈余（占 GDP 的百分比）	1.6	0.8	
政府债务（占 GDP 的百分比）	29.1	25.9	22.5

资料来源：保加利亚共和国财政部。

1. 国内生产总值（GDP）

根据初步数据，保加利亚 2018 年第三季度按当前价格计算的国内生产总值（GDP）为 298.22 亿列弗。人均 GDP 达到 4236 列弗。以美元计算的平均季度汇率为 1 美元兑 1.68233 列弗。以美元计算，保加利亚 GDP 为 177.26 亿美元或人均 GDP 为 2518 美元。以欧元计算，GDP 为 152.48 亿欧元或人均 GDP 为 2166 欧元。根据经季节性调整的数据，2018 年第三季度的 GDP 增长率与 2017 年同期相比为 3.1%，与 2018 年第二季度相比增长 0.7%。这是自 2014 年第四季度以来的最慢增长率。由于出口进一步下降（第三季度为 -3.6%，第二季度为 -1.9%），而进口增长（第三季度 4.0%，第二季度为 5.0%），政府支出增长较少（第三季度为 3.6%，第二季度为 4.5%），净外部需求对增长产生负面影响。相比之下，家庭消费（第三季度为 7.7%，第二季度为 7.5%）和固定投资（第三季度 7.0%，第二季度为 6.6%）上升得更快。2018 年第三季度，62.6% 的 GDP 用于个人消费。

与 2017 年第三季度相比，2018 年农业部门在经济总增加值中的份额下降 0.8 个百分点至 7.2%。工业部门的份额下降 0.9 个百分点至 27.6%。与 2017 年同期相比，服务业增加值的相对份额从 63.5% 增至 65.2%。

保加利亚仍然是欧盟各国中 GDP 比重最低的 10 个国家之一。根据欧盟统计局的数据，保加利亚 GDP 在 2017 年占欧盟总产值的 0.3%，成为欧盟成员国中 GDP 份额低于 1% 的 11 个成员国之一。与 2017 年相比，保加利亚 GDP 没有显著的变化，并且在年度排名中再次处于第 21 位。保加利亚与匈牙利、斯洛伐克、卢森堡、克罗地亚、斯洛文尼亚、立陶宛、拉脱维亚、爱沙尼亚、塞浦路斯和马耳他分为一类。然而值得注意的是，比保加利亚人口少得多的国家，如克罗地亚、斯洛文尼亚和立陶宛，GDP 所占份额与保加利亚相同。

购买力平价（PPP）调整后，2017 年保加利亚人均 GDP 为 1.856 万美元，保加利亚的人均 GDP 相当于世界平均水平的 104%。

2. 劳动力市场

2018年12月登记失业率出现季节性增长，小幅升至6.1%。由于初级市场的劳动力需求减少，失业率下降，并达到了年度的最低值。

2018年第三季度，15岁及以上的就业人数为320.33万，其中男性为171.22万人，女性为149.32万人。15岁及以上总人口中就业人口比重为53.3%。其中男性占59.4%，女性占47.8%。

2018年第三季度失业人数为16.83万人，其中男性为9.72万人（57.7%），女性为7.11万人（42.3%）。失业率为5.0%，比2017年第三季度下降0.8个百分点。

根据保加利亚国家统计局2018年12月的商业调查，34.1%的工业企业的劳动力短缺是限制企业发展的一个因素。

2018年9月，保加利亚的平均工资和薪酬比8月增加了1135列弗，增长11%。与2017年9月相比，增幅为6.7%。

3. 贸易平衡

2018年，从保加利亚到第三国的商品出口与2017年相比减少了12.5%，共减少了175.56亿列弗。保加利亚的主要贸易伙伴是土耳其、中国、塞尔维亚、美国、马其顿和俄罗斯，占向非欧盟国家出口总额的52.6%。2018年12月，从保加利亚到第三国的货物出口量与2017年同期相比减少了14.6%，共14.886亿列弗。

2018年从第三国进口到保加利亚的货物与2017年相比增加了7.4%，共230.123亿列弗。据报告，从俄罗斯、土耳其、中国和塞尔维亚进口的货物数量最多。

2018年10月，保加利亚贸易逆差为2.333亿欧元，而2017年10月的逆差为5760万欧元。2018年1—10月，贸易逆差为18.29

亿欧元（占 GDP 的 3.5%），与 2017 年 1—10 月相比，逆差为 25.19 亿欧元（占 GDP 的 0.5%）。

2018 年保加利亚对外贸易逆差总额达到 76.698 亿列弗。按 FOB/FOB 价格计算（在取消进口运输和保险费用后），2018 年保加利亚的进出口也为逆差，逆差总额累计达到 32.653 亿列弗。

保加利亚的贸易始终是逆差，而其战略规划表明这种趋势仍将继续下去。显然，保加利亚应在数量和质量以及附加值和多样性方面改善其出口。否则，仅通过国内消费和外国直接投资（目前来说太低）来加速经济增长将会非常困难。

最后，政府债务正在上升，对实体经济没有任何重大影响（作为经济的支撑因素）。目前，这种情况更有可能对整个社会产生越来越大的影响（5 年来，政府债务占 GDP 的比重几乎翻了一番）。

4. 直接投资

2018 年 10 月，保加利亚吸收的净直接投资额为 530 万欧元，而 2017 年 10 月净直接投资额为 -2.574 亿欧元。2018 年 1—10 月的直接投资为 -5.743 亿欧元（占 GDP 的 1.1%），2017 年 1—10 月为 -7.792 亿欧元（占国内生产总值的 1.5%）。根据初步数据，保加利亚的外国直接投资（根据定向原则）在 2018 年 10 月增长了 990 万欧元，而 2017 年 10 月的外国直接投资增加了 2.623 亿欧元。2018 年 10 月保加利亚的对外直接投资额增加了 1520 万欧元，而 2017 年 10 月的对外直接投资增加了 650 万欧元。

5. 通货膨胀

2018 年年底保加利亚的通胀率为 2.3%。通货膨胀在 11—12 月急剧下降，主要原因是液体燃料价格受到原油价格下跌的影响。

2018年的平均年通货膨胀率为2.6%，接近国际货币基金组织秋季预测的2.7%。

6. 结论

自2018年下半年以来，保加利亚经济机构和金融机构开始下调对经济的预测。这些调整大部分与对外部门、全球经济放缓和贸易量下降有关。中美之间的贸易摩擦肯定会影响全球贸易、全球金融和经济形势。保加利亚作为一个小型开放经济体也受到贸易增长放缓的影响。保加利亚2018年前9个月的数据非常令人不安。对第三国的出口已经减少，尤其是对出现危机的土耳其的出口。

保加利亚未来两年的经济前景并不乐观，风险仍然相对较高。对于传统的外部环境和外部环境需求的变化，必须要考虑与传统的不稳定的政治环境相关的内部风险。对未来的预测可归纳为以下几个方面。

保加利亚经济是开放的，高度依赖外部需求和外部融资。经济结构及其出口潜力使我们有充分理由相信我们不能依赖出口作为增长的重要因素。

以外国直接投资作为主要形式的外部融资水平远远低于国际金融危机前的水平。外部资金的主要来源将仍然是欧盟资助计划框架内的资金，预计这些资金将在此期间逐步减少。

考虑到上述两个因素，可以得出结论，如短期和中期一样，经济的增长将保持相当低且不稳定的趋势，远远不是保加利亚发展所必需的。更具体地说，2019年保加利亚的经济增长速度可能会放缓至3%—3.5%。

国内需求，特别是私人消费将决定经济活动的发展趋势。

2019年对保加利亚经济发展的总体预测并不是那么积极。许多分析家预测，许多因素导致经济增长放缓，其中主要的外部因素包括欧洲整体经济不稳定以及欧元区相当复杂的局面。

（三）2018年保加利亚社会发展概况

在21世纪初，保加利亚人口发生了重大变化。几十年来保加利亚人口发展的主流就是负增长，人口稳步下降。2001年，保加利亚人口为789.11万人，2010年为750.47万人，2016年为710.19万人。预计，保加利亚人口减少的趋势使得保总人口回到1946年"二战"后的人数，当时的人口为702.94万人。保加利亚人口每年减少约4.5万人，许多社会科学家由此得出结论，保加利亚实际上每小时就消失5人。2019年1月1日，保加利亚人口估计为697.4766万人。与前一年的702.4429万人口相比，增长率是－0.71%（减少了4.9663万人）。保加利亚人口的主要种族群体如下：保加利亚人占76.9%，土耳其人占8%，罗姆人占4.4%，其他占0.7%（包括俄罗斯人、亚美尼亚人和瓦拉几亚人），另外，未知人口占10%（2011年估计数）。罗姆人在官方统计数据中通常被低估，可能占保加利亚人口的9%—11%。

2018年保加利亚的自然增长率为负，因为死亡人数超过活产婴儿人数4.0039万。由于向外国移民，人口减少了9623人。总人口的性别比为0.930（1000名女性：930名男性），低于全球性别比。截至2018年，全球性别比约为1016名男性：1000名女性。就年龄分布而言，18.9%的人（即131.5747万）为19岁或以下，59.9%的人口（即417.234万）年龄在20—65岁，21.3%人口（148.5094万）年龄在65岁以上。预计保加利亚人口将在2019年减少5.3万人，到2020年减至691.6万人。移民（包括向外移民和向保加利亚移民）使得每年减少人口 4800 人。保加利亚平均每年有 6.3786 万名新生儿，儿童死亡 10.7144 万名。保加利亚的人口密度从 1980 年的 80.1 变为 2017 年的 65.3。

保加利亚人口状况恶化不仅是因为人口减少，而且因为其基本人口指标的恶化（见表 3.2）。

表 3.2　　　　　　　　　保加利亚基本人口指标

人口指标	年份			
	2001	2010	2017	2018
总人数	7891095	7504868	7050034	7036848
1. 劳动年龄以下人口	1288193	1098240	1065993	970818
2. 劳动年龄人口	4673219	4700606	4248503	4733774
3. 劳动年龄以上人口	1929683	1706022	1733538	1270175
4. 年龄抚养比	46.8	46.0	54.5	47.3
5. 青年/老年比例	88.5			
6. 人口扫盲	124.6	74	64	
7. 适龄生育女性	1907430	1757380	1517487	
8. 生头胎平均年龄	25.1	26.2	27.5	
9. 一名妇女生孩子平均数	1.24	1.49	1.56	1.46
10. 自然增长率（‰）	-54	-4.6	-6.5	-7.3（-40039）
11. 总增长率（‰）	-5.6			
12. 新生儿	68180	75513	63955	66311
13. 生育率（‰）	9.2	8.6	9.0	
14. 总生育系数（TER）	1.24	1.49	1.56	
15. 总生育率（‰）	35.7	42.6	41.8	
16. 死亡人数	112368	110165	109791	106350
17. 总死亡率（‰）	14.2	11.5	13.2	
18. 婴儿死亡率（‰）	14.4	9.4	6.4	
19. 对内净移民数				-9623

资料来源：National Statistic Institute。

对保加利亚基本人口指标的比较分析引起了对人口再生产的关

注。基本人口统计数据是负面的。令人担忧的是,这些负增长还有持续的上升趋势。这对人口稳定和实现人口平衡战略产生了负面的影响。

通过对保加利亚2001年以来近20年的人口分析可以看出,人口减少和基本人口指标恶化的趋势仍在继续。保加利亚的出生率动态变化,但不幸的是,出生率始终低于欧盟平均水平。2017年,保加利亚的出生率为9‰,欧盟为10.4‰,该国仅有6.39万名婴儿出生,这是一个极低的水平,比2009年少了1.6万多名婴儿。2018年,这种趋势仍然没有根本改变。这种低生育率的现象有两种表现,一是女性的生育率降低,二是生育条件有限。

2017年每1000名育龄妇女生产的存活率为41.8‰,平均每名妇女生育的子女数为1.56。这样的结果无法确保该国人口的简单再生产。分娩第一胎的平均年龄从2001年的25.1岁增至2017年的27岁。

保加利亚生育结构令人震惊。每10个新生婴儿中就有6个是非婚生育。堕胎数大约是出生人数的1/2。低年龄生育孩子的倾向持续增加,100名母亲中有8名是未成年。2.6名婴儿是从未上过学的母亲生育的,2.3名婴儿是未完成小学教育的母亲生育的,1.6名婴儿是接受过小学和初等教育的母亲生育的。21世纪的今天,每1000名活产婴儿中有6.4人活不到1岁,这是不可接受的。

而保加利亚是欧盟国家,死亡率最高且还在稳步上升,接近15.5‰,而欧盟的死亡率则为9.8‰。

保加利亚的人口统计数据显示,尽管人口年龄结构恶化,但总值几乎与21世纪初的总值持平值(2001年为14.2‰,2017年为13.2‰)。唯一的成就是儿童死亡率降低到原来的1/2。2001年儿童死亡率为14.4‰,最近的数字为6.4‰。这并不意味着这项工作可以停止，相反，应该继续特别关注农村儿童的死亡率，因为农村儿童死亡率高达9.5‰，相比之下城市为5.4‰。

男性和女性的平均预期寿命都有所增加。与男性相比，女性预期寿命更高。

保加利亚最常见的是两个孩子的模式，42.5%的育龄妇女有两个孩子，24.7%的育龄妇女生育一个孩子。来自城镇和村庄的妇女是相同的。近1/4的育龄妇女没有孩子，占24%。对于受过高等教育的女性来说，典型模式是一个孩子，保加利亚人、土耳其人和罗姆人都一样。对于接受不完整小学教育的妇女和从未上过学的妇女，最常见的模式是有5个或更多的孩子，这类妇女在保加利亚女性中占12.6%，土耳其女性中占31.2%，罗姆女性中占32.1%。

非婚生儿童的比例不断增长。在近20年的时间里，非婚生儿童增加了16.6个百分点，超过了婚姻出生的孩子。非婚生儿童所占该国儿童总数的58.7%。

人口的自然和机械的增长对人口数量有重大影响，这已经得到多年的证实。

人口的负增长加剧了人口的年龄结构的恶化，劳动年龄人口减少，而超过劳动年龄的人口增加。

自1990年以来，保加利亚开始了人口老龄化进程。近年来，出生率下降伴随着大量年轻人向外移民的增加。如今，保加利亚是世界上年龄最大的国家之一，2016年65岁以上的人口占20.4%。保加利亚的贫困或社会排斥风险在欧盟最高。贫困人口占65岁以上人口的57%。贫困线为160欧元。最低养老金为100欧元，保加利亚有38.8%的老年人领取。由于女性的养老金缴费较低，老年妇女的贫困或社会排斥风险特别高。与欧盟其他任何地方相比，保加利亚的残疾人面临更高的贫困或社会排斥风险。

目前，保加利亚的老人护理院有82家，进入养老院的居民支付养老金的70%给养老院。约有1.1万名保加利亚老人和残疾人士住在161所社会服务专门机构，而等候入住的老人则有3600人，其中2200人为精神障碍、精神残疾和痴呆症患者。

保加利亚人口的老龄化是对社会保障制度的严重挑战。国家政策应鼓励老年人积极参与经济和公共生活。社会保障和预防贫困等关键问题应成为当代老年社会政策的组成部分。与此同时，应加强保加利亚老年人的社会保障制度。卫生保健和社会保障需求的增加使得这些领域的支出增加，并且需要更多的资源。

总之，大多数社会学家预测保加利亚人口将在未来20—30年内继续下降，原因如下：出生率取决于生育系数（育龄期人口减少了约100万）；平均预期寿命将比其他欧盟国家低5—8年（一些国家，如意大利和西班牙的预期寿命达到85—87岁）；到2040年，65岁以上的老龄人口将占据过高的份额，超过27%；保加利亚不会是一个有吸引力的移民目的地，而恰恰相反，许多保加利亚人向外移民。

所有这些都证明，由于多年来对人口问题的低估，保加利亚正在经历并将继续经历复杂而巨大的社会和经济变革。保加利亚面临着增长、工作和老龄化之间比例急剧下降的风险。

保加利亚面临的真正危险是，到2050年保加利亚是世界上劳动年龄人口下降最快的国家之一。根据对目前人口发展趋势的预测，未来每3名保加利亚人就会有1人超过65岁，每两个人中只有1人是劳动年龄人口，但未来的情况可能更糟。

改善以上所描述的人口灾难的一个因素是就业政策。今天保加利亚劳动力市场的真相是什么？

在保加利亚，每5个年轻人就有1人既不学习也不工作。根据"Eurofund"的一项研究，将年轻人排除在工作领域之外，其成本约占GDP的2.3%，几乎是欧盟平均值的两倍，欧盟的这一比重为1.2%。应该指出的是，在保加利亚，55岁以上的人已经很难找到工作，2/3的保加利亚人认为这个年龄组在劳动力市场上是受歧视的，这一说法并非偶然。这就是为什么保加利亚50—64岁人口的就业率仅为54%，比欧盟平均值低10%。

保加利亚妇女就业存在的问题更加严重。虽然30—54岁年龄组的就业率超过76%，但15—24岁年轻女性的就业率仅为21%—22%，而欧盟平均值为35%。根据保加利亚国家统计局的数据，保失业率实际上在2008年的水平，即5.6%，但长期失业者的比重已经达到56%。

也许最隐蔽，但最严重的问题是罗姆人口。实际上，罗姆人占新进入劳动力市场人口的19%。然而遗憾的是，只有42%的男性和26%的女性声称自己找到工作，这比保加利亚的平均就业率低很多。通过劳动而拥有永久性收入的保加利亚公民人数比2008年少20万，这对所有社会制度都具有决定性作用。由于结构性失业，劳动力供求之间的不平衡进一步恶化以及大部分非自立人口，尤其是24岁以下的年轻人的供求关系恶化，因此，保加利亚劳动力市场正面临危机。

可以说，劳动力市场的这些问题与保加利亚公民的收入是有关系的。贫困是人口问题严重的先决条件。它是健康—教育—就业—收入—贫困—犯罪—不安全链的一个环节。贫困是超过45万户家庭和200多万人的真正问题。对于保加利亚来说典型的现象是"劳动穷人"。

保加利亚的劳动报酬在欧洲各地中名列第43位。按照统计数据所定义的穷人和更穷的人，约44%的保加利亚人以及超过87%的土耳其人和罗姆人属于这个范畴。农村的贫困率是城市的4倍。在贫困人口中，首先是大家庭和单亲家庭，他们的贫困率几乎是全国平均水平的3倍。统计数据明确表明该国存在严重的社会分层和巨大的不平等。

欧盟统计局的数据显示，保加利亚是欧盟成员国中社会不平等程度最严重的国家。更令人担忧的是，据统计，保加利亚的社会不平等程度还在加大。2008年，最富裕和最穷的20%人口的收入差异是6.5倍。根据数据显示，2017年双方的差距已经达到8.2倍，这是欧盟内贫富差距最大的，欧盟的平均收入差距是5.2倍（大多数国家是2016年的数据）。收入不平等是欧洲社会权利支柱中社会记分板指标之一。

毫无疑问，教育政策是实现劳动力市场和提高生产率以及提高收入的关键因素。但遗憾的是，近年来，尽管保加利亚以教育为重点的资金有所增加，但教育质量却出现了惊人的下降。

保加利亚接受基础教育的学生中有40%的学生被归类为职业性文盲，14%的人退出教育系统，19.5%的年轻人既不上学，也不工作。保加利亚参与终身学习的人口比重例最低，为1.2%。

再次提到罗姆人的问题，数据所显示的趋势令人吃惊：保加利亚大约90%的罗姆人只有在必需时才上学；对于3—6岁的罗姆儿童，只有38%的女孩和42%的男孩入读学前班；只有0.3%的罗姆人受过高等教育，而该国受过高等教育的平均值为20.7%，保加利亚人为23.5%，土耳其人为2.7%；罗姆人中的文盲和没有完成初等教育的占20%以上；大多数60%以上的罗姆年轻人甚至不懂保加利亚语或用保加利亚语对话，这对保加利亚和正常的社会交往来说是个问题；50%的罗姆学生辍学；30%的女孩因怀孕或结婚而在完成小学教育之前辍学。

根据国家统计局的数据,保加利亚目前的人口状况的特点是人口持续减少及老龄化。这种人口的消极趋势归因于出生率下降、高死亡率和向外移民。几十年来,保加利亚人口数量和人口结构的变化极大地影响了社会的基本系统:经济、教育、医疗保健和社会保障。

对于发生的任何情况,包括人口灾难,如果国家、科学和政治有共识,就可以找到出口。首先应该停止人口的负增长,努力实现积极的质量上的变化。其次应强调负责任的养育和家庭,优质保健,优质教育,均衡的区域发展和生活质量的问题。

(四) 2018 年保加利亚对外关系发展概况

2018 年可称为全球不安全年,其核心是多方面的政治和社会进程。2018 年年初,在慕尼黑举行的国际安全会议的开幕词介绍说,世界已变得"不那么自由,不那么国际化,也不那么有序"。最后,我们可以通过三个关键事件来描述 2018 年地缘政治的特征:

一是美国与中国的战略对立;

二是美国与俄罗斯的军事抗衡;

三是欧盟延迟了其独立的全球角色的定位。

在全球地缘政治层面,我们正在目睹重要的(重新)整合:

一是中俄关系的融合;

二是美国与欧盟关系的疏离。

根据保加利亚外交部关于 2017—2021 年的官方战略计划,保加利亚外交政策遵循国家利益的务实原则,不断在欧洲—大西洋一体化的道路上继续前行。保加利亚努力并有效地保护国家权利,

三 保加利亚

并维护保加利亚人在国外的合法利益。关于欧盟,保加利亚政府表示,它致力于维护欧盟的团结,并进一步深化欧盟各成员国的融合。另一个外交政策目标是保加利亚加入申根区。加入申根区,保加利亚可以为防止欧盟边界被侵犯做出重大贡献。保加利亚的第三个外交政策目标是深化北约与欧盟的合作。

联合政府的协议还指出,联合政府的主要优先事项如下:

第一,2018年保加利亚为担任欧盟轮值主席国做准备;

第二,实施欧洲政策,深化与东南欧国家的双边政治、经济和文化关系;

第三,保护保加利亚的身份认同、语言和文化传统和在国外的保加利亚人;

第四,提出解决移民问题的可持续方法。

1. 保加利亚担任欧盟轮值主席国

欧盟理事会是共同体的主要机构之一,它与欧洲议会一起讨论并通过欧盟委员会提交的法律。欧盟理事会负责协调成员国的政策,制定联盟的外交政策和安全政策,代表欧盟与其他国家或国际组织达成协议,并与欧洲议会一起通过欧盟年度预算。

在2018年上半年,保加利亚有史以来第一次接任欧盟理事会轮值主席国。轮值主席国任期结束时的任职总结相当不错。6个月以来,保加利亚一直是欧洲的领导者,在保加利亚举办了300多场活动,与会代表和参与者人数创下纪录。保加利亚于2018年1月1日至6月30日担任欧盟理事会轮值主席国,该国在国内获得了积极的评价。在欧盟内部矛盾升级的时候,保加利亚担任轮值主席国期间,在数百项法律草案中,成员国成功通过了近80项。

欧洲和年轻人的未来、西巴尔干、安全与稳定、数字经济——

这些都是保加利亚担任轮值主席国期间的优先事项。在保加利亚担任轮值主席国期间的重要步骤就是将西巴尔干纳入欧盟。区域合作一直是保加利亚在制定区域政策时的主题。区域合作占保加利亚区域政策首要地位有几个原因，这些原因在结构和实质上都有所不同。区域合作在东南欧的重要性普遍提升，且在东南欧稳定问题上，保加利亚日益成为国际上可信赖的伙伴。保加利亚与邻国保持着良好的外交关系，并已证明是该地区的建设性力量和促进地区稳定的力量。

在保加利亚担任欧盟轮值主席国前夕和期间，一个关键问题是所谓的西巴尔干国家的未来（指的是前南斯拉夫联邦及其继承国家和阿尔巴尼亚）。这些国家未来加入欧盟的前景同样也是其他轮值主席国的优先事项。

与西巴尔干有关的另一个问题是保加利亚协助邻国加入北约的想法。

2018年5月17日，在索非亚举行的欧盟—西巴尔干首脑会议上，保加利亚的目标是在欧盟28国之间发出团结和高水平合作的信息。事实上，保加利亚选择了自己的国家格言作为其欧盟轮值主席国的座右铭——"我们团结就会强大"，同样，保加利亚重申了西巴尔干在欧洲扩大和欧盟作为全球重要一员的作用。2018年5月的索非亚首脑会议非常重要，它是自2003年6月萨洛尼卡会议以来，第一次为巴尔干六国融入欧盟奠定了基础的欧盟—西巴尔干首脑会议。因此，尽管保加利亚和其他成员国作为欧盟轮值主席国作出了真正的承诺，但说明西巴尔干融入欧盟问题是以一种不平衡的方式逐步上升为主要问题。

在2018年5月的索非亚峰会上，欧盟领导人与西巴尔干地区的6个国家签署了关于欧盟扩大的宣言，没有日期和附件，列出了

三 保加利亚

为这些国家加入欧盟做准备的目标和具体步骤。

在保加利亚担任欧盟轮值主席国期间,其目标是成为"巴尔干的主席国"。其战略重点是致力于西巴尔干国家在各个领域与其他欧洲国家更加融为一体。其愿景是,与其说欧盟能为西巴尔干国家提供更多的需求或乐观的时间表,倒不如说欧盟是西巴尔干地区最好的地缘战略选择。

保加利亚担任欧盟轮值主席国期间还组织了更加独特的外交活动。例如,2018年3月下旬在瓦尔纳举行的峰会由保加利亚总理博伊科·鲍里索夫(Boyko Borisov)主持,土耳其总统埃尔多安参加了会议,与土耳其总统一起与会的欧盟领导人有欧洲理事会主席唐纳德·图斯克和欧盟委员会主席让-克洛德·容克。这一时刻是紧张的,因为土耳其多年来令人震惊的政治事件以及土耳其与欧盟关系恶化(尽管官方仍然称土耳其是欧盟候选成员国)。除此之外,历史上,保加利亚对土耳其始终持不信任态度。

政治观察人士评论说,保加利亚称,它支持继续进行有关土耳其的欧盟成员国谈判,尽管保对土耳其当局侵犯人权的情况表示担忧。保加利亚的立场是,它坚信西巴尔干对于欧洲的安全和福祉至关重要,而且欧洲一体化的进程也需要土耳其。保加利亚以欧盟轮值主席国的身份,努力使自己成为候选国的伙伴,给予西巴尔干地区未来重返欧盟成员国谈判桌的机会。

自保加利亚开始民主变革以来,欧盟轮值主席国一直是该国最大和最具国际重要性的承诺。

担任欧盟轮值主席国使得保加利亚成为欧洲的重要国家,并抓住欧盟成员国的绝好机会发展自己,这种情况越来越罕见:保加利亚力图妥协、保证各成员国之间的团结并克服分歧。欧洲精英们也知道,在这种紧张的对抗局面中,保加利亚的立场对他们来说更有利。保加利亚所做的努力是显而易见的，结果很清楚，做法相当温和。

保加利亚结束欧盟轮值主席国任期的最后一次会议是在布鲁塞尔召开的移民问题首脑会议，鲍里索夫总理成功地捍卫了保加利亚关闭欧盟对外边界的立场，并坚决拒绝将移民迁往保加利亚领土。

2. 保加利亚与马其顿的关系

2018年，保加利亚的邻国马其顿共和国的政治进程取得了新的发展。在数月甚至数年的政治危机之后，2017年夏初在马其顿出现了一个由马其顿社会民主联盟（SDSM）领导的政府，党主席佐兰·扎埃夫担任总理。

后来，很明显这是向西方"开放马其顿"的过程（即欧盟和北约）。在此期间，西方与俄罗斯的关系紧张，对于马其顿来说，这意味着令人震惊的事件即将发生。阿尔巴尼亚族以及马其顿议会两个主要政党之间的斗争使情况更加复杂。

2017年8月初保加利亚和马其顿签署了推迟多年的友好条约。该条约解决了两国共同的历史问题，保加利亚确认了对马其顿加入欧盟和北约道路的支持。该条约于几个月后，即2018年年初由两国议会批准。条约签署一年后，根据对国内社会的研究，保加利亚公众舆论非常积极，在希腊与马其顿之间关于"马其顿"这个名字争端的谈判中，保加利亚社会本能地支持马其顿而不是希腊。

3. 其他外交政策问题

2018年下半年，保加利亚还发生了一些事件，这些也被认为是其内阁重大外交政策的成功：正式开始向 ERM II 汇率机制过渡，即准备加入欧元区，这是欧盟委员会关于保加利亚进展的有利报告。欧盟委员会第一次认为该国即将被接受进入申根区。保加利亚还发生了一个政治事件，议会中的多数党就离开北约举行了投票。虽然没有采取具体行动，但重要的是这没有引起丑闻。

4. 保中关系

显而易见，"一带一路"倡议对欧盟、中东欧国家和保加利亚的重要性肯定会越来越提升，保加利亚政府应该更加认真地考虑它，用现有的所有可能性和不利因素来评估新的地缘政治现实、缺点、优势和机会。

在此情况下，2018 年 7 月 7 日，保加利亚主办了中国与中东欧国家的第七次峰会，与会各方共同制定和发表《中国—中东欧国家合作索非亚纲要》，这是非常重要的事实。该纲要旨在"深化开放务实合作，共促共享繁荣发展"，包括加强"16 + 1"国家间的协调，深化贸易、投资和互联互通合作，培育科技、创新、金融、绿色环境保护、农业、能源、林业、健康合作的新动力，同时扩大民间交流。

保加利亚总理鲍里索夫和中国国务院总理李克强在会谈时说，保加利亚在中东欧和中国之间建立一个全球伙伴关系中心方面发挥了主导作用。亚洲国家与中东欧国家的伙伴关系与合作中心将探讨"16 + 1 合作"如何在全球化背景下与欧盟规则相一致。李克强指出，这种合作将为中国企业家提供更多的投资欧盟的动力。该中心将帮助中国公司进入欧盟市场并参与欧盟内的招标和程序。

保加利亚认为自己是欧洲和亚洲之间的桥梁，具有一定的地缘政治和地缘经济优势，特别是从吸引外国投资的角度来看，其重要性将在未来得到更大程度的发展。在"16+1"倡议的背景下，保加利亚可以成为受到尊重的和有价值的伙伴。

5. 保加利亚与俄罗斯和美国的关系

保加利亚90%的天然气消耗量和3/4的主要能源资源依赖俄罗斯。苏联设计的基础设施和长期的限制性能源传输合同加剧了这种依赖性。2018年年底，保加利亚政府的艰巨任务是平衡欧盟、美国和俄罗斯之间的利益。然而，这种平衡是保加利亚以北约和欧盟成员国的身份进行的，这就使得保加利亚与俄罗斯关系的未来不那么有希望。

6. 结论

从政治角度来看，保加利亚担任欧盟轮值主席国恰逢欧盟历史上最重要的历史转折点——移民危机、英国脱欧与土耳其和美国关系恶化、欧元区共同预算谈判、建立一支欧洲军队的第一步。保加利亚政府的关键优先事项——西巴尔干地区加入欧盟，已成功列入欧盟的议程，但进一步的发展将推迟到2019年5月的欧洲大选之后，届时将产生新一届欧洲议会。

不安全的一年结束了，新的一年开始了。最重要的问题是，自由经济和金融秩序的崩溃是否还将继续，或者是美国将在其政策上有所改变？

早在2018年第一季度，我们就开始关注，美中关系能否达成真正的缓和，美国和俄罗斯是否会在国际安全的关键问题上即军备控制找到共同语言。中东的重新安排即将到来。到目前为止，

三 保加利亚

伊朗的区域作用尚未被动摇，沙特阿拉伯还没有能力成为区域领导者。土耳其的作用已经增强，对俄土关系的新的考验正在进行中。巴尔干的能源问题继续纠缠不清，重要的一点是俄罗斯是否能够成为该地区无可替代的因素。保加利亚在这个全球趋势和进程的框架内当然无法逃避以上这些问题。

四 波斯尼亚—黑塞哥维那[*]

(一) 2018年波黑政治发展总结

1. 多迪克升级到更高职位

应该说，2018年波黑的政治始于1月波黑塞族共和国庆祝独立日所引发的争议。塞族共和国总统米洛拉德·多迪克宣布在巴尼亚卢卡举行国家级庆祝活动，引发了萨拉热窝的穆斯林政党、高级代表和国际社会的抗议。米洛拉德·多迪克处心积虑地使塞族共和国处于分裂的边缘，无数次威胁要独立公投，破坏波斯尼亚和黑塞哥维那的团结，并猛烈抨击萨拉热窝或西方大使馆干涉塞族共和国内政。庆祝"塞族共和国日"是一个相对容易达到以上所有的目的的方式。虽然媒体权威人士仍在抨击"塞族共和国日"的合宪性以及塞族和波什尼亚克族政党对塞族共和国在"种族灭绝基础"上造成的长期紧张局势，然而，多迪克在巴尼亚卢卡组织了游行和宴会，在这期间并没有发生任何事件，似乎表明多迪克的国内形象得到了提升，并证实了他在选举时所做的"塞族优先"的承诺得到民众的承认。

在"塞族共和国日"和试图将塞族共和国分离出去之后，多

---

[*] 作者：Ivica Bakota；翻译：李丹琳；校对和审核：陈新。

迪克担任塞族共和国总统职位最后一年的第二回合的尝试是与西方伙伴的关系恶化以及与俄罗斯关系的和解。在最初的几个月内，他被几个西方大使馆列入黑名单，因为他拒绝向他们保证对波斯尼亚和黑塞哥维那统一的基本承诺，并淡化他在2017年所发表的一些言论，他与美国驻波黑大使麦科马克的不和导致他被禁止前往美国。他与普京的会面（2018年上半年有两次）被认为是合乎逻辑的举动，而且细微的变化是多迪克担心与西方建立隔离墙而孤立他的政权（因而陷入西方给他设置的陷阱）。作为塞族的总统候选人，他宣称将塞族放在波黑政治挑战的首位，这是他自己生存的理性选择。因此，尽管西方反对他的政权，但他还是在与由现任的姆拉登·伊万尼奇（Mladen Ivanic）领导的联盟竞选时顺利获胜。

他担任总统期间最不寻常的是，代顿协议实施后，未来波黑一些最紧迫的问题以及2018年选举的重点，即宪法和选举改革是他表现最多的事件，在这两件事上，他提出了建设性的方法。9月选举期间，特别是在选举结束后，多迪克努力采取和解方式处理克罗地亚"第三实体"问题，非常务实地在官方声明中作出不加剧种族间和实体间分歧的表态。因此，《波斯尼亚时报》评论认为，该声明所蕴含的悖论也可能是困扰下一届三方主席团的悖论的原因，即解决波黑政治生活的障碍的方案可能来自最不期望的行动者。

2. **选举法改革与"第三实体"问题**

克族民族党认为，后代顿时代政治制度的主要障碍是选举法，该法使波黑联邦中的波什尼亚克族能够对克罗地亚族的选举进行投票，选举克族轮值主席团成员也要波什尼亚克族投票。在宪法法院对现行选举法作出积极审查之后，克族政党试图"推动"关于联邦议会选举法修正案的动议。尽管克族政党达成了共识并得到了塞族政党的相对支持，但该议案并没有在民族院得到波什尼亚克族政党的支持，并于2018年4月被驳回。然后，这个问题变成了所谓的"Lex Ljubic"，或者被确定为民族院选举的"种族模式"。此后，选举法改革在波什尼亚克族和克罗地亚族政党之间的沟通方面出现了瓶颈，并降低了对尊重多民族选区内民族投票的"绅士协议"的期望值。此外，2018年8月和9月，对于诸如应对移民危机和关于平衡预算和改革议程的立场这些高度敏感的主题，波什尼亚克族和克罗地亚族政党在采取的政策和行动方针方面针锋相对。在另一个层面上，波黑共和国与克罗地亚共和国在贝莱莎茨（Peljesac）桥梁项目的建设上产生了不确定性和敌意，在这个项目的建设问题上，波黑共和国的波什尼亚克族政党坚持直接反对该项目，而不事先寻求与克罗地亚族政党达成共识，在官方立场上与克罗地亚共和国坚持对抗。

波什尼亚克族政党以特立独行的方式对待贝莱莎茨桥建设项目的第一个信号是呼吁在双边解决问题之前停止该项目，并威胁继续在国际层面寻求仲裁。2018年10月，新当选的主席团克罗地亚族成员（MOP）泽利科·科姆希奇（Zeljko Komsic）宣布采取外交行动阻止该项目，并推动克罗地亚共和国在保护波黑共和国克罗地亚人政治地位方面保持更多的一致。科姆希奇在"反克罗地亚共和国"声明之后采取了谨慎的外交行动，波黑街头举行了抗议和游行。在2018年10月和12月的欧盟会议上，克罗地亚共和国总理普连科维奇对波黑共和国选举的不寻常以及波黑克族的法定代表不足提出保留意见，敦促欧盟领导人放弃对代顿协议之后的波黑采取不干涉的立场。与此同时，波黑克族民主党（Croat HDZ

BIH）领导人、前主席团克罗地亚族成员表示，他的政党将继续要求对选举进行改革，并考虑支持选举修正案的动议，将其作为在联邦和州一级组建联盟的条件。据负责在联邦议会进行协商的克罗地亚族高级政治家称，克族的总体设想是减少选举后的过渡阶段可能出现的摩擦，但选举法改革进程不应被取消。此外，还有人担心克罗地亚共和国议会12月就波黑共和国克族问题发表的声明以及克罗地亚在选举后两个月内提出的保护主义言论可能只会降低波黑克族与波什尼亚克族政党谈判的欲望，并加剧对克罗地亚共和国的依赖，追求成为类似克罗地亚共和国"第三实体"的情况。

3."Inshallah"联盟

2018年波斯尼亚和黑塞哥维那的中心政治事件是10月的大选，这是代顿协议之后的第八次大选，也是第八次三个主要民族党派——波黑克罗地亚民主共同体（Croat HDZ BIH）、波什尼亚克族民主行动党（SDA）和塞族的独立社会民主联盟（Serb SNSD）赢得各民族的选票。这一次，波什尼亚克族的波黑社会民主党（SDP）获得了足够的票数，成为波黑联邦代表院的第二大党，而民主阵线（DF）候选人获得了克族主席团成员的席位。波黑社会民主党和民主阵线在大选和联邦选举中相对比较成功并不令人惊讶，因为他们知道他们的投票数更多地取决于主要民族党派之间的斗争而不是真正的支持。在选举后的两个月，波黑在联邦、州和地方各级都经历了另一场组建政府的斗争过程。在竞选期间，各党派为了各自的利益，维持政治稳定，将奇怪的同伴拉入执政联盟，原则立场被当作交易，政治惯例胜过戏剧表演。在媒体发表了一些愤世嫉俗的评论后，一切都没有改变，只是利益这一点变得更加清晰。

在2018年12月的最初几天，波什尼亚克族民主行动党主席巴基尔·伊泽特贝戈维奇（Bakir Izetbegovic）因再次建立民族—政治联盟而受到批评，因为民主行动党在塞族共和国议会支持多迪克（Dodik）批准4名塞族民主党成员成为民族院塞族代表。他还被指控与波黑克族民主党德拉甘·乔维奇（Dragan Covic）进行议会外会谈，并在联邦议会向波黑社会民主党"伸出橄榄枝"，与其建立联盟。他在所有的州和州以下行政区的尴尬政治组合中的协调和领导能力使他获得了"Inshallah①联盟之父"的称号，也就是说，在州一级，他重新激发了三个"宏大的原有"民族政党的非正式联盟（即波什尼亚克族民主行动党、波黑克族民主党、塞族独立社会民主联盟），而在地方一级，他又吸收了其他所有想要组建党派的政党。

就像2018年11月"Inshallah联盟"领导人之间关于"办公室争夺"的一些初步会议之后发表的声明所表明的，在一些主要的政治问题上，可能会像前一届一样具有相同的权力平衡，包括像加入北约这样的外交政策问题或让独立社会民主联盟否决任何不按常规所做的决定；土耳其问题，寻求以波什尼亚克族民主行动党为中心的双边合作；俄罗斯问题，对塞族共和国的独立外交政策的宽容立场（波黑联邦的立场可能会改变对俄罗斯通过塞族共和国对波黑共和国进行渗透的无视或口头谴责俄罗斯对该地区不稳定所起的作用）。由于与克罗地亚共和国在贝莱莎茨桥和"第三实体"问题上的紧张局势加剧，波黑共和国的波什尼亚克族民主行动党和克罗地亚族民主共同体之间的共同点不会很容易达成，

---

① Inshallah是阿拉伯语，意思是"神的旨意"或"如果是神的旨意"。——译者注

但"Inshallah 联盟"内部的非正式会谈可以阻止任何声称具有参与这些谈判权利的其他政党。

因此,到目前为止,在三个层面上组建政府一方面取决于"Inshallah 联盟"领导人维持非正式沟通的能力;另一方面取决于现有国家机构(负责维护半制度化和传统的党干部的培育网络)内的民族—政治"防火墙"或民族—政治现象。低调的后台谈判和行政决定将正式会议替换为非正式的一对一谈判,这使得在波黑组建政府的现实变得更加明显。他们的主要成就是向波黑公众保证,代顿协议之后波黑的所有法制和政治仍有缺陷,但并不是都要抛弃,有没有超民族政治的共同平台,种族间的政治伙伴关系都应继续保持,而且,对于代顿协议的"囚徒困境",没有任何单一民族或"历史"的解决方案可以为推进波黑的种族间政治和社会生活的发展作出贡献。

在 2018 年年底,具有"防火墙"的波黑仍在等待选举后过渡期的结束,这个过渡期在某些层面上(可以预期)将持续数月。这个过程中的任何新奇事物可能只是因为一些错误的场景变化引起的,背后的"巨人"将确保后代顿时代的波黑发生巨变。

(二)2018 年波黑的经济

1. 总体形势

尽管过去 3 年经济相对增长,但波黑经济长期的可持续增长仍难以预测。背后的主要原因与过去 20 年相同,包括庞大的管理结构,庞大而昂贵的官僚机构和公共部门,有组织犯罪,由灰色到黑色的经济和腐败。波黑公共部门占该国国内生产总值的近 50%,其对波黑联邦政府和塞族共和国政府的负担仍持续增长。波黑中央银行的报告指出,2018年6月波斯尼亚和黑塞哥维那的公共债务总额约为60.4亿欧元,其中外债占70.56%,而内债占29.4%(或占GDP的34.92%)。遗产研究所表示,考虑到公共债务的规模以及波斯尼亚和黑塞哥维那继续受到各级政府腐败的影响,未完成的私有化以及对外国投资者不欢迎的环境,国内的经济分析家们也不是非常热衷于预测长期增长或提高实际生活水平。一些非政府组织一直跟踪政府在实施改革进程方面取得的成绩,他们认为迄今为止,波黑很多重要的问题仍未得到妥善解决,该国将继续陷入债务困境。政治问题仍然面临经济上的挑战,如未能放宽有关成立公司的程序、高税负、产权保护薄弱、拖沓和腐败的司法,这就是波斯尼亚和黑塞哥维那是在欧洲做生意国家中最不受欢迎的原因。

然而,尽管存在这些问题,波黑的生活水平还是略有提高。2015—2018年,实际工资持续上涨5%—10%。据波黑国家统计局统计,2018年平均净工资为870波黑马克(BAM),2019年预计超过900波黑马克(约合460欧元),高于邻国塞尔维亚或马其顿。同期,波黑的实际GDP增长超过3%,世界银行预计2018年增长3.2%。国际货币基金组织估计,2019年波黑将继续(与科索沃)成为在该地区增长最快的经济体之一。

波黑经济越来越多地面临劳动力萎缩和结构性失业问题,劳动力略微超过31%。尽管失业率下降(到2018年4月不到20%),但实体经济的就业率仍停滞不前。同时,由于欧元区劳动力需求恶化,这种双重的衰退预计会对生产、在海外工作的波黑人的汇款和外国投资都会产生负面影响。

在这种情况下,预算赤字增加,税收收入减少。在过去的4年中,波斯尼亚和黑塞哥维那也实行了由欧盟监督的改革议程,目的是减少公共部门的支出，并削减不断扩大的行政管理。但是，为了从国际货币基金组织获得资金，联邦和塞族共和国都被迫削减了福利，而这是最不受欢迎的做法。退伍军人的福利和政府工资（包括教师的工资）是第一批被削减的。为了使预算赤字符合国际货币基金组织规定的目标并实施财政整顿，政府削减了社会支出；然而，正如监督改革议程的非政府组织所提出的那样，这些并不是国家行政当局在削减最应该削减的支出之后最当务之急应该削减的部分，仅仅是由于缺乏政治勇气解决地方政府中不断膨胀的"反对派"问题的一种替代做法。另外，紧缩可能会加剧长期存在的社会问题。尽管平均工资增加，但许多波斯尼亚和黑塞哥维那人的生活水平仍然很低，因为实体经济部门的失业率仍然是一个严重的问题。根据欧盟委员会2018年10月关于波黑加入欧盟进程的报告，2018年波黑的失业率为20%，而一些地区青年人的失业率仍超过50%，有些地区甚至超过70%。

2. 失业和劳动力萎缩与外国投资增加

正如近些年填补了邻国的经济空缺一样，波黑媒体一直非常直言不讳地指出波黑劳动力萎缩和对外移民增加的趋势。长期以来，波斯尼亚和黑塞哥维那一直被视为向外移民的主要国家，来自波黑的劳动力以及他们从国外的汇款对于控制社会问题具有至关重要的作用。现在，这些汇款是贫困家庭收入的重要组成部分，对波黑的中小企业的投资也很重要。波黑私有部门非常薄弱，导致工作移民的传统始终保持，战争后的状况和商业环境非常黯淡。但近期波黑经济增长的主要原因来自欧洲国家的需求增加和劳动政策的自由化。目前关于工作移民的研究还没有综合性的分析，根据官方和独立的研究报告中的不和谐信号可以看出，未来几年，波斯尼亚和黑塞哥维那国内劳动力可能会产生惊人的问题。一些媒体报道称，过去3年来，根据移民登记，来自波斯尼亚和黑塞哥维那的移民有3万多人，而移居国外的未登记（季节性、随行家庭成员）人数至少应为其两倍。与此同时，有争议的劳动力萎缩的数据也混淆了对失业率下降的理解。正如预期的那样，政府已宣布通过一系列鼓励商业的政策成功降低了失业率。

　　伴随着失业率下降的是外国直接投资的相对增加。2017年12月，波斯尼亚和黑塞哥维那中央投资促进局公布的数据显示，波黑外国直接投资增长了60%，随之而来的是建筑业和旅游业的相对增长。2017年前7个月，超过80万名游客到波黑旅游，增长了12.2%。大的基础设施项目，如多博伊高速路（5C走廊部分）正在缓慢完成萨拉热窝线路。2018年年初，波斯尼亚和黑塞哥维那开始与塞尔维亚就建设萨拉热窝—贝尔格莱德高速公路进行会谈，但政治问题仍然是项目谈判开始的障碍。但是，已经与中国公司签订了巴尼亚卢卡—普里耶多尔（Banja Luka - Prijedor）路段高速公路建设的合同。格拉迪斯卡桥梁项目和两个实体的铁路网络现代化建设发生了延误，但项目谈判预计将在2019年继续进行。在一般情况下，应该注意的是，进入波斯尼亚和黑塞哥维那的外国直接投资格局始终为地区高度集中（始终集中在西黑塞哥维那、萨拉热窝、巴尼亚卢卡和其他大型城市中心）、部门高度集中（主要为零售业和房地产业）且相对不平衡（小型私有企业尚未被确认为投资目标），这导致的结果是，外国投资的第一波衰退后的"浪潮"可能不利于降低失业率。

3. 出口和贸易

　　初步数据显示，波黑的出口总额也出现了积极变化。根据中央统计局的数据，由于林业、食品加工业和汽车零部件工业的出口，波黑的整体出口应该会增加10%。农业产出也得到了中央政府的出口激励。外贸部的工作更为明显地在向非欧盟国家的出口提供帮助（鼓励波黑的果农建立"共同平台"以满足俄罗斯市场的需求，波黑没有参与对俄罗斯的制裁；对农业产出进行调整，然后对外国需求进行更准确的分析）。同样，以类似的方式调整工业产出以满足国外需求。戈拉日代的"Prevent Group"继续成为德国领先汽车品牌（宝马、大众）的汽车座椅的主要供应商，并且是2018年波黑出口产量的主要贡献者（1—9月总出口额为6000万欧元）。电能、铁矿石、钢铁和木材加工产品的出口也是主要贡献者，占比高达60%。主要出口合作伙伴包括德国、意大利（汽车座椅、钢铁）、克罗地亚、塞尔维亚和斯洛文尼亚（电力、木制品、家具），而出口到土耳其和俄罗斯的份额也有所增加。因此，现在，波斯尼亚和黑塞哥维那已经设法开发了一些在国际市场上占有一席之地的重要产品。

2018年8月，土耳其里拉货币贬值给几家依赖向土耳其出口的公司造成暂时性问题。然而，由于土耳其金融市场的风险较小且土耳其里拉相对快速地复苏，波黑对土耳其出口的分销格局并未遇到很大的挫折。据报道，对土耳其出口的最具认知度的产品是食品和乳制品，也于2018年最后一个季度恢复了出口的增长。2018年11月，科索沃单方面决定提高自塞尔维亚和波黑进口商品的关税，这对波黑的出口商造成了一定的问题，然而，这基本上是政治问题，因此，波黑政府通过中欧自由贸易区（CEFTA）和欧盟采取外交行动，寻求迫使科索沃放弃保护主义措施。最后，中央政府对区域贸易和投资合作框架的更强有力承诺（"柏林进程"、"16＋1"合作机制）也有助于增加出口。但由于行政瓶颈，波黑参与区域合作的整体规模框架尚未有具体的规划。

（三）2018年波黑社会发展概况

在一个经常被认为没有建立自己的社会的国家，在其多民族边界内没有建立可以共享的社区，并且组成的三个种族被描述为彼此相邻但生活是相互平行的，社会发展也同样，只能相互分开并且彼此之间无关紧要。2018年，波斯尼亚和黑塞哥维那庆祝了两个国庆日，举行了两次反政府抗议活动，公众对国家加入北约自相矛盾地表现出高度支持与坚决反对，对于面临的移民危机既承认又否认，庆祝与蔑视国家足球队的成功。除了选举和其他既定的政治活动之外，只有极少数事情能够引起全国的关注并在所有民族社区得到反响。为了更全面地介绍2018年波斯尼亚和黑塞哥维那的社会发展情况，本节将集中讨论全国和种族间的重要而突出的事件。

1. "塞族共和国日"和塞族共和国"创世纪争端"

2018年1月9日，波黑塞族共和国第三次庆祝"塞族共和国日"，塞族共和国庆祝波黑塞族人民共和国人民大会宣言26周年，该宣言标志着波黑塞族人民共和国成立。2016年，当塞族共和国当局第一次庆祝"违宪"的节日时，主要的争议是波斯尼亚和黑塞哥维那宪法法院对该节日作出裁决，因为它是对塞族共和国中的非塞尔维亚人抱有歧视。2017年，关于"塞族共和国日"的争议一直存在，因为在塞族共和国议会通过的投票中，99%的人支持"塞族共和国日"。2018年，塞族共和国和与国际社会、波黑政府和高级代表的对抗已经平息，但社交媒体上继续讨论这一问题，一些波黑共和国的知识分子组织了圆桌会议，讨论其对塞族—波什尼亚克族和解进程的影响。总体结论是波什尼亚克族反对"违宪"的庆祝活动，但也隐藏了今天所涉及的历史重新解释的问题。根据波什尼亚克族的"主流"解释，只有代顿协议才给予了塞族共和国的合法性地位，而其在战争中期是被视为种族灭绝的凶手和非法的。波什尼亚克族宣称，1992年波黑的塞尔维亚人议会决定成立塞族共和国，"宣布独立"，进行了斯雷布雷尼察大屠杀，战争期间对波什尼亚克族实施种族灭绝（1992—1995年），"默认在塞族—波什尼亚克族的关系上开辟了一个新战线阵线"。一个令人欣慰的事实是，2018年，双方并没有对这个庆祝活动进行大规模的动员，媒体称，"与政治家不同，人们并没有对庆祝活动大做文章"。然而，在庆祝活动之后的讨论，特别是对立双方相互反驳的解释，对于族裔间的和解努力并不非常有利。

2. 同样的抗议活动，不同的政府

在之前的一些报告中，"正义的大卫"运动和其他波黑联邦的工人和退伍军人抗议活动被认为是自下而上社会行动的范例，吸引了全国范围的关注并威胁要煽动跨越种族界限的溢出效应。退伍军人的抗议活动在召集波什尼亚克族和克罗地亚族战争老兵的活动中取得了初步突破，但与政府谈判几乎没有达到他们原先想要达到的目标。然而，"正义的大卫"运动是一个草根运动，尽管在选举之前与反对派有一些私下交易的瑕疵，但仍然享有普遍的合法性。2018年5月，"正义的大卫"运动成功地与来自萨拉热窝有同样思想的"正义的德泽南（Dzenan）"运动合作，在街头聚集了1万多人。在大选两个月后，抗议活动再次在全国范围内产生影

响。由于抗议活动领导人和大卫的父亲达沃尔·德拉吉采维奇（Davor Dragicevic）被拘留，在巴尼亚卢卡和萨拉热窝，人们再次走上街头，要求对谋杀案负起政治责任。一些媒体报道称，当前的抗议活动可能会成为动摇波黑塞族共和国政治基础的转折点。

3. 引领媒体自由

根据《自由报告》，波斯尼亚和黑塞哥维那的媒体自由状况在过去3年来明显恶化，但仍然领先于该地区的塞尔维亚、克罗地亚或黑山等国家。2018年5月，波黑通信局发布的最新报告指出，波斯尼亚和黑塞哥维那公民，绝大多数信任他们的媒体（76.8%）和宗教当局（72.2%），各种族和地区差异非常小，他们最不信任的是政治家（15%）和政党（19.4%）。大多数受访者认为，政治（51.1%）和金融依赖（26.8%）是媒体自由的主要障碍，而政治家和政党是主要违法者。除了调查结果显示自2009年以来媒体自由的观念有了很大变化之外，波黑记者协会还强调，在调查结果中，跨种族问题得到高度关注，从而该问题的未来结果比较乐观。

4. 足球大战和分裂

2008年欧洲杯，当土耳其队在淘汰赛阶段击败克罗地亚队时，一半的波斯尼亚和黑塞哥维那人估计会很失望，而另一半人则令人惊讶地兴奋。该地区的各路媒体在种族分裂的莫斯塔尔拍摄了这种反应，城市其中的一半在沉默中赎罪，而另一半在街头拿着土耳其和波斯尼亚和黑塞哥维那旗帜走了出去，并在欢乐中庆祝土耳其的胜利。从那以后，两年前在波黑升级的体育比赛和流氓行为之后，种族间紧张局势偶尔爆发为暴力，引起了严重的安全问题。2018年情况比以往较好，在比赛结束后警察没有进行过多的干预。在俄罗斯举行的世界杯期间,密切关注巴尔干地区足球所引起的民族和政治分歧引起了人们的关注。正如该地区其他地方讨论克罗地亚和塞尔维亚的成功一样,波黑网民在支持克罗地亚队上进行了激烈的"键盘战"。政治和历史原因只是被运动术语掩盖了。这次街头没有反庆祝活动。愤世嫉俗者说这只是因为塞尔维亚队在比赛初期被淘汰,波什尼亚克人并不喜欢任何其他国家的足球队。

5. 移民危机导致安全危机

从2018年年初开始,波斯尼亚和黑塞哥维那以及黑山和阿尔巴尼亚发现自己成为新移民通往西欧的必经路线。尽管早期预警和统计数据显示非法越境人数增加300%,但没有欧洲的财政支持和复杂的内部决策机制,波斯尼亚和黑塞哥维那当局决定睁一只眼闭一只眼并执行非正式的"通行证"政策。该政策一直有效,直到克罗地亚决定对其边界实施更严格的控制,使波斯尼亚和黑塞哥维那境内滞留5000多人,造成乌纳—萨那州(Una-Sana)西南部的抗议活动,但中央和地方政府逃避责任。与此同时,两个实体(波黑族联邦和塞族共和国)之间协调行动的任何希望在相互不信任的情况下崩溃了。如果波黑联邦警察越过实体边界,塞族共和国总统就威胁要使用武力,事实上,大多数可疑的非法入境情况都是在塞族共和国领土内发生的。塞族共和国内政部长表示,移民不是他们的问题,而波黑联邦安全部长指责塞族共和国警察部队在没有任何报告的情况下将移民送回波黑联邦领土。在任何外部安全挑战都能破坏两个实体之间脆弱平衡的情况下,波黑的移民危机极有可能成为人道主义问题。在10月中旬,有约5000名移民在街上游荡,没有提供庇护所和食物供应。一些报道声称街头暴力和犯罪活动也处于升级的边缘。当地人们的自我约束和冷静的反应是局势没有失控的唯一原因。具有讽刺意味的是，他们从容应对这些挑战只是因为国家之前的多次失败。最后，由外部引起的危机得到了解决，但估计波斯尼亚和黑塞哥维那在应对安全挑战方面的实际能力仍然令人望而生畏。

6. 通过流失人员来提高就业率

随着移民危机的爆发，波斯尼亚和黑塞哥维那公民向西欧的移民也正逐渐形成人口危机。根据官方统计，过去3年有超过3万名波斯尼亚和黑塞哥维那公民离开该国，而非官方的这个数字可能要高出两到三倍。一些独立报道声称，由于向外移民，波斯尼亚和黑塞哥维那已经失去了近5%的人口。在过去的一年里，关于欧盟的劳动政策不那么严格以及类似的关于邻国克罗地亚"人才流失"的报道较多，而这些克罗地亚人大部分是拿着波黑护照（以及一些波士尼亚克人），因此，波黑向外移民的趋势进一步扩大。移民趋势也在发生变化，更多的年轻人和受过教育的人与他们的整个家庭一起正在向西欧迁移。经济学家警告说，如果这种趋势持续下去，波黑经济可能很快就会面临劳动力不足导致公共部门大幅削减的严重问题。至于现在，问题在于更多地认识到问题本身。巴基尔·伊泽特贝戈维奇（Bakir Izetbegovic）最近才警告说，人口流失是该国未来几年将面临的最大挑战。在此之前，政府可能会继续吹嘘失业率的"自然"下降。

7. 反对科姆希奇运动

新当选的波黑主席团现任轮值主席克罗地亚族的泽利科·科姆希奇在当选后不久就引起了轩然大波。在一个政治家戴着几顶帽子的国家，政治家们宣称他们代表多重身份以及他们之间的优先权被故意模糊,科姆希奇过于诚恳地宣称他的"波黑第一"的政治目标。问题在于克罗地亚人社区认为他的波黑人的身份是以牺牲克罗地亚人身份为代价的,他本应该代表克罗地亚人。将波黑的利益置于特定的民族利益之上可能并不能如愿。转折点是他在贝莱莎茨桥梁项目的一些领土争端中捍卫波黑的国家利益而与克罗地亚共和国发生对立。这件事不仅激怒了克罗地亚共和国,而且还在波黑的所有克罗地亚族和克罗地亚媒体上带来了反对科姆希奇的运动,他们因此诽谤科姆希奇,他被描绘成公开的反对克罗地亚的人,是"穆斯林当铺""外国安插"的政治家,媒体声称他与波什尼亚克族民主行动党(SDA)结成"绿色联盟",使波什尼亚克人在联邦中占据主导地位。科姆希奇私人和政治生活成为当地报纸的头条新闻,公开诋毁他的政治立场或证明现行选举法的荒谬性,因为,媒体认为,通过该选举法,这个"意外的克罗地亚人"才能当选为克罗地亚议员。10月,莫斯塔尔学生组织街头游行抗议选举法,并推广"不是我的总统"的口号。而一些公众人物在公开支持科姆希奇后受到攻击,少数人受到死亡威胁。克罗地亚族政党发誓加强与克罗地亚共和国议会加强合作,并敦促克罗地亚共和国议会于12月中旬通过"波黑克罗地亚族宣言",与波黑的穆斯林政党展开更多的对抗。

8. 对欧盟和北约的立场

虽然过去10年进行的民意调查显示波黑公民对欧盟一体化的稳定支持,但对其加入北约的支持仍然是极具争议性的话题。多年来波黑公民对加入北约的支持摇摆不定,这与民族分裂高度相关。根据最新的民意调查结果,56%的波黑公民支持加入北约,37%的人更愿意保持中立。然而,76%的巴尼亚卢卡(塞族共和国)公民支持中立,

13%支持加入北约。另外，萨拉热窝72%和莫斯塔尔74%的公民支持加入北约。塞族共和国的波动最大，中立的支持率随着多迪克的反北约立场和与俄罗斯的和解而增加，但从长远来看，这个数字可能会降至50%以下。而真正令人担忧的是对"其他军事联盟"的支持增加。11%的巴尼亚卢卡公民已经表示支持这第三种选择，这也表明反北约的立场已经在波斯尼亚和黑塞哥维那站稳脚跟。

（四）2018年波黑外交发展概况

2018年，波斯尼亚和黑塞哥维那向欧盟又走近了一年，又迈进了一步，向走出政治不稳定又迈出了两步。一年多以前欧盟委员会要求波黑做的调查问卷已经提交，至少在广告宣传上取得了巨大的成功，之后，欧盟要求澄清一些问题并发出更多的问题。在萨拉热窝，对波黑的欧盟一体化进程速度极慢的一连串批评已经变成向前又迈进一步的欢呼。另外的问题是与克罗地亚共和国就贝莱莎茨（Peljesac）桥梁项目发生的双边争端，对于外交层面的争端，波黑方面不仅要得到萨拉热窝少数政治家的支持，还要争取达成全国共识。叙利亚战争带来了波黑参战者和返回者的消息，土耳其选举和萨拉热窝的竞选活动也成为地区媒体的头条新闻，同样，多迪克前往俄罗斯访问以及拉夫罗夫访问巴尼亚卢卡也是波黑新闻的重点。2018年全年跟踪波黑的对外关系发展态势，值得注意的有以下四个重要事件。

1. 贝莱莎茨桥梁的反复出现的问题

从2018年10月开始，波黑新当选的主席团克罗地亚族成员（MOP）宣布了其"反克罗地亚"立场，并承诺支持波黑要求停止该项目的建设,直到两国同意解决内乌姆湾的海上边界,由此,在过去两个月里,双边关系更加冷淡。与此同时,克罗地亚共和国的政策制定者还在努力解决如何应对波黑的克罗地亚人的不满,避免被指责过多干涉波黑内政。克罗地亚共和国议会通过了关于波黑克罗地亚人的宣言,该宣言涉及选举法改革、克罗地亚文化机构在波黑的地位问题、减少在波黑的克罗地亚族人口,并自动接受伊泽特贝戈维奇、科米奇克及其他来自波黑政治家的批评。同样,克罗地亚共和国在欧盟总部布鲁塞尔进行了一次小规模的外交攻势。克罗地亚总理普连科维奇说,他已经向其欧洲同行"讲授"了关于波黑宪法文件中的缺陷,这些文件中阐述了在没有波黑克族支持的情况下允许克族成员当选。涉及波黑克罗地亚人的宣言与选举法改革使得克罗地亚共和国仍然被认为是干涉者。驻波黑高级代表是支持波黑政治的"欧洲人",已经表达了他们对克罗地亚共和国在布鲁塞尔的越界及非建设性角色的担忧。与此同时,对贝莱莎茨桥梁项目的争议平息了,但只是为了重新获得内部的支持。波黑塞族共和国总统、新一届主席团首任轮值主席米洛拉德·多迪克不赞成进行国际仲裁,尽管佩列萨克桥梁项目的一些缺陷影响了格拉迪斯卡桥梁项目的实施(格拉迪斯卡桥梁项目是塞族共和国的一个旗舰项目),但多迪克仍然支持克族政党的意见。随着议会中关于桥梁项目的谈判继续进行,克罗地亚民主力量和波斯尼亚民主行动党在缓和克罗地亚共和国与波斯尼亚和黑塞哥维那之间日益紧张的局势方面发挥着主要作用。但是,佩列萨克桥梁项目可能仍然是双边关系中的绊脚石,只要波黑克族越过底线,双边关系仍然会紧张起来。

2. 谁害怕问卷?

当欧盟委员会在 2016 年向波黑政府发送"入盟"调查问卷

时，他们预计欧盟委员会评估候选国家的加入程序的这一正式且要求不是很严格的问题将在几个月内完成。至少克罗地亚、塞尔维亚、阿尔巴尼亚和马其顿3—4个月就提交了答案。但是，波黑的情况并非如此。从一开始确定负责回答问题的机构、各个实体机构在收集数据方面进行协调方面就存在问题，到最后，答案的翻译也是一个重大的技术问题。波黑的一些官员声称，由于波黑的政治复杂性，用一年多的时间来提供大约3000个问题的答案是正常的。直到2018年，波斯尼亚和黑塞哥维那在调查问卷的回答中仍有一些混淆，但最终提交了答案。然而，一个月之后，因为第一轮调查问卷答案的"众多不一致"，欧盟委员会又发回了一些问题，因此，这些问题又被重复询问。波黑媒体就此报道说，许多政治问题都得到了部分或不满意的回答，甚至连波黑人口的问题都没有直截了当地回答。波黑联邦机构声称波黑人口约为350万，比波黑塞族共和国提供的数据多20万。这个人数差额不仅仅是统计上的错误，而是影响到有争议的战争期间的失踪人数。如果问卷调查问题的回答最终使波黑加入欧盟的进程落后，那么仍然存在一个重大的问题，那就是波黑能够以多快的速度满足欧盟其他更具挑战性的要求？

欧盟委员会正在讨论的《西巴尔干战略》中没有明确提到波斯尼亚和黑塞哥维那加入欧盟的日期，但很明显预计波黑不会进入前两轮，其加入前景会被推迟至少10年。随着加入欧盟前景的进一步渺茫，波黑执政党的支持率下降，导致波黑塞族共和国总统多迪克与俄罗斯开始和解；拉夫罗夫访问巴尼亚卢卡；多迪克前往索契和莫斯科访问都是2018年塞族共和国新闻报道的头条。

3. 波黑是土耳其的遗产？

在土耳其大选之前，执政的土耳其正义与发展党（AK）的竞选活动在整个欧洲掀起巨大反响，荷兰、德国、奥地利媒体出现一系列文章批评土耳其的伊斯兰主义意识形态在欧洲中心地区的蔓延。与此同时，土耳其正义与发展党在波黑首都萨拉热窝组织了一场大规模的会议，来自该地区的数万人抵达。埃尔多安与巴基尔·伊泽特贝戈维奇会晤，并再次吹嘘他从阿利亚·伊泽特贝戈维奇那里得到了遗言，据称在阿利雅·伊泽特贝戈维奇临终前，嘱咐埃尔多安保护和捍卫波黑。但是，在计划全球追捕伊斯兰精神领袖葛伦之后，他在波什尼亚克族的支持率略有下降。"伟大的波黑保护者"的支持者与同情土耳其的世俗主义特征的支持者之间的冲突是2018年波黑最大的问题之一，这引发了一个问题，即波黑能够在不违背欧洲承诺的情况下与土耳其保持多近的关系。其他两个民族的政党表示，土耳其的宣传以及与波什尼亚克族精英的秘密金融关系远远超过了俄罗斯在塞族共和国所做的努力。土耳其在波黑的政治和经济影响力主要体现在其与波什尼亚克族的重要影响力，塞尔维亚族和克罗地亚族政党所言应该是真的。

从经济角度来看，情况正在发生变化。土耳其经济的对外联系正在变得多样化，对波黑经济中的所有利益攸关方都更加开放。然而，波什尼亚克族的"土耳其联系"的秘密方式成为该地区领导人攻击隐蔽的伊斯兰主义的王牌，这种伊斯兰主义正在波黑发挥作用。在10月乌格利亚宁的"反塞尔维亚"言论之后，塞尔维亚政客们对波什尼亚克族的政治家业余的分离主义思想持宽容的态度。但埃尔多安在其选举胜利后的庆祝活动证明，土耳其更多的关注是波什尼亚克族政党。2018年6月，克罗地亚总统格拉巴尔·基塔罗维奇说，伊斯兰国对波黑的安全构成了巨大的风险，并改变了波黑当局通过某种意识形态对伊斯兰激进化宽容的观念。这是一个夸张的过去，但仍然在波斯尼亚族地区有影响力。土耳其在传统上属于奥斯曼文化领域的国家中传播其影响力，且越来越自信，仍然赞助或帮助伊斯兰的激进化。

4. "我们尊重波黑，但热爱塞族共和国"

在斯雷布雷尼察袭击塞尔维亚总理武契奇之后将近两年，塞尔维亚共和国与波黑之间的关系处于过去10年来的最低点。确切地说，双边沟通中没有任何特别的事情发生，这非常令人震惊。在过去几年中，波黑塞族共和国与塞尔维亚共和国领导层之间存在一些直接关系，现在，几乎没有任何政治倡议首先在塞族共和国提出。直到2018年，波黑与塞尔维亚共和国的关系大多被忽视了。

改善两国之间交通基础设施的谈判，启动连接萨拉热窝和贝尔格莱德的公路建设项目的想法很快加剧了萨拉热窝与塞族共和国之间的"通常"分歧，并使波黑塞族共和国与塞尔维亚共和国之间产生了一些紧张关系。塞尔维亚共和国总统武契奇已经与波黑主席团举行了多次会晤，但他对双边合作采取"面向未来"的态度，难以找到持同样想法的伙伴。波什尼亚克族主席团成员伊泽特贝戈维奇认为这样过于冷漠和无知。2018年1月，他与塞尔维亚共和国现总统武契奇会面后，除了双边贸易之外，他只获得了武契奇的承诺，"塞尔维亚永远不会对波黑构成威胁"。波黑主席团克罗地亚族成员乔维奇也是为了经济合作，但他太过疏远，他的声音就像2017年12月与塞尔维亚总统的联席会议一样寂静。波黑主席团塞族成员被视为与塞族共和国政治家没有任何区别。如果波黑方面坚持在双边交流中仍保持过去的姿态，那么，重启双边沟通就会越来越困难。就像2018年3月开始就领土划分进行谈判一样，很快就引发了战争性的言论。一些象征性的问题主导了双边关系，因此，每当武契奇在战术上决定向主权和独立的波黑进行口头承诺时，这都是一个重大新闻。

但是塞尔维亚共和国可以玩这种象征性游戏，因为它可以替代萨拉热窝。塞尔维亚共和国能够继续与波黑塞族共和国保持友好关系并继续支持塞族共和国。正如塞尔维亚共和国部长武林所解释的那样，它尊重波黑，但热爱塞族共和国。然而，批评者认为萨拉热窝双边关系三角化，这让萨拉热窝越来越感到沮丧。在情报领域存在更大的不信任。2018年年初，中央情报人员（SIPA）拘留了俄罗斯和塞尔维亚共和国情报人员，情报人员交代了一些帮助他们渗透的塞族共和国政客的名字，这引发了萨拉热窝对塞尔维亚共和国与波黑塞族共和国关系新的怀疑。在其他国家，被视为严重违反国家安全的双边关系可能导致重大事件。而在波黑，它被认为是一种超越尊重的爱。

五 波兰[*]

（一）2018年波兰政治形势

2018年波兰政治形势被认为是一种独特且不可重复的情况。在整整12个月的时间里，波兰内政的主要事件仍然是波兰重新获得独立100年。然而，自从10月举行地方政府选举以来，波兰未来的政治趋势具有相互冲突的特征，2018年10月的地方选举是未来几个月一系列选举的第一轮。

经历一个多世纪的外国统治，波兰于1918年11月11日独立。为了成功获得这一独立的主权，许多波兰人前仆后继。但是，在国家成立100周年之际，该国仍在争论如何对待自己的历史。甚至庆祝这个百年也被视为波兰两种（保守派或中立自由派）模式之间以及对波兰未来看法之间的冲突。这些差异最清晰、最具体验性的表现形式是总统和国家阵营在华沙举办的两次游行以及许多拒绝任何政治色彩的活动。

一方面，这些活动以爱国占主导地位，主要集中于波兰作为一个国家被不友好的邻国包围的历史，波兰过去不得不长期同这些邻国战斗，被迫为维持独立而斗争。这一话语模式由执政的法律

---

[*] 作者：Joanna Ciesielska-Klikowska；翻译：李丹琳；校对和审核：陈新。

与公正党（PiS）所代表，着重于叙述自法律与公正党赢得大选3年来波兰内政、外交、经济和社会政策的演变。执政党的政治家们强调国家的转变，在国际政治舞台上（主要是针对德国），重新获得了民族自豪感和独立。

另一方面，反对派团体的主要代表是公民纲领党（PO）和波兰现代党，以所谓的公民联盟为中心，呼吁向世界更加开放，并在一个有力的、改革中的欧洲创造一个强大的波兰。代表这些团体的政治家们庆祝波兰恢复独立100周年的另一种方式是参加由自由环境组织的"自由游戏"活动，强调需要重新定义"波兰人"和"欧洲人"等词语的含义，在开放、宽容以及政治和经济自由主义的基础上寻找新的爱国主义模式。

这两种表达模式的冲突一直是过去13年来波兰政治辩论的主题（至少自2005年总统和议会选举以来，这两次选举均由法律与公正党赢得），但2018年它标志着波兰政治舞台的分裂比以前更加强烈。

值得注意的是，双方都认为自己不是保守派或民主派，而是"现实主义者"。他们通过对周围事件的冷静观察来各自界定他们对欧洲的看法，他们对同一现象，至少在语言叙述层面的描述完全不同。公民联盟在整个2018年宣称，波兰应尽可能多地参与欧洲的倡议，并与欧盟的核心，即法国和德国保持密切关系。与流行的观点相反，特别是与右翼政党观点不同，这种政策并不是说应该服从德国和法国，而是源于这样的信念：与德国和法国的隔离将导致推行与波兰利益相悖的政策。与此同时，右翼政党认为波兰必须停止主流的"欧洲趋势"才能完全独立。法律与公正党认为，这并不一定意味着波兰的孤立，他们的"现实主义"侧重于基础设施发展，建立信息社会，创造一个拥有大量社会基础的对公民友好的国家。在谈到国际事务时，法律与公正党不仅反对将欧元引入波兰，而且甚至经常质疑欧元存在的意义。据法律与公正党称，"现实主义"应主要关注与美国的联盟，其次才是与欧盟的联盟。

2018年的事件清楚地表明，将这两派愿景相结合变得越来越困难。政治分歧使得双方难以就司法改革、高等教育的变化、天主教会的作用、非政府组织的重要性或波兰在国际舞台上的地位等重要问题进行对话。

2018年10月21日举行地方选举之前的上述竞选活动的最后几个月中，这个分化就已经开始了。当选的是省、县和镇的代表。然而，波兰最主要的几个政党将此次选举视为为未来一年半一系列选举开始角力的标志（2019年5月的欧洲议会选举、2019年10月的波兰议会选举、2020年5月的波兰总统选举）。

这一次的地方选举具有前所未有的重要性。首先，地方自治政府并未受制于执政的法律与公正党，也不受控于执政党。其次，在这场斗争中可以看出，自由民主的反对派获得成功的机会相对较高，这被视为重新获得权力的第一步，也被视为在国家机构中恢复民主标准的机会。

激烈、暴力和情绪化的运动掩盖了选举制度主题的变化，即这次选举中地方自治政府和地区的发展成为主题。选举结果是所有政党的胜利。事实上，虽然法律与公正党赢得了大多数地方议会选举，但领军自由的中间派的公民纲领党在大城市取得了胜利；波兰人民党（PSL）和民主左翼联盟（SLD）仍然是重要角色。然而，除了所有这些潜力之外，这些政党还显示了它们的局限性。

法律与公正党赢得了选举。地方选举中超过34%的总支持率是波兰第三共和国历史上最好的纪录，明显好于4年前该党在地方政府选举中所取得的成就（地方选举中总共有 254 个席位）。但 16 个省中有 9 个省脱离了法律与公正党的领导。虽然，不得不说，该党在利用公共媒体进行大规模宣传方面非常专业，总理马特乌斯·莫拉维茨基的政治攻势、部长们公开支持法律与公正党候选人，并以如果选民做出错误的决定将失去政府资金相威胁，但是，结果却不令人满意。即使如此，执政党还是凭借 40% 选民的政治支持，取得了惊人的胜利。

与之形成鲜明对比的是公民联盟，该联盟夸大了自己的成功故事。即使这是一场表面的胜利，因为该联盟的候选人只能在华沙、波兹南和罗兹取得巨大成功，而小城镇则由执政党和反对党候选人赢得。

考虑到选举的背景，公民联盟的选举结果在整个国家的层面上似乎远远低于预期。随着反对法律与公正党的大规模选举动员活动的推进，虽然法律与公正党的莫拉维茨基形象出现危机和格热戈日·谢蒂纳（Grzegorz Schetyna，公民纲领党领导人）早些时候宣布自己是自由派和左翼势力，但公民联盟只赢得了 27% 的选票（194 个席位）。

同时，波兰人民党的成功主要可以看作是生存。波兰人民党在这场处于极度弱势的决斗中脱颖而出，在之前的选举中，波兰人民党在地方议会中获得多达 157 个席位，而 2018 年只有 70 个席位。考虑到波兰人民党在地方选举中地位的特殊性，可以肯定的是 2019 年秋天的议会选举的结果将是该党更加被削弱。民主左翼联盟也没有理由感到满意，该党在地方议会选举中只获得了 11 个席位。波兰人民党和民主左翼联盟都证明了它们的存在，因为在未来可能建立的反对法律与公正党联盟中，它们作为合作伙伴的角色目前还不确定。

一个有吸引力的合作伙伴绝对应该是非党派政府和政治家，他们不断获得选民们的支持。在地方选举中，他们虽然赢得了15个席位，但他们的政治影响力仍在增长。这些党派来自社交俱乐部和公民倡议，主要来自这几个政党：捍卫民主委员会（KOD）、共和国公民（Obywatele RP）和行动民主（Akcja Demokracja）。他们代表城市、民主运动，集中于进步和民主价值观；或者他们来自右翼，民族主义甚至是新法西斯群体，主要吸引来自城镇的年轻人，他们受到极端政治价值观的吸引，其中最活跃的政党是国家激进营（ObózNarodowo - Radykalny，ONR）和全波兰青年（Młodzież Wszechpolska）。两者都与两次世界大战期间存在相关政党有关。

波兰筹备庆祝重新获得独立的庆典并组织几个月的活动可能是一个很好的机会，可以为21世纪波兰第三共和国所面临的挑战建构一个共同的波兰形象。然而，活动的结果令人失望，此次大型系列活动的结果表明，波兰的国内政治已经非常多样化、党派不断分化并引起冲突。这些紧张局势在地方选举前的选举活动筹备工作以及随后的辩论和事后明确的政治分野中表现十分明显。

将于2020年结束的选举周期可被分为支持或反对威权主义的四个阶段的投票。这些将不是普通的选举，通常是选择在地方自治、波兰或欧洲议会选举中谁占据主要地位。这些选择的重要性是要规划一个全面并完整的国家愿景，无论该愿景是温和的还是保守的。

（二）2018年波兰经济发展概述

在2018年，波兰经济被认为取得了巨大的成功，令人惊喜，因为经济学家关于增长速度降低的预测没有成为现实。2018年波兰经济发展稳定，出口创历史新高，失业率极低。波兰政府继续实施"负责任的发展战略"规划。

1. 2018年总体指标

波兰经历了26年的持续经济增长，但我们可以预计，今后增长的步伐将放缓，也就是说，波兰经济将继续增长，但增长速度低于现在。不过，波兰的经济形势仍然好于预期，衡量经济状况最综合的指标就是国内生产总值（GDP）的增长。在这方面，波兰是2018年的区域领导者之一。根据欧盟统计局的数据，波兰GDP年增长率达到5.7%，在这方面只有匈牙利和斯洛文尼亚近年才能实现更高的发展。

波兰政府公布的数据显示，2018年企业部门的平均工资增长了7.2%。这一年的就业人数增加了3.4%。根据目前的数据，我们可以预测2019年私人消费的增长还会继续保持3.8%的水平，这意味着GDP总量的增长非常强劲，占GDP经济增长的近60%（见表5.1）。

表5.1　　2018年1—10月波兰经济指标及2019年预测

指标	2018年1—10月	2019年（预测）
国民经济		
GDP	105.2	103.8
消费	104.3	103.6
个人消费	104.6	103.8
资本形成总额	112.4	107.9
固定资本形成总额	107.6	109.1
物价		

续表

指标	2018年1—10月	2019年（预测）
居民消费价格指数（CPI）	101.7	102.3
生产价格指数（PPI）	102.1	—
生产		
工业销售产值	106.1	106.0
建筑和装配生产	117.9	118.0
工资		
国民经济中的平均工资（企业部门）	4799 PLN	—
劳动力市场		
企业中平均就业人口（万人）	621.7	—
失业率（％）	5.7	6.2

资料来源：波兰企业和技术部（Polish Ministry of Entrepreneurship and Technology）。

说到预期的投资，应该更强劲地讨论波兰的投资。有指标显示投资的利用率非常高（创历史纪录），但劳动力资源有限（这将导致公司用资金、机器和机器人代替工作）以及劳动力成本上升。另外，企业界指出，缺乏有效率的员工以及监管的不确定性会阻碍投资。此外，现在正处于商业周期的顶端，企业家认为西方的需求放缓。在这种情况下，私人投资可以带来一些积极的、令人惊喜的变化（见表5.2）。

表5.2　　2018年1—10月波兰对外贸易情况和预测

指标	2018年1—10月	2019年（预测）
对外贸易		
贸易平衡	−2543	−4500

五 波兰

续表

指标	2018年1—10月	2019年（预测）
商品出口	162026	219500
商品进口	164569	224000

资料来源：波兰企业和技术部（Polish Ministry of Entrepreneurship and Technology）。

贸易和工业的实际扩张归功于高经济增长和良好的工业成就。数据还表明，波兰公司对西欧经济放缓信号的抵制能力远高于该地区其他国家的工厂。整个2018年对于波兰经济来说非常有利，与其他中东欧国家相比，波兰的通货膨胀率更低，利率相对较高。通货膨胀率是经济可持续发展的标志，而第二个是创造和维持这种平衡的标志。

可以看出，国内消费和投资是经济增长的主要推动力，而工资的迅速增加、强劲的消费者信心和欧盟的结构性资金又给予足够的支持。2018年通胀指数不仅低于2%的年度水平，而且下降幅度超过预期的1.5%。由于欧盟资金流入，2018年公共投资增长迅速，预计2019年公共投资略有增加。

私人投资规模在2017年很不理想，到2018年，由于产能提高、可持续的需求前景和低利率，私人投资规模逐渐恢复。然而，由于缺乏大批合格的人力，阻碍了私人投资的增长，还可能会阻碍企业家创办大型企业。

通胀增长背后的主要因素，特别是在服务业，是对工资上涨的预期。失业率在2018年降至历史最低水平的5.7%（2018年1—10月），目前是欧洲失业率最低的国家之一。在一些地方，由于劳动力短缺导致技能短缺蔓延，实际工资急剧上升。

数据显示，2018年出口增长（7.3%）并将在2019年继续增长。另外，由于国内需求旺盛，进口也在增长（达到8.4%）。

波兰公共财政部门的赤字在2018年达到了占GDP 1.4%的水平，这是由于预算收入增长快于支出的增长。预算收入的增加首先是劳动力市场形势向好的结果，其次是经济增长和政府为改善税收而实施一些新的政策的结果。事实上，波兰的赤字在可控之中，这也可能是由于打击增值税欺诈巨大成功的结果。经济学家预计增值税的征收将进一步改善，这将确保在未来几年保持高的税收收入。

2. 关于《负责任的发展战略》

这一积极的经济发展得到了标准普尔评级机构的认可，从2016年给予的"BBB"级别升级为"A－"，前进了一大步。但波兰最近几个月经济繁荣的指标和最大的成功反映在国家预算中，并形成了经济发展的战略计划，由前发展部部长、现总理马特乌什·莫拉维茨基（Mateusz Morawiecki）实施。所谓的《负责任的发展战略》（*Strategia Odpowiedzialnego Rozwoju*），通常命名为莫拉维茨基计划，于2016年制订。该计划于2016年2月由部长理事会通过，一年后，《至2020年负责任的发展战略》（并展望到2030年）获得通过。其核心思想是，波兰经济陷入五个发展陷阱（中等收入陷阱、不平衡陷阱、低利润陷阱、人口陷阱和制度薄弱陷阱），可以通过创造五大支柱来修复：再工业化、发展创新型企业、发展所需的资本、企业向外扩展以及社会和经济发展。

因此，政府在整个2018年的行动都服从于履行该战略的要求。在最近12个月内，议会通过了关于该战略实施的6项法律（共9项法律获得通过）：

——是2018年3月6日的《企业法》（2018年法律公告，第646期）；

二是 2018 年 3 月 6 日《中小企业豁免法》（2018 年法律公告，第 648 期）；

三是 2018 年 3 月 6 日《经济活动中央注册和信息与企业信息中心法》（2018 年法律公告，第 647 期）；

四是 2018 年 3 月 6 日《外国企业及其他外国实体在波兰共和国境内贸易规则》（2018 年法律公告，第 649 期）；

五是 2018 年 3 月 6 日《企业家权利和其他商业活动法》（2018 年法律公告，第 650 期）；

六是 2018 年 10 月 4 日《员工持股计划法》（2018 年法律公告，第 2215 期）。

在该战略中，政府高度重视波兰的创新、再工业化以及国家的可持续发展，这些规划与小城市和村庄合作实施，这与总理莫拉维茨基所提倡的规划相符，即"我们努力促进较小的中心，即从这种极化和扩散的经济模式转向更加可持续发展的模式"。在 4 年时间内，内阁计划拿出约 1.5 万亿兹罗提用在公共领域（国内和国外），并拿出超过 0.6 万亿兹罗提（分别为 3500 亿欧元和 1500 亿欧元）作为私人投资。

因此，在整个 2018 年，波兰政府通过诸如使投资增长占 GDP 25% 的指标、将研发支出份额增至占 GDP 1.7% 的水平、商品出口年均增长率达 7.2%、高新技术产品出口占出口总额的 10% 的一系列措施推动并确保高增长率和可持续增长率。该任务不能被视为已经完成，该战略将在未来几年继续采用。

3. 结论

考虑到所有宏观经济因素和 2018 年波兰经济状态，我们可以肯定，波兰的整体经济形势良好，为未来提供了一流的前景。然而,"在这桶蜂蜜中还有一汤匙焦油"。随着全球经济的低迷和波兰社会的逐步老龄化,波兰经济的增长率在未来几年可能会放缓。遗憾的是,法律与公正党(Prawo i Sprawiedliwość, PiS)政府的现行政策可能会加深波兰经济的负面趋势,而不是减轻负面影响,主要体现是如下三方面。

第一,降低退休年龄,使雇员人数减少,可能会对劳动力市场产生负面影响;

第二,银行业不断的政治化倾向增加了银行业危机的风险,也有降低贷款分配效率的可能;

第三,寻找新雇员的困难可能导致对加薪的要求,继而导致价格提高,这将对经济发展不利,并将对波兰经济的定位产生负面影响。

总而言之,必须强调的是,总体来说2015—2017年是整个欧盟经济快速增长的时期,但现在已经开始减弱。目前仍存在不确定因素,如欧洲移民政策的制定、乌克兰危机和能源价格。

关于股市的前景,值得注意的是波兰WIG指数(华沙证券交易所指数)自2018年1月以来已经下跌了12%。可以断定,由于全球经济前景的不确定性增加,这些下降可能会在2019年继续。

(三)2018年波兰社会发展概况

自政治体制转型以来,波兰劳动力市场和高失业率,一直是政治领导人和普通公民在社会政策方面关注的主要问题之一。幸运的是,近年来,波兰劳动力市场、社会保障和整个社会政策发生迅速的变化。同样在2018年,就业率显著提高,工业的最低工资和平均工资增加,社会援助支出水平增加(特别是

"500 +"和"Good Start"计划对家庭的支持）。然而，这并没有对波兰社会的人口发展产生积极影响，尽管经济取得了进步，但人口正在逐渐减少，并且城市老龄化和人口减少的程度每年仍在不断加深。

21世纪初，波兰的失业率达到了两位数的顶峰（当时失业率已经超过了20%的门槛）。根据最新数据，整个2018年的失业率应该不超过6.2%，这是自政治转型开始以来最低的失业率。更为重要的是，失业呈明显减少趋势，雇主市场正在转变为雇员市场。对大多数波兰人来说，这无疑是个好消息。另外，考虑到最新的社会、经济和政治因素，2018年还面临几个重要的挑战。

首先，第一个挑战与劳动力市场的状况有关。毫无疑问，稳定的经济增长反映在波兰劳动力市场形势的改善上。但目前波兰良好的经济形势以及全球的繁荣并不是影响波兰就业率向好和满足劳动力需求的唯一因素，除了由于地理、语言和文化的接近，乌克兰的就业市场到波兰寻求员工，也有从亚洲市场寻找员工的趋势，且越来越明显，尤其是来自印度和巴基斯坦。

自2004年波兰加入欧盟以来，波兰人到境外寻求就业的趋势也非常明显，即到欧洲共同体国家（特别是英国、爱尔兰和德国）找工作。今天，在国外工作的波兰人的数量估计超过210万人，这有助于将波兰的失业率保持在较低水平，但也表明，如果这样一个庞大的群体从国外返回，国内的劳动力市场将会发生重大变化。虽然短期内他们的再次移民似乎是不可能的，但英国脱欧后与波兰就旅居英国的波兰同胞的切身利益进行谈判表明，未来几个月波兰必须面对这个问题。一些波兰人从英国返回。无论是在劳动力市场，还是在巨大的社会需求方面，这无疑将是一项挑战，因为它意味着这些经济移民首要需求的是为他们的子女寻找幼儿园或学校，并在波兰社会重新确定他们的位置和重建社会关系，这些社会关系往往因长期留在国外而破裂。

其次，波兰社会日益老龄化。根据波兰中央统计局（Główny Urząd Statystyczny，GUS）在2018年提交的报告，波兰进入了另一个人口危机时期（之前的一次人口危机是1997—2007年），但目前的情况可能是更久的趋势。波兰正在经历一场伟大的世代变革。数据显示，为了确保一个国家稳定的人口发展，每100名15—49岁的女性应该平均生育210—215名孩子，但目前在波兰，每100名育龄妇女只生育145名儿童。只有四个省的比例高于全国平均水平。生育率最高的省是波美拉尼亚省（2018年为162名），然后是大波兰省和马佐夫舍省（158名）以及小波兰省（149名），而生育率最低的是圣十字省（126名）以及奥波莱省（129名）。

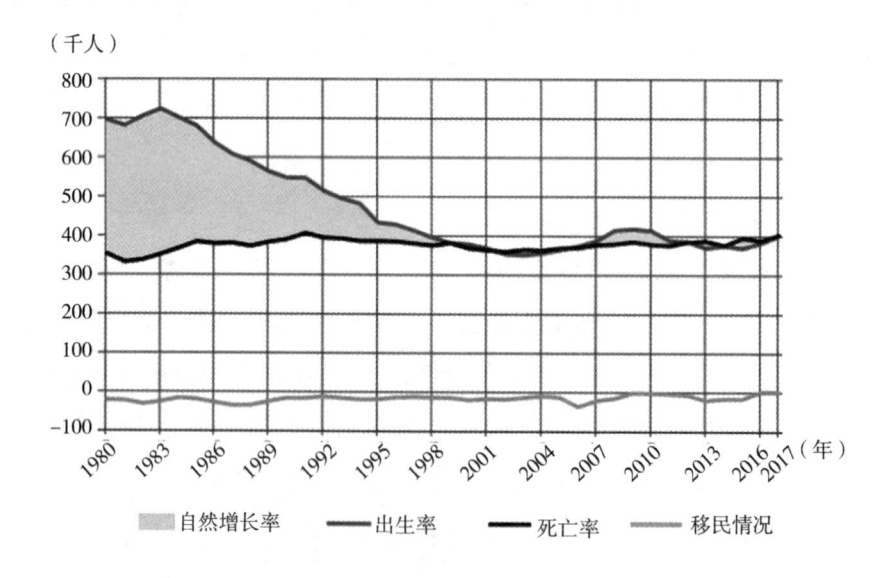

图5.1　1980—2017年波兰人口自然增长率、出生率、死亡率和移民情况
资料来源：波兰中央统计局。

五 波兰

正如中央统计局所得出的结论："近30年来观察到的人口过程趋势表明，未来波兰的人口状况很艰难。"在不久的将来，预计没有重大的改变可以保证稳定的人口发展，而低出生率也将对未来的生育产生负面影响，因为未来育龄妇女人数较少。

最新研究表明，在未来25年内，波兰人口将减少280万（从3800万减少至3520万）。最重要的原因是死亡人数增加，因为20世纪50年代人口繁荣时期生育的儿童将开始死亡（预计到2040年，死亡人数将达到每1000居民440人）。第二个重要因素已经发生，即年轻人决定推迟建立家庭和生育孩子，越来越多的人决定独自生活或只结婚不生育。因此，未来，波兰的老年抚养比将变得更大，2018年已经超过63岁。

最后，人口数量减少还与社会挑战有关。城市人口减少，特别是中等城市，未来几年人口可能会减少一半。在波兰，有930个城镇，其中255个是中等城市，人口为2万—10万人。人口减少将直接影响这些城市的财富以及为最贫困人口或无法工作的人提供资金援助的可能性。

上述观点表明，当前波兰的人口趋势并未发生积极变化，研究人员认为波兰社会现在正在经历非常令人担忧的变化，这些变化将会对波兰的社会形势产生不利的影响。

最近的改革使人们的期望进一步变为失望。这些改革称为"500+"计划，波兰将为每个家庭的第二个及以上孩子提供每月500兹罗提补助，人均月收入低于800兹罗提的家庭第一个孩子或者人均月收入低于1200兹罗提的家庭第一个孩子为残疾也享受该补贴。同时还有"Good Start"计划，即为每个18岁以下的孩子购买教科书和学校辅助工具的一次性补助。正如政治家们所认为的那样，这种慷慨的社会政策的影响也许能够刺激儿童出生人数的增加，但到目前为止，没有迹象表明这是促进人口增加的一个政策。

针对发现的问题，政府有几种措施。第一是促使当前的人口趋势发生逆转。然而，这似乎是一项极其艰巨的任务。第二是设法吸引移民，现在的事实是显而易见的。据估计，有超过100万乌克兰人留在波兰工作。他们主要从事波兰人不愿意做的工作。为外国人打开大门，尤其是来自东方的人，这些人能够解决波兰缺乏劳动力的事实，并改变目前波兰人口比例来解决危机，因为越来越多的乌克兰人在波兰定居并在这里组建家庭。还有第三种解决方案，即波兰人从国外回归。但是，该解决方案存在很大的不确定性。当局希望英国脱欧将为生活在英国的10万—20万波兰人的回归作出贡献。这种期望当然并非毫无根据。然而，居住在英国的超过100万波兰人，而有大约10万人是在国外出生。这就是为什么政府预测的方案从长远来看不会产生重大影响，因为这部分人口规模要大得多。反过来，说服其他移民返回可能效果平平，因为他们中的大多数人都计划在国外继续生活。波兰国家银行（Narodowy Bank Polski，NBP）进行的调查结果以及波兰移民越来越多地购买外国房地产证明了这一点。

目前的人口趋势和进行的改革并不会使波兰社会环境以及劳动力市场发生长期和积极的变化。结果是，这样可以从一个极端走向另一个极端，即多年来的高失业率将转变为缺乏人手的现象。此外，有许多迹象表明解决这个问题的可能性非常有限。最有效的方法可能是吸引移民的流入，因为波兰人从国外返回的可能性似乎很低。摆脱这种困难局面的最佳方法是扭转不利的人口趋势，但目前还没有人找到有效的方法。政府似乎注意到未来的社会问题。不过，下一个问题是政府打算如何处理这些社会问题。目前的政治行动似乎与当前的趋势和预测相矛盾。

（四）2018年波兰外交形势概况

波兰的外交政策由内阁部长理事会负责。但是，根据波兰宪法，共和国总统作为国家的最高代表，与总理和外交部长就外交政策问题进行合作。毫无例外，2018年，外交部长、总理和总统共同制定了波兰的外交政策，将其政策目标置于中东欧的一部分和欧洲联盟成员国的一部分，并且在广泛的背景下，置于国际舞台的一部分。为此，波兰对外政策的执行得到了主要国际伙伴（美国、德国、法国、英国）、邻国（捷克共和国、匈牙利、斯洛伐克、立陶宛）和国际组织及机构（联合国、欧洲联盟、维谢格拉德集团或三海倡议）的支持。

2017年12月任命马特乌什·莫拉维茨基（Mateusz Morawiecki）担任总理一职，波兰政府组成有所改变，包括外交部长职位的变更，其中维托尔德·瓦什奇科夫斯基（Witold Waszczykowski）被一位知名的波兰政治家、科学家和大学教师亚采克·恰普托维奇（Jacek Czaputowicz）所取代。这一变更是为了提高波兰政治在国内和国际舞台上的效率，并在国内和国际政策中制定和实施一系列目标。

根据既定目标，2018年外交部的活动侧重于实施三个主要优先事项。首先，保证安全，从而开展旨在扩大自身防御能力、加强北约和欧盟内部联盟关系的潜力以及实施积极的区域政策的活动。其次，维持高水平的经济发展，可以被理解为支持波兰共和国建立经济和社会力量，从而增加公民的福祉。最后，加强波兰的良好形象及其在欧洲和全球范围内的信誉。

2018年3月外交部长年度报告会上提出了实现上述目标的行动框架。恰普托维奇部长明确界定了其上任后的优先事项。最重要的问题概述如下：

第一，欧盟目前的局势引发了对其未来的许多质疑，而波兰则反对建立多速欧洲；

第二，德国是波兰在欧盟中的主要政治和经济伙伴，也是波兰在北约的重要盟友；

第三，波兰应该努力保证美国军队在波兰的永久存在；

第四，华沙必须与莫斯科建立务实关系，并与俄罗斯联邦保持政治对话；

第五，波兰应强调乌克兰独立的重要性，乌克兰是欧洲秩序和安全不可或缺的要素；

第六，波兰应该加强波兰与犹太人的关系。

实际上，上述优先事项大部分是在2018年的后几个月实施的，尽管程度不同。2018年1月通过了《国家记忆研究所法》修正案，对于那些"违反共和国的好名声"的言论予以惩罚，这一修正案导致波兰与以色列关系恶化，随后，由于总统拒绝签字并将其提交宪法法庭作最后决定，两国关系问题才最终解决。尽管在接下来的几个月里，高级别的外交会议期间又提到了这个话题，但它并没有对波兰外交官构成严重挑战。

乌克兰问题是2018年双边关系中最困难的问题之一，争端的关键点是历史问题，这引起了波兰当局对乌克兰的许多批评性言论。长话短说，乌克兰当局禁止在乌克兰境内搜寻和挖掘在战争中波兰受害者的遗体。然而，波兰当局除了提醒可能改变对乌克兰的汇率之外，还不知道如何在这个问题上有效地影响乌克兰人。

五 波兰

对于俄罗斯与乌克兰的军事冲突，波兰外交部在2018年全年都保持沉默，尽管乌克兰是波兰在东部最重要的合作伙伴之一。在政治层面，乌克兰与波兰的总统、总理、个别部长和地方政府当局存在多层次合作；在社会层面，在波兰约有100万乌克兰人；在经济层面，双边有很多跨境和科学合作。

提到俄罗斯，波兰外交政策的基础是保持务实双边关系。波兰外交政策积极配合北约和欧盟对俄罗斯的政策，这将是一贯的，并建立在团结的基础之上。虽然2018年波兰方面一直强调俄罗斯不遵守国际法，对国际社会施加压力并实施所谓的"既成事实"政策，但波兰政治家们并未下定决心在国际舞台上制裁俄罗斯侵略乌克兰的问题。波兰提出的上述问题是在波兰积极参与的国际组织内提出的，但波兰不是会谈的主要策划者。

另外，应该承认波兰在2018年的12个月内也取得了很大成就。毫无疑问，波兰在2018年取得的最大成功是在2018—2019年期间担任了联合国安理会非常任理事国。虽然安理会的关键决定是由具有否决权的常任理事国作出的，但波兰的存在并非毫无意义。这不仅是形象的成功，也是参与全球关键问题讨论的机会，因此（在有限程度上）影响决策以及在当前的国际事务上能够有机会获得大国的信息。

与美国伙伴关系也发展得很好，这对波兰执政党至关重要。2018年9月18日，波兰总统安德烈·杜达和美国总统唐纳德·特朗普在白宫签署了《波兰与美国战略伙伴关系宣言》，表达了两国之间的密切合作关系。宣言文本强调两国在安全与防务、能源、贸易和投资以及研究与创新领域的紧密联系和共同利益。履行这些义务的切实证据是在欧洲威慑倡议组织（EDI）的框架内在波兰部署美国军队，为期9个月。美国国会和五角大楼正在考虑进一步加强美国在波兰的军事存在（美国计划在空军基地投资超过2亿美元暂时部署隐形战斗机及其他措施以阻止俄罗斯侵略），波兰方面已准备好提供大量资源来支持这些计划（例如，以"特朗普堡"命名建立一个永久的美国军事基地）。

波兰与德国的关系也发展良好，两国外交部长在双边和多边磋商中多次会晤，两国政府于2018年11月初参加了双方的内阁年会，会上提出建立广泛的波兰—德国战略伙伴关系的决定以及该伙伴关系在政府和区域层面发挥作用。2018年在波德双边关系中具有重要意义，因为波兰重新获得独立100周年，在两国总统领导下组织了许多政治和科学会谈以及个别部委和科学中心的活动。

波兰与德国的双边关系是更广泛的国际合作的一个组成部分，尤其是以欧洲联盟为基础，而在这一领域，2018年波兰遭遇了一些挫折。欧盟的一些机构对波兰政府的活动，特别是有关法治的活动提出了一些保留意见。过去几个月中最重要的冲突领域是波兰司法系统（引入《最高法院法》和《全国司法委员会法》的变化，欧盟认为波兰的司法改革和对媒体施加压力的措施有悖于欧盟的民主法治与自由价值）。此外，欧盟甚至威胁要对波兰启动《欧洲联盟条约》第7条的程序。其目的是阻止对欧盟的价值观的威胁，这些价值观包含对民主、法律和人权的尊重。与欧盟的其他冲突领域包括：法院法案、反对强制安置难民。

另外，波兰还积极加强中东欧的区域合作。通过遵循"共同行动，齐心协力"的原则，波兰正在努力在维谢格拉德集团内部建立先进的合作形式，并推动建立三海倡议的构想，这一构想意义重大，作为区域协议，三海倡议对于欧洲联盟《里斯本条约》的运作非常重要，促进了在大型的国家集团内寻求共识、鼓励建立联盟的构想。三海倡议（位于波罗的海、亚得里亚海和黑海之间的 12 个欧盟成员国）在过去 3 年中始终是法律与公正党（PiS）政府和总统安杰伊·杜达在国际关系中开展的一个旗舰项目。作为更广泛视角的一个要素，波兰也赞成欧盟扩大，"为了更好的欧洲和欧洲的安全"，波兰外交政策也积极支持西巴尔干国家的融合。

应该指出的是，2018 年，波兰积极参与国际舞台的活动，在国际关系中实行实用主义和现实主义原则。

在追求波兰外交政策的主要目标——主权、安全和发展中，波兰寻求维持其在欧洲联盟内的国际舞台上的地位，履行安理会非常任理事国的任务，并寻求传统伙伴美国和德国的支持。此外，波兰增加了军费（计划占国内生产总值的 2%），试图增强美军在波兰的存在，并参与关于在共同安全领域和国防政策领域建立永久性结构合作（PESCO）的讨论。它还参与了区域结构的发展，如维谢格拉德集团和三海倡议以及波罗的海国家理事会、欧洲安全与合作组织、中欧倡议及其他许多组织。

在追求上述目标的同时，错误也并未避免，尽管其中大部分的错误是由内部政策转化为对外政策的变革和改革时造成的（如在司法系统、非政府组织或国家机构的运作）。

六 黑山

（一）黑山 2018 年政治发展概况[*]

2018 年上半年的大事件当然是 4 月和 5 月举行的总统和地方选举。在竞选活动中，政党听到的是各种指责、雄心勃勃的计划和闪闪发光的未来。

2018 年的总统选举是自黑山引入多党制以来的第七次选举。参加竞选总统的共有 7 位候选人，在为期三周的竞选活动期间，候选人们提出了各种方案、计划和承诺。虽然反对派候选人宣布了胜利并组织了第二轮选举，但最高的得票率（53.9%）还是由米洛·久卡诺维奇（Milo Djukanovic）获得的，他已经第二次赢得总统选举。久卡诺维奇在第一轮投票中已经超过了其他候选人，从而取得了重大胜利。也就是说，久卡诺维奇把代表最大反对派的候选人姆拉登·博亚尼茨（Mladen Bojanic）远远甩在了后面，同时也将黑山历史上第一位女性总统候选人德拉吉尼娅·武克萨诺维茨（Draginja Vuksanovic）甩在了后面。

总统选举的特点之一是反对派的实力不均衡，因此没有能力共同对抗执政党。反对派的这种状态为总统候选人久卡诺维奇先生

---

[*] 作者：Vojin Golubovic；翻译：李丹琳；校对和审核：陈新。

赢得胜利铺平了道路。此外，反对派的特点是竞选前提出了不少期望和抱负，通常，在选举第二轮中可以看到反对派的胜利。这种方式可能会影响选民的决定。除此之外，总统选举的结果显示了公民对欧洲—大西洋一体化的认可，候选人在他们的计划中加入欧洲—大西洋一体化的内容就是考虑到了选民们的认可。

在总统选举之后，执政联盟和州一级的反对派衡量了5月将要举行的地方选举的优势对比，即地方选举在首都波德戈里察和黑山的其他11个城市举行。在竞选期间，政治党派承诺实施各种方案和计划。也就是说，在竞选活动中，政党更专注于解决具体的市政问题。然而，尽管竞选活动的特点发生了变化，但考虑到市政预算，竞选活动中提出的计划往往都是不现实的。当然，各竞选政党最重要的问题是得到波德戈里察各个机构的选票。一方面，反对派提出电车、动物园的建设，弘扬民族食品以及建筑自由合法化；另一方面，社会主义者民主党（DPS）提出了继续治理波德戈里察的计划，因为该党已经在过去18年成为首都的管理者。

由于举行总统和地方选举的最后期限很短，竞选活动有重叠。与总统选举的情况类似，各个反对党派有一种想法，即在地方选举中联合以赢得州一级选举，成为最大的党。然而，反对党派在地方选举中更加松散，反对党派出现不团结导致选民的投票也不一致，致使投票率下降，结果使社会主义者民主党的影响力进一步增强。地方选举的结果表明，反对党派的不团结导致最后的失败。在举行选举的12个城市中，社会主义者民主党在波德戈里察（Podgorica）、达尼洛夫格勒（Danilovgrad）、比耶洛波列（Bijelo Polje）、普列夫利亚（Pljevlja）、萨夫尼克（Savnik）和扎布利亚克（Zabljak）获得绝对多数选票，在这些城市，社会主义者民主党可以独立组建政府。在另外三个城市——巴尔（Bar）、科拉欣（Kolasin）和戈卢博夫齐（Golubovci），社会主义者民主党与州一级的联盟伙伴合作，建立了权力。此外，社会主义者民主党与罗扎耶（Rozaje）的波什尼亚克党和普拉夫（Plav）的黑山社会民主党结成联盟，参与了这两个城市地方政府的组建。

一个月前的总统选举取得了令人信服的胜利，因此，社会主义者民主党在地方选举中的成功以及在波德戈里察以近50%的得票率表明了公众对该党的信心。此外，目前黑山政治的特点是政党众多。根据数据统计，在黑山注册了54个政党，从政治家的人数和人均的政党数量来看，黑山的政党数量在该地区是最多的。新的党派主要在反对派内部形成，这是因为反对派政党内部经常会崩溃。建立新的政党和政党的迅速倒闭，各党派之间的选民由此溢出，对现任执政联盟构成一定挑战。

除了地方和总统选举之外，2018年黑山的政治现实是公众对选举制度的信心低，同时议会自2016年议会选举以来长期抵制大多数反对党。黑山议会中政治辩论的回归更多是由于国际社会和欧盟压力的结果，而不是所有政治参与者不断增强的政治责任的结果。当然，黑山所有政治参与者的责任也在增强，这也是欧盟2018年《黑山进展报告》中所指出的部分内容。虽然部分反对派在2018年年初回到议会，但部分是在2018年年底的选举法改革等一系列活动之后回到议会的，议会的对话和控制进程似乎仍有很大的改进空间。

2018年下半年，特别是最后一个季度的选举法改革和相关的事件是2018年黑山第二件大事。启动选举法改革的目的是改善选举环境，进一步加强公民对选举进程的信心。然而，很明显，这样明确的目标是来自欧盟的压力和批评的后果。由于来自欧盟的公共利益和推动，黑山于2018年10月成立选举和其他立法改革委员会，这是对选举法进行重大改革的第一步，对黑山至关重要。该委员会有 14 名成员，其中 7 名是议会多数成员，另外 7 名是议会反对派成员。在该委员会的工作中，准成员可以代表非政府部门和学术界，但无权作出决定。

这似乎是通向合作的良好进展。在此之后，部分反对派立即返回议会。事实上，2018 年执政党和反对党之间的合作是由一体化进程而不是政治意志推动的。尽管有重大的改进，且这种改进比真正的政治意愿和合作更为严厉，但黑山的政治舞台仍然以"支离破碎、两极分化，并缺乏政治对话"为特点，特别是在像议会这样的民主机构中。这是欧盟对黑山政治的评价，2018 年年初情况更加糟糕。欧盟对此进行了强烈的批评，不仅仅是因为议会事先没有公开进行协商就通过了一系列法律。最近，一些反对派领导人因为没有查清事实的言论而被监禁，作为回应，反对派取消了最近由于立法改革而重新建立的议会机构的成员资格。由于监禁某些政治家，黑山爆发了示威活动，与 2018 年年初相比，年底的政治舞台更加松散和两极分化。这也证实了选举法的变化不是良好政治意愿的真正结果。即使是反对党之间的合作也不存在这种良好的政治意愿。2018 年，除了与执政党普遍存在分歧之外，反对党之间的分歧比以往任何时候都更加明显，因此，反对派联合起来的某些倡议，或至少是倡议其中一部分，也明显被认为是失败的。

因此可以说，选举和其他立法改革委员会的工作值得怀疑，因为目前没有一个委员会的目标得到实现。对话停滞不前导致无法优化下一个选举周期的整体环境，而欧安组织在黑山 2016 年议会选举和 2018 年总统选举期间提出的建议仍没有得到采纳。下一份欧盟关于黑山进展的报告将会如何撰写？因为黑山对欧盟上一份进展报告中提出的建议没有做出很多落实工作。最重要的是，黑山公众对选举过程的信任度并没有得到加强。

（二）黑山2018年经济形势综述*

1. 2018年GDP增长

2017年黑山经济发展强劲，其增长速度一直持续到2018年9月。在2017年GDP高增长之后，2018年前三个季度仍然维持高增长率，分别为4.5%、4.9%和5%。经济的高速增长是高投资和旅游业增长的结果。虽然黑山旅游业和投资的增长对其他部门的增长产生了影响，但经济增长的好处在很大程度上并未被其他各部门所吸收。2018年最突出的经济增长来源是投资，预计2018年年底将达到15亿欧元（财政部估计）。当然，最重要的投资项目是2018年加强建设的高速公路。

在经济部门，由于高水平的投资，建筑业在很大程度上促进了经济增长。平均而言，2018年前三季度建筑业增长了30.4%。除交通和旅游基础设施这些主要基础设施项目的因素之外，建筑业的增长还有国家的住房政策的鼓励，这也影响了居民住宅的建设。

此外，2018年旅游业对GDP的增长作出了重大贡献。与2017年同期相比，旅游人数和团体住宿旅游过夜人数分别增加了12.4%和7.5%。主要来自国外的大量游客也促进了旅游收入的增长，预计2018年年底旅游收入达到10亿欧元。除对交通基础设施的投资外，旅游部门已经实施了重大投资项目，对旅游供应质量有积极影响。与旅游部门活动增长有关，贸易在同期也有所增长，即2018年前9个月，贸易平均增长率为4.3%，食品贸易是增长

---

* 作者：Milika Mirkovic；翻译：李丹琳；校对和审核：陈新。

最快的。旅游业的增长也与交通运输业的增长呈正相关。在所有类型的交通运输业中,乘客数量均有所增加,其中增长幅度最大的是航空运输。过去一段时间内,新航空线路的开通使黑山作为旅游目的地成为可能,对机场旅客运输的增加产生了积极影响,比2017年同期增加了12.4%。

2018年前三季度,黑山工业生产增长24.4%。对工业增长贡献最大的是电力、燃气和供热部门,在这期间,该部门的增长率为84.8%。能源部门的产量增长归功于有利的水文气象条件,也归功于整个系统的稳定运行和运行能力,特别是水力发电厂。此外,制造业也开始复苏,这主要是由于巴尔—博利亚里(Bar - Boljari)高速公路第一阶段及其他地区的基础设施建设导致其他非金属矿产品的产量大幅增加(60.5%)。

2. 外贸部门

在2018年前三个季度,经常账户赤字有所增加。一方面,且是最重要的,赤字是外贸逆差和营业收入减少的结果,特别是在第三季度,贸易逆差为15亿欧元;另一方面,服务贸易顺差为8.97亿欧元,比2017年同期增加11.2%。

3. 劳动力市场

经济的增长对劳动力市场产生了积极的影响。根据黑山国家统计局数据,2018年前9个月,黑山的失业率为14.9%,低于2017年同期(15.8%)。就业活动率从第一季度的53.6%增至第三季度的57.6%,而就业率从45%增至49.5%。劳动力市场积极的趋势是因为旅游业和建筑业的季节性增长以及具有季节性特征的其他经济部门的增长。劳动力市场指标呈现积极趋势是经济活动的结果,特别是在未来一段时期的建筑和旅游业的积极前景。此外,根据劳动力市场的形势进一步有效改善劳动力市场政策,以实现更好的劳动力市场表现。

4. 价格

2018年前三个季度的通货膨胀率为2.9%。通胀率的增长在很大程度上受到酒精和烟草价格上涨的影响,其通货膨胀率在2017年同期为24.2%。酒精饮料和烟草价格的上涨是修订《消费税法》的结果,2017年8月烟草消费税税率和2018年1月的酒精消费税税率增长。除了这些产品价格的上涨外,这项政策还影响了"灰色经济"的增长和生产这些产品的公司之间的不公平竞争。而这进一步减少了消费税收入,影响了2018年7月新的消费税政策变化,新的消费税政策目的是将消费税恢复到消费税增加之前的水平。此外,燃料价格也在前一阶段开始增长,燃料价格的上涨对运输成本、食品价格和其他以燃料为重要投入的产品价格影响重大。

5. 公共债务——黑山2018年经济的软肋

高速公路建设以及近年来政府资助的其他项目导致公共债务增加,这逐渐成为黑山的长期问题。除了高速公路之外,逐渐导致公共债务增加的一个明显问题是预算赤字,以前的预算赤字主要是政府对现在实施的项目的借款。事实上,这一债务从2007年占GDP 30%的低点增至2018年占GDP的近71%。根据财政部公布的2018—2021年宏观经济和财政指标预测,国家债务达31.3亿美元,而地方政府的债务达1.31亿欧元。我们看一下债务偿还计划以及赤字,在2018年年底之前应该偿还5.122亿欧元,占GDP的

11.1%。通过分析这笔债务偿还的融资情况可以得出结论，偿还的资金主要来自7.393亿欧元的外国借款和出售资产而得的1600万欧元的收入。2018年的预算赤字为1.731亿欧元，占GDP的3.8%，该预算赤字处于预期水平，增加了对上一阶段的债务偿还。这表明，在2018年，政府正在努力应对公共债务，负担日益增加，同时这也是决策者的负担。

因此，2018年，黑山政府实施了财政整顿措施，以建立一种可持续的公共债务管理系统，该系统确定在高速公路建设完成后暂停进一步的债务增长，即建立债务下行路径，2020年实现预算盈余。尽管如此，考虑到黑山基础设施项目（如高速公路）的需求范围，这些措施能否奏效仍是问题。除了债务，2018年没有找到足够的解决方案为这些项目提供资金。

此外，黑山政府在2018年面临的巨大风险是控制支出的能力有限。虽然这一年财政政策有一些变化，但财政措施的空间越来越小，收入方面的增长潜力将取决于经济增长。

2018年11月，经济、财政和预算委员会向议会提议通过关于2019年预算法的提案，该提案将提出未来如何保证可持续性。但是，对该提案的分析表明，按照计划，收入和支出总额为23.8亿欧元。其中，目前的预算为9.1074亿欧元，国家预算资金为7亿欧元，资本预算为3.2093亿欧元，融资交易额为4.324亿欧元，储备金为2000万欧元。

该提案显示2019年预算草案仍有新的借款。国家2019年将与欧洲投资银行（EIB）、欧洲复兴开发银行（EBRD）、世界银行、欧洲理事会开发银行（CEB）、德国开发银行（KfW）等国际金融机构签订价值为2.14亿欧元的贷款协议，主要用于机构建设和基础设施投资，也用于军事需要。

然而，对债务决策做更详细的分析可以看出，国家借款3.7亿欧元是预算的需求。在上述金额中，1.9亿欧元用于预算资金、资本预算和偿还债务，而1.8亿欧元用于资助巴尔—博利亚里高速公路建设。因此，国家面临着持续的融资问题，只会增加公共债务危机。

2018年，黑山成为欧洲经济增长最快速的国家之一，而这使公共债务引起的问题变得模糊，使人们转而关注其他经济指标。然而，事实是，2018年的公共债务已达到其历史最高纪录。2019年的黑山经济是否会成功实现足够的增长，从而减少借贷，黑山的公共债务水平是否会稳定仍有待观察。

（三）2018年黑山主要社会问题[*]
——导致社会分歧和意见分歧的改革

2018年的标志性社会事件主要涉及黑山公民的社会地位。这主要是指一个社会实施的各种改革会直接影响黑山公民的社会地位，如养老金制度的改革以及与就业有关的立法改革开始进行辩论。

尽管新的《劳动法》已经做好了很长时间的准备，但它并没有在2018年获得通过，这可能是社会对话中一个关键问题令人不满的结果。

政府改革养老金立法的尝试也表明政府、工会和雇主的意见不符。也就是说，在2018年中期，黑山政府启动了《养老金和残疾人保险法》的修改。由于黑山面临着社会缴款和养老金成本之间

---

[*] 作者：Vojin Golubovic；翻译：李丹琳；校对和审核：陈新。

的不平衡，因此，这项改革的主要目标是改善黑山的公共财政和养老金制度的可持续性。由于高失业率和打黑工、生育率下降、人口老龄化以及整体经济增长缓慢，养老金制度一直面临融资问题。缴纳养老金的雇员人数与从这些缴款中获得养老金人数的比例的情况越来越糟，两者比例几乎相等。因此，政府希望通过新的提案重新引入修改退休年龄，为退休条件设置更严格的条款并改变养老金计算公式。政府提议逐步取消特殊的老年养老金和老年养老金的"双重"条件，即65岁和缴费满40年。然而，这一提议引发了社会上的分歧和反抗，所有工会组织和众多非政府组织表达了不满，而媒体也密切关注形势的演变。这意味着工会的复兴，在这场关于改革的辩论中，工会通过社会对话和社会理事会，有巨大的空间进行干预和展示自己的力量。事先达成非正式协议，甚至要求进行总罢工。经过长时间的谈判，最初的改革建议已经发生变化，社会各界已接近达成解决方案，老年退休条件应为缴费满40年，但年龄标准为61岁，而不是65岁。正式协议尚未实现，但这说明养老金改革是目前社会稳定最重要的改革。

1. 贫困问题

上述改革是重点，因为它们与目前黑山公民的贫困问题间接相关。事实是，自2018年年初以来，黑山实施了某些财政措施，即公民面临增加某些税收的问题，这些财政措施导致社会骚乱。从2018年1月1日起，增值税（VAT）增加了2%（增值税从19%增至21%），在某种程度上提高了各种产品和服务的价格。此外，从年初开始，家庭和小型消费者的电价上涨了2.7%。在这一年中，燃料价格也开始增长，直接通过较高的运输成本，然后间接通过随之而来的某些产品和服务价格的上涨，进一步导致黑山社会的贫困化。此外，对卷烟和酒精的消费税也开始征收。公民几乎无例外地承担了政府强制实施增税决定所导致的所有负面影响。在这样的环境中，黑山公民的贫困问题经常发生，这往往是改革的政治背景。养老金和工资（特别是公共部门的工资）的增长停止导致通货膨胀率上升。

截至2018年年底，黑山国家统计局公布了黑山2013—2017年贫困数据。这些数据表明，黑山的贫困率略有下降（从25.2%降至23.6%），但显而易见的是，贫困率仍远高于其他欧盟国家。此外，有4.4%的绝对贫困人口，他们的生活无法达到黑山的基本生活需求。对已公布数据的进一步分析还表明，黑山社会中存在某些特别容易陷入贫困的弱势群体，其中失业者、年轻人和儿童的贫困风险显著高于全国平均水平。实际上，40%的儿童生活在占黑山1/3的贫困家庭中，这些家庭由于缺乏工作、收入水平低等原因而面临贫困或被社会排斥的风险。这一比重远远高于欧盟平均水平，在欧盟国家，平均25%的儿童生活在有贫困风险的家庭中。因此，需要进一步关注这类居民，通过引导家庭成员就业和增加物质利益来克服风险。此外，养老金领取者也越来越面临贫困的风险。"SILC"的一项调查于2018年12月发布，该调查显示，对于年龄超过65岁的单身家庭，2017年的贫困风险率为15.6%，比2013年高出2.4个百分点。2018年平均养老金为每月约280欧元，占人均GDP的55.5%，净工资的56.2%，与往年相比有所下降。此外，养老金和残疾人保险基金的数据显示，3.7万名养老金领取者领取的养老金达到最低工资水平（193欧元）。考虑到这一点，上述养老金制度改革正在产生重要的影响。

通过国家提供的社会转移，贫困风险率降低了7.8%，约4.8万名公民避免了贫困风险。但是，社会各阶层都应该认真解决贫困和社会分层的根源，以便改善这一亟待解决的问题。

2. 人口和健康问题

上面已经提到，近年来黑山的人口发展趋势不利。最新官方关于人口动态发展的统计数据也证实了2018年的这种趋势。黑山共和国的社会问题是人才流失，但在黑山境内也发生着人口的大量流动。数据显示，2018年前11个月，大多数公民搬出了比耶洛波列和尼克希奇。从比耶洛波列离开了722人，而从尼克希奇离开了656人。来自黑山北部地区欠发达城市的年轻人主要在首都波德戈里察寻找更好的条件。据黑山国家统计局称，2018年前11个月，有6106人出生，5325人死亡。但更令人担忧的是，黑山的23个城市中有14个城市的人口自然增长率为负。这种情况发生在安德里耶维察、贝拉内、比耶洛波列、采蒂涅、达尼洛夫格勒、古西涅、新赫尔采格、科拉欣、莫伊科瓦茨、佩特尼察、普拉夫、普列夫利亚、普卢日内和乌尔奇尼。死亡人数增加可以部分解释为黑山人口老龄化加速，年轻人口向一些大城市移民，但卫生机构的数据也指出了另外的某些结论。也就是说，2018年发布的信息显示，在黑山约有3000人患有癌症，占黑山总人口的0.5%。此外，据公共卫生研究所称，大量人死于癌症。在癌症病人中，52.51%是男性，47.49%是女性。男性最常见的癌症是肺癌，也是死亡的主要原因，其次是皮肤癌、前列腺癌和膀胱癌。在黑山女性中，最主要的恶性疾病是乳腺癌。

3. 非政府组织部门仍然专注于"热门"话题

非政府组织部门在2018年继续关注黑山的社会问题，但媒体似乎主要关注部分非政府组织部门在社会民主化、政治活动和经济发展进程中的作用。造成这种情况的原因可能是黑山正处于加入欧盟的进程中，在选举法、透明度、反腐败、媒体自由等方面面临来自欧盟官员的压力。还应该指出，2018年12月，黑山最重要的、致力于经济问题的非政府组织——战争研究和预测研究所庆祝其成立20周年，所有国际机构驻黑山的代表，如儿童基金会、开发计划署等，还有来自中国、美国等驻黑山大使馆代表前来祝贺。黑山总统还对先前的成就表示赞赏，并表示该研究所是过渡时期众多社会经济改革的推动者和发起者。

（四）黑山2018年对外关系发展概况[*]

2018年，黑山组织了许多活动并参加了若干国际活动，以维持和促进与世界其他地区的良好关系。在与欧盟的谈判、与西巴尔干地区其他各国的关系以及作为北约成员国维护稳定与和平方面都取得了成绩。

1. 黑山和西巴尔干地区

在与该地区各国的关系方面，黑山参加了该地区的一些活动，这些活动汇集了西巴尔干各国代表，解决了不同的问题，也商定了未来在各领域的各项活动中共同合作。与西巴尔干国家关系的重要会议之一是在2018年10月组织的黑山2018年经济大会："巴尔干和欧洲联盟——柏林进程的一个五年计划。"这次会议的目的是加强区域合作和深化欧洲一体化进程。这次会议聚集了700多名与会者，其中包括决策者、来自西巴尔干国家的企业代表和学术

---

[*] 作者：Milika Mirkovic；翻译：李丹琳；校对和审核：陈新。

六 黑山

界代表以及国际机构代表。该大会是由奥地利总理塞巴斯蒂安·库尔茨（奥地利是时任欧盟轮值主席国）组织召开的，这次会议表明，黑山有能力吸引欧盟最重要的人士来黑山讨论西巴尔干加入欧盟的问题，而且，黑山是西巴尔干国家中最有希望在 2025 年甚至更早加入欧盟的国家之一。有评论指出，黑山完全投入到区域合作和经济一体化当中，作为北约成员国，作为在与欧盟谈判取得一定进展的国家，黑山不断引入欧洲标准。此外，会议的另一个重要信息是，黑山可能是世界上唯一一个能够面对在政治上有分歧的邻国并与它们保持最佳关系的国家，同时，在西巴尔干地区，不断促进与各国在各个领域的对话。黑山的外交政策重点是促进国家稳定和睦邻友好关系。事实证明，黑山欢迎马其顿与希腊签署协议以及塞尔维亚与科索沃之间进行谈判。

2. 黑山与中华人民共和国的关系

黑山与中华人民共和国之间的关系非常重要，这种关系在前一个时期得到了加强。众多投资项目加强和扩大了这两个国家之间的合作。高速公路的建设、铁路的修复、风力发电厂的建设和海军舰队的更新改造是目前双方正在进行的一些项目。2018 年，黑山机构的代表与中国国家机构的代表以及中国驻黑山大使举行了不同形式的会议。除了在交通领域的合作，特别是高速公路的建设之外，在其他领域也有更广泛的合作，包括旅游、能源和农业领域。通过加强贸易合作和对中国农产品出口的增长以及从中国赴黑山旅游的增长，双边合作进一步增强。黑山一直在朝着这个方向开展各种活动，其中一个活动是派代表团参加 2018 年 11 月举办的中国国际进口博览会（CIIE）。尽管黑山参加展览的代表团人数非常少，但该代表团是由黑山政府代表、黑山商会和两家公司的代表组成：来自最大的葡萄酒公司"Plantaze"和旅游机构"Fly Montenegro"。中国国际进口博览会为黑山的机构与中国和其他国家的公司提供了交流机会。各方建立了新的联系，讨论新的业务渠道，加强合作，探索贸易机会，以提高进出口贸易量。

在"一带一路"倡议和"16+1"机制框架内，中国与黑山拥有巨大的合作潜力。这些倡议的目的是加深并强化欧洲国家与中国在贸易和投资、运输、金融、农业、科技、卫生、教育和文化等领域的合作，中国的投资可以促进整个巴尔干地区的经济增长，这其中当然包括黑山。

3. 第七次中国—中东欧国家峰会

2018年一个重要事件是中国和中东欧国家第七次峰会，即在2018年7月初在索非亚举行的第七次中国—中东欧国家首脑会议。黑山共和国总理杜什科·马尔科维奇（Duško Marković）与来自其他国家的首脑参加了此次会议。第七次峰会致力于中华人民共和国与中东欧16个国家的合作，这是于2011年6月在匈牙利布达佩斯举行的第一届中国—中东欧国家经贸论坛发起的合作的继续。首脑会议的重点是"16+1"国家合作的关键领域及其发展方式，包括"一带一路"倡议的内容。对于黑山而言，作为"一带一路"倡议的参与者，这次峰会不仅是外交政策的重要事件，也是经济稳定和繁荣的重要事件。

通过中国与中东欧国家的合作机制，启动了重建巴尔—波加列（Bar-Boljare）高速公路项目。在首脑会议期间，黑山首相会见了中国总理。除了建设高速公路外，黑山愿继续同中方加强在公路、水电站等基础设施建设以及旅游领域合作，积极探讨开展第三方合作。

与此同时，通过"16+1"倡议，将巴尔与匈塞铁路连接有了合作的空间。这种合作将有助于进一步挖掘西巴尔干地区的经济潜力。通过这种方式，可以更好地利用巴尔港的优势，这将是黑山经济发展的好机会。在这方面，预计将进行一项可行性研究，即研究将未来的贝尔格莱德—布达佩斯快速通道与黑山和阿尔巴尼亚的港口连接起来的可能性。同时，再把西巴尔干地区的其他港口加入进去，如克罗地亚、斯洛文尼亚和波斯尼亚和黑塞哥维那的港口，这将进一步促进西巴尔干地区的发展。

4. 参加联合国大会

黑山与其他国家之间的良好关系与2018年9月召开的第73届联合国大会的主题是一致的："使联合国与所有人都息息相关：通过全球领导力和责任分担，建设和平、平等和可持续的社会。"由总理杜什科·马尔科维奇带领的黑山代表团出席了此次联合国大会，这会进一步巩固黑山共和国外交政策的成果和方向，在此次联合国大会期间，黑山代表团与各国政府、企业和国际组织代表进行对话，表明黑山的立场，巩固其在联合国的知名度以及建立和加强与其他国家的双边关系。黑山代表团参加了与不同经济问题有关的众多会议。例如，关于联合国2030年可持续发展议程融资的高级别会议、关于维和行动的高级别会议、布隆伯格全球商业论坛等。在联合国大会期间，黑山代表团参加了西巴尔干六国会议和中欧倡议（CEI）国家外交部长会议，以加强与西巴尔干地区和欧洲国家的关系。改善与各国的关系对黑山的外交政策至关重要，特别是在某些特定问题上，如移民危机和安全风险，并朝着维护本地区和平与稳定的方向制定外交政策。此外，这些关系的改善也有助于加速黑山加入欧盟一体化进程。

5. 北约峰会

黑山成为北约成员国产生了积极的影响。除了经济利益和经济增长之外,黑山成为北约成员国是基于黑山当局认为该成员资格将进一步加强基于最高民主价值观的法治原则的信念。黑山共和国总理在第 73 届联合国大会上也证实了这一点。作为北约成员国,黑山在对外关系领域取得了重大成果。2018 年 7 月,黑山总统米洛·久卡诺维奇率领黑山代表团出席在布鲁塞尔举行的北约首脑会议。首脑会议审查了当前的安全问题,并进一步加强了北约国家在维护欧洲—大西洋及更广泛地区稳定中的作用。通过参加这次北约首脑会议,黑山确认了其对团结、共同价值观和集体安全利益的承诺。

2018 年黑山对外关系的一系列活动证明,黑山致力于与邻国、欧盟以及其他国家建立良好的对外关系。其在加入欧盟进程中的地位更加清晰,但未来仍存在一些风险。

七 捷克

（一）捷克共和国2018年政治发展概况*

2018年可以通过这些重要的政治事件总结捷克共和国政治发展态势：1月的总统选举；关于捷克政府的谈判和6月任命新的联合内阁；10月的捷克共和国参议院和市政选举。

1. 2018年1月总统选举

捷克共和国的第一次直接总统选举于2013年1月举行，第二次是在2018年1月，总统任期5年。总统米洛什·泽曼（Miloš Zeman）赢得了第二个总统任期，再一次担任总统。他在竞选最后一轮的竞争对手是捷克科学院前院长（2009—2017年任职）伊日·德拉霍什（Jiří Drahoš），一名化学工程师，他自称是中间派政治家。米洛什·泽曼以38.6%的选票赢得了第一轮总统选举，而德拉霍什的得票率为26.6%。前外交官兼前总统瓦茨拉夫·哈维尔的顾问帕维尔·菲舍尔（Pavel Fischer）以10.2%的得票率排第三名。米洛什·泽曼还以51.36%的得票率赢得了选举的第二轮也是最后一轮，第二轮德拉霍什的得票率为48.63%。总统选举第二

---

* 作者：Zuzana Stuchlíková；翻译：李丹琳；校对和审核：陈新。

轮的参选率为66.6%（这是自1998年以来参选率的最高值）。捷克共和国的两个政治集团分为传统的左派和右派，两派之间存在严重分歧。自由的反对派表现出团结一致对抗泽曼的能力，并获得近50%的选票。与总统泽曼相比，德拉霍什更倾向于将捷克共和国与西方国家紧密靠近，而泽曼是与欧盟、中国、俄罗斯、以色列和美国等进行多元合作的支持者（泽曼总统提出了全方位的外交政策），这意味着捷克外交应该向各方开放：西方、东方和南方。泽曼总统对中国的立场是众所周知的，他是与保持中国密切关系的坚定支持者，这引起了右翼小党，特别是"TOP 09"党和"STAN"还有部分基督教和民主联盟—捷克人民党（KDU‑ČSL）以及一些亲西方的捷克公民的恐惧和批评。泽曼先生一直支持取消欧盟对俄罗斯的制裁，他有时会因为在捷克外交政策中倡导人权并支持中国和俄罗斯而受到批评。

2. 关于捷克政府的谈判以及6月任命新的联合内阁

众议院是捷克共和国两院制议会的下议院，有200名议员。在2017年10月大选后，新的少数派政府由安德烈·巴比什（Andrej Babiš）领导的不满公民行动2011党（ANO 2011）组成。2018年1月，政府没有通过众议院的信任投票。不满公民行动2011党开始了新一轮旨在组建稳定的新政府的政治谈判。捷克共和国是议会立宪共和国，总统是国家元首，总理是政府首脑。总统的行政权力是有限的，总统的权力之一是在大选后任命总理。总统泽曼允许巴比什先生再次组建新政府。2018年6月，在决定安德烈·巴比什的不满公民行动2011党和社会民主党（ČSSD）形成少数派联盟需要投票时，15名波希米亚与摩拉维亚共产党（KSČM）议员投了赞成票，由此，一个新的少数派政府通过了信任投票，大选后9个月捷克共

七 捷克

和国临时政府成立。漫长的组阁联盟谈判在其他欧洲国家也很常见（如德国成为这次捷克组阁的一个范式）。捷克新政府的计划由联盟党（不满公民行动2011党和社会民主党）制订，并应在2018年正式实施。

3. 10月捷克共和国参议院选举和市政选举

（1）参议院选举

捷克共和国的立法机构是两院，众议院由200名成员组成，参议院由81名成员组成。参众两院共同组成捷克共和国议会。参议院第一轮选举于2018年10月5—6日举行，第二轮选举于2018年10月12—13日举行。公民民主党（ODS）赢得大选，获10个席位。执政党不满公民行动2011党和捷克社会民主党（ČSSD）遭到重创，两党各获得1个席位。波希米亚与摩拉维亚共产党（KSČM）在参议院中失去了最后一席，这意味着该党在捷克共和国历史上第一次没有进入参议院。这次选举被认为是安德烈·巴比什内阁反对派的第一次重大胜利。公民民主党成为主要反对党，捷克海盗党为第二大反对党。

（2）市政选举

总理安德烈·巴比什领导的不满公民行动2011党赢得了除布拉格和利贝雷茨之外所有地区首府的市政选举，在布拉格和利贝雷茨，反对党公民民主党和海盗党获得的选票分别排第一位和第二位，社会民主党、波希米亚与摩拉维亚共产党和其他政党失去支持。

（3）布拉格市政选举

作为全国市政选举的一部分，2018年的市政选举于10月5—6日在布拉格举行。不满公民行动2011党曾赢得2014年的市政选举，阿德里亚娜·科尔娜乔娃（Adriana Krnáčová）成为布拉格市市长。到2018年，布拉格的市议会包括捷克社会民主党和三党联盟（绿党、基督教和民主联盟——捷克斯洛伐克人民党、市长和独立人士）。布拉格议会的所有65个席位都被选出。结果是新自由主义保守派公民民主党（ODS）取得了小幅胜利，获得了17.9%的选票和14个席位。公民民主党在布拉格第五次获胜。随后是自由派政党——捷克海盗党（Piráti，获得17.1%的选票比2014年选举增加近12%）和13个席位，"为布拉格自身"（Prahasoobě，获得16.6%的选票）及其联盟伙伴"布拉格联合部队"（Spojené síly pro Prahu，获得16.3%的选票）也赢得了13个席位。中间派不满公民行动2011党是当时捷克共和国最强大的政党，也是布拉格最强大的政党，却失去了6.7%的选票和5个席位，获得15.4%的选票和12个席位。自由与直接民主党（SPD）仅获得3.5%的选票，未达到5%的门槛。波希米亚与摩拉维亚共产党（KSČM）获得3.3%的选票，捷克社会民主党获得2.9%的选票，均是第一次未能达到门槛。

  大选后近三周，联盟举行会谈决定谁将领导捷克首都并完美收官。除了海盗党外，独立政党"为布拉格自身"和由"TOP 09"、市长和独立政党组成的联盟以及被称为"布拉格联合部队"的基督教民主党的代表们进入布拉格市政厅。该执政联盟由布拉格的海盗党负责人兹德涅克·赫日布（Zdeněk Hřib）领导，他是卫生部门的IT专家。这个执政联盟上台后很快就开始撤换市政公司的一些经理（如布拉格"Výstaviště"展览中心、"TSK"交通技术公司、布拉格公共交通公司——Dopravní podnik hlavního města Prahy，这三家公司拥有1.1万名雇员，布拉格市政拨款共130亿捷克克朗）。市政公司管理方面的明显变化也发生在布尔诺（该市也是新的执政联盟：公民民主党、海盗党、基督教和民主联盟—捷克人民党和社会民主党），此外还有许多其他地方的市政管理机构也发生了重大变化。

4. 结论

自 1993 年以来，捷克共和国最大的两个政党是公民民主党和捷克社会民主党。这种左派—右派两党模式在 2014 年年初首次发生变化，2017 年变化已不可逆转，随着新的全能型政党——不满公民行动 2011 党的崛起，两个主要政党都在被削弱。自 2014 年 1 月以来，捷克共和国由捷克社会民主党领导的中左联盟统治，捷克社会民主党是最大的党，两个联盟党是不满公民行动 2011 党以及基督教和民主联盟—捷克人民党。2017 年 5 月，在财政部部长安德烈·巴比什（不满公民行动 2011 党的领导人）被解职后，政府出现了危机，因为他因涉嫌参与 "čapí hnízdo" 农场补贴欺诈案件而受到欧盟的调查。这是执政联盟协商的结果。现在许多公民质疑传统政党应对当前的挑战和危机的能力。目前，许多人支持其他政党（捷克海盗党）和意识形态极端主义政党（自由民主党和民主党）以及民族主义政党和运动的崛起。

（二）捷克共和国 2018 年社会发展概况[*]

2018 年捷克共和国社会发展的重要主题是：10 月庆祝捷克斯洛伐克联合 100 周年；捷克破产法；11 月庆祝捷克斯洛伐克共和国成立 100 周年。

---

[*] 作者：Milan Kreuzzieger；翻译：李丹琳；校对和审核：陈新。

1. 庆祝捷克斯洛伐克联合和成立共和国 100 周年活动

捷克斯洛伐克（1918—1992 年）在第一次世界大战结束时联合，第一次世界大战结束，奥匈帝国解体，捷克斯洛伐克作为一个主权国家于 1918 年 10 月 28 日成立共和国，直至 1993 年 1 月 1 日捷克和斯洛伐克和平"分手"，各自成立共和国。在第一次世界大战之前，该地区包括现在的捷克国土范围（波希米亚、摩拉维亚和西里西亚）和斯洛伐克，这以前是匈牙利的一部分。在中欧，主要的输家是奥匈帝国崩溃后分离出来的德语国家和匈牙利，匈牙利失去了几乎一半的人口和约 1/3 的领土（根据 1919 年《特里亚农条约》）。捷克和斯洛伐克人口总和不到原来总人口的 2/3。虽然捷克人和斯洛伐克人在民族上非常接近，具有许多共同的文化传统，语言上也比较接近，但斯洛伐克社会的城市化程度较低，世俗化和工业化程度较低。20 世纪 90 年代初出现的分离主义倾向导致联邦在一体化的欧洲内部解体。2018 年，捷克共和国和斯洛伐克共和国公民共同庆祝他们的独立——捷克斯洛伐克共和国成立 100 周年，特别是国家和文化机构组织了许多文化和社会活动。国家博物馆的历史建筑经过多年的重建于 2018 年 10 月 28 日重新向公众开放。国家博物馆举办了捷克—斯洛伐克展览和两个 100 年展览，并举办了政治庆祝活动。

捷克总理安德烈·巴比什（Andrej Babiš）在克拉玛日别墅欢迎到布拉格参加捷克斯洛伐克成立 100 周年活动的外国贵宾。在共进工作午餐时，他们特别讨论了当前的欧洲问题。参加工作午餐的有斯洛伐克总理彼得·佩莱格里尼（Peter Pellegrini）、波兰总理马特乌斯·莫拉维茨基（Mateusz Morawiecki）、卢森堡首相格扎维埃·贝泰尔（Xavier Bettel）、克罗地亚副总理玛丽亚·佩伊青诺维奇·布里奇（Marija Pejcinovic Burič）、斯洛文尼亚副总理米罗·采拉尔（Miro Cerar）和罗马尼亚外交部部长特奥多尔·梅莱斯卡努（Teodor Melescanu）。此外，德国总理安格拉·默克尔访问了布拉格，法国总统埃马纽埃尔·马克龙也曾在捷克首都和布拉迪斯拉发访问。被称为视觉艺术崇拜者的马克龙先生参观了布拉格国家美术馆的现代法国艺术收藏品。

2. 捷克破产法

现在的社会是消费型社会，贷款、信用卡等十分普遍，许多人很容易陷入债务，而且根本没有足够的钱支付账单。过度负债被认为是几乎所有欧盟国家的重大问题。"债务奴隶"问题也是捷克社会政策需要解决的最紧迫的问题之一。捷克共和国面临着一个长期问题——债务人数众多，在许多情况下还有多重破产。由于这个问题，社会制度的稳定性和整体经济受到了负面的影响。过度负债导致个人和家庭受到社会排斥。2018年，捷克共和国破产人数为86.3万人（总人口为1060万人），其中包括6000名儿童。负债还对儿童的基本需求产生负面影响，甚至威胁到他们的基本需求。每10个捷克公民就有1个受到债务陷阱的影响。公开处理的债务案件接近500万，相当于每小时有75件，每天处理1800件。处于债务陷阱的每两个人中将会有1人终生摆脱不了债务。原因很复杂：失业是客观原因，还存在严重的系统性问题，如掠夺性贷款和黑市债务。负债的社会影响是毁灭性的——房屋被收回、酗酒、吸毒和犯罪。经济后果包括劳动力市场中断、社会援助成本增加和税收减少。大量非银行机构提供极高利率的贷款，导致破坏性的处罚以及信息缺失，使负债情况更加恶化。

在过去的20年里，捷克社会发生了重大变化，今天的需求也不尽相同，因此，捷克共和国的破产法也必须进行充分的现代化改变。捷克新的破产法规参照了欧盟关于破产程序的第1346/2000号条例，同时受到美国破产法（1978年）的启发。对捷克破产法的重大修订于2017年7月1日生效。修正案的主要目的是规范处理个人债务问题的咨询服务。重新编制破产法的主要目标是确保透明度、有效率、适应性和预见能力，为债权人提供更高程度的保护，最后督促债务人按时解决其破产问题。捷克议会在2018年和2019年1月批准了捷克破产法的修正案。该法案的目的是帮助捷克公民摆脱债务问题，这些债务是以往由于立法的不完善而允许掠夺性贷款和黑市债务存在而导致的。

第一种情况是一种破产方式，是从社会角度考虑而非经济角度考虑的。目的是让债务人有可能重新开始生活，并促使他们积极参与债务的赎回，至少在3年内达到赎回50%的预期水平，或在5年内达到赎回30%的预期水平。第二种情况是法官或债权人委员会（如果已经成立）需要仔细区分债务减免这种行为及其意图。这里有一个平行目标，即减少公共预算支出，使那些发现自己陷入社会排斥境地的人能够恢复正常生活。债务减免可以通过破产财产的货币化、偿还时间安排或两者的组合来实现。重复这种程序可能导致有人认为目的不纯。我们可以说这个复杂的程序并不适合所有人，而那些想要执行这一程序的人必须满足相当严格的条件才能摆脱债务。但如果一个人确实符合这些条件并坚持下去，那么最终可能会真正重新开始。估计需要几年时间，《破产法》才能取得预期的结果。

在过去几年中，债务清偿是解决捷克共和国财政问题的一种新方式。直到最近才开始对破产这一严重问题的许多负面影响进行严格的分析和监测。信息自由法和获得有关负债的定量和定性的

七 捷克

详细数据有助于提高公众意识，立法应进行适当的变革以准确地为受众制定目标。凭借高质量的数据和计划、更加规范的非银行贷款市场、对非营利组织债务人的更多帮助以及财务的整体改善，我们可能会看到捷克共和国过度负债水平向积极的方向发展。地方政府当局可以利用这些数据更好地设计具体的措施，如加强债务建议和社会服务能力。此外，非营利组织和研究机构也能够从现有的数据中受益。该举措开始对其他问题有所启发（社会事务部或非营利组织），以便与其他关键社会指标一起创建类似的举措。新闻记者和其他媒体成员正在使用这些举措和数据提醒人们提高认识，还利用这些数据影响当局，迫使当局对一些问题提出解决方案。

在过去的二三十年中，我们看到的总体趋势是贫富差距拉大。虽然信贷和债务能够确实帮助贫困和中产阶级家庭改善生活，但它们也使许多家庭的情况更糟，甚至导致中下阶层生活水平降低。2008年的国际金融危机影响了世界许多其他地区的普通居民。每一个过度负债的危机都对消费者过度负债和破产的监管产生了影响，但对世界上不同国家和不同地区的影响各不相同。许多后续问题（如犯罪、酗酒等）导致一个国家的社会出现严重问题，但另一方面，受到教育的人和非营利组织与国家机构合作以及更加完善的法律则能够帮助解决这一问题。

八 克罗地亚

（一）2018年的克罗地亚：尽管克罗地亚民主联盟存在危机，但政府仍然稳定[*]

1. 摘要

本节简要分析2018年克罗地亚执政党——克罗地亚民主联盟（HDZ）和克罗地亚政府的情况。一方面，用经验性的数据描述了2018年克罗地亚执政党的政治动态；另一方面，用概念性的方式分析欧洲传统政党分裂的趋势并研究这个趋势是否能够影响克罗地亚的基督教民主党——克罗地亚民主联盟，因为欧洲政党的分裂趋势已经影响了克罗地亚的社会民主党（SDP），该党已经流失了很多党员，包括在2018年当选的国会议员。

上次议会选举是2016年，克罗地亚政府在经历了短暂的政治动荡（2015—2016年）之后获得了政治上的稳定，因为2015年克罗地亚民主联盟执政的政府有一位几乎不会讲克罗地亚语的总理，且该党主席因腐败指控而不得不辞职。现任总理安德烈·普连科维奇（Andrej Plenkovic）接管了克罗地亚民主联盟并赢得了新的选举，使他们进入政府。然而，自从他作为该党的领导人获胜以来，

---

[*] 作者：Žaklina Kuljanac；翻译：李丹琳；校对和审核：陈新。

八　克罗地亚

普连科维奇一直在他的党内受到质疑,因为他在一些问题上采取了更多自由主义和亲欧洲的立场,这种立场似乎在他的政党中遭到许多反对。尽管如此,在两年的执政期间,他已经成功地在每场战斗中都获胜。

2. 背景

最近的一次议会选举是在 2016 年,当时执政党克罗地亚民主联盟在议会的 151 个席位中获得了 55 个席位。第二大党是社会民主党,在议会中拥有 31 个席位,其中几名成员离开该党,但作为独立议员留在议会中。在 2015 年大选后领导克罗地亚民主联盟联合政府的总理蒂霍米尔·奥雷什科维奇（Tihomir Oreskovic）在总理办公室只待了 146 天。由于受腐败指控,前克罗地亚民主联盟主席托米斯拉夫·卡拉马尔科（Tomislav Karamarko）在 2016 年辞职。

在那个时期,克罗地亚民主联盟看起来几乎快被毁掉了。从某种程度上来说,这个克罗地亚历史上最短的政府似乎严重损害了克罗地亚民主联盟,因为自 1990 年以来共有 14 个克罗地亚政府,该政党领导了 12 个。安德烈·普连科维奇是克罗地亚在这 14 个政府中的第 12 任民主联盟总理。大多数克罗地亚总理在政治上没有获得第二次委任。唯一的例外是伊沃·萨纳德尔（Ivo Sanader）,他赢得了第二个任期但是没有坚持到最后。他辞职后被指控并被逮捕、审判,一审被控腐败和贪污公款,现在正在走一审法院判决的几个上诉程序。

在 2016 年举行的选举之后,安德烈·普连科维奇接管了克罗地亚民主联盟。作为职业外交官,普连科维奇在克罗地亚的政治舞台上并不广为人知。他在国外的不同外交使命中度过了他职业生涯的重要部分。克罗地亚目前最高领导层的一个特点是，该国三大职位——总统、议会议长和总理分别由前外交官科琳达·格拉巴尔—基塔罗维奇（Kolinda Grabar-Kitarovic）、戈兰·扬德罗科维奇（Goran Jandrokovic）和安德烈·普连科维奇担任，他们三位也来自克罗地亚民主联盟。

除了总理与包括总统在内的许多保守势力的分歧外，在涉及克罗地亚的一些政治和社会问题时，2018 年最重要的事件无疑是 2017 年最大的克罗地亚公司阿格罗科尔造船厂近乎破产导致经济困难，这将继续成为 2018 年政治辩论的中心议题。克罗地亚继续维持造船业生产的问题在 2018 年成为最重要的问题，给总理带来了额外的政治负担。

3. 党内动荡

政府内的严重危机和给总理造成的另一个困扰是经济部马尔蒂娜·达莉奇（Martina Dalic）的辞职。她负责制订了阿格罗科尔（Agrokor）造船厂的稳定计划，总理称这项计划是成功的，并且毫不犹豫地提出了与救助阿格罗科尔造船厂有关的解决方案，这应该说是他的政府的成功。然而，媒体公布了一些电子邮件内容，涉及在阿格罗科尔造船厂案件中经济部长的不法行为。在议会的反对派要求调查和越来越大的公众压力下，几个月之后，达莉奇于 2018 年 5 月辞职。总理感谢她的工作，从而让她以较少的政治缺陷离开。在 6 个月左右的时间里，她撰写并出版了一本书，解释政府拯救阿格罗科尔造船厂的全过程（拯救是政府用来解释其在阿格罗科尔造船厂危机中作用的最常用动词），达莉奇在书中解释她在整个过程中的作用。总理参加了这本书的发布会，但看起来他似乎也愿意让公众尽快忘记整个阿格罗科尔事件。

八 克罗地亚

2018 年，一名克罗地亚民主联盟高级成员离开了该党。作为克罗地亚民主联盟的地区负责人之一，达尔科·米利诺维奇（Darko Milinovic）的辞职是对任命新的十六湖（Plitvice Lakes）国家公园园长的抗议，因为新园长不是克罗地亚民主联盟地区办公室任命的，而是由中央领导层提名的。达尔科·米利诺维奇在 2008—2011 年担任卫生和社会保障部部长，目前是利卡·塞尼（Lika Senj）县的负责人。20 多年来，他一直在克罗地亚的政治舞台上，是克罗地亚民主联盟的领导者之一。看起来他的辞职会在短时间内导致克罗地亚民主联盟内部更加不稳定，但目前来看这种不稳定并没有发生。接下来的几个星期的迹象可以表明，这次事件是一个临时性事件，党的运作很快就进入了正常模式。换句话说，没有米利诺维奇，克罗地亚民主联盟的情况没有任何变化。

这些迹象表明，克罗地亚总理面临的最高威胁来自其党内，最终这种威胁在 2018 年年底达到高潮，有人指责在政府内部的一场精心策划的行动，使总理陷入与虚假短信相关的丑闻中。警察经过调查，逮捕了弗兰约·瓦尔加（Franjo Varga）和布拉兹·楚里奇（Blaz Curic），指控他们在足球大亨兹德拉夫科·马米奇（Zdravko Mamic）和前首席检察官丁科·茨维坦（Dinko Cvitan）之间捏造信息。米利扬·布尔基奇（Milijan Brkic）目前是议会副议长和克罗地亚民主联盟副主席之一。米利扬·布尔基奇的相关联系人揭露了一些犯罪行为，可能间接牵连总理。这是在对迪纳摩（Dinamo）足球俱乐部总裁兹德拉夫科·马米奇进行金融犯罪的调查期间发现的。总理发表了平静的公开声明，称他将等待调查结果。米利扬·布尔基奇是克罗地亚民主联盟内部反对派的领导人。两人都公开发表谈话称党内稳定。由于克罗地亚民主联盟在民意调查中排名似乎没有下降，因此，尽管面临着不同的问题，但目前正在等待时间证明一切。

然而，2018年11月，短信调查事件为不同的说法提供了空间，包括总统的安全顾问在据称准备对总理发动攻击时所起的作用。总统向总理发出公开信，拒绝所有指控并要求召开国家安全委员会会议。然而，总理回答说会议将在会议议程完全确定后举行，因此拒绝了她马上举行会议的要求。

4. 克罗地亚民主联盟面临的压力和反对派对政府的压力（尽管很弱）

似乎克罗地亚的反对派比以往任何时候都弱，几乎没有人能够试图推翻这个执政党，很少有政客试图在政治上带来新的东西。大多数反对党的公众支持率不到10%，实际上，除非反对党派团结起来，否则无法打倒克罗地亚民主联盟。社会民主党可能是一个真正的反对党，但其内部存在的问题和面临解体的现状也正在削弱其在议会中获得权力的机会。

10月，反对派提出罢免属于克罗地亚民主联盟的卫生部部长米兰·库云蒂奇（Milan Kujundžić）。他们提出了卫生部部长未能改善克罗地亚医疗保健的52个理由，声称他加剧了医疗保健状况的恶化。在议会激烈的辩论中，党派"桥"（MOST）的一名代表伊瓦娜·宁切维奇·莱桑德里奇（Ivana Ninčević Lesandrić）将她在斯普利特医院的刮宫手术描述为不人道。卫生部收到了克罗地亚其他医院提出的许多申诉，非政府组织要求改善克罗地亚的医疗保健，特别是在女性生殖保健方面。投票结束后，米兰·库云蒂奇获得了足够的支持并留任。他的党和执政联盟伙伴给了他支持，说明克罗地亚民主联盟仍然相当稳定。然而，克罗地亚的医疗保健的确是主要问题之一，医生们正在寻求出国就业，卫生部门的改革确实是必要的。关于医疗保健私有化的一项法律已经公布，没有经过议会的辩论，根据对草案的了解，未来对最贫困公民的健康保护是值得怀疑的。

克罗地亚政治上另一个问题是极右党派关于移民的说法盛行，认为一个小国面临移民威胁。正如一些评论家在20世纪末所警告的那样，人们担心国家会出现大规模的萎缩甚至灭绝，担心这样一个惨淡的情景是因为，医生、护士、工程师、IT开发人员、司机、厨师、看护人、幼儿园老师、从事花卉的专业人员等几乎从事所有职业的人都慢慢离开了这个国家。虽然在过去，移民是暂时的，通常是欠发达地区的非熟练男性工人会暂时离开克罗地亚到西欧工作，但今天的移民趋势是年轻人或整个年轻家庭、受过教育的和来自城市（以及农村）的人永久地离开了克罗地亚。因此，克罗地亚不仅失去了目前的人口，而且正在失去那些潜在的可能出生的孩子。如果克罗地亚希望繁荣和可持续发展，而目前人口下降和反对移民的趋势将如何进行协调仍有待观察。

5. 结论

民意调查显示，克罗地亚的每个政党都失去了选民的支持。议会中的社会民主党成员辞职并成为独立代表。在其他较小的政党中存在更大的分歧。目前看来，安德烈·普连科维奇和他的政府尽管面临来自不同领域——政治、经济、社会和外交政策的挑战，但都成功地避免了危机。2018年是克罗地亚和克罗地亚民主联盟在政治上相对稳定的一年。2018年，反对派没有能力为公民提供替代方案。从现在看来，第12届民主联盟政府和第12届民主联盟政党在2020年大选之前仍有较大的生存空间。

然而，随着欧洲和全球经济放缓（正如全球金融危机的情况那样）对克罗地亚的影响，欧洲的传统政党逐渐式微的趋势可能会影响克罗地亚，甚至在未来就像社会民主党的情况那样。然而，现政府必须完成它的使命，在政治上任何的预测都是不可靠的。

（二）2018年克罗地亚经济概况[*]

1. 概述

2018年影响克罗地亚经济的两个重大事件是阿格罗科尔（Agrokor）案和乌利亚尼克（Uljanik）造船厂危机的解决。阿格罗科尔案的结果是危机得到妥善的解决并对经济产生积极的影响，而乌利亚尼克造船厂危机对克罗地亚政府来说则是一个巨大的挑战。

2. 阿格罗科尔集团案的解决

阿格罗科尔集团是克罗地亚最大的公司，拥有一家连锁超市孔祖姆（Konzum），业务范围包括食品加工、饮料、葡萄酒生产以及众多其他业务。阿格罗科尔集团的危机始于2017年年初，信用评级机构穆迪（Moody's）降低了阿格罗科尔集团的信用评级。危机的高峰期在2017年年中，俄罗斯外贸银行（VTB）对阿格罗科尔集团提供虚假财务报告的违规行为提出指控后，阿格罗科尔集团的股价急剧下跌。截至2017年年底，阿格罗科尔集团对债权人和供应商的债务达到580亿库纳。

阿格罗科尔集团的重组始于2017年年底，任命了旨在稳定业务和确保流动性的新管理层。重组后其中一个目标是2018年与债

---

[*] 作者：Iva Tolić；翻译：李丹琳；校对和审核：陈新。

权人和供应商达成清偿协议。根据清偿协议，该集团供应商可获得 60% 的偿付，金融机构和其他债权人可获得 20% 的偿付。重组后的阿格罗科尔集团拥有最大股份的是金融贷方，包括俄罗斯联邦储蓄银行拥有 39.2% 股权，集团债券持有人拥有 24.9% 股权，俄罗斯外贸银行拥有 7.5% 股权，国内金融机构拥有 15.3% 股权。

清偿协议详细阐述了阿格罗科尔集团的公司结构，重组之前管理层设立的债权人债权的处理和清偿形式，阿格罗科尔集团新的债务支付情况、资本结构以及与实施清偿有关的其他细节。

尽管该集团的重组被认为是 2018 年克罗地亚经济面临的最大挑战和风险之一，但它已成功实施，阿格罗科尔集团被认为具有成功创业的积极前景。该集团的重组是欧洲最大规模的重组之一，在相对较短的时间内进行，且国内经济和金融体系没有崩溃，也没有对邻国经济产生负面经济后果。

由于供应商对整个事件的积极结果、对金融债权人与阿格罗科尔集团卓越管理层之间的清偿协议充满信心，到营业年度末时该集团盈利能力提升，业务稳定。大多数债权人将在重组后的阿格罗科尔集团中承担大约 60 亿库纳的沉重债务，因为阿格罗科尔集团的资产将转移到新的集团中，在未来几个月内完成对所有债权人的债务安排。供应商以现金方式偿还部分债务，一些金融机构通过对总额高达 10 亿欧元的债务进行再融资偿还。旅游旺季过后，阿格罗科尔集团及其 16 家最大公司的收入达到 160 亿库纳，在此基础上他们获得近 15 亿库纳的营业利润。

根据阿格罗科尔集团的最新财务报告，2018 年前 9 个月，该集团的总营业利润超过预期，达到 1850 万库纳，利润总计达到 16.12 亿库纳。该集团最多的营业利润来自食品部门，利润超过 10 亿库纳，而孔祖姆连锁超市则是零售业务领域营业利润的领军者。

与前几个月一样,由于全脂和半硬质奶酪的零售价格较低,阿格罗科尔集团经营收入和营业利润低于预期。然而,该集团不断优化成本,使得单位生产成本价格降低,此外,在某些部门的销量高于预期。

零售商获得了100.83亿库纳的收入,其中仅孔祖姆连锁超市就获得了67.48亿库纳的收入。9个月比计划增加了0.6%。与此同时,孔祖姆连锁超市的最大业务领域是零售业,其年销售收入比预期增长4%。

阿格罗科尔集团仍然面临着许多挑战,因为只有当新主管接管集团时,他们才会确定自己的人员,评估其商业战略将对国内经济产生的影响,确定阿格罗科尔集团的运作方向。然而,无论未来如何,阿格罗科尔集团与集团贷方达成清偿协议可被视为一个成功的过程,为整个克罗地亚经济的重组腾出时间。这一过程避免了导致最大的国内系统发生崩溃的多米诺骨牌效应和恐慌,稳定了国内的食品工业。

事实上,大多数阿格罗科尔集团的供应商在这个业务年度都成功赢利,表明大多数公司已利用这个机会适应并巩固了新的市场条件。他们中的许多人已经走向国外市场,以减轻未来"地震"的影响。阿格罗科尔集团在重组后仍然是克罗地亚国内最重要的公司之一。

3. 乌利亚尼克造船厂危机

在过去的几十年里,造船业一直面临着重大危机。全球80%以上的船舶制造业移居东亚,并在中国、韩国和日本建厂。危机没有跨过克罗地亚造船厂,因此,克罗地亚政府在3个造船厂实施了重组计划。最近的危机发生在2017年年底的乌利亚尼克造船厂,

八　克罗地亚

当时公众意识到造船厂已经欠债并且没有向供应商付款。

乌利亚尼克造船厂没有完成重组计划。在过去5年中，人们认为，尽管世界造船市场的环境不利，但该造船厂的一切都继续进行。虽然世界各地的新订单屈指可数，但乌利亚尼克造船厂已经签订了17艘新船的承包合同，然而事实最终证明，其中大部分都很难建成。

2018年年初，克罗地亚政府为乌利亚尼克造船厂新的贷款提供担保，金额为9600万欧元。这笔贷款主要是为了发放当年的工资。通过乌利亚尼克造船厂在一家克罗地亚银行的存款也支付了几笔工资。然而，并非所有的工资都发放了，因此，工人们开始罢工，其中许多人都是从克罗地亚赶过去的。政府制订了一项重组计划，计划由国家出资60%，乌利亚尼克造船厂及其合作伙伴出资40%。制定重组计划的问题是选择战略合作伙伴并取消每天的订单。最终重组计划仍未制定完成，由于工人和合同的问题，没有时间也没有基础制定该重组计划。据克罗地亚商业门户网站称，破产是该造船厂最合乎逻辑和最明确的解决方案。目前，乌利亚尼克造船厂正试图通过发行25万股优先股以减少约1000万欧元的债务。

乌利亚尼克造船厂危机不是克罗地亚唯一发生在造船业的危机，但它再次引发了克罗地亚造船业未来的问题。这场危机不同于之前克罗地亚已经过去的造船业危机，主要是因为先前船舶建造的融资模式，如今，指定银行不再愿意为船舶建造提供资金，因此，造船厂危机的解决不再"吃水"。克罗地亚政府的问题是决定选择哪条道路——是否应对造船厂重组或放弃克罗地亚的造船业。

根据克罗地亚经济学家留博·尤尔契奇（Ljubo Jurčić）的说

法，造船业不仅仅是在造船厂建造船只。为了发展和协调经济学，必须有一个系统、一个伴随它的不同行业的机构。自克罗地亚航运研究所倒闭以来，克罗地亚造船业破裂。

4. 结论

2018年影响克罗地亚经济的事件具有双重影响。一方面，阿格罗科尔集团危机得到了解决，实施了重大重组，国内经济和金融体系没有崩溃。虽然最大的危机已经解决，但阿格罗科尔集团和克罗地亚经济仍然面临许多挑战；另一方面，根据财政部长的说法，乌利亚尼克造船厂的危机被认为是比阿格罗科尔集团更大的问题。克罗地亚造船业已有很长一段历史，但整个行业在欧洲已不再可持续。尽管克罗地亚政府在阿格罗科尔集团的重组过程中仍然有不少收入，但问题在于造船业是否值得重组以及这场危机是否会在不久的将来重演。

克罗地亚政府面临的许多挑战从2018年年底带到了2019年，但积极的经济趋势和处理阿格罗科尔集团危机的大量收入使克罗地亚经济的未来更加乐观。

（三）2018年克罗地亚社会发展概况[*]
——保守势力在克罗地亚失去了动力吗？

1. 引言

克罗地亚于2013年7月1日加入欧洲联盟。仅仅5个月后，即2013年12月1日就修改宪法，针对界定"婚姻是男人和女人间

---

[*] 作者：Žaklina Kuljanac；翻译：李丹琳；校对和审核：陈新。

八 克罗地亚

的婚姻"举行公投。据全国选举委员会公布的初步统计结果，修改宪法的提议得到60%以上投票者赞成。实际上修宪的要求是希望从根本上禁止同性婚姻。37.9%有投票权的选民参加投票，其中65.87%投票赞成，33.51%投票否决，0.57%无效。公民投票之前，一个称为"以家庭的名义"（U ime obitelji）的市民协会在全国征集了约74万个签名，要求就婚姻定义而修改宪法一事举行公投。克罗地亚法律规定，只要10%有投票权的公民支持，就可以要求启动公投程序。保守派政党和天主教会支持公民投票。当时由社会民主党领导的政府以及自由派政治力量和人权非政府组织都反对公投。这次成功的公投导致了宪法的修改。这一成功修宪进一步鼓励了保守的民间团体促使修改克罗地亚其他的立法，如选举法和关于堕胎的法律。保守派团体对移民也持非常严格的看法。

多年来，克罗地亚社会中保守的价值观一直占据主流，且有增长的势头。人们认识到保守团体的力量不断增长且具有影响国家政策制定的能力。然而，在2018年，保守主义所促使的两次举措的失败使人们开始质疑克罗地亚这种保守势力的上升趋势。

2. 改变选举规则的倡议

2018年5月，一项名为"人民决定"（Narod odlucuje）的公民倡议提交了其收集的40多万名公民签名，要求就修改克罗地亚宪法第72条进行公民投票。根据克罗地亚法律，任何要求举行全民投票的倡议必须在两周内至少收集到37.5万个签名，即10%的有投票权公民的支持。该公民投票倡议有两项提案。第一项提案要求减少议会中的议席数量至120个席位（规定议席数量在100—160个，目前为151个），将选举门槛从5%减少至4%，重新划分选区，选择选举制应至少有 3 名候选人，而目前只有 1 名，应允许通过邮件和在线投票方式投票。第二项提案旨在通过降低克罗地亚议会中少数民族代表的投票权（8 个席位），剥夺他们对克罗地亚政府的信任投票和对国家预算的投票权。

由保守的基督教民主联盟（HDZ）领导的政府反对公投。根据克罗地亚法律，需要核实签名，然后宪法法院决定拟议的问题是否符合宪法和现行法律。

2018 年 10 月，政府完成了核查程序。公共行政部长发表声明说，他的部门发现有效签名的数量不足以要求举行全民投票。就第一项提案而言，该部发现，在收集的 41.2325 万个签名中，37.145 万个有效，4.0875 万个无效。就第二项提案而言，该部得出结论，在提交的 40.7835 万个签名中，36.7169 万个有效，4.0666 万个无效。因此，在这两种情况下，"人民决定"倡议都没有收集足够的有效签名（至少 37.5 万个）来进行全民公决。

3.《伊斯坦布尔公约》

欧洲委员会关于预防和打击暴力侵害妇女行为和家庭暴力的公约，也称为《伊斯坦布尔公约》，强调打击暴力侵害妇女和家庭暴力的斗争。《伊斯坦布尔公约》中有争议的部分是性别和相关条款的定义，并在克罗地亚媒体上引起了很大的争议。尽管克罗地亚 2013 年签署了《伊斯坦布尔公约》，但由于缺乏实施该公约所需的财政手段，因此没有批准该公约。《伊斯坦布尔公约》的主要反对者是保守的非政府组织"以家庭的名义"（U ime obitelji）和公民倡议"关于《伊斯坦布尔公约》的真相"（Istina o Istanbulskoj），两者都得到天主教会的高度支持。在总理宣布克罗地亚将批准该公约之后，他们于 2018 年 4 月在克罗地亚首都组织抗议活动。成千上万的人参加了抗议活动。保守派团体将《伊斯坦布尔公约》视为企图侵犯基督教价值观和克罗地亚文化的文件。然而，这些抗议活动并没有阻止克罗地亚议会对该公约的批准。2018年4月13日，110名议员（共151名议员）投赞成票批准了该公约。

2018年5月，随着公民投票改变选举法的倡议，这两个保守的非政府组织试图为撤回所批准的《伊斯坦布尔公约》收集足够的签名以进行全民公决。

2018年10月，公共管理部在核实过程中表示，在提交的39.0916万个签名中，有34.5942万个有效，4.4974万个无效。因此，"以家庭的名义"和"关于《伊斯坦布尔公约》的真相"的倡议没有收集足够的签名来进行全民公决。在收集的签名中有许多重复的签名，也有很久以前死者的名字以及波斯尼亚和黑塞哥维那公民的名字。因此，这次尝试再一次失败。

4. 保守运动的领导者

克罗地亚的保守势力有几个重要人物。经常接受采访并被视为非正式领导人的是约翰·巴塔雷洛（John Batarelo）和泽尔伊卡·马尔基奇（Zeljka Markic）。泽尔伊卡·马尔基奇于2013年因就婚姻定义成功举行公民投票而进入克罗地亚政治视野。从那以后，泽尔伊卡·马尔基奇和她的倡议"以家庭的名义"积极参与任何有关社会问题的讨论，也参与其他一些主题。

巴塔雷洛出生在克罗地亚境外，他在战争期间来到克罗地亚。巴塔雷洛创立了"Vigilare"，这是一个在社会中倡导保守价值观的非政府组织。"Vigilare"成功地从国际和当地捐助者那里筹集了资金，以促进其计划和目标的完成。每年该组织举办贸易集会，聚集了越来越多的参与者，使保守的领导者、专家和活动家能够提升他们的价值观。这些少数派群体往往将注意力放在他们的出版物上，但它们影响克罗地亚社会上大多数人生活的能力仍然有限。

5. 天主教会

天主教会对克罗地亚社会产生的影响是非常大的。超过86%的人宣称自己是天主教徒。国家为教育、社会、健康和文化领域以及神职人员的工资提供资金。主教就政治问题发表评论并在公开讨论中站队并不罕见。尽管天主教会在大多数问题上的发声都是同一立场的，但也有个别牧师在某些问题上表达不同的意见。

堕胎仍然是天主教会面临的最大问题之一。在2018年的整个一年里，天主教会在医院附近组织了即将接受堕胎手术的妇女的祈祷社团。还有许多医生和其他专家呼吁医生们在良心的感召下拒绝进行手术。尽管在怀孕的前10周期间堕胎在克罗地亚是合法的，但由于医生认为良心使然，许多妇女无法进行堕胎。天主教会正在支持旨在使堕胎成为非法行为的倡议，而争取妇女权利的非政府组织却反对这种做法。目前，情况没有任何改变。堕胎仍然是合法的，但也有医生以良心为由而拒绝进行堕胎手术。

6. 结论

保守派团体在克罗地亚公共领域发声，但他们不是唯一的，也有一些自由派民间团体发声，尽管在整个欧洲都有民粹主义趋势，但他们的宣传力量似乎被削弱了。天主教会对公民有很高的影响力。与保守的非政府组织一起在社会中占据突出地位。然而，正如两次全民公决所展示的那样，他们的力量也受到限制。由基督教的民主联盟领导的政府更愿意让克罗地亚接近政治中心，因此它成功地批准了《伊斯坦布尔公约》，并推动对提交的全民公决收集的签名进行详细核查。与其他一些国家一样，克罗地亚在意识形态上存在分歧。只要有一个强大的民主框架，在自由社会中表达和辩论不同的意见就不是问题。不需要统一的意见，克罗地亚加入欧洲联盟时就已经达成共识，需要相互尊重，也要尊重规则和价值观。

（四）2018年克罗地亚对外关系发展概况[*]

2018年克罗地亚的外交政策的制定没有发生任何重大转变。针对邻国波斯尼亚和黑塞哥维那事态的发展，克罗地亚提出了若干倡议，反映了克罗地亚政府对波黑的官方态度。塞尔维亚和斯洛文尼亚这两个邻国也是克罗地亚2018年外交政策活动的一部分。更广泛地说，克罗地亚参加了欧洲联盟不同外交政策问题的讨论，如有关移民、俄罗斯及其他问题。

1. 克罗地亚外交政策的制定

克罗地亚宪法规定，外交政策应由共和国总统和政府共同制定。总统和政府都具有行政权力的另一个领域是国防和安全。因此，外交政策制定的二元性在克罗地亚政治体系中根深蒂固，同时也解释了为什么有时克罗地亚会有不同的外交政策信息和举措，这表明该国在一些外交政策上没有统一的立场。当然，克罗地亚并不是独一无二的，因为其他国家也有类似情况发生，有些官员对外交政策问题发表了不同意见。

要理解克罗地亚的外交政策，还必须考虑到制定外交政策的官

---

[*] 作者：Linas Eriksonas；翻译：李丹琳；校对和审核：陈新。

员对某些问题的个人倾向和意识形态立场。例如，自2016年克罗地亚大选以来，克罗地亚有两名外交部长，他们都来自克罗地亚民主共同体（HDZ）。然而，从两位部长讨论的问题以及公开声明的风格和内容来看，似乎在不同方向指导了克罗地亚的外交政策。

2. 与波斯尼亚和黑塞哥维那的关系

克罗地亚共和国总统和代表政府的总理在对外政策问题几乎一致的问题是邻国波斯尼亚和黑塞哥维那。他们都强调克罗地亚共和国有兴趣关注并有权协助波黑的克罗地亚人成为波黑中1/3的成员（第四类是其他人，既不是波什尼亚克人，也不是塞尔维亚人或克罗地亚人）。关于协助波黑的克罗地亚人权利的主张是在两个论点的基础上提出的。一个论点是克罗地亚共和国是《代顿和平协定》的共同签署国，而《代顿和平协定》是目前波斯尼亚和黑塞哥维那政治制度的基础。另一个论点是克罗地亚共和国的官员有责任保护波黑境内的克罗地亚人，因为克罗地亚共和国宪法规定克罗地亚有责任保护居住在国外的克罗地亚人。但是，这两项要求都受到波斯尼亚和黑塞哥维那以及其他一些国家的质疑。也就是说，克罗地亚共和国是《代顿和平协定》的共同签署国，但原因是正如塞尔维亚一样，它参与了波黑战争。此外，克罗地亚共和国宪法规定的义务并不代表克罗地亚境外的其他人也要遵守。因此，如果克罗地亚共和国继续坚持这两个论点，那么，它对邻国来说将是一个挑战。

在过去几年中，克罗地亚共和国的官员一直在欧洲和美国呼吁人们对波黑境内克罗地亚人的关注，他们认为在目前的波斯尼亚和黑塞哥维那体系中，特别是在波黑联邦的两个实体之一中，克罗地亚人被边缘化并被剥夺了权力。欧洲议会的克罗地亚议员发

八　克罗地亚

起了一项决议，该决议要求波黑联邦内的所有人平等，并成为联邦制国家的原则。尽管克罗地亚共和国的官员为这一决议和一系列其他声明辩护说，其意图是帮助波斯尼亚和黑塞哥维那成为一个更加稳定和务实的国家，但一些波黑官员批评这些倡议是对邻国内政的干预。

波斯尼亚和黑塞哥维那的最后一次大选于 2018 年 10 月举行。波黑主席团的三名成员之一是波黑的克罗地亚人，但不是最大的波黑克罗地亚政党——波黑克族民主共同体（Croat HDZ BIH）的代表，因为波黑克族民主党是克罗地亚共和国执政联盟之一克罗地亚民主共同体（HDZ）的姊妹党。在竞选活动中，包括总理和总统在内的众多克罗地亚共和国官员支持波黑克族民主共同体主席作为波黑主席团的成员。然而，他并未当选，而这一事实在克罗地亚共和国被解释为波黑中的克罗地亚人不能选举他们自己的代表，并且选举法必须进行修改。

波斯尼亚和黑塞哥维那的反应是，一些政治家驳斥了克罗地亚共和国的批评，并表达了对邻国的不满情绪。克罗地亚共和国议会于 2018 年 12 月通过了一项关于在波斯尼亚和黑塞哥维那境内的克罗地亚人地位的宣言，其中 81 票赞成，11 票反对，5 名国会议员弃权。由于克罗地亚共和国议会有 151 个席位，很明显很多国会议员没有参加投票。

克罗地亚共和国的官方路线仍然是将继续向国际社会施压，并利用其掌握的权力保护波黑境内的克族人，并以符合波黑克罗地亚人利益的方式左右波黑选举法的修改。

3. 与其他邻国的关系

克罗地亚共和国的外交政策利益仍在周边国家。2018 年，克罗地亚外交活动的方向主要指向塞尔维亚和斯洛文尼亚，还包括匈牙利。

斯洛文尼亚与克罗地亚之间的边界争端在 2018 年仍然没有得到解决，从克罗地亚官员的声明来看，这一争端在任何时候都不会得到解决。看起来克罗地亚认为，边界争端的问题留待遥远的未来，而不是在不久的将来解决它。从克罗地亚的角度来看，没有必要急于进行最后的边界划分。持这一立场的论点是，世界上有许多国家，也包括一些欧洲国家，最终没有划定边界。除此之外，这些国家与邻国合作没有任何问题。据克罗地亚称，几十年来，在最后的边界划定之前，临时的界限继续适用没有任何障碍。

而斯洛文尼亚采取了不同的立场。它希望在克罗地亚和斯洛文尼亚之间的边界上实施仲裁决定，或者其他一些事实上代表仲裁裁决执行行为的协议。

两国边界的仲裁裁定于 2017 年作出，斯洛文尼亚启动了立法改革准备执行该仲裁决定。但克罗地亚拒绝执行，因此，斯洛文尼亚将此事提交欧盟委员会，而欧盟委员会认为，它不是两个成员国之间进行仲裁的机构。之后，斯洛文尼亚在位于卢森堡的欧盟法院起诉克罗地亚。第一次听证会于 2018 年 9 月举行。法院的决定还有待观察。

然而，这种情况加深了两个邻国之间的对立关系，从斯洛文尼亚方面来看，改善关系的可能性很小，除非边界最终得到解决。

塞尔维亚是克罗地亚邻国关系对立的另一个邻国。两国之间存在一些悬而未决的问题，这些问题主要源于 20 世纪 90 年代的战争。塞尔维亚是欧盟成员国的候选国，而克罗地亚在决定塞尔维亚是否成功达到成员资格标准方面有发言权。

为了改善关系，2018 年 2 月克罗地亚总统邀请了塞尔维亚总

八 克罗地亚

统正式访问克罗地亚。塞尔维亚总统的访问带来了克罗地亚总统和政府对与塞尔维亚关系的不同看法。克罗地亚总理与塞尔维亚总统进行了非常简短的会晤,而克罗地亚总统则是塞尔维亚总统到访的主角。两位总统都发表了和解声明,克罗地亚总统接受了塞尔维亚当年访问贝尔格莱德的邀请。

2018 年 4 月,在对塞尔维亚进行正式访问期间,克罗地亚议会议长遭到一名被判刑的战犯和塞尔维亚议会议员的辱骂。这一事件很容易破坏两个邻国之间不稳定的关系。克罗地亚的反应强烈,总统取消了对塞尔维亚的访问。然而,自从这次事件发生以来,双方都相对平静。在 2018 年剩下的时间里,双方都试图避开彼此,可能是为了不再进一步加剧已经非常紧张的关系。

与另一个邻国匈牙利的关系并非源于南斯拉夫共同的过去,而是自克罗地亚成为独立国家以来发生的事件造成的。匈牙利油气集团(MOL)购买克罗地亚国有的伊纳石油公司(INA)被发现受到腐败的牵连,2012 年克罗地亚前总理萨纳德尔被萨格勒布地方法院判处 10 年徒刑,罪名是从匈牙利油气集团受贿 500 万欧元,以帮助该公司获得在克罗地亚伊纳石油公司的控股权等。萨纳德尔与匈牙利油气集团都否认此罪名。2014 年,克罗地亚最高法院终审判决萨纳德尔有罪,但将刑期从 10 年减为 8.5 年。随后萨纳德尔上诉到宪法法院。与此同时,与伊纳石油公司和匈牙利油气集团的国际仲裁在 2017 年作出裁决支持匈牙利油气集团。这对克罗地亚来说是一个巨大的打击,克罗地亚仍然要求引渡前匈牙利油气集团总经理。匈牙利强烈反对这一要求,并要求克罗地亚撤回欧洲逮捕令,但克罗地亚没有这样做。然而,在 2018 年 11 月欧洲议会就匈牙利破坏民主标准及其他违反欧洲价值观的行为予以制裁并进行了投票,克罗地亚保守的欧洲议会议员投了反对票。

这些欧洲议会的克罗地亚议员解释说,他们投票反对这项决议,因为他们希望改善两国之间的睦邻关系。这样做是否会得到匈牙利的回报还有待观察。在此之后,匈牙利宣布将撤回其先前反对克罗地亚加入经合组织的反对意见。

4. 结论

2018 年克罗地亚发生了大量事件,但总的来说,它们都不是正常的。除此之外,2018 年 3 月,在英国指控俄罗斯对索尔兹伯里袭击事件负有责任之后,克罗地亚政府宣布一名俄罗斯外交官在萨格勒布成为"不受欢迎的人",与英国保持一致。在移民问题上,克罗地亚正在逐步转向对移民问题更严格的观点。克罗地亚似乎正在与一些欧洲国家保持一致,将移民视为一个安全问题。在总统决定不在 2018 年 12 月前往马拉喀什参加通过《移民问题全球契约》的会议之后,该国进行了激烈的辩论。然而,最终克罗地亚政府派遣内政部长到马拉喀什参加会议并支持该宣言。

可以看出,克罗地亚外交政策活动的关键点是其邻国。其他问题也列入克罗地亚外交政策议程,但其兴趣要小得多。

必须指出的是,目前,克罗地亚议会议长、共和国总统和政府总理都是前外交官。他们都对克罗地亚的外交政策表现出极大的兴趣,并将在未来一年成为克罗地亚外交政策的积极参与者。

九　立陶宛*

（一）2018年立陶宛政治：标志是关于民主的辩论以及如何保护民主

2018年立陶宛的政治以民主在该国的地位和民主体制为支撑的公共治理作为主要话题。一方面，人们经常对立陶宛的自由民主和个人的民主自由所面临的挑战（如果不是威胁）提出关切；另一方面，政府和政治机构已作出努力解决这些问题。通过启动一系列改革和加强法治来应对这些挑战，这在某些情况下导致人们对民主的性质再次产生担忧。

本节旨在概括叙述立陶宛民主的现状以及国际民主评级倡议所提出的主要问题，这些问题是完善该国民主制度的必要组成部分。更具体地说，该报告将试图解释为什么2018年立陶宛对民主的关注如此普遍以及这对国内政治的实际状况意味着什么。

定性评估立陶宛的民主，全球范围内有四种经验评判方法，即自由之家（Freedom House）年度调查（结果发表在年度报告《一个自由的世界》中）、"Polity IV Project"的评估国家脆弱指数（该项评估方法是由马里兰大学制度和平中心的政治不稳定工作组开

---

* 作者：Linas Eriksonas；翻译：李丹琳；校对和审核：陈新。

发)、伦敦经济学人智库每年编制的民主指数以及德国贝塔斯曼基金会团队汇总的贝塔斯曼转型指数。

根据自由之家2018年的调查，立陶宛在"政治权利"的标准中得分很高（40分中得38分），在"公民自由"的标准中得分也很高（60分中得53分）。然而，对该国的总体评估表明，虽然立陶宛"是一个民主国家，其中政治权利和公民自由得到普遍尊重，然而，腐败和收入不平等往往引起公众对政府的不满"。报告中提出的批评提到了一些仍然需要解决的问题，这些问题对立陶宛来说是个挑战。例如，"对政治腐败案件的调查拖延""对举报腐败案件的举报人和记者的保护不利"或管理方面存在的缺陷，特别是国有企业治理和与公共采购有关的问题。

制度和平中心的最新报告是从2017年8月开始评估的。该报告对世界上所有独立国家都进行了评估（共评估了167个国家）。该项评估基于四个维度（即安全、政治、经济和社会），使用四点脆弱性量表，其中0表示"没有脆弱性"，1表示"低脆弱性"，2表示"中度脆弱性"，3表示"高度脆弱性"。根据这项评估，立陶宛共和国的脆弱指数评分为1（即"低脆弱性"）。本节中指出的主要缺陷与衡量政府稳定性的"政治有效性"标准相关：其持续时间和整个任期的变化。立陶宛民主的所有其他维度（安全、经济和社会）被评估为稳定，"国家脆弱性"指数为零。

根据经济学人智库民主指数的最新数据，通过60个指标对167个国家进行了0—10分的评分，立陶宛属于"有缺陷的民主国家"类别。值得注意的是，根据这一排名，只有不到一半的欧盟成员国被视为"完全的民主国家"。该指数中排名最高的是北欧福利民主国家（瑞典、丹麦、芬兰）。立陶宛与大多数中东欧（CEE）国家被评为"有缺陷的民主国家"，经济学家将此界定为

"民主的其他方面存在重大缺陷的国家,包括治理方面的问题、不发达的政治文化和低水平的政治参与率"。立陶宛(满分10分,立陶宛得分为7.41分)在中东欧成员国中排名第四位(中东欧成员国中的最高得分者是爱沙尼亚、捷克共和国和斯洛文尼亚)。立陶宛在"选举过程和多元化"和"公民自由"标准的得分非常高(分别为9.58分和9.41分),而"政治文化""政治参与"和"政府作用"标准的得分为"适度"(分别为6.25分、6.11分和5.71分)。

根据2018年版本的贝塔斯曼转型指数(BTI)衡量并比较了129个转型国家的转型过程与2015—2017年收集的数据,立陶宛在10分满分中的总得分为9.24分,在贝塔斯曼转型指数评估的129个国家中得分排名第四位。在次级标准"政治转型"的评估中,立陶宛得分为9.45分(中东欧成员国中爱沙尼亚排名第一位,立陶宛排名第二位,在129个国家中排名前四位)。在次级标准"经济转型"中,立陶宛的得分也同样高(10分满分中得分为9.04分)。在中东欧成员国中排名前四位,其中捷克共和国、爱沙尼亚、斯洛文尼亚领先于立陶宛,在129个国家中排名前三位。对于与"治理"相关的次级标准,立陶宛得分较低(满分为10分,立陶宛得分7.18分),但这一结果仍然在中东欧成员国中排名第二位,爱沙尼亚领先于立陶宛。与2016年的排名相比,"政治转型"的得分略有提高(从9.30分增至9.45分),而"经济转型"和"治理"的得分几乎没有变化。

然而,尽管对立陶宛政治制度的总体评价积极以及国际上对立陶宛民主的成就和优点表示认可,但2018年,越来越多的立陶宛人民呼吁维护民主。这也反映在公众舆论中:12月8日公布的民意调查结果("Baltijos tyrimai"公司于11月9—26日进行的民意调查）显示，51%的人对立陶宛的民主运行不完全满意。虽然2017年有类似的民意调查表明不满意的人更多（55%），但是，民主只是部分地满足社会期望的看法在立陶宛仍然根深蒂固。有趣的是，民意调查中表达的不满主要与个人收入以及对特定工作应该在市场中获得足够报酬的期望有关：低收入人群（如养老金领取者和低薪工作人员）表现出来更大程度的不满。

认为民主不仅仅是执行公共治理和实现经济目标的看法是2018年众多国内辩论中的关键所在。根据政治家们的观点，至少有两种关于民主的解释为2018年的政治辩论提供了信息。最常见的解释是保守的和中间偏右的反对派提出的。他们对民主的看法与卡尔·施密特在其《宪法学说》中所说的民主和"政治"是同义词。施密特将民主定义为以统治者和被统治者身份认同为特征的政治制度，民主是在统治者和被统治者之间的同一性基础上建立起来的。统治者与被统治者具有同一性，政治是一个敌友对抗和冲突的领域，而多元主义正是民主的威胁。根据这种看法，多数统治者将堕落为一种社会派别对另一种社会派别的间接统治的非法形式。因此，有必要对政治多数党派建立制衡机制，以使政府与整个国家的政治机构保持一致。立陶宛对民主的第二个解释是自由民主，最容易与政治自由主义，特别是约翰·罗尔斯（John Rawls）的思想联系在一起。根据他们的观念，民主是一种制度，在这种制度中，政治权力始终是人民的集体权力，但在公民接受和赞同的合理范围内具有强制性。

在立陶宛的辩论中，这两种民主方法已经受到了考验，最明显的是三个国内政治问题，其中，中间偏左的多数执政党（类似于自由民主的民主方式）旨在对中间偏右的党派（把民主看作是共和的政体）实行强制性政治权力，认为中间偏右党派的做法是对民主的侵犯。

第一个案例与反酒精政策有关（该案例中，两派的政党分歧最大）。2018年年初，越来越多达到法定年龄（18—20岁）的年轻人购买、持有和饮用酒精饮料，全面禁止酒类广告的法律生效。此外，全国范围内限制了酒精饮料零售（周一至周六晚上8点至上午10点，周日下午3点至10点）。虽然这些政策措施旨在解决公共健康问题，因为根据世界卫生组织的说法（并且这也是立陶宛执政党的选举口号），立陶宛是欧洲人均酒精消费量最高的国家之一，但限制酒精饮料零售的法令遇到了反对，批评者认为这是对公民自由的侵犯，是不民主的做法。

第二个案例（与政治制度直接相关）涉及筹备2019年市政、总统和欧盟议会选举、改组中央选举委员会的做法。除了个别倡议（一些倡议已经获得通过）以外，即根据立陶宛议会中多数议员的政治意愿替换中央选举委员会个别成员甚至委员会主席，总统于3月27日提议中央选举委员会不受制于政党政治，拒绝由政党提名的成员。这一动议遭到反对，反对者呼吁维护民主原则，即所有政党（在多党选区获胜）都有权参加中央选举委员会，从而坚持民主的政治概念。

第三个案例是最具舆论功能的，涉及议会多数倡议改变国家广播电视治理结构，使执政党在国家广播机构中有更直接的发言权。在公众的严格监督下，议会委员会撰写了一份批评现有的治理结构并建议改变治理方式的报告。该报告于12月20日提交议会表决，但未能通过。从2018年夏季开始并在整个秋季议会会议期间就民主是什么和应该是什么的问题展开了辩论。虽然执政党试图通过争论国家广播公司管理方面的一些缺点来执行强制力，但反对派呼吁捍卫民主，认为国家广播公司是民主的基石，而这一观念占了上风。

这些辩论表明并证实了国际观察员的调查结果，即立陶宛有一个先进的民主制度，正是对这一优点的质疑才证明了这个国家走在正确的轨道上，完成了政治过渡，成为一个完全成熟的民主国家。

（二）2018年立陶宛经济概览

如果要总结2018年立陶宛经济新闻的亮点，那么，首先要提出两个关键词：国内生产总值（GDP）和金融科技（FinTech）。在主要银行和官方机构定期发布的经济前景报告中，基于对GDP逐渐降低的预测，关于经济放缓的讨论一直是主题。在最近的一份报告中，瑞典银行（Swedbankas）对全国GDP增长率的预期从2018年的3.2%降至2019年的2.5%。欧盟委员会调低了对立陶宛2019年GDP增长率的预测，从原来预测的3.4%降至2.8%。

然而，在对2018年世界各国商业和投资友好度的评级中，立陶宛的出色表现超过了对宏观经济问题的关注。在2019年世界银行的经商便利度排名中，立陶宛上升了两个位置，排名第14位，高于马来西亚、爱沙尼亚和芬兰（后三个国家分别排名第15、第16和第17位）。此外，英国《金融时报》的外国直接投资情报部（FDI Intelligence）关于2018/2019年全球未来中小城市的报告中，将立陶宛首都维尔纽斯列为第7位，前6位欧洲的新老经济中心包括：苏黎世、贝尔法斯特、卢森堡、日内瓦、爱丁堡和阿伯丁。更具体地说，外国直接投资评级中，维尔纽斯在成本效益方面列第2位，在商业友善方面列第6位，在连通性方面列第7位，在经济潜力和人力资本及生活方式方面列第9位。

为什么这个有许多结构性经济问题（如低附加值制造业占主导地位、在全球价值链中充当二级供应商角色以及外迁导致劳动力减少）的国家成为国际商业和投资排名的宠儿？本节旨在通过解释立陶宛经济年度的第二个关键词（即金融科技）在促进立陶宛作为投资目的地以及与电子支付相关的企业的自由贸易管辖权的作用和重要性来回答，至少提供部分答案。

从全球经济角度对立陶宛经济进行整体评估可以看出，一个主要特征就是特定国家的经济复杂程度，这是经济状况的一个重要指标。经济复杂度（ECI）是一种新的衡量标准，反映了一个国家出口的多样性和普遍性。该指数表示的是一个国家出口具有显示性比较优势产品的数量以及世界上有多少其他国家出口此类产品。最新研究证实了用经济复杂度的相关性解释不同的增长和发展结果。有一个实证证据表明，通过对某些产品实行专业化，该国可以实现更高的经济增长。特别是关于制造业产品（这与立陶宛非常相关，因为立陶宛制造业占GDP的份额在欧盟也属于最高的国家），有强有力的证据表明其与经济复杂度相关的劳动生产率具有无条件趋同性。

根据2016年经济复杂度报告的最新数据，立陶宛的经济复杂度指数相当温和（经济复杂度的值为0.715）；在2016年最新的经济复杂度排名中立陶宛排名第34位，该排名共对221个国家进行了分析。例如，邻国白俄罗斯（白俄罗斯是立陶宛货物运输至东方市场的主要过境走廊）具有非常相似的互补性（白俄罗斯排名第31位，在立陶宛之前）。波兰排名第20位，捷克排名第7位。

经济复杂度指数获取一个国家一套常用数据的复杂性信息，并与人均收入密切相关。根据2018—2023年预计的人均GDP排名（根据国际货币基金组织2018年4月对2018—2023年的预测），立陶宛人均GDP在全球排名第40位（名义GDP）。

如上所述，面对现有和预测的人均GDP水平以及经济的生产结构（出口仍受中低附加值产品驱动），立陶宛已经开始在全球经济体系内寻找创业机会，试图提升金融科技等专业活动的经济复杂度，这些活动在2018年取得了第一批成果。

这种企业推动的开放是由于一系列事件引发的。截至2015年1月1日，立陶宛成为欧元区第19个成员国，第五个加入欧元区的中东欧（CEE）国家（自2006年以来斯洛文尼亚、斯洛伐克、爱沙尼亚和拉脱维亚加入欧元区之后）。2015年11月，欧盟委员会提议为欧元区的银行存款设立欧洲存款保险计划（EDIS），作为银行业联盟的第三支柱。受到在维尔纽斯设立的共享服务中心如巴克莱（Barclays）、西联汇款（Western Union）和其他金融机构（如纳斯达克）等的鼓励，自2016年起，立陶宛开始将自己建设成为金融科技中心。2017年，立陶宛银行准备了一个有利于规范金融科技和监管生态系统，以在未来4年内促进金融业的创新。最后，立陶宛银行于2018年10月15日开始提交进入立陶宛银行监管沙盒的申请。

根据立陶宛银行的信息，监管沙盒的参与者能够在具有真实消费者的现场环境中测试他们的创新金融产品或商业模式。监管沙盒参与者还有权与监管机构事先商定，获得某些帮助，包括暂时取消一些监管要求。国家银行当局已经证实，一旦金融创新的测试证明是成功的，公司就可以转向正常的运营环境。

这些努力不仅吸引了初创公司和早期风险投资公司，而且吸引了业内一些主要的和崭露头角的参与者。有两家公司引起了世界媒体的关注。2018年12月13日，根据立陶宛金融监管机构的评估和提议，"Revolut Technologies"获得了欧洲中央银行的专业银行

九 立陶宛

执照和立陶宛银行（央行）董事会的电子货币机构许可证。这两家公司是"Revolut Ltd"的一部分，"Revolut Ltd"相当于数字银行，业务范围办理包括预付借记卡、货币兑换、加密货币兑换和点对点支付。银行有约300万个客户，目前正在伦敦金丝雀码头的基地运营，其中一些业务在维尔纽斯进行。

此外，立陶宛银行（央行）董事会已于2018年12月21日授予"Google Payment Lithuania"（其为谷歌母公司"Alphabet Inc."的一部分）电子货币机构许可，授权在欧洲发行和兑换电子货币以及提供支付服务。

截至2018年年底，立陶宛金融科技部门已有100多家持有许可证的公司，其中大部分从事与支付、电子货币发行以及P2P借贷和众筹平台相关的活动。在这些公司中，还有5家中国公司，其中包括聚财通（Paytend Technology），该公司选择维尔纽斯作为其欧洲总部。立陶宛正在积极寻求将金融科技中心扩展到中国，并按照2018年7月在索非亚举行的"16+1"合作峰会的协议，将于2019年10月组织一次高级别金融科技公司会议，作为"16+1"合作框架的一部分。

根据立陶宛投资局的资料，立陶宛在电子货币机构（EMI）牌照发放方面仅次于英国。据福布斯报道，就发行的电子货币许可证数量来说，立陶宛仅排在英国之后，英国"脱欧"后，立陶宛将成为欧盟中第一个发放电子货币许可证的国家。

"今年年底可以看出，我们过去几年在立陶宛积极发展有利于金融科技的生态系统的努力和经验看到了效果。我们的监管环境及其带来的好处得到了初创企业和世界级金融科技公司的认可"，立陶宛银行（央行）董事会成员马里乌斯·尤尔吉拉斯（Marius Jurgilas）表示。

立陶宛金融科技部门的显著增加引发了该部门如何为经济创造附加值的问题。立陶宛网上银行"Revolut"的许可证发放引起了英国媒体的关注。《卫报》指出,只要欧洲存款保险计划未在欧盟实施,"任何持欧盟许可证运营的银行,其存款必须保证签发许可证的那个国家有存款保险计划。因此,'Revolut'客户存款业务将取决于立陶宛的支付能力"。该报记者甚至将10年前的冰岛与立陶宛进行了比较,暗示立陶宛银行(代表280万人口)正在冒着监管拥有300万个客户的英国网上银行的风险。

然而,立陶宛银行巧妙地处理了这些批评,并保证以与欧盟其他中央银行相同的方式监管银行,并且在欧盟范围内的"单一监管机制"内完成,而欧洲存款保险计划正在准备之中。直至目前,立陶宛正在迈出勇敢的一步,在金融科技领域吸引资金和企业家创业,如果不是在欧洲,至少在该地区已经成为新经济的中心。立陶宛在全球的排名证明了这一点。

(三) 2018年立陶宛社会发展概况:面对社会经济挑战,立陶宛强调爱国主义和性别平等

立陶宛社会在2018年的发展受到两种相反趋势的影响。一方面,该国经历了稳定的经济增长,为新兴的中产阶级创造了更多的财富和新的机会;另一方面,社会的某些方面,特别是公共部门,一种不安的不满情绪一直在增长,因为收入停滞而商品和服务的价格水平却有所提高。根据numbeo.com网站上的生活成本指数(基于比较日常消费者价格),维尔纽斯的生活成本在中东欧(CEE)的首都城市中排名第五位,仅次于布拉格、布拉迪斯拉发、里加和塔林。高成本与个人收入水平形成鲜明对比:立陶宛

的平均工资虽然在增长，却是中东欧国家中最低的（2018年第二季度税前工资为935欧元，税后工资为728欧元），与匈牙利相似（税前工资为933欧元）。

本节简要概述了立陶宛社会经济发展趋势的潜在影响，指出2018年实施的一些战略旨在解决经济增长与福利之间日益扩大的且令人担忧的差异。

根据2018年《全球幸福指数报告》（该报告是对世界各国人口主观幸福状况的调查），以156个国家的"幸福"水平排名，立陶宛排名第50位。最新的排名时段是2015—2017年，使用从盖洛普世界民意调查所调查的个体受访者获得的定性数据。比较自上次调查时段2008—2010年幸福水平发生的变化，立陶宛取得了一些显著进展。在其他中东欧国家也可以观察到社会幸福感主观评价变化的类似趋势，如拉脱维亚排名第2位，保加利亚排名第3位，塞尔维亚排名第5位，匈牙利排名第9位，罗马尼亚排名第10位。

但是，关于接受移民问题，立陶宛与其他中东欧国家一样，是不欢迎移民的国家。根据《全球幸福指数报告》中的接受移民指数，立陶宛是世界上第13个接受移民最少的国家。其他接受移民程度最低的中东欧国家为罗马尼亚（排名第12位）、波兰和白俄罗斯（分别位于第5位和第3位）。立陶宛社会对移民的直接接受态度如此极不情愿，这种态度也反映在居住在该国的移民自己的观点中。在居住在自己国家的移民"幸福"水平排名上，在117个国家中，立陶宛的排名非常低（排在第71位），其他中东欧国家在这一排名中同样较低（例如，塞尔维亚排在第72位，爱沙尼亚排在第74位）。

为什么立陶宛经历了积极的经济发展，成为发达经济体政治和经济联盟的成员，并向全球自由贸易开放经济，但是对移民包括可能有助于国民经济进一步增长的经济移民并不完全开放？为什么社会幸福感主观评价水平不那么令人鼓舞？

学者们认为这与竞争激烈和以市场为驱动的环境有关，特别是在福利国家有限且就业市场有限的情况下。虽然经济正在增长，但由于内部市场和可用于再分配的国家预算的限制，经济的高速增长并没有立即转化为大多数人口的更高收益。两者都是人口迅速老龄化的附属品。2017年，立陶宛约有19%的人口年龄超过65岁。在过去20年中，这一数字一直在稳步增长。根据欧盟统计局的数据，2017年立陶宛的老年抚养比（衡量65岁及65岁以上人口与15—64岁人口之间的比率）为29.3%（略低于欧盟平均值——29.9%），而2006年这一数字为24.3%。更令人担忧的是，预期寿命正在下降，这是中东欧国家的共同趋势。男性的预期寿命在保加利亚、爱沙尼亚、拉脱维亚、立陶宛、匈牙利和罗马尼亚最低，为69—73岁。根据欧盟委员会2018年的老龄化报告，2016—2070年立陶宛人口预计下降幅度最大，为40.1%。

鉴于这种令人担忧的趋势，立陶宛政府和政治阶层加大了团结社会的力度，呼吁加强社会凝聚力。爱国主义和两性平等是2018年解决这些问题的指导性方针。

两个具有里程碑意义的纪念日引领了讨论和反思。首先，立陶宛重获独立100周年（该国作为现代国家的独立源于1918年2月16日的独立法案），从2018年年初开始在全国范围内庆祝，作为国家统一和社会凝聚力的核心。其次，2018年年底，立陶宛妇女选举权百年纪念（2018年11月2日通过了纪念立陶宛共和国临时宪法框架原则给予妇女投票权）指出了国家面临的问题和挑战——性别平等和同工同酬。2018年，立陶宛社会有两个主题：

九　立陶宛

一方面，重点是爱国主义和公民的义务和整个社会的责任；另一方面，人权和公民社会有助于思考团结的价值和从男女平等权利的角度看平等。

虽然爱国主义旨在间接地提高公民对国家的承诺程度，并预防性地集中关注由于留下的人对国家发展前景的低关注度，而需要降低向外移民的数量。性别平等主题反映了确保同工同酬机会和进一步提高社会福祉的必要性。

立陶宛恢复独立一百周年庆祝活动包括大量壮观的活动（包括为期一周的6月30日至7月6日献给国家统一的歌曲节），突出了国家团结主题，利用这个庆祝活动调动更大的爱国主义和公民责任感。儿童教育一直是潜在的主题之一。

2011年修订的《教育法》已经将爱国主义作为教育的目标之一。该法第3条认为，教育的目的是"教育每个人的价值观，使其成为一个有道德的、有知识的、独立的、负责任的、爱国的人"。然而，这一目标基本上没有达到，并且尚未转化为具体的政策措施。恢复独立百年庆祝活动使得社会凝聚力、民族团结、爱国主义和公民义务的必要性增加，一些议员提出了要对教育法作一些必要的修正。根据该提案，教育法应规定爱国主义教育应从学校开始，让学生接受创造可持续家庭问题的教育，包括生育多个孩子。

为确保新《劳动法》（自2017年7月生效）规定的两性平等原则，立陶宛在2018年采取了一系列措施，随后拉开了庆祝两性平等的活动。新的《劳动法》为雇主遵守工作场所性别平等和不歧视原则提供了重要的先决条件。根据《劳动法》通过的修正案，法律要求拥有50名以上雇员的雇主要在其组织中实施两性平等的措施。

为了支持上述以性别平等为主流的举措，2018年10月3日，立陶宛一些主要公司签署了《多元化宪章》，表明了他们对性别平等的承诺。《多元化宪章》是一份由公司自愿签署的文件，其中概述了下属组织在工作场所促进多样性和平等机会的承诺，不论年龄、是否残疾、性别、种族或族裔、宗教或性取向如何。2010年，来自欧洲各地的《多元化宪章》共同创建了一个欧盟层面的平台，由欧盟委员会在"支持促进欧盟工作场所多样性管理的自愿倡议"项目下提供资金。

加拿大经济学家，《全球幸福指数报告》的编辑之一约翰·H.海利威尔最近将幸福问题作为社会指标来解决。他认为，对福祉的主观评估（在本次调查中定义为"幸福"）可以表明公共健康的状况。他认为，重要的是，一些积极和消极情绪的频率可以预测一些未来的健康结果，包括疾病和自杀的死亡率，而积极的情绪可以直接促进对生活的评价，并鼓励个人扩大他们的社交网络，以满足个人生活需求的方式开展活动。

在这方面，提高爱国主义精神和确保妇女享有更好的生活和公平工作条件的举措旨在促进立陶宛人民增进积极的情绪。对立陶宛情绪氛围的研究（2017年制定并提交给政策制定者）表明，社会人口的挑战不能仅仅考虑个人收入水平和社会经济因素。缺乏信任被列为主要问题（73%的受访者表示他们不知道应该信任谁）。此观点被广泛接受，即社会成员的情绪健康问题必须通过增加社会凝聚力和社会个体成员的信任以及与国家机构的关系来解决。建议采取若干实际战略，如增加对该国及其成就的整体积极报道，减少对现实的负面评价的倾向，这部分要通过全国范围的爱国主义庆祝活动和表现以及要求两性平等来实现。

（四）2018年立陶宛对外关系概况：努力平衡复杂的多边和双边关系，有利于出口的安全

2018年，立陶宛的外交事务被描述为通过一系列多边和双边关系实现新的平衡的一年，立陶宛的外交政策目标旨在增强国家安全并在全球国家体系中确保更明显的地位。这是该国外交和政治努力的最终目标。一方面，立陶宛加深了与西方盟国的合作（包括外交和军事）；另一方面，通过增加自由贸易、技术和投资的推广，立陶宛也在经济上向现有的联盟以外国家开放。

本节一方面简要概述过去一年立陶宛对外关系取得的主要成就，并将指出加强与现有盟国关系复杂的平衡行为所面临的一些挑战和机遇；另一方面，立陶宛发展并加深与全球国家体系的其他行为体的经济联系，使立陶宛在多边和双边的政治和经济外交以及其他领域的目标得以实现。

立陶宛共和国作为一个国家属于"小国"的范畴。虽然到目前为止，学术界的讨论还没有明确定义"小国"这个词的含义，但普遍的一致意见是，小国在外交事务上的行为与大国的不同，其外交活动相比大国要少，这与外部关系有关。正如专门研究国际关系中的"小国"现象的韩国延世大学马蒂亚斯·马斯教授所指出的那样，较小的国家更多地依赖国际组织和多边外交，并重点关注国际法工具，这是学术界的一个共识。有人认为，这是因为由于缺乏资源（需要维持全球的存在和在国际事务中的痕迹）以及经济脆弱性更高，一个小国与较大的国家是在根本不同的情形下开展对外活动的，与主要经济体的接触方式也不同。

然而，立陶宛采取的道路已成为2018年外交的标志，这与国

际关系理论对小国行为的研究所得出的结论完全相反。2018年立陶宛所取得的成就说明，立陶宛不仅加深了在国际组织的参与程度，还增强了多边的参与程度，同时还通过经济外交手段成功地建立了众多的双边关系。这一切都发生在全球经济力量的重新调整的情况下，这是因为形成全球国家体系的主要大国的国际贸易政策发生了变化。

1. 国际组织和多边主义

立陶宛外交政策的多样化是通过跟随西方盟国的引导和深化与国际组织和政治经济机构的关系而形成的，这些国际组织和政治经济机构是由西方盟国组成的并发展起来的。2018年，立陶宛成为经济合作与发展组织（经合组织）的第36个成员，该组织是一个政府间经济组织，旨在建立一个致力于最佳政策实践的经济共同体，为共同面临的挑战找到解决办法。加入经合组织提高了立陶宛的整体国家形象，使该国更接近发达国家集团，从而促进了其公共层面的软实力。根据2018年前30个软实力国家的排名，除三个金砖国家成员国（中国、巴西和俄罗斯联邦）和阿根廷外，所有排名靠前的国家都是经合组织的成员国。

在加入经合组织的过程中，经合组织的21个正式成员对立陶宛进行了审查，评估了立陶宛公共治理的不同领域以及该国实施经合组织法律工具的意愿和能力。立陶宛通过公开磋商程序采纳了经合组织的政策指导。作为加入经合组织进程的一部分，立陶宛在上市公司和国有企业的公司治理、反腐败和投资等领域对一些公共治理方面进行了改进，在这些方面的改善提高了立陶宛的国际地位，特别是与非经合组织国家，包括与发展中国家的关系方面，提升了国家形象。

作为联合国的一员，立陶宛承诺并进一步继续参与国际维持和平任务。截至2018年2月，立陶宛的军事人员参加了联合国领导的赴马里共和国的维和行动。此外，立陶宛加入了教科文组织发起的旨在重建伊拉克摩苏尔市的国际倡议，其重点是重建遗址，恢复教育机构和文化生活。这项倡议旨在促进伊拉克政府为复苏、重建和恢复重点基础设施建设所做的努力，以恢复在伊拉克新解放的区域提供公共服务，这个项目是由世界银行财政援助支持的一揽子计划。

2. 关于国家安全问题

立陶宛的优先发展目标是成为协调解决欧盟内部网络安全威胁的中心。立陶宛提出了一项建立欧盟网络快速反应小组的倡议，该小组由参与国家网络事件和其他安全机构调查的专家组成，每两年轮换一次。

欧盟网络防御合作项目由立陶宛领导，最初由7个欧盟成员国参与，包括克罗地亚、爱沙尼亚、法国、芬兰、荷兰、罗马尼亚和西班牙，另外四个国家（比利时、德国、希腊和斯洛文尼亚）已加入该项目成为观察员。波兰于2018年年底加入该项目。

这是一项网络安全互助的倡议（由立陶宛于2017年12月发起），是欧盟成员国在永久结构性合作（PESCO）下批准的17个项目之一（由25个欧盟国家支持）。立陶宛于2017年12月发起设立一个快速反应小组来确定网络威胁。如欧盟对外行动署副秘书长佩德罗·塞尔兰奥（Pedro Serrano）所说的，"这是永久结构性合作项目自推出以来最先进的项目，其参与者正在展示集体防御的真正团结"。

永久结构性合作是《里斯本条约》中提出的，该合作允许成员国家共同发展军事实力、投资合作项目以及加强各国武装力量规定。这是框架性协议，在自愿基础上参加的欧盟国家将共同发展防务能力、投资防务项目及提高军事实力。

3. 双边合作

立陶宛在2018年非常有效地利用双边合作的形式努力执行经济外交政策。主要大国的全球贸易政策发生变化，即美国全球自由贸易政策的中止和中国自由贸易政策的推行，包括向某些免关税的国家或某些相关国家的进口持开放政策，例如，最近与中东欧国家有关的贸易政策。

经济外交是国家权力的特权，并且在很大程度上取决于某个特定国家国内市场对另一个国家的经济利益，因此，小国的经济外交正在成为国家双边关系的主要目标之一，这是双边关系中的积极外交领域。特别是在全球自由贸易协定（如跨大西洋贸易和投资伙伴关系和跨太平洋伙伴关系）还没有达成并被许多个别条约或多边框架取代的时候。

鉴于这种新的全球经济发展趋势，国家出口战略中所确定的出口市场正在成为建立和维护双边关系的指导信号。2018年，立陶宛的商业支持机构——企业立陶宛（Versli Lietuva）更新了优先市场清单。清单包含三种类型的目标市场（国家），即第一种类型，发达市场（立陶宛的货物已经在瑞典、挪威、德国、英国和法国等地拥有良好的出口记录）；第二种类型，具有远大前景的市场（立陶宛出口增长潜力最大的国家包括美国、中国、日本、以色列和乌克兰）；第三种类型，未来几年需要进一步扩大的探索性市场（包括阿拉伯联合酋长国、加拿大、土耳其和南非）。

在分析影响立陶宛政治经济外交的因素或条件时，必须考虑以下三个方面。

首先，立陶宛密切关注现有的商业联系，打开比较封闭的和不太容易接近的市场。例如，立陶宛在海湾地区的一些国家获得了立足点（特别是努力发展与阿曼和阿联酋的双边联系，立陶宛将在2019年开设一个大使馆，以支持现有的双边关系，因为在这些国家工作的立陶宛国民越来越多）。

其次，立陶宛密切关注来自国外的贸易和投资流量。该国位于运输走廊的十字路口，与新的"丝绸之路"相连。作为重要运输和物流枢纽，立陶宛大大增加了与中国及与阿塞拜疆的商业往来。2018年，阿塞拜疆成为立陶宛的重要经济伙伴，特别是在石油和天然气、运输、食品和其他加工业领域，人们注意到，阿塞拜疆与立陶宛经济关系有进一步发展的潜力。

最后，立陶宛密切关注在区域和全球范围内作为金融中心的国家，最重要的是新加坡。2018年，立陶宛和新加坡中央银行签署了金融技术领域合作协议（Fintech）。立陶宛的目标是成为非欧洲金融公司进入欧洲的门户。这已得到金融科技行业投资者的认可，预计与新加坡金融管理局达成的协议不仅有助于加强立陶宛与新加坡在金融科技领域的关系，而且有助于支持立陶宛面向全球的金融科技行业的增长。

立陶宛与中国之间的关系在2018年取得了重大进展，两国之间关系的发展既是多边的，又是双边的。一方面，作为"16＋1"次区域合作形式的一部分，立陶宛与中国之间的合作涉及中东欧国家，中东欧国家成为从中国运输货物进入欧盟市场的门户；另一方面，立陶宛通过向中国提供优质商品来加强直接贸易关系。虽然中国主要将此合作视为与中东欧国家进行多边对话的一部分，但立陶宛的关注点在于促进其出口驱动的政策目标。

人们会说，像立陶宛这样的小国家，其大范围的外交努力最终会使立陶宛付出人力和组织资源的巨大代价，而从长期来看，这些人力和组织资源不可避免地会蔓延，反过来会危及这些外交上的努力。然而事实恰恰相反，通过探索众多的贸易机会，立陶宛正在寻找最佳投资机会并创建更多的渠道跟进。一个小国家（如国际关系理论中所定义的那样）的行为虽然有限，但不是静态的，正在从以全球价值链中的第三层供应商或利基生产者为特征的多边行为者转变为正在探索在全球国家体系中政治和经济权力关系不对称情况下的混合行为者，为其国内经济参与者寻找商机。因此，立陶宛探索的是新的经济外交的作用以及对外关系的商业化方式。

2018年7月3日，立陶宛总统达利娅·格里包斯凯特在立陶宛独立百年庆祝活动中，会见各国驻立陶宛大使时重申，"经济外交必须为立陶宛企业和人民带来真正的利益。因此，外国企业应继续寻找新的出口市场，吸引新的和安全的投资进入立陶宛，特别是在创新和高科技领域的投资，为经济增长和国家发展创造附加值"。

立陶宛2018年的外交活动以及政治和经济外交的主要成就表明，这个小国采取的这种新的商业方式正在开始发挥作用。虽然根据不同的定义，该国仍然是一个小国，但通过多边和双边关系的均衡混合来实现其对外关系目标，有助于实现国家更大的繁荣，这是该国的一个重要的特征。

十　罗马尼亚[*]

（一）2018年罗马尼亚政治发展概述：特征是由司法问题导致的不稳定

罗马尼亚2018年的政治是一条曲折的道路，遇到了一些不仅扰乱了国内环境，而且引起了国际机构关注的挑战。法治进程被扰乱构成了2018年重大政治事件的核心，导致出现了一些后果，而这些后果成为2018年的标志：总理的撤换，以暴力告终的重大抗议活动，解雇国家反贪局（NAD）负责人以及启动解雇总检察长的程序，欧洲议会在最后一刻撤销了不同意罗马尼亚与保加利亚同时进入申根地区的决议。

2018年年初，在前任政府失去执政联盟内部的支持之后，总理在同一多数党中发生了第三次变化。两位总理的辞职可能与不愿执行紧急政令有关。这样，他们就必须遵守议会批准的更烦琐的程序。1月底，总统在罗马尼亚历史上第一次任命了一位女性为总理，她就是自2009年以来担任欧洲议会议员的维奥丽卡·登奇勒（Viorica Dăncilă）。

新总理上任以来，政府仍然受到质疑和严厉批评。主要的怀疑

---

[*] 作者：Oana Cristina Popovici；翻译：李丹琳；校对和审核：陈新。

是，由于前两位总理被指控不服从该党的决定而且没有承担司法公正的责任，新组建的政府将完全接受执政联盟——社会民主党（PSD）和自由民主联盟（ALDE）的领导，该执政联盟在司法问题上都是根据自己的利益行事。事实上，社会民主党领导人利维乌·德拉格内亚（Liviu Dragnea）在7月初因滥用职权而被定罪。由于该罪名不是最终决定，因此他向5名法官组成的小组提出上诉。最初，判决的期限是在9月确定的，但由于情况不同，对上诉的审查被推迟到2019年年初。与此同时，仍有人怀疑推行通过的法律在这种情况下可以对高官贪腐更加有利。

事实上，与政府有关的疑虑持续了整整一年，一部分人由此组织了一系列不同形式的抗议活动。来自反对党的抗议是对政府各成员的连续不断的谴责，而在执政联盟党内部则是一些重要成员的几次辞职。

抗议活动的主题一般集中在司法公正上，如果采纳了这样的法律，将限制反腐败斗争，并将使罗马尼亚背离欧盟所支持的民主标准而产生不良后果。虽然在5月发生了针对政府的大型抗议活动（参加抗议的人数众多），但2018年最大的抗议活动发生在8月，很多居住在国外的罗马尼亚人也参与了抗议活动，在这个特殊的时刻都聚集在布加勒斯特。抗议的主题与以前的抗议主题相似，即与司法有关的一些有争议的决定，并要求政府辞职。这一次，事件以警察的残酷镇压结束，导致几人受伤。事件发生4个月后，仍然没有调查清楚谁是下令进行残酷镇压的官员，每个负责机构都不承担相应责任。官员没有辞职，没有人承担罪责，因此，调查仍在进行中。

澄清情况的压力来自欧洲议会，欧洲议会请罗马尼亚总理就罗马尼亚8月10日抗议活动的立场作出解释。维奥丽卡·登奇勒在

十　罗马尼亚

她的讲话中强调，与其他欧盟成员国一样，罗马尼亚宪兵队所采取的措施也是正常的，因此不应将罗马尼亚视为例外。自那时以来，罗马尼亚再也没有发生任何其他重要的抗议活动，这可能是由于这种表达意见的方式似乎不成功，而潜在的原因是11月初最高上诉和司法法院通过了禁止自发抗议的法律。反对党发起了几次针对总理和政府其他成员的谴责动议，但由于民主党和自由民主联盟在议会中占多数，所以每次都没有通过。

2018年，一些社会民主党成员辞职。其中包括前总理维克托·蓬塔（Victor Ponta），他是议会众议员，这向他成为社会民主党主席迈出了重要的一步。最近，执政联盟在众议院中失去了多数席位，但仍在参议院保持强势地位。

在这种情况下，司法部长发起的解除国家反贪局首席检察官的程序被视为企图削弱反腐败斗争，特别是最高上诉和司法法院（SCM）和附属于最高上诉法院的检察官办公室认为，这个解除职务的程序没有法律依据。在首席反腐败检察官拉乌拉·科德鲁察·科韦西（Laura Codruţa Kovesi）的调查下，罗马尼亚反贪局逮捕了很多官员并定罪，逮捕人数比欧盟其他任何类似机构都多。首席检察官的工作得到美国驻罗马尼亚大使汉斯·克莱姆斯（Hans Klems）的重视，并获得法国驻罗马尼亚大使授予的骑士荣誉勋章，还获得了瑞典北极星指挥官的头衔，得到了来自美国、德国、芬兰和克罗地亚的几位外国大使前所未有的支持。自7月在拉乌拉·科德鲁察·科韦西被解职后，罗马尼亚国家反贪局一直没有首席检察官。由于诚实和不公正的问题，在最高上诉和司法法院的检察官办公室提供了负面报告之后，总统拒绝了由司法部长担任这一职位的提名。在前一案件中，司法部长再次在有争议的情况下对最高检察院检察长奥古斯丁·拉泽尔（Augustin Lazar）

发起了类似的解职程序。由于总检察长向司法法院提出申请，要求暂停他的解职程序，因此，该解职程序没有完成。

欧洲委员会顾问机构威尼斯委员会关于2018年全年司法公正修正案以及刑法和刑事诉讼法的报告于10月发布，并建议修订这些法律，因为它们的实际形式可能会威胁到打击腐败和有组织犯罪的刑事司法体系的法律效率。欧洲委员会多次重申对这一问题的关注，而欧洲议会主办了公民自由、司法和内务委员会特别会议，会议讨论了罗马尼亚与司法公正有关的情况。按照这一方针的决议与波兰和匈牙利收到的决议类似，罗马尼亚设法避免了在2019年1月担任欧洲委员会轮值主席国的障碍。

因此，2018年11月启动的欧盟合作与核查机制（CVM）报告对罗马尼亚很不利。虽然保加利亚能够在2019年完成欧盟合作与核查机制的所有目标，但欧盟委员会没有向罗马尼亚提出任何类似的截止日期。这是欧盟合作与核查机制对保加利亚和罗马尼亚两个国家加入欧盟后终止核查的第一次明确的看法。罗马尼亚在2016年之前明显优于保加利亚，但在上一阶段失去了在司法等领域的竞争力。在最近与罗马尼亚总理会晤时，欧盟委员会主席让-克劳德·容克表示，罗马尼亚政府和欧盟委员会在法律原则方面仍存在分歧，但这与罗马尼亚2019年年初担任欧盟委员会轮值主席国无关。容克乐观地认为罗马尼亚将在其结束欧盟委员会轮值主席国任期时成为申根地区的一部分。

2018年全年罗马尼亚政治舞台的不稳定性持续到年底。在罗马尼亚接任欧盟委员会轮值主席国之前一个半月，罗马尼亚欧洲事务特派部长维克托·内格雷斯库（Victor Negrescu）在执行委员会会议后突然辞职。2018年11月，政府的又一次洗牌结束，由总理登奇勒领导的28人联合政府中，国防部、地区发展和公共行政

十 罗马尼亚

部、交通部、劳动和社会公正部、经济部、通信和信息社会部、文化和民族特性部、青年和体育部的8名部长被撤换,几乎占行政部门的1/3,其中两人尚未收到总统的提名。社会民主党打算在地区发展和公共行政部与交通部安插关键人员。总统认为他还没有最后完成对各部改组的核查。与此同时,他严厉批评政府,指责其成员的肤浅和缺乏工作能力。利用执政联盟的力量越来越被削弱的机会,国家自由党(NLP)要求撤换众议院议长利维乌·德拉格内亚和副议长弗洛林·约尔达凯(Florin Iordache)。弗洛林·约尔达凯在主持众议院会议时拒绝投票支持国家自由党提案。最近发生的这些事件可能有助于进一步改变2019年上半年的政治局势。

(二) 2018年罗马尼亚经济概况

罗马尼亚2018年的GDP增长放缓,在4%左右,从而降低了经济过热的风险,但由于双赤字恶化,宏观经济平衡仍面临压力。预算赤字超过GDP的3%的风险似乎更为真实,而由于外国直接投资数量减少和进口水平高于出口,经常账户赤字增加。2018年年底,在决定提高最低工资之后,罗马尼亚议会通过了有争议的养老金法,这个结果有利于实际退休人员,但从中期来看这将给国家预算带来进一步的压力。

尽管由于政治阶段的变化和对财政法的干预而存在很大的不稳定性,但在2018年3月访问罗马尼亚的国际货币基金组织代表团所提出的期望大部分已经实现。

2018年,罗马尼亚的经济增长率在欧盟各国中处于领先地位,但肯定会低于罗马尼亚政府最初估计的5.5%。与2017年同期相比,2018年第三季度的经济增长率达到4.1%,在欧盟各成员国的数据中，罗马尼亚排名第 7 位。虽然与上一季度相比，罗马尼亚的 GDP 增幅在欧盟排名第 2 位，但同期相比，GDP 增长速度减缓，与 2016 年第三季度相比，罗马尼亚的 GDP 增长率达到了创纪录的 8.8%。根据最新修订的预期数据，2018 年全年 GDP 增长率为 4.5% 的目标难以实现。事实上，国际货币基金组织的最新预测显示罗马尼亚经济增长率为 4%。

2018 年提高通胀的预期大多是正确的。在养老金和最低工资增加之后，罗马尼亚的月通胀水平在整个欧盟处最高水平。尽管如此，11 月的年通货膨胀率还是从 10 月的 4.3% 降至 3.4%，目前的通胀率在罗马尼亚国家银行（NBR）的目标范围——2.5% 上下浮动 1 个百分点，早于中央银行最初估计的目标。

总而言之，一方面，2018 年取得了一些积极成果。罗马尼亚经济过热的风险减弱。2018 年 6 月公共债务下降 1 个百分点，占 GDP 的 34.1%，而失业率也有下降趋势，2018 年第三季度达到 4.2%。

另一方面，罗马尼亚仍面临若干脆弱性风险，预算赤字仍然面临巨大压力。2018 年前 10 个月的最新数据显示预算赤字占 GDP 的 2.2%，几乎是 2017 年同期的 3 倍，2018 年年底的前景并不乐观。根据评估，2016—2017 年，支出应减至从国家预算中支出资金的 1/3。这些措施将对资金的受益人产生重大影响，因为这些资金当初是在良好的预算环境下执行的，而支出的减少使得现在以公共资金承包的工程遇到困难。国际货币基金组织预测 2019 年罗马尼亚预算赤字占其 GDP 的 3.6%，高于占 GDP 的 3% 的预期目标。发生这种情况的主要原因是支出高于国家预算的收入。那么，在这种情况下，应监测中期预算目标下对结构性赤字所设定的目标的变化。

十 罗马尼亚

对外贸易的变化不大，对 GDP 没有贡献。2018 年夏天，罗马尼亚国家银行认为净出口将对 GDP 产生积极影响。虽然在 2018 年的前 6 个月出口量超过了进口量，但接下来的几个月里这种有利的形势很快就出现了逆转。现在，根据前 10 个月的最新数据，贸易逆差达到 118 亿欧元，比 2017 年同期增长 15.6%（或增加 16 亿欧元）。根据罗马尼亚国家统计局的数据，这是自 2009 年以来在同一时期逆差的最高纪录。应该指出的是，罗马尼亚的出口量创历史新高，但由于公共部门的收入增加和适应国内市场的刚性需求增加，进口量更大，超过了出口量。虽然这种趋势一方面表明恢复了对经济的信心，另一方面，由于进口主要是用于消费而非投资，因此产生了负面影响，特别是吸引的外资也很少。2018 年前 9 个月的外国直接投资额为 350 万欧元，比 2017 年同期下降 5.7%。这将导致经常账户的进一步恶化，加剧本国货币压力。虽然从长期来看，经常账户赤字仍然低于平均值，但其数量和方式与其他欧盟国家有显著差异，其他欧盟国家在大多数的情况下都有经常账户盈余。

2018 年罗马尼亚经济一项重要的事件是政府决定再次上调最低工资，但这次是根据教育水平或工作经验加以区分。行政部门最终决定修改最低工资，与最初提出的方案相比，最终方案的受益人数大幅减少，因为该方案的第一稿使得雇主需要为雇员缴纳很多费用，导致雇主无法忍受这些高额费用。事实上，2018 年 11 月底开展的中小企业（SME）对提高最低工资影响的调查显示，中小企业中超过一半的经理（53%）会被迫解雇一些员工，44% 的人认为中小企业生产力下降，而 74% 的在线调查参与者表示如果提高最低工资，企业会遇到困难。因此，政府对该方案进行了彻底修改，取消提高资历高的员工的最低工资，并增加了新的条

· 195 ·

件，减少了受过高等教育的受益人的数量。受过高等教育的雇员从最高工资水平中受益的条件是必须在一个需要更高学历的位置上工作并且在该位置上工作至少一年。该措施将从2019年1月1日起生效，惠及140万人，其中35万人接受过高等教育。利益相关者一致认为新版本总体上来说对整个社会更有利。一年的工作经历使年轻人有机会获得其所需的能力，并可在此期间晋升。取消根据资历来区分最低工资的做法是保护处于中年阶段的工人，否则他们会因为行政决定而在劳动力市场上变得昂贵，而有可能被经验较少但收入较低的人所取代。分析人士认为，这一举措的主要赢家实际上是国家，因为国家纳入预算的资金将增加，而最大一部分的收入来自私人企业。相反，由于通货膨胀，员工的额外收入将减少。

新的养老金法在2018年开始运作。该计划受到强烈质疑，其被指责通过中期的预测而增加养老金会给预算带来新的压力。全国工会集团主席与政府代表根据法律的各个层面进行谈判，认为该项目一方面为实际退休人员提供了一些有利因素，因为通过重新计算养老金，他们可以平均增加约20%的收入；另一方面，这是一项惩罚那些将在该法生效后退休的人的法律。因此，按照其实际形式，即使社会保障费用不同，下一代将获得相同数额的养老金。执政联盟以微弱多数决定推迟众议院对养老金法案的投票。

（三）2018年罗马尼亚社会发展概况
——新的区域合作倡议可以为罗马尼亚的
人口问题提供解决方案

对于罗马尼亚社会领域的发展而言，2018年是一个普通的年

十 罗马尼亚

份：针对不同重大事件（如洪水或几个农场的非洲猪瘟）采取了恢复经济和社会现状的有针对性和有效的干预措施，但没有长远的规划。唯一不变的措施仍然是增加养老金和工资。罗马尼亚的人口结构问题继续进一步恶化，没有一致的改善行动计划，其他重要项目，如地区医院的建设再次被推迟。2018 年年底，各县之间出现了一种新的合作形式，作为一项全新的原创倡议，可以成为全国不同社区发展的解决方案。

在社会领域，罗马尼亚 2018 年发生两大事件：6 月底 7 月初发生的影响该国一半以上土地的严重洪灾，以及夏天爆发了自"二战"以来最大的非洲猪瘟疫情。尽管局势得到了控制，但这两件事对罗马尼亚经济增长产生了负面影响。政府采取了有针对性的行动和措施来恢复经济和社会现状，并且总体上是有效的，但似乎仍然缺乏为改善生活质量的中期规划。

2018 年讨论的公共议程的主要目标之一是建立若干地区医院，但没有采取有效步骤。事实上，2014 年，地区医院的建设需要资金，而其中一半的资金来自欧盟。从那以后，行政上的障碍推迟了这些项目的进行。政府的最新消息表明，地区医院的建设将在 2021 年之后开始，欧盟共同融资的比重从 50% 增至 85%。一些主要项目的延误导致了若干区域举措的推出。与此相关的是，克卢日县议会正式要求欧盟委员会和布加勒斯特当局在 11 月接管地区医院项目的建设。

这似乎是罗马尼亚社会发展的未来——在地区一级进行更加一体化的合作与协调。最近，罗马尼亚西部的四个城市（蒂米什瓦拉、阿拉德、奥拉迪亚和克鲁日）于 2018 年 12 月决定组建西部联盟，其主要目的是直接从欧盟筹集 2020—2027 年的欧洲援助资金。西部联盟旨在成为地方公共行政部门之间交流思想和经验的框架，在各种问题上采取共同立场，特别是在大型项目上进行合作，不仅在城市之间更好地交流，更要在文化领域的项目，如教育、健康、旅游、体育、安全上加强沟通。虽然主要资金来源是欧盟，但西部联盟打算在所有相关领域筹集资金实施重大项目。

虽然迈出了第一步，但西部联盟随后将在每个城市建立地方委员会，之后将启动一个地区间发展协会，该协会将在2019年第一季度依据法律运作完成。该联盟有四项原则：社区的发展；社区结社自由、吸引和有效利用其资源的自由；通过非官僚结构的地区内和地区间协会为当地社区提供更多权力；与中央政府相比，地方政府的稳定性更高。西部联盟的论点是在欧盟的原则基础上建立辅助性原则，其中规定决策应完全满足人民的需要。

到目前为止，西部联盟设想了两个主要项目：在奥拉迪亚和阿拉德之间建设110公里的高速公路以及奥拉迪亚—阿拉德铁路线的现代化建设，这将使欧洲从北到南的功能性过境走廊项目成为可能。一方面，它将促进城市之间更好的联系；另一方面将提高罗马尼亚在这条欧洲运输走廊上的地位。

这种结构可以弥补区域化的缺乏（另一个项目由于政治原因而停止，并且仍然存在很大的争议），没有这个项目，就不能为涵盖多个县的项目吸引资金。这种欧洲筹资机制已经存在于多瑙河三角洲地区，并且通常也存在于大多数欧洲国家。通过这种方式，罗马尼亚的一部分欧洲基金将以分散的方式进行管理。这些城市的市长将波兰作为好的典范，因为波兰采用了这种模式，在该模式的基础上实现了对欧洲基金的良好吸收。因此，由于罗马尼亚四大城市之间的联系更加便利以及共同的基础设施项目，西部联盟对外国投资将更具吸引力。

此外，西部联盟希望通过吸引欧洲资金加强该地区的建设而使

十 罗马尼亚

该地区繁荣起来，作为离开罗马尼亚向外移民的替代选择。事实上，罗马尼亚面临的主要问题在2018年继续恶化，且没有明确有效的解决办法。罗马尼亚在社会层面面临一个问题，即在中期和长期内可能产生负面影响的人口迁移问题。据专家称，自2018年年初以来，罗马尼亚向外移民已达到5.5万人。这种发展趋势使人口自然减少了近7万居民，从而给罗马尼亚的人口状况带来了更大的压力。

人口的逆转趋势始于1989年。一是出生人数大幅下降，二是出生率低，死亡人数的增加值多于新生儿人数的增加值。1990—2018年，人口大量减少，减少了近380万人。近75%的下降源于向外移民。然而，从2010年开始，常住人口的下降是人口自然减少的主要原因，这是一个重大的变化，且常住人口减少的趋势还在上升。预测表明，如果每名妇女的平均生育数大幅度恢复，2017年每名妇女约生育1.6名儿童，则罗马尼亚的常住人口将在2050年达到1600万。如果将与移民考虑进去，则乐观的估计是到2040年向外移民的负面趋势将停止，预计常住人口将增至1550万。

事实上，人口结构的不利发展是罗马尼亚脆弱性的首要表现。自1991年以来，人口自然增长率为负，2018年达到－3.1‰。在过去的15年中，向外的移民人数特别多。14%的人口离开罗马尼亚移民到了国外，实际上占该国剩余劳动力的36.6%，这意味着1/4的罗马尼亚人在国外工作。

预计罗马尼亚的移民现象将在接下来的几年中继续存在，主要原因是罗马尼亚与其他欧洲国家之间存在的经济差距，包括收入和生活水平。此外，缺乏透明度、竞争力、诚信度和人们对未来的稳定性缺乏信心似乎推动了向外移民的趋势。一半的罗马尼亚年轻人打算在未来5年内移民。

　　劳动力短缺是整个中东欧地区的一个问题。在罗马尼亚，人口自然减少和向外移民的严重问题加剧了这一趋势。这种情况的其中一个后果就是公司寻找员工的压力。由于没有足够的可用劳动力，并且某些部门员工的不稳定情况令人担忧，因此公司应该更加关注那些想要离开的员工。与此同时，由于工资低于他们的预期，想要留住雇员也很困难。

　　政府为改善生活水平采取了几项措施，但这些措施更倾向于增加收入，而不是提高健康、教育和基础设施等领域的生活质量。政府决定从2019年年初开始提高最低工资标准，而新的养老金法仍在讨论中。此外，几个专业类别受益于重新计算养老金，如采矿业、钢铁工业、建筑业和铁路系统的前雇员，平均增加了约1/3的收入。2017年决定提高工资的措施导致2018年第一季度的名义工资与2017年同期相比增长了12.7%。另外，与社会救助相关的监管变得更加严格，特别是对于那些拒绝工作的人。因此，2018年修改了关于最低保障收入的法律，使拒绝工作的人失去了获得社会援助的权利。

　　人口问题是一个结构性问题，每年都在进一步恶化，罗马尼亚必须针对人口问题制定长期的结构性政策。在这种情况下，西部联盟的一个积极结果就是在吸收欧盟资金的基础上加强该地区的繁荣，这可能为那些向外移民的情况提供一个替代方案，为罗马尼亚人提高更多的机会、更好的生活水平和更好的工作。

（四）2018年罗马尼亚对外关系概况：内部斗争影响对外关系

　　2018年罗马尼亚对外关系最重要的一件事是准备接任欧盟轮

十　罗马尼亚

值主席国。这一进程受到与司法制度变革有关的内部政治斗争的影响，这使人们对罗马尼亚为欧盟轮值主席国做好准备的能力产生了怀疑，并且越来越多地影响了其在国际上的形象。

接任欧盟轮值主席的准备工作意味着确定与当前欧盟议程有关的优先事项，了解其他成员国的立场，并在总体愿景中列出他们的意见，从而加强成员国与欧洲的机构之间良好的合作。在这一年里，罗马尼亚安排了总统、总理、外交部长和政府其他成员与欧盟和欧洲以外的合作伙伴的多次访问，传达欧洲理事会的优先事项，同时，罗马尼亚将自己定位为非欧盟国家的可靠伙伴。访问的目的是确定欧洲议程中"热门"文件提出的共同问题，这些文件是所有成员国的主要关注点，也确定了共同应对挑战的方式。

罗马尼亚在这些准备工作中的路线与众不同，这引起了外国媒体对其为欧盟轮值主席国做好准备的能力的质疑。过去几个月发生的一些事件引发了欧洲人对罗马尼亚可以应对其首次担任轮值主席国这一重大角色的不信任。

主要的警报信号来自政治领域。罗马尼亚没有完全将欧洲的计划作为其核心价值观，2018年罗马尼亚司法系统独立性问题不断收到欧盟的警告。

在2018年的欧洲议会全体会议上，对司法系统的修改问题导致关于腐败和限制司法独立的几次辩论。其中，2月由绿党/欧洲自由联盟小组发起辩论——"罗马尼亚司法改革引发的法治威胁"；10月由公民自由、司法和内政委员会组织的辩论在斯特拉斯堡举行，该辩论与8月10日在罗马尼亚的抗议活动有关，此次抗议活动以暴力结束。在欧盟委员会于2018年11月公布的有关法治国家以及反腐败斗争的报告中，罗马尼亚被点名批评。该国2017年以来的司法改革被认为是法制倒退，同时，欧洲议会通过决议警告罗马尼亚当局，罗马尼亚的司法改革损害了司法独立和反腐效力，并在国际层面上日益影响其形象。

整个过程最终于11月13日结束，合作与核查机制（CVM）此次对罗马尼亚的调查报告是自启动以来最严厉的批评。罗马尼亚官员宣称他们将在欧洲法院对合作与核查机制的报告提出异议。欧盟官员（如欧洲司法专员维拉·尤罗瓦）或其他成员国代表（如奥地利总理塞巴斯蒂安·库尔兹）的共同意见是罗马尼亚在打击腐败方面取得了重大进展，同时，在2017年之前的法治进展比较有效，但在此之后，罗马尼亚司法改革情况开始受到关注，并可能影响到2019年罗马尼亚6个月的欧盟轮值主席国任期。这是欧盟第一次警告其成员国偏离了联盟的价值核心。

罗马尼亚的一些官员发表攻击欧盟和内部市场的言论。一方面，罗马尼亚总理对来自欧盟的批评者提出质疑；另一方面，罗马尼亚财政部长表示，罗马尼亚公民在国外的工作时间应限制在五年以内。

欧洲事务部部长维克多·尼格雷斯库（Victor Negrescu）在没有明确理由的情况下辞职，其次是外交部国务秘书在罗马尼亚的轮值主席国准备工作的技术方面也发生了类似的事件，使得人们更加担忧。在这种情况下，即使是总统克劳斯·约翰尼斯（Klaus Iohannis）也怀疑政府是否有能力担任轮值主席国，并试图指出这种情况对罗政府来说十分迫切。不久之后，到11月底，政府联盟第二大党少数党派自由民主联盟（ALDE）领导人也发出了类似的信息。其发表讲话的背景是，罗马尼亚的欧盟轮值主席国职位被用作要求各政党更加团结的战略工具，因为此次讲话特别针对总统和议会中的反对党领导人，过去几个月以来，政党之间发生了很多政治斗争，而总理和另一个执政党的领导人坚持认为，政府

十　罗马尼亚

和众议院都已经准备好了担任2019年的轮值主席国职位。

作为对这种情况的一种回应，芬兰官员发表了声明指出，芬兰将是罗马尼亚之后在2019年下半年担任欧盟轮值主席国的国家，它早就做好了准备，如果需要，它会代替罗马尼亚在2019年上半年担任轮值主席国。随后，情况得到澄清，芬兰总理表示，在与罗马尼亚当局讨论后，罗马尼亚的政治紧张局势不会影响其担任欧盟轮值主席国的时间表，罗马尼亚不打算要求芬兰上半年接任欧盟轮值主席国。

罗马尼亚总统发言提到，由于新任命的欧洲事务部长是一位经验丰富的外交官，问题基本得到解决，而且准备工作仍在继续。在与政府进行讨论后，他表示相信罗马尼亚将有效承担轮值主席国的责任，尽管议程上也存在一些困难。

2018年12月，奥地利总理塞巴斯蒂安·库尔兹访问布加勒斯特时，罗马尼亚象征性地从奥地利接任了欧盟轮值主席国的职位。此次访问是为了解决罗马尼亚接任奥地利担任欧盟轮值主席国将负责管理的一些议题，其中包括英国脱欧、新的多年度金融框架、移民危机以及2019年5月9日在锡比乌举行的讨论欧盟未来的首脑会议。

由于2018年11月合作与核查机制发布的负面报告，罗马尼亚对外关系的热点问题之一是对其加入申根区的影响，负面报告使得罗马尼亚加入申根区处于停滞状态。而此时，与保加利亚相比，罗马尼亚似乎没有提出更好的解决办法，而保加利亚在这方面似乎做得更好。欧洲议会成员在12月11日投票通过了非立法报告，要求欧洲理事会迅速采取行动，把罗马尼亚和保加利亚纳入申根地区。该报告已得到议会绝大多数议员的批准，并敦促欧洲理事会作出迅速和积极的决定，允许两国进入申根区。虽然罗马尼亚和保加利亚早在2011年就满足了申根签证区的所有必要条件，但7年来一直有各种各样的反对声音。这一决议已经在11月经过欧洲议会公民自由、司法与内政委员会的批准，如今又再次在欧洲议会上被通过。事实上，欧盟委员会一直认为罗马尼亚和保加利亚的一些行为违反了欧洲的基本原则而未能通过其加入申根区的申请。对两国来说，另外的障碍是缺乏信心，两国将继续打击腐败。

对于非欧盟伙伴而言，罗马尼亚的对外关系更侧重于加强经贸关系，特别是针对中国和中东国家。然而，有时内部的政治动荡影响了对外关系的质量。日本首相对罗马尼亚的历史性访问与政府的变化发生了重叠。

这一年与美国的关系侧重战略伙伴关系，这被视为罗马尼亚安全的保障，也是其经济和社会进步的决定性因素，被认为是罗马尼亚外交和安全政策的主要支柱。与美国官员的对话凸显了罗马尼亚在保障中东欧稳定与安全方面的重要作用。罗马尼亚在三海倡议中得到了欧盟委员会、美国和德国高层官员的支持，这是一个融合和互联合作的区域框架。在罗马尼亚庆祝大联盟100周年的背景下，美国众议院通过了一项决议，重申其与罗马尼亚在自由和民主价值观基础上的密切关系，并认为罗马尼亚是美国在北约内部的忠实盟友。此外，它重申了进一步加强美国与罗马尼亚战略伙伴关系的愿望。

十一 马其顿[*]

（一）2018 年马其顿政治概述

1. 概述

2018 年马其顿的政治发展与两个相互关联的过程有关。第一个是与希腊解决国名争议而导致的国内政治矛盾；第二个是对马其顿内部革命组织民族统一民主党（VMRO－DPMNE）前政府官员进行调查、起诉和判决的政治意义，对马其顿内部革命组织民族统一民主党前政府官员的指控范围从巨额贪腐到策划恐怖主义，并通过煽动 2017 年 4 月 27 日发生的议会暴力来颠覆宪法秩序。这两个事件占据了 2018 年国内政治的主导地位，并对该国未来的发展轨迹产生了彻底和潜在的长期影响。从现在的发展情况看，马其顿的政治危机似乎始于 2014 年年底，但由于社会的两极分化和不确定性的情形日益扩大，因此，这种危机仍未得到彻底解决。

2. 马其顿国名问题

希腊反对马其顿政府使用"马其顿"这一名称作为国名，这是马其顿自独立以来政治不稳定的主要根源。在 1995 年签署《临

---

[*] 作者：Anastas Vangeli；翻译：李丹琳；校对和审核：陈新。

时协定》之后，两国关系一度出现了稳定的时期，最终由于希腊对马其顿2008年加入北约的否决以及随后在马其顿的"antiquization"运动使两国稳定的关系结束。在过去10年中，国家名称问题成为马其顿加入北约和欧盟的障碍，加入北约和欧盟是自独立以来所有马其顿政府的两个核心战略重点，因此，这使得国家名称问题成为一个战略性问题。北约和欧盟是马其顿国名问题谈判的利益攸关方，并推动了解决方案的制定。马其顿内部革命组织民族统一民主党在尝试解决问题方面没有取得成功，并且因此在2016年与希腊的关系恶化。自2017年起执政的马其顿社会民主联盟（SDSM）领导的政府表现出更大的意愿来解决这个问题。2018年，显然国家名称问题成为其工作的重点。在这一年中，执政联盟以前所未有的力度解决这一问题，尽一切可能，不惜一切代价推进与希腊的谈判。主要的阿尔巴尼亚族党派阿尔巴尼亚族融合民主联盟（DUI）也妥协并一直在口头上支持。

2018年上半年，马其顿政府首脑扎埃夫和希腊政府首脑齐普拉斯以及首席外交官季米特洛夫和科齐亚斯（在他辞职前）举行了多次会晤。这个会谈是不透明的，几个月来对于将达成一致的内容以及何时达成都是模糊的。马其顿政府在这个过程中表现出一种不可预测的、往往是自相矛盾的态度，然而，他们是在处理一个相当敏感的问题，这需要在一定程度上厘清各类问题；另外，他们的反对者指责他们背叛国家和人民。马其顿政府的立场受到马其顿内部革命组织民族统一民主党领导的议会反对派以及来自各政治领域的一些议会外参与者的挑战。

2018年6月17日，马其顿和希腊签署了普雷斯帕协议（Prespa agreement），该协议规定马其顿将改名为"北马其顿"，作为其普遍使用的国名，并将根据希腊的要求制定宪法修正案，而希腊则承诺支持马其顿加入北约和欧盟。该协议在马其顿引起了众多争议和持久的政治分歧。虽然一些公民认为这是向前迈出的一大步，但对于另一些公民而言，这被视为一次重大失败，在两种极端解释之间几乎没有中间派。矛盾的是，虽然该协议的目的是解决国名问题，但至少在短期内，这一问题成为公众辩论和该国政策进程的最重要的政治分界线。换句话说，国家名称问题完全代替了政治议程，成为政府最主要的工作，因为它包含了许多其他核心问题。

首先，马其顿社会民主联盟—阿尔巴尼亚族融合民主联盟政府利用国家名称问题来掩盖政府的其他许多缺点。从这个意义上说，国名问题的解决方案（或缺乏解决方案）只是一个"借口"。例如，当面对经济表现的棘手问题和批评时，政府官员认为，只要国名问题解决，其他事情都会迎刃而解。当被问及什么时候进行改革时，他们回答，一些问题必须等到国名问题得到解决才能开始。

与此同时，国名问题的出现是为了重新构建一系列核心问题，这些问题依赖与希腊的紧急妥协，在这个框架之外不再讨论任何问题。例如，由于绝大多数阿尔巴尼亚族赞成与希腊达成妥协，而马其顿族中的微弱多数表示反对，国名问题不可避免地为种族间关系增添了新的动力。在很多的辩论议题中，有人暗示，除非国名问题得到解决，否则，马其顿可能很快就会遇到新的种族冲突。另一方面与国名问题的国际层面有关。马其顿政府以及北约、欧盟、美国和西欧各国政府的代表达成了一种妥协，也就是说，解决国名问题成为马其顿加入北约和欧盟的事实上的政治条件，也是维持国家和地区的稳定与和平的一个条件（至少有人认为如果谈判失败会导致种族紧张局势）。然而，虽然关于种族间紧张关系的假设从未被证明是真实的,但国名问题肯定导致了最严重和无法弥补的种族内部的政治分裂(在马其顿人之间)。

  作为协议的一部分,马其顿于2018年9月30日就国名变更举行了公民投票。然而,关于投票上的问题如何措辞则成为相当复杂的问题。根据批评者的说法,这是误导(票上写的是"通过接受马其顿和希腊之间的协议,你赞成马其顿成为欧盟和北约成员国吗?")。政府没有采取最终立场,而是通过进行全国范围的大规模的动员来指导人民同意该协议,但不是采用官方的形式与马其顿内部革命组织民族统一民主党(该党反对此协议)作对,一方是持良好的愿望与"国际社会"保持密切关系,压倒性地支持该协议,另一方是压倒性地反对该协议的党员,并呼吁抵制另一方的全民投票,政府在这两方进行平衡。由于其尴尬的政治言论,一些民族主义者也开始反对马其顿内部革命组织民族统一民主党。最终,尽管政府的大规模的动员活动非常热烈,但公投却没有达到所需的门槛。不过,由于绝大多数选民投票支持该协议,结果仍被政府解释为是成功的。这导致了社会的进一步两极化,因为现在国名问题的解决方案也触及了对核心民主制度和进程的讨论。

  公投后,改变马其顿国名的程序提交至议会,执政联盟争先恐后地争取多名反对党议员的支持,以获得2/3多数票,由此通过宪法修正案。此时,国名问题与一些最敏感的法律程序相混淆。作为一些被调查、起诉或以某种方式牵连到各种法律案件的马其顿内部革命组织民族统一民主党国会议员,他们投票赞成宪法修正案,而政府则启动了和解进程,包括赦免一些被调查的马其顿内部革命组织民族统一民主党官员。由此,这部分被称为马其顿内部革命组织民族统一民主党的分裂主义者受到了该党以及党内反对改变国名的人的严厉批评。这也促使马其顿内部革命组织民族统一民主党的内部的分裂和该党的进一步削弱。

然而，更重要的是，该国名问题导致新的激进运动的出现，并为马其顿的小政党提供了机会。由于马其顿内部革命组织民族统一民主党在2018年的最后几个月留下了内部分裂和被削弱的印象，政治舞台上的真空已被众多其他政党所填补。总统格奥尔基·伊万诺夫（Gjorge Ivanov）在其执政9年的大部分时间里都被马其顿内部革命组织民族统一民主党的统治所压制，他已成为国名变更的强烈反对者，并拒绝签署宪法修正案。新的民族主义运动（包括呼吁抵制公民投票的强大的右翼在线运动）也脱颖而出并蓬勃发展，马其顿社会中的亲俄派也是如此。然而，主流之外的许多其他党派，包括一些进步的和激进的左派也出现了更改国名的反对者。对于一些人来说，在国名问题上反对政府与更改国名本身没什么关系，而是与不断上涨的不满情绪有关。与此同时，似乎没有人同情马其顿内部革命组织民族统一民主党的尴尬地位。

因此，更改国名问题，极大地促成了马其顿政治舞台的重新配置。虽然马其顿社会民主联盟和阿尔巴尼亚族融合民主联盟没有从这个过程中获得太多收益，但马其顿内部革命组织民族统一民主党明显损失很多。但总的来说，马其顿的政治空间是多元化的。目前来看，马其顿社会民主联盟和阿尔巴尼亚族融合民主联盟的地位得到了加强。

3. 马其顿内部革命组织民族统一民主党前官员的被起诉和判决

2018年，涉及马其顿内部革命组织民族统一民主党等级前政府官员的法律程序全面展开。许多高级别的马其顿内部革命组织民族统一民主党成员及其同事被带到法庭，其中一些已经被判刑。最引人注目的案件是前总理尼古拉·格鲁埃夫斯基（Nikola

Gruevski），多年来他曾被认为是无与伦比的强人。2018年5月，格鲁埃夫斯基因涉嫌非法购买装甲车而后用于个人使用而被判处两年徒刑。格鲁耶夫斯基不服判决提出上诉，但在判刑后，他于2018年11月9日开始服刑。2018年最引人注目的消息是格鲁埃夫斯基设法逃离该国，并采取了复杂的路线——通过阿尔巴尼亚、黑山和塞尔维亚最终到达匈牙利，他在匈牙利寻求政治避难获得庇护。在他的公开讲话中，格鲁埃夫斯基一直把自己描绘成遭受政治迫害并考虑到自己的生命安全而逃离的形象。

格鲁埃夫斯基的逃亡可能是马其顿在2018年经历的最大的政治地震。政府立即辩解说格鲁埃夫斯基是一个懦夫，政府设法从匈牙利引渡他。然而，公众提出了强烈的抗议。政府的支持者对格鲁埃夫斯基以某种方式被允许逃脱感到失望。然而，很多格鲁埃夫斯基的前同事都对他很生气，他们说，格鲁埃夫斯基逃离了这个国家，使得他们接受了所有的惩罚。然而，在公开舆论中，一些重要的政党人物认为，政府对马其顿历史上最高调的罪犯的逃脱负有特殊的责任：是政府的无能，未能阻止他逃脱，或者是与格鲁埃夫斯基达成了秘密协议让他逃离。

为了回应格鲁埃夫斯基的逃脱和越来越多的批评，2018年11月和12月，马其顿检察官和法院加强了对他及其他一些前官员的上诉程序。萨索·米亚尔科夫（Sueo Mijalkov），格鲁埃夫斯基的表弟和情报部门局前负责、马其顿首富奥尔采·卡姆切夫（Orce Kamchev）及其密切的商业伙伴以及其他一些马其顿内部革命组织民族统一民主党高级官员因担心他们可能被拘留也逃脱了。与此同时，针对马其顿内部革命组织民族统一民主党前官员的一些案件已经查证了他们严重犯罪行为的进一步证据，包括2017年4月27日的事件。马其顿内部革命组织民族统一民主党目前的领导层指责政府进行政治迫害并试图组织群众进行抗议活动，但没有取得重大的成功。马其顿内部革命组织民族统一民主党的领导人希利斯迪杨·米科夫斯基（Hristijan Mickovski）甚至认为，政府的最终目标是彻底打击并最终取消他的政党。

针对马其顿内部革命组织民族统一民主党的法律程序与普雷斯帕协议的实施密切相关。改变国名只能通过广泛的共识来完成，此外，它还需要议会中的合格多数才能通过。根据政府的声明，马其顿内部革命组织民族统一民主党试图讨价还价，在改变国名的过程中提供支持，以换取赦免或减少其被起诉成员的刑期。包括格鲁埃夫斯基本人在内的马其顿内部革命组织民族统一民主党官员认为，针对他们的所有法律程序都是迫使他们支持改变国名的一种方式。到目前为止，似乎前一版本更接近现实。

2018年马其顿政治舞台上发生的这些事件，人们可以得出结论，2018年马其顿走向了一个新的政治现实：马其顿内部革命组织民族统一民主党已经走投无路并且已经被大大削弱了，尽管马其顿社会民主联盟和阿尔巴尼亚族融合民主联盟没有特别积极的举措，也受到了公众和其他政党的批评，但他们已经设法相对加强了自己的地位。执政联盟在为更改国名问题所设定的基调方面占了上风，利用更改国名问题打击了他们的政治对手。

（二）2018年马其顿的经济：新模式的出现？

1. 概况

2018年马其顿经济面临两个挑战。首先，作为欧洲最不发达的经济体之一，马其顿始终需要强劲而稳定的增长，这可能会使该国更接近并逐步赶上欧洲较发达的地区。其次，作为一个饱受贫困和不平等现象日益加剧的国家，马其顿也需要新的再分配政策以缩小差距，帮助实现更加平等的社会。本节探讨了马其顿2018年在这两个领域的表现。就第一个目标——实现经济增长而言，本节指出马其顿的经济增长速度实际上已进一步放缓。关于第二个目标——再分配政策，本节表明，虽然政府一直积极主动地恢复福利国家的某些要素，在2018年启动了类似"从中产阶级向穷人"的再分配过程，但在某些情况下则是"从较穷的穷人到最贫穷的人"的再分配，而不触动最富有的人和公司的地位，进而没有解决造成不平等的核心问题。本节表明，为了解决这些问题，马其顿政府建立了一个新的经济模式，这种模式被困在欧盟式的新自由主义和以福利为导向的民粹主义之间，迄今为止这种模式似乎不是很稳定。

2. 经济发展状况

马其顿经济在2018年的增长率明显低于预期。很显然，到2018年年底可以看出，2018年马其顿的经济增长率与最初预期和期望的4%—5%相比有一些差距，GDP年增长率不到3%。从经济角度来看，2018年开年时特别缓慢，因为2017年经济大幅下滑（低增长率以及不同部门的经济表现不足）持续到2018年，导致世界银行及其他国际和国内机构不仅修改了2018年的预测，而且也修改接下来几年的经济预测。这意味着佐兰·扎埃夫总理上任时承诺的目标（GDP年增长率为5%）仍然没有实现，更不用说在他执政的第一个任期内维持增长（下一次议会选举将在2020年）。这是一个特别令人不安的发展趋势，因为马其顿经济放缓发生的时间正是欧洲经济总体上逐渐恢复增长轨道的时期，此外，整个巴尔干地区的经济也逐渐恢复增长（从这个意义上说，马其顿目前是该地区最落后的经济体)。

尽管整体数字较低,但整个2018年,马其顿政府不断展现出更为乐观的前景,并声称正在取得进展。根据他们的说法,最重要的发展是,马其顿终于使国家走上了他们声称的经济发展和增长的"健康模式",特别是私有部门和工业生产。该发展模式与马其顿内部革命组织民族统一民主党(VMRO – DPMNE)政府的发展模式(通过贷款进行大规模的建设)相反,现政府认为这是"不健康"的。然而,批评人士认为,马其顿在2018年的小幅增长并非主要是国内经济生产增长的结果,而大部分是贸易加工、外资企业以及在经济特区(称为技术和工业发展区)经营的外国公司生产活动增加的结果,这意味着,增加的大部分利润不会留在马其顿国内,而是返回这些公司的所在国。与此同时,服务业略有上升,尽管如此,服务业的一些领军者一直是体育博彩业和赌博业,这些领域已经发生了显著增长,这是另一个有争议的问题,因为大多数博彩和赌博行业都是外资所有,同时,已经就他们的社会影响发起了认真的讨论。

为了促进私有部门的发展,马其顿政府在2018年开始实施其《经济增长规划》,其中最重要的部分是为有前途的私有企业和创业公司提供财务和后勤援助。提供这种援助的体制方式是建立特别的创新和技术发展基金(FITD)。然而,创新和技术发展基金的运作和私人企业的财政资源分配同时受到丑闻的影响,因为赢得公众支持的一些公司已经获得资金或与高级政府官员或其家属联系在一起。除了提出有关利益冲突和潜在腐败问题外,围绕创新和技术发展基金的丑闻还揭示了经济行为(包括技术创新)从强权政治的束缚中解放出来是多么困难。

然而,增长最大的障碍是缺乏国家投资和停止了一些重大建设项目。首先,马其顿社会民主联盟(SDSM)和阿尔巴尼亚族融合民主联盟(DUI)政府在战略建设项目投资方面没有达到自己的目标。事实上,根据最新的估计,政府只花了计划的3.9亿欧元中的41%用于大型项目。结果是,该国的基础设施建设急剧下降,直接导致了经济放缓。根据负责经济事务的副总理的说法,其原因是公共行政部门过于谨慎。对他来说,最重要的发展是,在2018年下半年,许多正在进行的和未来的项目都取得了突破。其中一项突破就是补充了与中国国有企业——中国水电(Sinohydro)的合同,建设基塞沃—奥赫里德(Kichevo-Ohrid)高速公路,这是马其顿最大的基础设施建设项目。其他项目也已宣布建设。正如安久舍夫(Angjushev)副总理所说,预计建筑业在2019年将大幅增加。此外,政府期望政治稳定,加入北约和欧盟的进展顺利以增加投资者的信心,并进一步促进2019年的经济增长。

3. 再分配政策

2018年,马其顿政府还继续制定与财富再分配和实现社会公正相关的新政策和措施,最重要的是分配公共福利和获得公共收入方面。这是在生活成本快速增加的背景下发生的。2018年,燃料价格上涨,随后基本生活用品、公用事业和服务成本也增加了。

在改善社会福利方面,政府采取的最重要措施是社会援助几乎增加了3倍,现在相当于1.17万代纳尔(约合200欧元)。这项措施于2017年启动,还伴随着其他措施,如将最低工资增加到1.2万代纳尔(约合200欧元),该措施已在2018年全面生效。虽然这些措施的实施引起了一些关注(即在最低工资方面,主要的挑战是雇主要求将提高了的部分工资退回,这是一种非法行为),但他们相信这些措施总体上有助于增加最贫困社会阶层的收入。然而，批评者说这基本上是将社会救助与最低工资等同起来，在低技术工人中，政府制造了对失业的偏好而非最低工资。

与此同时，最重要的是，马其顿社会民主联盟和阿尔巴尼亚族融合民主联盟政府通过改变税收制度增加了从公民收入中获得的公共收入，这被认为是不受欢迎的新税收法，该法被推迟了几次，只在2018年年底进行讨论并迅速颁布，给予该国公民和法人的时间很短，通知大约两周就完全生效了。在马其顿内部革命组织民族统一民主党和阿尔巴尼亚族融合民主联盟政府时期，马其顿的统一税率为10%。然而，马其顿社会民主联盟和阿尔巴尼亚族融合民主联盟政府启动了一项改革，即推行累进的税收制度，并颁布新的、主要针对公民个人收入的税收。

新的税收制度现在包括两类：月收入低于1500欧元的个人所得税为10%和超过1500欧元个人所得税为18%。对租金、股息、资本收益、赌博等利润征税的新规定已经引入，征收15%的个人所得税。新措施受到社会各方的质疑。企业及其协会认为，新措施对企业家施加了新的限制，旨在惩罚那些表现良好的企业。更多的民粹主义批评者认为，通过仅引入一个"高收入"水平，政府就将每月约1500欧元收入的中产人士与收入高出这些中产人士数倍的经理和首席执行官归于同一群体。不仅如此，批评者认为，增加所得税，而不修改企业利润税的规定，不会对该国的不平等产生重大影响（某些大公司仍有一些税收减免）。专家们警告说，作为对新制度的回应，逃税可能会增加，这是马其顿独立以来的一个长期问题。然而，根据政府的说法，税制改革是在工资增加和失业率下降一段时间后施行的，他们认为在执行方面没有问题。税收改革以及其他措施的目标一直是降低财政赤字，控制和逐步降低公共债务，提高财政透明度，提高公共采购的效率和透明度。这种方法被认为有助于财政整顿,这是2018年政府的首要任务。

4. 结论

总而言之,2018年是马其顿新模式出现的一年。它主要集中在四个方面:第一,保守的国家投资;第二,对社会较贫困阶层的一种再分配;第三,增加中产阶级的压力;第四,希望并相信顶级和最富有的企业和社会阶层将带来进步。国家与商业关系中的惯常问题和腐败问题在整个2018年始终存在。该模式似乎有两个灵感来源。第一个是普遍的新自由主义霸权倾向,它可以追溯到欧盟政策制定的主流,特别是强调财务谨慎、增加收入和类似软紧缩方式的保守支出。最富有的阶层和最大的公司是导致增长的唯一因素的信念也可以追溯到西方式的新自由主义。新的模式第二个特征,即对最贫困人口的再分配,这可能部分归因于马其顿社会民主联盟和阿尔巴尼亚族融合民主联盟政府中社会主义意识形态的残留部分,也可能是一种务实(也可能部分是民粹主义)的冲动以解决燃眉之急——贫穷和不平等。然而,正如许多批评者,有时甚至是政府的支持者所论证的那样,目前的措施效率有限,如果在新自由主义背景下实施,可能会遭到强烈反对。社会福利只有在国家在经济中发挥更明显作用的背景下发生。因此,马其顿模式的两个主要支柱——新自由主义模式和社会福利模式相互矛盾,不能平衡存在。因此,2019年将有一些东西被取消,新自由主义的冲动将更加占主导地位并使社会福利措施完全失效,或者政府将提供更多投资以迎接挑战,指导并干预以促进增长,也将增加富人的税收,并解决不平等的根源。我们将不得不仔细观察马其顿模式的发展方向。

（三）2018年马其顿的社会发展概况

1. 介绍

在2017年达到高潮的长期政治危机、不确定性和动荡时期之后，马其顿2018年的社会动荡和社会动员程度降低。然而，由于不可预测的政治轨迹和敏感问题，马其顿公开辩论的问题继续受到全社会的关注。这就意味着在2018年马其顿（民间）社会和一般公共领域，在政治危机之后仍未达到"正常化"的程度。有两个中心议题和相互关联的争论问题使政治持续分裂：马其顿的名称问题和普雷斯帕协议以及处理马其顿内部革命组织民族统一民主党（VMRO－DPMNE）统治时代的遗产（和法律案件）的进程，特别是尼古拉·格鲁耶夫斯基（Nikola Gruevski）集团的遗产。这些可被视为2018年的两个"大问题"。与此同时，关于其他紧迫社会问题的持续辩论也是围绕着这两个问题展开。本节讨论了2018年两大问题如何影响马其顿社会。总体而言，2018年公众的不满情绪低于前几年，公众辩论和情绪甚至可能比过去更加两极分化。

2. 关于"大问题"的情感钟摆

2018年是马其顿有"重大问题"的一年。首先，马其顿社会民主联盟（SDSM）和阿尔巴尼亚族融合民主联盟（DUI）政府通过将国家名称改为"北马其顿"来解决与希腊的争端。其次，政府和司法部门加快了针对马其顿内部革命组织民族统一民主党前高管的法律程序，包括前总理尼古拉·格鲁耶夫斯基本人。事实上，在某些时候，这两个大问题能够融合，因为如果没有马其顿内部革命组织民族统一民主党的部分支持，改变国家名称的过程就无法完成。政府随后制造了一个权衡取舍的机会，即他们最终会使得一些前马其顿内部革命组织民族统一民主党官员被无罪释放，以换取他们对国家名称问题的支持。这被视为"和解努力"，旨在结束社会中的恶性分裂。然而，这种和解的方式也有反作用。

国家名称问题本身已经导致社会以一种暂时无法治愈的方式分裂。大多数马其顿族人认为改变国家名称是违法和叛国行为。对他们来说，保留国家的宪法名称和废除《普雷斯帕协定》不仅是政治上的必要条件，也是一个全社会认同的目标。然而，对于马其顿的少数民族，尤其是绝大多数阿尔巴尼亚族来说，宪法名称的改变是加入北约和欧盟的必要步骤和牺牲。两个阵营，支持和反对改变名称（双方都有完全不同的差别和例外），导致整个2018年的根深蒂固的政治斗争，最终在2018年9月公投期间达到了高潮。个人关系、友谊，有时甚至是家庭由于在这个问题上持两种不同的政治看法，使得关系恶化了。可以毫不夸张地说，来自两个阵营的人经常公开表现出对他们的对手的不容忍甚至仇恨。

这些事态的发展也导致了公众对政党支持发生了变化。特别是，一些反对改名的公民最初倾向于支持马其顿内部革命组织民族统一民主党。然而，事实上，马其顿内部革命组织民族统一民主党被认为犹豫不决并且在这个问题上表现不佳，导致该党所在选区的选民非常失望。这对于一些新兴的较小的民粹主义政党来说却达到了效果，他们公开反对改名，在首都组织集会和抗议，并设法吸引一些对马其顿内部革命组织民族统一民主党失望的支持者。同时举行的关于《普雷斯帕协定》的公民投票采用了新的在线调查的方式，因此出现了一个新右翼的在线运动，呼吁抵制全民投票。这一在线运动设法对公投及其结果产生了重要影响，但未能在此后继续保持其强劲势头。

处理马其顿内部革命组织民族统一民主党遗留问题以及处理针对其前任官员的无数法律案件的问题是另一个有争议的问题。一些在2016年选举中支持马其顿社会民主联盟的公民对他们支持的党非常失望，要求完全撤销和惩罚马其顿内部革命组织民族统一民主党。尽管如此，在2018年下半年全面展开对国家名称问题讨价还价的过程中，以及随后在2018年年底赦免了被指控腐败和其他罪行的一些前马其顿内部革命组织民族统一民主党官员的过程中，对于寻求正义的公民们来说，这种做法令人失望。由于公众认为2018年11月前总理格鲁埃夫斯基逃往匈牙利的事件也与国名政治谈判进程有关，因此这种情况更加令人失望。甚至进一步有人声称并抗议马其顿社会民主联盟—阿尔巴尼亚族融合民主联盟政府（即现政府），企图恢复2015—2016年的马其顿内部革命组织民族统一民主党—阿尔巴尼亚族融合民主联盟政府，而且一些人为此组织了相关活动。然而，这些努力没有取得重大成功。

3. "其他问题"的重要意义

除了"重大问题"之外，还有一些其他较小的问题影响了公众舆论。首先，马其顿在2016年和2017年已开始讨论有关公共卫生的问题，目前，这个问题的讨论仍然继续。其中两个问题特别重要：空气污染和公共医疗质量。由于马其顿城市是欧洲和世界污染最严重的城市之一，2018年的空气污染情况更加恶化。前几年出现的一些关于环境问题的运动也继续在2018年进行宣传和动员。与此同时，2018年关于空气污染的讨论转变成为反对马其顿内部革命组织民族统一民主党—阿尔巴尼亚族融合民主联盟政府以及地方自治政府（其中大部分是由马其顿社会民主联盟控制的，有些是由阿尔巴尼亚族融合民主联盟控制的）。有人企图组织公众抗议活动，但成效有限。其次，对公共医疗保健状况恶化的抗议也持续不断。公民们一直在网上提醒大家对腐败的公共卫生机构和提高医疗保健成本的认识，并且还动员进行人道主义行动，为那些需要在国外接受治疗但负担不起的人群提供医疗费用。2018年年底和2019年年初，马其顿又流行麻疹，更引起了对腐败的医疗保健系统的担忧，因为一些医疗机构未及时向广大儿童提供疫苗接种，而且有的医疗机构为儿童接种过期的疫苗，公民已经完全丧失对该国医疗体制的信任，同时，这里又成为阴谋理论和不科学信仰传播的肥沃土壤（由一些孩子父母组织的所谓的"反对接种疫苗"运动，倡议父母们拒绝让他们的孩子接种传染病疫苗）。

2018年还发生了一些其他社会问题的持续辩论。首先是社会经济条件低下，大多数人不能获得体面的生活。2018年的调查显示，如果有机会，大部分人都会离开马其顿。绝望的情绪超越了种族界限，因为马其顿各民族和全国各地的人都渴望移民。这种情绪在年轻的受过高等教育的人中最为突出，这尤其令人不安。因此，尽管政治发生了变化，但在2018年，马其顿公民的整体悲观情绪还是占了上风并且可能会加剧。更为明显的是，普通民众低质量的生活和普通马其顿公民努力维持生计的艰难，往往与统治国家的富有的腐败政客形成强烈对比。马其顿社会民主联盟—阿尔巴尼亚族融合民主联盟政府同样受到一系列腐败丑闻的影响，这一事实强化了公众对"所有精英都相同"的信念，使得马其顿公众对未来持悲观态度，且人数有持续增加的趋势。

4. 结论

总而言之，两个"大问题"——国家名称的变化以及对马其顿内部革命组织民族统一民主党遗产的处理，使政治的不确定趋势和随之而来的政治上两极分化的态势持续存在。与此同时，"重大问题"导致了政治分界线的模糊。通过政治讨价还价的过程，主要政党的支持者对自己所支持的政党感到失望，导致公民越来越不满。同样重要的是"其他问题"导致了信任的进一步恶化以及大多数人对美好生活的期望值下降。2018 年，即使不经常走上街头，马其顿公民也仍然愤慨、不满意和进行批评，但这部分人仍然是分裂和分散的。在某些方面，这为新的民粹主义势力创造了充足的空间，使这类政党能够出现并吸引公众的支持。鉴于 2018 年 9 月的公民投票以及影响其结果的在线右翼运动的出现，可以看到这种潜力已经开始发生作用。进入 2019 年，类似的情况越来越严峻。有太多的愤怒、不满和失望，一旦出现民粹主义政党或运动，这种情绪就会被利用。

（四）马其顿 2018 年对外关系概况——国名问题

1. 介绍

尽管马其顿社会民主联盟—阿尔巴尼亚族融合民主联盟（SDSM – DUI）政府的政策主要以国内政治和经济为中心，但在 2018 年，该联合政府最主要的工作是其积极的外交政策。事实上，政府外交政策的力度和范围是如此巨大，以至于它们掩盖了许多政治、经济和社会问题。一个特殊问题就是外交政策的核心：解决与希腊的国名争议。2018 年 6 月，马其顿在希腊签署了《普雷斯帕（Prespa）协议》，该协议要求马其顿将其名称改为"北马其顿"，同时它要求希腊停止阻止马其顿加入欧洲—大西洋框架的努力。由于争端不仅是一个双边的分歧，而且是一个使马其顿所宣称的核心战略优先事项变得复杂化的问题，即北约和欧盟的成员资格问题，提出解决方案的努力涉及"穿梭外交"和一系列马其顿官员与西欧和美国同行之间的会晤。与国名问题同时发生的外交活动还有与欧盟和北约外交官的互动，即该国加入两个国际组织从战略谈判到官僚协调的外交活动[①]。国名问题和加入北约、欧盟是马其顿政府最优先考虑的问题（其中有一个问题是带有明显的亲西方倾向），另一个提到日程的问题是逃脱的前总理格鲁埃夫斯基，他逃到匈牙利获得庇护。格鲁埃夫斯基的逃亡在国际上具有重大影响，使马其顿的对外关系复杂化。本节首先详细讨论了2018年马其顿的名称问题和其加入欧洲—大西洋框架的外交活动，然后回顾了格鲁埃夫斯基逃亡在国际上的影响。

2. 国名名称问题和"欧洲—大西洋"外交

自2018年年初以来，马其顿政府一直致力于寻找与希腊名称争议的解决方案。它采取积极主动的做法，利用其在2017年与保加利亚就全面睦邻友好关系达成协议的经验作为榜样。在这个过程的开始阶段，马其顿外交部部长尼古拉·季米特洛夫（Nikola Dimitrov）发挥了重要的作用。他与希腊对手尼科斯·科齐亚斯（Nikos Kotzias）举行了多次会谈。季米特洛夫还会见了许多欧洲和美国外交官，不仅为了在与希腊的谈判中获得国际支持，而且正如他经常提到的那样，是为了恢复马其顿的国际地位。季米特洛夫试图将马其顿在2016—2017年的政权更迭经历描绘为一种转型，这可能成为整个巴尔干地区及其他地区的典范。季米特洛夫也是2018年6月17日马其顿与希腊之间签

[①] 有趣的是，在马其顿国内，加入欧盟和北约被错误地描述为相互交织和相互依赖的过程。

署《普雷斯帕协议》的签字人（希腊的签字人是当时的外交部部长科齐亚斯）。

尽管如此，虽然季米特洛夫在马其顿的积极外交中发挥了关键作用，但首相佐兰·扎埃夫扮演了核心角色。来自私有部门的扎埃夫并不是一位经验丰富的外交官，但他仍然设法表现出了自己的外交风格。他经常与同行进行个人会谈，并且其情绪和肢体语言胜过语言的表达。整个2018年，他与希腊对手亚历克西斯·齐普拉斯（Alexis Tsipras）发展了亲密的私人友谊，他们的联合出场往往伴随着温暖的话语、拥抱和其他姿势；最令人难忘的是，在签署《普雷斯帕协议》期间，扎埃夫为齐普拉斯提供了自己的领带。扎埃夫还与北约秘书长斯托尔滕贝格建立了个人友谊；2018年的另一场令人难忘的"表演"是扎埃夫与斯托尔滕贝格签署马其顿加入北约的邀请，扎埃夫亲吻了斯托尔滕贝格的签字笔。

与此同时，扎埃夫的表演和情感外交风格有助于弥补他语言表达的不可预测性和不一致性。扎埃夫还树立了自己的政治家声誉，他以自己的方式完成任务，但在达成解决方案之前，他经常做出任意的发言，采用非正统的方法否认他先前的陈述或他的同事的陈述。到目前为止，这样做对他很有帮助。在签署《普雷斯帕协议》之前，扎埃夫已经发表了许多声明，他在这些声明中推测了有关谈判结果的各种信息；他甚至在2018年5月宣布，双方达成了一项名为"依林登马其顿"（Ilinden Macedonia）的协议，但希腊迅速否认了这一协议。扎埃夫还极力推测马其顿与欧盟和北约的关系、《普雷斯帕协议》签署后及其他一些问题解决之后将进行的宪法改革的程度。然而，他经常自相矛盾（通常是与他自己的话产生矛盾）。到目前为止，无论是在国内还是国外，他这样做都不是问题。

改变这个国家的名称是一项代价高昂的举动，会导致社会和政治的动荡。尽管如此，马其顿社会民主联盟和阿尔巴尼亚族融合民主联盟政府已将此举视为权衡取舍的举动。在2018年9月的公民投票期间，支持名称变更的认为改了国名将自动成为欧盟和北约的成员国，也将自动导致国家的复兴。然而，在2018年，尽管与希腊达成了妥协，但马其顿指出，两个战略目标方面只取得了部分成功。2018年5月举行的欧盟—西巴尔干索非亚峰会和2018年6月的欧盟峰会对于倡导欧盟扩大的人来说是令人失望的。最值得注意的是，欧盟与马其顿（和阿尔巴尼亚）开放"入盟"谈判的决定被推迟到2019年，因为欧盟官员提出，在这些有资格进行加入欧盟谈判的国家中，需要在反腐败和法治等领域推进政治体制改革。与此同时，由于国内政局的变化，一些具有重要影响力的欧盟成员国政府（如法国、荷兰和丹麦）对欧盟扩大采取了消极态度，这也影响了"入盟"谈判的进程，因此，欧盟作出了将"入盟"谈判推迟到2019年的决定。马其顿的欧盟外交也有其自身的矛盾时刻。例如，参加柏林进程伦敦峰会（一项欧盟补充其扩大机制的政策）时，与会的包括英国外交官鲍里斯·约翰逊在内的多位英国官员在英国脱欧时辞职。关于加入北约的问题，马其顿确实收到了加入这个军事联盟的邀请，但是关于马其顿何时成为其成员的信息相互矛盾，是2019年，还是2020年，还是再往后，不得而知。与此同时，2018年是北约经历重大内部危机的一年，因为美国总统特朗普一再抨击欧洲各国政府没有为安全和国防提供足够的资金，并要求欧洲国家增加在北约承担的防务开支，从占GDP的2%提高至4%。

尽管西方的紧张局势反映在欧盟和北约扩大的讨论中，但没有迹象表明马其顿政府受到了关注。马其顿政府表现出对加入欧盟和北约的热情，这种情况自20世纪90年代末和21世纪初以来从来没有如此高涨过。许多西欧和美国官员已经认识到这一点，并表示支持马其顿政府，他们中的许多人来到斯科普里，提出2018年9月让马其顿公众投票赞成更改国名。

值得一提的是，马其顿社会民主联盟—阿尔巴尼亚族融合民主联盟政府的改国名问题和加入欧洲—大西洋框架的外交努力并未受到挑战。首先，主要反对党马其顿内部革命组织民族统一民主党（VMRO – DPMNE）也提出反对意见，该反对党也声称是亲西方国家，但坚决反对更改国名。马其顿总统格奥尔基·伊万诺夫（Gjorge Ivanov）在2009年和2014年的选举中得到马其顿内部革命组织民族统一民主党的支持，也坚决反对《普雷斯帕协议》，并利用2018年9月联合国大会的舞台表达他的反对意见，指责希腊勒索马其顿，并呼吁抵制公投。其次，2018年出现了一些党派和运动，他们对欧盟和北约采取了批评态度，其中一些党派直接提出反西方的立场。就外部参与者的作用而言，虽然所有西方国家都对《普雷斯帕协定》和该国的名称变更表示欢迎，但俄罗斯反对改名，并宣布将向联合国安理会提出这一问题。

3. 格鲁埃夫斯基逃亡

马其顿的国内政治紧张局势在国际上引起了一定的震动，标志是前总理兼马其顿内部革命组织民族统一民主党领导人尼古拉·格鲁埃夫斯基（Nikola Gruevski）的逃亡。格鲁埃夫斯基是2006—2015年无可争议的马其顿统治者。2018年11月，格鲁埃夫斯基被判刑并开始服刑，罪名是滥用权力。然而，他以某种方式设法逃离该国，并以他的判决背后有政治动机以及遭遇死亡威胁为理由，通过明确的程序在匈牙利获得庇护。格鲁埃夫斯基的逃亡不仅涉及匈牙利政府及其提供的秘密服务（据信在整个逃亡过程中都提供了掩护），还涉及其他三个国家的当局：阿尔巴尼亚、黑山和塞尔维亚，据称，格鲁埃夫斯基是经过上述三个国家前往布达佩斯的。马其顿当局试图摆脱让最高级别的罪犯逃脱的责任，指责匈牙利、塞尔维亚、黑山和阿尔巴尼亚当局，导致与这些国家的关系有些紧张，而最重要的是与匈牙利的关系紧张。马其顿官员认为，匈牙利在为格鲁埃夫斯基逃离马其顿提供保护和庇护方面的作用是干涉马其顿内政的行为。此外，作为一个北约和欧盟国家，匈牙利为格鲁埃夫斯基提供政治庇护，这件事马其顿可以用来为自己辩护，因为欧盟指责马其顿不履行欧盟民主标准从而不同意其加入欧盟。除了匈牙利之外，关于塞尔维亚当局在格鲁埃夫斯基逃亡中也发挥了潜在作用的谣言给马其顿与塞尔维亚关系带来了额外的压力。此前，由于塞尔维亚涉嫌参与2017年4月27日的事件以及马其顿对科索沃的立场使两国关系遭受了损失。最后，在马其顿的公众舆论以及西方媒体的报道中，格鲁埃夫斯基的逃亡往往与所谓的俄罗斯存在和干涉有关，据传，俄罗斯是格鲁埃夫斯基逃亡的最终目的地（布达佩斯只是路上的一站）。然而，到目前为止，马其顿当局几乎没有提供关于格鲁埃夫斯基逃跑细节的证据，其中大部分信息来自邻国和匈牙利。

4. 结论

2018年是马其顿外交关系重要的一年；它的对外关系在国内

政策中也占主导地位。然而,《普雷斯帕协议》的执行以及最终结束改国名的争议、加入北约和欧盟的进展以及格鲁埃夫斯基的逃亡结果,都将在2019年出现。也许,2018年没出现的其他外部问题会在2019年出现并更加严重。

十二　塞尔维亚[*]

（一）2018年塞尔维亚共和国国内政治概述

2018年政治形势的主题是塞尔维亚南部省份科索沃和梅托希亚。2017年年底和2018年年初在科索沃局势方面带来了若干挑战，到2018年年底，塞尔维亚和科索沃之间的政治冲突出现升级。

在2018年年初的选举之后，科索沃的政治发展有了一些特殊情况。第一是科索沃政府首次依赖当地塞尔维亚人政党的支持，这些塞尔维亚人政党在支持拉穆什·哈拉迪纳伊（Ramush Haradinaj）担任科索沃总理方面做出了惊人的决定，因为哈拉迪纳伊在塞尔维亚共和国被视为战争罪犯。第二是西方国家对塞尔维亚加大施压，要求其与科索沃的关系"正常化"，但除了通常的"大棒"政策，首次提出了"胡萝卜"政策，即塞尔维亚到2025年可以加入欧盟，但它必须做出明确承诺，要符合一些政治条件，其中包括与科索沃签署一项具有法律约束力的协议，在协议中承诺不会阻止科索沃加入包括联合国在内的国际组织。第三是关于科索沃的"内部对话"，塞尔维亚总统亚历山大·武契奇（Aleksandar Vučić）在2018年夏天发起了这一对话。第三个情况肯定已经

---

[*] 作者：IIPE；翻译：李丹琳；校对和审核：陈新。

十二 塞尔维亚

不可能实现了，塞尔维亚政府没有就科索沃和梅托希亚的明确解决方案提出最终意见。此外，2018年1月16日，塞尔维亚的科索沃政治家奥利弗·伊万诺维奇（Oliver Ivanović）遭到残酷谋杀（最有可能是北科索沃犯罪团伙所为，其有政治动机），此案到现在仍然没有得到解决。

虽然科索沃和塞尔维亚的领导人预计会有个好的结局，但很少有人相信塞尔维亚和科索沃领导人能达成协议，解决双边争端，建立睦邻友好关系。在最好的情况下，政府可能会同意，但真正执行起来则会需要数年时间，还有一种可能是根本无法解决争议。最近的谈判历程表明，塞尔维亚和科索沃有能力达成纸面协议但无法执行。

10年前的3月，亚历山大·武契奇总统在美国进行的磋商和与科索沃的艰难谈判都没有达成乐观结果。虽然是非官方的，但欧盟官员给予的压力仍然存在，然而使塞尔维亚改变立场并不容易。

除了在塞尔维亚和科索沃之间实现令人满意的解决方案极其困难之外，2018年3月26日在科索夫斯卡米特罗维察发生了一起事件，即科索沃和梅托希亚政府办公室主任马尔科·久里奇（Marko Đurić）访问科索夫斯卡米特罗维察期间，被称为"ROSU"的特种警察绑架，而《布鲁塞尔协议》不承认"ROSU"是对科索沃北部和梅托希亚有管辖权的部队。

4月，武契奇总统与外国领导人进行了一系列磋商，以便更好地解决科索沃问题。根据他的陈述，他们要么不支持，要么提出保持自然状态。这并不意外，因为它符合美国和欧盟为最终解决科索沃问题和压制俄罗斯对西巴尔干地区影响的努力。武契奇总统一再指出，他不期望有一个好的解决方案，因此可以认为，他的努力旨在减少未来最终解决方案的有害影响。

塞尔维亚总统亚历山大·武契奇称将向人民宣布该协议,尽管他没有具体说明投票的形式。由于双方的谈判仍然没有明显的解决方案,而且该领域发生的所有事件进一步削弱了解决方案所能够带来的成就,因此现在不太可能采用它。

在2018年的最后几个月,塞尔维亚和科索沃之间的紧张关系愈演愈烈。科索沃政府对来自塞尔维亚的产品征收关税。新税是价格的100%。新的税收导致药品、食品、婴儿尿布的短缺等,所有塞尔维亚语的印刷媒体都被禁止进入科索沃和梅托希亚的领土。人道主义援助无法接近面临危险的人群。

这就是亚历山大·武契奇总统决定停止与科索沃谈判的原因。科索沃表示,在塞尔维亚承认科索沃独立之前,科索沃不会撤销对塞尔维亚产品加税的决定。而塞尔维亚政府则表示,塞尔维亚永远不会承认科索沃独立。

科索沃宣布成立科索沃军队。根据国际法(联合国第1244号决议)、《布鲁塞尔协议》以及科索沃宪法,这一行为是非法的。国际社会的许多政治代表说,科索沃没有权利建立军队。

塞尔维亚内部政治局势中的第二个重要问题是贝尔格莱德市议会的选举和贝尔格莱德市市长职位的政治游戏。在巩固的民主国家,即使在首都,或在迄今为止该国最大的城市举行地方选举,几乎不可能成为国家第一位的问题。

根据一些人提出的意见,这场地方竞选活动在官方宣布之前就开始了。主要是因为一些虚假事件和关于各方之间对抗的报道,这些报道缺乏分析方法、创造力,弱势群体没有看到,也缺乏宽容度。选举在当地媒体监督下进行。贝尔格莱德市议会选举产生了以下结果:塞尔维亚进步党赢得44.99%的选票,德拉甘·吉拉斯（Dragan Đilas）领导的反对派赢得18.93%的选票，独立候选人"Šapić"赢得9.01%的选票，塞尔维亚社会党和联合塞尔维亚赢得6.13%的选票。在选举中，选民登记率为51.3%。这次选举结果将进一步加强塞尔维亚进步党的地位，但也确保了国家与贝尔格莱德市之间的良好合作。一些政治分析家认为，在竞选前的竞选活动中，执政党在媒体上的统治地位是显而易见的。他们认为，这不是巧合，而是塞尔维亚进步党几乎完全达到媒体所能影响到的领域是合乎逻辑的结果。塞尔维亚进步党在贝尔格莱德市组成地方政府，佐兰·拉多伊齐茨（Zoran Radojicic）教授成为贝尔格莱德的第一人。拉多伊齐茨教授是大学儿童诊所的主任，名为"Tirsova"，他的任务是展示他的管理能力。

3月在塞尔维亚政治舞台上引发了关于在司法领域修改宪法和在人口政策领域实行新措施的公开辩论。司法部提出了一些解决方案作为公开辩论的基础，不难得出结论，议会中的执政多数会就目前的解决方案对议会施加更大的影响力，特别是法官、检察官和律师的言论表明，拟议的宪法修正案将通过选择高级司法委员会成员和（新的）高级检察官委员会的新方式，对法官和检察官的任命产生显著的政策影响。由于司法独立问题会更加糟糕，因此期待法律专业人士的同意是不可能的。很多人提出疑问：国内立法与欧盟成套法律相协调是加强对司法的政治影响力的一种方式，还是应该加强司法机构的独立性？在司法领域关于修改宪法的公开辩论是在该国发生重大政治事件的阴影下进行的，毫无疑问，议会中的执政多数会采取适合他们的所有法律解决方案。议会以前的立法，特别是法律和条例的执行，在塞尔维亚的法律原则的评估中没有对应的立法。多年来，国际组织、欧盟以及国内法律协会和专家的所有审查和报告都无一例外地提出了加强司法独立和法治的要求。

2018年6月22日，威尼斯委员会一致通过了塞尔维亚宪法修正草案的意见。在这个意见中，威尼斯委员会就应该纠正的解决方案发表了6点评论，并提出在如下6个方面进行修改的建议：(1) 选择高级司法委员会的非司法成员；(2) 国家检察委员会的组成；(3) 解散高级司法委员会的方式；(4) 因不胜任而解雇法官和检察官；(5) 案例法的统一；(6) 选择检察官。

司法部关于修订宪法的工作于2017年5月开始。此后，制定了若干修正案草案，并举行了几轮公开磋商和辩论。最终，司法部于2018年11月15日在其网站上公布了修正案草案的第四版和最终版。根据司法部的声明，该版本与威尼斯委员会和专家的评估一致。

武契奇总统宣布了一系列旨在促进人口增长的措施。这项措施的主要工具是为母亲提供经济支持，特别是那些多子女的母亲。以前也有类似的尝试，但其中一些没有实施。公众对宣布的这些措施的反应是不同的，包括个人和社会群体。在生活水平低的情况下，人们接受任何的帮助，但问题是，这是否足以实现预期目标。其他国家，特别是邻国，面临人口下降的挑战采取的应对措施却有不同的结果。在过去10年中，俄罗斯成功地扭转了人口危机，由负增长转为正增长，这是一种有用的经验。然而，许多妇女及女性团体对总统的该项倡议的反应是消极的。

塞尔维亚尼什的君士坦丁大帝机场的所有权问题是导致尼什群众与塞尔维亚政府和塞尔维亚进步党代表之间发生冲突的原因。这个问题在4月成为政治辩论的焦点。来自各个领域的专家以及反对党的代表参加了这次讨论。可以断定，双方的论点都是矛盾的，没有一个论点是经过严肃考虑过的。政府声称，国家投资并接管贝尔格莱德尼古拉·特斯拉机场并把乘客成功转到尼什的君士坦丁大帝机场。事实上，尼什君士坦丁大帝机场的乘客人数从2014年的1335人增至2017年的33.1582万人。乘客数量的大幅增加是通过为低成本航空公司提供有利条件，同时也通过发展货运服务实现的。

塞尔维亚的政治局势没有发生严重变化。政府和总统武契奇将在不久的将来做出艰难的决定。目前仍有待解决的问题。

执政的塞尔维亚进步党巩固了其所有可能达到的领域的地位，而在与科索沃和国外的关系中，政府的活动始终与可能的解决方案是一致的。问题是，如果反对党掌权，更重要的区别是什么？许多国家和社会发展的战略问题仍然没有得到解决，或者说只成功了一半。

目前，塞尔维亚和科索沃之间的关系陷入了死胡同。除非科索沃不会做出将进口的塞尔维亚货物税收提高100%的决定，否则塞尔维亚也不会继续谈判。科索沃北部的塞尔维亚人处境艰难。他们没有药物和食物。来自科索沃的阿尔巴尼亚人开始走私大量货物，但塞尔维亚人无法购买这些产品。2018年年底，科索沃宣布成立军队，这种做法违反了国际法、《布鲁塞尔协定》和本国的宪法。

2018年塞尔维亚的政治局势与几年前相差无几，但在与科索沃的关系、法律制度的一些变化以及新的贝尔格莱德市政府方面有了一些新的机遇。

（二）2018年经济塞尔维亚概况

1. 概述

2018年前3个季度，塞尔维亚实际经济增长率为3.7%，预计

GDP 年增长率为 4.4%，这只是 2018 年塞尔维亚经济的众多积极发展趋势之一。此外，塞尔维亚的通货膨胀率低，预算盈余（适度，但盈余）占 GDP 的 0.6%。公共债务占 GDP 的 54.1%，外国投资额达 22 亿欧元。加工业出口增长显著，失业率有所降低，为 11.3%。

尽管具有了积极的发展趋势，但塞尔维亚经济依然脆弱，国家不再实行紧缩措施和财政整顿措施，大型国有企业的弊端使业务成绩不佳。虽然经济增长快速，但仍不足以为经济发展带来更大的"推动力"，不足以提升塞尔维亚成为该地区较发达国家。作为 2018 年最重要的投资之一，贝尔格莱德尼古拉·特斯拉（Nikola Tesla）机场特许权尚未落实（截至 2018 年 12 月 15 日），尽管宣布法国特许经营者应在 9 月一次性支付费用。从私人消费的角度来看，重要的数据是人均工资仍然不足以满足最低消费的要求。

2018 年 2 月，塞尔维亚与国际货币基金组织签署了一项协议，7 月又签署了新的协议。国家紧缩措施不再实行，废除了 2014 年年底实施的减少养老金政策，而公共部门的雇员将相继达到财政整顿之前的工资水平。

与国际货币基金组织签署的最终协议价值约为 12 亿欧元，而 7 月 18 日签署的新协议是所谓的 30 个月《政策协调工具》（PCI，适用于所有国际货币基金组织中那些在批准时不需要基金财务资源的成员国。它是为那些寻求对改革的承诺或解除和协调从其他官方债权人或私人投资者融资的国家而设计的）。

2. 经济增长

根据塞尔维亚共和国统计局（SORS）的数据，2018 年第三季度的实际 GDP 增长率与 2017 年同期相比增长了 3.8%。与上一季度相比，2018年第三季度GDP增长了0.5%。

从2018年第三季度各个领域的发展情况可以看出，与2017年同期相比，农业、林业和渔业部门的总增加值实际显著增长，达15.9%，建筑业增长7%，批发和零售业、汽车和摩托车修理、运输和储存以及住宿和餐饮服务业增长6.1%。

在2018年第三季度的支出总量中，与2017年同期相比，实际增长率如下：家庭最终消费支出——3.3%，为住户服务的非营利机构（NPISH）最终消费支出——3.6%，一般政府最终消费支出——4%，固定资本形成总额——7%，商品和服务出口——9.1%，商品和服务进口——11.2%。

塞尔维亚财政部提交的战略文件《经济改革方案和2019—2021年结构改革初步清单》提出的预测是"塞尔维亚政府打算继续推动未来3年刺激GDP增长的政策，预计到今年年底将达到4.4%"。

塞尔维亚的通货膨胀率很低，核心政策利率保持不变，为3%。在2018年12月6日的会议上，塞尔维亚国家银行执行委员会投票决定将核心政策利率保持在同一水平。在做出这一决定时，执行委员会主要考虑了通货膨胀的因素及其前景以及过去货币政策宽松的影响。

通货膨胀继续在目标承受范围内变动，2018年10月同比下降2.2%。在未来一段时间内，预计通胀率仍将在目标承受范围内保持稳定（3.0%±1.5%），其变动主要反映总需求的稳步上升。金融和企业部门均预期未来价格将保持稳定，未来一年和两年的通胀预期在3%的目标范围内。

2018年10月31日，一般政府债务总额为246.14亿欧元，其中公共债务为242.94亿欧元，无担保地方政府债务为3.20亿欧元。2018年10月31日的公共债务与GDP的比率为56.7%。据财政部统计,12月公共债务与GDP的比率为54.1%。

3. 贸易

塞尔维亚共和国2018年1—10月的对外贸易总额为316.83亿欧元,与2017年同期相比增长了11.3%(约合377.04亿美元,与2017年同期相比增长18.3%)。

出口额为136.03亿欧元,与2017年同期相比增长了8.3%。
进口额为180.79亿欧元,与2017年同期相比增长了13.7%。
贸易逆差为44.76亿欧元(与2017年同期相比增长33.9%)。
出口与进口比率为75.3%,2017年同期的比率为79.0%。

这期间对外贸易处于最高水平的都是与塞尔维亚签署自由贸易协定的国家。与欧盟成员国的贸易占塞尔维亚对外贸易总额的63.6%。塞尔维亚国家统计局数据显示,塞尔维亚第二大合作伙伴是中欧自由贸易协定国家,而且塞尔维亚在与中欧自由贸易协定国家的贸易中获得了16.219亿欧元的顺差,主要出口商品是农产品、钢铁、石油和石油衍生物以及金属产品。

制造业的出口同比增长9.8%。进口增长率高(同比增长13.1%)主要是由于企业对设备和中间产品的需求增加,反映了当前的投资周期(根据塞尔维亚国家银行的《通货膨胀报告》)。

根据财政部宏观经济和财政数据(2018年11月发布),2018年前9个月,工业与2017年同期相比稳定增长了2.3%。正如该数据所提到的,工业增长最重要的贡献来自制造业,增长了2.7%,贡献率为1.9个百分点。同期,电力生产增加了3.6%,贡献了0.6个百分点;采矿和矿石开采仍然为负增长。

2018年9月商品出口增长1.5%,其次是进口的高增长率

（10.7%），但主要是满足经济需求的原材料和设备，这表明开始延续投资周期。

2018年1—10月，15个最大出口商的出口总额达37亿欧元。最大的出口企业是"FCA Serbia"，其次是"HBIS"集团（河北钢铁集团）和塞尔维亚石油公司（NIS）。

4. 劳动力市场

2018年第三季度，登记的就业人数达到214.68万，失业率降低到11.3%。

2018年9月计算的平均薪金和工资为6.6251万第纳尔，而平均净薪金和工资为4.792万第纳尔。根据塞尔维亚国家统计局的数据，2018年1—9月，平均净薪金和工资按名义价值计算增长了6.2%，与2017年同期相比实际增长了4.2%。

从私人消费的角度来看，重要的数据是人均薪金仍然不足以满足最低消费者需求。根据贸易、旅游和通信部的数据，2018年9月的平均消费为7.07万第纳尔（或平均净薪金为1.48第纳尔），而同月的最低消费为3.66万第纳尔（或平均净薪金为0.76第纳尔）。

5. 与欧盟谈判

2018年12月上旬，塞尔维亚在与欧盟的"入盟"谈判中开设了两个新的章节，即第17章——经济和货币政策，第18章——统计（12月10日在布鲁塞尔举行的政府间会议提出）。在与欧盟谈判的共35个章节中，现已开放进行谈判的有16个章节，其中两章已暂时结束。塞尔维亚国家银行是第17章——经济和货币政策的牵头谈判机构。

塞尔维亚央行认为投资者对塞尔维亚的看法是有利的。2018

年前 9 个月的净资本流入为 22 亿欧元，其中大部分是外国直接投资（18 亿欧元）。

6. 银行业

截至 2018 年 6 月底，塞尔维亚共有 28 家银行，比 2018 年 3 月底的银行少了一家。现在塞尔维亚共有 27 家银行，合并尚未结束，至少有 3 家银行正等待新的投资者或所有者。

银行业的重大新闻还包括由塞尔维亚国家银行于 2018 年 10 月 22 日开始运营的即时支付系统（IPS）。"这是一个最先进的系统，每年 365 天，每天 24 小时，每周 7 天运营，可在几秒钟内完成支付"，国家银行这样认为。

即时支付系统（IPS）仅在几秒钟内实现每次交易高达 30 万第纳尔的传输。塞尔维亚国家银行最初宣布，银行将有义务为客户提供至少一个即时信用转账渠道（如手机或电子银行应用程序），至 2019 年 4 月 1 日，他们必须通过所有可用渠道进行即时付款，启动付款交易。不迟于 2019 年 4 月 1 日，允许在销售点向客户发放和接受支付工具的银行也必须在所有实体和虚拟销售点启用即时支付服务。买家可以使用 QR 码进行付款。除此之外，即时支付系统还允许使用中心地址方案和发票数据下载。

2018 年 6 月，塞尔维亚邮政储蓄银行（Banka Poštanska štedionica）宣布开始接受银联国际卡。银联支付业务的启动允许中国公民使用他们的银行卡在邮政储蓄银行的自动取款机上提取现金。

7. 机场特许经营

贝尔格莱德机场——尼古拉·特斯拉 25 年的特许经营合同于 2018 年 3 月 22 日与法国公司万喜机场（Vinci Airports）签署。交易总价值约为14.6亿欧元，其中包括一次性费用，最低年度特许经营费和资本投资。虽然宣布交易的财务结算将在9月，一次性特许费用为5.01亿欧元（塞尔维亚共和国4.17亿欧元，小股东为8400万欧元），但尚未开始（截至2018年12月15日）。10月媒体刊登消息称，欧洲复兴开发银行正在考虑批准2018年在贝尔格莱德为尼古拉·特斯拉机场特许经营权提供高达1亿欧元的贷款。

8. 中国投资

塞尔维亚是中国在巴尔干地区最大的合作伙伴。"一带一路"倡议为塞尔维亚企业提供了与中国企业合作的机会。2018年9月是中国在塞尔维亚投资创纪录的一个月。到目前为止，中国在塞尔维亚的投资额约为60亿美元，新签署的协议价值30亿美元。两个重大项目价值23亿美元：一个是由山东玲珑轮胎有限公司在兹雷尼亚宁（Zrenjanin）市建造的新轮胎工厂（价值9亿美元），另一个是紫金矿业集团在博尔的战略投资（达14.6亿美元）。山东玲珑轮胎有限公司与他们的商业伙伴合作在兹雷尼亚宁建立锌制造工厂投资1亿美元；中国与塞尔维亚签署了普雷利那至波泽加（Preljina-Pozega）高速公路优惠信贷协议；中国水电与塞尔维亚签署协议，投资从奥斯特鲁兹尼察（Ostruznica）到布巴尼·波托克（Bubanj Potok）途经贝尔格莱德的绕城公路建设项目；塞尔维亚的"Ikarbus"公司（生产公交车）将有一个来自中国的合作伙伴，双方合同价值260万美元。

9. 私有化

中国紫金矿业集团有限公司赢得了塞尔维亚国家招标，成为塞尔维亚采矿业"RTB Bor"项目战略合作伙伴。这家大型国有企业的私有化于 2019 年年初正式确定，中国紫金矿业集团将获得"RTB Bor" 63% 的股份。预计该公司将成为塞尔维亚工业部门发展的关键力量。

贝尔格莱德农业公司（PKB）将出售给阿拉伯联合酋长国"Al Dahra"公司。售价为 1.05 亿欧元。该公司有三家下属公司——"Eko Lab""PKB Agroekonomik"和"PKB Veterinary Station"。塞尔维亚保护竞争委员会允许此次出售，宣布不会破坏塞尔维亚在牛奶、谷物、种子和苹果、牛的养殖、实验室和兽医服务的生产和销售方面的市场竞争力，因为"Al Dahra"公司只参与苹果在塞尔维亚的生产和销售。媒体称，据德勤（Diloitte）审计公司估计，贝尔格莱德农业公司（PKB）资产的估计价值约为 2.08 亿欧元，起始价格为 1.045 亿欧元。

10. 结论

2018 年塞尔维亚经济增长并显示出积极的趋势，但它仍然脆弱，并未从过渡时期完全恢复。塞尔维亚财政部预计 2019 年 GDP 增长率会下降，预估为 3.5%，这不足以使塞尔维亚经济达到成为该地区更加发达国家的水平。

（三）2018 年塞尔维亚社会概况

1. 概述

本节介绍了 2018 年塞尔维亚社会的发展趋势。本节的研究基于塞尔维亚政府官方统计局及其他各部委提供的统计资料，分为三个部分：第一部分为人口趋势，简要叙述塞尔维亚的人口减少问题，2018 年继续维持负增长且人口老龄化趋势明显；第二部分为劳动力市场趋势，分析了 2018 年就业和工资的积极发展趋势；第三部分是打击有组织犯罪，讲述 2018 年塞尔维亚如何应对有组织犯罪活动增加的不利安全趋势。

2. 人口趋势

人口减少在塞尔维亚是一个持续的趋势，并且在 2018 年仍持续人口减少的趋势。目前在塞尔维亚共有 702.0858 万名公民，其中 51.3% 为女性，48.7% 为男性。与 2017 年相比，人口减少的趋势仍在继续，这意味着人口增长指数与上一年相比为负，目前，每百万人的人口增长指数为 -5.3。在塞尔维亚，有 169 个地方行政单位（城镇或行政区），其中只有 19 个地方行政区的人口超过 10 万，而 17 个行政区的居民不到 1 万名。上一次塞尔维亚人口普查是在 2011 年组织的，甚至在人口普查之前的时期（2002—2011年），人口减少的趋势也没有停止，在过去几年里，人口减少程度进一步加大。

第二个负面的人口趋势是人口老龄化的过程。2018 年塞尔维亚人口的平均年龄为 43 岁，14 岁以下人口的比重降至 14.4%，而 65 岁以上人口的比重上升到历史最高值——19.6%。中间部分是劳动人口年龄即 15—64 岁，目前这部分人口的比重为 66%。这些数字仍是负面的，即老年抚养比在上升。这显示有多少老年人依赖能够工作的人，2018 年老年抚养比上升到 29.8%。

产生这种人口趋势的原因是，一方面，由于工资较高和职业发展机会较多，大量年轻人不断离开塞尔维亚到欧盟成员国工作；另一方面，经济和社会的不稳定导致年轻夫妇不愿意抚养孩子，这意味着出生率正在下降。人口老龄化和老年抚养比上升对塞尔维亚的社会保障制度产生了巨大的压力，在这种制度下，逐年减少的劳动人口使得退休人员的人数越来越多。

3. 劳动力市场趋势（就业和工资）

塞尔维亚的劳动力市场统计数据有助于研究人员深入了解劳动力市场中个人、家庭和公司的短期和长期或结构性特征。从经济活动（如生产率、劳动力成本、工资率）、社会经济问题（如失业率、工资结构与劳动力特征）、社会不平等（如同工不同酬）的角度来看，劳动力市场统计数据非常重要。

2018年，塞尔维亚有292.9万名就业人员和37.18万名失业者，主要包括15岁以上人员，这是塞尔维亚立法中具有就业能力者的法定年龄限制。与2017年相比，塞尔维亚失业率略低，目前为11.3%（2017年为11.9%），这意味着从绝对数量来看，失业人数减少了1.97万。从地区来看，伏伊伏丁那北部的农业区失业率最低（7.9%），其次是贝尔格莱德的金融和行政中心及其周边地区（10.2%），再次是中西部地区（12.5%），最后是塞尔维亚东部和南部传统的欠发达地区，占15.2%。较低的失业率表明塞尔维亚的收成高于平均水平，农业收获期间的一些季节性工人填补了就业空缺。

2018年青年失业率为25.3%，这是一个令人担忧的指标。年轻人就业机会的减少意味着有能力的人更愿意离开塞尔维亚移民到发达的西方劳动力市场。与2017年相比，2018年年轻人的失业率没有变化。劳动关系中的性别不平等反映出女性失业率比男性失业率高2.5%这样一个事实。这对于像塞尔维亚这样普遍保守的社会来说并不算太糟糕。2018年两类人员的总就业率上升：个体经营者和协助家庭的人，而"普通工人"的就业率实际上下降了0.9%。对于工人阶级的总体福利来说，这种结构对他们很不利，因为前两类人员在劳动力市场上的地位相当不稳定，他们工作的薪水过低，而且涉及的是许多短期的"灰色经济"。

2018年就业人数最多的是服务业（56.9%），其次是工业（21.9%），再次是农业（16.8%），最后是建筑业（4.5%）。服务业就业人数的增加和其他经济部门就业的减少也反映了过去10年全球经济的趋势。

另外，塞尔维亚共和国2018年的平均净工资为4.8963万第纳尔，约为415欧元。这表明塞尔维亚普通工人的收入与2017年相比，名义工资增长率为6.7%，但如果将年度通货膨胀计算进去，则实际工资增长率为4.2%。卫生和社会服务部门的工资增幅最大，其次是国家行政和社会保险部门、旅游（酒店和餐饮服务）部门。工业部门又是下降：采矿业（-4%），电能、油气供应（-3.7%），而金融服务和保险业一般保持与2017年相同。这些数字表明塞尔维亚经济的去工业化结果良好，在过去的20年里，塞尔维亚已经从本土工业转向各种服务业，特别是金融业（外国银行和保险公司进入塞尔维亚市场）和旅游业（促进塞尔维亚成为健康的、自然的游客目的地）。

4. 打击有组织犯罪

2018年，塞尔维亚处理了36起由有组织犯罪集团实施的谋杀案。与2017年相比，这一数字增加了29%。这是塞尔维亚社会令人担忧的趋势，因为黑社会性质的谋杀会引起普通公民的恐惧和不安全感。此外，黑手党的冲突与控制非法企业有关，可以说，塞尔维亚仍然是一个转轨国家。

警察部门并未掩盖这样一个事实，即塞尔维亚目前有38个有组织犯罪集团，其中8个被视为高度有组织犯罪集团，对国家安全构成严重威胁。警察部门认为，影响这些有组织犯罪集团建立和运作的最重要因素是塞尔维亚的其地理位置，没有语言障碍以及在西欧有众多的侨民。这些团体正越来越多地与全球黑手党融为一体，包括那些参与贩毒和非法销售武器弹药的团体。虽然塞尔维亚是来自南美洲的可卡因和来自中东的海洛因的中转国家，这两种商品的最终目的地是欧盟的富裕市场，但塞尔维亚本身也是非法武器贸易的起源，因为它以前发生过战争，有大量武器，且国家机关根本无法触及。塞尔维亚与其邻国、区域伙伴和国际刑警组织合作打击有组织犯罪。然而，其结果远远低于平均水平。警方、检察机关和法院的无能或缺乏打击犯罪的意愿导致2018年处理谋杀案的统计数据远不尽如人意。在36起谋杀案调查中，没有一项进行司法判决，其中1项审判正在进行，15项调查已确定了可能的嫌疑人，而在剩下的20起案件中，肇事者不明。与2017年相比，这些数字显示真正解决的有组织犯罪案件比以前减少，因此，塞尔维亚的社会总体安全状况有所下降。

（四）塞尔维亚2018年对外关系概述

2018年塞尔维亚外交的特点是外交政策各个支柱之间不成比例。塞尔维亚共和国确定了2018年的主要外交政策优先事项：维护其领土完整和主权的原则、与欧洲联盟继续谈判"入盟"进程、发展睦邻友好关系、与世界上的主要国家建立更紧密的经济联系、军事上保持中立。为了实现这些目标，塞尔维亚在2018年依靠西方的外交政策"支柱"以及与俄罗斯和中国合作的外交政策"支柱"。

十二　塞尔维亚

1. 欧洲一体化和区域合作

2018年2月6日欧盟委员会通过了针对西巴尔干地区的扩大战略,在这份新战略文件中,欧盟热烈欢迎西巴尔干国家未来加入欧盟,并表示将尽力促成已经开启入盟谈判的塞尔维亚和黑山两国尽快加入欧盟,随后欧洲官员(如欧洲委员会主席让-克洛德·容克)声明,塞尔维亚可能在2025年成为欧盟成员国,这给贝尔格莱德带来了额外的希望,即在2023年就可以结束"入盟"谈判,随后在2024年签署"入盟"条约,到2025年年底由成员国批准。

塞尔维亚与欧盟之间的关系仍然处在第35章的阴影下,即要求塞尔维亚共和国与科索沃之间关系全面实现正常化。欧盟委员会要求在"正常化"对话方面取得重大进展,这实际上意味着将主权国家的权力由塞尔维亚共和国给予科索沃(权力下放)。这是一个宪法问题,遭到塞尔维亚反对派的反对。此外,科索沃没有表现出遵守与塞尔维亚在布鲁塞尔谈判中达成的协议的良好意愿(如关于科索沃北部塞尔维亚社区问题)。事实上,族裔社区之间以及塞族社区内部都存在紧张关系。由于科索沃对塞尔维亚的货物征收了巨额关税,最近双边的紧张局势已经出现。

所有这些都是塞尔维亚共和国与科索沃之间"正常化"进程的不确定未来以及塞尔维亚欧洲一体化的进程。无论科索沃问题如何,塞尔维亚迄今已在加入欧盟的谈判过程中开启了16章,其中两章暂时关闭。塞尔维亚还通过参加欧盟军事和警察维和任务,继续表明其对欧盟共同外交和安全政策的承诺。

值得一提的是德国总理在柏林举行的会议,2018年4月13日安格拉·默克尔在柏林会见了塞尔维亚总统。德国被认为是欧盟内部以及巴尔干半岛最具影响力的国家。德国除了是欧洲最具影响力的塞尔维亚政治伙伴外，还是塞尔维亚高度重视的经济伙伴。武契奇总统表示，2017年塞尔维亚和德国之间的双边贸易额超过43亿欧元。

欧洲官员也曾多次访问塞尔维亚，其中两次最为突出。欧洲外交和安全政策高级代表莫盖里尼女士于4月19日访问了贝尔格莱德，目的是讨论欧盟委员会的塞尔维亚共和国年度进展报告。此外，欧洲理事会主席唐纳德·图斯克先生也于4月25日访问了塞尔维亚，并会见了武契奇总统，讨论即将举行的索菲亚峰会的筹备工作。

索菲亚峰会于2018年2月底和3月初举行。西巴尔干国家的领导人在保加利亚聚会，其目标之一是加强欧盟与西巴尔干国家之间的联系。在这方面，塞尔维亚仍然坚定地致力于推行睦邻友好关系政策，并关注所有主要政治聚会以及与该地区主要国家进行双边接触。在区域一级，应该提到的是4月24日，塞尔维亚总统亚历山大·武契奇与罗马尼亚、保加利亚和希腊总理在布加勒斯特举行会议。他们同意建立由交通、运输和通信部门组成的工作组。该小组的主要任务是策划项目构想，并在索菲亚"16＋1"峰会期间介绍这一项目。

2. 塞尔维亚与美国

尽管特朗普总统上台后，欧盟与美国的关系出现了波动，但双方仍然密切关注地区的发展。起初，美国似乎将该地区的影响力留给欧盟这个盟友，但很快，对中国和俄罗斯影响力日益增强的担忧激起了美国对塞尔维亚及其外交政策的更大兴趣。

然而，在涉及科索沃问题时，美国和欧洲之间出现了差异。承认科索沃独立的主要欧洲国家仍坚持反对塞尔维亚人和阿尔巴尼亚人之间的种族划分的想法，这一想法据称最初是由武契奇总统提出，后来他正式确认了这个提议。但自10年前科索沃省自称独立之后，对于目前状况的一些改变，美国首次暗示可以考虑对塞尔维亚做出一些让步。

2018年12月18日，特朗普总统发表了一封给科索沃领导人哈希姆·塔西（Hashim Tachi）和塞尔维亚共和国总统武契奇的信，他在信中敦促抓住机会达成科索沃与塞尔维亚共和国之间的全面协议。特朗普表示愿意协助双方努力达成一项协议，他认为可以平衡科索沃和塞尔维亚的利益并达成协议。但这样的协议从根本上来说意味着塞尔维亚承认科索沃，因此目前尚不清楚该问题将如何结束。无论如何，塞尔维亚官员都被诱惑接受美国提出的改善关系的提议，但结束对科索沃问题的不良解决方案则要付出巨大的代价。到目前为止，塞尔维亚政府已经抵制了这种诱惑，尽管所有的担忧都没有消除，特别是塞尔维亚统治精英内部某些圈子的行为引发的担忧。

应该说，关于塞尔维亚与北约关系，塞尔维亚仍然正式对外宣称其军事中立政策，但这并不是通过北约和平伙伴关系框架进行合作的障碍。

3. 塞尔维亚与俄罗斯

2018年，塞尔维亚对其他大国采取了非常灵活的外交政策，希望在解决其最重要的政治问题之前提高其国际地位。它在与俄罗斯和中国的关系中取得了一些重要成就。

俄罗斯支持塞尔维亚坚持的阻止科索沃独立合法化的立场，这是塞尔维亚外交政策的重要组成部分。此外,俄罗斯在解决科索沃问题上的干扰更强,这是对美国或欧盟(潜在的)强烈干涉的必然回应。俄罗斯表示它可以为塞尔维亚提供帮助,但总统武契奇的立场仍然模糊不清。

此外,美国和欧盟可以在科索沃之后将波黑塞族共和国问题放在谈判桌上。在这个问题上,俄罗斯仍然是塞尔维亚共和国最重要的合作伙伴。武契奇总统已于2018年5月和10月访问了莫斯科。他会见了普京总统,讨论了这些重要问题。此外,在军事合作方面双方也取得了一些重要成果,普京宣布2019年1月访问贝尔格莱德,在访问期间双方将进一步探讨军事合作事项。

塞尔维亚与俄罗斯的关系伴随着塞尔维亚政治精英内部某些圈子强烈的恐俄态度,他们推动了塞尔维亚共和国外交政策的转变。但这与大多数塞尔维亚选民相反,后者有强烈的亲俄罗斯的倾向。

最后,还有理由担心加入欧盟进程第31章(外交、安全和防务政策)的谈判,该谈判受到塞尔维亚是否采取对俄罗斯实施制裁的影响。无论如何,全面采纳欧盟的外交政策立场并不是塞尔维亚在其成为欧盟正式成员国之前的承诺。

4. 塞尔维亚与中国

作为塞尔维亚对外关系中最重要的问题之一,加强与中国的紧密关系也是塞尔维亚的政治利益之一。塞尔维亚的发展战略与中国"一带一路"倡议和"16＋1"机制相一致。塞尔维亚与中国之间的合作在整个2018年都在增长,维持各个级别的对话使战略伙伴关系得到进一步发展。塞尔维亚积极寻求吸引中国投资者,这些投资者在过去几年已成为塞尔维亚领先的基础设施承包商。

中国—中东欧国家首脑会议于2018年7月在索非亚召开。峰会前，许多欧盟官员正式和非正式地宣称中国对中东欧国家失去了兴趣。但在峰会上做出了一些决定，新的项目也决定开始实施。在索菲亚，塞尔维亚与中国签署的三项协议中有两项是基础设施领域的项目。第一项是匈塞铁路塞尔维亚境内诺维萨德—苏博蒂察—边境（克莱比亚）段商务合同。第二项是贝尔格莱德—尼什铁路现代化改造项目备忘录。这两个项目都是泛欧走廊项目的一部分，该走廊将希腊与北欧连接起来。第三项签署的文件是关于水果和蔬菜工业园的备忘录。

新签署的协议和备忘录证实了中国与塞尔维亚在战略重要领域的合作。这种合作的质量将与欧盟的立场和某些要求有关，但有一个明确的信息是，"16+1合作"机制并非旨在分裂欧洲。

2018年9月，在总统武契奇率领的塞尔维亚代表团访问北京期间，塞尔维亚与中国的经济合作取得了突破性进展。这次访问签署了几项关于基础设施、能源等方面合作的大项目，塞尔维亚政府也在其他领域与中国签订了更多的合作项目。

最后，应强调中国对科索沃主权问题的原则支持，因为在联合国几个重要国家中，中国没有正式承认科索沃为主权国家。

5. 结论

塞尔维亚在2018年对外关系的特点是继续与欧洲联盟进行"入盟"谈判以及进行致力于区域合作，加强与世界主要国家的政治和经济联系，努力解决科索沃问题，维护其领土完整和主权。总的来说，塞尔维亚与俄罗斯和中国的关系得到进一步发展，实现了互惠互利。随着新章节谈判的开启，塞尔维亚的欧洲一体化进程仍在继续，但解决科索沃问题的条件带来了紧张、倒退或中断进程的情况。

十三　斯洛伐克[*]

（一）斯洛伐克2018年的最新政治发展

1. 概要

如果不是因为2018年2月底27岁的调查记者伊恩·库奇亚克（Ján Kuciak）及其未婚妻斯坦尼斯拉瓦·库什妮罗瓦（Stanislava Kušnírová）遭到谋杀，那么，2018年可能就是平常的、可预测的一年。每个国家的政治都存在腐败现象，但就斯洛伐克而言，该国并没有效仿其他国家，政府也没有采取任何重大措施来铲除高职位官员的腐败。腐败问题再加上谋杀勇敢的记者和他的未婚妻，致使他们决定努力做警察应该做的工作，揭发真相，结果使公众表达了他们的不满。自2月以来，斯洛伐克的政治局势发生了变化，人们开始希望有一个更加光明的未来，一个不会嘲笑正义的未来。

2. 潜在结束的开始

在库奇亚克最新的未完成的报告中，他一直在调查意大利黑手党在斯洛伐克的活动以及他们与斯洛伐克前总理罗伯特·菲乔

---

[*] 作者：Institute of Asian Studies, Bratislava；翻译：李丹琳；校对和审核：陈新。

（Robert Fico）关系密切的人员的联系，因此，许多人认为政治家可能要对这起谋杀事件负责，因为当时发生的这起事件是不到6个月的时间里第二起欧盟调查记者被杀案。它引起了数千人甚至上万人参加的反腐败抗议活动，这些抗议活动由"为了公正的斯洛伐克"（For a Decent Slovakia）组织，这些抗议活动不仅在斯洛伐克许多城镇发起，而且在国外都有。前几次抗议活动要求对这起谋杀案进行调查，要求时任内政部部长卡利纳克（Kaliňák）、总理菲乔和警察局局长加斯帕尔（Gašpar）辞职。起初，他们都抵制了下台的压力，但最终屈服并接受了失败，但他们的职位只是被那些百姓认为跟他们一样坏的人所取代，或者在某些情况下被他们的无知傀儡所取代。例如，新的内政部部长达尼莎·莎科娃（Denisa Saková），作为女性，她与前内政部部长卡利纳克和新任总理彼得·佩莱格里尼（Peter Pellegrini）关系都非常密切。而后来举行的抗议活动是为了表明公众对所作出的决定非常不满，同时也对农业的腐败提出抗议，要求议会主席安德雷·丹科（Andrej Danko）辞职，他被指控为剽窃者。有些要求已经得到满足，但抗议者从未完全满意，因为似乎改变只是为了使抗议者保持沉默，而不是为了使国家变得更好。

3. 政治反应

谋杀和大规模抗议不仅使公众，也使政治领域两极分化。执政联盟与反对派总是互相争斗，而在谋杀事件之后，情况变得更糟。这起谋杀案还加剧了执政联盟与总统基斯卡之间的矛盾，总统总是暗示政府要么重新组建，要么重新进行选举。前总理菲乔没有很好地处理这一情况，他指责是外部势力（即乔治·索罗斯）试图破坏斯洛伐克的稳定，而总统基斯卡是背叛斯洛伐克的人之一。

即使菲乔在总理职位上辞职，他也一直认为是索罗斯试图破坏斯洛伐克的稳定，还有一些阴谋论的专家暗示抗议者走上街头可能是有偿的，因为抗议者拉起横幅说"我们在这里是免费的"。最终，针对抗议组织者的匿名投诉使国家刑事机构将注意力放到"为了公正的斯洛伐克"组织，这激起了抗议者更大的愤怒。

斯洛伐克政治家们不断重复指出战斗的重要性，他们不害怕被举报腐败，但每当有人勇敢地报道这些政治家本身可能参与的罪行时，所有那些花哨的言论都会变成空话。斯洛伐克政界人士希望人们每天都报道腐败的情况，但媒体报道的是患者给医生香肠和自制奶酪作为礼物，而不报道那些每年可能偷走数百万欧元的重要政治人物。一些试图与强者作斗争的人出现在反腐败集会，为了与抗议者们分享他们悲伤的故事，不是为他们自己感到悲伤，而是因为这个国家，因为如果警方质疑那些报道腐败的人比那些被指控腐败的人更多，那就表明该国存在一些非常错误的迹象。

4. 反叛的媒体

独立媒体似乎从未支持过执政的政府，政府对待媒体也同样不予支持。毕竟，前总理菲乔以经常诽谤记者为"鬣狗"和"妓女"而闻名，而那些记者，他们一再试图揭露一些人希望隐藏的东西。谋杀案发生后，媒体决定共同努力，而且比以往更加努力。例如，在德国《法兰克福汇报》的帮助下，斯洛伐克日报 *Denník N* 首次报道一名越南商人郑春成（Trinh Xuan Thanh）在德国被绑架，郑春成因腐败问题被他的国家判处终身监禁。据报道，郑春成应该是在斯洛伐克政府的帮助下被送回越南，前内政部部长卡利纳克曾参与此事；同时，*Denník N* 早在2018年9月关注斯洛伐克政治家的学位问题，并发现议会主席安德雷·丹科论文的论点涉嫌抄袭。

斯洛伐克国有全国性公共广播公司——斯洛伐克公共广播（RTVS）取消了名为"Reportéri"的电视调查报道节目，尽管其最后一期电视调查报道受到了广泛的好评。而网络"Aktuality.sk"为"Reportéri"前记者帕沃尔·费耶尔（Pavol Fejér）提供了一个在线平台，费耶尔也因此能够与一个反腐败基金会"Zastavme Korupciu"合作，并在网上创建一个名为"Cezčiaru"的新的调查报道节目。从那以后，费耶尔调查并揭露了斯洛伐克警察的不法行为以及斯洛伐克东部一个较小城镇胡门内（Humenné）的政治丑闻，该小镇由方向党（Smer-SD）成员控制。

谈到政治，作为国有公共广播公司，斯洛伐克公共广播应该保持中立。许多记者在这一年离开了这个广播公司，他们对新的管理层非常不满意，因为这个广播公司明显向执政联盟倾斜。

5. 可能的政治未来

尽管公众抗议，总统基斯卡也提出要求，但2018年没有提前举行选举。目前尚不清楚如果提前选举会发生什么，但2018年秋季举行的市政选举结果表明，很多选民可能不会选择左翼民粹主义的方向党。这些市政选举的明显获胜者是独立候选人，尽管方向党是市政选举中最强大的议会党，占据了约20%的市长席位，但与2014年的选举相比，这是一个显著的下降，相比之下方向党失去了近10%的席位。同时，方向党中市议员人数大幅下降[①]。

当然，即使在下一次议会选举之后，方向党也有可能仍然保持其最强大的地位。该党主要受老年人和社会弱势群体的欢迎。斯

---

① R. Minarechová, "5 most significant results of the municipal elections", Spectator, 11 November 2018, https：//spectator.sme.sk/c/20958942/5-things-you-should-know-about-the-municipal-elections.html.

洛伐克的人口正在老龄化，老年人往往无法访问为他们提供新视角的在线媒体，而且老年人很容易听信宣传。尽管方向党有很多丑闻和指责，同时失去了独立媒体、抗议者和反对派的信任，但老年人这个庞大的群体仍然可能会投票给那些失去许多人信任的政党。有时问题不在于他们不访问互联网或缺乏对研究的兴趣，而是因为许多老年人倾向认为只有这一个政党真正关心他们并为他们提供稳定和微小的，通常是毫无意义的好处。老年人也经常能够意识到日益恶化的局势，也明白国家存在的问题导致年轻人离开国家，但老年人太害怕，他们不愿意接受变革，因为他们觉得变革可能对他们构成巨大的风险。另一个重要群体是社会弱势群体。生活在乡村或生活在比斯洛伐克主要城镇更小、更贫穷的城镇，人们也常常听到一些可疑的谣言，说某些政治家和政党通过小礼物甚至是金钱来获得选票。但是，这些政治家和政党不会忘记拉拢那些只相信党或者同意其计划和决定的普通选民。

斯洛伐克反对派是一个弱势群体，本身有许多丑闻，这也可能有助于方向党再次获胜。事实上，斯洛伐克有太多的政党，而且没有任何党可以与方向党竞争并获胜。然而，随着方向党逐渐失去民众及其他各方的支持，它可能无法在未来组建联盟。基斯卡总统也有可能组建一个新的政党，该政党可能获得足够的选票，成为方向党最大的竞争对手。

6. 结论

谈到政治，斯洛伐克人往往非常悲观。他们很少相信公正，就目前斯洛伐克的政治局势，这也是可以理解的。尽管有许多指控和丑闻，斯洛伐克政界人士仍然极力保住自己的地位，好像他们的生活依赖自己的地位，并且罔顾后果。许多政界人士被指控腐败，但似乎从未对他们进行过正常的调查。即使斯洛伐克人不倾向于相信幸福的结局，他们仍然想要战斗。谋杀事件仍然促使人们继续前进，尽管截至目前，该案似乎与斯洛伐克政治家没有联系，虽然抗议者的要求没有得到充分满足，2018年仍然可以被称为腐败时代结束的一个开端，因为似乎越来越多的人冒着自己被当权者惩罚的恐惧而斗争，他们仍然愿意成为试图让这个国家变得更美好的人。2018年是特别困难的一年，但也是重要的一年。接下来，警察有可能最终被揭露涉及一些大的腐败案件，并由此证明，没有人是不可触碰的，无论他多么强大。

（二）2018年的斯洛伐克经济

斯洛伐克加入欧盟14年以来GDP持续增长（如果不将2008—2009年的国际金融危机以及2011—2012年的欧债危机考虑进去的话）。近年来，斯洛伐克经济主要受到国内和欧洲需求增长的加速推动。但2018年，由于汽车产量大幅下降，斯洛伐克月度经济指标有所下降，这主要与汽车行业对欧盟公布的新排放标准的适应缓慢有关。这种下降影响的主要是德国汽车制造商，但也被认为对斯洛伐克经济产生了些许影响。

根据财务预测，2018年斯洛伐克经济应该有一个积极的发展趋势。从宏观经济角度来看，预计GDP的实际增长率将会上升，失业率也将在年底下降。而面对斯洛伐克劳动力市场和汽车工业的繁荣，合格劳动力的严重不足将是2019年斯洛伐克经济的一大担忧。

1. 不利的情况

从金融和经济的角度来看，2018年斯洛伐克经济受到多方因素考验。2018年年初受到国内局势的负面影响——调查记者伊恩·库奇亚克（Ján Kuciak）及其未婚妻斯坦尼斯拉瓦·库什妮罗瓦（Stanislava Kušnírová）被谋杀以及随后的大规模抗议活动，导致暂时的政治不稳定。尽管当时的情况不太好，但此次政治危机并未造成任何负面影响，该国的经济政策也未受到影响，国民经济的发展更没有因此有明显的波动。

根据中央银行报告，斯洛伐克的家庭负债率是欧盟中最高的，因此，必须采取措施解决这一问题。斯洛伐克将实行新的贷款政策，逐步将个人在房地产上的银行贷款额度与收入水平挂钩，设定最高贷款额，以限制家庭负债的持续增长，确保金融稳定。由于医疗保险公司并未给医院以积极的支持，因此，医院的负债和损失不断加大，医疗保健方面的情况也不是很乐观。此外，经营成本增加也加深了债务。

另一个对经济产生负面影响的是美国对钢铁和铝的进口征收关税，因为从欧盟出口到美国的所有商品都将征税，尽管斯洛伐克的普通消费者不关心美国总统宣布的征税措施。从斯洛伐克出口到美国的这些商品仅占总量的一小部分，因此对斯洛伐克的经济没有根本影响。可能影响斯洛伐克经济的唯一真正关注点是汽车关税，因为汽车关税可能会从2.5%增至10%。目前，在斯洛伐克最著名的三家汽车制造商中，只有一家直接向美国出口汽车。

2. 历史里程碑

斯洛伐克的对外经济关系领域发生了一些积极的变化。与阿曼签署了双重避税协议，并就相互经济合作进行了讨论。这无疑是斯洛伐克经济历史性的里程碑。

维谢格拉德集团国家的财政部长也签署了关于欧洲预算投入的

备忘录，这也是斯洛伐克经济的一个重要里程碑。此外，代表们还讨论了欧盟关于数字收入征税的提案，该提案应适用于跨国公司。

另外，斯洛伐克与捷克共和国签署了关于自动交换增值税相关信息的双边协议，这有助于消除和打击税务欺诈。

2018年，斯洛伐克取得了另一个历史性里程碑：50年期债券是过去10年中东欧发行期最长的欧元债券，这也是斯洛伐克共和国历史上发行期最长的债券。

3. 国家预算

国家预算的统计数据与2017年同期相比有所改善，这意味着赤字较低。国家预算收入和支出在2018年第一季度末期有所增长。在两年半的时间内，斯洛伐克经济增长达到了最高峰。这一结果的主要驱动力是家庭消费。

斯洛伐克财政部提出了未来3年的国家预算草案。根据这些数字进行估算，2019年赤字应有历史性的改变，或者说到2021年年底甚至还有0.2%的盈余。债务总额的预测也是积极的，因为国有债务占GDP的比重应该降至47.3%。财政部已将国家预算草案提交三方会议。根据其所提供的数据表明，斯洛伐克将继续振兴其公共财政，以实现可持续性。另外，公布的预算草案也有一些负面影响。财政部计算的数字可能会对国有铁路公司——国家铁路（ŽSR）不利。

4. 就业

2018年，斯洛伐克经济的公共赤字数量不断下降，这一结果主要受国民经济增长和劳动力市场形势的推动。斯洛伐克所有地区的总体失业率都有所下降，未来这种下降的趋势仍将持续。

另外，雇主担心缺少合格的劳动力。因此，雇主越来越多地降低对传统上经济自立人口的偏好，或雇用外国人和兼职人员。私有和公共部门的工资都在增加。就业人数2018年的四个季度都以相同或相似的速度增加。而公司却始终抱怨合格劳动力短缺，因此由国外劳动力（包括非欧盟公民）来填补这个缺口。

矛盾的是，虽然斯洛伐克经济主要的长期问题是高失业率，但现在又伴随着一种新现象——某些部门和地区的劳动力短缺。工业领域的技术工人短缺有两个原因。首先，斯洛伐克的就业市场已经被外国公司填补并饱和，这些公司为制造业带来了投资，主要是汽车制造商和汽车零部件制造商。在这方面，我们可以看到斯洛伐克在某种程度上已经成为吸引外国制造业投资的受害者。其次，工业领域劳动力短缺是因为斯洛伐克教育系统没有充分反映市场需求，也没有为人们提供必要的技能。制造业岗位需要与过去几十年不同的技能，特别是在发展IT方面的技能。

失业率的下降趋势在2018年6月停止，主要是毕业季到来，大学毕业生在当地劳动部门注册，注册人数增加。失业率经过3年的持续下降后出现了增长。但是，专家却指出了其他有关的事实。就失业而言，斯洛伐克人口的地区不平衡继续扩大。虽然该国西部地区缺乏劳动力，但东部地区则缺乏工作机会。此外，失业人员流动性低也迫使公司雇用外国人，大部分是塞尔维亚人、罗马尼亚人和匈牙利人。随着外国公司选择欧洲南部的低成本地区设厂，斯洛伐克东部失去了约20亿欧元的潜在投资。

自国家实施新立法以来，劳动力市场的情况会变得更具竞争力。

5. 2018 年经济发展的主要动力

汽车行业是为斯洛伐克经济带来投资、就业和创新的支柱之一，捷豹、路虎是最新的例子。斯洛伐克已经拥有三大汽车制造商：斯洛伐克大众汽车公司（Volkswagen Slovakia），斯洛伐克标致雪铁龙公司（PSA Peugeot Citroën Slovakia）和斯洛伐克起亚汽车公司（Kia Motors Slovakia）。这使斯洛伐克成为世界上人均汽车生产最多的国家。汽车工业对斯洛伐克经济的重要性仍在不断提升。

然而，人们担心对汽车行业的过度关注，导致类似底特律情景的发生。因此，专家警告，要更加注重教育和创新才可以帮助避免斯洛伐克成为新的底特律。

（三）2018 年斯洛伐克社会发展概况：斯洛伐克具有里程碑意义的一年？

很少会有人质疑 2018 年对于斯洛伐克是一个非常多事的年份。在斯洛伐克历史上，以"8"结尾的年代往往带来了国家方向的里程碑式的变化。1918 年，捷克斯洛伐克共和国成立，斯洛伐克人在他们的历史上第一次拥有一个可以称为自己的国家。1948 年，捷克斯洛伐克成为社会主义国家。1968 年，苏联对捷克斯洛伐克的入侵导致了自由化运动突然结束，称为"布拉格之春"，此后，该国的命运被锁定了 20 多年。2018 年是这些事件的重要组成部分，也揭示了关于现代斯洛伐克的重要真相。然而，斯洛伐克本身也变得更重要。2018 年，独立的斯洛伐克发生了前所未有的大规模反政府示威活动，表明大部分人对其国家的前进方向表现出巨大的不满。与此同时，不同人群之间的分歧达到了新的高度，触及了该国文明归属的问题。

1. "为了公正的斯洛伐克"的希望

2018年最具影响力的事件无疑是2月调查记者伊恩·库奇亚克（Ján Kuciak）及其未婚妻斯坦尼斯拉瓦·库什妮罗瓦（Stanislava Kušnírová）被谋杀。在斯洛伐克的历史上，以前没有任何记者因为工作而被杀，杀害记者被视为只发生在第三世界国家的事情（虽然我们遗憾地知道，现在也发生在其他欧洲国家）。因此，该行为本身已经动摇了整个斯洛伐克社会。

更重要的是库奇亚克所调查工作的内容。就在他被谋杀之前，他一直致力于调查意大利黑手党在斯洛伐克的活动以及他们与斯洛伐克前总理罗伯特·菲乔（Robert Fico）关系密切的人的联系。虽然该记者的被谋杀不太可能与政府有直接的联系，但谋杀激起了人们对政府的不满，这是由于人们对罗伯特·菲乔自2006年担任总理以来社会的腐败、不完善的法治以及该国政党所统治的国家的普遍状况表示愤怒。"为了公正的斯洛伐克"运动诞生了，在全国各地组织了许多示威活动。示威活动的规模甚至超过了1989年民主革命的示威。最后，菲乔总理和内政部长被迫辞职。虽然后来"为了公正的斯洛伐克"运动失去了势头，其支持者的团结受到了动摇，但地方选举由该运动支持的独立候选人的成功当选凸显了"为了公正的斯洛伐克"运动持久的影响力。

2. 两极分化升级

这种公民行动的爆发带来了对斯洛伐克公民社会健康状态的乐观看法。抗议活动成功召集了许多不同背景的人，他们团结起来，希望改变现状。然而，2018年其他事态的发展则表明斯洛伐克在

十三 斯洛伐克

关键问题上的两极分化。

斯洛伐克社会日益分化的一个标志是围绕《伊斯坦布尔公约》的激烈辩论，该辩论在2018年年初席卷了斯洛伐克。《伊斯坦布尔公约》于2011年在伊斯坦布尔以全称为《预防和打击暴力侵害妇女行为和家庭暴力公约》的形式得到欧洲委员会的通过，旨在"设计一个全面的框架、政策和措施，以保护和援助所有对妇女的暴力行为和家庭暴力受害者"，以及"有助于消除对妇女的一切形式的歧视，促进男女之间的实质性平等"。

虽然《伊斯坦布尔公约》本身没有争议，但它引起了很多争议。批评者包括斯洛伐克天主教会对"性别"的定义不满，在《伊斯坦布尔公约》中，"性别"被定义为"社会建构"，并提到该概念需要引入教材。许多人一直认为，这样的定义忽视了男女之间的"自然"差异，并试图将他们"偷偷"地引入法律而使斯洛伐克成为"穿着羊皮的狼"。该公约被其批评者视为传播"性别意识形态"的文件，这与斯洛伐克流行的传统基督教道德有关。自由派人士抨击保守派的"落后"观点，导致公众辩论两极分化。最后，政府拒绝批准该公约，在伊恩·库奇亚克被谋杀之后，这个问题基本上已从公众视线中消失。

另一份国际文件也已成为国内政策和社会问题。2018年12月在马拉喀什签署了由联合国牵头的全球移民协定。斯洛伐克政府拒绝参加，理由是它反对其中的一些主张。在此之前，斯洛伐克社会进行了积极的辩论。虽然欧洲的移民危机已经消退，并且从未真正、直接地影响到斯洛伐克，但它仍然成为该国的头号问题。正如《伊斯坦布尔公约》一样，马拉喀什协议成为决定在境外的斯洛伐克人命运的象征。大部分人都担心斯洛伐克将被移民侵占，欧盟通过拟议的配额强迫他们接收。斯洛伐克政府与其他维谢格拉德国家一道，在这个问题上成为欧洲主要的反对的声音。虽然配额提案最终被废除，但斯洛伐克对处理移民问题的所有多边努力都持消极态度。

对大部分斯洛伐克人而言，难民，尤其是大多数都是穆斯林的难民，对斯洛伐克人及其生活方式构成了"生存威胁"。政客们利用难民危机作为推进其民粹主义计划的机会，并大大加剧了人们心中普遍的恐惧，尽管大多数斯洛伐克人从未见过或在他们生活中遇到过任何难民。

斯洛伐克的人口趋势表明未来其可能需要依赖移民，这一事实并未得到社会的广泛接受。事实上，虽然许多人由于不同的文化为他们反对移民作辩护，但来自文化相近的塞尔维亚和乌克兰的移民越来越多，他们在斯洛伐克不是很受欢迎。同样，不同群体之间的分界线也已显露出来。

3. 归属问题

关于上述问题的争议引出斯洛伐克人的文明归属问题。外交部部长米罗斯拉夫·拉伊齐亚克（Miroslav Lajčiak）威胁说如签署《全球移民公约》，他将辞职，并提出了文明归属问题。事实证明，大多数斯洛伐克人认为他们的国家是西方与东方（特别是俄罗斯）之间的桥梁，与两者都有联系，但并非完全属于这两者。虽然十多年前斯洛伐克已成为欧盟和北约所定义的西方的一部分，但对许多人来说，西方是"他们"而不是"我们"。例如，尽管斯洛伐克出现在谈判桌上，但关于"移民"等问题的决定，斯洛伐克认为自己是"被迫接收移民"。

那么，问题出现了。斯洛伐克应不应该走波兰和匈牙利所试验的"非自由民主"之路，以替代西方民主国家的模式和（主要是想象中的)"布鲁塞尔官僚机构"。领导联盟第二强的政党(斯洛伐克民族党)领导人安德烈·丹科尤其偏向波兰和匈牙利的现任政府以及俄罗斯的当前政府。与此同时,"被废"的总理菲乔被怀疑与匈牙利裔美国慈善家乔治·索罗斯"策划政变"反对其政府的阴谋有牵连。虽然斯洛伐克政府保持了整体亲西方和亲欧盟的政策,但那些怀疑或反对这一政策方向的人的观点已经获得了相当多的支持。

4. 结论

总体而言,2018年对斯洛伐克来说是特别动荡的一年。公共空间一直被激烈争论的话题所占据,一个有争议的问题取代了另一个。2018年是否将成为斯洛伐克历史上以"8"结尾的标志性年份还有待观察。与往常一样,最重要的因素将是社会发展在多大程度上影响政治。最后,需要强调的是,斯洛伐克绝不会与外部发展隔离开来,这里出现的许多趋势可以在邻国甚至整个欧洲(甚至全球范围内)都可以看到,斯洛伐克不是个案。在斯洛伐克,无论积极的或消极的趋势在社会上如何盛行,欧洲范围内的政治发展和经济形势(以及欧洲即将出现另一场危机的威胁)都将最终发挥重要作用。

(四)2018年斯洛伐克对外关系回顾

2018年,总统、总理和外交部长的行动极大地影响了斯洛伐克的对外交往。2018年头几个月发生了重大事件。在斯洛伐克调查记者伊恩·库奇亚克(Ján Kuciak)及其未婚妻斯坦尼斯拉瓦·库什妮罗瓦(Stanislava Kušnírová)被暗杀后,该国发生了密集和动荡的抗议活动，当时的总理罗伯特·菲佐（Robert Fico）决定辞职，为彼得·佩莱格里尼（Peter Pellegrini）成为他的继任者铺平了道路①。

2018年，斯洛伐克面临着一些挑战，这些挑战有积极的，也有消极的。也许最重要的是，2018年7月1日起斯洛伐克接替匈牙利正式成为维谢格拉德集团新一任轮值主席国，任期至2019年7月1日结束。外交部部长米罗斯拉夫·莱恰克（Miroslav Lajčák）成功地卸任了联合国大会主席职务。此外，斯洛伐克驻欧盟委员会代表马洛什·谢弗乔维奇（Maroš Šefčovič）表达了成为欧盟执行机构负责人的愿望。与斯洛伐克对外关系相关的负面问题当然是绑架越南商人的丑闻。

1. 维谢格拉德集团轮值主席国

随着其加入欧盟和北约的愿望和努力，斯洛伐克当局非常重视地区问题事务。2018年7月，总理彼得·佩莱格里尼访问布达佩斯，正式接过维谢格拉德集团轮值主席国的职位。佩莱格里尼总理表示，斯洛伐克任期内的主要目的将执行实现人民繁荣的具体任务和行动。他强调，该集团需要强调其"亲欧洲"的方向，并在每个欧盟关键政策中采取统一的方式②。

斯洛伐克担任维谢格拉德集团轮值主席国的任期从2018年7月开始，持续一年，外交部详细叙述了其任期内的口号——"面

---

① Matúš Burčík and Lucia Krbatová, Peter Pellegrini to become new prime minister. Who is he? *The Slovak Spectator*, 15 March 2018, https://spectator.sme.sk/c/20781853/pellegrini-new-prime-minister-slovakia.html.

② Slovensko sa ujalo ročného rotujúceho predsedníctva vo V4, *Pravda*, 1 July 2018, https://spravy.pravda.sk/domace/clanok/475591-slovensko-sa-ujalo-rocneho-rotujuceho-predsednictva-vo-v4/.

向欧洲——一个富有活力的维谢格拉德集团"的具体内容。斯洛伐克确定了三项主要原则。首先,斯洛伐克努力促进成员国之间在合作领域的团结。其次,强调了积极的成果和具体的行动。最后,担任轮值主席国的目的是根据成员国之间的差异提出适当的解决方案[①]。同时还有三个焦点。一是强大的欧洲,强调了维谢格拉德集团更积极有效地参与欧盟政治的雄心,同时对此坚持明确和一致的立场。二是安全的环境,斯洛伐克将重点聚焦维谢格拉德地区安全、竞争力和发展动力,反映了斯洛伐克通过维谢格拉德集团的影响力为该地区的安全做出贡献的愿望。三是智能解决方案,涉及数字化问题、未来的技术趋势等[②]。

到目前为止,在(现任)斯洛伐克任期内,已经举行了几次与该集团有关的活动、首脑会议和讨论。斯洛伐克希望解决的主要问题是移民和欧盟外部边界的安全问题[③]。维谢格拉德集团各国一直不同意欧盟的移民配额制度(在欧盟国家之间分配难民和移民),该集团一直努力寻求新的解决方案。

2. 在国际上有影响的斯洛伐克人

斯洛伐克外交部部长米罗斯拉夫·莱恰克是斯洛伐克第一位担任联合国大会主席职务的。他担任第72届联大主席,其一年任期于2018年9月结束,对莱恰克的任命使斯洛伐克在国际领域获得了相当的认可。莱恰克提出,在担任联大主席期间,要以和平、

[①] O predsedníctve. , *MZVaEZ SR*, 26 June 2018, https://www.mzv.sk/zahranicna-politika/slovensko-a-v4/slovenske-predsednictvo-v4/o-predsednictve.

[②] Program a priority predsedníctva, *MZVaEZ SR*, 1 July 2018, https://www.mzv.sk/zahranicna-politika/slovensko-a-v4/slovenske-predsednictvo-v4/program-a-priority.

[③] Premiér Pellegrini v Budapešti prevezme od Orbána predsedníctvo V4, témou bude aj migrácia, *Web Noviny*, 21 June 2018, https://www.webnoviny.sk/premier-pellegrini-v-budapesti-prevezme-od-orbana-predsednictvo-v4-temou-bude-aj-migracia/.

发展、人权三大联合国支柱为工作原则，努力促进落实2030年可持续发展议程。他任职期间最重要的成果之一是2018年7月13日，《促进安全、有序和正常移民全球契约》的定稿在联合国举行的会议上最终达成协议。这是第一个涵盖国际移民的范围广泛的政府间协议[1]。然而，斯洛伐克政府拒绝同意该契约，并决定国家不参与其中。为此，外交部部长莱恰克辞职，因为他不仅支持该文件，而且他还是文件的初创者之一。最后，莱恰克改变主意并撤回辞职[2]。

欧盟委员会副主席是来自斯洛伐克的马洛什·谢夫乔维奇（Maroš Šefčovič），他是另一位在斯洛伐克海外有影响力的人物。他表示有兴趣成为欧盟委员会的下一任主席[3]。要做到这一点，他需要首先成为欧洲社会党的主席。2018年11月，弗朗茨·蒂麦尔曼斯（Frans Timmermans）将成为该党的候选人，而不是谢弗乔维奇，而谢弗乔维奇支持他[4]。即使谢弗乔维奇没有成功，他的雄心壮志和欧洲社会党的支持给他和他的国家带来了积极的形象。

3. 斯洛伐克参与绑架越南商人

2017年，越南情报部门开展了一项行动，越南前石油公司执

---

[1] President of the 72nd session of the UN General Assembly Miroslav Lajčák handed over the gavel to his successor. , *MZVaEZ SR*, 17 September 2018, https：//www. mzv. sk/web/en/news/detail/-/asset_ publisher/oLViwP07vPxv/content/ukoncenie-predsednictva-miroslava-lajcaka-vo-valnom-zhromazdeni-organizacie-spojenych-narodov/10182？p_ p_ auth＝AO6wlpAb.

[2] Lajčák resigns as foreign affairs minister, *The Slovak Spectator*, 29 November 2018, https：//spectator. sme. sk/c/20973638/lajcak–resigns–as–foreign–affairs–minister. html.

[3] Oroschakoff, Kalina, Maroš Šefčovič enters race to become European Commission president, *Politico*, 4 June 2018, https：//www. politico. eu/article/maros–sefcovic–enters–race–to–become–european–commission–president.

[4] Šefčovič Junckera nenahradí, lídrom európskych socialistov vo voľbách bude Timmermans, *HN Online*, 5 November 2018, https：//hnonline. sk/svet/1836979-sefcovic-junckera-nenahradi-lidrom-europskych-socialistov-vo-volbach-bude-timmermans.

十三　斯洛伐克

行官郑春成（Trinh Xuan Thanh）在德国被绑架。2018 年，在德国《法兰克福汇报》的帮助下，斯洛伐克日报 *Denník N* 首次报道这名越南商人郑春成在德国被绑架，郑春成因腐败问题被他的国家判处终身监禁。据报道，郑春成应该是在斯洛伐克政府的帮助下被送回越南，前内政部部长卡利纳克曾参与此事，允许越南官员借用一架政府飞机并与被绑架的商人一起登机，该飞机从布拉迪斯拉发飞往莫斯科。这种情况导致了重大的政治、外交和媒体丑闻。总理彼得·佩莱格里尼与内政部当局否认在绑架中发挥了任何作用。斯洛伐克内政部部长德尼萨·萨科娃（Denisa Saková）补充说，她确信飞机上的所有乘客都已通过安检，并持有外交护照。越南宣布没有发生绑架事件，郑春成心甘情愿地返回了越南①，没有任何武力绑架的迹象。10 月，有人说两名斯洛伐克警察已经看到了这一幕并发表了讲话。警察宣称他们看到了这名越南商人被拖入斯洛伐克政府的飞机②。

这一丑闻激发了斯洛伐克议会中反对派的情绪，几位国会议员呼吁斯洛伐克政府下台。此外，丑闻影响了德国与斯洛伐克的关系，因为德国当局宣称斯洛伐克在绑架中的作用是真实而明确的。同时，斯洛伐克与越南的关系也受到这一问题的影响。斯洛伐克发现自己陷入了困境。

---

① Frankfurter Allgemeine Zeitung：Saková is lying about the abduction of a Vietnamese citizen, *The Slovak Spectator*, 14 May 2018, https://spectator.sme.sk/c/20825255/frankfurter-allgemeine-zeitung-sakova-is-lying-about-the-abduction-of-a-vietnamese-citizen.html.

② Zlom vo vyšetrovaní únosu Vietnamca：Dvaja policajti tvrdia, že videli ako Thanha vlečú do lietadla, *TV Noviny*, 1 October 2018, http://www.tvnoviny.sk/domace/1937148_zlom-vo-vysetrovani-unosu-vietnamca-dvaja-policajti-tvrdia-ze-videli-ako-thanha-vlecu-do-lietadla.

4. 结论

2018年，斯洛伐克有若干机会和挑战。除年度会议、首脑会议和讨论外，还举行了许多特别活动。7月，斯洛伐克接任维谢格拉德集团轮值主席国。目前，该国担任轮值主席国的举措并未对该地区（和欧盟）的政策带来任何重大突破。斯洛伐克的几个人在2018年获得国际关注。首先是外交部部长莱恰克，他在第72届联合国大会完成了为期一年的主席任期。他的主要成就之一是《促进安全、有序和正常移民全球契约》，这是他与斯洛伐克政府意见不一致的原因。此外，欧洲专员马洛什·谢夫乔维奇获得了很多关注和声望，因为他宣称自己的目标是成为欧盟委员会的下一任主席，当然最终没有实现。最后需要提到的是，2018年斯洛伐克参与的负面行动是围绕越南商人被绑架的丑闻和斯洛伐克在其中的作用，这一问题破坏了斯洛伐克在国外的声誉和与相关国家的关系。

十四　斯洛文尼亚[*]

（一）2018年斯洛文尼亚政治概况：选举年

1. 概述

2018年斯洛文尼亚居民参加了两次选举。第一次是议会选举，即6月的国民议会选举，是在前任总理米罗·采拉尔辞职后举行的。第二次是11月举行的地方选举，即212个斯洛文尼亚市级行政单位与市长选举一起进行。议会选举之后的长期协商以及组阁的紧张进程构成2018年斯洛文尼亚政治生活的很大一部分，其他的一小部分是市长选举的几个尚未解决的复杂问题。

2. 2018年6月的议会选举

虽然总理采拉尔的辞职在技术上使国民议会的选举提前到6月3日，但差异微不足道，因为各个政党已为议会选举准备了足够的时间。在此期间发生了几次重大变化，许多新的政党成立，其中包括前现代中间党成员博扬·多博弗舍克（Bojan Dobovšek）组建的美好国家党（Dobradržava），由达尼耶尔·贝希奇·洛伦丹（Danijel Bešič Loredan）组建的"一起前进运动"（Gibanje Skupaj

---

[*] 作者：Helena Motoh；翻译：李丹琳；校对和审核：陈新。

Naprej）和"为了健康的社会"（Zazdravarubžbo）。他们中的大多数都以反腐作为章程，解决斯洛文尼亚社会的一些关键问题（机构腐败、医疗保健系统危机等）。天主教右翼政党新斯洛文尼亚—基督教民主党（NSi）有重大变化，长期担任主席的留德米拉·诺瓦克（Ljudmila Novak）被年轻的马泰·托宁（Matej Tonin）所取代，后者被视为在政治上与右翼政党有更多的合作，尤其是主要的右派党，如与亚内兹·扬沙（Janez Janša）的斯洛文尼亚民主党（SDS）有合作。几个已经存在的政党又复活了，例如，上一次没有资格进入议会的民主劳工党（Solidarnost）、海盗党和两个右翼政党，兹马戈·叶林契奇（Zmago Jelinčič）的极右翼斯洛文尼亚民族党（SNS）和马尔科·集丹舍克（Marko Zidanšek）的保守斯洛文尼亚人民党（SLS）。

此次选举围绕辞职的采拉尔政府的问题或其在上届政府任期内未能履行的承诺。在政治方面，特别提到腐败事件，其中一些腐败事件要求追究政治责任。该事件中最引人注目的案例是"TEŠ"6 火电厂的建设，这是以前政府的一个尚待解决的遗产。另一个重大话题是斯洛文尼亚民主党竞选活动的资金来源很可疑，该党被指控由海外可疑的资金来源获取非法贷款。在经济方面，主要问题围绕卢布尔雅那新银行（NLB），根据与欧盟委员会的协议和相关谈判，卢布尔雅那新银行被抛售。在国外政治中，有两个问题占了上风。一个问题是如何解决仲裁法院的裁决问题，因为仲裁公布之后克罗地亚拒绝执行两国边界的划分。另一个问题与移民有关，特别是右翼和极右翼政党在很大程度上支持反移民观点。

3.6 月选举和结果

令人意外的是，2011 年和 2014 年的议会选举期间，民意调查没有预测到投票的结果，而对于2018年6月的这次选举，预测结果相当准确，特别是对于前几个政党的预测非常准。所以，获胜者亚内兹·扬沙的斯洛文尼亚民主党获得24.94%的选票，马里安·沙瑞克的名单党（LMŠ）获得不到一半的选票——12.65%，这些都并不奇怪。组成政府的三个政党中的两个，即德扬·日丹（Dejan Židan）的左翼社会民主党（SD）和米罗·采拉尔的中左翼党派现代中间党（SMC）获得了非常相似的选票——分别为9.93%和9.75%。卢卡·梅塞茨（Luka Mesec）的联合左翼党（Levica）也出人意料地获得了9.31%的选票，几乎是2014年时的两倍。天主教右翼政党新斯洛文尼亚—基督教民主党仅以7.13%的成绩略微比2014年提升一些。刚刚跨过议会门槛的其他三个政党是前总理布拉图舍克（Alenka Bratušek）的布拉图舍克联盟（ZAB）——5.13%、卡尔·艾尔瓦维克（Karl Erjavec）的斯洛文尼亚退休人员民主党（DeSUS）——4.92%和兹马戈·叶林契奇（Zmago Jelinčič）组建的极右的斯洛文尼亚民族党（SNS）——4.19%。因此，在这样的得票率所组成的议会中，斯洛文尼亚民主党得到25个席位，马里安·沙瑞克（Marjan Šarec）的名单党得到13个席位，社会民主党10个席位，现代中间党10个席位，左翼联盟党9个席位，新斯洛文尼亚—基督教民主党7个席位，布拉图舍克联盟和斯洛文尼亚退休人员民主党各得到5个席位，斯洛文尼亚民族党获得4个席位，其余两个席位是为意大利和匈牙利少数民族的代表保留的，他们的得票率很低，仅略高于一半，为52.09%。

2018年议会选举结果有两个变化。一个是政党数量非常多，有9个党派跨入了议会的门槛，使其成为自1991年独立以来最多样化的议会。他们中的一些政党获得了10个左右的席位，这使得进行组阁的协商变得更加困难。另一个是更多的政治团体出现，左翼联盟党和斯洛文尼亚民族党获得的席位超出预期，这与前两次选举获得最大支持的是中间党派形成鲜明的对比。

4. 政府的组建

由于亚内兹·扬沙的斯洛文尼亚民主党的政治历史长，其政治观点更容易受到大众的支持，因此得票率很高，然而，政府的组建仍然非常困难。有三个组阁方案，首选是由亚内兹·扬沙领导的右翼联盟（但在议会中没有占绝对多数）；其次是由马里安·沙瑞克领导的中间派或中左联盟，但主要问题是，是选择右翼的新斯洛文尼亚党还是选择左翼联盟党？最后是由亚内兹·扬沙领导的"大联盟"。在组阁协商的第一阶段，两位领导人亚内兹·扬沙和马里安·沙瑞克都不能保证其在议会的绝对多数。

当亚内兹·扬沙的右翼联盟显然不可行时，马里安·沙瑞克开始与米罗·采拉尔的现代中间党（SMC）、德扬·日丹的左翼社会民主党和卡尔·埃里亚韦茨（Karel Erjavec）的斯洛文尼亚退休人员民主党进行协商，同时还包括布拉图舍克联盟和这个联盟中唯一的右翼党派——马泰·托宁的新斯洛文尼亚—基督教民主党。前联盟伙伴（现代中间党、斯洛文尼亚退休人员民主党和社会民主党）之间的分歧使组阁的协商更加困难，但实际上，真正使这一方案终结的主要问题是新斯洛文尼亚—基督教民主党拒绝放弃其自由经济计划，特别是与所得税的税收上限、医疗卫生私有化和私立学校的地位有关的计划。新斯洛文尼亚—基督教民主党最终在7月中旬退出了协商。

在接下来的14天里，第二轮组阁开始，马里安·沙瑞克与卢卡·梅塞茨的左翼联盟党之间的协商加速。左翼联盟党所坚持的要求与新斯洛文尼亚—基督教民主党相反,尤其是他们提出拒绝抛售斯洛文尼亚新银行(NLB)以及限制军费。由于双方无法达成完整的协议,他们最终商定,左翼联盟党在政府联盟中获得了少数党派的有限支持,左翼联盟党支持沙瑞克政府,支持他的总理候选资格,然后将与他们的政治规划一致的项目以"项目合作"的形式加入。马里安·沙瑞克于8月17日被确认为总理,在接下来的几周内将确认内阁的组成。

5. 2018年11月的地方选举

2018年11月18日,212个斯洛文尼亚市级行政单位进行了两次选举,即市政委员会和地区委员会以及市长的选举。根据以往地方选举和民意调查预测的经验,其结果与全国议会选举结果有差异。最显著的差异是政党的不同,尤其是较大城镇以外地区,传统上右翼的选票更多。而且,与党派附属名单和市长候选人相比,选民们更喜欢"非附属"党派或候选人,他们希望拥有自己的候选人名单而不是有政党支持的候选人。2018年选举一个显而易见的特点是所谓的"老"市长们仍然是候选人,他们仍然担任这些职务。

预测结果大部分是准确的。成功进入市政委员会或市议会的大多数候选人都是无关联的,斯洛文尼亚民主党在党派候选人中排名第一位(占委员会成员的近17%)。社会民主党候选人排名第二位——10%,随后是新斯洛文尼亚—基督教民主党和斯洛文尼亚人民党,各占6%,斯洛文尼亚退休人员民主党几乎占5%,现代中间党约占4%,左翼联盟党月占3%,总理沙瑞克的政党只占约2.5%,其他几个政党在全国范围内的委员会成员均少于20个。斯洛文尼亚人民党在获选的市长候选人中最为成功,其次是社会民主党和斯洛文尼亚民主党。

并非所有市政当局都在第一轮中选出了市长,在12月2日的第二轮投票中,在领先的两位候选人之间进行了56次投票。第二轮之后,截至目前仍有两个市长选举结果尚不清楚,什马尔耶什科·托普利采市(Šmarješke Toplice)和科佩尔市(Koper)的市长选举,因票数太少导致候选人有所不同,且提出上诉请求修改,引起了公众和媒体的大量关注。

6. 结论

随着2018年6月的议会选举以及随后长达9个月的组阁,2018年斯洛文尼亚政治的焦点是政党、政党的计划以及他们之间的关系。11月的地方选举活动与议会选举不同,政党政治受到制约,由于部分投票程序仍未得到解决使得地方问题被接管。

(二)2018年斯洛文尼亚:两个政府之间的经济政策

1. 概述

2018年斯洛文尼亚经济发展的标志是6月初的议会选举,9月成立新政府。一些迫切需要采拉尔政府(Cerar,2014—2018年)解决的问题由现任沙雷茨(Šarec)政府继承,沙雷茨政府采取的一些首要措施实际上就是为了解决上述公开化了的问题。

2. 从采拉尔政府继承的问题

针对前几届政府面临的一些最大挑战,新的沙雷茨政府的经济计划相当雄心勃勃。其中,特别需要解决的是国有企业的管理和私有化的决定、劳动力市场和就业体系的不规范问题、提高中小企业竞争力以及应对环境挑战等问题。在公共部门的融资中,前任的采拉尔政府辞职前未完成与公共部门集团的谈判。在财政方面,要解决的主要任务之一是公司税收,因为现行公司税收制度经常受到工商联合会代表的批评。建立稳定和可预测的税收制度是被视为吸引更多优质外国投资的重要手段。前任政府没有做到严格税收纪律和解决公共部门招标中的腐败问题。此外,随着人口老龄化,建立可持续的税收和养老金制度被视为另一个关键问题。

面对这些各种挑战和紧迫的任务,新政府经济和财政应解决的问题范围很广。目前的沙雷茨政府是少数派政府,影响了计划中政策和措施的执行。在获得对其政策的支持时,它不得不依靠与他们有合作关系的政府外的左翼党派的选票,或者来自有影响的右翼党派的选票,因此,确定政策方向不是很容易。

3. 沙雷茨政府的经济战略

新经济战略的主题是"经济上成功的斯洛文尼亚,重点是可持续发展和环境保护"。该战略在经济和财政方面要面对几个挑战。沙雷茨政府再次寻求解决的遗留问题之一是国有企业的管理和战略性私有化问题。特别是,该战略确定要对斯洛文尼亚国家控股公司的运作做必要的检查,这是这两个遗留问题中的一个关键因素,因为在以前的政府任务中发现了许多问题。其中一个主要挑战是提高斯洛文尼亚工业的竞争潜力。斯洛文尼亚工业的目标是在供应链上实现攀升,以产生更多附加值。该战略特别强调的两个部门是建筑业和木材工业,这两个部门在经济危机期间都遭受了相当大的下滑。另一项挑战是减少冗余的行政程序,修订和简化法律标准和措施,以吸引国外劳动力,特别是在缺乏合格劳动力的行业,同时也保护当地人口的就业。该战略提出将严格审查公司的税收制度,这项雄心勃勃的任务包括降低税率,同时重组税收结构并重新定义税额以弥补减少了的税收。最有争议的变化是来自资本和租金的个人收入将被包含在所得税的计算中。这项提议引起了斯洛文尼亚几家公司雇主的批评。对劳动力市场也计划进行改革以确保沿着安全灵活的模式发展,另外,解决那些日益岌岌可危的工作中的紧迫问题。废除造成不稳定状况的所有工作是作为公共部门一般措施的首要任务。作为对其政府外的合作伙伴——左翼党派的重要让步,首先是提高最低工资。沿着类似的路线,新的执政联盟旨在促进经济民主的思想,特别是鼓励合作社和社会企业,并计划制定新的法规以建立合作银行。此外,还将促进小额筹资和共同工作模式。为了提供更好的合格劳动力,将在各级教育中建立更多以实践为主的体系。应用研究也将得到强有力的推动。重要的是,可持续经济与中小企业的智能专业化相结合。国际化和经济外交是新政府计划的另一个关键方面,特别是加强斯洛文尼亚企业促进局(SPIRIT)及其在国外活动的作用,重点填补在亚洲和非洲的空白。该领域的协调行动也将促进斯洛文尼亚旅游业,这是新经济计划的又一个关键要素。将财政方面的重点放在公共财政的稳定性,遵循所谓的财政纪律的黄金法则,降低公共债务。新政府制定的任务还包括要在2021—2027年新的欧盟财务提案中谈判,成功延长其净受益地位。

4. 新政府的第一个经济措施

在新政府上任的头几个月,几项关键措施已经开始实施。需要解决的第一个问题是与公共部门集团谈判。在公共部门总罢工的威胁下以及在与先前的采拉尔政府谈判已经达成的妥协的基础上，谈判开始时对公共部门方面的期望很高。最后，由首席政府谈判代表佩特尔·波加查尔（Peter Pogačar）率领的小组与三个主要公共部门集团、教育集团"SVIZ"、两个医疗保健集团的代表之间达成了一项协议，随后，又与公共部门集团的罢工委员会进行了协调。该协议保证给予公共部门的大部分员工加薪，确定对某些工作加以改进以及给予假期、周日和夜班工作的更高福利。达成协议共计价值达 3.06 亿欧元。

新政府与政府外的合作政党左翼党派的倡议即提高最低工资标准，但该倡议的实施引发了许多公众争议和一些媒体丑闻，特别是工商联合会、雇主协会和政府之间的关系。法律上的政治辩论并不那么激烈，关于最低工资的法律修正案于 2018 年 12 月 13 日以 56 票赞成、0 票反对获得通过。通过修改法律，在确定最低工资与贫困线之间的差异方面迈出了重要的一步。根据新修订的法律，最低工资将在 2019 年从目前的 638 欧元提高到 667 欧元（净值），到 2020 年提高到 700 欧元（净值）。另一个重要的变化是修改，即到 2020 年计算最低工资时，所有奖金将不被计算在内。最低工资的计算限制在占最低生活消费最高 40% 和最低 20% 之间。

在 2018 年年底前不久，沙雷茨政府还成功结束了斯洛文尼亚最大的国有银行新卢布尔雅那银行（NLB）漫长的私有化进程。私有化是布拉图舍克（Bratušek）政府谈判条件的一部分。为了允许斯洛文尼亚在 2013 年从国家预算中援助该银行，当时的政府承诺到 2017 年年底完成新卢布尔雅那银行 75% 减去 1 股的交易。2017 年春季未能出售后，特别是由于许多专家担心不利的抛售，采拉尔政府又提出另一个方案，即延长售卖的时间限制，但所有这些方案都没有太大影响力。在采拉尔提出辞职后，出售新卢布尔雅那银行最终成为新的沙雷茨政府继承的任务。此次售卖于 2018 年 10 月开始，于 12 月完成。在首次公开募股程序中，斯洛文尼亚国有出售了 59% 加 1 股的股份（价值 6.09 亿欧元），在斯洛文尼亚主权控股公司（SDH）采用特殊稳定期权后，该股票增长至 65%。所有权结构尚不清楚，因为它是通过托管银行——美国纽约梅隆银行（US Bank of New York Mellon）而秘密售卖的，仅知有两位股东，它们是因为股票规模被披露，这两位股东是财务公司布兰德斯投资伙伴（Brandes Investment Partners）和欧洲复兴开发银行。迄今为止，国家仍然拥有 35% 的股权。

5. 结论

2018 年上半年以众多困难为标志结束政府的任期，结果是采拉尔总理辞职和选举后的社会不稳定；而下半年经济政策的执行开始变得更有效率和更有条理。在新政府于 2018 年 9 月组建后，提出了一个相当雄心勃勃的计划，由于少数派执政联盟所获得的其他议会党派的支持非常不稳定，该计划似乎特别难以实现。尽管如此，新政府执政后的前 4 个月已经实现了三项重要任务，即与公共部门集团的妥协、最低工资法案的修订以及新卢布尔雅那银行的私有化。

（三）2018 年斯洛文尼亚社会发展概况
——解决危机后社会问题的措施

1. 摘要

2008 年后，斯洛文尼亚经济已经从经济危机的负面影响中恢复过来，而从人民生活水平来看，其恢复就比较缓慢。尽管经济增长和失业率下降，但仍有相当一部分人生活在贫困线以下或处于被社会排斥的风险之中，特别是在几个最脆弱的社会群体中。而毫无疑问的是，这与选举年有关。2018年政府采取了一系列措施来缓解这些贫困群体面临的风险，其中最重要的是提高失业救济金和提高最低工资标准。

2. 国际金融危机期间和之后的贫困

2008年的国际金融危机使斯洛文尼亚经济遭受了重大损失。国内生产总值从2009年开始下降，这一趋势在2016年才出现逆转。而危机的后果，特别是大型公司在建筑业和其他行业的崩溃导致（登记）失业率从2008年下半年最初的4.2%急剧上升至2013年春季高峰时的近11%。失业率增长的另一个因素是推出的紧缩政策，这几乎完全阻止了公共部门的新就业，即使是替换退休员工，就业率也没有改善。目前的失业率约为5%，仍高于国际金融危机前的失业率。失业除了导致贫困和降低生活水平之外，贫困逐渐成为劳动人口中的一个问题。在公共部门，紧缩措施降低了员工的收入，严重削弱了升职、加薪及任何其他形式的工资增长。总的来说，即使过去5年GDP缓慢增长也没有带来同步的工资增长。随着2017年经济增长4.9%，工资增长率仍然仅为3.5%。许多公司为了使自己的公司从国际金融危机的影响中恢复过来而采取最低月工资仅为842.79欧元，净工资额仅相当于638.42欧元。这使得最低工资人群恰恰处于贫困线，如果他们没有任何其他收入。如果是家庭或只有一人工作的家庭或夫妻，最低工资意味着他们无法避免贫困。包括这部分员工在内，估计全国2/3的员工获得的工资都低于平均水平（目前刚刚超过1000欧元）。

3. 背景——2018 年开年形势

如上所述，尽管过去几年经济持续增长，但失业人群和工作人群中收入最低的部分人员的贫困状况在慢慢减少。2017 年数据显示，与前一年相比，贫困风险率（减少 0.6%）和社会排斥率风险（减少 1.3%）仅略有下降。贫困线是一个人的家庭年度最低可用收入的一个标志，是维持人们的基本生存所必需消费的物品和服务的最低费用，又叫贫困标准，2017 年斯洛文尼亚的贫困线为 7628 欧元。对于有一个以上成员的家庭，贫困阈值为成人乘以 0.5、儿童乘以 0.3。一个养育两个 14 岁以下儿童的四口之家的贫困标准为每月 1335 欧元，而无子女夫妇如果每月低于 954 欧元则被认为有贫困风险。贫困风险率是与有收入的人一起生活的人口比率低于阈值。2017 年，贫困线以下的人数约为 26.8 万。因此，2017 年的贫困风险率为 13.3%。社会排斥的风险（按人口百分比计算），即低于贫困风险线或生活在工作强度极低的家庭中的人数 2017 年为 34.5 万人，社会排斥风险率为 17.1%。大多数低于贫困线的人都是退休人员，即所有退休人员中有 15.9% 被认为有贫困的风险。其中，女性的贫困风险比男性高得多（双重），而单身独居的退休女性则面临着特别大的风险。失业率（41.8%）和儿童的贫困风险比率（12.8%）也很高。工作人口的贫困风险为 6.6%，这证明了一部分虽然工作但依然贫穷的人群正在增长，这是一个紧迫的问题。社会转移支付包括在这些计算中，作为一个人总收入的一部分。如果社会转移支付被排除在外，或者如果根本没有，那么贫困比率就会高更多。没有社会福利，国家贫困风险率将为 24%，如果没有退休养老金，贫困风险率则将达到 41.5%。

人们容易发生贫困的风险的地区差异也很大。萨瓦地区的贫困风险率最高（18.5%），滨海内卡尔尼奥拉和戈里察地区的西部地区的贫困率最低（分别为8.4%和9.8%）。

4. 2018 年采取的措施

2018年4月，在采拉尔总理辞职后的过渡期内，政府通过了关于社会福利津贴的法律修正案。此举是劳动部2018年3月制定的更广泛战略的一部分，旨在审查和重组福利津贴制度。随着4月的规定出台，社会福利津贴从297欧元提高至385欧元。297欧元的补贴仅是接受福利援助者最低生活费用的一半，这使人们面临严重贫困的风险。单身人士的风险甚至更高，他们无法通过配偶或伴侣、子女或父母的潜在收入来补充这笔收入。根据政府的数据，补贴增加后，相当于短期生活费用的75%（按月计算为441.67欧元）。左翼反对党提出了另一项提案，其目标是增加到与短期生活费用相等。左派还要求将儿童福利金从计算福利津贴的金额中扣除。最初，政府的提案和左派的议案都被议会的劳动、家庭和社会事务委员会拒绝，但随后又做出了妥协。然后决定从2018年6月到年底将津贴增至385欧元，但随后该数额将在2019年1月回落至331欧元。

在4月做出这一决定后，国民议会的一部分人代表的是雇主的利益，他们提出否决上述增加福利津贴的提案，被15票反对、12票支持而拒绝，国民议会通过了该修正案。其他批评也非常直言不讳。财政部警告该措施对国家财政的影响，到2018年年底增加1400万欧元预算支出。工人组织的代表批评说，该法律修正案的出台是为了说服选民参加即将举行的选举，但事实上，这种变化只会对社会最贫穷成员的生活条件有微小的改善。

在6月的选举和9月总理马里安·沙瑞克领导的新政府成立之后，贫困问题是最先解决的问题之一。作为少数派政府，沙瑞克总理领导的联盟必须依靠其政府外合作伙伴——左翼党派的支持。在与政府的伙伴关系谈判中，左派提出的一个关键问题是立即提高最低工资。11月，执政联盟提议加薪到700欧元，该提案引发了很多批评和公开辩论。最主要的批评者是工商会和雇主协会的代表，他们警告说，这一举措可能会使斯洛文尼亚公司的可持续性面临风险。另外，工人代表和政治领域的左派指出了不公平的情况，即员工在经济增长中得不到任何份额。不同政党之间的政治支持相当稳定，12月13日法律通过时没有多少不同声音，共有56票（并且没有反对）。根据新法律，最低工资将分两步增加，第一年（2019年）从目前的638欧元增至667欧元（净额），2020年将净增加到700欧元。另一项重要变化是，所有奖金将从2020年的净额中扣除。

5. 结论

国际金融危机爆发10年后，经济恢复到危机前的水平并未导致斯洛文尼亚相当一部分人的生活水平同样快速恢复。虽然贫困人口正在减少，但减少的速度太慢，使贫困问题成为采拉尔和沙瑞克政府之间政治过渡的关键问题之一。2018年以两种方式解决了贫困风险问题，首先是提高了失业者的社会福利津贴，其次是试图通过提高最低工资来减少工作穷人的数量。

（四）2018年斯洛文尼亚对外关系概况 新政府的外交政策：2018年外交政策的连续性和转变

1. 概述

2018年的选举年为斯洛文尼亚外交政策带来了重大变化。前外交部部长卡尔·埃里亚韦茨（Karel Erjavec）被前总理米罗·采拉尔（Miro Cerar）取代。在某些方面，尤其是在与世界主要大国之间的关系方面，这种变化显著改变了斯洛文尼亚外交政策的轨迹，而在其他方面，关于与克罗地亚的边界争端，斯洛文尼亚的态度基本保持不变。

2. 背景：斯洛文尼亚外交政策主要目标的变化

在 2018 年 6 月议会选举之后的几个月里，很明显，新当选的总理必须组建一个拥有众多政党的政府。各部委，特别是最重要部门负责人的任命最有可能应由进入政府的政党主席担任。沙雷茨名单党主席马尔扬·沙雷茨（Marjan Šarec）被确认为新总理，9 月正式组阁的新政府包括前采拉尔政府的所有三个政党。在采拉尔政府中，其他两个政党的领导人领导了两个重要的部门：社会民主党人德扬·日丹（Dejan Židan）担任农业部部长，而斯洛文尼亚退休人员民主党（DeSUS）的埃里亚韦茨则领导了外交部。在第 13 届沙雷茨政府组成的谈判中，德扬·日丹很快成为国民议会议长的候选人，而其他三个政党的主席则在主要部委的分配上进行了谈判。最后，布拉图舍克联盟（ZAB）的布拉图舍克（也是 2013—2014 年第 11 届政府的总理）成为基础设施部部长。斯洛文尼亚退休人员民主党的前外交部部长卡埃里亚韦茨成为国防部部长，他已经在第一个亚内兹·扬沙（Janez Janša）政府（2004—2008 年）中担任过国防部部长。前总理米罗·采拉尔在新政府中担任外交部部长。在最初的政府组建时，看起来像是在同一政党内进行权衡，很快就开始显示出一种实质性的转变。作为政府过渡的常态，新任外交部长也改变了副部长和秘书长的职务。前斯洛文尼亚驻日本和韩国大使、斯洛文尼亚常驻纽约联合国代表团副代表西蒙娜·莱斯科瓦尔（Simona Leskovar）和斯洛文尼亚武装部队总参谋长兼政府保护分类信息办公室主任多布兰·博日奇（Dobran Božič）担任外交部副部长；外交部秘书长的职位由国际排雷和地雷受害者援助信托基金加强人类安全机构（ITF Enhancing Human Security）前主任、前斯洛文尼亚驻欧洲理事会大使达姆扬·贝尔甘特（Damjan Bergant）担任。

3. 态度的变化：远离俄罗斯，拉近与美国的关系

在米罗·采拉尔政府担任最后一任外交部部长之前，埃里亚韦茨在第二届扬沙政府（2012—2013年）和随后的布拉图舍克政府担任同一职务，因此他担任外交部部长超过6年。无论政府的政治方向如何改变，他的工作方向始终倾向于对斯洛文尼亚与俄罗斯之间的良好关系公开表示同情，与在他之前长期担任过外交部部长的迪米特里伊·鲁佩尔（Dimitrij Rupel）（1990—1993年、2000—2004年、2004—2008年）不同，人们普遍认为鲁佩尔是拉近与美国关系的公开支持者。埃里亚韦茨经常因为他的亲俄政策受到批评，主要是经常受到反对派的批评，也受到媒体的批评。2018年，俄罗斯外交部部长谢尔盖拉夫罗夫访问斯洛文尼亚期间，这成为一个话题。他的访问由斯洛文尼亚外交部部长埃里亚韦茨接待，被视为俄罗斯与斯洛文尼亚之间经济交流日益增长的重要标志，俄罗斯是斯洛文尼亚在欧盟以外的最重要经济伙伴。拉夫罗夫访问斯洛文尼亚期间特别关注巴尔干和中东局势，斯洛文尼亚也表示准备承认巴勒斯坦。拉夫罗夫在2月底访问后不久，前俄罗斯军官和双重间谍谢尔盖·斯克里帕尔的毒气事件在英国发生了。在暗杀发生后的几周内，许多国家，尤其是美国和许多欧盟国家，由于俄

罗斯拒绝承担此事件的责任,作为回应,这些国家将俄罗斯外交官驱逐出境。而埃里亚韦茨拒绝采取同样的措施,斯洛文尼亚没有驱逐俄罗斯外交官。虽然埃里亚韦茨强烈主张反对针对俄罗斯的惩罚性措施,但其他两位重要领导人持不同立场。在欧盟委员会会议上,时任总理采拉尔支持欧洲的一致决定,并取消了他计划对俄罗斯的正式访问。博罗特·帕霍尔总统在这个问题上更加明确,认为斯洛文尼亚应该与其他国家一样,表达对英国做法的声援。

在外交部长发生变化之后,新任外交部部长采拉尔的首要任务之一就是在斯洛文尼亚外交部长上次访问美国8年后恢复与美国的关系。最后一次外交部长级别的正式访问是萨穆埃尔·日博加尔(Samuel Žbogar)在2010年进行的。在他之后,只有总统帕霍尔在2011年访问了白宫。采拉尔与他的前任埃里亚韦茨明显不同,试图扭转斯洛文尼亚的亲俄政策,他会晤了美国国家安全事务助理约翰·博尔顿以及美国国务卿迈克·蓬佩奥。采拉尔在与美国代表会晤时试图解决的问题之一是美国对仲裁法院关于斯洛文尼亚与克罗地亚之间边界争端决定的立场。

4. 连续性:与克罗地亚就仲裁法院判决的执行发生争执

虽然斯洛文尼亚与大国之间的关系似乎正在由于新外交部长的定位而转变,但在许多其他领域,斯洛文尼亚的外交政策仍然是在上届政府任期内政策的延续。仲裁法院关于斯洛文尼亚与克罗地亚之间边界争端决定的执行问题就是这种情况。仲裁法庭关于划分有争议的斯洛文尼亚与克罗地亚边境地区的决定是在2017年6月作出的。斯洛文尼亚开始在规定的时间内(2017年12月底之前)执行该决定,而克罗地亚拒绝这样做,理由是斯洛文尼亚代表在法庭仲裁过程中未经授权泄露信息，因此拒绝将仲裁法院程序视为有效。皮兰湾开始发生冲突，尤其是边防卫兵和渔民之间的冲突，他们被另一国当局罚款（先是克罗地亚，后来是斯洛文尼亚），要求在边境线以外捕鱼。在克罗地亚未能成功实施仲裁法院判决后，斯洛文尼亚政府启动了法律上诉程序。根据《里斯本条约》第259条的上诉是由采拉尔政府在辞职前不久发给欧盟委员会的。随后，欧盟委员会表示愿意为这一进程提供援助，并首先呼吁克罗地亚为其不执行判决的行为辩护，然后在5月组织了双重听证会。

在2018年9月沙雷茨政府上台后，对实施仲裁决定的态度和政策基本保持不变。9月，德国《明镜周刊》透露了一份由欧盟法律工作人员撰写的立场声明，该声明在很大程度上证实了斯洛文尼亚所述关于克罗地亚违反欧盟法律的立场，暗示在该意见签署了之后几个月仍然拒绝执行。据称克罗地亚这样做是得到欧盟委员会主席容克支持的。欧洲议会的四名斯洛文尼亚议员给容克写了一封信，要求对此案采取行动。10月，总理沙雷茨任命新的协调小组负责人执行仲裁决定，而这一决定受到许多人的质疑，因为任命的达米尔·奇尔恩切茨（Damir Črnčec）因其激进的右翼立场而闻名，经常因其仇恨言论、种族主义言论而受到批评。在这次法律程序中，斯洛文尼亚向欧洲法院提起的针对克罗地亚的诉讼最近刚收到克罗地亚方面的答复。在答复中，克罗地亚要求完全拒绝仲裁法院的裁决，声称它不属于欧洲法院的管辖范围。克罗地亚的立场是，在没有欧盟立法的情况下，应通过适用的国际法来解决争端。最有可能的是，斯洛文尼亚也答复克罗地亚的立场，然后预计在2019年法院应该开始作出决定，而最终的决定可能需要超过一年的时间。

5. 结论

尽管斯洛文尼亚新政府的组成与前一届政府非常相似，但外交部长的改变给斯洛文尼亚外交政策的方向带来了一些显著的变化。最重要的是，新任外交部部长采拉尔表明，他最近访问美国时，从他的前任埃里亚韦茨亲俄的政策转向更加亲美的政策。在斯洛文尼亚和克罗地亚关于边界争端仲裁法院判决的问题上，新政府的态度保持不变。

十五　希腊[*]

（一）2018年希腊政治概况

2018年希腊进行提前选举的可能性很高。然而，7月阿提卡地区发生的野火导致希腊政府搁置了其宣布在8月退出救助计划后大选的计划。2018年，执政的激进左翼联盟（SYRIZA）和主要的反对党——新民主党（ND）进行了激烈的政治辩论。其结果是，希腊的政治格局变得极端分化。尽管新民主党在所有民意调查中都有明显的领先优势，但这种两极分化的新趋势可能有利于激进左翼联盟进一步强化选民对该党的支持。

2018年是希腊激烈的政治辩论和对抗的一年。新民主党和泛希腊社会主义运动党（PASOK）的一些政治家涉嫌参与了诺华公司丑闻；普雷斯佩斯协议为前南斯拉夫马其顿共和国加入北约铺平了道路；7月的野火导致阿提卡地区大约100人死亡，而就在野火发生的前一天，希腊宣布8月正式退出救助计划；一边是执政的激进左翼联盟（及其联盟盟友——独立希腊人党），另一边是反对党（主要是新民主党和以前称为泛希腊社会主义运动党的变革运动党）以及河流党（POTAMI）和中间派联盟还有希腊共产党和金

---

[*] 作者：George N. Tzogopoulos；翻译：李丹琳；校对和审核：陈新。

色黎明党，双边对宪法改革的看法产生了严重的分歧。即使到了 2018 年 12 月，上述政党在议会讨论这些问题时也在发生冲突。

1. 齐普拉斯的表现

希腊总理亚历克西斯·齐普拉斯在国内和国际动荡时期表现出了卓越的领导能力。尽管他在 2015 年前 6 个月犯了严重的错误，致使可能会把希腊推到欧元区之外，而且他选举前的承诺与他实际执行的政策之间存在着矛盾，但他的政府已经成功地完成了对第三轮救助的所有评估。2018 年 6 月在欧盟层面就希腊债务减免达成一致。此外，由于希腊的预算盈余不断超出国际债权人设定的目标，因此，齐普拉斯能够采取一些措施，部分缓解社会的困难。例如，他曾说服希腊债权人减少新的退休金削减所带来的负面影响（已于 2017 年投票通过）。其后决定取消该计划，并与国际债权人再次协商，在提交的 2019 年预算草案中不包括养老金削减计划。这无疑是希腊总理的政治胜利。几年前，国际债权人一方的这种让步是不可想象的。

齐普拉斯 2018 年的最糟糕时刻是处理 7 月的野火。在野火发生当日，他正在波斯尼亚—黑塞哥维那进行正式访问，因此不得不中断访问返回雅典。在他回国后的第一次接受媒体采访中，他没有谈及受害者。但后来他透露，他已经意识到人的损失。希腊社会的主要看法是他谎称危机是在国家的控制之下。一般而言，野火的发生损害了希腊政府的形象，政府未能协调相关国家的公共服务与特殊需求的应对。他们因此改变了战略规划。在希腊退出救助计划之后的 9 月提前选举的方案被搁置。齐普拉斯称，在希腊哀悼受害者的同时，宣布提前大选将是一场政治自杀。

从另一个角度来看，希腊总理认为政治两极化对激进左翼联盟非常有利。新民主党和泛希腊社会主义运动党的行为失当，他们试图揭露新丑闻却对腐败容忍，齐普拉斯希望向希腊公民（主要是优柔寡断的选民和失去理智的激进左翼联盟支持者）表明，他的主要政治对手——基里阿科斯·米措塔基斯（Kyriakos Mitsotakis）在2019年选举的潜在胜利将标志着守旧的政治家们罪恶行为的回归。齐普拉斯发现很容易与米措塔基斯进行个人政治对抗，因为米措塔基斯搞裙带关系，他的家庭与一些商人有联系。

2. 米措塔基斯的表现

就基里阿科斯·米措塔基斯而言，他所遵循的是希腊主要反对党领导人的典型政策。特别是，他专注于对总理齐普拉斯及其执政党进行政治诋毁。所有在2018年组织的民意调查显示，新民主党确实领先。因此，基里阿科斯·米措塔基斯试图在几乎所有战线上批评齐普拉斯和政府，指出他们的弱点。然而，直到现在，他还没有提供可以信赖的政策。总的来说，希腊政府除了按照国际债权人已经批准的财政目标努力，别无他路。因此，新民主党的经济计划（现在该党在理论上承诺降低税收和保证经济增长）需要由这些国际债权人进行评估是否适用。而在评估之前，这些经济计划似乎没有多大意义。

民意调查中新民主党的领先并不意味着希腊公民倾向于信任基里阿科斯·米措塔基斯。目前齐普拉斯及其救助政策的问题并未成为主要反对派的政治动力。在2018年整个一年中，基里阿科斯·米措塔基斯未能激励整个社会，仅仅在新民主党支持者中人气增长。例如，他对普雷斯佩斯协议的立场表明，他将政党的政治利益置于国家之上。普雷斯佩斯协议是一个公平的妥协，将解决一个争端，为北约向前南斯拉夫马其顿共和国打开大门提供机会，但基里阿科斯·米措塔基斯反对该协议。他说，希腊正在做出让步（即"马其顿"语言和种族），他试图给人们造成一种错觉，他的政党可以达成更好的协议，并不断推动民粹主义。他不断公开指责齐普拉斯，基里阿科斯·米措塔基斯在希腊议会中表示，齐普拉斯总理与美国和欧盟讨价还价以避免削减退休金，作为交换，背离了希腊在解决与前南斯拉夫马其顿共和国名称问题上的红线。

虽然新民主党有可能赢得新的选举，但其采用的方式并不是特别具有建设性。激进左翼联盟在实施救助方面取得的成功削弱了新民主党的言论，使这些言论几乎无关紧要。这种情况在2016年和2017年就已经发生，在2018年变得更加明显。主要反对党并不愿意看到希腊政府履行其义务，实现经济增长并通过国际债权人的评估。因此，它经常将其对激进左翼联盟的批评与激进左翼联盟在2015年头几个月错误的政策联系起来。当然，这是一个公平的观点，因为如果没有那时错误的政策，希腊经济肯定会处于更好的状态。但自2015年7月签署第三轮救助计划以来，激进左翼联盟已经转变为一个完全不同的政党。新民主党也尚未找到有效的措施。

3. 政治联盟

2018年，激进左翼联盟和独立希腊人党之间的联合政府被证实也有对立。独立希腊人党对普雷斯佩斯协议的反对无疑在政府中形成了凝聚力，外交部部长尼科斯·科齐阿斯（Nikos Kotzias）在与国防部部长帕诺斯·卡门诺斯（Panos Kammenos）以及两名独立希腊议员季米特里斯·卡门诺斯（Dimitris Kammenos）和盖奥尔盖·拉扎里季斯（George Lazaridis）的个人纠纷后辞职。然而，政府仍然在议会中拥有152名国会议员。总的来说，虽然激进左翼联盟和独立希腊人党在一些问题上公开表示有不同意见，但他们还是成功地以和谐的方式进行治理。独立希腊人党领导人（和国防部部长）帕诺斯·卡门诺斯决定，2018年仍然维持联合政府，因为有猜测称他的政党可能在6月签署普雷斯帕协议后退出联合政府。

除了激进左翼联盟和独立希腊人党之间的合作之外，2018年对于泛希腊社会主义运动党来说是艰难的一年。其更改党的名称为变革运动党，但未能为中间偏左党派创造坚实的核心。尽管有最初的协议，但河流党还是决定退出。如果独立希腊人党也退出的话，理论上，变革运动甚至可以成为希腊政府中激进左翼联盟的联盟伙伴。但其领导人福菲·根尼马塔（Fofi Gennimata）驳斥了这一情况。虽然变革运动正在努力获得明确和独立的政治身份并吸引选民，但其所宣传的策略是对激进左翼联盟和新民主党的批评。有迹象表明，变革运动党将来会与新民主党合作，因为米措塔基斯和根尼马塔有良好的工作关系。

4. 结论

通过对2018年希腊国内政治的分析可以得出结论，激进左翼联盟通过努力重新获得了公民的信任，而新民主党在民意调查中虽然领先，但其没有激励社会的策略。总理亚历克西斯·齐普拉斯决定采用两极化政治格局的策略，并与主要反对党领导人基里阿科斯·米措塔基斯进行个人辩论，而基里阿科斯·米措塔基斯尚未提供可信的政策建议。对激进左翼联盟党政治上的诋毁仍然使后者成为赢得下一次选举的最佳选择。最后但并非最不重要的一点是，联合政府仍保有议会中的大多数席位说明其还是具有很大的凝聚力，但变革运动党等小党派试图发挥其作为联合政府潜在盟友的重要性。

（二）2018年希腊经济概述

1. 概述

经过8年艰难的岁月，希腊在2018年8月成功退出救助计划。伴随着欧元区决定采取一些温和措施减少希腊中期和长期的政府债务，第三次救助计划顺利完成。国民经济恢复增长，而希腊政府仍致力于继续改革的进程。然而，因为欧盟委员会每季度发布更多的监督报告，因此，希腊并没有摆脱国际监管，并且发现它几乎难以重返市场。欧盟委员会赞扬希腊经济上的成功，但也警告其可能难以实现既定的财政目标。

2018年对于希腊经济而言积极且具有象征意义。6月，希腊成功完成了第三次救助的第四次审查。这一成功使该国与其合作伙伴就一些温和措施达成协议，以减少中期和长期的政府债务。随后，为当年8月正式退出8年救助期铺平了道路。希腊退出救助计划并不能说明其就此重返市场。该国可以依靠商定的现金缓冲来满足其大约20个月的财务需求（如果需要），但是，在以合理的利率发行国家主权债券之前，其财务独立性将无法实现。到目前为止，意大利政府与欧盟委员会之间存在分歧以及土耳其货币危机等国际事态的发展导致利差维持在高水平，自然也对希腊的努力造成困扰。

希腊政府还承诺在未来几年实现财政高盈余（到2022年占GDP的3.5%）。这意味着希腊需要继续沿着改革和紧缩的道路发展，并继续受债权人的监督（尽管形式更为灵活）。更重要的是，如果希腊偏离已经设定的财政目标，就不会采取任何减少债务的措施。这意味着，无论新的全国大选的结果如何，希腊政府都有实际的空间来采取稳定复苏经济的政策。与救助年代相比的根本区别在于，为达到已经商定的财政目标，并与债权人进行部分讨价还价，希腊有机会制定自己的战略。

例如，最近，希腊政府设法取消了削减退休金的法律。欧盟委员会认为，不需要预先立法设定削减2019年的养老金，使其达到GDP的3.5%的主要盈余目标，而提议冻结养老金，到2022年使其占GDP的份额与养老金支出占GDP的份额达到相同的水平。对削减养老金进行预先立法将会使约140万退休人员的养老金平均减少14%，并将导致有贫困风险的养老金领取者人数大幅增加。希腊政府提出一揽子计划（包括在2019年推出新的4亿欧元住房补助金，减少某些类别的自由职业者的社会保障缴款以及为24岁以下的年轻雇员提供社保津贴），通过提供补贴减少贫困人口。

总的来说，希腊经济正在复苏。希腊统计局最近的数据显示，第三季度国内生产总值增长1%，同比增长2.2%，而第二季度国内生产总值增长为0.4%，同比增长1.7%。就失业问题而言，虽然希腊的失业率仍然是欧洲最高的，但监测的失业率数据表明，失业人数逐步减少。例如，失业率从2017年第三季度的20.2%和2018年第二季度的19%降至2018年第三季度的18.3%。

2018年对希腊经济最重要的挑战是减少不良贷款（NPL）的措施执行缓慢，引发对银行未来财务能力的怀疑。希腊是欧元区成员国，不良贷款率最高，而削减率最低。此外，根据国际货币基金组织的估计，2018年债务增加了210亿欧元（占GDP的11%）。

2018年7月，希腊公布了未来的增长战略，这可能为"后纾困时代"奠定了基础（尽管新民主党在2019年全国大选中有胜选的可能，如确实如此可能会改变优先事项）。根据该战略，2018年

GDP的增长受到了投资、私人消费、出口制造业、旅游业和航运业的推动。到2018年年底，对支出和收入的救助预计累计占GDP的36.5%（从2010年救助计划开始以来，总收入约为670亿欧元）。这笔金额分别为：用于支出的金额占GDP的20%，收入占GDP的16.5%。2018年，救助金额的54.8%用于支出方面，其余45.2%用于收入。

2018年私有化继续进行。萨洛尼卡港口在年内达成了协议，由德国投资股权基金（Deutsche Invest Equity Partners GmbH）、"Belterra Investment Ltd"和"Terminal Link SAS"组成的财团进行管理，总金额为2.319亿欧元，随后，比雷埃夫斯港也达成了协议。这些协议分别规定了2.92亿欧元和1.8亿欧元的强制性投资，而比雷埃夫斯与私有化了的港务局合作，计划追加2亿欧元投资。2018年2月，能够容纳2万标准箱船只的比雷埃夫斯3号码头开始运作。此外，德国电信（Deutsche Telekom）于5月完成了收购希腊最大的电信公司——希腊电信（Hellenic Telecom）5%的股权，支付2.841亿欧元。7月，希腊同意将该国66%的天然气电网运营商"DESFA"以5.35亿欧元的价格出售给"Snam SpA""Enagas International SLU"和"Fluxys SA"。最后但同样重要的是，房地产基金"ETAD"的重组正在取得进展。

2. 欧洲的批评

根据欧盟委员会2018年11月的报告，希腊经济的若干部门有改善的必要。审查并在必要时更换国有企业董事会成员，但这一过程延误。此外，希腊石油公司（Hellenic Petroleum）的出售以及埃格纳蒂阿（Egnatia）高速公路的招标仍然存在重大延误，该高速路投标的延误是系统性延误，存在很大问题。产品市场改革的进展速度参差不齐。土地清册和森林地图项目正在推进，但其他地方的安装和运营许可程序以及私人诊所的改进都有延误。同样，能源部门的改革正在取得进展，尽管公共电力公司褐煤资产的剥离和目标模式的启动有一些延迟。

关于流动性、业绩评估和建立综合人力资源管理系统等问题，目前，希腊正在进行关于公共行政人力资源管理改革的工作。即使在这方面，正如欧盟委员会所判断的那样，行政秘书等管理任命的进展也落后于时间表。财政部薪酬政策的变化与过去的改革不一致，无法建立统一的工资网。目前，希腊公共部门的规模与其他欧元区成员国的水平大致相当，因此，一个关键的挑战是避免重新回到危机前的公共部门过度招聘的做法。2018年新增的长期工作人员大致符合自然减员规则，但需要对临时工作人员的人数进行密切监测。就提高司法系统效率的改革进程而言，欧洲委员会对推迟最近通过的庭外调解框架内某些条款的生效持怀疑态度，同时，对最近的法院案件和裁决所产生的财政风险也持怀疑态度，这些案件和裁决已经或可能使早期改革的某些方面无效。

3. 结论

2018年对希腊经济来说无疑是积极的一年。救助计划的退出以及欧元区关于减少该国政府债务的一些温和措施的决定开辟了新的篇章。虽然希腊仍处于国际监督之下，欧盟委员会每季度都要发布报告，但最近的数据证实，希腊仍在继续复苏。当然，希腊的一些改革的实施延迟了，但过去8年的经验表明，每年各项改革进程的发展并不是剧烈的。未来希腊经济可能更令人担忧的是，由于执政的左翼激进联盟党（SYRIZA）和主要反对党新民主党不断斗争而引发潜在政治不稳定。所以说，希腊的危机主要是政治危机，而不是经济危机。

（三）2018年希腊社会发展概况

2018年是经济危机爆发后的第九年。希腊社会因紧缩措施而疲惫不堪，大多数希腊公民不再相信他们参加示威游行和抗议活动可能会带来他们所期望的结果，因为希腊的政治家们无法单独作出决定，而是要与该国的债权人协商。2018年发生了一些示威活动、抗议活动和罢工，但没有像前几年那样取得成功，特别是在2015年之前。在某些情况下，由于公众对希腊当局产生了怀疑，因此，暴力事件频发。在2018年整个一年中，希腊被广泛认为是一个安全的国家。但这一现实并不意味着应该忽视某些无政府主义者和恐怖主义者的行为。

当法国出现"黄背心"运动时，一些学者试图解决的问题是这一运动是否会在其他欧元区国家复制。希腊密切关注法国的发展，但没有遇到类似的反应。唯一的象征性反应是左翼的人民团结党的反应。人民团结党由前能源部部长帕纳吉奥蒂斯·拉法赞尼斯（Panagiotis Lafazanis）领导，拉法赞尼斯曾是激进左翼联盟内的"极左"派系领袖，2015年7月脱离激进左翼联盟而成立新党。人民团结在议会选举中没有超过3%的得票率而进入议会，但仍然在捍卫工人的权利。在拉法赞尼斯看来，希腊应该筹备自己的"黄背心"运动。

大多数希腊公民对组织他们自己版本的"黄背心"运动犹豫不决，这表明了目前的希腊社会正在思考的问题，而这在2018年变得简单明了。虽然希腊遇到了一些经济问题，但示威活动并不一定能满足公民的要求。近期发生的很多例子就很有说服力。例如，在2011年夏天，希腊出现的"愤怒的公民"运动在很大程度上受到了西班牙"五月十五日愤怒者运动"的启发，目的是抗议紧缩措施。激进左翼联盟在政治上利用这个运动来表达公民对主流政党的愤怒，并给公众一种可能存在替代的救助方案的错觉。但是运动本身并没有给参与者们带来任何结果。2011年夏天，当时的希腊政府投票支持新一轮的紧缩措施，以换取欧盟和国际货币基金组织提供的财政援助。

示威活动和抗议活动在希腊并不罕见。1967—1974年的军政府支持左派，而这种支持左派的心态主要是在民主制度建立之后形成的。30多年来，直到2009年经济危机爆发之前，抗议者能够向政治家施加压力，并经常会影响政府决策。但在欧盟和国际货币基金组织的经济监督期间，抗议活动再也不能影响希腊政治家们的立场，因为他们几乎无法独立于其债权人的授权而自己做决策。由于2015年1月大选的结果，希腊社会普遍存在左的心态，这种心态帮助了激进左翼联盟发展自己的事业。它未能在2015年7月就债权国提出的救助方案达成一致且认为这是羞辱性的条件，因此希腊国内的示威和抗议活动的目的遭到质疑。

在2015年9月的选举中，激进左翼联盟再次赢得选举，而示威和抗议活动仍在希腊举行。然而，这些示威和抗议活动的影响不大，与2015年之前的示威和抗议活动相比，公众的参与很有限。在2018年，希腊没有受到大量示威游行和抗议活动的严重影响。在一些纪念日，如5月1日、11月17日和12月6日，人们在雅典和平地上街游行。虽然发生了一些骚乱，但总的来说，暴力行动的规模很小。就罢工而言，工会也不像过去那样很有号召力。希腊政府于2018年投票通过的新法律对社团打算召集罢工的请求实行限制。现在，工会大会的召开需要50%的成员参与。随后，罢工行动可能被视为非法。2018年6月和9月在比雷埃夫斯港发生的罢工就被视为非法。

2018年，希腊社会的普遍优先事项不同于工会和政党领导人的优先事项，如拉法赞尼斯可以组织人们上街游行。大多数希腊公民过去和现状都仍然非常清楚通过参加示威和抗议来改善他们的生活条件是几乎不可能的。在此背景下，他们所应该做的，是努力应对经济挑战，要么做更多的工作，要么帮助无法找到工作或领取低工资和养老金的家庭成员。大多数希腊公民对未来持不乐观的态度，他们不信任政治家。因此，有些人更愿意放弃政治要求。弃权可能在2019年全国大选中占很大一部分票数。在2018年9月的全国大选中，弃权数达到创纪录的45.2%。

关于安全问题，希腊被认为是一个安全的国家，尽管国内发生了一些事件引起了关注。抗议活动和示威活动引发的暴乱（如前所述）与7月的野火同时发生是希腊国内最重要的问题。根据2018年第一季度希腊警方提供的数据显示，盗窃案数量略有增加（3.6997万件，2017年同期为3.6959万件），但武装抢劫案减少（2171件，2017年同期为2378件）。此外，希腊警方的报告说，2018年头6个月逮捕的非正规移民人数增加了69.7%。在受欢迎的旅游景点、公共交通工具上和购物区发生了针对游客的犯罪行为，如扒窃和抢钱。正如美国驻雅典大使馆所称，小偷还偷汽车里的护照，打开行李搜寻贵重物品。

2018年，希腊政府在治理无政府主义的行为方面并不是特别成功。无政府主义者将大学校园用作为庇护所。例如，2018年10月，一个名为"鲁比康"（Rouvikonas，又称Rubicon）的无政府主义团体在雅典大学的一间会议室作宣传。教育部部长科斯塔斯·加夫罗格（Costas Gavroglou）将其成员比作"被欺骗的学生"，但没有公开谴责他们的活动。在这一年里,"鲁比康"发动了对国家的办公机构、外国大使馆和私有企业的数十次此类袭击事件并宣称对这些事件负责。2018年11月,报纸"Kathimerini"报道希腊警方制订了冻结"鲁比康"资金的计划。该计划是否将在2019年实现还有待观察。2018年12月,无政府主义组织仍然继续采取行动。当月,该组织针对匈牙利驻雅典大使馆发动了袭击。

关于恐怖主义,2018年希腊没有发生重大恐怖主义事件。但英国驻雅典大使馆强调,"不能排除希腊的恐怖袭击,而且可能不受控制,包括在外国人经常光顾的地方"。此外,欧洲刑警组织年度《恐怖主义局势和趋势》报告表明,希腊遭遇左派的暴力威胁。一个名为"火焰核心阴谋"(Conspiracy of Fire Cells)的组织通过向欧洲政治家发送炸弹包裹而显示它的存在。从政治层面的另一方面来看,2018年春,希腊警方逮捕了极右翼组织"Combat 18 Hellas"的成员。据悉,该组织策划了30多次袭击,主要针对无政府主义者所在的建筑物和犹太人纪念碑。最近在希腊发生的恐怖袭击(虽然在撰写本报告时肇事者仍然不明)发生在2018年12月。一枚炸弹被放置在雅典市中心的希腊东正教堂外爆炸,而在媒体集团"SKAI"总部的炸弹爆炸则造成了大量的物质损失。

最后但同样重要的是,伊斯兰激进主义在2018年没有发生任何事件。希腊没有大规模的穆斯林,但该国也面临着许多风险和挑战。这是因为希腊处于世界一些冲突地区难民的过境国。一些恐怖分子利用难民危机通过希腊到达欧洲。虽然很难分析出恐怖分子的看法,但恐怖袭击很少的原因可能与过去几年希腊的外交政策选择有关。特别是,希腊不是美国领导的反恐战争的主要参与者,并且没有在伊拉克部署任何部队,而派往阿富汗的部队主要参与低风险的工程和医疗活动以及训练任务。此外,希腊没有参与对叙利亚伊斯兰国的空袭。希腊与阿拉伯国家保持着长期良好的关系，尽管与以色列和解，但希腊与阿拉伯国家的关系并未受到质疑。

前能源部部长、人民团结党现任领导人拉法赞尼斯未能煽动希腊社会复制希腊的"黄背心"运动表明，对于大量希腊公民来说，抗议和示威活动无法改善他们的生存现状。2018年发生了一些抗议、示威和罢工，但没有达到前几年那样的成功。在某些情况下，无政府主义者参与暴力活动并与警方发生冲突。总的来说，希腊当局不必处理重大的暴力或恐怖行为，但不应排除未来发生重大事件的风险。

（四）2018年希腊对外关系概况

希腊在2018年实施了一项充满活力的外交政策。在联合国主持下与前南斯拉夫马其顿共和国进行了20多年的艰难谈判后，两国达成了妥协。《普雷斯佩斯协议》的解决方案解决了这个问题，为前南斯拉夫马其顿共和国（现在成为北马其顿）加入北约和欧盟铺平了道路。此外，2018年是希腊与美国关系、希腊与中国关系以及希腊与以色列和塞浦路斯在东地中海加强合作的好年头。就希腊与土耳其的关系而言，前一阶段，双边关系是激烈的，而后一个阶段，尽管仍然存在分歧，但双边关系相对温和。在这一年结束时，希腊总理亚历克西斯·齐普拉斯（Alexis Tsipras）努力与俄罗斯总统普京就2018年夏季期间严重的双边外交危机后恢复信任的步骤详细交换了看法。

2018年对希腊外交政策具有重要意义。首先，希腊政府与马其顿政府6月达成的《普雷斯佩斯协议》为双方经过20多年名称问题的严重分歧的解决铺平了道路。为了能够在中长期加入北约和欧盟，前南斯拉夫马其顿共和国（FYROM）现任总理佐兰·扎埃夫决定接受正式名称：北马其顿共和国（以下简称北马其顿）。这将是普遍使用的宪法名称。通过做出必要的妥协以保障他的国家进入欧洲大西洋轨道，总理扎埃夫肯定越过了他的前任尼古拉·格鲁埃夫斯基的红线。这就是为什么格奥尔盖·伊万诺夫（Gjorge Ivanov）总统仍然犹豫是否同意讨论修改宪法的主要原因。

笔者有机会在2010年秋季采访马其顿总统伊万诺夫，也就是《普雷斯佩斯协议》签署的8年前。当时，前南斯拉夫马其顿共和国正在考虑将名称争议作为双边关系的主要问题。笔者问伊万诺夫总统为什么前南斯拉夫马其顿共和国将名称争议称为双边问题，因为谈判是在联合国主持下进行的，而希腊呼吁采取普遍适用的解决方案。伊万诺夫总统答复说，希腊提出的普遍适用的解决办法作为解决争议的基础并不现实，因为它违反了任何规范国家间关系的国际原则。当时（2010年），在他看来，所有加入联合国的国家中有2/3（129个国家）承认了前南斯拉夫马其顿共和国这个宪法名称，因此，一种普遍适用的解决方案是不可接受的。而就普遍使用新名称——北马其顿而言，《普雷斯佩斯协议》显然符合希腊国家的利益，这说明了前南斯拉夫马其顿共和国的外交失败。

当然，如果希腊对另一方的某些要求不予让步，就不能签署《普雷斯佩斯协议》。妥协需要相互让步。这就是说，希腊承认马其顿公民的国籍是北马其顿（以前的前南斯拉夫马其顿共和国），官方语言是马其顿语。《普雷斯佩斯协议》第7条规定，两国承认各自对"马其顿"（Macedonia）的理解，而"马其顿语"（Macedonian）则指的是不同的历史背景和文化遗产。北马其顿（前南斯拉夫马其顿共和国）的官方语言，即马其顿语，属于南部斯拉夫语系，而双方都承认，北马其顿的官方语言及其他属性与古希腊文明、历史、文化和遗产无关，希腊北部地区的马其顿省则属于古希腊遗产。阻止发生歧义引起了希腊《普雷斯佩斯协议》反对者的严重关注。据报道，2018年12月，马其顿总理扎埃夫告诉立法者，这次双方的妥协允许将教授希腊语中的"马其顿语"（Macedonian）变为"马其顿语言"（Macedonians）。

《普雷斯佩斯协议》不仅影响希腊与前南斯拉夫马其顿共和国之间的关系，还影响了希腊与美国以及俄罗斯之间的关系。美国公开支持《普雷斯佩斯协议》，认为这样就可以使前南斯拉夫马其顿共和国以其新名称北马其顿加入北约。相比之下，俄罗斯反对这项协议，并认为前南斯拉夫马其顿共和国的北约成员资格将进一步加强美国在东南欧的存在，因为2017年8月黑山也加入了北约。在此背景下，2018年希腊与美国的关系蓬勃发展，而与俄罗斯的关系遭受严重危机。巴尔干半岛一直是美俄竞争的领域，希腊不得不选择站在一方。

关于希腊与美国的关系，美国当局正在考虑将希腊作为动荡地区的可靠盟友。土耳其与美国的尴尬关系以及俄罗斯不断参与东地中海和巴尔干地区事务，促使美国加强了与希腊的伙伴关系。2018年12月启动的希腊与美国的首次战略伙伴对话具有指导性意义。根据官方声明，美国称赞希腊在促进地区稳定与合作方面的领导地位和愿景，特别是后者在东地中海和巴尔干地区的倡议，促进了区域共同的经济和安全利益，同时与马其顿达成了《普雷斯佩斯协议》。除此之外，双方表示将扩大多方面的防务关系以便更好地满足各自的需求，并更有效地应对区域和全球安全的挑战。最近，双方在联合培训和安全演习方面取得了成功，双边的联合行动也越来越多。

相比之下，在2018年希腊和俄罗斯经历了前所未有的误解。具体而言，希腊指责俄罗斯干涉其内政，并决定在夏天驱逐俄罗斯外交官。针对希腊的行为，俄罗斯作出了回应，也驱逐了希腊外交官。希腊和俄罗斯外交部长对外的声调变得更加激烈。俄罗斯外交部部长谢尔盖·拉夫罗夫访问希腊的活动被取消。尽管2018年秋季不容易改善双边关系，但希腊总理亚历克西斯·齐普拉斯于12月前往莫斯科并会见了俄罗斯总统普京。两位领导人讨论了夏季的危机并决定采取措施以恢复双边信任。会议取得了成功，但希腊与俄罗斯的关系是否能够恢复正常水平还有待观察。12月的会晤中，总理齐普拉斯和普京总统还谈到"土耳其溪"管道在希腊扩建并将俄罗斯天然气输送到欧洲的可能性。这个项目很难实现，因为很难获得欧盟委员会的批准。

关于东地中海的事态发展，希腊、以色列和塞浦路斯继续进行对话。2018年举行了两次三方峰会，第一次是5月在尼科西亚，第二次是12月在贝尔谢巴。希腊总理齐普拉斯、以色列总理内塔尼亚胡以及塞浦路斯总统阿纳斯塔夏季斯同意在尼科西亚设立一个常设秘书处，讨论建设东地中海管道问题。这三个国家打算在网络安全、智慧城市、创新方面开展合作，重点支持年轻企业家、教育、环境保护、农业研究、气象学、健康和旅游业。贝尔谢巴峰会上，美国驻以色列大使大卫·弗里德曼首次出席，他代表特朗普总统讲话。他的参与使得这三国的合作计划具有重要意义。

关于希腊与土耳其的关系，2018年第一阶段的特点是爱琴海的紧张局势。随着土耳其6月举行的总统大选，人们普遍谈论土耳其发生军事政变的可能性。土耳其当局逮捕了两名希腊士兵并未经指控将他们的拘留进一步加剧了双方的紧张关系，但危机局势终于得以避免。在土耳其总统大选和埃尔多安胜利当选总统之后，双边关系与第一阶段相比得到了改善。在7月北约布鲁塞尔峰会期间，希腊总理齐普拉斯和土耳其总统埃尔多安的会晤起到了催化作用。例如，两名被捕希腊士兵于8月获释并返回希腊。但土耳其战机侵犯希腊领空的事件仍然反复出现。更重要的是，希腊当局一直对土耳其阻止希腊对大陆架和塞浦路斯专属经济区进行油气勘探表示十分气愤。到目前为止，美国对这两个国家同等对待。

最后但同样重要的是，2018年是希中关系取得丰硕成果的一年。8月，希腊前外交部部长尼科斯·科齐阿斯（Nikos Kotzias）访问北京并会见了中国外交部部长、国务委员王毅。他们共同签署了关于共同建设"一带一路"倡议的政府间合作谅解备忘录。因此，希腊成为第一个与中国签订此类协议的西方发达国家。此外，2018年9月，中国新任驻希腊大使章启月接替了邹肖力大使，向希腊总统普罗科皮斯·帕夫洛普洛斯递交了国书。尽管全年希中两国关系发展势头良好，但仍未克服阻碍希中伙伴关系发展的一些障碍。最重要的是希腊延迟批准中远集团开发比雷埃夫斯港口的总体规划。

2018年，如果有一个人是希腊在世界政治舞台推进倡议背后的驱动力，那个人就是尼科斯·科奇阿斯。没有他坚持不懈的精神和系统的工作，《普雷斯佩斯协议》的签署、希美关系的加强和希中伙伴关系的改善都是不可能实现的。当然，科奇阿斯也是启动希腊与俄罗斯外交危机的人，当时他对他所看到的俄罗斯对希腊国内政治的干预作出了反应。在与国防部部长帕诺斯·卡门诺斯（Panos Kammenos）就《普雷斯佩斯协议》问题产生一系列分歧之后，科奇阿斯于2018年10月辞职。2018年年底，兼任外交部部长的总理齐普拉斯开启了改善希腊与俄罗斯关系活动。在职务交接仪式上，齐普拉斯赞扬了科奇阿斯的"爱国举动"以及他对积极和多元的外交政策的坚持。

十六　匈牙利[*]

（一）2018年匈牙利政治概况：趋势和主题

本节重点关注2018年匈牙利政治的主要发展趋势，其中一部分来自上次简报的结论，另一部分则重新审视和构建匈牙利政治的主题。本文将特别关注2018年4月举行的议会选举对匈牙利政治格局的影响和结果。

表16.1包含了匈牙利选民对其支持的政党的数据，我们主要依靠这组数据进行分析，因为这通常是最接近政治选举结果的数据。表16.1中的数字不仅表明匈牙利目前的政治格局仍然越来越多地是青年民主主义者联盟—基民盟（FIDESZ-KNDP）占支配地位，执政党可以很容易地利用2018年政治反对党的分崩离析的状况，即使在2018年4月举行的选举之后也是如此，可以很容易地进一步增强其在潜在的选民群体中的政治支持。2018年10月青年民主主义者联盟—基民盟的支持率比1月高出10个百分点，因为支持率增加力度的提高，这本身就是一项成就，因为在一般情况下，获胜政党的政治支持在选举后会下降，但这次这个情况没有发生。政治支持的下降通常可以追溯到大选第一阶段痛苦的改革和紧缩的财政政策。但

---

[*] 作者：Csaba Moldicz；翻译：李丹琳；校对和审核：陈新。

是，匈牙利政府的改革是在一个更加有利的世界经济环境下进行的，而这一指标必然有助于改善舆论的结果。

表16.1　　　　　2018年1—10月选民的党派偏好　　　　（单位:%）

	青年民主主义者联盟—基民盟（FIDESZ-KNDP）	社会党（MSZP）	尤比克党（Jobbik）	政治可以是另一个样（LMP）	共存—对话党（Együtt – Párbeszéd）	民主联盟（DK）
1月	44	9	13	8	1	8
2月	48	10	13	8	1	8
3月	51	11	15	8	0	8
4月	54	10	19	6	0	6
5月	54	9	19	6	0	6
6月	52	9	18	6	0	5
7月	52	9	17	5	—	6
8月	54	9	17	5	—	7
9月	55	8	18	5	—	8
10月	55	10	17	4	0	8

资料来源："视角"（Nézöpont）研究所。

在最近两个月，青年民主主义者联盟—基民盟在有资格投票的人中的支持率下降。但必须强调还有另一组数据，该组数据未在表16.1中显示。根据另一组的数据，青年民主主义者联盟—基民盟在居民中的政治支持率从2018年5月的42%的最高峰降至10月的38%。而这种支持率的明显变化已经反映出对公共服务部门、部委及其他公共机构进行关键改革产生的负面反应，对尝试改革匈牙利科学院结构的激烈争议以及其他一些政治辩论，如关于中欧大学（CEU）的辩论、萨尔根提尼（Sargentini）报告等。

至于反对党，政治可以是另一个样（LMP）在2018年虽然仍然是政党，但其政治支持率在 2018 年前 10 个月大幅降低。从 1 月的 8% 降至 10 月的 4%，反映出该党未来的不确定性。作为前任部长和该党主席候选人，塞尔（Szél）女士也于 10 月离开了该党和议会。尽管她在选举中取得了较好的成绩，但在 4 月大选后立即出现了问题。该党的道德委员会谴责她在未经授权的情况下与其他政党进行谈判，并禁止她在党内任职 3 年。因此，她辞去了她的职务和党的联合主席一职。该党内的斗争源于她在左翼政党中寻找盟友的做法，而她在党内的政治竞争对手显然想要建立一个更愿意与尤比克党（Jobbik）合作的右倾政党。当塞尔女士（Szél）投票支持萨尔根提尼报告时，这一分界线也变得清晰，因为该党领导层否决了该报告。

匈牙利最大的反对党尤比克党的政治支持率可能会在一年内得到加强，2018 年 1 月的支持率为 13%，10 月的支持率为 17%，而 4 月达到峰值（19%），但此后，高支持率没有再现。尤比克党的支持者越来越犹豫，主要原因可追溯到选举后的财政困难和围绕该党所进行的辩论。

第一，匈牙利国家财政部告知尤比克党，财政部将在 7 月 1 日之后削减国家对一些政治党派的支持，因为这些党派违反了关于政党的财务法规，由此，匈牙利媒体反应强烈，不断报道该党的财务问题。

第二，不仅是财务问题，而且在 2018 年期间，尤比克党内的权力斗争也占了上风。首先，在议会选举之后，尤比克党的主席沃瑙先生（Vona）辞职，该党主席候选人托罗茨考伊（Toroczkai）先生在竞选主席职位时没有获得多数选票，后来被驱逐出尤比克党，并创建了一个新政党。新成立的政党（名为"我们的祖国"）削弱了反对派力量，因为它很可能吸引尤比克党的一些选民，也许还吸引一些基民盟选民。

然而，尤比克党不仅受到了其解体趋势的影响，也受到其他政党的打击。青年民主主义者联盟—基民盟在4月8日匈牙利议会选举中获得压倒性胜利（见表16.2），这一令人信服的胜利已经是连续第三次胜利了。青年民主主义者联盟—基民盟的胜利给反对党带来的震惊结果是，社会党（MSZP）的全体领导层和政治可以是另一个样党派的联合主席豪德哈兹伊（Hadházy）先生在结果公布后辞职。共存党的总理候选人西盖特瓦里先生（Szigetvári）也宣布退出政界。

表16.2　2018年4月匈牙利议会选举的详细数据

	选民比重（%）	选民人数（万人）	地区议会席位数量（个）	在议会中席位比重（%）	议会席位数（个）
青年民主主义者联盟—基民盟（FIDESZ - KNDP）	49.27	282.4551	91	66.83	133
尤比克党（Jobbik）	19.06	109.2806	1	13.07	26
社会党—对话党（MSZP - Párbeszéd）	11.91	68.2701	8	10.05	20
政治可以是另一个样（LMP）	7.06	40.4429	1	4.02	8
民主联盟（DK）	5.38	30.8161	3	4.25	9
独立候选人（Independent Candidate）	—	2.6637	1	0.50	1
共存党（Együtt）	0.66	3.7563	1	0.50	1
MNOÖ*	—	—		0.50	1

资料来源：http：//www.valasztas.hu/ogy2018。

* MNOÖ是匈牙利德国少数民族自治政府。

十六 匈牙利

关于匈牙利政治的主题则必须强调关于移民、萨尔根提尼报告和中欧大学的辩论：

首先，在 2018 年 4 月的议会选举之前和之后，青年民主主义者联盟—基民盟通过进一步强调移民的辩论来塑造匈牙利的政治话语，并在这方面强调了其立场。10 月下旬，这一策略通过民意调查又得到证实，因为农村的青年民主主义者联盟—基民盟选民对政府的移民政策最支持，而在较大城市和布达佩斯的青年民主主义者联盟—基民盟支持者则更倾向于重视改善他们收入和生活水平的措施。换句话说，青年民主主义者联盟—基民盟能够找到激发其支持者的方法。

其次，原则上，萨根廷尼报告及其被欧洲议会采纳可能是一个很好的机会，能够将匈牙利政治辩论的主题引导到反对党可能加以利用的主题上，但是，青年民主主义者联盟—基民盟在匈牙利议会通过了一项决议，谴责在萨根廷尼报告中的诽谤，并将责任推卸给那些不支持该项决议的政党，或者将责任推给那些投票支持该报告的政党。很明显，这种策略就将青年民主主义者联盟—基民盟再次将自己定位为反移民的政党。

最后，关于中欧大学的辩论。该辩论仍在进行中。与前者相比，辩论更多地受到反对党的推动。正如中欧大学的情况所生动地表明的那样，法律和商业性质的讨论在匈牙利很容易变成看似严重的政治争端，还能够扩展到其他领域，如学术自由。

总而言之，可以说青年民主主义者联盟—基民盟压倒性地控制着政治话语权。正如我们在数据中看到的那样，2018 年，该党在潜在选民中的支持力度大大加强。但是，在有资格投票的人中，该党的支持率还是略有下降。这种下降可以被认为是对已经开始的改革的反应。关于未来的政治战略、政党，特别是执政党必须为不同的世界经济环境做好准备,这可能迫使匈牙利政府实施新的,也可能是痛苦的政策措施。适应新的世界经济环境不仅要求匈牙利政府调整经济政策措施,还要求其采取反映世界政治变化的外交政策,同时还必须相应调整和修改党的沟通和政治战略。

(二)匈牙利2018年经济发展回顾

匈牙利经济在2018年迅速增长,经济增长的速度在这一年几乎是狂热的,而通货膨胀仍然较温和,利率没有显著上升(主要利率也未降低或上调)。劳动力短缺造成劳动力市场的严重摩擦和紧张局面,一方面导致私有部门工资和薪水大幅上升;另一方面引发摩擦发生。一些分析人士预测2019年实际GDP增长将放缓,主要原因是上述问题以及其他经济过热的迹象,如通胀缓慢上升,特别是房地产市场。世界经济的主要趋势为匈牙利经济的增长提供了稳定的基础,然而,世界政治和经济的紧张局势也对匈牙利经济发展产生中长期的影响,这在2018年下半年变得更加明显。

在这一国际背景下,本次简报着眼于2018年匈牙利经济的主要趋势,主要关注增长、GDP的构成、通货膨胀、利率和经济平衡的不同指标,如贸易平衡和经常账户余额。

1. 经济增长

2018年第三季度实际GDP增长率同比增长4.9%,而同期欧盟28国的平均增长率仅为1.9%。此外,2018年第三季度只有两个国家的经济增长率较高——马耳他为7.5%,波兰为5.7%。因此,与前几个时期相比,匈牙利的经济增长不仅突出,而且其经济发展水平远高于欧盟平均水平和中欧地区的平均水平。在产出方面,农业增加值增长了3.4%,而工业增长率仅为2.7%。基本上来说,由于政府在2018年前3个季度的几项刺激性措施,建筑业蓬勃发展;建筑业的每个部门的扩张速度都很快,因此,建筑业在同期总体增长了28%。在服务业,首先是信息和通信部门(5.1%),其次是科学技术服务业(6.4%)的表现超过平均水平(见表16.3)。

表16.3　　2018年第三季度匈牙利经济指标　　(单位:%)

指标	与2017年同期相比(2017年同期为100%)
农业、林业和渔业	103.4
工业	102.7
其中:机器制造业	102.5
建筑业	127.5
服务业	103.8
零售、食宿和旅游业	106.9
交通和仓储业	103.7
信息和通信业	105.1
金融和保险业	102.5
房地产业	104.0
科学技术服务业	106.4
公共服务、医疗保健和社会服务业	100.0
艺术、娱乐	104.9
GDP	104.9

资料来源:匈牙利国家统计局。

在消费方面,家庭消费显著促成了2018年的GDP快速增长。

2018年前3个季度的家庭消费量与2017年前3个季度相比增长了5.3%，而总消费率仍然较低（4%），这主要是因为公共消费在同一时期几乎停滞不前，仅增长0.1%。2018年前3个季度固定资本形成总额增长了20%。由于进口增长快于出口，因此，净出口对GDP增长率没有贡献。

2. 价格稳定和利率

2018年11月，通货膨胀率同比增长3.1%，仅略高于匈牙利中央银行（3%）的目标。11月核心通货膨胀率为2.6%。必须强调的是，11月的通货膨胀率与10月（3.8%）相比大幅下降。这一数字的下降可追溯到世界市场油价的下跌。由于弱势货币和工资的压力，预计不会进一步下跌（根据经济研究所的分析，2018年平均工资将增加11.5%）。匈牙利货币委员会11月会议没有改变利率，并认为2019年GDP增长率将会下降，通胀目标将于2019年中期到达。

3. 贸易平衡

2018年前10个月，匈牙利出口商品价值上涨4.5%，但进口价格飙升，与2017年同期相比增长7%。因此，贸易平衡恶化，顺差减少至52亿欧元。由于2008—2009年的国际金融危机之后，贸易顺差成为匈牙利经济政策的主要支柱之一，因此，此次的贸易顺差减少可能是一个令人担忧的问题，但是，我们认为，这些趋势仅仅反映了匈牙利贸易结构的变化。2010年，服务贸易顺差占贸易顺差的1/3，在过去的3个季度中，服务贸易顺差的比重接近80%。这种变化有四个原因，其中没有一个变化显示的是竞争力恶化。

第一，对于快速增长的服务贸易的解释可以在 IT 和其他商业服务的强劲增长中找到，其增长率更稳定，波动性更小，并且能够弥补商品和其他服务贸易平衡的萎缩。

第二，近几个月贸易顺差萎缩的另一个原因是匈牙利汽车制造业提供的数据。由于欧盟推出了全球统一的轻型车测试程序（WLTP），因此，匈牙利的汽车制造业出现瓶颈，测试站的容量不足对新型号车辆的生产产生了负面影响。

第三，美元走强，货物贸易价格以美元计算，这对货物进口产生了不利影响。这可以通过贸易关系的不同趋势来证明。匈牙利与欧盟其他成员国的贸易关系良好，贸易平衡保持稳定，而与欧盟外的某些国家的贸易平衡显著恶化。

第四，匈牙利出口和进口趋势通常趋同，因为匈牙利出口的进口投入比很高。然而，由于收入增加，这两条线在 2018 年 6 月左右开始出现分歧，私人对进口商品的需求大大增加。

2018 年上半年的经常账户和资本账户盈余总额为 8.26 亿欧元，相当于 GDP 的 2.5%。

4. 公共预算

2018 年 11 月底，中央政府的预算赤字为 18.42 亿福林，而最初的官方目标是 13.61 亿福林。根据匈牙利财政部的通报，目标（欧盟统计局的目标是占 GDP 的 2.4%）仍然可以实现。通报强调，匈牙利的税收收入一直在增加，并且按照政府的经济政策目标（例如，减税和增加工资），可以实现最初设定的赤字目标。通报直接将经济快速增长与税收增加相联系，即与 2017 年同期相比，个人所得税收入增加了 2350 亿福林，养老金、医疗保险和劳动力市场贡献了 2470 亿福林，增值税收入增加了 3436 亿福林。最近几个月，关于欧盟转移支付的讨论非常激烈，但是，11月欧盟的大量资金转到匈牙利，因此2018年欧盟转移支付的资金总额增至5740亿欧元。欧盟经济和金融事务委员会公布了一项决定，确定匈牙利未能就其公共预算赤字采取有效行动，并且就纠正此项重大偏差的措施起草了一项建议。

总而言之，2018年匈牙利的经济增长强劲，更重要的是，就业迅速增加确保失业率降至20世纪90年代初经济和政治转型以来的最低水平。虽然贸易盈余与2017年同期相比有所恶化，但经济的平衡得以保持，变化的原因并未显示是竞争力问题，而表明是结构调整和经济转型的结果。外部经济环境基本上对匈牙利经济的快速增长奠定了有利的基础，但是，2018年下半年出现了明显的世界贸易争端迹象，与此同时，其他的政治紧张局势导致全球经济环境更加不确定。不确定性也反映在全球货币和股票市场的紧张局势以及债券收益率的增加。由于美联储已经开始提高关键利率，从而加强了美元的地位，因此，它对匈牙利公共和私人债务再融资的机动空间产生了影响。我们认为，匈牙利的长期经济政策目标要求匈牙利贸易多样化，外国直接投资多元化，同时扩大匈牙利经济的融资设施和渠道。

（三）2018年匈牙利的社会发展概况

本节着眼于匈牙利人口发展的主要趋势（出生和死亡人数）、生育率的变化（政府措施的广泛影响）以及老年人与整个人口的比例。所有这些数字都影响了劳动力市场以及匈牙利经济在中长期可能产生的影响。至于劳动力市场，本文将讨论失业率、就业率、工资和薪金等指标及其对匈牙利经济未来的影响。与前一组指标相比，这些数字是劳动力市场的短期指标。

1. 人口趋势

人口规模是经济增长中最重要的因素之一，因为人口的下降或增加以及其他因素对经济会产生重大的影响。根据最新公布的初步数据，2018年前9个月匈牙利出生和死亡人数均低于2017年同期。出生率下降2.2%，死亡率下降1.9%，因此，2018年前3个季度人口略微下降了1.3%。

从根本上来说，过去3年匈牙利的出生人数没有显著变化，尽管父母养育和抚养子女的意愿有了决定性的上升。这种看似强烈的矛盾可以很容易地解释为匈牙利育龄妇女人数的减少。匈牙利生育率在2011年达到了最低点——1.24%，到了2017年增至1.5%，这说明几年来匈牙利人口发展有了一个明显的改善，但这个数字仍然远远低于维持人口规模所必需的标准——2.1%。

匈牙利政府采取了强有力的财政激励措施，生育率的上升也与其他欧洲国家保持一致，总体上处于上升趋势。尽管有明确数字表明人口趋势有所改善，但匈牙利的生育率仍落后于欧洲平均水平。近年来，匈牙利政府将其政策措施的重点放在提高生育率上。在匈牙利，支持家庭的直接财政转移支付约占GDP的1.6%，但如果还包括免税额，那么，支持家庭的财政措施占GDP的4.6%。即使进行国际比较，这个数字也很出色。

但匈牙利人口研究所新发布的分析报告质疑政府措施的成功，该分析指出了以下因素的重要性：

其一，国际或区域趋势。该文件强调，曾处于社会主义时期的各国生育率在20世纪90年代初崩溃，在走向新千年时大约为1.3。最近所有这些国家的生育率都出现了上升趋势，这一趋势并非匈牙利独有。这种发展趋势被称为恢复，主要是以前延迟生育，到现在孩子已成年，其结果是现在育龄妇女的数量开始增长。

其二，不同社会阶层和地区的生育率变化。研究人员得出结论，生育率的上升大部分来自受过小学教育的妇女，而且集中在匈牙利落后地区。

其三，两个孩子的家庭过时了。虽然有两个以上子女的家庭数量正在增加，但是有一个孩子或没有孩子的家庭显著增长，结果是无孩家庭或一孩家庭"补偿"或抵消了二孩甚至更多孩子家庭的这种增长，因此无法证明政府的鼓励家庭政策措施的总体效果。

匈牙利65岁以上人口数量也显著增加，这一数字从1990年的13%增至2017年的19%，根据匈牙利人口研究所的预测，该数字将在2070年达到29%。预期寿命在未来也会改变。2001年，人们认为65.3岁以上的人年龄较大，然而，根据2016年的一项调查，这个年龄线升至68.3岁。这一结果表明，人口老龄化也意味着工作时间更长，人口更加健康，因此平均预期寿命并不必然导致劳动力市场出现问题，因为今后在匈牙利，可以通过采取适当的政策措施让65岁以上的人群重新获得活力。

2. 劳动力市场

匈牙利就业率在2018年再次上升，1月的起点为68.7%，10月攀升至69.9%。1.2个百分点的变化似乎并不显著，但必须强调的是，这一增长是匈牙利社会长期发展趋势的一部分，因为2012年年初15—64岁年龄组的就业率为55.2%。

如前所述，就业率在产出中起着至关重要的作用，必须强调的是，2018年15—74岁年龄组积极的就业率中，劳动力的构成发生了向好的变化，换句话说，公共机构工作人员减少了28.8%，而国内市场工人人数增加了2.6%。这也说明了，在25—54岁和15—24岁的群体在2017年10月至2018年10月的就业率都没有显著提高，而55—64岁群体的就业率反而上升，增加了3.4个百分点。必须特别注意20—64岁年龄组，欧洲联盟对该年龄组规定了特殊目标。2010年，欧盟将75%的就业率作为欧盟成员国的目标。匈牙利的数字已经非常接近，2018年达到了74.9%。

失业率也发生了积极的变化，2018年1月的失业率为3.9%，可能会降至3.7%。这种微小变化也是长期发展趋势的一部分。2012年年初，匈牙利的失业率为11.9%，从2012年年初到2018年年底，匈牙利失业率稳步下降。

2008年9月的毛工资为32.28万福林，2017年9月毛工资和净工资平均增长了10.4%。劳动力市场中私有企业员工的平均工资总额略高，为33万福林。不包括家庭免税额的净平均工资为21.46万福林。包括津贴在内的净平均工资增至22.3万福林。由于劳动力市场的强劲需求使匈牙利工资和薪酬的迅速增长，最低工资和最低工资保障率提高8%和12%[①]。来自几个公共劳动力市场的工资补偿措施也刺激了工资的增长（见表16.4）。

表16.4　　　　匈牙利的劳动力市场趋势

（2006—2018年，8—9月，25—64岁年龄组）　　（单位:%）

	就业活动率	失业率	就业率
2006	62.3	7.5	57.6
2007	61.8	7.4	57.2

---

① 工资保障率是完成中学教育的工人的最低工资。这笔款项总额为18.05万福林，而2018年最低工资为13.8万福林。

续表

	就业活动率	失业率	就业率
2008	61.6	7.8	56.9
2009	61.6	10.4	55.2
2010	62.4	10.9	55.6
2011	63.0	10.9	56.1
2012	65.5	10.6	57.7
2013	65.4	9.8	59.0
2014	67.5	7.1	62.7
2015	69.3	6.4	64.9
2016	70.7	4.8	67.4
2017	71.6	4.0	68.7
2018	72.5	3.7	69.8

资料来源：匈牙利中央统计局。

3. 结论

2018年，人口趋势没有发生重大变化。政府实施的家庭支持措施似乎在提高生育率方面是有效的，但转型规模不足以改变长期人口发展趋势并扭转人口下降的趋势。至于劳动力市场，很明显，劳动力仍然稀缺，对熟练技术的需求强劲，甚至对不熟练的劳动力的需求也在增长，同时，旨在增加收入的政府措施，都推高了2018年的工资和薪酬水平。基本上，劳动力短缺的现状也推动了2018年12月第二周的劳动法修正案的通过。通过的劳动法修订版本将每年最大超时工作时间从250小时增至300小时，但是，如果雇主与员工之间签有书面协议，300小时的超时工作可以增至400小时（书面应写明为自愿超时工作）。自从劳动法修正案通过以来，反对派组织了多次示威活动，不仅有来自首都的支持者，而且有来自国内一些大城市的支持者。

必须强调的是，由于经济政策必须同时应对两个挑战，因此进行平衡不是简单的事，而这些解决方案的效果是相反的。一方面，经济政策的目标是增加家庭的收入，另一方面，它也必须提高匈牙利经济的国际竞争力。其中一个要素是允许更有效地管理劳动力，然而，正如媒体经常解释的那样，鉴于匈牙利劳动力短缺，修正案不会使工人成为"奴隶"，但它可以缓解劳动力管理的压力。

（四）2018年匈牙利对外关系概况

自2010年起，匈牙利外交政策制定者采用了以利益为取向、以该国的经济和政治利益为中心的政策。这个政策在2018年的重大事件中可以看出来。本节主要关注：（1）匈牙利的欧盟政策，概述2018年该国对外关系的发展情况；（2）匈牙利与美国的关系；（3）匈牙利与俄关系；（4）匈中关系。

1. 匈牙利的欧盟政策

2018年匈牙利的欧盟政策集中在萨根廷尼报告、欧盟在巴尔干地区的角色转变和欧盟预算辩论。

（1）萨根廷尼（Sargentini）报告

欧洲议会（EP）于2018年9月通过所谓的萨根廷尼提案时，欧洲议会批准了萨根廷尼报告，认为匈牙利严重违反欧盟价值观带来了"明显风险"，根据《欧盟条约》第7条实施处罚措施以防止"严重违反"的风险。在本文中，我们得出结论，根本问题主要不在于是否会实施《欧盟条约》第7条的程序，程序本身是如何启动的，而是如何重塑欧盟内部的权力关系。为了更好地解释报告及其适应性，必须强调的是，下届欧洲议会选举将于2019年5月23—26日举行。因此，萨根廷尼提案将是参选者形成独特形象和抓住选民注意力的好机会。虽然欧尔班对欧盟移民的主流政策的断然拒绝使他与布鲁塞尔发生了冲突，但在欧尔班挑战自由主义规范时，欧洲人民党一直避免公开对抗。

（2）巴尔干半岛的欧盟成员国

可以说，来自巴尔干半岛的新欧盟成员最有可能进一步削弱西方国家自由思想的影响，此外，巴尔干国家更有可能接受并支持匈牙利人对移民的观点。与此同时，快速增长的巴尔干经济体对匈牙利经济也有促进，特别是如果这些国家可以利用欧盟资金与匈牙利连通起来。

匈牙利总理在保加利亚访问时指出了该地区经济的重大意义。"如果没有火车，没有快速列车；如果没有公路，没有高速公路，政治宣言就是无力的，巴尔干将无法与欧盟经济融为一体。"欧盟委员会支持的巴尔干国家欧盟候选成员国有四个，还有两个是潜在候选国，这几个国家似乎都是匈牙利外交政策的一个组成部分。

（3）下一个欧盟预算

最近关于下一个欧盟预算的辩论表明，预算总额很可能会随着其结构的重大变化而减少。虽然匈牙利仍然可以从欧盟预算中受益，但已不可能获得占GDP的4.6%的欧盟补贴（2014—2017年GDP总和）。因此，我们可以得出结论，匈牙利的经济政策必须为更加平衡的公共预算做好准备，并为最终的经济刺激筹集资金。

2. 匈牙利与美国的关系

2018年，匈牙利与美国之间的关系出现了小小的改善迹象，但仍有争议的话题。围绕中欧大学的未来的激烈辩论是最严重的对抗点，但匈牙利和美国可以就以下几点建立合作：

第一，欧尔班和特朗普政策中的反移民立场就是其中之一（匈牙利和美国都退出了联合国谈判，这些谈判计划为移民问题设计新的法律框架）；

第二，两国都明确强调北约国家的自卫能力。

当美国承认耶路撒冷是以色列①的首都并于 2018 年中期将大使馆从特拉维夫迁至耶路撒冷时，匈牙利表示愿意协助美国在中东的新政策。匈牙利、罗马尼亚、捷克共和国和奥地利出席了美国新大使馆的正式开幕仪式，然而，其他欧洲外交使团都抵制了这一事件。这四个国家也禁止发布欧盟谴责美国这一举动的声明。在以色列和巴勒斯坦边境的抗议活动导致巴勒斯坦方面伤亡之后，联合国、英国、法国和德国正式谴责以色列，而匈牙利等四国在这个问题上保持沉默。

总体来说，美国和匈牙利有机会改善他们之间的关系，但问题在于，移民政策的共同立场和美国对匈牙利经济的大量投资是否足以加强两国之间的关系，或者说两国对其他问题的争议（如围绕中欧大学的争议）将进一步推迟双边关系的加强。

3. 匈牙利与俄罗斯的关系

根据其多样化外交的原则，2018 年匈牙利的外交政策为维护

---

① 尽管本节并未涉及中东问题，但也必须谈一下与土耳其关系的改变。虽然土耳其经常被西欧政客认为是专制的政体，但匈牙利总理近年来一直试图加强与土耳其之间的关系。当土耳其总统于 2018 年 10 月访问布达佩斯时，两国同意加强双边伙伴关系，将双边贸易额增加 1 倍，并以其他方式扩大双边经济关系。此外，匈牙利和土耳其的目标是开展国防工业合作。匈牙利总理在埃尔多安访问前几周说："今天，喀尔巴阡山脉和欧洲的整体安全取决于土耳其、以色列和埃及的稳定，他们可以阻止穆斯林的涌入。"匈牙利总理指出，反移民政策之间的联系以及土耳其、以色列和埃及的政策及政治稳定是匈牙利外交政策的核心利益。

和深化与俄罗斯及其他东欧国家的政治和经济关系作出了认真的努力。虽然匈牙利外交政策的制定是以利益为基础，但它也是旨在缓解东欧政治紧张局势，加强该地区的经济合作。

匈牙利保克什核电站获得俄罗斯信贷和技术援助后，匈牙利发现将难以继续加强与俄罗斯的经济合作，因为俄罗斯在匈牙利的投资水平很低，匈牙利公司的资金来源不足，同样难以进入俄罗斯市场。此外，欧盟对俄罗斯的经济制裁也限制了匈牙利进入俄罗斯市场的机会。在这种情况下，两国的伙伴关系似乎不太可能有效地进一步加强经济合作。

承认这一瓶颈必定导致匈牙利在2018年就其加入国际经济合作银行进行谈判。2018年10月，匈牙利驻俄罗斯联邦大使孔科伊（Konkoly）先生与国际经济合作银行（IBEC）董事会主席伊万诺夫（Ivanov）先生在莫斯科举行了会晤。孔科伊先生确定匈牙利有兴趣与国际经济合作银行开展合作。在随后的几周里，双方举行了几次会议，匈牙利再次表达其重新与国际经济合作银行合作的意愿，以吸引更多的国际资金，特别是投资和对外贸易。

4. 匈牙利与中国的关系

近年来，匈牙利与中国的政治和经济关系一直很好，两国把合作重点放在经济合作上。2018年的两个主要活动是在保加利亚召开的"16+1"峰会和在上海举办的中国国际进口博览会（CIIE）。如果说"16+1"峰会具有普遍重要性，而匈中双边经济合作的重点则与上海的中国国际进口博览会有关。从中国国际进口博览会的清单中可以看出双边经济合作成就：

第一，根据东航宣布的计划，从2019年开始，东航将每周四次在布达佩斯和上海之间实现直飞；

第二，匈牙利在上海开设了一个贸易中心，使两国之间的贸易更加便利；

第三，匈牙利政府即将与全球最大的中国汽车供应商签署协议，该协议将在匈牙利东部进行投资（以外国直接投资的形式）；

第四，匈牙利农业部长在上海谈判后告诉记者，中国对进口匈牙利葡萄酒产品、农作物和动物产品持开放态度；

第五，匈牙利总理在中国国际进口博览会期间与中国银行行长进行了简短会谈。在开设匈牙利馆时，签署了五项 B2B 协议，除此之外，双方也同意在匈牙利建立太阳能光伏电站。

5. 总结

2010 年之后，匈牙利的外交政策发生了根本性变化，因此现在匈牙利的国家利益在外交政策上比以往任何时候都更加突出。2018 年发生的所有事件生动地表明，如果政治和经济环境与这些新想法相对立，那么，这种政策的实施就是有争议的。虽然说欧洲联盟建立在共同的价值观[1]基础之上并不意味着成员国必须"出口"这些价值观，并根据这个价值观塑造他们与其他国家的双边外交关系政策。根据我们的理解，这个价值观为各国实施更适合其核心利益的外交政策提供了更大的机动空间。

---

[1] 见欧洲联盟条约第 2 条："联盟的基础是尊重人的尊严、自由、民主、平等、法治和尊重人权，包括属于少数群体的人的权利。在一个多元化、不歧视、宽容、正义、团结和男女平等社会中，这些价值观对成员国来说是普遍存在的。"

智库丛书
Think Tank Series

中国—中东欧研究院丛书

CHINA-CEE INSTITUTE

中东欧国家2018年回顾和2019年展望

『下』

Central and Eastern European Countries:
Reviews on 2018 and Perspectives on 2019

陈新 ◎ 主编

中国社会科学出版社

下册目录

中东欧国家2019年展望

一 阿尔巴尼亚 …………………………………（329）
二 爱沙尼亚 …………………………………（354）
三 保加利亚 …………………………………（376）
四 波黑 ………………………………………（399）
五 波兰 ………………………………………（420）
六 黑山 ………………………………………（442）
七 克罗地亚 …………………………………（458）
八 立陶宛 ……………………………………（476）
九 罗马尼亚 …………………………………（494）
十 马其顿 ……………………………………（510）
十一 塞尔维亚 ………………………………（532）
十二 斯洛伐克 ………………………………（559）
十三 斯洛文尼亚 ……………………………（578）
十四 希腊 ……………………………………（596）
十五 匈牙利 …………………………………（614）

下 册

中东欧国家 2019 年展望

一　阿尔巴尼亚

（一）2019年阿尔巴尼亚的政治前景：考验阿尔巴尼亚政治的一年[*]

2019年，阿尔巴尼亚政治局势将比较紧张，计划于2019年6月30日举行的地方选举将决定并影响整个政治局势。各党派已全面开始准备工作，在全国61个城市开启的选举中，激进的选民将与游说团体一起，支持现有的或新的候选人。

1. 拉马政府的变动

2018年12月28日，总理埃迪·拉马（Edi Rama）解雇了其政府14名部长中的7名部长，并且新部长的社会知名度相对较低。社会党（The Socialist Party）的内阁经历了由拉马亲自指挥和实施的大刀阔斧的改革。强硬的领导风格再次证明了阿尔巴尼亚政治权力集中的特点。被解雇的部长分别负责金融、运输和基础设施、教育、文化、外交、农业和企业家/业务发展。拉马坚持认为，这一人事变动不是因为先前改革失败，而是采取新的政治措施以防止改革进程停滞不前。然而，公众和媒体提出了不同的观点，被

---

[*] 作者：Marsela Musabelliu；翻译：刘梓绚；校对：贺之杲；审核：陈新。

解职的部长要么被指控腐败，要么没有执行改革措施；此外，一些新提名部长的政治简历也并不光彩。

2. 新政府会影响2019年的可持续发展吗？

对社会经济政策的普遍不满是2018年的一大特征，这导致了大规模的民众抗议活动。政府结构的关键性调整对抗议活动的进行并不会产生决定性影响，关键国家部委管理层的变更同样不会立即改变社会对执政的社会党的看法和态度。大家普遍认为，这种对部长的大规模解雇行为只是为了在即将举行的选举中积累同情、拉拢投票的手段。

2019年，社会党比以往任何时候都需要大多数阿尔巴尼亚人的投票和认可，因为大规模的不信任和忽略，尤其是来自他们自己的支持者，可能会影响到社会党在该国主要城市的选举结果。

政府的成功取决于人民的生活水平，这一点可以从阿尔巴尼亚家庭的经济状况判断出来，他们曾投票支持的政府显然未能实现最终结束过渡期的承诺。

由于总理已经制定了议程，新部长无法在他们将主持的内阁中实施明显的改革。

3. 地方选举

2019年将以社会党（PS）、民主党（PD）和争取一体化社会运动党（LSI）的政治斗争为标志，试图占领该国的主要城市，这些城市人口密度大、公共资金充足：地拉那（Tirana，75.7361万人口）、都拉斯（Durres，29.9989万人口）、爱尔巴桑（Elbasan，20.5892万人口）、斯库台（Shkoder，20.0889万人口）、费尔（Fier，19.6324万人口）、发罗拉（Vlora，19.4147万人口）和科尔察（Korca，12.9065万人口）。

如上面数据所示，超过一半的阿尔巴尼亚人口居住在这7个城市中，并且正是在这些地方，权力斗争更加激烈。控制这些城市的政治力量通常也会影响大选，所以不确定性很高。

在之前的选举中，社会党（与争取一体化社会运动党联盟）在61个城市中的45个城市赢得了选举；然而，在2019年，情况发生了翻天覆地的变化。因为这一次，争取一体化社会运动党不再是左翼联盟，争取一体化社会运动党加入右翼民主党的可能性非常高。

在过去的选举中，社会党和争取一体化社会运动党赢得的地方左翼管理层一直是鲁莽的。除了备受好评的城市复兴计划"Rilindja Urbane"（其核心是城市中心的重建/现代化），过去几年并没有发生实质性的改善。一个运作良好的地方政府将满足土地开发、公共交通、基础设施、废弃物管理、下水道和排水等需求；中央广场的现代化对公民来说并不是最重要的，特别是存在更迫切和必要的需求的情况下。

4. 政治庇护主义——候选人以及其可信度

阿尔巴尼亚政治研究所（Albanian Institute of Political Studies，ISP）最近的一份报告预测下一次选举，一些有名的市长将不能连任，他们名声不好并且涉嫌腐败，当然那些很久没有上过媒体或当地社区头条新闻的人也不能在选举中获胜——此次选举中这些城市的主要政党内部将有激烈的政治斗争。

由于已实施的政治制度、行使职能的能力以及国家政府的庇护性质，事实上一些重要城市的市长在政党、决策、公众、媒体、利益集团等问题上占主导地位，有时比部级官员更有影响力。

社会主义者和民主党内部的主要政治派别为培育未来的市长，特别是7个主要城市的市长提供了机会。

显然有两种可能的结果。

情况一：社会党赢得多数选票。

最有可能的结果是社会党赢得选举。也许这一次社会党的表现并不会和前几次选举一样突出，因为45个城市再次站在左翼这边似乎是不可能的。目前的社会动乱不仅旨在推翻中央政府，而且还有地方政府。这种不满情绪可能在反对社会党上得到集中体现，从而导致一些城市失去控制。

另一种可能是社会党将"因祸得福"。反对党并没有提供更好的平台或者更有远见的候选人，而阿尔巴尼亚选民大部分是左倾的，这几乎从1991年后的每次自由选举中都能看出来。社会党在选举过程中更加积极，而且如果右翼获胜了，社会上又会有不同的声音、发生暴力事件或者明显的选举舞弊现象。

情况二：民主党联合争取一体化社会运动党赢得多数选票。

在民主党赢得选举的情况下——虽然这种可能性不大——政府的情况将会急剧恶化。如果反对党抢占了作为阿尔巴尼亚经济支柱的城市（地拉那、都拉斯、爱尔巴桑、斯库台、费尔、发罗拉等），他们的地位和政治资本将得到巩固和提升并准备在2021年上台。

就地拉那而言，民主党赢的可能性很低。社会党的后起之秀艾里昂·维里阿伊（Erjon Veliaj）正在竞选连任首都市长，有分析认为他将会再次当选。

然而，民众在其他重要的地区再次投左翼政党的可能性并不确定。如果在都拉斯和爱尔巴桑有投票转向，这只是缘于该候选人在这些城市的政治和个人形象。

一　阿尔巴尼亚

5. 2019 年的埃迪·拉马

阿尔巴尼亚的政治命运与总理埃迪·拉马密切相关，2019 年对于这位另类的领导人来说并不明朗。他古怪的态度一直是他在国际舞台上的"迷人魅力"，并在很长一段时间内引起了人们的同情，但这种完美的宣传在国内已不再适用。

据国际报道，他的政府和官僚机构的腐败程度在巴尔干地区比较高。由于国内外的一些不满、新民族意识的觉醒和反对所有政客的阵线的成立，导致学生抗议活动的爆发，这从核心意义上打破了政治局面。他们的抗议活动并非仅仅针对拉马或他的政府，他们憎恶的是整个政治阶层（包括左翼和右翼），这对所有政治家构成一种新的、不断上升的挑战。

拉马将不得不谨慎处理这种情况，并且他有可能为了平息可能的（更广泛的）抗议浪潮而满足抗议者的要求。

在司法改革和审查程序的框架内，埃迪·拉马最不可避免的挑战是特别检察机关（the Special Anti-Corruption Prosecution Office，SPAK），于 2019 年 2 月开始运作。国家调查局（the National Bureau of Investigation）、特别检察院（Special Prosecution Office）和特别法庭（Special Courts）将于春季成立。

这些机构是由美国和布鲁塞尔设计的，目的是调查并接管自 1991 年以来针对阿尔巴尼亚统治者的任何刑事指控。美国和德国的一支团队将被调到调查局，任期为两年。

首批调查将于 2019 年 9 月开始，针对已申报和隐藏的资产，将实行逮捕、扣押和没收等手段。

拉马的另一个挑战将是社会党内部的斗争。他以强硬的方式领导着自己的政党；然而，社会党中的派别和利益集团也在发展，如果他们中的任何一个变得足够有影响力,他们将立即行动起来,威胁或迫使领导者下台。

6. 最终评估

由于即将举行的选举的重要性,2019年将关乎政治的方方面面,结果对于政治影响以及下次选举的资本积累都非常重要。地方政府选举被当作企业和企业家讨价还价的手段。对于政治家和企业家(潜在寡头)而言,这种根深蒂固的交换文化已经取得了成功。

这将是拉马下台的一年吗?很可能不是!这并不是因为他功绩卓越,而是因为民主党和争取一体化社会运动党上台对阿尔巴尼亚更致命。与地方选举一样,拉马将保住他的职位,因为阿尔巴尼亚没有更好的选择。

(二)2019年阿尔巴尼亚经济的前景与挑战[*]

2019年阿尔巴尼亚的经济增速将会放缓,这是国际和国内最主要的预测。议会和部长会议已批准了2019年的预算,这也将成为政府所有支出和财政拨款的基础。通过对现有数据的全面分析,我们发现经济长期风险变得更加显著。

1. 2019年"保守"预算

阿尔巴尼亚银行认为,经济增长的前景仍将保持乐观(虽然国内生产总值下降了0.2%,但这并不影响整体的增长趋势)。就

---

[*] 作者:Marsela Musabelliu;翻译:韩彤;校对:贺之杲;审核:陈新。

一 阿尔巴尼亚

总需求和生产部门而言,经济增长的动力来源是稳定且多样的。

2019年的预算更严格地限制了政府收入。虽然经济增长率预计为4.3%,但是政府预计收入增长率为4.7%,而这只是2019年经济扩张和通货膨胀的结果;国家财政总收入预计达到4864亿列克。

历史数据显示,除了2015年外,这是过去几年收入增长最低的一年,而经济增长预计达到近十年来的最高水平。政府倾向于采用限制性预算,并预测财政管理与2018年相比会有不同的表现。

2. 新的税收平台

2018年12月,在完全保密的情况下,议会在数小时内投票通过了一项新的税收条款,适用于在阿尔巴尼亚经营企业的利润税或"股息税"。到2019年1月为止,税收比例将从之前的15%调整为8%。对于占阿尔巴尼亚人口少数的富人阶层来说,这样的减税是合理的,因为政府在有意地降低成本,而这可能有利于促进国内和国外的投资,从而改善经济结构并提高企业资产负债表的稳定性。因此,资本来源的融资份额增加,借入资金的融资份额减少。然而,这一行动与国际货币基金组织(IMF)对阿尔巴尼亚政府所提出的建议相冲突;前者建议阿尔巴尼亚财政部通过消费税指数化、环境税和进一步扩大税基,将财政赤字减少国民生产总值的0.5%以上。国际货币基金组织的建议为:

> "由于缺乏财政空间,我们强烈敦促阿尔巴尼亚当局不要采取临时减税、免税及优惠待遇,并考虑撤回已实施的措施。"[①]

[①] International Monetary Fund-Albania: Staff concluding statement, Available at: https://www.imf.org/en/Countries/ALB.

除了经济逻辑之外,这种情况的政治认识也很奇怪。一个左翼的政府没有落实他们提高中低收入阶层福利的计划,而是向企业和商业领域提供福利,这种做法令人十分惊讶。

3. 整体经济预测

根据以下指标,预计 2019 年阿尔巴尼亚的经济发展并不十分乐观,尤其是考虑到通胀、利率、实际增长、商业信心和贸易赤字等的情况。

表 1.1　　　　　　　　　　2019 年各季度预测

指标	2018 年第四季度	2019 年第一季度	2019 年第二季度	2019 年第三季度	2019 年第四季度
增长率(%)	1.09	0.9	1	0.7	0.6
国内生产总值年增长率(%)	4.48	3.6	3.9	3.8	3.9
失业率(%)	12.7	12.7	12.5	12.3	12.2
通货膨胀率(%)	1.8	2.6	2.5	2.7	2.8
利率(%)	1	1	1.25	1.25	1.5
贸易差额(百万列克)	-28819	-28900	-33400	-27130	-38800
经常项目占国内生产总值的比例(%)	-6.4	-7	-7	-7	-7
政府债务占国内生产总值的比例(%)	69.92	67.8	67.8	67.8	67.8
政府预算占国内生产总值的比例(%)	-2	-1.2	-1.2	-1.2	-1.2
商业信心(指数点)	-1.3	-2.6	-2.8	-3.1	-3.3
消费信心(指数点)	-12.3	-11.22	-11.5	-10.9	-11
股息营业税(%)	15	8	8	8	8

资料来源:作者根据 INSTAT 预测自制。

在分析不同来源(世界银行、国际货币基金组织、欧洲复兴开发银行、阿尔巴尼亚财政部)关于国内生产总值年增值率的数据时，发现存在以下（轻微）差异：

表1.2　　　　　　　　　不同机构的预测

国内生产总值实际增长（%）	2017年	2018年	2019年
世界银行	3.7	3.8	3.6
国际货币基金组织	3.7	4	3.7
欧洲复兴开发银行	3.5	4	3.9
阿尔巴尼亚财政部	3.6	4.2	4.3

4. 外国直接投资——跨亚得里亚海管道（TAP）和德沃利水电站（DHP）工作进展缓慢？

跨亚得里亚海管道是阿尔巴尼亚境内最大的国外直接投资，总额约为15亿欧元，预计于2020年完成。2018年年底，该项目已完成83%，因此2019年投入该项目的资金将会有所减少。另一个主要的项目是德沃利水电站，由挪威Stadkraft公司投资，该项目预计于2019年完成。

主要投资项目工程强度的下降将导致总投资下降，如果阿尔巴尼亚政府不吸收其他外国投资，那么这将对整个经济产生巨大的负面影响。

5. 公私伙伴关系（PPP）

根据2019年的预算报告，2019年国家预算支持11个特许权合同和公私伙伴关系。除此之外，2019年还将与特定部委签署4个此类合同，其中包括基础设施和能源部以及卫生和社会保障部。

2019年度政府针对特许合同的总支付额为126.76862亿阿尔

巴尼亚列克（ALL）或 1.01414896 亿欧元（€）。[①]

这些项目将花费大量的公共支出和阿尔巴尼亚人所纳税款，更不用说在财政年度结束时，最终的实际支出总是会高于估计值。

以下是几个主要公私伙伴关系合同：

表 1.3　　　　　　　　2019 年由预算支持的特许权合同

项目名称	金额（欧元，估计值）
阿尔贝里路第八走廊的建设和运营	20800000
海关扫描服务	12995352
特许权/公私伙伴关系（提供个性化的外科器械、生物废物处理及手术室消毒）	12856872
HEC 水力发电厂在德沃利河的建设—经营—转让，道路更新建设	12675248
提供医院化验服务	7088000
特许权/公私伙伴关系：为 35—70 岁的人提供体检服务	7008720
地拉那焚化炉	6054624
费里市城市垃圾处理焚烧炉的建设、运营和转让	6022176
米洛特—莫里内公路的建设、运营和维护	5448808
爱尔巴桑市城市垃圾处理焚烧炉的建设、运营和转让	5292000
特许权/公私伙伴关系：在 5 家地区医院提供透析服务	5173096

资料来源：Open Data Albania（作者细化并计算汇率 1 欧元 = 125 阿尔巴尼亚列克）。

在这个公私伙伴关系议程中，阿尔巴尼亚银行就潜在风险提出了建议，并预测预算赤字可能会增加。

6. 商业环境

服装、鞋类和糖果生产行业（通常被称为 fason）预计迎来最

[①] PPP concessions with budget support，Available at：http://open.data.al/sq/lajme/lajm/id/2393/titull/Private-Public-Partnership-Concessions-with-budget-support-for-2019.

艰难的一年。这是由欧元—阿尔巴尼亚列克（ALL）汇率急剧和持续下降造成的。列克对欧元的升值导致了所有 fason 制造公司的高额亏损。这些企业的收入用欧元计算，支出用列克计算。2018 年欧元对列克贬值超过 9%，这意味着这些公司的收入（账单）也出现了类似的贬值。考虑到 fason 制造公司的平均利润约为 15%，由汇率变化带来的收入下降是致命的；如果这种趋势持续下去，许多这样的企业将濒临破产。

造成这个制造基地衰落的原因之一是他们没有为生产线购买或订购新机器；其结果是生产率下降、出口减少、收入减少，更重要的是就业减少。

7. 2019 年的优先事项

第一，大力推进电力部门改革。短期来看，要优先考虑进一步开放市场，① 在国有企业中执行支付纪律，并改善监管框架，以确保设置能够反映成本的关税。

第二，基础设施项目应该透明推进。阿尔巴尼亚在道路、铁路和港口领域仍有大量需求，但很重要的一点是，投资项目应该根据最佳实践竞争原则和标准进行招标。

第三，解决阻碍信贷增长的因素。根据地区标准，不良贷款虽有所下降，但仍处于高位，这阻碍了信贷的增长；政府应加紧进一步减少不良贷款。

8. 欧元区可能出现溢出效应

最新的报告证实欧洲经济未来的风险正在增加。由于欧盟是阿

---

① European Bank for Reconstruction and Development, Country assessment: Albania, Transition Report 2018–2019, Available at: www.ebrd.com/documents/oce/transition-report-201819-albania.pdf.

尔巴尼亚主要的贸易和投资伙伴，阿尔巴尼亚将受到欧盟成员国经济潜在脆弱性的严重影响。这些国家的经济衰退可能会使他们减少出口、汇款和外国直接投资。由于经济下行风险仍然存在，这与公共行政和基础设施的嵌入式结构的弱点，以及受国内政治紧张局势影响而导致的改革放缓有关，因此建立"经济缓冲区"是十分重要的。意大利就是一个很好的例子，如果意大利在2019年开始征收关税，继续与欧盟开展"金融大战"并提高税收，短期内就会对阿尔巴尼亚的经济产生影响。

9. 小结

世界银行于2019年1月发布的最新的《全球经济展望》(*Global Economic Prospect*) 以"乌云密布"(Darkening Skies) 这一标题为开篇，很明显，阿尔巴尼亚的经济状况也不例外。政府开支超过预期、对富人减税以及欧元贬值等问题可能构成连锁反应，从而影响社会最薄弱的环节。

就该国的外国直接投资而言，情况似乎更加糟糕。政府应立即采取措施，吸引更多的外国投资者，以增加投资来源的多样性。公私伙伴关系的做法实际上是在惩罚外国公司，同时有利于当地承包商（大部分与强有力的政治家有关）。

由于阿尔巴尼亚地方选举的到来，相关基金随之注入，2019年上半年情况可能会有一些改善，但这是微不足道的。在政治竞选时期，为了获得选举胜利，地方政府的候选人利用他们的政治和金融资本来改进一些当地活动，许诺增加就业机会并根据实际需要分配资源。然而，一旦选举结束，每个城市的市长上台后，一切又会回到以前的状态。

（三）2019年阿尔巴尼亚社会展望：社会问题解决过程中的怀疑主义*

2019年将成为阿尔巴尼亚社会领域繁忙的一年。2018年年底发生的事件（学生抗议事件）被人们认为是一个火花，如许多人希望的那样，这标志着社会关注度的提高。官僚机构的信任度逐渐下降、社会进一步分化、教育系统、人口增长趋势减缓、有组织犯罪和医疗保健等将是2019年面临的主要社会问题。

1. 从伏尔泰式怀疑主义到教条式怀疑主义

在任何特定国家，紊乱的国家机构都会招致民众对整个系统的信任丧失。腐朽的官僚机构源于其所在社会的结构性问题，其结果是普遍的怀疑主义。阿罗森（Aronson）区分了五种类型的怀疑主义，其中两种可以完全适用于阿尔巴尼亚社会：伏尔泰式怀疑主义和教条式怀疑主义。伏尔泰式怀疑主义是对当前的制度、系统和价值观产生了怀疑——而教条式怀疑主义则是先验地断言不可能，宣称特定情况肯定是错误的。在阿尔巴尼亚，怀疑主义是从其中一个到另一个的流动性过渡。如果官僚机构在这二十年中最初被怀疑和担忧，那么从2019年开始，人民的判断就很清楚了：官僚机构是扭曲的和不可靠的。

这将在2019年显现出来，特别是因为广受称赞的司法改革和审查程序。如果在2月、3月之前高级别腐败特别检察办公室（SPAK）没有成立，到9月没有逮捕高级别官员，信心的完全崩溃

---

* 作者：Marsela Musabelliu；翻译：刘梓绚；校对：贺之杲；审核：陈新。

将影响整个公众舆论及其对该制度的态度。这种情况可能真正威胁到社会主要支柱：个体、家庭、社区。

个体认为只要"管好自己的事"，而历史告诉我们：当个人无视他人的需求和权利，追求自己的利益时，社会将不能前进。家庭作为最重要的社会单位，必须适应现实，同时努力控制好不稳定局势及失去信心的个体单位。通过上述多米诺骨牌效应，为了共同利益而共同合作的隐性协议，如卢梭所称的社会契约论，对社区而言将逐步失效。

2. 社会进一步激化

2019年是阿尔巴尼亚的选举年，从以往的政治运动经验来看，社会的激化现象变得更加突出。

选举活动将凸显每个社区的政治情绪，并且在2019年有更多因素可以进一步加深政治分歧。在过去一年中，几乎每个月都有一次抗议活动，如果这种趋势延续到2019年，那么与现有抗议活动有关的选举机器的动员将产生多维度效应，并可能造成混乱。然而，最大的担忧是各种形式的社会动荡的"过度政治化"。过去的示威活动表明，即使民间社会出现矛盾的声音，如因为艺术（可能拆除国家剧院的案例）或自然资源保护（试图通过建设水电站拯救瓦尔博纳河）的原因，整个社会风潮还是可以通过政治对抗来引导。

在将这些基本想法融合到一个特定组织方面，唯一的好转似乎是民粹主义运动的消失。这并不意味着群众中没有民粹主义的声音，这些声音努力吸引普通民众，同时排斥现有精英，但没有足够的影响和信誉成为民众运动的代表。

3. 高等教育系统

截至2019年,阿尔巴尼亚共有15所公立大学和24所私立大学。阿尔巴尼亚290万名居民拥有39所大学,这使得该国人均教育机构指数是最高的,也意味着每7.4万名居民拥有一所大学(德国每35万名居民拥有一所大学,意大利大约每60万名居民拥有一所大学,塞尔维亚每40万名居民拥有一所大学)。这种情况归因于阿尔巴尼亚政府颁布的两项法律:第9741/2007号法律和第80/2015号法律。

第一条(9741/2007)法律,为该国大学的指数增长创造了基础,特别是私立大学。该法律导致大学生人数增加,初步估计由2008年的8万名增长到2014年最高峰的16.5万名;但是,数量的增加伴随着质量的下降。

第二条(80/2015)法律,取消或阻止了17所不同的私立大学的活动,并在盎格鲁—撒克逊模式的基础上开始了高等教育改革,这种模式不太适合阿尔巴尼亚的学术情况。该法律中受到争议的是国家平等资助私立和公立大学的创新之举。公立大学资金减少的同时,选择增加所有学生的学费,同时内部预算缺乏透明度。重要的是在预算缺乏透明度的同时,还伴有学术界人士的腐败。

4. 学生抗议

2018年12月4日,在地拉那(Tirana),一大群学生(参加人数有8000—20000人)开始在教育部前抗议,反对所谓的未通过考试"罚款"费用上升。抗议活动引起了其他城市学生的共鸣,随后几天,扩大到都拉斯(Durres)、斯库台(Shkoder)、科尔察

(Korca)、爱尔巴桑（Elbasan）和吉诺卡斯特（Gjirokaster）；基本上来看，阿尔巴尼亚的每个主要社区都有一所公立大学。随着抗议事件发展成为全国性议题，解决问题的需求也在增加。

截至 2019 年 1 月，新的教育部部长上台，但高等教育改革的法律平台仍然存在。学生抵制了大学中的学院；他们中的一些人与政府发生了冲突，并将自己隔离在礼堂内。解雇前教育部部长和政府履行部分要求的承诺并不能让学生满意，也没有结束抗议活动，只是将抗议活动由上街游行转变为关闭大学。

由于没有对高等教育系统给予足够的关注，政府和公众舆论对事件的发展感到意外。涌入地拉那街头的年轻大学生，要求降低税费、获得优质教育，并得到大多数人的大力支持（根据最新民意调查，支持率在 85%—95%）。

这场抗议迟早会结束，但后果将伴随随后一整年。这一代人的不满声音将会放大，因为这一代人不属于千禧一代或更老一辈，这些学生属于"Z 一代"（Generation Z）；他们出生在 1995—2014 年，是网络、智能手机和社交媒体的一代，他们对过去的政权没有怀旧的情绪，他们所知道的唯一现实是过渡时期的不稳定性。

5. 人口增长趋势的减缓

阿尔巴尼亚人口下降的两个主要风险是高移民率和低出生率。Worldometers 预测阿尔巴尼亚 2019 年人口趋势：人口年增长 0.14%，净流动人口为 -8000 人，人口年龄中位数为 32.6 岁，生育率为 1.71%，城市人口为 63.7%。虽然（阿）当地机构对 2014 年之后的人口增长趋势进行了预测（直到 2031 年），描述了 3 种可能的情景，但由于没有预测到大规模移民，这些预测已经失去意义。

一　阿尔巴尼亚

出生率下降不会对社会立即产生影响，但移民对一个国家的整体表现有直接影响。人才/技能流失首先影响到经济。阿尔巴尼亚的企业已经很难寻找到专业工人，如果大多数大公司都设有"内部学院"来培训和提升其工人的地位，情况就不会如此。如果迁移趋势是按照价值计算（-8000 人），那么该国移民的人将是高技能的专业人员、城市居民、年龄在 25—45 岁的人。这将立即影响公司的生产力和绩效，以及当地消费。

6. 有组织犯罪

打击有组织犯罪是阿尔巴尼亚满足欧盟要求、开启入盟谈判的重点事项之一。实际上，这种现象已成为当地和国际媒体的头条新闻。一些最新的犯罪现场的资料表明，不同的帮派正在公开和大规模地相互斗争。然而，2019 年 1 月，阿尔巴尼亚警方拘留了"最想逮捕的"名单中排名第一的罪犯——凯尔门德·巴利利（Kelmend Balili），他是过去几年中的头号通缉犯，人们怀疑他拥有强大的政治背景。对于法律执行机构来说，这是未来几个月的一个好兆头。

7. 医疗保健

2019 年 1 月 12 日，一名无家可归的男子在阿尔巴尼亚一家大医院门前死亡，因为他在那里等了一个多小时，没有得到任何医疗援助。一个垂死的人在一家医院门前无法获得医治的可怕场面被广泛传播，再一次暴露出阿尔巴尼亚医疗系统的低效率。

在上面提到的所有问题中，医疗保健问题是最突出和最危险的。医疗之家（Health Power House）的最新报告声称阿尔巴尼亚的医疗资源非常有限。公立医院的不良状况以及与腐败和过期药物有关的众多丑闻已使许多公民转向私营医院看病。

卫生部的2019年预算已经获得批准，从数字来看，短期内情况不会改变。获得医疗保健的有限机会仍是一个难题。大部分居民无力承担最低费用，许多人的健康问题日益严重，而且往往造成悲惨的后果。

医疗部门恶化的另一方面是医生和护士大量外流到西欧（主要是德国），这造成阿尔巴尼亚成为人均医生人数最少的国家之一，每1000名居民中有1.2名医生（与同区域其他国家相比较：希腊每1000名居民有6.2名医生，马其顿为2.8名，黑山为2.3名，塞尔维亚为2.4名，波黑为1.8名）。如果该问题不能通过合适的方法迅速解决，2019年将对社会弱势群体产生巨大影响。

最后，不得不意识到在阿尔巴尼亚这样一个小国，它的社会仍在改善最基本和最重要的需求上挣扎。此外，令人失望的是，2019年似乎没有任何改善的希望。学生的抗议为忙碌的一年铺平了道路。不满情绪和社会上的不耐烦情绪将成为未来几个月的关注重点。

（四）2019年阿尔巴尼亚外交展望
——争议与挑战*

对阿尔巴尼亚外交来说，2019年预计是非常复杂的一年。阿尔巴尼亚面临着许多挑战，阿尔巴尼亚欧洲和外交事务部（Ministry for Europe and Foreign Affairs，下文简称外交部）承担着具有历史意义的责任和很高的政治期望，因此应该继续全心全意地维护

---

* 作者：Marsela Musabelliu；翻译：韩彤；校对：贺之杲；审核：陈新。

国家利益。这一年最为严肃和重要的事件包括开启入盟谈判、为成为 2020 年欧洲安全与合作组织（OSCE）轮值主席国做准备、成为《亚得里亚海宪章》（*Adriatic Charter*）轮值主席国、继续与希腊的谈判、密切关注塞尔维亚—科索沃的"领土交换"问题以及迫切需要在多层面（双边和多边）加强阿尔巴尼亚在该地区和其他地区的存在感。

1. 遗留问题和争议

2018 年 12 月底，埃迪·拉马（Rama）对内阁进行了改组，外交部部长迪特米尔·布沙蒂（Ditmir Bushati）也不例外。拉马高度赞扬了外交部部长的成就和献身精神，随后将他解职。拉马补充道，外交部名称的变更只是为了努力推动阿尔巴尼亚的入盟进程。

许多阿尔巴尼亚学者、政治家和前大使都认为前任部长布沙蒂并没有做到雁过留声，在外交政策上也没有什么重大成就；除此之外，由于他与希腊的谈判过程不透明，并且在他领导外交部的五年中，裙带关系和政治庇护主义泛滥，因此他受到了严厉的批评。

然而，拉马新提名的外交部部长令媒体和公众感到震惊。

根特·察卡伊（Genti Cakaj），28 岁，一个在科索沃出生的阿尔巴尼亚人，总理前顾问和外交部副部长，他成为总统伊利尔·梅塔（Ilir Meta）与总理埃迪·拉马间持续三周的政治对抗的焦点。总理与总统曾经是盟友而现在是对手，围绕提名察卡伊担任部长一事，在媒体和任命程序上发生了冲突。

根据阿尔巴尼亚共和国宪法，总理提名内阁部长，总统有七天的时间来决定并颁布新的提名。此次总统不同意提名察卡伊担任外交部部长并且否决了拉马的请求:"该提名者不符合宪法的要求,没有足够的可信度,没有提供充分的证据来证明他可以客观地履行职责并且有足够的能力。"

除了法令中提到的原因外,总统主要关心的问题是,新的候选人在外交部担任副部长期间,没有从国家机密信息安全目录(National Directory for Security of Classified Information,DSIK)中获得必要的安全许可证书。几乎所有的阿尔巴尼亚分析人士都不同意任命察卡伊为候选人的另一个原因(没有明确声明的)是,这位未来的部长曾表示他接受塞尔维亚和科索沃"领土交换"的想法。

最终,拉马采取了类似希腊总理齐普拉斯(Tsipras)的做法,自己担任了外交部部长,因此他现在同时担任两个职位。2019年1月23日,在职业生涯最短的一次演讲中,拉马将外交部所有的职责和责任委托给了察卡伊,实现了他一直以来想达成的目标。从那天起,察卡伊就成为实际上负责阿尔巴尼亚外交政策的人。这一富有争议的决定将成为未来事件和结果的基础。

2. 2019年阿尔巴尼亚外交政策将面临的挑战

(1)开启入盟谈判——希望的春天

从各个方面看,2019年阿尔巴尼亚外交政策中最重要的事件就是入盟谈判的开启。2014年阿尔巴尼亚成为欧盟候选国,从一开始,欧盟就在五个关键的方面要求阿尔巴尼亚取得进展并迅速实施:公共行政改革、司法改革、反腐败、打击有组织犯罪和保护人身/财产权利。

2019年,阿尔巴尼亚有了一个新的外交部部长,同时,卢伊吉·索雷察(Luigi Soreca)代替罗马纳·弗拉胡廷(Romana Vlahutin)成为欧盟驻阿尔巴尼亚代表团的新团长;谈判将必须遵

一　阿尔巴尼亚

循其前任根据欧盟和阿尔巴尼亚之间的政治协定所规定的路线进行，但是我们不知道这两个新关键人物的个人态度将如何影响谈判的进程。

确实，2018年欧盟领导人会议为入盟谈判打开"绿灯"，这一决定有望为2019年获得最终的批准铺平道路，但这一切都将取决于欧盟选举后形成的新欧洲议会。

对阿尔巴尼亚来说，春季是一个缓冲期，预计欧盟委员会将会提交年度报告，并由欧盟理事会成员国进行进一步的审查。罗伯特·舒曼基金会（Robert Schuman Foundation）发布的最新欧盟选举预测显示，英国脱欧将导致欧洲议会出现激烈的政治改组，民粹主义和极端民族主义抬头，甚至后者可能将赢得多数席位。该报告表明，如果这些力量与国家层面的结果相符合，那么他们可能赢得多数席位；然而，报告还显示，即使情况确实如此，这些力量也会分为几个部分，在一些特定议题上很难会有一致的立场。

阿尔巴尼亚（和马其顿）的筛选过程已经开始，该过程将在春季结束，并于2019年5月底宣布筛选结果。

（2）为2020年欧洲安全与合作组织轮值主席国做准备

欧洲安全与合作组织（欧安组织）的起源可追溯到1979年年初美苏缓和阶段，最初是东西方对话与谈判的多边论坛，1975年签署了正式协议——开启了"赫尔辛基进程"（Helsinki Process）。冷战的结束、新的国际挑战的出现和1994年召开的布达佩斯首脑会议使其成为一个永久机构并初具运作能力。

欧安组织在维护安全方面是十分全面的，其中包括政治、军事、经济、环境和人的安全。因此，它的工作还涉及其他与安全有关的议题，包括军备控制、建立信任和安全措施、人权、少数民族、民主化、警务战略、反恐以及经济和环境等方面的活动。

截至2019年，欧安组织共有57个参与国（从美国到几乎所有欧洲国家、俄罗斯，从中亚到蒙古国），各个参与国享有平等地位，在政治上达成一致而非在法律约束的基础上做出决定。

欧安组织轮值主席国是一年一届，轮值主席国由部长级理事会指定的欧安组织参与国担任。轮值主席国的职权由该国外交部部长来行使。

阿尔巴尼亚是2020年的轮值主席国，然而，在那之前需要进行大量的准备和程序性工作，这意味着2019年需要为轮值主席国做好准备，同时需要高度重视并履行必要的职责。

除此之外，在宣布成为轮值主席国时，俄罗斯和塞尔维亚代表团根据"欧安组织议事规则"的第IV.1（A）6段发布了两份"解释性声明"；这两份声明都强调了科索沃问题并提出："我们希望阿尔巴尼亚能像之前的每届轮值主席国一样，在2020年暂且搁置国家议程，以负责任、透明、无偏见的方式履行自己的职责。"

这是阿尔巴尼亚第一次领导这个非常重要又复杂的组织。欧安组织的地缘政治目标、其成员的争议性和复杂性、多个机构的重叠性对欧安组织的领导层来说是很大的挑战，阿尔巴尼亚首次应对这个挑战需要承担责任并保持高度的外交专业精神。

（3）《亚得里亚海宪章》轮值主席国

美国领导/启动的《亚得里亚海宪章》于2003年在地拉那签署。美国国务卿科林·鲍威尔（Colin Powell）和阿尔巴尼亚、克罗地亚、马其顿的总理出席了签署仪式。该倡议的目的是成为区域合作以及提升和引导北约对西巴尔干国家期望的重要论坛和工具。2008年波黑以及黑山也成为该组织的成员国。

截至2019年，亚得里亚海五国（A5）在促进和实施北约门户开放政策（NATO Open Door Policy）方面发挥了积极作用。这个平

一　阿尔巴尼亚

台对于其西巴尔干成员国和美国来说都十分重要；事实上，美国副总统迈克·彭斯（Mike Pence）在2017年参与波德戈里察峰会期间表示："《亚得里亚海宪章》在使西巴尔干地区与欧洲团结、与北约结盟方面发挥了主导作用，《亚得里亚海宪章》本身就是美国对西巴尔干地区及整个欧洲的承诺。"

该宪章确实存在一个主要面向安全的议程；但它主要有三个级别的论坛，分别是外交部部长、国防部部长和国防部参谋长论坛。这个加入外交政策议程的因素也需要阿尔巴尼亚的关注和负责。

（4）继续与希腊谈判

在重新开启与希腊的谈判的情况下，另一项挑战需被列入外交部的议程。与南方邻国的谈判很复杂，并且在多个领域都需要专家的意见。

目前来看，这个谈判暂时停滞不前（或者至少不为公众所知），因为作为该协议的推动者——科特齐亚斯（Kotzias）和布沙蒂（Bushati）都已经不在部长的位置上。在希腊方面，齐普拉斯正在负责外交政策议程；在阿尔巴尼亚方面，埃迪·拉马将所有的责任都委托给了根特·察卡伊（Gent Cakaj）。

如果在2019年谈判进程恢复，那么整个谈判的重担都将落在新当选/授权的部长身上。在这种情况下，阿尔巴尼亚内部的争议会更多，原因有两个：第一，关于历史遗留问题的谈判缺少包容性和透明性；第二，新的（事实上的）外交部部长已经被怀疑主义包围，他一直是总统和总理间纠纷的焦点。

（5）密切关注塞尔维亚—科索沃间的"领土交换"问题

阿尔巴尼亚在科索沃问题上发挥着重要的作用，同时也承担着很大的责任，尤其是在促使其与塞尔维亚关系正常化方面。2018年夏天，萨奇（Thaçi）和武契奇（Vučić）在普里什蒂纳宣布"领

· 351 ·

土交换"的想法，随即引发了一场"政治地震"。从那天起，阿尔巴尼亚关于这个议题的分析、想法、辩论、文章、政策文件等大量增加。没有一个阿尔巴尼亚媒体不为这个事件留出版面；对于某些平台，每天都会有对该事件的分析。

然而，在2019年，新（事实上的）外交部部长对这个事件的看法与他的前任不同，而且与阿尔巴尼亚政府的官方发言形成鲜明的冲突。

德国是"领土交换"计划的主要反对者，并且警告贝尔格莱德和普里什蒂纳不要采取进一步的行动；然而一位来自奥地利的资深巴尔干研究学者弗洛里安·比伯（Florian Bieber）认为，有迹象表明谈判可能还在继续。

很多人想知道新部长将如何处理这个问题，大多数的早期预测显示，只有埃迪·拉马和他的同僚支持察卡伊；对学者和外交政策分析人士而言，他们中的大多数人认为外交部政治组织不完善以及缺乏必要经验，这将干扰（使之变得更糟糕）这一过程。

3. 总结

目前，迫切需要在多个层面（双边和多边）加强阿尔巴尼亚在该地区和其他地区的存在感。最著名的阿尔巴尼亚学者之一——利森·巴什库尔蒂（Lisen Bashkurti）认为，对于上述所有挑战，特别是入盟议题，至少需要1400名不同领域专家来商讨35个不同的入盟谈判章节。

根本问题依然存在：新（事实上的）外交部部长能否胜任这项工作？如果部长的目标是做出杰出的成绩，那么政治仇恨和裙带关系就应该被放到一边以维护精英统治。

在上述严峻情势下，阿尔巴尼亚需要许多前外交官、大使、外交事务专家和国际关系学者的专业知识来做指导,以在国际舞台上有尊严地发声并维护自己的国家利益。许多杰出的阿尔巴尼亚专家都因为没人意识到他们对国家和阿尔巴尼亚外交的巨大贡献而被边缘化。

二 爱沙尼亚

（一）2019年爱沙尼亚政治前景展望
——议会选举：开始和结束[*]

在一个动荡不安、某种程度上甚至是混乱不堪的欧盟政治舞台上，爱沙尼亚一直被认为（或者说至少被认为）是一个普遍尊重合理规划的地方。无论是在财政方面还是在为欧盟理事会轮值主席国做准备的过程中，爱沙尼亚一直试图避免任何不愉快的意外，而在其他国家这种意外的发生通常是因为准备相对（或完全）不足，或者缺少合理预测。可以说，这样一个波罗的海国家，将在2019年受到严峻考验——爱沙尼亚议会和欧洲议会都将在这一年重新选举。

事实上，爱沙尼亚议会选举将于2019年3月3日举行，但竞选活动在这之前一段时间已经非正式地开始了。从2018年7月开始，许多当地政党和有关组织以一种非常引人注目的方式开始认真关注选举。我们认为，以下六个爱沙尼亚政党会极力进入下一届议会：爱沙尼亚中间党（爱沙尼亚语：Eesti Keskerakond；目前在议会享有25个席位）、爱沙尼亚改革党（爱沙尼亚语：Eesti Re-

---

[*] 作者：E-MAP基金会；翻译：林佳文；校对：马骏驰；审核：陈新。

二　爱沙尼亚

formierakond；拥有30个席位）、爱沙尼亚保守人民党（爱沙尼亚语：*Eesti Konservatiivne Rahvaerakond*；拥有7个席位）、爱沙尼亚社民党（爱沙尼亚语：*Sotsiaaldemokraatlik Erakond*；拥有14个席位）、爱沙尼亚祖国联盟—共和国党（爱沙尼亚语：*Isamaa*；拥有11个席位）和爱沙尼亚200（爱沙尼亚语：*Eesti* 200；新政党，目前在议会没有席位）。

到目前为止，政党名单上的其他党派进入下一届爱沙尼亚议会的可能性很小，因为这起码需要全国5%的支持率。这大概是爱沙尼亚自由党（爱沙尼亚语；*Eesti Vabaerakond*；拥有6个席位）的担忧之处。鉴于其支持率的急剧下降，自由党这一次可能无法获得议会席位。当然，任何政党的议员或已脱离政党关系的个体可以作为独立候选人当选，但它需要另一种分析框架做完全不同的研究。目前，爱沙尼亚议会有8名不属于任何党派的议员。

一家奥地利的非营利组织Poll of Polls提供了一份有趣的材料，全面预测这六个党派的得票率。① 表2.1综合展示了若干爱沙尼亚的主要民调。根据"卡尔曼平滑线"（Kalman Smooth），以及截至2018年12月20日的数据，我们只能推测爱沙尼亚保守人民党和祖国联盟—共和党的支持率会上升，而支持率最高的两党将迎来下降趋势。

关于预测选举的主题不多，但不可否认，最主要的问题在于未来爱沙尼亚议会政府最可能的构成。具有象征意义又蕴含讽刺意味的是，这是一个涉及113.1亿欧元（2019年的国家预算）的问题，但我们仍然可以做出合理的预测。如果2018年12月20日的汇总数据视为各政党在2019年3月将获得的选票数，那么下一届

---

① "All polls for Estonia"，Poll of Polls，Available from https：//pollofpolls. eu/EE.

爱沙尼亚政府极有可能由爱沙尼亚中间党、社民党、祖国联盟—共和党和爱沙尼亚200组成（见表2.2）。

表2.1　　　爱沙尼亚民调数据汇总（2018年10—12月）

政党	记录日期/汇总占比		
	2018年10月20日	2018年11月20日	2018年12月20日
爱沙尼亚中间党	27%	28%	27%
爱沙尼亚改革党	27%	25%	23%
爱沙尼亚保守人民党	17%	17%	19%
爱沙尼亚社民党	12%	10%	10%
爱沙尼亚祖国联盟—共和党	5%	5%	7%
爱沙尼亚200	6%	7%	7%
爱沙尼亚自由党	2%	1%	1%
爱沙尼亚绿党	3%	3%	3%

资料来源：Poll of Polls.eu。

表2.2　　　　爱沙尼亚未来政府的可能构成

各种联盟的构成	组阁可能性（根据最新民意调查的综合结果）
1. 爱沙尼亚中间党、爱沙尼亚社民党、爱沙尼亚祖国联盟—共和党	44%
2. 爱沙尼亚中间党、爱沙尼亚社民党、爱沙尼亚祖国联盟—共和党、爱沙尼亚200	51%
3. 爱沙尼亚改革党、爱沙尼亚社民党、爱沙尼亚200、爱沙尼亚祖国联盟—共和党	47%
4. 爱沙尼亚中间党、爱沙尼亚社民党、爱沙尼亚200	47%
5. 爱沙尼亚改革党、爱沙尼亚200、爱沙尼亚祖国联盟—共和党	37%
6. 爱沙尼亚中间党、爱沙尼亚改革党、爱沙尼亚200	57%
7. 爱沙尼亚中间党、爱沙尼亚改革党、爱沙尼亚社民党、爱沙尼亚200	67%

资料来源：E-MAP基金会根据Poll of Polls数据自行计算。

二 爱沙尼亚

显然，当前的政府组成（爱沙尼亚中间党、爱沙尼亚社民党和爱沙尼亚祖国联盟—共和党）在不向其他政党寻求帮助的情况下，若最终想继续连任，其实具有一定的挑战性（见表2.2）。在2016年11月，爱沙尼亚社民党和爱沙尼亚祖国联盟—共和党（尽管它们之间存在巨大的意识形态分歧和某些个人问题），在最终成功推翻塔维·罗伊瓦斯（Taavi Rõivas，爱沙尼亚改革党）的第二届内阁，并将爱沙尼亚中间党（其新领导人于里·拉塔斯担任总理）自2003年以来第一次带入政府这两件事上扮演了重要角色。即使是在民主政治中，这类事件通常也会被铭记。从这个特殊例子可以看出，团结在同一内阁下的制度性记忆（institutional memory of being together in the same cabinet），将对当前执政联盟的再次团结产生重要影响。然而，目前某些联盟伙伴可能会出于善意邀请爱沙尼亚200的加入。如果这种情形真的发生，目前执政联盟的三个政党同爱沙尼亚200进行谈判并不会轻松，但是几乎没有什么因素暗示它们有可能成功地吸引新的政党加入新政府。不过于里·拉塔斯欢迎爱沙尼亚200的成立，这也是这一谜题的另一个重要组成部分。[①]

从2005年4月到2016年11月，爱沙尼亚改革党已连续领导了5届爱沙尼亚政府，他们也将尽最大努力吸引爱沙尼亚200加入他们的队伍。无论如何，如果在选举日之前保持现有的支持率，爱沙尼亚祖国联盟—共和党和爱沙尼亚200都将手持"金票"，而那些较大的政党都很清楚这一点。有一个重要的因素影响着这些独立候选人，即如果表2.2中的联盟3或联盟4成为现实，那么这些议员就可以帮助联盟的"火车头"（爱沙尼亚改革党和中间党）

---

① Jüri Ratas in "Юри Ратас сделал неожиданное заявление о партии 'Ээсти 200'", 4 November 2018, Available from https://rus.postimees.ee/6445158/yuri-ratas-sdelal-neozhidan-noe-zayavlenie-o-partii-eesti-200, Translated from Russian by E-MAP Foundation MTÜ (non-official translation).

将47%的得票率提升至50% + 1票。基于过去的经验，这里有必要指出联盟6和联盟7以大联盟的形式出现是有一定可能性的。例如，在安德鲁斯·安西普（Andrus Ansip）的首任内阁期间，爱沙尼亚改革党和中间党属于同一政府，因此，完全排除大联盟恢复的可能性是不明智的。

与此同时，只有在表2.2的党派中没有一个政党愿意与爱沙尼亚保守人民党结盟的情况下，上述所有计算和猜测才能算是合理且有关联的。保守人民党虽然在选举中获得越来越多的支持，但客观上代表了一种民粹主义驱动的仇外政治机会主义，这使得一部分爱沙尼亚的主要政治家公开拒绝与其结成执政联盟。① 2015年，该党获得了8.1%的选民支持，首次进入议会名单。② 其支持率的大幅上升有助于该党在2019年3月之后实现该党议员人数翻倍。由于种种原因，该党不得不在2019年选举过后继续留在议会的反对派中。这或许是对2019年爱沙尼亚的政治前景最明确的预测之一。

（二）2019年爱沙尼亚经济展望*

基于基欧汉（Keohane）的观点，即"经济是政治性的"，2019年的大选必然会对爱沙尼亚未来三四年的经济发展带来巨大影响。不同的政党早已给出了许多美其名曰"担保"的承诺，而未来将会有更多。爱沙尼亚的选民很有可能会听到税收、免费公

---

① "EKRE and SDE both rise in support, no chance of coalition partnership", *ERR*, 25 September 2018, Available from https: //news. err. ee/864115/ekre-and-sde-both-rise-in-support-no-chance-of-coalition-partnership.

② "Eesti Vabariik" in *Riigikogu*, 20 March 2015, Available from https: //rk2015. vvk. ee/voting-results. html.

* 作者：E-MAP基金会；翻译：陈悦；校对：马骏驰；审核：陈新。

二　爱沙尼亚

共交通、就业率与失业率以及平均月薪有望增长等话题。爱沙尼亚目前的经济建立在一个相对稳定的"基石"（在2018年的许多简报中均有提及）之上。同时，正如爱沙尼亚雇主联合会（Eesti Tööandjate Keskliit）在《2018雇主联合宣言》（*The Employer's Manifesto 2018*）中指出的，存在少量长期来说会给爱沙尼亚及其经济带来不良影响的重要因素（如目前劳动人口的显著减少、税收政策的最新调整以及教师队伍急剧老龄化）。① 因此，一个全面的突破性措施十分必要，而且在2019年一些关于巩固爱沙尼亚经济的"措施"将会得到测试。其中一项已被爱沙尼亚经济事务和通信部（Estonian Ministry of Economic Affairs and Communications）纳入其《2020年数字化议程》（*Digital Agenda 2020*）的框架之下。② 而另外一项将在2019年波罗的海铁路项目的进一步发展中得到检验。这一基础设施项目一旦完工，将会极大提高爱沙尼亚在北欧及波罗的海地区作为联通多地区的交通枢纽的地位。

1. "爱沙尼亚制造"意味着"数字化"

上面提及的《2020年数字化议程》的主要内容是由爱沙尼亚发起建设一个北欧数字化基础设施研究所（Nordic Digital Infrastructure Institute）。自爱沙尼亚和芬兰签署了关于建立X-Road平台以实现两国间"政府和私人数据库的安全连接、搜索和数据传输"的谅解备忘录起，这一项目的建设耗费了4年时间。③ 2017年8

---

① "The Employer's Manifesto 2018", Available from https：//www.employers.ee/wp-content/uploads/Manifest-ENG-compressed.pdf.
② "Digital Agenda 2020", *Majandus-ja Kommunikatsiooniministeerium*, Available from https：//www.mkm.ee/sites/default/files/digital_agenda_2020_estonia_engf.pdf.
③ 由安德鲁斯·安西普和芬兰前总理于尔基·卡泰宁签署，这一协议被认为是世界上首个使用数字签名的国际协议。

月，北欧互操作性解决方案研究所（Nordic Institute for Interoperability Solutions，NIIS）开始正式运营。这一时刻的重要性在于该研究所正式从芬兰人口登记中心（Finnish Population Register Centre）和爱沙尼亚信息系统管理局（Estonian Information System Authority）手中接管 X-Road 平台，使本就友好的两国比以往更加亲密。①

值得一提的是，在 2018 年 9 月，另一个北欧国家冰岛也加入了两国的合作，成为 NIIS 的伙伴。《2020 年数字化议程》预测称："到 2020 年，欧盟 20% 的活动人口将会使用数字签名。"② 2019 年我们将会看到在未来两年内这一预测是否会成真。虽然这样高的目标很有可能无法实现（毕竟这囊括了 15—74 岁，代表着欧盟 20% 经济活跃人口的 5000 万人），但其趋势已初步成型。③ 毫无疑问，在如何更快、更高效地实现数字化、加速业务运营和促进个人事务管理等方面，爱沙尼亚在欧盟和其他欧洲国家中将长期处于领导地位。

2. 波罗的海铁路项目：开启2019年加速模式

2019 年，波罗的海铁路项目将取得积极进展（或者也可称为新的突破）。波罗的海铁路股份有限公司（RB Rail AS）先前以及最近的改变使很多专家和观察者都相信 1435 毫米双轨铁路建成的必然性（见图 2.1）。2018 年 12 月，该公司宣布，目前拉脱维亚和爱沙尼亚段铁路（分别为万加日—萨拉斯皮尔斯—米萨段，即 Vangaži-Salaspils-Misa 以及塔林—拉普拉段，即 Tallinn-Rapla）第二

---

① "History of the Institute"，*NIIS*，Available from https：//www.niis.org/history.
② "Digital Agenda 2020".
③ "Labour market and Labour force survey (LFS) statistics"，*Eurostat*，Available from https：//ec.europa.eu/eurostat/statistics-explained/index.php/Labour_ market _ and _ Labour_ force_ survey_ (LFS) _ statistics.

二　爱沙尼亚

阶段的设计和设计监管服务的招标已招来许多企业联合体的兴趣，其中拉脱维亚段有六家，而爱沙尼亚段则有十家。① 据报道，目前"十一段铁路线中的七段已经完成了详细的技术设计，覆盖了整段铁路的57%"。其中较具代表性的爱沙尼亚段，"从拉脱维亚和爱沙尼亚边界至塔林的详细技术设计目前正在进行中"。②

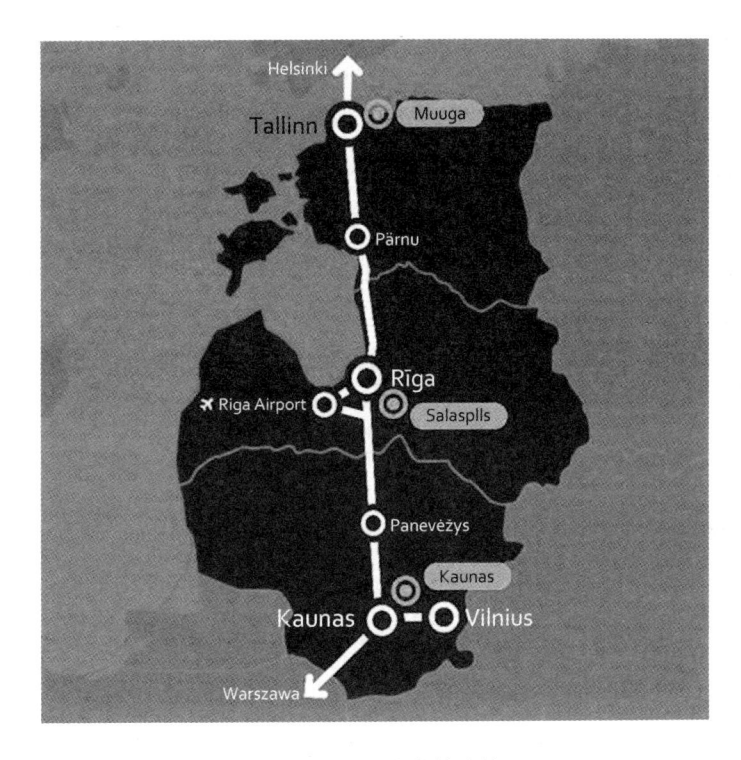

图2.1　波罗的海铁路线

资料来源：The Rail Baltica。

---

① "The final Detailed Technical Design tenders announced for the Rail Baltica line in Estonia and Latvia", *The Rail Baltica*, 10 December 2018, Available from https：//www.railbaltica.org/the-final-detailed-technical-design-tender-announced-for-the-rail-baltica-line-in-estonia-2.

② "The final Detailed Technical Design tenders announced for the Rail Baltica line in Estonia and Latvia".

在2019年，将会明确芬兰是否会加入这一项目。早在2018年11月，爱沙尼亚经济事务与基础设施部（Ministry of Economic Affairs and Infrastructure）部长卡德瑞·希姆森（Kadri Simson）就已对此发表言论："芬兰已经是波罗的海铁路项目的支持者，而且它作为该项目的股东之一，对项目的发展也起到一定作用。铁路项目通过芬兰再往北延伸，可到达北冰洋的港口，这些港口很可能成为新的途经芬兰的过境走廊。"[1] 另外，她还提到了塔林—赫尔辛基铁路隧道（Tallinn-Helsinki railway tunnel），这是该地区另外一个基础设施相关项目，希望这将成为"波罗的海铁路项目的延续"。[2] 尽管该陈述的本义十分明显，但它给一个项目指明了新的方向，这正是芬兰知名企业界人士彼得·维斯特巴卡（Peter Vesterbacka）早已倡导多年的项目。《福布斯》杂志总结称，这一概念源于一个构想，即"通过一条103公里长的动车隧道连接芬兰和爱沙尼亚，使得从赫尔辛基到塔林只需要20分钟时间"。[3] 目前，这一隧道构想已被列入 FinEst Link 项目（见图2.2），并且受到从赫尔辛基—尤西玛地区委员会（Helsinki-Uusimaa Regional Council）、赫尔辛基市、芬兰运输基础设施局（Finnish Transport Agency）到爱沙尼亚经济事务和通信部、塔林市（Tallinn）以及爱沙尼亚哈留县自治区联盟（the Union of Harju County Municipalities in Estonia）在内的各方关注。[4]

---

[1] Kadri Simson in "Economic affairs minister to propose Finland join Rail Baltica", *ERR*, 30 November 2018, Available from https://news.err.ee/881133/economic-affairs-minister-to-propose-finland-join-rail-baltica.

[2] Simson.

[3] Kayvan Nikjou, "This is the 15 billion tunnel connecting Helsinki to Tallinn", *Forbes*, 13 November 2018, Available from https://www.forbes.com/sites/kayvannikjou/2018/11/13/this-is-the-e15-billion-tunnel-connecting-helsinki-to-tallinn/#3b9e4cd43c37.

[4] "FinEst Link Project", *FinEst Link*, Available from http://www.finestlink.fi/en/finest-link-project.

二　爱沙尼亚

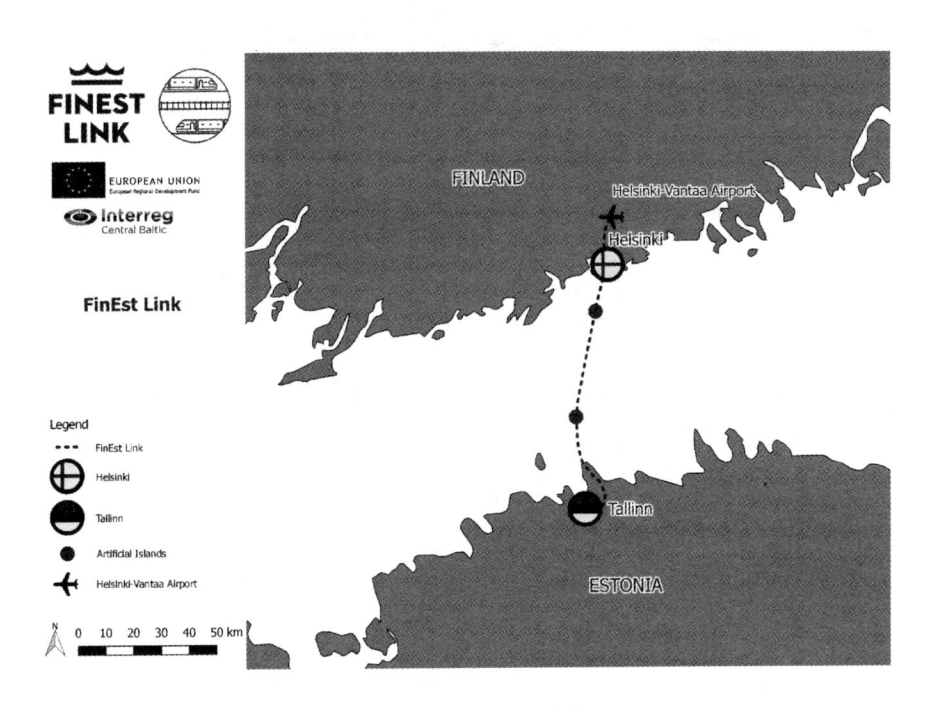

图 2.2　FinEst Link 项目

资料来源：The FinEst Link。①

最后，关于 FinEst Link 项目和波罗的海铁路项目之间的联系，维斯特巴卡提到："我们处于欧亚大陆的中心，是与中国、日本和俄罗斯关系最紧密的欧盟国家。芬兰拥有世界上最好的教育系统、欧洲最洁净的空气，也是世界上腐败最少的国家。该隧道建成后，我们将会成为最具竞争力的国家之一。最理想的结果是我们可以在 4—5 个小时从赫尔辛基抵达维尔纽斯或者华沙，同时减少对环境的破坏。"② 考虑到波罗的海铁路股份有限公司以及若干股东，包括一些未来投资者采取了加速开发的模式，在接下去的两年，我们有必要针对 FinEst Link 项目、波罗的海铁路项目、其他欧盟

---

①　"Studies"，*FinEst Link*，Available from https：//www.finestlink.fi/en/finest-link-project.
②　Peter Vesterbacka in Nikjou.

· 363 ·

注资的过境走廊以及"一带一路"倡议建立共识。

3. 迎接2019年挑战的基准

作为欧盟的正式成员国以及经合组织成员国,爱沙尼亚早已成为与世界关联度最高的经济体之一。自1991年起,爱沙尼亚就通过进出口贸易成功地脱离了苏联经济。因此,英国脱欧带来的困难(如果它真的发生了的话)对爱沙尼亚不会构成挑战,反而是一种机遇。尽管爱沙尼亚经济规模相对较小,但这样一种对外部世界的特别的态度有许多的内在因素,如2018年年底(更准确地说是11月)爱沙尼亚工业产值较2017年同期增长了近8%。有趣的是,据报道,在同一个月,总产量的68%都销往了国外市场。生产增长的部分主要在于电脑和电子产品、木材以及食品生产。① 更多详细数据见表2.3。

表2.3 2018年11月工业数量指标(Volume Index)变化(%)

经济活动	较前一个月,按经季节调整的数据	较2017年同期的变化	
		未调整的数据	按工作日调整的数据
总计	4.5	7.9	7.9
能源生产	5.4	11.9	11.9
矿业	6.1	-3.7	-3.7
制造业	3.8	8.1	8.1
木材和木制品制造业	6.1	13.3	13.3
食品制造业	5.8	7.5	7.5
电脑、电子和光学产品制造业	8.1	43.2	43.2
金属加工制品制造业	10.5	1.6	1.6

---

① "In November, the volume of industrial production was greater than a year ago", Statistics Estonia, Available from https://www.stat.ee/news-release-2019-002.

续表

经济活动	较前一个月，按经季节调整的数据	较2017年同期的变化	
		未调整的数据	按工作日调整的数据
电气设备制造业	1.0	-7.1	-7.1
家具制造业	1.9	7.2	7.2
机动车制造业	6.0	12.5	12.5
建材制造业	0.8	5.5	5.5
机器设备制造业	1.3	1.2	1.2
化工产品制造业	-10.9	-8.7	-8.7

资料来源：爱沙尼亚国家统计局（Statistics Estonia）。

2018年爱沙尼亚主要经济指标的最新数据可见表2.4。

表2.4　　爱沙尼亚经济指标（2019年1月9日）

指标	最近公布的调查时间	数值	环比（%）	同比（%）
人口	2018年1月1日	131.9133万欧元	0.3	
月平均总工资	2017年	1222欧元	6.5	
	2018年第三季度	1291欧元	-2.3	7.5
失业率（%）	2017年	5.8		
	2018年第三季度	5.2		
消费者价格指数变化（%）	2018年		3.4	
	2018年12月		-0.3	3.4
建筑业价格指数变化（%）	2017年		1.5	
	2018年第三季度		0.3	1.4
按当前价格计算的国内生产总值	2017年	236.151亿欧元		
	2018年第三季度	65.161亿欧元		
出口	2018年11月	13.855亿欧元	1.6	18.1
进口	2018年11月	14.419亿欧元	-7.3	15.3

资料来源：爱沙尼亚国家统计局。

上述数据为爱沙尼亚经济"勾勒"出了一幅相当不错的前景。看似令人担忧的数据在于消费者价格指数变化——3.4%的数值代表着国家的物价"以欧元区平均水平的两倍"的速度上涨。① 但是，爱沙尼亚中央银行（The Bank of Estonia）称："考虑到2019年的商品价格不会有太大变化，通货膨胀率将会低于3%。"② 鉴于选举时期的通货膨胀率会比政治平稳时期的更高，这一预测会接受现实的考验。

（三）2019年爱沙尼亚社会展望*

2019年新年前夕，爱沙尼亚总统柯斯迪·卡柳莱德在访问派尔努（Pärnu）期间发表了2018年的最后一次演讲。③ 总统在向刚刚圆满完成爱沙尼亚独立百年纪念庆典的人们致谢之后，呼吁全社会团结一致。其中这句话值得被广泛引用："我们之中的弱势群体是否感到被接纳了？还是在当下爱沙尼亚比以前更好的时候，他们感觉被抛弃了？即使在这个欢庆的夜晚，这也是个值得提出的问题。因为他们都是我们的一分子。有些人安于爱沙尼亚的现状；有些人还没有切身体会到爱沙尼亚的兴盛；有些人认为这就是他们期望中爱沙尼亚的样子；有些人却认为在我们实现这个目标之前还有很长的路要走。那些在民意调查中赞同多数意见的人和那些赞同少数意见的人；那些在家中讲爱沙尼亚语的人，以及那些使用其他语言但心里仍装着爱沙尼亚语的人。我们的国家需

---

① "Bank of Estonia: 2019 inflation to remain below 3%", *ERR*, 8 January 2019, Available from https://news.err.ee/896070/bank-of-estonia-2019-inflation-to-remain-below-3.
② Sulev Pert in "Bank of Estonia: 2019 inflation to remain below 3%".
* 作者：E-MAP基金会；翻译：林佳文；校对：马骏驰；审核：陈新。
③ https://www.visitestonia.com/en/where-to-go/west-estonia/parnu.

二　爱沙尼亚

要上述这群人，他们实际上就是我们。我们必须铭记这一点并相互提醒。"

总统柯斯迪·卡柳莱德也没有试图规避2019年的重点——两大议会选举（爱沙尼亚议会和欧洲议会）。2019年始终埋伏着一个真正的危险，即在爱沙尼亚这样一个种族多样的国家，一些政党可能会进行民粹主义的"民族"或"语言"的宣传游戏。就爱沙尼亚国情而言，还存在一个外部影响因素（俄罗斯）。毕竟，爱沙尼亚外交情报局（Estonian Foreign Intelligence Service）对外发布的题为《2018爱沙尼亚与国际安全》①的报告，全面概述了俄罗斯和大量与其相关的因素可能给爱沙尼亚国家安全造成的不稳定性。

卡柳莱德已经采取了一些预防措施，并在某种程度上采取了革命性的举措——2018年8—9月，她与其团队在主要讲俄语的纳尔瓦市（Narva）待了一个月，在那里的露天剧院大楼中办公、治理国家。②纳尔瓦以及东维鲁县（Ida-Virumaa）是爱沙尼亚的一个特例：该市83%的人口是俄罗斯族人（相比之下，爱沙尼亚族人所占的比例为4%），但纳尔瓦48%的居民是爱沙尼亚公民（相比之下，由于各类不同的原因，持有俄罗斯联邦护照的居民占比36%）。③然而，在这种情况下，卡柳莱德总统指出："纳尔瓦当然很特殊，但它只是一个普通的爱沙尼亚城市。"④通过总统这句话，我们可以看出爱沙尼亚的领导人在有意试图重塑国家统

---

① "Security environment assessment", *Välisluureamet*, Available from from https：//www.valisluureamet.ee/security_environment.html.
② "President Kersti Kaljulaid starting first work week in Narva on Tuesday", *ERR*, 28 August 2018, Available from https：//news.err.ee/856785/president-kersti-kaljulaid-starting-first-work-week-in-narva-on-Tuesday.
③ "Narva in figures" in Narva Linnavalitsus. Available from http：//narva.ee/en/left_block/narva_in_figures/page：3543.
④ Kersti Kaljulaid in "President Kersti Kaljulaid starting first work week in Narva on Tuesday".

一的政治观念——一个很容易被当作陈词滥调的说法，但与此同时，纳尔瓦保持着不容置疑的特殊性，同时也是一个极其特殊的政治因素。总统的意图是通过政治演说使纳尔瓦回归正常城市身份。毕竟，生活在纳尔瓦的俄罗斯族人中有将近44%的是爱沙尼亚公民。是这些公民（而不是不同的种族或宗教团体）组成了一个共和国。

然而，现实情况表明，与2019年议会选举相关的活动将不仅仅是关于政策的辩论。一些政客打出的"种族""语言"牌也将无处不在。有望在2019年3月爱沙尼亚议会选举后进入议会的政党新秀"爱沙尼亚200"决定率先扣动敏感的政治"扳机"。2019年1月7日，在塔林老城区的边缘区域，人们发现"一系列大胆、双语的广告将中央Hobujaama电车站的两边都一分为二，左边蓝色的广告'这里只有爱沙尼亚'和右边红色的广告'这里只有俄罗斯人'"。① 第二天，这些备受争议的广告被一组传统的海报广告悄悄取代，内容是要求选民支持爱沙尼亚200，并以"爱沙尼亚人和俄罗斯人""上同一所学校"和"爱沙尼亚人和俄罗斯人加入同一党派"为口号。② 撇开这种挑衅性广告宣传活动是否包含仇恨言论不谈，许多人都等不及爱沙尼亚200的领导人克里斯蒂娜·卡拉斯（Kristina Kallas）出席新闻发布会（这在当时是不可避免的）。鉴于其政党的宣传所带来的意料之中的"炸弹效应"，她解释了"为什么"和"为了什么"："我们向你们保证，我们将诚实地讨论问题，谈论爱沙尼亚社会面临的真正问题。昨天（1月7日），我们强调了一个28年来一直未解决的、非常重要且棘手的

---

① "Controversial ads at Tallinn tram stop replaced by Estonia 200 ads", *ERR*, 8 January 2019, Available from https://news.err.ee/895921/controversial-ads-at-tallinn-tram-stop-replaced-by-estonia-200-ads.

② "Controversial ads at Tallinn tram stop replaced by Estonia 200 ads".

二 爱沙尼亚

问题。分裂是爱沙尼亚社会面临的一个严重隐患……让否认这个事实的人去吃螃蟹吧。我们的孩子上不同的学校和幼儿园,我们在不同的地方工作,住在不同的城区,看不同的电视频道,我们有各自的英雄,我们甚至在两个不同的时间敲响两次新年的钟声。如果这不是分裂,那是什么?我很抱歉爱沙尼亚人民因为尖锐的分裂问题而受到伤害,但爱沙尼亚200的目标是确保我们没有任何理由在未来继续张贴这样的广告。"①

直接后果就是,融合基金会(Integration Foundation)的主席艾琳·卡萨(Irene Käosaar)决定离开爱沙尼亚200,并说"目前社会的进程非常清楚地表明了政治和我日常的工作无法相互契合,特别是在融合的领域,这是一个基于种族而非常敏感的问题。②尤尔根·利基(Jürgen Ligi)是爱沙尼亚改革党中一名极具影响力的成员,也是爱沙尼亚政府的前成员,曾四次任职于爱沙尼亚政府(任职于国防部、教育研究部、财政部和外交部)。他通过发表一篇题为《爱沙尼亚恐俄症名单》的文章对分裂问题的发展做出迅速回应。③ 在这篇可以被描述为"政治哲学文章"的材料中,利基认为,在爱沙尼亚提出所谓"俄罗斯问题"的时机早已过去。他一如往常直截了当地指出:"当'俄罗斯问题'与处决、西伯利亚、骗子团伙联系在一起时,当官方的'文化进口商'摧毁了文化,我们看不到节日服装和睡衣、浴室和厕所之间的区别时,'俄

---

① Kristina Kallas in "Kristina Kallas: Our ads drew attention to existing issue", *ERR*, 8 January 2019, Available from https://news.err.ee/895959/kristina-kallas-our-ads-drew-attention-to-existing-issue.

② Irene Käosaar in "Irene Käosaar quits Estonia 200 following Monday's ad stunt", *ERR*, 10 January 2019, Available from https://news.err.ee/897185/irene-kaosaar-quits-estonia-200-following-monday-s-ad-stunt.

③ "Jürgen Ligi: Eesti russofoobia nimekiri", *Postimees*, 9 January 2019, Available from https://arvamus.postimees.ee/6495312/jurgen-ligi-eesti-russofoobia-nimekiri?_ga=2.188347424.921225085.1548074351-1951268370.1395768171.

· 369 ·

罗斯问题'不得不受到憎恨。"① 他又强调道："民族自信、独立、公民身份和人们被迫搬迁的终结，能够终结'恐俄'情绪。"②

在爱沙尼亚政府层面上，内政部长、爱沙尼亚社民党成员高特瑞克·拉伊克（Katri Raik）在广播节目上强调了一个令人担忧的问题："考虑到昨天晚上那一广告通过俄罗斯卫星通讯社（Sputnik）传播的迅速程度，我担心我们可能误伤了自身，并冲自己的脚开了一枪。"③ 很快，在最新的民意调查结果公布之后，人们就会知道这些争议性广告是否在整个竞选框架内带来重要变化。可能形成的局势是，成熟的爱沙尼亚社会不再强调种族或语言差异，而将最新的政治动荡视为"茶壶里的风暴"或政治业余人士编造的无稽之谈。然而，迄今为止，尽管爱沙尼亚200遭受了炮轰般的批判，没有一个政党声称这一争议将会成为未来与该党合作的障碍，特别是在关于执政联盟的磋商来临之际。④ 目前只有一个严重的问题亟待解答：政客不应该跨越的道德底线在哪里？

（四）作为国际行为体的爱沙尼亚：展望2019年*

从国际关系的角度来看，这一年可谓事件频发。对爱沙尼亚来说，由于政府对欧盟和北约事务明确而热切的关注，未来还有很

---

① Ligi, Translated from Estonian into English by E-MAP Foundation MTÜ (unofficial translation).

② Ligi.

③ Katri Raik in "Russian state media compares Estonia 200 ads campaign to apartheid", *ERR*, 10 January 2019, Available from https：//news. err. ee/897149/russian-state-media-compares-estonia-200-ad-campaign-to-apartheid.

④ "Party chairs take stock of 'nervous' 2019 election campaign", *ERR*, 14 January 2019, Available from https：//news. err. ee/898336/party-chairs-take-stock-of-nervous-2019-election-campaign.

* 作者：E-MAP基金会；翻译：陈悦；校对：马骏驰；审核：陈新。

二　爱沙尼亚

多国际政治领域的各类事务值得爱沙尼亚政界精英特别关注。例如，英国脱欧、俄罗斯及其三重角色、对于2020—2021年加入联合国安理会的期望等。

1. 英国脱欧：爱沙尼亚应该关注吗？

确实，这一进程已经持续了两年多时间，而且目前英国是否会脱离欧盟仍然是个未知数。但即使在未达成共识的前提下脱欧，对爱沙尼亚的经济冲击仍然会是最小的。瑞典银行（Swedbank）作为北欧和波罗的海地区影响力极高的银行，发布了一份预测。预测称如果无协议脱欧确实发生了，"对爱沙尼亚的贸易冲击水平将等同于爱沙尼亚GDP的0.19%，因为英国在波罗的海的外贸份额一直低于3%"。① 同时，就政治层面来说，如果英国政府最终实现了脱欧，爱沙尼亚很有可能会获得欧洲地区委员会（European Committee of the Regions）和欧洲经济和社会委员会（European Economic and Social Committee）的两个额外席位。② 虽然好处或许不大，但若是英国实现了脱欧，未来欧洲议会的投票平衡可能会相对偏向较小的成员国。

谈及英国脱欧，爱沙尼亚高层表示很遗憾，同时强调了与欧盟保持合作的积极方面。总统柯斯迪·卡柳莱德（Kersti Kaljulaid）称："在脱欧谈判中，英国不能将安全作为筹码来分化欧洲。"③ 她还提到："爱沙尼亚人民十分理性，如果谈及目前欧洲面临的挑

---

① "Swedbank: Brexit's direct impact on Estonian economy to be small", *ERR*, 14 December 2019, Available from https://news.err.ee/884813/swedbank-brexit-s-direct-impact-on-estonian-economy-to-be-small.

② "Estonia to receive additional mandate in two EU bodies post-Brexit", *ERR*, 29 November 2019, Available from https://news.err.ee/880871/estonia-to-receive-additional-mandate-in-two-eu-bodies-post-brexit.

③ Jennifer Rankin, "Estonia: security will not be bargaining chip in Brexit negotiations", *The Guardian*, 25 March 2017, Available from https://www.theguardian.com/world/2017/mar/25/estonia-kaljulaid-brexit-negotiations-uk-eu-british-troops-nato-russia.

战——难民、恐怖主义、环境危机，只有欧盟能较好地解决这些危机。"① 外长斯文·米克塞尔（Sven Mikser）谈及无协议脱欧的可能性，称爱沙尼亚坚定地支持欧盟和英国已经协商后的共识，即"我们以及其他成员国都赞成欧盟和英国目前的协商结果是最好的选择，英国的无协议脱欧会对其自身和欧盟都构成巨大的安全威胁并使双方都付出相当大的代价。如果没有脱欧协议，英国将不会经历一段过渡转型期，这也意味着欧盟的法律不再适用于英国，会有新的法律取而代之。"②

在达沃斯接受 CNBC 的采访时，爱沙尼亚总理于里·拉塔斯（Jüri Ratas）称欧盟和英国间的协议需要再次确认，爱沙尼亚希望英国政府"在英国内部找到平衡，因为双方都明白脱欧协议的重要性"。③ 尽管目前全世界都在质疑英国政府顺利实现脱欧的能力，但爱沙尼亚对此却持积极态度。位于塔林的国际防卫与安全中心（International Centre for Defence and Security，ICDS）在其最新一篇名为《欧盟 27 国中的北欧—波罗的海地区：新的战略合作期》（*The Nordic-Baltic Region in the EU 27: Time for New Strategic Cooperation*）的研究报告中指出，如果英国脱欧成为现实，那么英国在推行其"全球化英国"（Global Britain）政策的过程中无论如何都"将会延伸至北欧和波罗的海国家"。④

---

① Kersti Kaljulaid in Rankin.

② Sven Mikser in "Estonian ministers comment on UK House of Commons Brexit vote", *ERR*, 16 January 2019, Available from https://news.err.ee/898848/estonian-ministers-comment-on-uk-house-of-commons-brexit-vote.

③ Jüri Ratas in Nancy Hungerford "CNBC Interview with the Prime Minister of Estonia, Jüri Ratas, from the World Economic Forum 2019", *CNBC*, 25 January 2019, Available from https://www.cnbc.com/2019/01/25/cnbc-interview-with-the-prime-minister-of-estonia-jri-ratas-from-the-world-economic-forum-2019.html.

④ Piret Kuusik and Kristi Raik (2018), *The Nordic-Baltic Region in the EU 27: Time for New Strategic Cooperation* (Tallinn: ICDS), p.3, Available from https://icds.ee/the-nordic-baltic-region-in-the-eu-27-time-for-new-strategic-cooperation.

二 爱沙尼亚

2. 俄罗斯及其三重角色

俄罗斯作为世界上领土最大的国家，在可能的最大范围内频频出现在全球各大新闻标题中。许多国家关注俄罗斯是因为这一大国恰好是它们的邻居。其他国家更愿意将其视为国际政治领域重要的地缘战略政治体。而还有一些国家，将俄罗斯视为一种威胁。但对于爱沙尼亚来说，情况可能并不像人们认为的那样纯粹——俄罗斯同时拥有三重身份，是邻国，是重要的地缘战略政治体，也是不容忽视的威胁。

在爱沙尼亚外交情报局（Estonian Foreign Intelligence Service）2019 年年初发布一份报告中，俄罗斯在文件的各个章节均被提及。具体来说，与俄罗斯有关的信息包括对其经济制裁的成效、《明斯克协定》的现状、俄罗斯与白俄罗斯间的相互作用、俄罗斯世界杯期间收集到的情报信息、影响力、网络威胁等。① 例如，谈及俄罗斯最大规模的军演"Zapad - 2017"时，该报告称"俄罗斯的军事决策者并未将爱沙尼亚、拉脱维亚和立陶宛视作分散的个体，而且将欧洲和北约看作一个整体"。② 上述军演模拟在白俄罗斯首先爆发的大规模冲突。其中一次演习的主要内容是模拟攻击波罗的海国家和波兰，并最终导致"全面战争"。③

另外，俄罗斯和爱沙尼亚的关系由于双方签订的边境条约而有所缓和，但该条约还未正式批准。对于这一条约的预测并不乐观——虽然早在 2015 年 11 月爱沙尼亚议会（Riigikogu）就开始讨论此事，但最终条约的批准很有可能随着本届议会任期的即将结

---

① "Security environment assessment" in *Välisluureamet*, Available from https://www.valisluureamet.ee/security_environment.html.
② "Security environment assessment", p. 18.
③ Ibid..

束而被搁置。这意味着批准条约的事务将落在新一届议会（将在2019年3月进行选举）的肩上。毫无疑问，杜马也必须为解决这一问题采取相应的措施。

3. 爱沙尼亚及其对进入联合国安理会的期望

据报道，在2018年10月，爱沙尼亚就联合国安理会非常任理事国的竞选活动"与170个国家进行了部长级及部长级以上的交流"。① 毫无疑问，上述的竞选活动为爱沙尼亚提供了一个独特的全球性框架，以便其更详细地介绍自己。整个过程始于2017年7月13日，但在那时，没有很多人能预测到爱沙尼亚官方如此微小的举动能使他们几乎走遍了全球，从特立尼达和多巴哥到美国，从阿联酋到斐济，从韩国到新西兰，从塞内加尔到澳大利亚。②

作为竞选运动最积极的参与者，卡柳莱德使她的名字出现在了全球舞台上。这完全可以说是令人难以置信，她在2016年10月被爱沙尼亚议会选举为第五任总统前，几乎不被许多爱沙尼亚人民知晓。但现在情况可谓完全不同，她始终坚持并持续推行外交政策将很快被编入国际关系领域的教科书中。卡柳莱德总统已经成为欧洲政界举足轻重的人物，如果她有意继续前进，那么等待她的必然是最高级别的政治生涯。在《福布斯》杂志给出的"世界上最有权势的女性"排名中，卡柳莱德位列全球第76位。③

至于实际的竞选活动，爱沙尼亚将与罗马尼亚竞争。联合国安

---

① "Estonian campaign for Security Council seat met with 170 countries so far" in *ERR*, 6 October 2018, Available from https：//news. err. ee/866950/estonian-campaign-for-security-council-seat-met-with-170-countries-so-far.

② "Estonia's UN Security Council membership campaign kicks off", *Välisministeerium*, Available from https：//vm. ee/en/news/estonias-un-security-council-membership-campaign-kicks-0.

③ "Kersti Kaljulaid" in *Forbes*, Available from https：//www. forbes. com/profile/kersti-kaljulaid/? list = power-women#a1b9cde19599.

理会非常任理事国的选举将于2019年6月的联合国大会(UN General Assembly)上进行,联合国的所有193个成员国都将参加。考虑到爱沙尼亚之前所做的努力,此次(同时也是第一次)入选联合国安理会的概率将大大提高。

三 保加利亚

（一）2019年保加利亚政治发展展望[*]

2019年，对于保加利亚政坛来说，至少有两个重要政治事件将在很大程度上决定政治局势的进一步发展、执政联盟的稳定性以及两执政党——争取欧洲进步公民党（GREB，简称"公民党"）和保加利亚社会党（Bulgarian Socialist Party，BSP，简称"社会党"）的状况。2019年保加利亚面临的主要政治挑战是5月的欧洲议会选举以及秋季的地方选举。这两次选举投票的结果，特别是欧洲议会选举的第一次投票，将提前决定早期议会选举的可能性或政府的稳定性，并导致最大反对党在面对社会党时的影响力逐步减弱。

上台近两年后，保加利亚的执政联盟重申愿意在目前的党派组合中完成整个任期。然而，这一切的背景乃是政治动荡加剧。虽然在2019年年初保加利亚没有发生抗议运动，但有可能随时会爆发。

对保加利亚政治局势稍有了解，就可以得出结论：经历过2018年的一系列政治丑闻之后，保加利亚的政治局势在2019年将

---

[*] 作者：叶夫根尼·坎迪拉罗夫（Evgeniy Kandilarov）；翻译：林佳文；校对：赵纪周；审核：陈新。

三 保加利亚

非常动荡,我们将在5月得知政府是否有机会完成重组,或者保加利亚将面临新的政治危机,最终可能导致议会举行提前选举。无论如何,保加利亚的一个政治时代行将结束。欧洲议会选举通过衡量政治局势必定会发挥前期选举的作用。

在公民党获胜之前,它主要面临着两个威胁——欧洲选举的低投票率和总统的行为。

2018年的丑闻使执政党公民党陷入了一种前所未有的境地——博伊科·鲍里索夫(Boyko Borisov)的政党处于守势。在过去的一年里,保加利亚媒体统计了30多个全国性丑闻,这些丑闻肯定会在即将到来的欧洲议会选举中得到反映。公民党只有在欧洲议会选举中取得明显胜利,才能最终保住执政党的地位。更大的问题是所谓的"爱国者联盟"(United Patriots,公民党的政治联盟)。这个联盟在一年半前解体,因为他们在所谓的"俄罗斯问题"或对俄罗斯的态度上采取不同立场。虽然所谓的"小联盟"(爱国者联盟)中的党派暂时团结在一起,但他们还能坚持多久仍是一个问题。

另一个非常重要的问题是,"爱国者联盟"的各派别可能会成为公民党在欧洲议会选举中的竞争对手。公民党已经疲惫不堪,但"爱国者联盟"是稳定的,有望成立新一届政府。极右翼民族主义联盟中的三个派别都是"爱国者联盟"的成员——"阿塔卡"联盟(ATAKA)、保加利亚民族运动(VMRO)和保加利亚救国阵线(National Front for the Salvation of Bulgaria)。这些都是公民党在现任政府中的联盟伙伴,他们可能在欧洲议会选举中采取单独行动。自现政府成立以来,所谓的"小联盟"的内部局势一直处于高度紧张状态。而且,在过去几个月里,这种紧张局势已几近失控。三位领导人沃伦·西德罗夫(Volen·Siderov,阿塔卡)、克拉西米尔·卡拉卡恰诺夫（Krassimir·Karakachanov，保加利亚民族运动）和瓦列里·西蒙诺夫（Valeri·Simeonov，保加利亚救国阵线）现在几乎每天都互相争斗。与此同时，总理博伊科·鲍里索夫罕见地暗示，公民党在选举中的支持率下滑可能无可挽回。但同时，这个国家一切都很好，执政联盟很稳定，政府也很稳定。小联盟内部的冲突一直困扰着总理鲍里索夫，因为他在很大程度上依赖联盟以确保其政府执政的稳定。

保加利亚社会党在欧洲议会选举中的战略主要如下：对博伊科·鲍里索夫和"公民党模式"投不信任票，这是夺取控制权的必要措施。社会党还可以自豪地说，它是保加利亚的第一大党，对欧洲前景拥有自己的平台。最后，社会党希望在此次选举中强化一种信息：它能够保护那些相信本党的选民。

与此同时，社会党的领导层面临至少三个风险。第一个风险与选举投票率低可能造成的威胁有关。毫无疑问，该党的反对者将尽一切可能不断抨击该党"反欧洲"，并利用该党与欧洲左翼政党之间的差距反击。社会党领导层坚持认为，鲍里索夫的参选需要得到广泛支持。而另一种观点认为，这是"欧洲议会选举"，而社会党是"反欧洲"的，鲍里索夫参选没有任何意义。欧洲议会选举不仅是对保加利亚各政党的考验，而且也是对欧洲政治制度的考验。这将是对欧洲一体化计划的活力的考验，也是对左翼和右翼民粹主义激进分子反抗的考验。传统上，支持社会党的选民（由选民的具体情况决定）参加欧洲议会选举的积极性不高。例如，与公民党相比，他们的积极性要低得多。社会党领导层面临的第二个风险与第一个有关：党内反对派将放弃之前失败的斗争，在这些斗争中，该党似乎被孤立和边缘化，可能遭遇的选举失败还需要政治领导层承担责任。第三个风险是欧洲议会的潜在选票。

原则上，这不是一个非常严重的威胁，因为欧洲议会潜在选票所能影响的政党环境相对有限，但它创造的潜在个人矛盾掩盖了社会党的平台和主要信息。

根据选举民意调查，社会党在最近几个月成功追平了公民党。

在社会党和议会外反对派的战略计划中，在2019年5月之前与公民党进行一场决定性战斗至关重要，这可能进一步导致抗议活动升级。每一桩丑闻、执政党的任何犹豫和僵局都会被反对派所利用。

总的来说，保加利亚社会党正处于飞速发展之中。从过渡时期开始它就一直缺乏聪明的参与者，直到现在才拥有三个非常强大的政坛人物以及一位潜力无限的年轻聪明的政治家。他们是鲁门·拉德夫（Roumen Radev）、玛雅·马诺洛娃（Maya Manolova）、科妮莉亚·尼诺娃（Cornelia Ninova）和克鲁姆·扎科夫（Krum Zarkov），但他们目前并没有团结一心。保加利亚人民认为他们的生活待遇极不平等，鲁门·拉德夫不可能成为人民和精英的统一者，这主要是因为大多数人极度讨厌这批来自精英阶层的政治人物。

有趣的是，保加利亚"争取权利与自由运动"（Movement for Rights and Freedoms，MRF）的立场。该党是一个自由党，主要致力于维护穆斯林，尤其是土耳其族穆斯林的利益。不过该党中的少数代表并非穆斯林，其主要选民都是些保加利亚族穆斯林，同时该党在很大程度上还依赖罗姆（吉卜赛）人。在这种情况下，争取权利与自由运动党有可能支持政府剩下的任期，然后利用最强大的政治力量地图——总统选举的投票。未来保加利亚人民很可能看到权利与自由运动党重新上台执政。前党领袖艾哈迈德·多甘（Ahmed Dogan）在新年致辞中提出了以"项目办公室"（Program Office）为中心的要求。在其最强劲的竞争对手——责任团结宽容民主党（Democrats for Responsibility, Solidarity and Tolerance, DOST）在2018年年底解散后，争取权利与自由运动党一直处于良好状态。

总统拉德夫2017年年初的就职典礼标志着他对政府的批判立场达到了顶峰。他的就职讲话中有三个主要的新观点——首次试图概述保加利亚政治和社会问题的全貌、首次明确谈到提前选举的必要性以及首次提出包括在组织环境在内的战略重点。这样一来，总统拉德夫就非常公开地干预了国家的政策。他的讲话中很重要的一点是，提前选举产生的问题不在于是否会举行选举，而是什么时候举行。此外，他含糊地警告称，如果下一届议会中存在妥协或制造障碍的联盟，或形成一个规模庞大但无原则的联盟，这将是"这个政治体系的最后一张牌"。在回答总统是否需要更多权力的问题时，他发表了上述评论。

拉德夫没有找到可以与政府进行对话的话题。"我认为当前的管理过程不存在合作基础，这是对抗性的。"总统表示，政府破坏了政治的平衡。

总统第一次直接表示，如果一个新政党主张法律、正义和主权，并为国家现代化而努力，他将支持其成立。拉德夫还指出，他将在总统府内设立一个保加利亚战略发展委员会，该委员会应该另辟蹊径以应对国家的经济停滞。

在拉德夫就提前投票的必要性发表立场之前，他曾在2018年多次表示，临时选举不会提供新的视角。这就是为什么他与社会党的关系变得更加复杂——科妮莉亚·尼诺娃所追求的路线就是现在不惜一切代价推翻政府。

国家元首的激进化是在一系列关于"虚幻的稳定""对民主政

府的侵蚀""侵犯言论自由"等的言论之后出现的,这些言论往往被指责为光说不练。

根据有关下届欧洲议会的一些社会学研究,保加利亚派出的代表中有 6 名来自公民党和社会党,2 名来自争取权利与自由运动党,1 名来自爱国者联盟,1 名来自振兴保加利亚民主党,1 名来自意志党。这是根据公众意见调查所得的数据做出的新预测。根据最新数据,公民党将获得 35.7% 的选票,社会党 35.1%,争取权利与自由运动党 10.7%,爱国者联盟 5.4%,振兴保加利亚民主党 2.4%,意志党和"改革者阵营" 2.2%,保加利亚复兴党 1.4%,其他党派 4.9%。根据这些数据,预计保加利亚有 8 名代表加入欧洲人民党,6 名代表加入欧洲社会民主党,2 名代表参加欧洲自由民主联盟党,1 名代表不加入任何一个既有政治集团。

正如指出的那样,2019 年 5 月在保加利亚举行的欧洲议会选举将成为对政党的全民投票,哪个政党获胜,哪个政党就将成立新一届政府。

目前公民党和社会党之间的差距很小,完全是因为政府的地位被削弱,而不是社会党的动员。欧洲议会的投票将是一次考验,并将变成公众对执政联盟的不信任投票。如果公民党赢得这些选票,意味着他们将在秋季参加地方选举,并完成任期。虽然政府的地位有所削弱,但公众目前并没有看到一个令人信服的替代方案。执政党的行动并没有增加人们对反对党的信任,而是在社会上制造了敏感和愤怒,我们不知道未来几个月这种共生关系将走向何方。

关于保加利亚的政治局势,我们至少可以强调几个紧张因素——社会和政治抗议活动不断、执政联盟内部缺乏统一性和意识形态上的一致性、即将举行的两次选举以及提前举行议会选举的可能性。在保加利亚，鲍里索夫的统治似乎遭受了广泛抨击。公民党是自改革以来该国所有执政党中资源最多的一个，在各方就提前选举不断举行谈判的情形下，它被迫对缺乏充分控制的案例和问题做出回应。与此同时，所有党派似乎都深信，欧洲议会选举的结果将使局势产生新的发展。目前还没有令人信服的选择，因为其他因素会导致更重大的变化。

（二）2019年保加利亚经济展望[*]

展望保加利亚2019年经济发展，目前有两种不同预测，一种比较积极，另一种则相对悲观。

根据第一种较为正面的预测，2019年保加利亚的经济将会继续增长，但速度稍微放缓。经济学家一致认为GDP增长率将会在3.1%—3.7%，经济表现好于欧元区GDP增长率低于2%的预测。这些乐观的预测者认为，2019年保加利亚经济将是相对较好的一年，经济增长稳定、失业率较低以及旅游业和农业等关键产业得到发展。

同时，我们可以看到欧洲整体和保加利亚的经济增长均有所减缓。2018年下半年，欧盟的经济增速为2.3%。世界银行（World Bank）的分析就相对悲观，世界银行研究所在2019年1月发布的预测中提到，保加利亚的经济增长在未来三年内将继续放缓。据世界银行预测，到2021年，保加利亚经济增速将比2016年下降四分之一以上，在未来五年内该趋势都不会逆转。银行将保加利亚所有与GDP有关的指标都下调了0.5%—0.6%。相同的预测显示

---

[*] 作者：Evgeniy Kandilarov；翻译：陈悦；校对：孙艳；审核：陈新。

三 保加利亚

对目前及未来两年的预期都在下降。2019年经济增长会继续下降至3.1%的水平，2020年为3%，至2021年将跌至2.8%。相比之下，根据世界银行的数据，2016年的经济增长率达3.9%。据预测，这一消极趋势的主要原因在于，作为保加利亚的主要贸易伙伴，欧元区经济增长减缓，同时，保加利亚国内金融部门激励经济增长的效果减弱以及劳动力严重短缺也是原因。世界银行预测称，由于贸易关系紧张及国际贸易量减少，2019年世界经济增长速度会进一步放缓。

非常重要的一点在于保加利亚的普通消费者也对未来的经济发展持积极态度。根据最新的社会学研究，保加利亚国内的消费者信心有所提升，这一点十分重要，因为消费是国家经济增长的主要动力来源。此外，保加利亚总理博伊科·鲍里索夫（Boyko Borissov）最近称，现在是增加居民收入的最佳时机，并承诺，公共事务部门员工的薪水继2019年1月1日上涨了10%后，将在2020年再次增加10%。他的发言引发了对更高消费水平的预期，而这有助于促进商业发展。

保加利亚急需提高收入和消费水平，因为最近的经济数据显示保加利亚的人均GDP在欧洲排名末席——仅为7300欧元。数据表明，保加利亚国内需求较低，销售和生产也较弱，正是源于保加利亚国民较低的购买力。承诺的公共事务部门薪资涨幅并不大，但这很有可能促使私企的员工薪资也得到一定程度的上涨。

2019年，专家期望基础设施项目能获得更多公共投资，如增加公共开支。2018年年底保加利亚政府从预算盈余中拨款约十亿欧元用于2019年及未来几年的交通和基础设施项目，这也正好印证了上述观点。他们同样期待欧盟基金能有所增加，推动各类不同产业部门的运行。

目前对保加利亚2019年经济发展的乐观态度主要是基于近期的经济发展表现。然而，这种乐观态度将被保加利亚经济高度依赖出口的潜在发展限度制约。此外，近期保加利亚的劳动力流失严重。劳动力不足的原因在于薪资太低，而且并不是所有的公司都认为劳动力是最有价值的财富。这也是为什么许多保加利亚人移民到其他国家寻求更好的生活。这种不良的趋势应该逆转，但转变不会很快发生，而对于这种转变的预测也十分不确定且存在争议。目前，企业必须提高员工薪资留住本国劳动力，并说服外流的保加利亚人回国。虽然政府已宣布将提高最低工资标准，但是这一趋势仍然不明显。这就是为什么最近企业家和经济学家都认为保加利亚目前面临的主要挑战是劳动力的缺失，不仅仅是高水平的专家，也包括专业需求较低的工人。商业部门的数据显示，每100位退休人员中仅有62人重新进入劳动市场。

每年4万—5万劳动力资源的流失无疑限制了国家的经济增长。这也意味着如果不解决劳动力移民问题，那么任何在未来5—10年后才能起效的教育改革措施将毫无用处。许多企业将在未来五年内倒闭，因为这些企业中有一半以上的员工已接近退休年龄。唯一拥有足够专家人才的产业部门就是计算机技术领域。

针对移民问题的解决办法就是在生活水平和收入增长方面努力达到欧洲水准。薪资增长得越快，就有越少的人离开国家去国外寻找工作。

除了国内问题的挑战外，还有许多全球因素不容保加利亚忽视——石油价格变动引起的输入型通货膨胀以及对关键利率增长的期望。

最近几个月，通货膨胀率超过3.5%，达到过去五年来的新高，这意味着全国性的价格上涨。通货膨胀消耗了国民收入的很大一部分，使商业计划更难推行。而对于退休者来说，政府2018年全线提高养老金也都被通货膨胀所"吞噬"。

经济学家乐观地预测，价格上涨趋势将会逐渐减弱，并且由于世界市场石油价格的下降，2019年的价格涨幅将会较小。

国家2019年一项重要的项目就是预备加入欧元区。正是由于这一点，欧洲中央银行（European Central Bank）和欧洲的管理机制将在保加利亚更有影响力。

根据乐观预测，如果保加利亚2019年夏天能够加入"汇率机制Ⅱ"（ERM-2）体系并将此作为加入欧元区的第一步，那么保加利亚的经济将会更加稳定。这也能促使2018年获得近十亿欧元利润的保加利亚银行进行更明智也更合理的项目投资。

接受保加利亚进入"汇率机制Ⅱ"体系将向那些能够影响保加利亚信用评级的投资者传递一个强烈的积极信号。这有助于企业和居民个人利率的降低。但是，企业界和经济学家却并不看好保加利亚能顺利地在两年内加入欧元区，因为保加利亚的生活水平在短期内还无法达到欧洲标准。

表3.1　　　　　　　　重要经济指标百分比　　　　　　单位：%

	2016年	2017年	2018年	2019年（预测）
GDP增长	3.9	3.6	3.2	3
个人消费	3.6	4.8	7.8	5.5
公共支出	2.2	3.3	3.6	3
投资	-6.6	3.8	7.7	5
出口	8.1	4	-1.7	1.5
进口	4.5	7.2	4.7	4.4
净出口（所占GDP增长份额）	2.5	-2	-4.2	-1.9
经常账户（占GDP的百分比）	2.6	6.5	3	1.5

续表

	2016 年	2017 年	2018 年	2019 年（预测）
外债（占 GDP 的百分比）	71.1	64.6	64	63
失业率	7.6	6.2	5.3	5
通货膨胀率	-0.8	2.1	2.9	2.8

资料来源：国家统计局（National Statistical Institute）。

总而言之，虽然根据现有的数据和分析，保加利亚 2019 年的政府预算是过去 20 年来最雄心勃勃的，而经济学家和企业界对 2019 年的经济发展抱有相对乐观甚或相当悲观的态度。

（三）2019 年保加利亚社会发展展望[*]

所有关于保加利亚人口发展的专家分析和统计数据，以及包括劳动力市场条件、贫困和收入、不平等和社会排斥、教育和医疗在内的所有社会问题都表明，保加利亚将在以上所有领域面临非常严峻的挑战。这些挑战将对 2019 年保加利亚的社会经济情况产生消极影响。

经济统计数据显示，2019 年保加利亚将继续呈现劳动力和技能严重短缺、培训和再培训投资不足的趋势，而且缺乏数字技能。这些都说明，保加利亚亟待提升教育质量、扩大包容性，使教育适应劳动力市场和公共就业服务的需要，提高公共就业服务能力。

另一个非常突出的社会问题是贫困水平、社会排斥和收入不均。保加利亚上述问题的严重性仍然是欧盟成员国中最高的之一。随着人口老龄化和熟练工人数量日益减少，充分应对这些挑战和

---

[*] 作者：Evgeniy Kandilarov；翻译：林佳文；校对：马骏驰；审核：陈新。

三 保加利亚

加速经济增长将日益取决于保加利亚实施结构改革的能力。保加利亚政府决定，2019年的贫困线为178欧元，比2018年高出14欧元。该数额是根据部长会议于2006年批准的方法所确定的。相关指数是根据国家统计研究所每年进行的"保加利亚家庭预算调查"中的数据计算出来的。在制定有关人口收入和生活水平方面的社会政策时，贫困线是参考标准之一。

尽管劳动力市场有所改善，过去两年的就业率达到了71.3%，达到了自保加利亚2007年加入欧盟以来的最高水平，但一些群体（低技能者、年轻人、吉卜赛人、残疾人）仍然面临着挑战。适龄工作群体的缩减以及技能短缺和技能差距仍然令人担忧。

保加利亚经济还面临着以下关键性问题。

社会保障制度不足以解决重大的社会问题。广泛的收入不均和大量的贫困人口均显示出制定"积极包容"政策的必要性，使每个公民都能工作并充分融入社会。这些挑战还表明，政府需要有针对性地向弱势群体提供支持，并改善综合社会医疗服务和住房的可获得性和质量。最低收入标准的充分性和覆盖面仍然有限，政府也没有定期更新最低收入标准的机制。税收和福利对减少贫困和不平等的影响能力明显小于欧盟平均水平。这反映了低水平的社会支出、整个国家社会服务供应的不均以及税收制度再分配效应的有限。

各级教育体系都在朝现代化发展，但仍面临重大挑战。持续的高辍退率和低产出率均说明了对教育进行重大投资的必要性，因为投资教育对处理那些质量不平等且机会不均等的早教、学校教育、职业教育和培训方面的挑战尤为重要。尽管已经付出多方面的努力，但高等教育与就业市场的需求还不够协调。保加利亚的成人学习比例是欧盟成员国最低的之一。将吉卜赛人纳入教育及社会经济体系方面仍存在一定问题。

许多保加利亚人在医疗保健方面仍然面临重大困境。政府在医疗保健方面的支出依然很少，民众正式或非正式的自掏腰包支付方式（向医疗保健提供者当场支付）几乎占整个医疗保健成本的一半——这是欧盟成员国最高比例之一。长期保健战略正处于实施进程中，但《国家卫生战略行动计划》却迟迟难以执行。

国家统计研究所的数据显示，到2019年，保加利亚人口将不足700万人。统计数据显示，近年来保加利亚人口每年减少约4万人。保加利亚人口负增长的两个主要因素是低出生率（出生率最低的欧盟国家之一）和高死亡率（在欧盟国家中最高）。第三个重要因素是该国的移民。根据过去几年的数据，从保加利亚迁出的人口数远超于进入保加利亚的移民数，这对人口的负增长产生了影响，因为迁出的移民主要是处于工作年龄的年轻人和生育年龄的妇女。在欧盟，只有一个国家的出生率低于保加利亚，那就是意大利。保加利亚每千人的死亡人数为15.5人，而欧盟的平均水平为10人。这两个因素——低出生率和高死亡率，导致人口老龄化。目前，保加利亚21%的人口年龄在65岁以上。保加利亚一些城市的死亡率与军事管理区或疾病流行地区的死亡率相似。此处我们要介绍一下保加利亚吉卜赛人的问题。根据非官方的数据，该国有70万—80万吉卜赛人，且预计这一数字将稳步增长。生活在贫困中的吉卜赛人占比约89%。大多数人（65%）生活在没有自来水和基本住房设施等公共设施的家庭中。保加利亚缺乏有效的机制来协调吉卜赛族的融合，这使制定有关政策和战略变得更加困难。利用欧盟的资源为这一战略设计的监测和评价系统将有助于根据指标制定适当的政策和解决措施。

因此，保加利亚政府需要一个找到适当的解决办法。例如，保

三　保加利亚

加利亚在对吉卜赛人的民族融合政策方面犯下了许多错误。他们试图将吉卜赛人统一在一个政府管理下。作为保加利亚民族中的一个复杂组成部分，吉卜赛人有很强的非欧洲种族心理，且这种心理不会随着时间而改变。用专家的话说，保加利亚不应再讨论国家人口政策，应该着眼考虑的是包括个别区域的特殊性、人民的种族心理、对待生育和移民的态度、整体社会经济状况在内的区域人口政策。

对于以上挑战，政府制定了如下举措：第一，必须解决教育问题，因为它与劳动力市场有所脱节；第二，必须保障民众自由选择；第三，解决收入问题，国家应该通过提供生育补助来促进人口增长；第四，提高社会保障水平，加强并改善幼儿园、学校等。

2019年的预算重点在社会政策、教育和收入政策上，这是建立在中期春季预测中已经设定的部门政策和横向政策发展的优先次序和假设基础上的。

在社会政策领域，用于社会保障中的定向取暖补贴的资金在春季预测期间增加了4040万保加利亚列弗（比2018年增加50%）；增加了1.5亿列弗，以保障残疾人法草案和个人救助法草案通过后的财政框架；新增700万列弗用于一种新型的每月儿童补贴，用于那些无法从已故父母那里获得遗属抚恤金的儿童。根据《儿童家庭补贴法》修正案，2019年该援助金额接近60欧元/人。

在国家和地方一级各机构采取有联系和协调的行动的基础上，通过一种全面的综合办法，政府执行了提供具有可获得性且高质量的教育的政策。国家预算资金主要针对学前教育和学校教育法下的四大支柱体系融资，以及对培养学生和博士生的融资，这是在全面评估培养质量的基础上确定的。

在收入政策方面，除了最低工资在未来几年的增长（从2019

年1月1日的261—286列弗到2020年1月1日的约300列弗和2021年1月1日的约333列弗），到2019年这一措施还将提高工资的10%和社会保障预算。这将根据具体职位和工作表现给员工每月基本工资上升的空间。2019年，教育工作者的工资平均增长20%，而到2021年，教师的薪酬计划比2017年翻一番。

大规模的收入和社会支出可能与即将到来的欧洲议会选举和地方选举有关。不幸的是，即使有此预算，保加利亚人民仍然是欧盟中最穷的公民。欧盟的平均收入比保加利亚高很多倍。但2019年的预算显示，保加利亚政府愿意尽其所能缩小差距，在这方面，他们也依赖私营部门提高工资——鉴于企业正经历严重的劳动力短缺，这很可能发生。事实上，事情已经稍露苗头。数据显示，近年来私营部门的工资每年已经增长近10%。

保加利亚人民社会生活中的另一个非常重要的方面是社会服务。到目前为止，社会服务存在质量低、可获得性有限和缺乏综合管理办法的问题。一项评论指出，该国境内大多数类型的社会服务供应不足，需要进一步投资。特别是在较小的农村城市，儿童和成人都严重缺少社会服务，特别是家庭护理、日托、流动和综合性服务。根据政府的计划，提供服务的主要依据是资源的可获得性，而非弱势人士的需要。综合性服务可以同时处理弱势群体中的多个问题，而相比之下较分散的服务会影响它们所提供援助的效力。与此同时，社会服务部门的工作人员流动率高，培训有限，社会工作的资格标准较低。

一项全面的社会服务改革正在筹备之中。2018年12月，政府通过了一项新的社会服务法草案。社会服务的规划将以国家的需要和每个城市、区域服务需求总和的最低限度为基础。这一新模式有望改善质量、规划，增加筹资数额和可及性，以及优化监测和控制。该法还旨在解决社会工作者的工作资格问题,加强地方当局在规划和提供服务方面的能力,并向全体人民提供普遍服务。

保加利亚的首要任务仍然是成功吸收欧盟的资金和项目,以实现可持续的经济增长、更高的就业率、更强的社会包容性,并建设具有竞争力和创新性的经济。关于2019年的社会政策和社会改革,政府的首要任务已经明确且取决于欧盟区域发展基金、欧洲社会基金和聚合基金在2021—2027年提供财政支持的可能性。

(四)2019年保加利亚的对外政策和国际关系展望[*]

保加利亚2019年的对外政策和国际关系将继续落实政府关于2017—2021年"施政计划"(Governing Program)所列出的首要任务,这也是过去几年来保加利亚外交部所做的工作。这些首要任务包括:

第一,积极参与欧洲政策的制定与实施,深化与东南欧国家在政治、经济与文化方面的双边关系;

第二,采取针对性的政策以在传统和新兴的保加利亚海外社区中维持保加利亚的身份、语言和文化;

第三,应对移民问题的可持续方案。

从这些文件以及政府的行动和保加利亚长期的对外政策趋势中,我们可以清楚地看到,过去几年里保加利亚对外政策的主要方向在很大程度上是由巴尔干地区和保加利亚处于该地区中心地带的复杂地缘政治形势所决定的。

---

[*] 作者:Evgeniy Kandilarov;翻译:陈悦;校对:赵纪周;审核:陈新。

这意味着保加利亚的外交政策至少有三个主要的地缘政治关切，并将继续成为2019年政府的工作重心。首先，也是最重要的一个是保加利亚在欧盟和北约中的参与。这两个组织在国际立场和地缘政治利益方面并非总是保持一致。

2019年，欧盟面临着诸多压力，包括备受争议的英国脱欧、与其伙伴之间的贸易问题、移民危机、民粹主义高涨以及与美国的不稳定关系。作为欧洲的一部分，巴尔干半岛在很大程度上自然与军备竞赛的威胁、大国之间关系的深化、欧盟目前的弱化、来自中东和北非的移民潮以及恐怖主义有关。

然而，该地区的主要问题仍然是尚未解决的民族问题和外部因素的干扰，其中有些问题被低估而另外一些则被夸大了。在一些专家的分析中，很少能列举出所有在巴尔干半岛地区寻求利益的因素，而且常常忽视了它们的真正影响：美国和北约、土耳其、一些阿拉伯国家、俄罗斯甚至是中国。从军事基地和发挥直接政治影响的机会来看，人们首先想到的就是美国。土耳其也不可小觑——该国拥有持久的雄心和发挥影响的一套形式和方法，但经常并且莫名地被一些分析所忽略。对保加利亚来说，尤其严重的是在欧洲蔓延的伊斯兰化，以及土耳其国家机构和情报部门通过宗教团体开展的不断增多的活动。这种混合的方法以及所有这些外部因素的情报活动都异常活跃。

保加利亚作为北约成员国的义务，完全取决于美国的地缘政治利益——但美国的这种利益同欧盟的政治愿景与利益并非总是完全平行而且保持一致。因此，2019年欧盟的最大关切之一，就是它和美国的关系以及5月23—26日的欧洲议会选举——这次选举将产生新一届欧盟领导人团队，包括欧洲中央银行的新行长和欧盟委员会的新主席。美欧关系紧张，并有可能恶化的迹象。特朗普

三 保加利亚

曾经称欧盟在贸易问题上是美国的敌人,2019年年初特朗普政府在没有通知欧盟的情况下降低了欧盟驻美国代表团的外交级别。特朗普还不断威胁对进口到美国的欧盟汽车征收关税,促使欧盟官员为应对欧美之间类似于过去两年里中美关税冲突的贸易战而做好准备。

保加利亚外交政策的另一个重要方向与巴尔干地区相关,尤其是马其顿成为特别关注的焦点。

自从佐兰·扎埃夫(Zoran Zaev)领导马其顿政府以来,索非亚(Sofia,保加利亚首都)和斯科普里(Skopje,马其顿首都)的关系有所改善。紧张局势得到一定的缓解,两国民众对彼此的看法也不再那么消极。对保加利亚来说,其对外政策的最艰巨任务是关于欧盟的扩大不会造成新的破坏也不会将西巴尔干变成真正的火药桶。保加利亚的欧盟伙伴起初对保加利亚任欧盟轮值主席国期间将此问题作为其一大关注重点曾持有怀疑态度,但在奥地利和罗马尼亚任欧盟轮值主席国期间这个问题继续引发讨论的事实令人感到鼓舞。

保加利亚的巴尔干政策的一个重要内容,就是它与土耳其的关系。根据总理博伊科·鲍里索夫(Boiko Borissov)的立场,对于保加利亚以及欧盟来说,土耳其是一个战略伙伴、友好邻居、北约盟友,也是在公共秩序与安全领域的重要伙伴。在本届政府执政期间,保加利亚强调它和土耳其之间双边关系的稳定和可持续发展是其对外政策的头等大事之一。从这个角度来看,2019年保加利亚政府很可能会继续努力扮演一种土耳其与欧盟关系的调解人角色。

在保加利亚的外交政策中,一个从传统上看无可避免且十分重要的方向与俄罗斯有关。保加利亚需要保持与俄罗斯的可持续关系，这也是因为它在很大程度上依赖俄罗斯来实现能源平衡和安全。不幸的是，美俄之间日益紧张的关系以及欧盟—俄罗斯之间的制裁和其他限制政策使得保加利亚很难处理好同俄罗斯与西方（美国、北约、欧盟）之间的平衡。

保加利亚不应该是俄罗斯和美国之间紧张地带。通过采取一种协商与对话以及在符合两个大国利益的前提下限制武器和基础设施部署的政策，保加利亚既能维护自身利益，也能保持西方与俄罗斯关系的稳定。不幸的是，从前几年开始并有可能在2019年继续的一种趋势是，保加利亚无法实现这种平衡。例如，在俄罗斯总理德米特里·梅德韦杰夫（Dimitriy Medvedev）2019年3月访问保加利亚期间，保加利亚没有提出关于《中短程导弹条约》（*Small and Medium-Range Missile Treaty*）的问题，该条约将于2021年到期，是为数不多地旨在防止军备竞赛的国际条约之一。一旦这一障碍被解除，在欧洲将到处都是在目前被禁止的毁灭性核武器和导弹。保加利亚将成为受害者之一。保加利亚既不通过参与军备竞赛来生产此类武器以支持本国经济，也不希望在其领土上部署这些武器。保加利亚应该是坚持更新欧洲关于武器问题的协议和保障的国家之一。

由于难以在欧盟、美国和俄罗斯三者的利益间保持平衡，总理博伊科·鲍里索夫将政府的外交政策描述为"针—棒"（needle-stick），以免破坏与美国或俄罗斯的关系。事实上，保加利亚试图让所有各方都满意的努力十分明显。保加利亚与俄罗斯关系的主要问题之一是能源安全问题。关于建设"土耳其溪"（Turkish Stream，未经俄罗斯官方决定！）天然气管道之保加利亚段的启动程序，其速度对该国的条件来说可谓十分迅速。在四个月内，保加利亚天然气运输公司（Bulgartrangaz）就走完了所有阶段的程

三 保加利亚

序，宣布其已准备好在2019年年底前实施该项目的核心部分。相比之下，与邻国的管网联通需要4—5年的时间，并且在大多数情况下无法完全实现。同时，保加利亚与美国和北约的对话引发了刺耳的谣言，即除正常礼仪之外总理已承诺接受军事装备（更激进版本的谣言——核武器），并在黑海沿岸建立新的基地，是为了钳制俄罗斯。

关于与保加利亚外交政策密切相关的巴尔干半岛能源安全问题，必须指出的是，保加利亚在巴尔干半岛拥有80%的能源基础设施。对保加利亚来说，能源领域是一个突出的优先事项，确保能源安全对保加利亚乃至整个欧洲都很重要。通过建立相互联通的管网、天然气连接和被称为"巴尔干"（Balkan）的欧洲天然气枢纽，保加利亚在全欧洲所需的能源多样化道路上迈出了很大一步。

2019年，天然气供应战将明显从北部转移到东南部和地中海地区。在欧盟表示很难满足美国的要求后，北溪2号（North Stream 2）天然气管线将成为选择。专家和政治家称，丹麦的反对所造成的阻力是能够克服的。然而，华盛顿将继续阻碍"土耳其溪"天然气管道第二阶段的建设。

欧洲将推动乌克兰和俄罗斯就一份将在2019年到期的天然气合同达成协议，但目前来看，双方似乎完全不可能坐下来谈判。穿越乌克兰管道的天然气数量将从2018年的950亿立方米减少到2021年的150亿立方米，并且一些有40年历史的管道将被拆除。

尽管未来依赖土耳其，或更糟的情况是，依赖部分通过希腊供应的昂贵液化天然气和部分通过中欧供应的俄罗斯天然气，2019年保加利亚将继续面临困境或者抵抗美国对"土耳其溪"项目施加的巨大压力。2019年4月美国专家将向保方展示的液化天然气罐（liquefied gas containers）似乎是一种不错的运输方式，但我们应该明白目前所需的不仅是一种天然气转换设施——这相当昂贵，还有天然气本身。

其他涉及保加利亚外交政策立场和欧—美—俄紧张局势的国际问题，都具有广泛的国际影响。一方面，"斯科里帕"（Skripal）中毒案的新进展可能使保加利亚成为俄罗斯直接攻击的另一个主权国家；另一方面，与委内瑞拉石油美元相关的问题使保加利亚成了需要对马杜罗（Maduro）政权进行财政孤立的一个案例。显然，以声明支持马杜罗的反对者是不够的。保加利亚的情况，可以解释为何要采取大规模的情报和金融措施。

最后，近年来保加利亚外交政策的一个重要方向，乃是从中国的崛起中获取机遇以及扩大其在中东欧地区的影响力，这有可能在2019年继续作为该国的首要任务之一。中东欧地区是中国的"一带一路"倡议这一全球性倡议的重要组成部分，其中的"16＋1"模式对中国同欧洲的交往从总体上发挥着至关重要的作用。在索非亚密切关注其与布鲁塞尔、华盛顿和莫斯科等传统伙伴的友好关系发展之时，世界却发生了急剧而重大的变化。国际合作多极模式（multipolar model）的发展，世界经济、贸易、金融和信息的全球化，都不可避免地使保加利亚置身于一个更加复杂的世界。

尽管"一带一路"倡议没有具体的计划而更多的是一个行动纲领（guideline），但保加利亚的地理位置决定了它可能会积极参与该倡议。目前，已经提出了一些包括整个巴尔干半岛的方案。土耳其预计加入陆上经济走廊，希腊则已经积极推动海上路线的合作。关于保加利亚的"战略地理位置"（strategic geographic position）的说法常常出现在各种官方文件中，但截至2018年保加利亚尚未就这一倡议形成明确的立场或优先关注。甚至连保加利亚

三 保加利亚

邻国几十年来致力的重大投资项目和意图，在保加利亚仍然鲜为人知。保加利亚是"16＋1"合作中的一员，但这种参与是形式的，总的来说是被动的。这种消极态度，主要在于保加利亚缺乏一种有意义、现实而且长久的战略来改善其外交政策及其同非欧盟国家的关系。这方面的专家建议能够团结政治精英，但目前保加利亚还缺乏这样的一种共识。例如，如前所述，2017—2021年的政府外交政策重点完全集中在欧洲—大西洋一体化的问题上，而没有包括世界其他地区。保加利亚社会党（Bulgarian Socialist Party）通过的"保加利亚愿景"（Vision for Bulgaria）文件作为政府的另一种愿景，很快就决定该国"应加强参与""一带一路"倡议。2018年在保加利亚举办的"16＋1"峰会，让人们有理由认为保加利亚将通过履行2018年的承诺来加强与中国的关系。保加利亚政府批准了一份与中国签署的计划在索非亚建立一个"全球伙伴中心"（Global Partnership Centre）的谅解备忘录，预计这一方案在2019年有望实现。全球伙伴中心将具有很多职能，包括协调和开展研究以促进"16＋1"合作各方之间经济合作和伙伴关系的可持续发展。它将组织培训、咨询活动和交流，来促进贸易、投资和基础设施领域的合作。该中心还将在"16＋1"框架之下协助各方，以更好地了解中国、中东欧国家和欧盟国家的法律法规。它将建立机构、贸易和商业协会以及中东欧国家企业和中国企业之间的联系网络，以促进业务联系和信息交流。基于此，保加利亚总理称这个全球伙伴中心将有助于中国公司和投资者在符合欧盟要求的情况下进入欧洲市场。

综上所述，2019年保加利亚的外交政策和国际关系将面临欧盟和世界其他地区动态变化的局势所带来的诸多挑战，这意味着保加利亚在有关国际立场的决策中应该十分谨慎和明智，以捍卫自己的政治、经济、能源利益和国家安全。同时，保加利亚外交政策面临的最大挑战是如何在面对欧盟、美国时处理好其与欧洲—大西洋伙伴跟俄罗斯与中国等非欧洲地缘政治力量之间的微妙平衡。不幸的是，我们看到双方之间的紧张局势日益加剧，这将使保加利亚政府陷入非常困难的境地。

四　波黑

（一）2019年波黑政治展望——
期待波黑政府组阁[*]

1. 总体展望

2019年上半年，波黑有望在联邦和中央议会（或称民族院和代表院）建立稳固的联盟，任命部长会议主席（或称总理），组建联邦内阁（各部长），就选举改革提出不同的修正案，并就新的改革议程调整实施方案。但是，因为几乎所有的决定都需要两院的大多数通过，预计解决这些问题需要一整年时间。主要政党领导人在声明中仍远未达成和解，并且在任命和新政府开始运行的日期上存在矛盾。

多迪克（Dodik）的塞族共和国独立民主人士联盟（SNSD）提议正式任命一位塞族人为部长会议新主席，由于任命需要正式向中央议会（或称代表院）提出新的内阁人选，该提议被故意搁置。到目前为止，只有塞族共和国独立民主人士联盟提名原塞族共和国财政部部长佐兰·泰格尔蒂亚（Zoran Tegeltija）担任下届部长会议主席。其他民族党派尚未正式提名任何人，并且仍然对大部

---

[*] 作者：Ivica Bakota；翻译：刘梓绚；校对：贺之昊；审核：陈新。

分职位看法不一。三人主席团的克族成员科姆希奇（Komsic）在2018年12月底表示，他可能认可该次提名，如果泰哥尔蒂亚接受波黑的北约议程；鉴于目前塞族政党反对加入北约，实际上这更多地表明谈判进程仍处于早期探索阶段，达成一项关于组建中央政府的协议可能性很小。同样，一些克族政党要求主席团的克族成员科姆希奇承认克罗地亚实体，以换取他们的支持。因此，根据目前起步阶段的情况，波什尼亚克族（和克族）党派并不着急，并希望延迟战术能迫使多迪克做出一些让步。由于选举委员会的议程未在议会通过，看起来在2019年前两个月仍将延续与委员会的僵持局势，并为进一步谈判争取时间。

这是非凡但又较寻常的。波黑的政治家喜欢在极端情况下考验已经复杂的法律和议会程序，对选举委员会的工作提出严厉指控，审查他们认为令人不悦的决定或程序的合宪性和合法性。在2010年选举之后，议会僵局持续了一年多，波黑选举后的危机平均持续时间超过6个月。基于此，目前僵局暂时还不会缓解。即使选举委员会组建并且代表院通过其任命，政党也有足够的法律文书来阻止政府组建。除了程序之外，还存在一些问题。尽管选举改革的热度在过去一段时间逐渐退去，但克族政党及其占主导地位的克罗地亚民主共同体（HDZ BIH）对组建政府的支持可能取决于代表院是否会对民族院的选举立法进行修改。因为它需要三分之二的代表，这些代表只能由三个最庞大的政党组成，但它们尚未确认政治联盟关系。此外，对办公室、职位和职称的分配更为重要。显然，驻外国使馆里的要职，包括大使级别和领事级别的职位，已经被分配给最重要的党派支持者，行政职位也将如此。克罗地亚民主共同体（HDZ BIH）已经暗示两个部委领导人需要他们党的成员担任，据称下一任外交部部长职位将留给科维奇（Covic)。塞族共和国独立民主人士联盟（SNSD）已经提名了部长会议主席，他们希望保持上一届他们担任的高级职位的数量。对于许多副部级别、联邦政府、州级职位的竞争将更为激烈，这些职位的人选通常饱受争议，即使在萨拉热窝的一个大型秘密会议之后仍有一些悬而未决的地方。在上一任期内，在宪法法院下令重新计票和重复选举之后，斯托拉茨（Stolac）地方政府仅在2016年选出政府。鉴于目前对中央选举委员会工作的反对意见，这种情况可能会再次发生。

与此同时，预计欧盟驻波黑代表团团长和国际社会驻波黑高级代表以及其他"欧洲人"将敦促波黑政治家加快组建国家、联邦和州政府，呼吁政党领导人接受欧盟一体化议程作为商讨结盟的标准，展现积极主动的立场，讲求务实，而不是精于"算计"。但是，波黑也批评了欧盟驻波黑代表团团长维格马克（Wigemark）和国际社会驻波黑高级代表因兹科（Inzko）的工作。根据 *IFIMES* 欠缺公正性但相当有批判性的报道，欧盟代表团对波黑政治行动者的不透明资金资助以及制定波黑政治家"黑名单"的任意性使欧洲反欺诈办公室（European Anti-Fraud Office）高度重视他们的工作。然而，从欧盟延长驻波黑代表团团长任职的角度来看，布鲁塞尔下次关于波黑的定期会议报告会忽视这些反对意见。

2. 一人治理国家的结束？

由于2018年年底大卫正义支持者组织的抗议活动，对达沃·德拉季奇维奇（Davor Dragicevic）和反对党议员斯坦尼伏科维奇（Stanivukovic）的拘留引起了媒体的广泛关注。这一次，很显然抗议者的目标是多迪克和他的专制。在波黑这样一个小国，塞族共和国现在被描绘成"一个人的国家"。目前，抗议活动还没大到煽动民众的程度和规模，但已经呈现了反政权的轨迹。多迪克公开指责国际势力，称它们从一开始就操纵该事件，利用抗议活动引发政治动荡，勾结反对党。

抗议活动的跨族裔和反建制吸引力仍有可能得到成千上万人的支持，就像在巴尼亚卢卡的克拉伊纳广场（Krajina square）跨年夜上所呈现的那样。但抗议活动者选择与塞族共和国的反对派站在一起是很不利的，因为不仅他们的"革命"目标受到威胁，而且政治斗争也可能处于危险之中。与政治敌人的斗争对多迪克政府和多迪克本人来说不是一件难事。他在最近的声明中表示，如果抗议活动的领导者允许一些反对派人物为他们发声，尤其是如果他们带有可疑的民族主义议程、庇护者背景、抗议政权的色彩，抗议活动将被终结。在接下来的一年里，多迪克将平息抗议活动，在寻求正义方面伸出援手，或在某种程度上，允许清洗涉嫌掩盖大卫谋杀案事实的司法机构。这将是一条不容易的道路；首先，多迪克和抗议者并没有以友好的方式开始，第二，只要大卫的案件没有了结，政府将成为他们发泄不满的主要对象。因此，多迪克更可能将抗议者与反对党联系在一起，这是减弱抗议民众基础并摆脱国际干涉的更安全的方式。

在塞族共和国，塞族共和国独立民主人士联盟（SNSD）支持率的相对下降是2019年多迪克面临的另一个潜在问题。他的政党在塞族共和国（RS）议会中获得较少的席位，并失去了大城市，他不得不在实体层面（塞族共和国）建立更具包容性的联盟。这就是塞族共和国宪法改革有些仓促宣布的原因——为议会中多数通过重要决定和重组政府提供合法依据。第一步表现出对他们的政党可能会在当前任期内支持率下降的"紧张"情绪；第二步涉及合并某些部委，从而适应新的政党招募，以及解散可能会加剧与萨拉热窝的紧张关系的难民部（the Ministry for Refugees）。国际因素对于多迪克来说也是一项挑战，特别是他被美国大使馆列入"黑名单"之后。他作为三人主席团的塞族成员的身份有利于缓和与西方列强的关系。然而，尽管他有能力在处理萨拉热窝问题中保持积极主动的角色，避免公然反北约、支持公投的言论，弃绝代顿修正主义的举动以及减少与俄罗斯的友好条款，这对促进与欧洲关系是必要的。但是，大部分分析人士对这种情况持悲观态度。

3. 公民选择慢慢获得进展？

最大的波什尼亚克族政党在州和联邦层面遭遇挫折。萨拉热窝大学临床中心（Clinical Center）、社区公司、萨拉热窝大学的事件以及内部紧张局势，都降低了民主行动党（SDA）在大多数州赢得多数席位的机会。主要的变化发生在萨拉热窝州，这被称作"世袭选区"（patrimonial constituency），因为过去二十年波黑民主行动党一直是这里的执政党。社会民主党（SDP）和民主阵线（Democratic Front）与几个小型民间党派（我们党，Our Party；人民和正义，People and Justice；未来联盟，Alliance for Better Future；独立集团，the Independent Bloc）结盟，并成功地组建了一个没有波黑民主行动党的政党联盟。在推选社会民主党的卡拉伊比茨（Karajbic）为代表院发言人之后，小型民间党派联盟有机会选出一个新的联邦政府。民主行动党主席巴基尔·伊泽特贝戈维奇（Bakir Izetbegovic）认为如果民主行动党成为反对党，2019年波黑联邦政治上会不稳定。联邦层面的联盟谈判将使民主行动党的内部谋划更加清晰，以及小型民间党派可能会扩大政党联盟。

由于小型政党联盟中的大多数民间政党都成立不久并且经验不

足,因此他们在社会民主党—民主阵线联盟(SDP-DF)的意识形态一致性和忠诚度将在2019年得到检验。需要特别关注我们党、人民和正义党,这是它们第一次参加联邦级别的大型谈判。社会民主党是小型政党联盟的主力,他们必须努力保持其稳定,这应该包括增设一些行政以及领导职位。

最后,欧盟期待波黑完成改革议程,这样才可能在入盟进程上取得进展。由于扩大进程一段时间以来一直不是欧盟关注的焦点,波黑也已经习惯于改革步伐缓慢,2019年波黑政治家将仍然"假装"履行欧盟任务。欧盟一直试图促使波黑改革选举立法和司法,同时持续关注社会凝聚力和腐败问题。目前看来,在这些领域中实现任何实质性进展看起来是一项不可能的任务。

(二)2019年波黑经济展望:2019年改革议程齐肩并进[*]

1. 波黑第二个4年计划?

2018年10月,德国和英国大使馆在斯洛文尼亚克拉尼附近的布尔多城堡(Brdo kod Kranja)组织了一场会谈,波黑经济和政治精英、主要政党的经济政策制定者、欧洲复兴和开发银行以及世界银行的代表参加了这次会谈。会谈评估了波黑改革议程所取得的成功,并探讨了延长改革周期或者开展第二个改革议程的可能性。

未来四年,是延长改革周期还是开展一项新的改革议程(解决第一个改革议程中没有涉及的内容),这既是会议的主题,也将

---

[*] 作者:Ivica Bakota;翻译:潘梓阳;校对:贺之杲;审核:陈新。

是波黑新政府头几个月的热门话题。虽然首个改革议程的期限是四年，预计现任政府继续执行首个改革议程中所提及的改革措施，并且根据官方说法，重点是处理那些尚未解决的问题。

改革议程是由德国和其他欧洲伙伴所提出的一系列社会和经济改革提议，旨在帮助波黑完成过渡期并在同欧洲一体化方面取得实际进展。欧洲伙伴将其形容为一种模式，即通过在公共福利、公共管理、劳动力市场以及营商环境改善方面的一系列综合性改革措施，促进经济增长、社会融合，并打击长期腐败和根深蒂固的庇护网络。

如今，改革议程的实施已经有四年时间（2015—2018年）。波黑主流社会评价改革议程在实施必要改革方面的总体成功时，意见有较大分歧。有一些理论观察家认为，打击非正规的寻租网络引入了太多不受国家控制的无约束的自由市场经济。然而，绝大多数反对意见都指出一系列看似有效地促进波黑经济发展的措施并没有有效实施。很多评论家认为，在打击腐败、减少行政开支以及阻止党派庇护方面，改革议程所起到的作用甚微，甚至几乎是失败的。

另外，部长会议的现任主席丹尼斯·兹维兹迪奇（Denis Zvizdic）表示，政府已经履行了当前改革议程中90%以上的义务，而中央和实体政府仅履行了70%左右。大多数政党官员和政府人士也声称改革议程取得了成功。根据民意调查，继续开展改革议程得到了民众和政治支持，这表明改革议程取得了总体上的成功，至少在声明层面。

2. 改革议程2.0

正如媒体报道，布尔多会议过后，应该要出台一份未来四年明确目标的文件。经过两天的磋商之后，所有参与方都一致表示改革议程仍不可替代，并且主要政党一致表示无论未来政府由谁组建，都将无条件支持改革议程的实施。

尽管此后官方宣布将会继续开展一系列会谈，以制定出改革议程"2.0版本"以及起草新政府前100天的优先事项，绝大多数媒体将布尔多会议视为预测波黑新政府2019年首要经济举措的时机。根据部分消息源的信息，改革议程2.0将包括4大重点领域和34项具体措施，这其中包括健康领域改革、通过财政宽松减轻私营部门税收负担、交通基础设施以及能源部门改革等。

健康与养老金系统亟须系统性改革，这一目标在前四年中都没有得到妥善实施。优先考虑就业政策，打击腐败和政治庇护不仅在推迟将更多样化的社会类别纳入福利改革的痛苦且不受欢迎的措施中扮演了重要作用，也对切断一些行为体非法获得社会福利和权利方面发挥了重要作用。根据布尔多会议中所确定的"应急"措施，政府应首先通过实施财政刺激或保证社会安全网络支出率来确保养老金资金的稳定。之后，制定一些通过降低税率来调整福利支出的政策。

提及最少的仍旧是税收改革。一些波黑专家提出了更为直接的解决方案，包括增加增值税和"皮凯蒂式"的想法，引入税率极低的财富税、资本税，以及其他"减少不平等的措施"。增值税的上调会影响低收入群体，而经济专家也抱怨称增值税的上调作为一项财政措施并不能真正触及分配不平等的根源。波黑有着全欧洲最低之一的企业所得税，由于政治意愿不足或无法衡量财富税并削减灰色经济利润，这很可能将成为下一个改革议程中需要系统性解决的关键议题之一。

通过2018年年底实施的一系列消费法，波黑的基础设施建设蓄势待发。根据已起草的文件和商业计划，仍未完成的公路和高速公路计划在未来四年内竣工。除此之外，政府计划优先建设萨拉热窝同贝尔格莱德之间的高速公路、对部分国内铁路进行现代化翻新以及增加空运能力。这些计划同过去五年自发增长的旅游业需求有着很大关联。然而，为维持基础设施领域的建设动力，政府需要在未来的日子里准备好相关文件。尽管现任政府承诺，这些项目不会因为组建政府而被耽搁，但若没有政府的协调统筹，这些项目的完成令人难以想象。

重点将放在能源领域。布尔多会议之后，联邦政府将会把图兹拉火力发电厂的第 7 机组的建设列入优先事项，同时还需重建联邦政府的几个煤矿。在上一个议程中遗漏的关键点是建立一些负责监督和控制国有企业财务的机构，特别是那些造成损失和债务重组的机构。除此之外，联邦政府还构想设立公共采购办公室。办公室的设立或许无力解决无处不在的固定投标问题，但至少是在控制公共开支领域的第一次尝试。

3. 议程的利弊

尽管议程号称对经济发展和相关经济指数的提升有直接的促进作用，正如当初对改革议程 1.0 的反响一样，改革议程 2.0 的反响同样不太乐观。有利之处在于，位于柏林的民主化政策委员会（DPC）指出，改革议程的延续将增强公共开支方面的纪律性以及巩固公共预算。这对于下一阶段要开展的结构性改革至关重要。

然而，大多数人都同意政治分析人士阿达南·哈斯季奇（Adnan Huskic）的观点。他认为，在公共管理方面，改革议程只提供了很多宣言性质的口号，而并没有提供任何实际支持。"我们的政治精英已经向世人证明了他们在躲避解决实际问题方面的技巧。"

一些专家指出，波黑更需要的是政治决心，以及强大且独立的开展改革的机构，而非过多的改革计划。的确，一些在萨拉热窝的外国记者和代表曾担心，政府将会更多地关注起草和制定策略层面，而非真正的实施层面。

一些报道强调了实施进口模式的问题，通过采取一系列过于"苛刻"的措施来对抗行政膨胀和猖獗的腐败。在解决政党对公共就业的干涉、消除政府部门中的党派对所有族裔党派的绝对支配以及更多地依靠个人优势而不仅仅是平等来刺激就业等方面，改革议程中没有任何内容涉及"不那么激进和更可行"的描述。

另外，批评者抱怨道，欧洲缺乏通过使用财政手段刺激后续改革的意愿和勇气。智库（Popiulari）的执行主任阿利达·维拉契奇（Alida Vracic）认为，新改革议程的问题在于大多数决策的方式是不透明和缺乏民主的。正如四年前一样，"关乎波黑所有民众的重要战略文件再次被一个封闭圈子内的人所讨论并采纳"。

在第一个改革议程缺乏决策透明性、执行不力的背景下，政治精英将采取何种机制来佯装支持改革？与此同时，波黑大部分预算持续被政治庇护和腐败所"劫掠"，司法抑或受政治精英的控制或无力改变旧制度，而灰色经济仍是资不抵债的个体的庇护场域。新的经济政策势必成为政治讨论的主要议题。

新的改革议程应更加重视建立法治和独立的司法机构，尤其是在经济领域。此外，新议程应覆盖所有上一议程所没有解决的结构性改革问题，如通过重组公共企业来促进公共就业改革，以及严格监管补贴和福利分配。

最重要的是，在改革议程框架之外，波黑社会必须找到重塑自我的方式。换句话说，更少的政策制定和更多的政策执行是纠正多年来"政策、方针、计划才是关键"的重要突破口。

（三）2019年波黑社会展望：波黑爆发新冲突的可能性[*]

1. 波黑还能持续吗？

2019年伊始，波黑就出现了几次政治危机。由于塞族主席团成员多迪克（Dodik）与波黑民主行动党（SDA）主席（以及波族前主席团成员）伊泽特贝戈维奇（Izetbegovic）之间的冲突，选举部长会议主席和组建中央政府陷入了僵局。塞族共和国政府庆祝塞族日（Srpska Day）的活动影响了政治气氛，1月9日的塞族日又称为独立日，大多数波什尼亚克族人认为这是对代顿（Dayton）（总框架协议，GFA）的挑衅性修改。克罗地亚族代表出席了此次活动，反复呼吁进行选举改革和改变克罗地亚人的政治地位，这也表明波什尼亚克族和克罗地亚族两党在2018年10月选举之后的分歧有多深。最重要的是，在1月23日，民主行动党（SDA）宣布将对塞族共和国现在的名称进行宪法审查，理由是它违宪支持一个民族（宪政国家）而不是另外两个民族。该公告为塞族主席团成员多迪克提供了借口，要求停止政府组建的进一步谈判，指责民主行动党的反塞尔维亚和反宪法行动，并警告说民主行动党故意将塞族人赶出波黑。目前的僵局体现了在波黑维持稳定政府的难度，以及政治冲突诉诸宪法法院（the Constitutional Court）的干预是如何容易。它表明同样的问题一直存在，阻碍了政府的正常运作，更重要的是，揭示了在过去20年中，当政治挑战重演时，同样的政治行为体面临同样的问题，波黑没有取得太大进展。

---

[*] 作者：Ivica Bakota；翻译：刘梓绚；校对：贺之杲；审核：陈新。

在平行层面上，人们越来越认为代顿协议安排下的波黑不是一个可持续的国家并且需要实质性变化，无论是分裂主义者还是跨越种族界限的"联盟主义者"，波黑利益攸关方还是外国观察者都倡导这种想法。事实上，改变现有总框架协议的要求从一开始就存在，该协议奠定了波黑宪法的基础，但在法律（波黑宪法法院认为代顿协议超出宪法范围）和技术（不可能修改当前的民族区域划分条款）层面都被否定。据悉该要求被搁置的主要原因是，任何变化都将导致波黑以及西巴尔干地区及其他有种族问题的地区重新爆发冲突的更广泛影响。这就是为什么克族党派对"第三实体"的首次倡议或塞族共和国对重新定义国家—实体关系的众多要求都失败的原因。这些原因仍在发挥作用，使得代顿协议神圣不可侵犯，并且——接近其协商观念（consociational idea）——同样受到所有种族群体的憎恨，除了占统治地位的民族政党外，他们对代顿协议和单一政治化的宪法僵局有专门的阐释，把它作为政治行动和不行动的手段。对于其他人来说，波黑正日益成为无效的国家。

2. 谁害怕代顿协议的改变？

修改代顿协议可能会煽动波黑的冲突螺旋式上升，所以人们对此心存畏惧，同时这种情绪也存在矛盾，即在理解和解释关于另一场冲突的可能性的问题上。对于任何单方面违反代顿协议的行为举动，包括塞族共和国独立宣言（甚至是全民投票）和创建"第三实体"，外国分析人士通常会直接指出重启战争的高风险。这种观点通常是由波黑政治家的好战声明和外国进行的民意投票和调查形成的，这只是违反代顿协议倾向的一根红线，并提高带来新一轮冲突的可能性。与这个观点相似，保护国家的主权和领

四 波黑

土完整被认为是所有进步性的政治选择的核心承诺,而任何修正主义都会在国家和地区设置不可预测的熵力("潘多拉盒子"观点),所以原则上不应允许。虽然在科索沃—塞尔维亚问题上出现了一些让步,最近在塞尔维亚和科索沃就领土交换所发表的一些声明中看到了这一点;对于波黑而言,它仍然是政治稳定的必要条件,这一点在(国外)巴尔干外交专家2018年发表的一篇文章中体现得最为明显。这篇文章表达了长期自然主义者(naturalist)的观点,即如果区域民族主义被允许继续发挥因"代顿协定"而突然终止的地方民族主义,就可以获得持久和平的可能性。尽管被批评为"寻求关注",但这篇文章强调了任何修正主义行动背后的冲突。波黑媒体以阴谋论的语调报道了这一想法,政客拒绝发表任何评论,表明其具有牵强的意义。但是,如果这种修正—冲突联系对国际社会和"进步的"波黑政治家来说是如此令人信服,那么显而易见的问题是谁将阻止这场冲突?

波黑分析人士和专家一直认为,战争伤口过去25年来一直在缓慢愈合,近期不能再发生另一场血腥冲突。这种观点通常以暗示或直觉的形式呈现。在2010年政府危机、2014年动乱和2018年的移民危机爆发时,这种深刻的人文主义和对波斯尼亚状况的直观猜测得到了证实。每当种族间发生冲突,经济危机或社会绝望加剧,看上去即将爆发一场战争时,人们就会以某种方式打破所有这些自我实现的预言。他们要么像2018年的移民危机时那样自力更生,要么像2014年2月骚乱时那样恐惧战争,而在2010年的长期政府危机中民众最终形成了普遍的冷漠态度。如果波黑宪法僵局有积极的一面,那就是促成了波黑公民的反战态度。否则,正如一位著名波黑记者所指出的那样,在代顿协议生效几年后,可能会发生另一场战争。

· 411 ·

但是，这种"积极"的观点在两个方面存在问题。首先，它主要是主观性的，因此不容易客观地阐述"潘多拉盒子"或"邪恶精英"的论点——毕竟，可以说它在预测20世纪90年代的战争方面显然并不准确。其次，更重要的是，除了民族政治精英之外，没有人知道如何利用这种洞察力，所以在利用宪法僵局和辩论代顿协议下的波黑的未来时，他们总会有优势。

3. 迈向代顿协议的和平修正

为了重新解释这个问题，应该问人们是否真的可以落实波黑分区和代顿修订路线，他们是否真的能够"通过一切可能的手段，包括武力"来支持目前的现状。对此没有突破性的答案，只是有迹象表明，尽管有理性地估计，但人们可能不会支持他们的政治家制造冲突。这并不意味着民意调查有缺陷，但在计算波黑冲突的可能性时应该包括新的可能性。2014年骚乱的"失败"可以最好地说明这种反战行为的临时模式。外部没有阻止暴力升级，但内部避免了暴力升级。同样在2018年，联邦退伍军人和塞族共和国的"大卫正义"反政府抗议活动显示出自主的非暴力性质。

我们还可以从主要民族政治党派的反对党，以及在一定程度上从大选中放弃投票者的数量上观察到反战行为。因此，2018年10月的选举中克罗地亚族人的投票率很低（这也是科姆希奇赢得主席团克族人席位的原因之一），萨拉热窝对民主行动党（SDA）的支持减少（由于治理不善，但也有其领导人鼓吹冲突的影响）和塞尔维亚独立社会民主党联盟（SNSD）在城市地区失去支持，可以表明代顿协议的要素得到了普遍支持，这也是这些政党应该支持的。虽然大量地放弃投票者通常是政治精英与其他群体之间差距越来越大的信号，但波黑越来越低的选民投票率也与持续移民和举家搬离波黑有关。过去三年，估计有超过10万人离开波黑，而如果把那些将波黑视为"一个备用的家园"的人计算在内（克族人、塞族人和其他拥有邻国护照的人数），人数可以达到五十多万。这些人有两个住所，可能住在国内，但（渴望）在国外工作，最重要的是，他们同样来自波黑的三个民族。在某种意义上，他们并没有和祖国（波黑）紧密相连，像他们的父母一样为波黑作战，而较少依附于波黑政治家的言论和民族政治环境的压力。因此，他们是反战分子的典范，应该在未来占上风，并使波黑政客鼓吹战争的观点变得更难被接受。但是，这些波斯尼亚人可能没有兴趣对现行制度做出任何改变。

避免讨论是否修正代顿协议是唯一可能使波黑可持续和稳定、经济和社会发展的方法，就他们产生的更广泛的影响而言，波黑可能重新爆发冲突和领土分裂。但是另一个"积极的"观点是不会有很多波黑人做好战争的准备，鉴于目前的放弃投票人数和移民率。从长远来看，如果由外部压力维持着目前的状况（通常被称为防止区域溢出和不良先例），沿着代顿协议轨迹进行变革的内部力量持续微弱，那么爆发战争对波黑政治来说也可能是徒劳的。

（四）2019年波黑外交政策的平行四边形和三角形关系[*]

1. 布鲁塞尔—萨拉热窝的关系

西巴尔干国家融入欧盟的关键一年刚刚过去。对于西巴尔干六国，尤其是波黑而言，过去这一年他们错过了加入欧盟的大好时

---

[*] 作者：Ivica Bakota；翻译：潘梓阳；校对：贺之昊；审核：陈新。

机。尽管有人会说这一时机是模糊且难以捉摸的——欧盟最终收回了先前给出的"历史性日期"的言论，并且给出了西巴尔干国家加入欧盟的大致时间框架，可以肯定的是诸如波黑这样的国家并没有为加入欧盟做出足够多的努力。2018年，波黑向欧盟委员会提交了答卷，这很难被认为是其加入欧盟所迈出的一大步，而更像是其此前犹豫不决的延续。欧洲代表团的报告仍认为，波黑加入欧盟的进程由于缺乏开展结构性改革等实质性努力而被"严重拖延"。

波黑2019年达成加入欧盟的实质性进展的可能性甚至更小。除了选举后持续的秘密会议、尚未完成的改革议程以及日渐减少的公众支持外，"供给方"（欧盟）所能提供的机会窗口或许已经被错过。2019年，欧洲将会有两个重要的选举（五月欧洲议会选举以及十月欧盟委员会选举），以及英国脱欧的有关进程，将在一系列关乎欧洲内部未来的争议问题上建立共同立场。欧盟扩大政策在选举年并不是寻求共识的议题之一。同样，西巴尔干议题将被搁置，或者用马克龙模棱两可的言论来讲，在欧洲一体化道路上"有所着落"，越来越多的欧洲怀疑声音可能使欧洲一体化扩大的野心冻结。这一阶段已经被称作加入欧盟的"停滞阶段"，这对黑山和塞尔维亚这两个处于加入欧盟第一阶段的国家来说将会非常具有挑战性。对于本区域其他国家，尤其对于波黑而言，想要对已经被一推再推的入欧日期作出一个预测就更显得难上加难。

根据经验推算，诸多非欧洲行为体将会填补欧洲对这一动荡区域减少关注的空白。这对于"代顿病人"（Daytonian patient）尤其如此，但只有这些国际行为体在波黑发挥更重要作用时，布鲁塞尔方面才会关注到这些行为体的影响。

如果没有欧盟主导的波黑入欧机制和对外关系，波黑外交政策中的隐性特征可能会脱颖而出。这些特征主要是邻国和其他非巴尔干国家对波黑所施加影响的产物,可以大致归纳为三个主要的三角关系和一个四边关系。当然,我们不能一概而论,认为这些关系只会为波黑加入欧盟进程带来消极影响。这些关系在某些节点或许也可以带来积极结果。

2. 萨格勒布—莫斯塔尔—萨拉热窝

波黑与克罗地亚关系的分析应当从两国的公开外交冲突开始谈起。这些冲突从克罗地亚总理普连科维奇(Plenkovic)上任开始,包括"秘密"控告克罗地亚战争老兵、克族政党从萨格勒布方面得到选举改革的支持、佩列沙茨(Peljesac)大桥和内乌姆(Neum)边界问题,并最终以2018年10月科姆西奇(Komsic)被选举为克族新总统而告终。克罗地亚历届政府一直试图调和对波黑克族人的竞争承诺和维护波黑代顿协议稳定的义务。结果要么是波黑克族时常批评克罗地亚对波黑不够知情或缺乏关切,要么是萨拉热窝批评克罗地亚对承诺不够忠诚并时常干扰波黑内政。当前,克罗地亚民主共同体政府和右翼总统基塔罗维奇(Kitarovic)越发以零和博弈的逻辑来看待这两个承诺。克罗地亚已经通过了加入欧盟前被监督其外交承诺的阶段。现在,克罗地亚已经在欧盟内获得了一定的经验,且深信其应当至少在波黑拥有更多的决策权而不仅仅是决策执行权,或至少在布鲁塞尔拥有更多话语权。尽管克罗地亚的波黑政策仍处在准备阶段,但从普兰科维奇在欧盟平台对待波黑克族人的表现以及基塔罗维奇与埃尔多安讨论代顿协议来看,克罗地亚已经呈现出一个更为自信、更保护克族人且力求修缮代顿协议的政策。

一直以来,萨格勒布提倡欧盟对于波黑采取一些新的举措。为了帮助波黑加入欧盟，萨格勒布选择了一种不那么规范的"走后门"的渠道。萨格勒布目前已经越发坚定地行使其欧盟成员国身份帮助波黑克族人，并同情克族人对联邦现状的哀伤情绪。有观点称，这新的形式来源于克罗地亚民主共同体内部民粹主义倾向以及其同波黑民主共同体的关联。即便如此，在入盟停滞的阶段，克罗地亚有着更多的余地来提出调和克族政党利益的提议，并在拒绝萨拉热窝和其他欧盟国家明目张胆地干涉内政行为上变得更加自信。另外，双边的公开问题，诸如领土争端、战争失踪人员、继承和财产相关问题等，将持续保持开放，而同克族政党修复关系并不会帮助解决上述问题。波黑政策的新动向是在克罗地亚内部寻找最大的竞争者，并有机会改变波黑克族人的博弈立场。

3. 贝尔格莱德—巴尼亚卢卡—萨拉热窝

考虑到签署双边协议的数量，尤其是尚未解决的双边问题的数量，塞尔维亚和波黑的关系可以说是正处在僵局之中。亚历山大·武契奇（Aleksandar Vučić）当选总理后带来的双边关系改善的政治推力似乎早已消失，上一次为突破两国关系而作出的努力是武契奇两年前造访斯雷布雷尼察（Srebrenica）。自那以后，诸如失踪人员、边界划分、社会权利和其他经济问题等一直没有得到解决，而贝尔格莱德和萨拉热窝正处在政治代偿阶段（political decompensation）。某种程度上来讲，这个三角关系正面临着贝尔格莱德—萨拉热窝双边关系的缺失。

尽管人们仍然期盼贝尔格莱德同萨拉热窝之间重燃政治对话，但时至今日，更多的是对这种政治对话的缺失感到焦虑，而不是任何重新开启的对话可能导致的敌意。双边对于目前僵局都表示满意，声称双边敏感问题需要时间来解决，就像克罗地亚同塞尔

四 波黑

维亚当年敏感问题通过时间化解一样。然而，这一对比在两个方面存在误导性。首先，塞尔维亚与克罗地亚的和解对话，以及所有直面战争相关问题的努力都来自高层，而很少是源于政治精英们的真实利益。在这一点上，指望欧洲层面在本区域内所有双边问题上推动塞尔维亚与波黑问题的解决只能是幻想。其次，塞尔维亚主动采取措施打破僵局也几乎是不可能的。贝尔格莱德在当前局势下自如应对，巴尼亚卢卡（Banja Luka）的存在代替了绝大多数政治关系，并对这一地区的地缘政治评估非常有利。因此，贝尔格莱德没有理由改变他们当前处理与波黑关系的做法。在没有迫切承诺的情况下，尊重波黑并对塞族共和国表达好感非常简单，且不那么受限制。

这个问题几乎是非常清晰：更强大的巴尼亚卢卡—贝尔格莱德关系只能在牺牲萨拉热窝—贝尔格莱德关系的基础上建立。在没有欧洲监管且没有自身主动性的情况下，萨拉热窝势必会成为巴尼亚卢卡—贝尔格莱德关系的引线，就像其曾经在塞尔维亚—科索沃关税战或者塞族共和国2018年"外交远征"（diplomatic excursions）中所扮演的角色一样。

4. 巴尼亚卢卡—北约—萨拉热窝

目前，北约和波黑已经就成员国行动计划（Membership Action Plan）达成一致，北约已经批准了波黑加入成员国行动计划，并宣布如果波黑满足部分条件，将愿意加快波黑加入北约的申请。与此同时，北约对于塞族共和国加入申请的处理并不是特别支持，2017年塞族共和国议会也已经通过了反对加入北约的不具约束力的决议。塞族共和国总统米洛拉德·多迪克（Milorad Dodik）已经巩固了他反对北约的议程，因此塞族共和国加入北约的进程已经几乎完全停滞。

鉴于波黑加入欧盟的进程并无明显改观，加入北约事宜再一次成为波黑努力融入西方的尝试。波什尼亚克族和萨拉热窝的政客通过提交年度国家计划和重新激活成员国行动计划表达了他们支持在2019年加入北约。而塞族共和国政客则坚定地反对任何加入北约的有关行动。这一事件正沿着法律学家（legalist）与民粹主义者（populist）两条平行道路前进，前者支持双边层面重新启动成员国行动计划，萨拉热窝无视斯普斯卡的决议；后者强调巴尼亚卢卡享有广泛支持。如果萨拉热窝坚持成员国行动计划，这将有可能加剧紧张局势。在这种意义上，萨拉热窝只能向前迈出有限的一步，但代价是激发了民众对多迪克言论的支持，以及失去巩固实质性步伐的机会。毕竟波黑并不具有黑山的优势条件，即在没有民众明确支持的情况下加入北约。

5. 莫斯科—巴尼亚卢卡—安卡拉—萨拉热窝

莫斯科和巴尼亚卢卡的关系是波黑力求加入北约所面临的挑战之一，这是不同于本地区其他国家的情况。俄罗斯在塞族共和国有机构的直接支持，这不同于俄罗斯在该地区其他国家通过情报机构和国家代理行为体与反政府组织或反对派建立联系破坏政治稳定的情况。这种支持扩展到了军火供应领域，甚至覆盖了波黑境内的秘密情报活动。

此前曾提到多迪克对俄罗斯开放的重要观点，俄罗斯认为有一个行为体在该区域自愿为其利益服务，且保持其反对北约是非常有益的。只要这些基本情况不变，俄罗斯就是萨拉热窝现状的维持者。尽管存在一些警告，但是俄罗斯在波黑内部的（不利于稳定）行动并没有影响到波黑加入欧盟的进程。这种共存的影响只能使一个民族政治精英受益,但不会为萨拉热窝和布鲁塞尔的关系带来多少影响。相反,俄罗斯2018年的高层访问支持波黑代顿协议(拉夫罗夫访问巴尼亚卢卡)、贸易合作的略微增加(欧洲制裁俄罗斯)、投资的显著增加(斯普斯卡的炼油厂),并解决了一些固有债务问题(来自南斯拉夫时期)。

另外,埃尔多安近期对代顿协议的言论,或许表明土耳其是波黑境内的另一个重要行为体,将会深化其在波黑境内的政治参与度。对萨拉热窝和安卡拉关系的分析表明,土耳其很可能寻求在波黑事务方面的更大参与度。土耳其对于波黑的政治和经济影响远没有区域内其他国家那么大,而埃尔多安也援引了这一事实,称波黑是阿利雅·伊泽特贝戈维奇(Alija Izetbegovic)留给他的遗产。土耳其将持续支持波黑加入北约,而这一支持若通过非正式渠道得以表达的话,则很可能会激起萨拉热窝方面的骚动。土耳其方面自相矛盾的承诺以及其不利于波黑稳定的影响众所周知,且始终如一,但考虑到土耳其同波黑邻国的关系以及土耳其与波黑打交道的记录,我们还是尽量不要仓促地下结论。

五　波兰

（一）2019 年波兰国内政治展望[*]

1. 2019 年年初的悲剧

波兰国内政治在 2019 年开始得十分困难。在 2019 年 1 月 13 日发生了一场悲剧性的事件，它会在接下来几个月内一直影响波兰。格但斯克的市长帕维尔·阿达莫维奇（Paweł Adamowicz）被刺杀。他的突然死亡引发了激烈的讨论。主要是关于波兰政治的状况、地方政府的角色、在公众中发布的仇恨言论和接下来几个月可能发生的政治变化。

自从 1993 年以来，在每年一月的第二个星期天，波兰会举办一个为孩子筹钱治病的活动。这一活动是为了支持华沙儿童医疗健康中心（Children's Health Center in Warsaw）的儿科心脏外科（Department of Pediatric Cardiac Surgery）。每年筹款活动的最后一个环节是庆祝环节。数百个慈善活动，如音乐会、体育活动、比赛等在全波兰和波兰以外的地方进行。

然而 2019 年，在格但斯克市慈善活动最后的结束仪式上，一名持刀男子攻击了市长帕维尔·阿达莫维奇。他当时正在台上，

---

[*] 作者：Joanna Ciesielska-Klikowska；翻译：顾兴雨；校对：马骏驰；审核：陈新。

五 波兰

面对着集合前来庆祝的人群。这位政治家第二天在医院去世。对阿达莫维奇的攻击和他的死亡在波兰引发了极大的震惊并且在很多层面上进行了讨论。

第一，这一和平性活动的骚乱带来了惊讶和震惊。这是主办方多年组织慈善活动以来第一次发生这种悲剧。在之前发生过小的事故（例如，偷捐款箱），但是这仍是一个完全和平和安全的活动，年轻人和老一辈都可以参与其中大量的活动。

第二，暴露了大型活动的安全问题。在波兰，大型活动的安全保障水平一直都很低。由于至今还没有发生过任何恐怖袭击，波兰政治家没有引进任何预防手段。尽管与大型活动相关的法案要求组织者要确保参与者的安全，然而在现实中组织者并没有总是遵循规章制度。因此这一事件也不足为奇。想要谋杀格但斯克市长并不需要组织一场复杂的行动，一把简单的刀就足以导致阿达莫维奇的死亡。

第三，社会舆论中的仇恨言论被认为是整个事件的导火线。仇恨言论近期在波兰扩张得很快。这是政党和社会两极化的结果。两大阵营的冲突和他们对此的默许引发了此类仇恨和恶意。其中一个阵营是由保守主义、右翼组成的，以法律与公正党为中心的执政阵营。另一个阵营是由自由保守主义且亲近欧盟的、以公民纲领党为中心的在野阵营。讽刺的是，尽管在政策和意识形态上两大阵营的观点较为相似，但是他们之间的分歧却在 2010 年 4 月斯摩棱斯克事件后扩大，并且在 2015 年法律与公正党执政后加剧。双方都控诉对方制造仇恨言论来贬低对手。波兰的这一政治争执通常都是粗鲁且尖锐的，而且已经很难再将其引导成一场公开的、有实质意义的辩论。除此之外，这一争论从政治生活进入了社会领域，导致了人们之间的信任度很低。

这里有一层象征性的意义。因为主要海港城市格但斯克对于波兰是一个具有象征性的城市，它与1939年9月1日第二次世界大战在西盘半岛（Westerplatte）的开始和1980年8月团结工会的罢工运动相联系，后者与瓦文萨一同让这个城市在全球媒体和公众观念中变得有名。另一层象征意义是，这一攻击是由一名累犯实行的，又是发生在一座与为自由而战相关联的城市。

阿达莫维奇在1998年第一次被选为格但斯克市市长。当时他是保守人民党的一名议员。在2002年引入直选后，阿达莫维奇在第二轮选举中胜出，赢得了超过70%的选票。接下来在2006年和2010年他两次在第一轮选举中直接获胜。在2014年，他最后一次以公民纲领党候选人的身份当选。在2018年9月4日的选举中，他以独立竞选人的身份获胜。当时他是"一切为了格但斯克"组织（Wszystko dla Gdańska）的负责人。近年来阿达莫维奇清晰并坚定地在中央政府层面维护地方政府的地位，也维护了法律秩序、民主、法院和宪法。

在他的治理之下的20年是格但斯克在第二次世界大战结束后基础设施发展最好的阶段。三个基本的元素决定了他的城市治理方法。第一，1998—2018年，格但斯克市采取的每一小步措施都有明确的目标，每一个长期的投资几乎都有着里程碑式的意义，如PGE体育场、扩建瓦文萨机场、开发大部分道路、建设欧洲团结中心（European Solidarity Center）、开设第二次世界大战博物馆（Museum of the Second World War）和莎士比亚剧院（Shakespeare Theater）。第二，阿达莫维奇知道格但斯克市不能仅活在历史中，也需要持续向前发展（通过对建筑业的投资等方式，建立一个积极的格但斯克形象来吸引雇员、学生和年轻人等）。第三，阿达莫维奇十分清楚，因为格但斯克的历史，它是一个特殊的城市。"既不鲁莽也不畏惧"是他任职期间的座右铭。在他当市长的20年间，他经常与他自己的政府和其他政治阵营的人发生冲突，并且在保护宪法、法律秩序、自由民主以及格但斯克市和波兰的欧洲身份方面从不妥协。

尽管他的方式比较保守，但是在很多方面他能够改变自己的态度，经常做出一些从他目前的地位来看很前卫的决定（例如，支持女权运动和LGBT权利），有时令人惊讶甚至受到很多批评。必须承认，综合来看，阿达莫维奇会以一个成熟、愿意学习和先进的政治家形象被铭记。

格但斯克市长遇袭身亡事件是一个悲剧，这引发了全国的默哀。它被迫使人们停下来并反省这个国家的政治和社会发展，尽管它并没有改变政治进程。2019年，两场选战在等待着波兰的政治，即5月的欧洲议会选举和10月的波兰议会选举。

很多政治家仍然谨小慎微，他们害怕做错事，导致更大的焦虑或不和谐，进而破坏已有的氛围。因此需要有一个全面的解析，以分析这次袭击对波兰人选择的影响。一方面，波兰人可能选择和解，削弱冲突，以表明他们想要一个不同于前些年那种主导社会言论的语言模式和情绪；另一方面，这可能会加强政治两极化并且在更大程度上使政治走向极端。

这一事件表明，波兰社会是一个在历史上的艰难时刻中成就的社会，同时也表明了地方层面的政治家具备怎样的价值观和重要性。然而，目前很难预测这些经验和政治和解会在多大程度上保留到欧洲议会选举。

2. 欧洲议会与波兰议会选举

2019年，波兰会举行两次选举。在春天，举行重要的欧洲议会选举；在秋天，举行对政治体系至关重要的参议院和众议院选举。因此，波兰社会将见证长达数月的选举。政治专家和那些不太有经验但是能够抓住公民注意力的人会在抓住选民注意力上起很重要的作用。诚然，唐纳德·图斯克（Donald Tusk）回归国内政治和新政党以及罗伯特·比恩德隆（Robert Biedroń）的举措会在未来起很大的作用，可能会在波兰创造另一个与现在政治舞台相冲突的潮流。

2018年10月地方选举后，不同政治力量都宣布它们赢得了胜利——在野党组成了公民联盟（Civic Coalition，公民纲领党和现代党一起），在大城市中取得很好的结果，而执政联盟则在小城市取得了较好的结果。不幸的是，政治现实比政治家所预测得更不乐观。投票结果表明了社会上选民的分化。地方选举没有给波兰政治舞台带来较大的改变，而只是给了一个可能的、有潜在改变的信号。这种改变积累起来比较困难。

对选民行为的分析表明，他们的观点变化得很慢，有时很混乱并且难以预测。波兰人民中仍然有很高比例的人群，对政治不感兴趣并且没有参与选举（45%—50%的人没有参与过任何选举）。公众兴趣的转变通常是非常激进的，以至于这一过程没法被用作理性研究之中。在波兰政治舞台那些已发生的变化、新政治团体的出现和消失、原本支持保守派、中间派和自由派的选民的变动，上述这些因素的实质往往是因为缺乏对政治机制的理解以及缺乏政治素养教育，这造成了一种假象，即当下的情势看起来会比将要到来的变化更好。

因此，法律与公正党政府一直拥有很高的支持率（35%—38%），但大部分正在进行的改革看起来是不合适的、缺乏准备的或混乱的。尽管如此，目前在国内事务方面，政府取得了能够成为波兰人的骄傲的良好经济成果（高经济增长、低失业率、工资和养老金以及社会福利水平上升），打造了一个回应公民需求的融合体。

2018 年秋季举行的地方选举拉开了整个系列选举的序幕。根据 2019 年的选举日历，在 2019 年波兰人会进行两次选举。在 5 月 26 日举行欧洲议会选举。10 月 12 日至 11 月 12 日，举行参议院和众议院的选举。总统安杰伊·杜达（Andrzej Duda）会决定后者的确切时间。

选举话题已经成为总统新年演讲的一部分。安杰伊·杜达表示："在新的一年，我们会选举出欧洲议会、参议院和众议院的代表。由此，我们每一个人可以共同创造一个独立、安全和稳定的国家。然而，公民的决定也需要政治家的责任感。"事实上，波兰总统需要在 2020 年总统选举之前得到法律与公正党的支持，因为一切现象都表明，唐纳德·图斯克将会在 2019 年决定他是否参加总统竞选。这一决定可能在参议院和众议院选举后做出。而且，究竟是否参选，取决于这位前总理和现欧盟理事会主席（他的任期到 2019 年 11 月 30 日），是否会在议会选举后看到机会。图斯克只会在能大胜现任总统的前提下才会有兴趣竞选总统。但自相矛盾的是，这种情况仅有在在野党赢得议会选举并产生新政治潮流的前提下才有可能实现。在这种情况下，法律与公正党就不会再在参众两院中有较大的权力，并失去对国家机器的控制，进而也就无法利用调查委员会或检察官办公室调查图斯克，正如该党在近几个月所做的那些事情一样（例如，斯摩棱斯克坠机事件或所谓的琥珀黄金基金事件）。然而，如果在野党赢得了议会选举，那么图斯克可能在国内政治中就没有太大用处了。公民纲领党可能会推选一位更年轻、与国内政治旧格局没有关系的候选人。

第一个大的挑战将会是欧洲议会选举。欧洲议会的选举在波兰被在野党以及大城市的选民所称颂。大城市的选民主要是那些受过良好教育或至少拥有中等收入的选民。而这一人群更在乎在野党的情况，并且更倾向于支持反对法律与公正党的公民纲领党与现代党联盟，或可能选择左翼政治家罗伯特·比恩德隆，他可能会创建一个新的政党。

比恩德隆，前议会副议长、地方政府官员、人权运动和LGBT群体的激进分子，在自由主义群体内很有名。尽管他还没有公布新政党的名字，但是民意调查显示他已经得到了8%—10%的支持率。如果比恩德隆的政党在选举中取得了更好的结果，这会是很大的意外，但并不是完全没有可能。尽管比恩德隆最近拜访了大城市的居民并在大型辩论中尝试发现波兰人最大的困难，以便用作以后其竞选的纲领，但是目前上述情形也仅仅是假设。比恩德隆自己从左翼中起步，且无法指望其他政治团体的支持，但其野心看起来要更大。比恩德隆想融入目前政治的主流之中，且打算拉拢那些对执政党法律与公正党和在野党公民纲领党均不满意的波兰人。这位政治家试图寻找对自由主义的新定义，即远离天主教的影响，对性取向不同的人有包容心且关心环境问题。然而他很小心翼翼，避免清晰的定义和对自己有约束力的声明。很明显，他会提高选民对其政党以及整个公民纲领党的期待。

毫无疑问，选战将成为一场关于波兰在欧盟中的未来的战斗。中间派和自由派会支持欧洲和欧盟所保障的安全与和平；同时，右翼会强调欧盟的局限性、弱点和立即改革的必要性。因此会产生在欧洲问题上相冲突的观点。如果唐纳德·图斯克参与选战会进一步加强这种冲突。他的反对者可能会是整个现执政党，总理马泰乌什·莫拉维茨基（Mateusz Morawiecki）会冲锋在前。莫拉维茨基在其执政期间是一位有效率的政治家，能够赢得新的选民支持，同时又是一个游刃有余的商人，还是一个能够与自己的政党保持一定距离的、不参与党内斗争的人（担任总理之前他是一家重要银行的委员会主席，他于2016年3月加入法律与公正党）。

接下来，那些支持欧盟的团体，公民纲领党、现代党、波兰人民党（Polish Peasants Party）和左翼人士会讨论为选举组建一个大联盟。这不是简单的事情，特别是许多党内副手从现代党跳到了公民纲领党。总共6名副手离开现代党，包括议会党团主席卡米拉·嘉西-皮荷维兹（Kamila Gasiuk-Pihowicz）。因此，那些较小的组织会害怕被大组织所吞并。

疑欧的右翼联盟——法律与公正党和波兰一起党（Poland Together）等联盟——同样会面对在选举名单上联合与否的问题。由于有意向的人很多，甚至有很多现任的部长也想要进入欧洲议会，所以很可能政府也会产生变动。

欧洲议会选举的结果不是预先可以确定的，但是右翼看起来有更大的胜利可能性，因为支持右翼的选民被调动得更加充分，尽管优势（目前保持在比公民纲领党多8%—10%的水平）很有可能较小。

不管结果如何，欧洲议会选举的结果会对波兰议会有直接影响。如果法律与公正党赢得欧洲议会选举，几乎就可以保证本国议会选举的胜利并且会开始思考下一个四年任期的事务，尽管在野党届时肯定会诋毁执政团体并利用图斯克来塑造积极的影响。相反的是，如果公民纲领党赢得了欧洲议会选举，那么波兰人可以期待一场竞争激烈的选战，因为欧洲议会的选举将会被那些政治家极其严肃认真地理解为政治上生存或灭亡的问题，而且也会被他们描述为1989年之后最重要的一次选举。事实上，这会是一场决定一切的政治博弈。胜利者可以决定波兰转变的方式并且为多年的计划设定方向。

法律与公正党肯定会为独立赢得多数席位而努力，而在野党会通过大联盟来争取胜利。因此，波兰议会的选战会专注于他们的资本，因为双方都准备好了提高工资的计划。近几个月的活动会展示他们各自的竞选承诺。当下波兰和世界的经济状况和社会预期将融合进各党的竞选计划之中。2019年一定会为波兰国内政治带来巨大变化。

（二）2019年波兰经济发展前景[*]

国际货币基金组织发布的《世界经济展望报告》（World Economic Outlook）预测2019年波兰GDP增长率将达到3.5%。这意味着国际货币基金组织认为未来几个月波兰经济将略有放缓，而由于不利的人口因素，预计中期增长水平将放缓至2.8%。波兰经济学家指出，虽然波兰经济不会像以前那样快速增长，但如果不发生国际经济危机或衰退，波兰经济就能稳健增长。然而最大的挑战不是国际形势，而是劳动力不足。随着波兰人日益增长的海外工作意愿和持续的低生育率，这一问题将进一步加深。在这种情况下，一个有力的解决办法是雇用来自乌克兰的工人，由于乌克兰政治和经济局势不稳定，这些工人将在波兰寻找就业机会。

2018年波兰的GDP增长率达到5.7%。据波兰经济学家预测，在未来四个季度，波兰的经济发展速度将达到4%。尽管与之前几个月相比，这些预测可能令人担忧，但这些预测比国际货币基金

---

[*] 作者：Joanna Ciesielska-Klikowska；翻译：王奕晴；校对：马骏驰；审核：陈新。

组织的预测结果要好。波兰经济增长已经明显放缓，这主要是欧元区经济形势恶化的结果。家庭收入的增长，特别是实际收入的增长，肯定会放缓。可以预测的是，经济低迷不会阻止通货膨胀——通货膨胀将逐渐加速，在2019年第三季度达到2.5%，这是波兰中央银行的通货膨胀目标。

根据工业生产、建筑和加工部门的数据，以及零售和商业调查结果，可以有效地假设，2019年波兰经济的主要驱动力将是私营企业部门和家庭消费。总投资的复苏进程将较为温和，可能没有一个明确的峰值。目前的工资压力影响了工资相对快速的增长。然而，在工资增长的同时也会发生罢工（预计2019年发生教师、军警和医务人员的罢工），低通胀和进一步的就业增长将在接下来的几个季度支撑消费。专家认为，家庭不会利用劳动力市场的大好时机来提高储蓄水平，消费仍将是经济增长的主要因素。

以下各个方面的困难将阻碍招标和公共投资的有效实施，即寻找合格雇员、承包商的高效生产、个别原材料和零部件的短缺以及高企的价格。考虑到这些趋势，分析师预计目前观察到的公共固定资本在未来几个月不会增长，但在较长一段时间内将保持在相对较高的水平。尽管企业投资水平的复苏在2019年接下来的几个季度内将进一步加快，但是整体的增速也将相当温和。此类发展主要源于波兰私营企业，同时也将受到不断增长的劳动力市场的影响。尽管企业找到合格员工的难度越来越大，但就业增长水平并未放缓。影响全职员工数量增加的因素是实际工资增长的逐步加快以及乌克兰移民就业登记的增加，前者有利于那些不活跃的劳动力重返市场。而后者非常有趣，因为它表明波兰正在成为一个对求职者来说重要的国家。同时，它也显示了波兰劳动力市场能够吸收更多的劳动力，这主要是因为近年来（主要是波兰加入欧盟后）超过 220 万名波兰人作为劳动移民离开了波兰，赴英国、爱尔兰和德国等国家就业。

波兰家庭、劳动和社会政策部（Ministry of Family, Labor and Social Policy）表示，截至 2017 年年底，波兰各省（voivodeship）已经为来自欧盟以外国家的员工发放了 25 万份工作许可。2017 年，县劳务办公室（poviat）注册了约 180 万份将工作委托给外国人的声明。外国人将有权工作 6—12 个月，其中 85% 的工作许可和 95% 的工作委托声明签发给了乌克兰公民。根据波兰外交部发布的最新数据，2018 年上半年，近 10 万名乌克兰人在波兰申请工作许可，这表明乌克兰人是在波兰求职的最大外国人群体。在波兰的就业申请者中，尼泊尔人位居第二——在 2018 年上半年，有超过 1 万份工作许可证申请；第三位是白俄罗斯公民——近 8500 人提出申请。

专家指出，目前波兰有 200 多万名乌克兰人（合法及非法的工人、学生），但劳动力市场和不断增长的经济仍然需要新的雇员。雇员过剩或不足都将会影响经济发展，并影响工资的增长或下降，从而带动或减缓经济发展的步伐。出于这个原因，雇主希望 2020 年在波兰工作的乌克兰人能增加到近 300 万人。乌克兰人越来越受到波兰公司的重视，既因为他们为工作做出了巨大的牺牲，也因为他们可以承担责任。毫无疑问，文化和语言的紧密联系是非常重要的，来到波兰的乌克兰人在很大程度上都是各领域专家，他们为工作做好了充分的准备，但对工资的期望却较低。

德国政府于 2018 年 12 月通过的《欧盟以外专业人才移民法》（*German law on immigration on professional workforce from outside the European Union*）项目在波兰得到了广泛的讨论。新规定将加快外国学历的认证速度，并鼓励在国外学习德语（甚至在来德国之前)。到目前为止，优惠移民的政策只涵盖那些拥有学位的高素质人才。德国这一新法律将不限制职业。该法律旨在缓解企业家不断抱怨的员工短缺问题。但这可能会给波兰带来严重后果，因为新规定可能会导致乌克兰人从波兰大量外流到德国。

波兰企业家担心德国劳动力市场对来自欧盟以外地区雇员（实际上主要是乌克兰人）的开放将对波兰经济产生消极影响。从长远来看，缺乏劳动力——特别是低收入且有难度的工作岗位缺乏劳动力（建筑、护理、医疗、农业、服务或贸易行业）会导致经济停滞。事实上，非欧盟国家的专家很快就能合法在德国找工作，为期6个月，然后转正。最受欢迎的职业（如IT专家）将会享受更多便利。

对波兰经济来说，德国为非欧盟国家的工人开放本国市场将带来巨大的挑战。波兰建筑行业中受雇的有整个来自乌克兰的施工队甚至整个公司。在建筑工地工作的乌克兰人占该类别员工总数的20%。波兰的建筑行业表示，依旧有近10万名员工的缺口。在这个行业中，员工的工作合同多种多样。这些员工很自然都会选择德国。

根据Work Service公司（一家处理人力咨询、招聘和员工外包的公司）的报告《乌克兰公民对波兰劳动力市场的态度》（*Attitudes of Ukrainian citizens towards the Polish labor market*），一方面，大约80%的乌克兰公民对波兰的工作条件感到满意，84%的人宣称他们会推荐亲戚和朋友在波兰就业；另一方面，59%的受访者承认，如果德国市场对他们开放，他们会离开波兰。这是一个严肃的信号和警告。事实上，在未来几个月，波兰可能会迎来在波兰工作的乌克兰人前往德国的热潮。波兰企业家和雇主联盟（Polish Union of Entrepreneurs and Employers）也对波兰经济的这一黯淡前景发出预警。据估计，波兰市场可能失去至少50万名雇员，这将导致灾难性的后果。

上述分析表明，尽管1989年后波兰的经济增长一直处于最佳水平，但它是建立在几个非常脆弱的基础之上。第一，波兰员工中的中产阶级和购买力在不断壮大，尽管他们的规模仍然很小。第二，波兰员工储蓄水平不足。这是由工资相对较低（与所谓的老欧洲的收入水平相比），以及消费需求和购买新产品的意愿不断增加（通常是通过信贷购买）造成的。第三，劳动力市场开始从雇主市场向员工市场转变。然而，随着外国雇员在波兰劳务市场的重要性增加，这也可能产生负面影响。可以认为，德国劳动力市场的开放，将导致目前在波兰工作的移民前往德国，且人数会迅速增加。这一因素肯定会对2019年波兰的经济状况产生直接影响。

（三）2019年波兰社会展望[*]

2019年会为波兰的社会领域带来很多新的变化，更多的钱会流向领退休金的人和最低收入者。人数多的大家庭和残疾人也会从这些变化中受益。另外，社会将持续老龄化，并且退休金的来源，即社会保险基金（Fundusz Ubezpieczeń Społecznych，FUS）的资金会增加。

很显然，一个经济上的大挑战同时也是社会政策的成功，将是提高每小时最低工资和每月最低工资水平。2018年波兰最低工资是2100兹罗提（约490欧元），而每小时最低工资是13.7兹罗提

---

[*] 作者：Joanna Ciesielska-Klikowska；翻译：顾兴雨；校对：马骏驰；审核：陈新。

(3.2 欧元)。2019 年最低工资提高到 2250 兹罗提（525 欧元）而每小时最低工资提高到 14.7 兹罗提（3.4 欧元）。近些年，由于波兰经济状态良好以及波兰欧盟成员国的身份，波兰最低工资有了明显的提高。在 2000 年仅有 700 兹罗提（162 欧元），而当 2004 年波兰加入欧盟后，最低工资达到了 824 兹罗提（191 欧元）。

额外的收入来自取消根据最低工资设定的学徒津贴（apprenticeship allowance）。目前所谓的学徒津贴是强制性付给那些已经工作过一段时间且具有一定高级职称的公职人员。此类这些人员包括教师、法院员工、检察官、官员、士兵、军官、护士和铁路工作人员。波兰公职人员的工资由很多因素决定，如职位、职称或在国家机构中的工作年限。这些都被明确规定到了国家机构雇员法案第 22 条中。一笔占每月基本工资 5% 的津贴会发给所有在国家机构工作超过五年的员工。这笔津贴每年上涨 1% 但不可以超过月薪的 20%。家庭、劳动和社会政策部（Ministry of Family, Labor and Social Policy）表示学徒津贴需要被计入工资之中，而不应单独作为津贴发放。这样公职人员未来可以得到更多的社保金。

除了国家公职人员和最低收入者外，波兰领退休金者的情况也会改变，因为他们每月的工资会被重新计算。2018 年 12 月，杜达签署了关于退休金的修正法案。根据该法案，完全失去工作能力者的退休金和最低退休金水平会于 2019 年 3 月 1 日上升至 1100 兹罗提（255 欧元），当前是 1029.8 兹罗提。丧失部分工作能力者的最低退休金会由 772.35 兹罗提上升至 825 兹罗提（191 欧元）。家庭、劳动和社会政策部预计，620 万退休金领取者会得到更高的补贴。部长伊丽莎白·拉法勒斯卡（Elżbieta Rafalska）表示，这是过去五年来最高的上调幅度。不过预计 2019 年的上调幅度会更大且会花费 84 亿兹罗提（19.5 亿欧元）。

尽管对于领退休金的个人来讲这是一个好的兆头，但是在宏观层面上情况并不乐观。退休金的来源——社会保险基金的缺口越来越大。根据社会保险机构（Zakład Ubezpieczeń Społecznych，ZUS）的计算，至2023年，社会保险基金的缺口可能会超过770亿兹罗提。该机构的分析表明社会保险基金的赤字会继续上升。这一艰难状况的原因是第二次世界大战战后人口巅峰时期出生的员工正在进入退休年龄。此外，赤字也是由于目前政府的改革，改革将退休年龄减至女性60周岁、男性65周岁。分析强调，尽管社会保险基金存在缺口，但退休金水平不会受到威胁，因为这是被国家保证了的。

2017年10月波兰降低退休年龄后，超过70万人退休。这一数字只会持续上升。预测到2023年，适龄劳动力的人数会下降110万。目前数据表示，大约86%的人会在可以退休时立刻退休。波兰人的退休没有被低水平的退休金所遏止，女性平均退休金是1600兹罗提（372欧元），而男性为2600兹罗提（605欧元）。同时，越来越多的人得到低于最低值的退休金。目前，多达20.7万人属于这一行列。不过他们从2019年3月起的退休金改革中获利最多，退休金上涨至少70兹罗提。

为了照顾年岁较大的退休金领取者（超过75岁），在2019年"关心75+"（Care 75+）计划将会有一系列的拓展措施。该计划旨在提高医疗服务的可利用性。该计划在2019年的变化表明，其不再只针对75岁及更年长的孤寡老人（到目前为止是这样），也针对有家庭的老年人。该计划的一部分是，人口超过6万的城市和那些提供自助医疗服务的城市可以从资助上述服务中获利。除此之外，那些通过地方政府资助的社会合作性项目来提供医疗服务的城市，也会从该计划中受益。

五　波兰

2020年，随着新规则引进所谓的"大家庭卡"（Big Family Cards），孩子多的大家庭也会感受到变化。大家庭卡是一个全国范围内的系统，为大家庭（至少有三个孩子）提供折扣，可以在全国范围内使用文化、娱乐或交通设施。目前，超过200万人使用大家庭卡，这比三年前增长140%。实体卡有210万名使用者，包括123万孩子和87万父母，但2018年引入了电子移动卡。该卡持有者享有更多折扣（目前22.6万人使用）并且在接下来几个月内它会越来越流行。

政府希望在社会政策上引进的改革会改变目前的人口走势，带来生育率下降和老龄人口上升。预估2019年波兰人口会下降5.8万，在2020年降至3773.4万人。目前波兰平均每年出生人口33.37万人，而每年死亡人口为40.33万人。实际上，波兰人口正在老龄化，并且老龄化的速度是欧盟中最快的。目前新生儿太少。波兰人平均寿命每五年增长一年。第二次世界大战战后增长的那部分人进入了退休年龄并且有约200万名波兰人在国外工作。

这些人口变化带来的影响会多年存在。第一，长期GDP的增长需要依靠生产率、劳动力和投资。适龄劳动力人口的下降会减少劳动力，进而降低GDP增长。第二，在接下来的十年里，医疗人员的短缺现象会更加明显。所以非常重要的是需要医疗系统的完善，并为数千名社会工作者、理疗医师和老年人康复治疗师提供更好的工作条件。虽然其中有些服务会进入私有部门，但仅有高阶层的人可以获得这些服务。第三，十年内最大的挑战会是缺少劳动力。经济学家越来越频繁地提出需要重新延长波兰退休年龄。第四，波兰企业生产效率的提高是延长退休年龄之外的选项。然而为了达到这一目的，必须进行投资。因此，在接下来几年对政府的一个关键建议，就是制定可预测的经济政策来激励企业家进行投资。这对于提高波兰公司的生产效率很重要,从而提高员工收入。第五,同样重要的是,使劳动力市场更为灵活并且根据雇主的意愿调动那些多年失业的人、老年人、可以做兼职但是不能全职工作的年幼孩子的父母,这也会使劳动力市场对那些担心自己工资、孩子出生或工资明显下降的年轻人更有吸引力,进而对生育率也有积极影响。通过上述措施有可能保持目前在社保方面的开支以及与目前水平相当或近似的经济增长率,减少社保基金的资金缺口并且保障下一代波兰人的未来。

（四）2019年波兰外交政策[*]

2018年12月19日,波兰部长会议（the Polish Council of Ministers）通过了波兰2019年的外交政策。波兰外长亚采克·恰普托维奇（Jacek Czaputowicz）在议会表示,这份文件通常会在第一季度成为外交部部长编写有关政府外交政策动向资料的基础。当然,波兰外交政策的最重要目标之一仍然是所谓的三大支柱：第一,安全,即扩大波兰自身防御能力、加强北约和欧盟盟友关系潜力的措施,并采取积极的区域政策；第二,发展,即在欧盟内支持建设波兰经济和社会力量的活动；第三,强化波兰的良好形象及其在欧洲和全球范围内的信誉。值得关注的是这些目标将如何在2019年内实现。

1. 安全

在近代时期,地缘政治方面波兰遭受的诅咒是其地理位置在德

---

[*] 作者：Joanna Ciesielska-Klikowska；翻译：王奕晴；校对：马骏驰；审核：陈新。

国和俄罗斯之间。这些国家曾对波兰造成了最严重的伤害,给波兰的政治、经济和社会带来了悲惨的后果。在整个20世纪90年代,波兰政府努力使波兰扎根于西方社会的同时,也努力与德国和解,与德国和俄罗斯建立新的双边合作形式,并在中东欧建立一个安全区。

然而近年来,不确定性又回来了。如今,波兰正目睹着来自俄罗斯日益严重的威胁,以及在波兰政府看来西方国家并不充分的反应。波兰政府认为,2019年俄罗斯将进一步试图破坏乌克兰的稳定。俄罗斯还会干预乌克兰的总统选举,以引起公众的极度不满和亲俄势力的回归,这将逆转乌克兰的政治和市场化改革,并使其屈服于俄罗斯。由于上述危险和敏感的双边关系问题,协调支持乌克兰主权、解决历史性问题和当代问题,对波兰外交来讲是困难的任务。

在这一背景下,欧盟及其主要成员国也将面临不确定性。2019年年中,欧洲议会和欧委会委员的任期结束。目前很难预测波兰和欧洲议会的选举结果。可以假定,俄罗斯方面将采取行动影响欧盟政治环境的稳定。

此外,随着北溪天然气管道(Nord Stream)的扩建和波方多年来一直反对的第二条天然气管道的建设,俄罗斯将加强在波罗的海的驻军。波罗的海的军事化可能对整个北欧和中欧地区构成威胁。因此,波兰将发挥所谓揭发者(whistleblower)的角色,提高各方对该威胁的认识。最近亚速海的相关问题证明,除了波兰,俄罗斯对欧盟、北约和欧安组织等其他国家或国际组织来说,也将是安全领域的巨大挑战。

对于这些困境、挑战和威胁,波兰在外交上做出了回应,并为加强自身和地区安全做出了努力。波兰将继续执行2016年7月北约峰会上所提出的、旨在加强北约威慑和防御能力的决议。如今1200名盟国士兵驻扎在波兰,实现了加强北约在波驻军的倡议。

跨大西洋关系的一个重要组成部分仍然是与美国的合作,这是通过两国总统和部长的访问在最高级别实现的。密切军事合作的结果是,近年来累计共有10.4万名美国士兵驻扎过波兰。波兰采购美国的作战装备以及实施在波兰建立所谓的"特朗普堡"(Fort Trump)这一美军永久基地的计划。

2019年,波兰将继续努力加强军事安全,很有可能部署更多装备和美军。波兰还将努力确保美国的行动与北约的项目互补。通过增强东部防御规划以及设立北约区域指挥中心来实现更多的军事存在。中东峰会也无疑将成波兰加强与美国同盟关系的机会。然而欧洲最重要的政治家不会参加此次峰会(如欧盟外长莫盖里尼以及卢森堡和法国外交部部长等)。据悉,该会议将加强美国在波兰的军事进驻。波方预计,五角大楼将在2019年2月底之前编写报告评估美国增加在波兰驻军的可行性。

在安全领域,区域合作也必须得到加强。"三海倡议"(The Three Seas Initiative)仍将是旗舰项目,其主要目标是参与该项目的中东欧国家(奥地利、保加利亚、克罗地亚、捷克、爱沙尼亚、匈牙利、拉脱维亚、立陶宛、波兰、罗马尼亚、斯洛伐克和斯洛文尼亚),能够在能源、物流和运输以及信息通信方面上加强合作。

此外,波兰会努力加强"布加勒斯特九国"的合作。该合作将北约东侧的国家,保加利亚、捷克、爱沙尼亚、匈牙利、拉脱维亚、立陶宛、波兰、罗马尼亚和斯洛伐克联系在一起。九国于2015年11月签署了一项联合声明,宣布共同努力确保北约在该地区强大、可信和平衡的军事存在。

在2019年,值得将上述这些倡议与东部伙伴关系计划和西巴尔干国家的入盟前景结合起来,并让美英双方认识这些倡议的重要性(英国脱欧后将寻求与欧洲新形式的合作)。

2. 发展

欧盟及其主要成员国发展的不确定性仍将是一个巨大的挑战。近期欧洲一体化并没有加深,而是越发地分裂成一个"多速欧洲"。欧盟没有使其经济自由化。相反,保护主义措施正在增加。欧洲机构也未能解决欧洲的危机和国际冲突。在俄乌冲突、叙利亚内战、也门和埃及的冲突方面也没有任何进展。

欧盟主要国家正在寻找一种能够替代团结这一欧洲政策的新理念。最重要的是,德国和法国仍然发挥着关键作用。两国在2019年1月22日的亚琛协议中提出加强双边合作。近年来,波兰一直在该地区的各国之间寻找盟友(在维谢格拉德集团或三海倡议的范围内)。这些倡议能否取得成功并维持波兰作为区域领导人的吸引力,在很大程度上取决于波兰在欧盟和北约的推动能力。过去,波兰在欧盟的预算谈判或中东欧驻军等问题上都发挥了地区领导者的作用,因此波方有必要在与整个欧盟合作的基础上保持立场,实现整个中东欧地区的目标,而不是反对欧盟及其主要成员国。

加入欧盟对波兰人来说非常有价值。波方将共同创建和塑造欧盟,并认可欧洲一体化所取得的成就。然而应该强调的是,波兰当前政府对欧盟有一定的期望,并未对欧盟持批评态度。法治和违反欧盟条约的问题仍存有争议,这将是未来几个月波欧关系的关键问题。

英国脱欧也将是一项艰巨的任务,这被认为是对欧盟政治和经济的打击,但也是波兰与作为世界强国的英国建立多部门合作的机会。毫无疑问,英国脱欧意味着波兰需要使其在国际舞台上的盟友多样化——波兰与英国的现有关系是在欧盟内部合作的基础上实施的。与此同时,英国脱欧后的双边关系工作一直在进行。2018 年 12 月,波兰总理马泰乌什·莫拉维茨基(Mateusz Morawiecki)和英国首相特雷莎·梅(Theresa May)讨论了这一问题。目前各部门正在加紧工作。波兰和英国都强调两国在经济和国防领域的深厚关系,但仍面临着英国有 100 多万名波兰侨民的挑战。

3. 强化波兰的良好形象

2019 年波兰将有机会加强其世界地位,而且不仅仅是在政治或军事领域。根据波兰外交部的计划,波兰将集中精力设立新的外交使团。在经济发展的领导者如中国、加拿大、美国、波兰对此类资源有所需要。波兰还应在非洲设立新的商务代表处。这将是波兰在国际舞台上迈出的、树立积极形象的一大步。

随着波兰作为非常任理事国参加联合国安理会会议,这一目标将在 2019 年得到实现。波兰将在今后几个月内参加维和部队,并提供人道主义和发展援助。

在与历史相关的层面上,波兰将积极参加与第一次世界大战结束、《凡尔赛条约》签署、第二次世界大战爆发、建立北约、波兰入盟以及圆桌会议暨波兰政治转型 30 周年有关的活动。这将是一个概述 20 世纪波兰在欧洲大陆上发挥的作用,并展示近年来其悲惨和成功历史的机会。

4. 结论

波兰 2019 年的外交重点可能会围绕欧洲和世界当前的政治形势来制定。波兰所面临的挑战仍然是确保自身和整个地区的安全,包括加强北约部队的驻军。欧盟各机构的选举以及欧盟预算框架谈判后的局势，也将成为波兰外交活动的一个重要因素。

此外，加强该区域的一体化也是一个重要的问题。近年来，波兰试图重建维谢格拉德集团的密切合作，并建立了新的机构——布加勒斯特九国和三海倡议。波兰将在2019年继续出席联合国安理会，参与解决各种国际冲突。

六　黑山

（一）2019年黑山政治前景[*]

黑山议会选举计划于2020年举行，因此2019年黑山政局应该会保持稳定。然而，黑山政坛中的潜在危机也不容忽视。在影响现有主导政策的因素中，一些是内部因素，也有一些是外部因素。对黑山政治产生深远影响的最重要外部因素是即将在2019年5月举行的欧洲议会选举。同时，一些潜在的政治指控和腐败现象是最重要的内部因素，黑山反对党和一些欧盟官员在这一点上诟病黑山当局。这些（内部和外部）因素将会如何影响2019年黑山的政坛呢？

1. 欧洲议会选举是黑山入盟进程中的转折点吗？

即将到来的欧洲议会选举非常重要，选举结果将极大地影响黑山与欧盟之间的未来关系。这不仅仅是一些独立专家的观点，也是黑山主要政治领袖的观点，其中包括黑山总统、与欧盟谈判的首席代表以及反对党的领导人。一些政治家和分析家认为，2019年5月23—26日在整个欧洲大陆举行的选举可能是一次关于这项

---

[*] 作者：Vojin Golubovic；翻译：韩彤；校对：贺之昊；审核：陈新。

六　黑山

60年的历史实验——欧洲联盟——的公投。这次的选举结果将比选举欧洲议员有更深远的影响，也就是说，它将影响其他欧盟机构以及成员国的政策。许多人指出，欧洲议会内部很有可能形成一个反欧洲一体化的集团，主要指的是意大利和法国的民粹主义者和极右翼分子。这将如何影响黑山的政治呢？

黑山在该地区国家与欧盟的谈判中发挥了很大的作用，政治精英为推动入盟进程投入了巨大的精力。在这个进程中，大多数章节都已经开启谈判，其中包括要求最高的章节，比如关于环境和气候变化的第27章。除此之外，很多谈判章节也已经完成。这样的成果（至少是纸面上的）是执政联盟在各个选举周期（无论是议会选举还是地方选举）中"挥手"的关键依据。尽管黑山在完善以欧盟为导向的政策方面取得了一些进展，但如果同期没有欧盟持续的支持，这些改革、统一立法以及达到欧盟的法治要求的过程注定要失败。只有得到欧盟的支持，黑山的入盟进程才会有效高质地进行。因此可以理解，黑山政坛在2019年所面临的问题是，如果近几个月来这些呼声越来越高的极右翼和民粹主义者成为欧洲议会的多数党，那么支持黑山入盟的政党是否将会面临严峻的挑战。

现在的问题是，不管欧洲议会的选举结果如何，作为欧盟最成功的政策之一——欧盟扩大政策是否会继续实施？黑山的不同政党通过研究，对该问题有着不同的看法。

谈判章节的开启和结束实际上意味着黑山正进一步推进入盟的内部准备。但是，如果目前支持欧盟扩大计划的政党在欧洲议会中不再是最强大的，那么对于将用扩大成果作为自己2020年选举论据的政党来说，这些成果其实是没有说服力的。与此同时，想要达到谈判的目标还需要大量的资金投入（例如，仅就关于环境

·443·

的章节来说，2035年之前可能需要投入14亿欧元，而且大部分投入需要在正式入盟之前完成），那么问题出现了，那些通过税收将钱投入此项政策中的公民，是否还会像之前那样继续支持亲欧党派？根据最新的民意调查，67.4%的公民对欧盟保持积极的态度，黑山入盟得到了65.9%的黑山公民的支持。

一些反对党，比如亲俄的民主阵线（Democratic Front），似乎正期待着民粹主义和欧洲怀疑论的抬头。然而，不管欧盟层面的赢家是谁，现实的情况是，就算民粹主义者获胜，扩大政策仍是欧盟的官方政策。产生这种看法的原因是，欧盟可以利用黑山及其他西巴尔干国家来解决移民危机等问题。然而，2019年执政联盟将继续实行以入盟为基础的政策，而反对党可能会试图利用一些内部因素来攻击执政联盟。

2. 2019年可能会引发政治动荡的内部因素

即使忽略影响黑山入盟的外部因素，黑山入盟以及2020年选举的结果很大程度上都将取决于2019年执政联盟在最关键的谈判章节的行动，即针对腐败和法治的第23和24章节。这些似乎是反对党与执政联盟发生冲突和产生竞争的主要领域，同时反对党也利用这些论据向欧盟代表解释他们的一些议会外活动。人们并不认为2018年年底的发生事件将会在2019年得到解决。

除此之外，关于最近出现的视频录像事件，反对党声称这是执政党官员腐败的真实证据，除此之外，2016年选举前出现的不透明捐款，以及最近一些反对派代表被逮捕，这些事件只会在2019年引起更多的争议，反对党与执政党将会给彼此施加更多的媒体压力。因此，我们从一些反对党（主要是民主阵线、民主党或者统一改革行动的代表）对议会进行的新（以及旧的）抵制中就可以看出，2019年执政联盟和反对党之间仍会像以前一样缺少合作。我们也很难期望所有议会委员会的工作都将正常化，因为反对党的代表除了参与政府工作之外，还应参与议会委员会的工作。这首先指的是最近在选举法改革的对话中双方关系的恶化，可预见的是，新成立的选举和其他立法改革委员会（Committee for the Reform of Electoral and Other Legislation）的工作可能存在效率低下的问题以及一些阻碍。

因此，2019年执政联盟将遭到更多的打击，可能在腐败问题上受到持续的压力。这种压力不仅仅来自反对派，还来自黑山的一些媒体及一些欧盟代表。如果在2019年出现新的证据，那么执政联盟中少数几个党派在地方选举中独立出现，以便与最大执政党所代表的事务区分开来，也就不足为奇了。

从另一个方面来说，很难说2019年反对党是否会联合起来，因为从2018年年底到2019年年初这段时间里，最大的反对党的言论显示并无意愿联合起来。更有可能出现的情况是，所谓的"公民反对派"和民主阵线的代表将继续就反对党领袖这一位置的归属展开争论。这种局面肯定对执政联盟有利，因为执政联盟不希望提前举行议会选举。因此，这个选举不太可能在2019年举行。

3. 其他议题：选举委员会（the State Election Commission）**预计将会选举产生新主席**

2018年年底，由于上届选举委员会主席任期届满，国家选举委员会一直处于无首状态。目前的情况是，黑山议会行政委员会（the Administrative Committee of the Parliament）曾几次公开宣布任命该机构的主席，但均未获得当局的支持。鉴于2019年没有计划举行议会选举，这种情况是可以容忍的。但是，由于一些城市即将举行地方选举,预计最强大的执政党——社会主义者民主党(Democratic Party of Socialists,DPS)会对他们施加压力,以确保选举委员会主席来自社会主义者民主党。

(二)黑山2019年经济展望*

1. 经济增速放缓

黑山国内生产总值(GDP)经过之前一段时期的高增长之后,在未来一段时间内,经济增长可能会放缓。各种国内和国际机构已经对国内生产总值增长进行了预测,预计2019年度增长率将低于3%。根据世界银行的数据,2019年黑山经济增长率为2.8%。增长率的主要贡献者将是消费和出口(2.3%),但进口将使增长率降低2.7个百分点。欧盟委员会也发表了类似预测,黑山的2019年国内生产总值实际增长率将为2.8%。欧元区和欧盟的经济增长都将放缓,这将对依赖进口和开放的经济产生影响,如黑山。

根据欧盟委员会2018年秋季的经济预测,黑山消费将增加1.6%。与前一时期相比,预计私人消费增长将放缓。在支出方面,应该注意在未来一段时期内,家庭收入增长是有限的。首先,政府采用了公共行政优化计划,该计划认为在公共部门领域,出现新的工作机会或者工资增长的可能性很低,而公共部门雇用了占总人数四分之一以上的雇员。另外,私人部门的就业机会和收入将略有增长,并且2019年的汇款流入也将增长,占国内生产总值的3.5%。然而,实际收入的增长预计受到通货膨胀率的限制,欧盟委员会和世界银行对通货膨胀的预测分别为2.5%和2.1%。

---

* 作者:Milika Mirkovic;翻译:刘梓绚;校对:贺之杲;审核:陈新。

六 黑山

除消费增长放缓外，投资活动也将放缓。在前一个时期的高增长之后，预计2019年投资增长率为11.1%。与高速公路建设相关的大部分投资活动已经在2018年实现。交通基础设施投资活动水平较低，将使其他非金属矿产品产量减少，它们在2018年因建设基础设施项目而出现大幅增长。未来一段时期投资活动减少的原因是投资项目融资额外借款的可能性有限，同时用于投资的储蓄金额也不足。另外，能源部门宣布的投资将对投资的组成部分以及对出口增长和出口潜力产生影响，从而对国内生产总值的贡献产生影响。

旅游业、建筑业和采矿业是国内生产总值增长的主要贡献者。旅游业投资和酒店建设将有利于提高住宿容量和供应能力。酒店比私人住宿收入更多，增加酒店容量将对国内生产总值增长产生影响。2019年，高级住宿将会增多，以及黑山航线会增多，这些将有利于旅游业发展。预计2019年住宿服务将增长5%。然而，未来一段时间旅游业增长面临的特殊情况是非旅游旺季的游客数量增加，这可能影响旅游收入的额外增长。

根据2019—2021年经济改革计划，预计建筑活动也将增长。2019年的实际增长率将为6%。建筑业的发展也将影响采矿和采石业的发展，这主要是由于对建筑材料的需求不断增长，如石材、砾石和其他建筑材料。此外，采矿业也将得到发展，主要是铝土矿的生产，这将影响该矿石的出口增长。加工业部门的发展也将呈现积极趋势，包括食品行业、木材和烟草生产行业。

与上述产业不同，考虑到下一时期的计划投资，农业增长将放缓，农业生产的预计增长率为3%。然而，农业生产增长存在诸多限制，这与生产力低下、基础设施欠发达以及市场缺乏联合有关，这将影响农产品的进口。

虽然 2018 年商品和服务出口增长创造纪录，但进口增长也有所增加，外贸平衡最终对国内生产总值的贡献不大。2019 年，商品和服务的出口和进口预计都将增长。世界银行预计 2019 年净出口对国内生产总值增长的贡献为 -0.5%。

根据欧盟委员会的预测，2019 年的商品和服务出口将以 2.6% 的速度增长。对出口增长贡献最大的是旅游部门的服务出口，它占服务出口总额的三分之二以上，占商品和服务出口总额的一半以上。此外，考虑到这些部门的预期发展趋势，运输和建筑服务出口将增长。另外，商品和服务的进口将大幅增长。预计进口增长率为 4.8%。由于实现投资项目的需求增加，预计未来一段时间内货物进口量会增加。

根据 2019—2021 年经济改革方案，2019 年预计外国直接投资与国内生产总值的比重为 7.9%，未来几年有增长趋势。然而，公司、金融部门和房地产投资的动态存在很大的不确定性。

2. 公共财政

在未来一段时间内，财政政策的重点将放在实施财政整顿措施，以建立可持续的公共债务管理制度，并减少预算赤字。根据 2018 年 12 月通过的《2019 年预算法》，计划总收入和支出总额为 23.8 亿欧元。其中，目前的预算为 9.1074 亿欧元，国家预算资金为 7 亿欧元，资本预算为 3.299 亿欧元，融资交易额为 4.324 亿欧元，储备金为 2000 万欧元。根据计划的预算收入和支出，预计预算赤字将呈下降趋势。根据预测，预算赤字将占国内生产总值的 1.8%。

关于公共财政，一个重要问题是公共债务。高速公路的建设以及近年来政府资助的其他项目导致公共债务增加，这逐渐成为黑山的长期问题。公共债务是预算赤字增加的结果，造成预算赤字的借款主要用于当前支出。2018年，公共和公共担保债务约占国内生产总值的75%，而公共债务几乎占国内生产总值的70%。为了确定范围和借款模式，政府通过了2019年的债务决定（Debt Decision）。该决定规定了2019年将有哪些信贷安排、合作的金融机构、金额以及资金的用途和目的。该决定规定，在2019年，国家可以借入2.5亿欧元的再融资债务，以及实现公路建设项目所需的资金，如斯莫科维奇—马特塞沃路段（Smokovac-Matesevo）。此外，该决定还认为国家可借款3.7亿欧元，其中1.9亿美元用于资助预算需求、资本预算和偿还债务，1.8亿美元用于资助南北高速公路（Bar-Boljare）路段。因此，国家面临着持续的融资问题，这只会加剧公共债务危机。

3. 劳动力市场趋势

与某些部门的生产增长相关的是就业增长。在前一段时期，国内生产总值的增长促进了就业机会和就业率增加。虽然如前所述，2019年公共部门的就业增长可能性较低，但私人部门的就业人数略有增加。根据欧盟委员会的预测，2019年的预期就业增长率为1.6%。由于劳动力市场的季节性特征非常突出，预计第三季度就业率最高，届时经济活动主要集中在旅游业、贸易和建筑业等行业。此外，失业率将遵循季节性波动的趋势模式，由于旅游旺季期间劳动力需求增加，夏季的失业率最低。根据世界银行的预测，2019年的失业率将达到15.5%。为减少失业而制定的措施和就业政策将影响失业情况。另外，优化公共行政人员数量的计划没有考虑就业问题，同时一些临时合同的延期将缓解失业状况。

2019年的国内生产总值增长率不会与前一段时期保持在同一

水平。由于投资和消费水平下降，经济增长将会放缓。此外，债务问题仍然是黑山经济在未来一段时期的一个非常沉重的负担。经济增长放缓也会受到外部影响，主要是外部需求减弱、燃料价格上涨以及欧洲商业增长放缓。

（三）2019年黑山社会展望[*]

1. 劳动和养老金立法改革

2018年，黑山出现了关于各种社会问题的大量辩论，包括与每个人的社会状况直接相关的立法改革。这尤其与劳动和养老金立法的改革有关。尽管政府、工会和雇主之间的谈判取得了明显进展，但最终上述领域改革在法律上尚未完成。因此，2019年预计将通过新的劳动法，以及养老金和残疾保险法。但是，整个过程不会像看起来那么容易。在法律草案最终出台之前，许多问题仍在等待解决。

问题是为什么推迟通过这些法律？此外，什么时候这些法律可以最终实施？新的立法与前一次相比是否有较大改善？为了回答这些问题，必须注意两个不同领域的法律——就业和退休。在早些时候的讨论中，有人指出，政府和工会之间的谈判不仅用于改善养老金领取者的地位，而且还用于改善个人或机构的地位。工会认为谈判是一个机会，用来振兴他们几乎处于休眠状态的组织。在此基础上，工作立法（work legislation）已经开始。结论是现在工会有机会敲诈政府，反之亦然。关于两部法律的平行谈判意味着谈判双方都可以在一部法律中向另一方做出让步，以便在另一

---

[*] 作者：Vojin Golubovic；翻译：刘梓绚；校对：贺之杲；审核：陈新。

六　黑山

部法律中获得他们想要的东西。例如，根据迄今为止的谈判，工会同意退休的条件应该更加严格，这意味着退休要考虑双重条件（工龄和年龄），但因此政府也会在制定《劳动法》时做些让步。依据某些信息可以推断，根据新劳动法，贸易市场中的雇员将拥有自由的星期日休息。此外还有其他一些让步，特别是那些与保护工人或合同类型有关的让步。长久以来，工会表示黑山需要更多的工人签订永久合同，因此他们可能在该领域对政府施加压力。因此，在新的《劳动法》规定中，雇主在某一雇员工作一段时间后有义务与其签订固定期限劳动合同，无论他是直接受雇于雇主还是通过中介机构。立法延迟的原因是在黑山，30%的员工拥有固定期限合同，这是欧洲平均水平的两倍。根据劳动力调查，黑山17.8万名员工中有5.4万人签订了合同。

黑山议会何时通过这些法律？劳动法草案于2018年5月开始编制，并送交欧盟委员会征求意见。无论委员会的意见如何，都有进一步更正的余地。在这方面，政府有必要在2019年制定《劳动法》，以赶上黑山2018—2020年入盟项目的最后期限。因此，预计2019年将实施规范劳动和退休的法律，但会是在第二季度后。此外，劳动法会首先出台。

2. 2019年黑山人民的物质状况

2018年，黑山人民的物质状况不容乐观：基本商品价格上涨，燃料价格处在最高水平，平均电费增加，等等。然而，2018年的经济增长稍微弥补了这种情况，比如工资有小幅增加。但是，2018年养老金没有增加，养老金领取者的地位并不令人羡慕。因此，2019年养老金有望增长，同时考虑到许多研究以及最新的MONSTAT贫困数据，养老金领取者是最可能的潜在贫困人口之一。尽管在募集捐款上养老金和残疾保险基金长期存在问题，但预计数量会有所增加。一方面，2018 年捐款收入增加，基金赤字减少了约 1%；另一方面，养老金领取者的人数增加了 3.2 万。因此，没必要期望出现大幅增加。

2019 年第一季度，养老金有望上涨。这是因为政府在 2018 年之后无法承受新的批评。此外，选举即将到来（2020 年），养老金领取者在选民总数中占有很大比例。然而，由于受到工资和通货膨胀增长率的影响，养老金将不会有显著增加。尽管如此，由于政策考虑了社会效应，为了解决上述问题有必要增加养老金，因此预计养老金很快便会增长。但养老金领取者的地位不会因养老金的预期增长而有显著改善，因此养老金增长更多产生的是形式上的影响而非实质影响。

然而，似乎在 2019 年社会上对养老金最低标准进行了额外讨论，现在最低养老金标准为 125 欧元。如果不增加到 140 欧元，一些支持增加养老金的政党就会从不投票给某些法律"勒索"最大的执政党。政府中少数党联盟似乎已经做好了满足工会要求的准备，即 2019 年的最低养老金标准应合法增加到 155 欧元，这对政府来说是不可接受的。因此，自由党（Liberal Party）宣布，如果不增加退休金，它将不会支持明年可能的预算再平衡，这是有道理的。

除养老金外，2019 年的物质状况可能会受到电价变化的影响。虽然目前没有关于电价上涨的消息，但电价的上涨可能会在 2019 年发生。黑山电力公司（EPCG）没有使用合法权利，也没有要求将其服务价格提高 6%，从而将导致总电价上涨 3%。尽管如此，该公司可以在 2019 年的任何时间段要求将其服务价格提高 6%。能源监管机构也证实了这一点。因此，这将在 2019 年的恰当时机完成（提高电价）。

3. 2019年的医疗保健

黑山的医疗保健近年来一直备受争议，特别是在2018年。因此，在2019年，至少在表面上应该采取一些措施进行改善，以冲淡2018年针对卫生部门的批评。但是，很难指望医疗保健系统员工的工资大幅增加，另外，黑山医生的人数非常不稳定。因此，卫生部门必须找到一种方法来吸引黑山医生，除非有可能在2019年增加他们的收入。

2019年的医疗预算近十年来首次根据实际需求和2018年的实际消费水平进行规划。2019年的卫生部门预算将比2018年增加3200万欧元，达到2.053亿欧元。然而，问题是增加的数额是否会得到有效利用，即黑山整个卫生部门将有何改善？不应忘记，我们正在讨论的是国内最复杂和最重要的系统之一，而且很难对其进行改革和控制，而将其置于财务框架中则更加困难。此外，在2019年，将对卫生基础设施和设施进行一些投资，如建设传染病诊所和皮肤病学诊所。这些设施的资金部分来自入盟前援助（IPA）框架的2018年拨款，部分来自预算资金。

欧洲消费者健康指数（ECHI）的新结果将于2019年2月公布，黑山的排名很值得观察，因为它将反映卫生部门（的改革）是否成功及其与欧洲规范的比较结果。

（四）黑山2019年外交展望[*]

2019年，黑山外交政策将继续聚焦在欧洲议程和相关活动，

---

[*] 作者：Milika Mirkovic；翻译：刘梓绚；校对：贺之昊；审核：陈新。

旨在维护该地区睦邻关系、稳定与和平。与此同时，黑山与非欧洲国家的双边关系将得到改善，并积极参与国际活动。

1. 加入欧盟

2019年，黑山将继续行进在通往欧盟的道路上。在过去的一年里，黑山入盟谈判已经开启了第27章——环境与气候变化，这已经是黑山开启的第32章。这是谈判进程中的重要一步。现在，唯一剩下的章节是第8章——竞争政策，在2019年该章节将会开启谈判，同时其他章节谈判将取得进展。然而，考虑到欧洲一体化道路所需的改革，黑山面临的来自欧盟的压力会更大。虽然与邻国相比，黑山在入盟方面相对领先，但2019年仍有许多挑战，如公共债务管理等其他重要议题。

虽然黑山准备在2019年完成六个入盟谈判章节，但一体化进程本身将会变慢。加入欧盟的一个重要因素肯定是欧洲议会的选举。西巴尔干地区将会关注2019年5月议会选举的结果，因为与候选国和潜在候选国的谈判可能会因此放缓并回到原点。2018年，欧盟委员会通过了"西巴尔干战略"，但欧盟成员国对扩大战略也存在深刻分歧。很难说具体结果会怎样，但结果肯定会对包括黑山在内的西巴尔干国家的入盟产生影响。一体化进程很可能会放缓，但无论选举结果如何，欧盟对西巴尔干地区的扩大战略仍将是重要问题之一。这种假设的原因之一是中国、土耳其和俄罗斯等其他非欧洲国家的影响力越来越大，这些国家越来越多地出现在西巴尔干地区的各个社会领域。在此期间，这些国家之间的双边和经济合作得到加强，投资和贸易合作有所增长。因此，预计欧盟将继续其扩大政策，并在该地区（包括黑山）坚持欧洲的价值观念。

此外，与该地区其他国家相比，黑山与邻国没有公开争端，这可以进一步解释黑山继续推进加入欧盟进程的原因。在领土争端议题上，黑山是该地区的一个积极榜样。

2. 区域合作

如上所述，黑山与该地区国家没有公开的复杂关系。此前唯一未解决的与科索沃的边界问题已经于 2018 年得到解决。在这种情况下，可以预计，黑山将在 2019 年度致力于改善与该区域各国的关系，这一点可以从主要经济合作的加强、基础设施联通性的改善，以及在地区倡议内促进区域联合行动和维持对话看出来。

此外，在前一段时期，黑山对移徙、庇护和难民问题区域倡议（MARRI）的工作作出了重大贡献，黑山在其中的积极作用将不容忽视，特别是通过启动新的合作项目并与区域和国际伙伴合作，以控制和打击非法移民并实施庇护政策。

《亚得里亚海宪章》（A5）框架下开展的活动是该地区安全和一体化的重要内容之一。《亚得里亚海宪章》是加强国防领域合作的有力工具。2018 年，黑山主持了宪章峰会。2019 年，预计黑山将继续推进该地区各国的欧洲—大西洋愿景，并积极协助相关国家实施改革并满足加入北约的标准。在接下来的一段时期内，黑山将继续开展实现 A5 未来优先事项的工作，黑山将继续倡导迅速有效实现这些目标，即加强东南欧国家的全面双边合作。黑山的目标是通过加强睦邻关系，继续为确保该地区的和平、稳定与繁荣作出贡献。

2019 年，黑山将继续参加北约的活动，但也将在加入北约的道路上向邻国提供支持，例如马其顿。在马其顿和希腊之间的长期争议结束后，北约成员国于 2019 年年初签署了一项议定书，为马其顿加入北约打开了大门。但是，俄罗斯对巴尔干国家加入北约表示异议。黑山加入北约并积极引导该地区国家加入北约的政策是前一段时期俄罗斯与黑山关系冷却的原因之一。在这些事态发展之前，两国之间实行了经济制裁，这冷却了两国之间的关系。在2019年年初，已经可以观察到黑山与俄罗斯的关系变得更加紧张。黑山内部政治事件往往与俄罗斯的影响有关，因为诸多声音指责俄罗斯干涉黑山内部问题。由于黑山对北约的公开支持，很难期待2019年黑山与俄罗斯的关系有重大改善。

在过去几年中，黑山与土耳其建立了良好关系。黑山与土耳其外国直接投资和贸易合作实现增长，黑山向土耳其的出口也有所增加。2019年双边和经济关系将继续改善。并且，作为北约成员的黑山有机会在安全方面与土耳其建立更高层次的合作。此外，黑山的公司还可以参加在土耳其举办的各种展览会。例如，2019年，土耳其贸易部在土耳其举办贸易展览会，并组织了顾客委员会计划（Program of the Board of Customers），所有这些展览都对黑山公司、机构和组织开放。

在此期间，黑山与中国的外交关系也得到加强，主要通过建筑、能源、旅游和其他部门的大量投资项目。2018年，来自中国的游客人数有所增加。由于众多的旅游活动和展览会，预计下一阶段中国游客人数将继续增加。此外，（南北）高速公路主要路段的工程完工，以及风力发电厂的调试，表明两国之间的投资项目合作将在2019年继续进行。更多的工人以及设备和材料投资可以视作中国公司继续合作的承诺，两国未来合作将快速发展。除了已经在黑山开展项目的公司外，其他来自中国的公司也有兴趣参与更多基础设施和能源项目，这表明未来的合作前景可观。

3. 参与区域和全球活动

2019年，黑山官员将参与区域和全球活动，以促进与其他国家的关系，并在全球市场上更好地提高黑山的知名度。其中一项重要的区域活动是第二届西巴尔干数字峰会（WB DS 2019），该峰会将由区域合作委员会（RCC）和合作伙伴组织。区域合作委员会是区域领导的合作框架，它为东南欧的欧洲区域合作以及欧洲—大西洋一体化提供服务，其主要目标是促进该地区的发展。2018年4月，东南欧国家的外交部部长一致同意阿尔巴尼亚代表担任2019—2022年区域合作委员会秘书长。从2022年1月起，黑山代表将担任区域合作委员会秘书长。第二届西巴尔干数字峰会将于2019年4月在贝尔格莱德举行。2018年峰会在斯科普里举行，会集了西巴尔干地区负责数字议程的机构，以及欧盟委员会、区域合作委员会和IT公司、学术界和青年代表的参与者。本次活动的主要目的是结合现有的努力，推动西巴尔干各国合作构建共同的数字化未来。

此外，2019年6月，2019年全球企业家峰会（GES 2019）将在荷兰举办。峰会的目的是联系、改善和扩大世界各地的经济部门的商人之间的合作。2019年峰会预计将有2000名参与者，其中一半以上是企业家，但也有相当数量的投资者、领导人和官员。这无疑是黑山与世界各地企业交流经验和创造商机的绝佳机会。

七 克罗地亚

（一）2019年克罗地亚政治展望[*]

2019年年底，克罗地亚将举行总统选举。现任总统科琳达·格拉巴尔-基塔罗维奇（Kolinda Grabar-Kitarovic）正在为竞选做准备，希望能够连任。其他潜在候选人的名字还尚不清楚。克罗地亚媒体猜测，如果议会产生新的多数党，政府可能会改组。克罗地亚民主共同体在几个小党派和独立议员的支持下领导着政府，其中包括克罗地亚人民党（HNS）。2019年年初，萨格勒布市长米兰·班迪奇（Milan Bandic）领导的议会团体扩大到13个成员。这些议员支持政府，如果总理能够控制议会的多数席位，并维持政府的相对稳定，就没有理由重组政府。

1. 总统选举

2019年年底，克罗地亚将选举任期为2020—2025年的总统。现任总统科琳达·格拉巴尔-基塔罗维奇表示有兴趣继续她的工作，并完成她在目前任期内开始的各种倡议。因此，她可能会在合适的时间正式宣布参选。一些分析人士会说她从来没有停止过

---

[*] 作者：Senada Šelo Šabić；译者：李弘依；校对：贺之昊；审核：陈新。

竞选，也就是说，她目前的任务就是继续迎接总统选举。

她被视为一名民粹主义政治家，渴望获得选民和公众的支持。这并不奇怪，因为克罗地亚的总统是通过普选产生的，与该国其他的政府官员不同。这让当选人具有可信度，也使他或她获得的直接选票具有政治分量。但是，总统在执行权力上的作用是相当有限的。总统只在外交政策和国防两个领域拥有决策权，因此总统所获得的民众支持和她所拥有的有限的行政权力之间存在着一定的差距。

外交和国防领域决策的二元性曾产生过摩擦，不仅体现在新大使的任命问题上，而且当政府（总理）和总统在外交政策和安全问题存在分歧的情况下，摩擦更为严重。一个明显的例子是2003年，克罗地亚总理表达了参加美国领导的反伊拉克联盟的意愿，而时任克罗地亚总统斯捷潘·梅西奇（Stjepan Mesic）阻止了这一决定。

另一个近期发生的例子是在格拉巴尔-基塔洛维奇上任之初，她要求解雇国家情报局（State Intelligence Agency, SOA）局长，但由于时任总理蒂霍米尔·奥雷什科维奇（Tihomir Oreskovic）与总统在程序上存在分歧，推迟了一个月才同意了此项决议。然而，无论什么原因，在此次事件中总理与总统的意见分歧使克罗地亚在整整50天内没有任命国家情报局局长。一些分析人士认为，这对国家安全构成了严重威胁，不应再次发生这种情况。

然而鉴于目前克罗地亚宪法规定的权力划分方式，摩擦、偶尔的分歧和几乎不断地吸引公众注意力的竞争，将继续是克罗地亚政治的一个特点。对民意的竞争的激烈程度有时会高于其政治上的必要性或外交上的合理性，除此之外，它就是根据宪法规定的"游戏规则"而得出的非常理性的结果。

一个民选的政治家想要获得尽可能多的关注和公众的支持，以便他或她将自己与政府区分开，并在任期内完成有意义的任务。在过去，这种国家领导的二分法引发了关于是否需要修改宪法，以将总统的权力限制在一个具有代表性的机构内的讨论。没有人认为总统有获得更多行政权力的可能性。克罗地亚在2000年以前一直实行半总统制（实际上几乎是完全总统制），该国似乎无意恢复这种模式。

2015年年初，格拉巴尔-基塔罗维奇成为克罗地亚首位女总统。她从事外交工作，承担公共职能，曾就任外交部部长、克罗地亚驻美国大使和北约负责公共外交的助理秘书。她的英语说得非常好，她的使命是帮助克罗地亚打造比以往更积极的国际形象。在国家层面，她的目标是接触普通民众，倾听他们的问题，提出倡议，并解决其中一些问题。

为了接触民众，她采取了一种新的做法，将办公室搬到克罗地亚的不同地区。自2015年上任至2018年年底，她共搬迁办公室19次。她利用搬迁期间会见当地官员、教会和其他公民领袖以及公民。2018年12月，格拉巴尔-基塔罗维奇解雇了她的顾问，并雇用了另一名顾问来协调与政府的关系。解雇顾问给总统带来了短暂的不安，但圣诞节假期让这件事远离了公众的视线。正如媒体报道的那样，总统似乎正试图修补与政府的关系，以争取克罗地亚民主共同体（HDZ）对她候选资格的支持。她在2015年被选为民共体的候选人，但一旦当选，她就不得不退出该党。尽管与总理的分歧不大，但持续不断，因此目前仍不清楚克罗地亚民主共同体是否会支持她的候选人资格。

2. 议会中倒戈的现象

自2016年大选到2018年1月，克罗地亚议会中已有18名议员倒戈。到2018年11月，这一数字上升到22位议员，他们在151个议会席位中"换了球衣"，到2019年1月，这一数字上升到23位。"倒戈"或"换队服"指的是那些在某一政党当选，然后却要么离开这个政党而独立，要么在议会中加入另一个政党的议员。最大的损失来自社会民主党（SDP），该党失去了8名议员，目前在议会中拥有30个席位。最大的受益者是萨格勒布市市长米兰·班迪奇领导的议会团体，被称为"班迪奇·米兰365—劳工和团结党"（Bandic Milan 365 – Labor and Solidarity Party）。该党在选举中只赢得一个（议员）席位，而到了2018年年底，该党已经拥有12名议员，并在2019年1月增至13名议员。

一些分析人士和非政府组织警告说，议会出现过倒戈现象，但从未达到这种程度。根据他们的观点，这种现象使议会代表的合法性受到质疑，因为在许多情况下，议员是由其所代表的政党选出，但倒戈后，无法代表此前的政党（纲领）。最大的转变发生在克罗地亚人民党（HNS）加入政府并转向右翼的时候。该党在2016年的选举中与社会民主党一起处于中间偏左的意识形态立场上。分析人士解释说，人民党背叛了他们的选民。随之，该党分裂，几名议员成立了一个新政党——公民自由联盟（Glas）。他们组建了自己的议会团体，并继续做反对党。当时人民党党主席伊万·弗尔多利亚克（Ivan Vrdoljak）曾在社会民主党领导的政府中担任经济部部长，直到2015年卸任。在局势稍微平静下来后，他又回到了党主席的位置。

人民党作为政府的初级伙伴，就像参与前几届政府一样，为自己达成了一项很好的协议。换句话说，民主共同体和社会民主党都曾慷慨地给予人民党部长职位、国企席位和其他福利。克罗地亚媒体推测，由于人民党只有5名议员，其中一名是前社会民主党高级官员，正在接受腐败调查，并于2017年2月离开该党，这一情况可能在2019年结束。议会团体"班迪奇·米兰365"有13名议员，可能是对民主共同体来说有吸引力的合作伙伴，民主共同体在议会中拥有55个席位。政府还得到了来自克罗地亚斯洛文尼亚与巴拉尼亚民主联盟（HDSSB）的4名议员和8名少数民族议员的支持。然而，米兰·班迪奇是否想改变他的议会团体的立场是值得怀疑的。总理安德烈·普连科维奇可以依靠他们的选票，因此他可能不会在自己的任期内进行第二次重组。他领导的政府似乎是很稳定的。除非米兰·班迪奇提出要求，否则政府不会进行重组。

然而，萨格勒布最近出现了一系列的医疗问题，市长正忙于管理这座城市。他也可能认为勒索政府或推进个别议程会使自己处于有利地位，就像他的议会团体在2018年12月威胁不支持一项有关教材的法案，除非政府设立基金资助所有克罗地亚小学生获得免费教材。随着班迪奇在与政府的对抗中获胜，他的支持率上升，这一民粹主义措施使他成为公众关注的焦点。他加入政府是否会在政治上获利，也是个问题。班迪奇可以根据自己控制的席位数量选择自己关注的政策，同时根据自己的意愿选择保持独立，批评政府，这也是他偶尔会做的事情。例如，他的议会团体决定允许其成员就批准《伊斯坦布尔公约》投支持票，该公约防止对妇女的暴力行为。

班迪奇没有透露他的计划。在总统大选之年，他甚至可能决定再次碰碰运气。在2009年的选举中，他输给了前总统伊沃·约西波维奇（Ivo Josipovic）。然而，如果基于理性分析，这似乎不太可能发生，因为萨格勒布市市长班迪奇是克罗地亚第二有权力的人。在萨格勒布市议会中，民主共同体支持班迪奇，在国家议会和市议会中,这种伙伴关系似乎对普连科维奇和班迪奇都有利。因此,这两个人暂时都不可能愿意挑战这种有利的现状。

3. 结论

2019年将举行总统选举。竞选活动尚未开始,候选人也尚未可知,但现任总统似乎热衷于争取连任。除非她得到一份具有吸引力的国际工作机会,否则她似乎最有可能参加选举。

虽然媒体猜测政府改组,但目前看来不大可能,因为总理和萨格勒布市市长不需要结成正式联盟也能进行卓有成效的合作。

当然,2019年还有其他悬而未决和正在进行的政治事件,但上述两个主题是最能代表2019年的议题。

(二)2019年克罗地亚经济前景展望[*]

尽管遇到巨大挑战,如阿格罗科尔集团(Agrokor)和乌利亚尼克造船厂(Uljanik)的危机,但总体来说,克罗地亚经济在2018年是成功的。作为经济危机后的复苏年,克罗地亚在公共债务、国内生产总值和失业率方面表现出积极正面的宏观经济发展趋势,预计2019年的经济趋势也将是积极的。

1. 国内生产总值现状

克罗地亚在2009年遭受国际经济危机的打击,当时的国内生产总值跌落了近7%,且GDP增长率一直为负,直到2014年经济复苏开始时才略有回升。2018年,因出口、个人消费和投资的持

---

[*] 作者:Iva Tolić;翻译:王晓伊;校对:贺之昊;审核:陈新。

续增长，克罗地亚国内 GDP 增速超过了欧盟整体水平。2018 年第二季度其 GDP 比 2017 年同期增长了 2.9%，与第一季度相比增长了 1.1%。在第二季度，商品和服务出口额的增长是 GDP 增长的主要原因，其中商品出口高于服务出口。第三季度的 GDP 比 2017 年同期增长了 2.8%，这是克罗地亚连续第 17 个季度实现 GDP 增长。

2018 年，克罗地亚 GDP 的增长程度超过了政府和经济分析人士的预期，主要原因是服务出口额超出了预期。考虑到第三季度过夜停留的外国游客数量较少，意味着每位游客的平均消费额明显上升，因此整体超出预期。2017 年服务出口也增长了 2.5%，而商品出口则增长了 5.2%，意味着 2018 年出口总额增长了 3.7%。其他 GDP 的构成要素也创纪录增长——个人消费支出增长 207%，政府支出增长 3.9%，投资增长 3.7%。

克罗地亚银行协会（The Croatian Banks Association）预计 2019 年 GDP 增长率将略微放缓至 2.6%，其中投资增长率将决定 GDP 增长率。2019 年，经济增长的主要推动力将是个人消费，但银行业经济学家则认为投资是最重要的因素。预计在 2019 年，个人支出将增长 3.1%，投资将增长 6%，投资增长率预计在 3.6%—6.7%。克罗地亚国家银行（Croatian National Bank）也做出了类似的预测——据其分析，2019 年克罗地亚经济增长率将会是 2.7%。克罗地亚国家银行行长预测，固定资本总额的增长率可能会明显增加，假设由于欧盟资金使用的增加导致广义政府投资得到加强，该数值将从 2018 年的 3.7% 提高到 2019 年的 6%。

2. 公共债务现状

在国际经济危机期间，克罗地亚政府债务大幅增长，2014 年达到历史最高水平，相当于当年 GDP 的 84%。在 2015 年经济复苏之初，公共债务开始略有回落。2018年年初，公共债务占GDP的比率为81%。截至2018年3月底，克罗地亚的公共债务为76.2%。年度公共债务的减少导致公共债务的两个组成部分都有所下降——长期债务证券和贷款导致一般政府债务减少，年度公共债务的外部组成部分（外债）降低了4.1%；与此同时，由于一般政府债务减少，内债组成部分也降低了3.7%。

截至2018年9月底，克罗地亚的公共债务总额为2818亿库纳（HRK），比前一年减少0.9%（24亿库纳）。因第三季度GDP增长、本国货币对欧元汇率走强以及公共债务名义总额下降，一般政府债务的份额在9月底下降至74.5%，占GDP份额的69.4%，是2012年以来的最低水平。

克罗地亚政府通过了2019—2021年的经济和财政政策指导方针。该方针显示，2019年公共债务占GDP份额应由2018年的74.5%下降至71.5%，2020年将降至68.5%，2021年将降至65.4%。克罗地亚经济学家称，按照当前趋势，公共债务还将继续下降，到2019年年底应降至占GDP份额的70%，且在未来4—5年内应降至60%以下。

3. 失业率现状

根据欧盟统计局（Eurostat）的报告，克罗地亚继2017年以来再次创下欧盟成员国范围内年失业率的最大降幅。在2009—2014年，克罗地亚失业率在欧盟内排名第二，仅次于希腊。失业率开始下降的时期与GDP增长复苏的时期一致，并且在2018年年初，失业率自2008年以来首次下降至10%以下。2018年9月底，克罗地亚的失业率下降至8.4%，这归因于更加活跃的经济活动，一方面是旅游业的改善；另一方面是负面的人口和移民趋势。在2018

年第三季度，克罗地亚的就业人数与2017年同期相比增长了0.4%，达到168.9万人；而失业人数下降了19.9%，降至13.3万人。奥地利赖夫艾森银行（Raiffeisenbank Austria，RBA）的分析指出，这是现存数据中的最低水平。根据该银行基于克罗地亚统计局近日数据的分析，克罗地亚国内失业率下降了1.7%，降至7.3%，为2008年第三季度以来的最低水平。

2018年年底，人才中介万宝盛华（Manpower）对克罗地亚的雇主进行了一项调查。这项名为"万宝盛华集团就业前景调查"的2019年第一季度就业预测调查了620名雇主，受访者被问及，与当前季度相比，预计未来三个月（至2019年3月末）的就业总体变化情况。调查结果显示，克罗地亚雇主预测2019年第一季度的新增就业岗位将稳定增加，新增岗位数量应在所分析的八个行业领域中的七个以及全国四个地理区域都有所增长。按照雇员人数计算，调查中所有四类克罗地亚雇主都表示，他们在1月到3月末有新的雇用意向。大公司表现得最为乐观，预计增长率为18%；而微型及中小型雇主则预计为13%。

4. 结论

2018年积极的经济指标是克罗地亚经济进一步发展预期的基础。尽管欧洲央行预计全球经济将在2019年因物价继续上涨而出现增长减速，但经济学家认为克罗地亚的经济发展并不会放缓；相反，他们认为，由于宏观经济指标的积极预期，克罗地亚的信用评级将会提高至投资级。

欧盟委员会将在2019年对克罗地亚进行宏观经济风险分析，并监测减少宏观经济过度失衡的进展，这些失衡在所有指标上都显示出积极的趋势，但其中三项指标仍不符合欧盟规定的水平。

欧盟委员会的克罗地亚问题专家表示，如果2019年这些积极趋势持续下去的话，克罗地亚的经济仍会出现宏观上的失衡，但不会再像过去五年那样失衡过度。

（三）2019年克罗地亚社会展望——人口趋势或将成为克罗地亚主要挑战*

人口问题在任何国家都有着不可小觑的重要性。当今，克罗地亚面临的人口挑战正影响着整个国家的经济、社会甚至政治领域，还将在未来几年内继续带来挑战。受移民和低出生率的影响，克罗地亚的人口衰退正成为一项难题。因此，2019年是政府政策和总统倡议将人口减少作为主要议题的一年。随着国内人口问题的日益紧迫，克罗地亚发现需要在其他国家经验教训和本国情况的基础上，为这一问题寻找属于自己的解决方案。

1. 克罗地亚人口数量

传统上，克罗地亚一直是移民国家。19世纪以来，克罗地亚人便因移民北美洲和澳大利亚而为人所知；20世纪出现了另一波移民浪潮，许多人因政治分歧而选择离开南斯拉夫。20世纪的移民主力是迁往西欧寻找临时工作的工人，然而大多数情况下，移民的"临时性居留"变为了数十年，其中有些人甚至永久留在了西欧。在过去，外流的大多是来自克罗地亚欠发达地区、从事低技术工作的男性。而如今，趋势发生了变化——选择永久离开的多是受过教育的年轻人，无关乎男女，也不论来自城市还是农村。

---

* 作者：Iva Dim；翻译：王晓伊；校对：贺之杲；审核：陈新。

某些研究表明，近期移民的动机不仅是经济，也与社会政治风气以及机构羸弱有关。近来的趋势可以确认，德国和爱尔兰是吸引大量克罗地亚劳动力的目的地，前往这两个国家的实际移民数量远远大于官方预测。据称，2011—2015年约有16.5万名克罗地亚人选择移民，而这一趋势几乎没有放缓的倾向。

目前的移民率对克罗地亚的人口平衡产生了负面影响。根据2011年的官方人口普查，克罗地亚有4284889名公民。2016年的生育率为1.4%，低于保持目前人口水平的必要门槛。除了人口水平之外，移民率和低出生率也再次反映在人口数量中。2011年克罗地亚的人口平均年龄为41.7岁，为欧洲最高。许多地区的死亡人数高于出生人数。人口减少及老龄化是克罗地亚所面临的挑战。克罗地亚将因这些人口变化面临严重的经济后果。由于年轻家庭大量移居国外，不在克罗地亚本土出生的儿童进一步降低了出生率。因移民和低出生率，克罗地亚人口结构的变化意味着克罗地亚在未来几年将面临严重的人口损失。根据当前趋势，据估计至2031年克罗地亚人口可能会降至290万人。

人们曾多次尝试寻找解决克罗地亚人口问题的方法。例如，列瓦尼城（Levanjska Varoš）没有任何儿童，当地的最后一个新生儿在52年前诞生于该城镇的某个村庄。当地学校因此而关闭，政府提倡人们留下来缓解这种情况。在贾科沃（Djakovo），当地政府为有三个孩子的家庭提供5000库纳的资助，每多一个孩子则增加10000库纳；在切平（Čepin），政府为所有三个及以上孩子的家庭提供每个孩子200库纳的补助，直至他们18岁成年。国家正在提供各种救济政策以应对人口下降，包括奖学金补助以及降低税收。然而这些举措必须有进一步的政策补充，以鼓励这些儿童在成年之后留在克罗地亚。为了解决人口下降问题，政府和总统都提出了制订全面政策的计划，以阻止人口减少、减轻其后果以及扭转未来的趋势。

2. 政府政策

克罗地亚政府在应对人口挑战上投入了大量资源，因为人口问题的严重性远远超越了经济、社会和政治领域。移民和低出生率导致的人口下降问题日益令人担忧，政府也十分清楚其紧迫性——特别是考虑到2013年的趋势预测。总理安德烈·普连科维奇（Andrej Plenković）强调，人口问题是一个战略问题，涉及克罗地亚经济、社会发展的各个方面。政府一再表示对这一问题的关切，并正在努力落实解决方案。

当前针对恢复人口活力的战略应是自1996年以来提出的第五个战略。近几十年来，克罗地亚数届政府（1996年、2003年、2006年及2015年）都提出了许多战略，但这些战略都没有实施。实际上，2003年的战略在启动不久后便由于政府变动而被搁置；2015年的提案从未公布于众，因为政府认为其操作成本过高。

政府声称人口复兴是其主要优先事项之一。解决高死亡率专项措施的预算总额为19亿库纳。尽管其中一部分已用于加强对家庭的财政支持，但各项政策也需要进一步落实以应对挑战。预算的这一部分将用于各种救济，以解决紧迫的人口问题。

3. 总统的人口问题倡议

克罗地亚总统科琳达·格拉巴尔-基塔罗维奇（Kolinda Grabar-Kitarović）介绍了她的人口复兴计划，该计划由政治学家、人口学专家、社会学家等学者组成的团队组织起草。该计划是一份工作文件，旨在保持和鼓励政府和民间社会等范围内的公开讨论。

基塔罗维奇总统肯定了经济和政治改革的必要性，但也同时肯定了具体社会改革的必要性，这将取决于政治意愿和民众意愿。她指出，移民问题源于克罗地亚无法激励其公民回国，解决方案则是鼓励增加工作岗位。因此税收改革至关重要，同时还需要公共行政改革。此外，总统的提案还涉及有关家庭的政策，以及有必要从政策发展角度应对挑战。在倡议的最后，总统提出了改革移民政策的必要性，并表示克罗地亚需要一支通过移民政策解决的劳动力队伍。她还呼吁加强与政府的协同作用、公开讨论以及积极实施改革政策。

4. 结论

可以肯定地说，克罗地亚正将人口挑战作为优先解决的问题。政府和总统提出的各项倡议和建议都说明了克罗地亚面临的人口挑战，也重申了人口问题的紧迫性。人口问题在经济、社会和政治方面都产生了影响，因此必须在相互作用的领域中对这一问题加以解决。总统对加强协同作用和公开讨论的呼吁，突出了克罗地亚面临挑战的广度，因此政府应立即采取行动解决这些日益严重的问题。2019年克罗地亚将更加注重人口问题，通过实施政府战略以及一系列政策改革——超越单一的经济范畴，同时改革社会和政治领域——以扭转目前的消极趋势，并改善克罗地亚的人口平衡。

（四）2019年克罗地亚外交展望——克罗地亚将主办"16+1"峰会[*]

2019年，克罗地亚将主办新一届"16+1"峰会。克罗地亚将

---

[*] 作者：Iva Dim；译者：李弘依；校对：贺之杲；审核：陈新。

七　克罗地亚

此次峰会视为展现其作为"16+1"框架的积极参与者和吸引中国投资的重要机遇。"16+1合作"倡议旨在加强中国同中东欧国家的合作。继2018年索非亚峰会之后，2019年的峰会将顺应潮流，扩大现有框架，进一步发展中国与该地区的合作机制。克罗地亚2019年的外交活动将促进国际合作，如"16+1"峰会将为该地区16个国家之间的经济、社会、政治互动以及与中国的多边和双边合作创造机遇。此前，克罗地亚未与中国建立传统的长期关系，然而现任政府已经做出了转变。特别是在旅游方面，中国与克罗地亚的交往日益密切。作为2018年"16+1"峰会的一部分，克罗地亚举行了旅游峰会，两国合作不断加强。因此可以确定2019年峰会将为知识共享和伙伴关系带来更多机遇，促进国际合作与发展。

1. "16+1"峰会

中国与中东欧国家"16+1合作"是中国为加强和扩大同该地区国家合作而提出的倡议。该合作的参与者包括阿尔巴尼亚、波黑、保加利亚、克罗地亚、捷克、爱沙尼亚、匈牙利、拉脱维亚、立陶宛、马其顿、黑山、波兰、罗马尼亚、塞尔维亚、斯洛伐克和斯洛文尼亚。自2012年的华沙峰会召开至今，"16+1"年度峰会已经成功举办过七次。第八次峰会将于2019年在克罗地亚举行。同前几次峰会规格一样，出席峰会的是相关国家的高级别官员、专家、学者、中国企业、商界人士以及其他有关各方和观察员。

前几次峰会探讨了中国同中东欧国家在投资、经贸、金融、旅游、科技、农业、交通等领域的合作。为深化合作，发挥协同效应，峰会探讨了各种合作框架。中国对欧洲的投资计划和"一带一路"倡议就是中国在该地区的积极举措，也将在"16+1"峰会上进行深化研讨和发展。在保加利亚索非亚举行的2018年"16＋1"峰会上，中国与中东欧国家共同起草了《索非亚合作纲要》，探讨了各方合作方面的进展和成就，以及对《布达佩斯合作纲要》的成功执行。这一跨地区的合作平台为不同领域的合作提供了机会，为各方带来了实在利益、伙伴关系和有益的知识共享。

这个多边合作框架为所有参与者提供了建立区域和双边关系的机会，尽管中国的意图及其在该地区的利益和倡议受到了一些质疑。中国对基础设施等领域的投资兴趣受到了公众的密切关注，尤其是其意图和结果方面。从欧盟的角度来看，中国的倡议遭到了批评，由于"16＋1合作"被认为是分裂欧盟的倡议，因而甚至被贴上了"在布鲁塞尔不受欢迎"的标签，尽管中国否认了有此类意图。西欧持有怀疑态度，而波兰和斯洛伐克也存在着一定的不确定性，它们对未能履行投资承诺感到不满。另外，匈牙利和塞尔维亚则更热情些。塞尔维亚加入欧盟的努力并未取得多大成功，它正逐渐转向东方，尤其是与中国的经济伙伴关系。塞尔维亚对中国实行了免签制度，并加强了其他领域的合作（如在过去十年，两国贸易额增长了两倍）。作为非欧盟成员国，塞尔维亚处于有利地位，因为无须遵循欧盟的高标准，因而能够更快地采取行动，这与许多欧盟成员国面临的困难形成了鲜明对比。

中国的倡议或许可以被视为一种更积极的发展，将加剧该地区的竞争，从而增加投资和促进该地区的经济。（中东欧国家的）竞争可以为克罗地亚等热衷于发展经济的国家带来更多的投资机会。该区域16个国家的经济不如西欧发达，发展经济在很大程度上符合它们的利益。克罗地亚是从经济困境中复苏的国家，这意味着外国投资可能有助于进一步振兴经济。中国投资与其他区域和欧洲投资之间的竞争环境将使克罗地亚在基础设施或旅游业等领域获得更多的发展机会。中国已表示有兴趣这样做，克罗地亚专家认为这对克罗地亚来说可能是非常有利的，它将给克罗地亚带来许多合作与发展的机会。

2. 克罗地亚与中国的国际合作

克罗地亚已经参加了之前的"16+1"峰会，并发挥了很大的作用，克罗地亚主办了作为2018年峰会一部分的旅游业会议。此外，值得注意的是，与前几届政府相比，克罗地亚现任政府对加强与中国的合作持更加开放的态度。总理安德烈·普连科维奇（Andrej Plenković）出席了2018年索非亚峰会，表示愿意与中国加强合作，并进一步巩固伙伴关系。尽管克罗地亚与中国交往的历史渊源并不长，但过去十年来，克罗地亚与中国合作的意愿不断增强，互动与合作的倡议不断增多。作为新一届"16+1"峰会的东道主，此次峰会将是克罗地亚与中国扩大旅游等领域合作的契机。两国对开通直航、简化签证手续以及投资旅游业、基础设施和其他行业表现出了兴趣。

中国是一个经济和政治强国，与克罗地亚有着很大的不同。克罗地亚的人口只相当于中国人口的0.32%（13亿人口中的420万），其外交政策的重点和能力与中国有很大差异。一个世纪以来，随着中国在海外的利益和投资不断增长，中国外交事务的范围不断扩大。"16+1合作"倡议将切实加强中国与克罗地亚在多个领域进行合作。虽然在克罗地亚只有几百名中国人，但中国游客对克罗地亚十分感兴趣。从旅游业的角度来看，克罗地亚在国际舞台上的发展是由于它吸引了越来越多的外国游客，而不仅仅是来自本区域国家的游客。这也促成了中国警方与杜布罗夫尼克之间的合作，在游客旺季，6名中国警察被派往杜布罗夫尼克进行警务联合巡逻。两国在旅游相关领域以及其他领域的合作不断加强。中国企业对克罗地亚基础设施的投资不断增加,对科技和食品行业的兴趣也越来越浓厚。中国与克罗地亚在教育、体育等领域也开展了合作,学生、教练员、专业技术人员和知识交流不断。在体育方面,双方长达十年的交流与合作,如篮球等多种体育项目的合作延续至今。

中国目前正在承建克罗地亚最大的基础设施项目——克罗地亚南部杜布罗夫尼克的佩列沙茨(Pelješac)桥梁。中国路桥总公司击败了两家欧洲公司,奥地利斯特拉巴格公司(Strabag)和意大利—土耳其财团,赢得了价值20.8亿库纳的竞标。斯特拉巴格公司在萨格勒布的行政法院提起诉讼,要求推迟佩列沙茨桥项目,但被拒绝。欧洲结构和投资基金(European Structural and Investment Fund)将提供建设总投资的85%(总计3.57亿欧元)。此外,中国还计划在韦莱比特(Velebit)投资1.6亿欧元建设一座风车农场。

中国海外投资对世界并不陌生。作为一个经济正在复苏的发展中小国,克罗地亚欢迎大多数外国投资来帮助促进其经济。这种经济关系可能会对克罗地亚与欧盟的关系产生一定的影响,但人们在很大程度上认为,中国的这些投资可以弥补欧盟的资金和关系。

3. 结论

在国际政治和经济领域孤立主义有所抬头的当今,全球化、一体化和国家间互动的增加仍是世界发展的主流趋势,中国对外政策可以被视为一种建设性措施。随着各种各样的议题成为从经济到环境的跨界问题,越来越需要国际合作、知识分享和伙伴关系来应对眼前的挑战。因此，加强国际合作在许多方面不仅是必要的，还可以促进创新方案、鼓励文化交流和进一步的经济发展。关于中国—克罗地亚关系，2019年"16+1"峰会必将为两国带来更有意义的合作，造福两国人民。

八 立陶宛

（一）2019年立陶宛经济展望——
难以预测的一年[*]

1. 2019年经济发展的三个挑战

尽管2018年GDP出现正增长，且在精密工程部门和金融科技部门吸引了大量外国直接投资，使得2019年经济前景预测比较乐观，但分析人士仍发出了谨慎的警告称，存在众多挑战正威胁着立陶宛2019年原本乐观的经济前景。

立陶宛经济今后几年将面临三个主要挑战。

第一个挑战与包括立陶宛在内的欧盟经济增长的持续放缓有关。虽然立陶宛2018年的GDP增长率比预想更高，达到了3.6%，但是据估计2019年仅为2.7%。原预测比这个值还要低0.2%。增加的这0.2%源于瑞典银行在2019年1月底公布的2019年最新经济展望（含立陶宛）。该银行是北欧和波罗的海国家中最大的商业银行。

如果仅看立陶宛GDP的增长数字，那么它仍是一种积极的信号，表明了经济还处在上行阶段。2018年，欧元区（立陶宛自

---

[*] 作者：Linas Eriksonas；翻译：于溪；校对：马骏驰；审核：陈新。

2015年1月加入）季节性调整的GDP增长率仅为1.8%。经济学家认为，欧元区的整体衰退导致2018年经济增速是四年多来最低的，而这可能是一场酝酿之中的、更广泛的衰退的前兆。作为欧元区的一部分，立陶宛的经济取决于欧洲中央银行的政策。

为应对经济衰退，欧洲中央银行持续停止资产购买项目的计划。该项目原本是其支持欧元区经济体的重要支柱。过去四年中，欧洲中央银行花费了2.6万亿欧元购买政府和企业债券，通过金融机构进行注资，帮助欧元区经济体重启增长周期。虽然2018年12月欧央行停止该计划的决定并未立刻生效，且将会继续以约200亿欧元的价格购入债券，以稳定金融市场，减少政府和企业的借贷成本，但该决定可能还是会影响包括立陶宛在内的欧元区国家的政府债券收益率。根据标准普尔（Standard & Poor）机构数据，立陶宛的评级为A级（截至2018年3月2日），它的十年期政府债券利率为1.250%。根据目前的利差值，立陶宛的十年期政府债券比日本、德国、法国和西班牙的相应债券拥有更高的收益率。

第二个挑战是劳动力成本上升，这与劳动力规模不断缩减、雇员更替率高有关，而最重要的是工资迅速增长。瑞典银行预测，2019年的通货膨胀率仍将保持在2.7%，然而工资上涨仅略有缓解，稳定在8%。此外，正在进行的税制改革将大大提高工人的净收入，这减少了劳动收入的税收缺口。因此银行分析人员估计，立陶宛2019年平均实际净工资增长将会达到11.3%。这一数据有些太难以置信，以至于瑞典银行分析人员在报告中留下一张尾注，专门解释"11.3%"不是拼写错误。

瑞典银行估计，这一增长水平中的3个百分点将直接用于储蓄，因为在税制改革之后，员工将不得不自己向养老基金账户缴款（尽管有些人可能会决定完全退出）。在2019年改革生效之前，税款必须由雇主和雇员共同缴纳。在2019年，对雇员征收的主要税款有：国家社会保险税，税率为19.5%；个人所得税，税率为20%（若工资没有超过每年22724欧元的标准）或27%（如果工资超过上述标准）；缴纳二级养老基金（second-tier pension fund）（可选的）定为2%。

工资的增加将进一步推动立陶宛消费的增长，这一势头在2019年会出现。虽然对于工薪阶层来说，这是一个正面新闻，然而公司受到的挑战则是必须大幅度提高生产力，使其达到能够在不削减利润率的情况下维持竞争力水平。

立陶宛的劳动生产率水平是关键的、最成问题的问题，为更迅速和可持续的长期经济增长制造了严重障碍。立陶宛正式加入经合组织当天（2018年4月30日开始生效），首个关于立陶宛的经济调查报告称："立陶宛需要提高其相当低的生产率水平。近年来生产率有所下降，工人技能和企业需求存在相当大的不匹配。"报告建议加强以工作为基础的学习，并使教育更好地适应所需的技能水平。

根据宏观经济数据服务的门户网站环亚经济数据有限公司（简称CEIC）数据，自2017年以来，立陶宛生产率的增长率一直在下降，最初增长率超过了5%。2018年立陶宛加入经合组织后，其第二季度的这一增长率跌至3.2%。1999年6月至2018年6月，生产率的平均同比增长率为4.45%。

生产率增速放慢的一个原因与立陶宛经济中占主导地位的经济活动类型有关。大量的第二产业是欧洲价值链的第二级和第三级供应商，它们依靠批量生产和按需生产，这使及时管理生产过程中的资源和库存具有一定挑战性。因此，当既定的资源被低于标准地利用，并且易受到消费市场短期需求波动（无论是生产汽车零部件、保养和维修服务、物流服务还是为国际品牌供应季节性服装）影响时，生产率和劳动力成本就会受到影响。据经合组织报告的数据，其他可能会影响生产率的因素还包括：严格的劳动力市场法规、不规范的行为和技能的不匹配。

第三个挑战和劳动力规模的缩减有关。可用于该国更熟练和更具附加值经济活动的劳动力资源缩减，而正是这些领域将提高经济整体生产率水平，如设计、工程和 IT 领域。一方面，工人不断出现过度的流动，他们在较发达经济体寻求更高工资和更好的工作条件（挪威、爱尔兰，最近英国是立陶宛经济移民最常去的目的地）；另一方面，立陶宛严格的移民政策给引入第三国工人制造了障碍，这些国家的工资水平比立陶宛要低（白俄罗斯、乌克兰甚至是格鲁吉亚）。

瑞典银行在其对立陶宛经济的年度展望中预测，由于部分移民回国和工资上涨带来的移民流出减少，2019 年移民的负增长情况将会逆转。预计英国脱欧可能成为一些在英国定居的移民回国的动力。据预测，2019 年净移民回流将在 21 世纪首次出现正增长。

瑞典银行的经济学家预测称，尽管人口有所减少，但是移民趋势改善、劳动力参与率上升以及劳动力市场效率提高，使得去年的就业率意外地增加了 0.7 个百分点，预计 2019 年劳动力市场就业将增加 0.4%。由于劳动力市场趋势好于预期，瑞典银行将 2019 年的 GDP 预测值提高了 0.2 个百分点，升至 2.7%。

不过，主要银行的预测和其他分析都是基于消费行为将遵循消费情绪曲线的假设。根据立陶宛统计局数据，立陶宛的消费者信心正在上升。从 2017 年 9 月到 2018 年 9 月，消费者信心指标增加了 7 个百分点，但这并不能概括全貌。城乡地区消费者信心指标之间相差 4 个百分点：在城市地区，消费者信心指标停留在 -1，而

乡村地区仅为 –5。因此，任何影响生活成本的变化都会使那些不富裕的地区，尤其是农村地区的消费者信心动摇，即便是高收入者的工资持续增长。

波罗的海和北欧负责金融稳定的机构也发出了这种提醒。2019年 1 月 22—23 日，丹麦、爱沙尼亚、芬兰、冰岛、拉脱维亚、立陶宛、挪威、瑞典以及相关欧盟机构举行了一次联合金融危机管理模拟（joint financial crisis management exercise，有国际货币基金组织观察员参与）。此次模拟创设了一个假定的危机情况，虚构了北欧和波罗的海的金融机构，考验了有关当局的危机管理能力和区域合作水平。这次模拟是由北欧—波罗的海稳定小组（Nordic-Baltic Stability Group）管辖下的工作组筹备的，该工作组由瑞典中央银行（Riksbank）负责，成员包括八个北欧和波罗的海国家的财政部、中央银行、监督和决议部门。该小组的任务是在 2017 年完成这一模拟的筹备工作。正如参加这项工作的立陶宛中央银行所报告的，本次模拟的成果会被进一步研究，并用于加强包括立陶宛当局在内的各部门应对金融危机的能力。

2. 与欧洲核子研究组织合作建立技术转移和商业孵化器

2019 年 1 月 25 日，世界经济论坛各方决定，欧洲核子研究组织（European Organization for Nuclear Research，CERN）将和立陶宛政府共同建立两个技术转移和商业孵化器，这在中东欧尚属首次。欧洲核子研究组织是政府间的基础科学机构，运作着世界上最大的粒子物理实验室。正如欧洲核子研究组织总干事法比奥拉·吉亚诺提（Fabiola Gianotti）博士、立陶宛总统达利娅·格里包斯凯特（Dalia Grybauskaitė）在克洛斯特—达沃斯（Davos-Klosters）的联合声明中宣布的，两个孵化器将建在立陶宛的两大主要城市，即维尔纽斯（Vilnius）和考纳斯（Kaunas）。

2018年，立陶宛成为欧洲核子研究组织的准成员国。欧洲核子研究组织技术转移中心的启动是一项了不起的成就，它将于2019年开始运作，展示了一个小国是如何热衷于同国际研究机构合作的。成员国的身份也开启了立陶宛工业投标欧洲核子研究组织项目的可能性，进而可以通过参与开发先进技术的价值链，在一定程度上加强其竞争力。

考虑到立陶宛研发占GDP的份额仍然在欧盟中排名靠后，近年来立陶宛在特定研发领域的突出表现就更加得引人注目。根据欧盟统计局数据，2017年立陶宛在研发上的支出占比仅有微不足道的0.88%（和斯洛伐克相近）。中东欧地区的其他国家同样在这方面表现欠佳：克罗地亚和保加利亚拥有和立陶宛同样低的研发占比水平（0.86%和0.75%），随后是拉脱维亚（0.51%）和罗马尼亚（0.51%）。

此外，立陶宛的研发支出（欧盟中的其他许多中东欧国家也是如此）大部分来自公共投资，对欧盟基金有着强烈依赖。因此，就商业研发支出占GDP的份额而言，立陶宛的表现十分糟糕（2016年占GDP总额的0.26%），排在保加利亚（0.37%）之后，比罗马尼亚（0.20%）稍高。在中东欧地区，捷克和匈牙利在这方面处于领先地位，它们的数据分别是0.67%和0.66%。

尽管从1996年到2018年，立陶宛GDP每年增长约4.31%，但大致同期研发总支出平均每年仅增长2.6%（1996年，研发支出总量在GDP中的份额为0.49%，2017年为0.88%）。因此，分析家也容易对此感到迷惑。立陶宛可用于研发的公共资源有限，私营部门研发支出水平很低，且主要以加工业和附加值较低的部门为主。这种情况下，立陶宛是如何实现飞跃，如何发展成为在某些领域跃跃欲试、站在创新和技术转移前沿的国家？为什么政府的措施能够为研发赋予战略性动力，且已经上升到一种国家共识的程度？

立陶宛加入欧盟后，不断推动创新的趋同。理解这一动力的关键与两个方面有关：第一，需要通过回顾制度化研发来考察可用于研发领域的人力资源；第二，企业家们追求技术和新产品发展时可利用的市场机会。

同西方发达经济体相比，立陶宛的研发历史并不是很长。立陶宛第一位理论物理教授阿朵发斯·朱西斯（Adolfas Jucys）于1933年开始了他的学术生涯。1938年，他自费拜访曼彻斯特大学的道格拉斯·哈特里（Douglas Hartree）教授（他对数学物理和美英两国的首台计算机的发展都做出了重要贡献），这是立陶宛基础科学的开端。哈特里对核物理的研究激励了朱西斯。1945年后，在苏联支持下，朱西斯开启了新的研究方向。1951年，朱西斯在列宁格勒完成博士学业，1956年成为新建立的立陶宛科学院（the Lithuanian Academy of Science）物理和数学研究所（Institute of the Physics and Mathematics）所长。该所是现在波罗的海地区最大的研究和技术组织——物理科学和技术中心（the Centre for Physical Sciences and Technology）的前身。

20世纪六七十年代，立陶宛科学院得到显著发展。苏联建立了若干国家研究机构，涉及半导体物理、生命科学、生物技术领域，这不仅带动了基础科学的发展，还催生了更多针对相关需求的研究解决方案。这些需求来自国防部门和苏联国家计划经济的关键部门，即农业、能源和制造业。

在20世纪90年代，立陶宛两大主要城市（维尔纽斯和考纳斯）拥有近一百万名居民。据称，当时约有一万名员工在研发机

八　立陶宛

构工作（每一百人中就有一个研究工作者）。自此以后，研究人员人数与居民总数间的这一比值几乎增加了两倍，目前有一万八千多名员工在维尔纽斯和考纳斯的研发机构工作。

探究立陶宛的研究部门在面对各种困难和薪酬水平较低情况下的可持续性问题，可以考虑两个情况：第一，受教育的中产阶级的社会流动性受到限制。近期，他们面临着就业市场的激烈竞争（不过即使研究人员并没有得到足够报酬，研究部门也会提供某些福利）；第二，上一个欧盟财政框架（2007—2013年）的结构基金已被用于研究和高等教育部门，这为研究人员提供了更多的专业机会，包括利用最新的、最高水准的研究设施进行研究的可能性。在欧盟的支持下，这些设施建立在维尔纽斯和考纳斯。

欧盟战略集中于建立知识型经济，以此与更加技术密集型的国家相竞争。这是明确规定在《里斯本条约》中的。条约还规定，欧盟成员国有必要推动研发投资达到GDP的3%。这一战略是从新古典经济的增长模型，即索洛增长模型演变而来。该模型表明，总产出可以通过增加生产中使用的劳动力或固定资本，或通过扩大知识储备来增加。资本和劳动力增加会导致产出的增加，但这反过来又会导致边际收益递减。因此，该模型做出推测，新古典主义经济保持人均增长的唯一途径就是不断扩大知识储备。而知识只能由科学家和创新者产生。

《里斯本条约》为立陶宛的研究部门创造了市场机会。立陶宛能成功度过转型期，都归功于国家对优先研发领域（应用物理和激光、生命科学和生物技术、数学和信息学）水平不高却持续不断的国家支持。因此，当立陶宛加入欧盟时，欧盟结构基金成为挖掘优先研发领域人力资源和建设基础设施的工具，并为创新打造新的动力。

尽管研发的经济价值在国家和欧盟一级的决策者和利益攸关方之间引起了非常大的争议,但是欧盟内部越来越认识到,只有聚集受过教育、有才华和有创造力的人,通过基础科学和应用研究的奉献和努力,敢于挑战和寻求解决方案,创新的源泉才会涌流。

2015年,欧盟委员会的研究创新和科学政策专家小组(Research, Innovation, and Science Policy Experts, RISE)发表政策文件《研究的价值》,并得出了下列结论:"多个证据表明,研究是公共(和私人)基金的最佳投资之一。回报率在20%—50%。不植根于任何一个公共资助的、能够得以实现的研究创新十分少见。经济方面的证据还表明,公共部门的研发并没有挤占私人投资空间,反而与私人投资互补,它也是商业投资的动力。"这一点得到了立陶宛总统的回应。关于欧洲核子研究组织孵化器的开设,总统办公室宣称:"加入欧洲核子研究组织为参与科学研究项目带来新机遇,开启了创新性的商业和国内工业发展的潜能。"

(二)2019年立陶宛对外关系展望[*]

1. 出台计划,在十年内协助乌克兰加入欧盟

2019年伊始,一项全新事务被提上立陶宛国际关系议程,这项事务由立陶宛构思、筹划和提议。1月24—25日,第12届欧洲—乌克兰论坛在波兰热舒夫召开。立陶宛国防部副部长维陶塔斯·乌姆布拉萨斯(Vytautas Umbrasas)在会上发表演说,题目为"普遍威胁?乌克兰和格鲁吉亚的安全就是整个欧洲的安全",其中强调了立陶宛和波兰持续为乌克兰提供重要政治和实际支持的

---

[*] 作者:Linas Eriksonas;翻译:于溪;校对:马骏驰;审核:陈新。

必要性。更具体地讲，他强调了乌克兰和格鲁吉亚必须保持实施欧洲和欧洲—大西洋一体化所需一切改革的步伐，暗示两国在不久的将来有可能加入欧盟。

安德留斯·库比柳斯（Andrius Kubilius）概述了这一愿景的实际实施情况。安德鲁斯·库比柳斯是立陶宛议会欧洲事务委员会的副主席，两届政府（1999—2000年和2008—2012年）的总理，他在同一会议上向800多名决策者介绍了立陶宛的最新倡议"乌克兰2027"。这一倡议的目标是利用立陶宛2027年成为欧盟轮值主席国的机会，大力推动乌克兰入盟的政治决策进程。

对乌克兰在后苏联空间安全方面的地缘政治重要性的看法引导着立陶宛同乌克兰的关系。20世纪90年代以及"橙色革命"（2014年11月）爆发前期，立陶宛在乌克兰的利益主要受到了经济方面（支持立陶宛制造商的出口）的影响。在这个崭新、庞大的转型市场中，人们普遍认识到了未来蕴藏的机会。

立陶宛总统瓦尔达斯·阿达姆库斯（Valdas Adamkus）亲自参加了2004年11月26日的圆桌会议，他联合波兰总统候选人亚历山大·克瓦希涅夫斯基（Aleksander Kwasniewski）以及欧盟的外交政策负责人哈维尔·索拉纳（Javier Solana），帮助维克托·尤先科（Viktor Yushchenko）和列昂尼德·库奇马（Leonid Kuchma）进行沟通，并在一段时间内平息了乌克兰危机，为立陶宛与乌克兰政坛持续接触开辟了道路。立陶宛一直以来同波兰合作并为解决乌克兰问题付出努力，以促进其民主转型。立陶宛在加入欧盟后，也对一直致力于将这一议程转入更广阔的多边外交框架，即欧盟的东部伙伴关系计划（Eastern Partnership）。

2009年，波兰与瑞典合作提出了一项欧洲对外行动署的联合倡议，即东部伙伴关系计划。该计划聚集了欧盟、欧盟成员国和六个东欧伙伴国家：亚美尼亚、阿塞拜疆、白俄罗斯、格鲁吉亚、摩尔多瓦和乌克兰。早在2009年，立陶宛总统阿达姆库斯就公开宣布，保证支持乌克兰走上入盟的道路。按照这一方向，立陶宛在推动伙伴关系议程中发挥了积极作用，在组织乌克兰与欧盟签署联系国协定中付出了努力，这一协定原本应在维尔纽斯举行的峰会上签署，此时立陶宛正担任欧盟轮值主席国（2013年下半年）。但乌克兰总统亚努科维奇拒绝签署此协定，随后到来的危机导致乌克兰爆发大规模抗议和内乱，乌克兰亲欧盟示威活动导致了其政权的更迭。

当克里米亚半岛被俄罗斯吞并时（2014年2月至3月），特别是在其活动区域扩大到乌克兰东部时（2014年11月），立陶宛带头谴责了俄罗斯侵犯乌克兰在国际上的主权。2014年，总统达利娅·格里包斯凯特发声，坚定支持乌克兰从危机中复苏。2015年立陶宛外交官提请联合国安理会关注乌克兰问题。

立陶宛外交在支持乌克兰方面发挥了积极作用，特别是自2004年以来，在两国之间已经建立了可被视为"特殊关系"（special relations）的双边纽带。"特殊关系"这一术语源于自第二次世界大战以来，对英美军事、政治和贸易联盟的特指。这种关系建立在共同的文化和法律遗产基础上。相似的因素也为立陶宛和乌克兰的联系做出了贡献——两国都曾在同一政治体系（作为苏联的一部分）下，并且在重获独立后，都从与欧盟的紧密一体化中取得了自己的身份认同。

欧盟民意调查显示，立陶宛是对欧盟信任度最高的国家，在欧盟成员国中处于领先地位。2017年的调查中，66%的被调查人群信任欧盟，70%的对于欧盟完全乐观。在乌克兰，人民对欧洲的热情同样高涨，并且持续增加。

八　立陶宛

根据卡耐基国际和平基金会的调查报告，"欧洲一体化的理念赢得了乌克兰精英的支持，也得到了社会的支持。尽管公众对精英承诺的信任度下降，但对欧盟的支持依然稳固"。2017年12月的民意调查显示，50%的受访者赞成欧盟一体化，只有16%的受访者赞成同俄罗斯领导的欧亚经济联盟进行一体化。

立陶宛支持乌克兰的外交努力得到乌克兰方面的回应。2017年，立陶宛外交部部长利纳斯·林克维丘斯（Linas Linkevičius）结束了对乌克兰为期三天的访问，其间他会见了乌克兰总统和政府所有主要官员，并留言道："乌克兰领导人和人民不光表现出两国的诚挚友谊，还表明了我们两国之间的兄弟关系。"

然而，尽管欧盟东部伙伴关系得到了支持，但欧盟和欧盟成员国仍限制采取更有力的手段，以表明与乌克兰有着潜在的共同未来。因此，在安德留斯·库比柳斯和另一位有影响力的外交事务议员格季米纳斯·基尔基拉斯（Gediminas Kirkilas）共同撰写的、题为"2017年以来的非正式政策文件"（policy non-paper）的文章中，他们提道："目前立陶宛在乌克兰有着良好的政治形象。乌克兰承认立陶宛是最重要的政治伙伴，但是（两国）仍然缺乏在这一长期基础上发展起来的、长期机制化的伙伴关系平台和传统。我们现在未能建立这样的机制化平台，这可能导致双方失去一系列极具吸引力、未来10年内在乌克兰出现的机会。"

最新一届的东部伙伴关系峰会于2017年11月24日举办。这场峰会制定了一个新的方向。在联合声明中，峰会各方认可了那些对欧盟签署了联系国协定的伙伴国家所具有的欧洲远景和欧洲选择，这些国家包括格鲁吉亚、摩尔多瓦和乌克兰。同时也认可其他伙伴国家（白俄罗斯、亚美尼亚和阿塞拜疆）"在与欧盟的关系中选择它们所期望的目标水平"的权利。

2017年，立陶宛议会的两个议会委员会（欧洲事务委员会和外事委员会）组织了一次会议，提出了一项号称是"乌克兰马歇尔计划"的倡议。此计划包括一项每年对乌克兰经济进行50亿欧元投资的提案，投资的条件是继续进行改革。并首次为拟议的乌克兰欧洲一体化进程设置了里程碑，名为"乌克兰2027实施计划"（Ukraine 2027 Implementation Plan）。政策文件草案列明了时间线。下一步则包括在目标国家的政界围绕"乌克兰2027"议程建立共识，然后成立国家层面的机构间委员会和国际协调小组。通过各种国际政府间组织，以及可能成为此计划援助国的各个国家的议会进行宣传。预计商业组织和投资者也将密切参与举办相关的大规模经济和政治活动，提高拟议举措的可见度。

同德国马歇尔基金会的合作被视为是鼓励立陶宛未来在乌克兰进行经济投资，并促进不同层面合作的一步。有提议称，立陶宛应确保为在乌克兰的出口和投资建立一个共同的欧盟担保机制，并向欧盟开放运输、物流、能源分配等关键部门的投资。这一提案认为，"乌克兰2027"计划"应成为乌克兰在2027年前满足哥本哈根标准的重要激励因素，以便欧盟能够在立陶宛担任理事会主席期间宣布乌克兰成为欧盟候选国"。

尽管这一提案的主要理由是为了满足大多数乌克兰人民的期望，保持改革势头和转型，特别是考虑到定于2019年3月31日举行的乌克兰总统选举。这一提案的大胆程度还是有可能会引发如"如此大规模的计划能否在既定时期内实现"的问题。

因此在2月9日，乌克兰总统佩特罗·波罗申科（Petro Poroshenko）在乌克兰的公开论坛"公开对话"（Open Dialogue）上发表讲话，与这一目标相呼应。他说，正式加入欧盟将最终保障乌克兰国家独立、国家安全、公民自由和福利。佩特罗·波罗申科强调:"当2023年乌克兰达到相关标准时,我们计划申请加入欧盟,并争取加入北约成员国行动计划(NATO Membership Action Plan)。"

尽管该计划的直接成果将是在2029年将乌克兰拉入欧盟,但是立陶宛尝试传达的主要信息已经在乌克兰被接收。现在,这一信息需要被欧盟所听到。立陶宛要为这一目标继续在下一个十年中继续努力。

2. 将举行全民公投,决定是否允许国民拥有双重国籍

2019年的头几个月,立陶宛国内政治充满了选举年的典型活动。所有人都在期待2019年晚些时候到来的立陶宛议会和总统选举以及欧洲议会选举。有一个议题已脱颖而出,在立陶宛民主发展的大背景下,这一议题显得特别重要和与众不同,即对双重国籍的公投。这个议题已经被激烈地争论了十多年。

1月,立陶宛议会决定就双重国籍问题进行公投。在两轮总统选举(分别在5月12日和5月26日)的同时组织一次全民投票。2月15日,宪法法院裁定,针对在两个选举日间举行双重国籍公投在三个方面违宪,即违反了全民投票的连续性、平等性和法治性。因此,双重国籍公投只能在第一个投票日时,即5月12日举行。关于是否提高对双重国籍限制,人们必须现在做出这一期待已久的决定,以后便不再有机会。

接下来我们将解释双重国籍与立陶宛的主权概念之间的关联性和重要性,并概括此问题的背景和转型时期它对国家身份塑造的影响。这一影响一直持续到今天。

立陶宛国籍是很难获得的国籍之一。立陶宛《宪法》第十二条修正案将在2019年5月付诸表决。该条规定:"除了法律规定的情况外，任何人不得同时拥有立陶宛国籍和另一国家的国籍身份。"特殊情况则由《国籍法》所界定，即立陶宛国籍可以授予以下人士：苏联统治时期，在恢复独立（1990年3月11日）前被驱逐出境者；或是在1990年3月11日前被驱逐出境者的后代（儿子、孙子或曾孙）；在1990年3月11日前离开立陶宛的离境者，或是在1990年3月11日前（如果永久居住国在立陶宛境外，且非其他原苏联国家）的离境者的后代（儿子、孙子或曾孙）。此外，儿童出生时或被领养时可以获得申请双重国籍的权利。与外国人结婚的情况下，若该人在与外国公民结婚后自动获得了该配偶居住国的国籍身份（特殊情况），那么可以获得双重国籍。极少情况下，双重国籍可以授予对立陶宛做出特定贡献的人（此种情况基本每次都会引起公众争议）。

宪法法院的报告称，2017年仅有22913人（占全部立陶宛国民的0.73%）拥有双重国籍，这一数字与《宪法》并不矛盾。《宪法》只允许在罕见和特殊情况下拥有双重国籍。

12个欧盟成员国禁止取得双重国籍，其中6个是中东欧国家，它们是：保加利亚、克罗地亚、捷克、爱沙尼亚、拉脱维亚和立陶宛。立陶宛是入籍所需居住时间最长的国家之一，需要十年（申请斯洛文尼亚、意大利和西班牙国籍也需要同样的居住时长）。入籍立陶宛需要参加考试。要成为立陶宛公民必须通过立陶宛语言考试，含有笔试和面试。

为什么立陶宛（一个由于外迁大潮，常驻居民不断减少的国家，其社会中没有种族紧张关系和主要经济社会裂痕）创造并保持了这样的高门槛，不仅使外国公民，而且使许多移民他国、获得其他国籍，但从未断过同祖国联系的同胞们拥有双重国籍变成几乎不可能的事？

八 立陶宛

立陶宛的国籍政策同 1989—1990 年立陶宛重获独立的进程联系紧密，且以指导国家重获独立的法律原则为基础。是国民创造了这个国家，而不是国家创造了国民。

前宪法法院大法官、法学教授埃基迪尤斯·库里斯（Egidijus Kūrys，目前他是在欧洲人权法院代表立陶宛的法官）说："立陶宛国家法律制度所依据的基本理念是，1990 年立陶宛不是从苏联'脱离'而宣布独立，而是重获独立。因此，立陶宛的法律连续性和国籍的连续性，互为前提。"然而，政治的现实是不同的。在 1990 年 3 月 11 日立陶宛恢复独立前，国籍法已经被确定了。

1989 年 11 月 3 日，苏联立陶宛最高委员会正式通过了《国籍法》。它由当时司法部部长普拉纳斯·库里斯（Pranas Kūrys）起草。该法规定了苏联立陶宛的国籍，将其与苏联的国籍分开，并规定不能存在双重国籍。所有的立陶宛人在国籍方面被区别对待，与苏联其他地区的情况不同。因此立陶宛人有合法权力要求恢复独立。《国籍法》是一个史无前例的法案，它创造了一个法律和道德的框架。

在重获独立后，新的《国籍法》在 1991 年 2 月 5 日获得通过。该法案融合了立陶宛法律传统与国籍问题。法律允许 1919—1940 年居住在立陶宛领土上的所有居民获得国籍，并允许根据旧版《国籍法》而获得国籍的所有居民，可以保留其国籍。由于法律对国籍问题的此种解释，所有苏联立陶宛（1940—1991 年）和立陶宛共和国（1919—1940 年）的居民都被授予了立陶宛国籍。

因此，埃基迪尤斯·库里斯说，由于以上背景，除了立陶宛国籍法与其他中东欧国家的国籍法有某些相似点之外，立陶宛目前的国籍问题与包括拉脱维亚和爱沙尼亚在内的其他中东欧国家均有所不同。他提出了五个让立陶宛的情况变得独一无二的特征：

第一，立陶宛在法律生效日当天（1991年11月4日）立刻向所有立陶宛居民授予国籍，不管他们居住在此的理由是什么。第二，1989年的国籍法和1991年的国籍法之间有两年的间隔，这一时间段为立陶宛居民决定是否申请立陶宛国籍提供了考虑时间。第三，1991年立陶宛共和国领土上的所有居民都获得了国籍（无论1919年以来发生的领土变化如何）。第四，为"避免对忠诚的竞争"，不存在拥有外国国籍的可能性。第五，也是最独特的一点，立陶宛国籍政策被法律框架严格界定。这一框架由宪法法院来确定。宪法法院的这一角色决定了制定国籍政策的界限。因此，与国籍有关的问题已从政策领域转移到法律领域。国籍问题成为一个宪法问题，而非与国内政策有关的问题。

即使宪法本身没有从种族角度上界定国家，但宪法序言也明确地提到，立陶宛民族保有自己的语言，这使得立陶宛语在法律意义上也成为立陶宛国家的关键属性。这种对具有语言和文化属性的非民族国家的法律解释可以追溯到苏联后期，因为这是在苏联民族政策的背景下形成的。苏联国籍政策的最初目的是通过承认苏联各共和国的语言，使党影响到苏联各加盟共和国和行政区域。1978年，苏联立陶宛宪法规定，立陶宛领土上的法律程序必须用立陶宛语进行。十年后，1988年，民主化进程导致苏联立陶宛最高委员会修订了苏联立陶宛宪法第七十七条。修订案规定了立陶宛语是苏联立陶宛的国家语言，以增加立陶宛语在政府中的使用，也更加强调语言的纯洁性和对立陶宛文字标准化规范的遵守。此后，这些政策一直在执行。

由于过去十年赴北美、英国、爱尔兰、挪威和西班牙的移民者越来越多，移民的代表性问题减少了获得双重国籍的障碍。2017年，宪法法院再次明确表示，只有通过宪法修正案才能允许双重国籍，而只有通过全民公投才能允许做出这种修订。由于上一次修订全民公投的参与人数不满足法律要求（多于50%的登记选民），进而导致未能产生有效的投票结果，议会于2018年7月决定，将所需的最低选民比例降低到全部登记选民的三分之一。因此，在宪法对双重国籍施加了27年的限制之后，立陶宛公民最终将有可能就这一问题进行表决并修订《宪法》。

但是关于双重国籍的全民公投提案还需有一些附加的说明，这将使立陶宛的国籍问题更加特殊。如果修正案获得批准，立陶宛将允许立陶宛公民在成为其他国家国民时保留其立陶宛的国籍，但"其他国家"并非指所有国家，而只有那些符合欧洲和跨大西洋一体化标准的国家，即欧盟和北约国家才可以。这是一个前所未有的案例，因为世界上没有任何其他国家会根据该国加入的政治和防卫联盟而在宪法上允许或不允许双重国籍。这再次表明，立陶宛的国籍不仅归于法律类别，也归于政治类别，其含义来自立陶宛建国的基础。

九 罗马尼亚

(一) 2019年罗马尼亚政治展望[*]

2019年罗马尼亚政治风险主要为两轮选举,第一轮选举将于5月举行,选举欧洲议会代表,第二轮将于年底(11月)选举罗马尼亚总统。在这些背景下,很难指望执政联盟各方和反对党派(总统)同意在罗马尼亚从2019年1月1日开始担任欧盟理事会主席国期间停战并进行合作。这就是为什么政治紧张局势可能要比2018年更加激烈。

分析人士预计2019年罗马尼亚政治将分为三个主要时期。首先,双方将从1月开始尝试稳固各自立场,这场对峙将在欧洲议会选举竞选活动期间最为激烈。在这之后将会迎来一个进行分析和重新评估的更加平稳的时期。在结果公布之后,将会迎来年底的总统竞选。目前只有克劳斯·约翰尼斯(Klaus Iohannis)宣布他将参与新一轮竞选。执政联盟没有提及任何人,尽管执政联盟政党的两位领导人利维乌·德拉格内亚(Liviu Dragnea)和克林·波佩斯库·特里恰努(Călin Popescu Tăriceanu)都是潜在的候选人。

2019年以总统府与政府之间的紧张局势开始,和2018年的情

---

[*] 作者:Oana Popovici;翻译:宋一丰;校对:贺之杲;审核:陈新。

况相似。在2018年年底政府改组之后，约翰尼斯总统推迟了发展部部长和交通部部长的任命，并出于法律和机会方面的原因最终否决了总理提出的提案。问题在于，两位部长中至少有一位是执政联盟的关键人物。总理必须提出新的提案，该提案将不能再次被否决。此外，总统决定不撤销总检察长奥古斯丁·拉扎尔（Augustin Lazar）的职位，因为他认为司法部部长做出的评估不符合法律要求。现在应尽快任命新部长，以履行其在欧盟理事会主席责任范围内的职责。

欧盟委员会主席让－克洛德·容克（Jean-Claude Juncker）在2018年年底对罗马尼亚政府提出严厉批评，指出尽管罗马尼亚在理论上已经为主席国职位做好了充分的准备，但政府并不完全明白主持欧盟事务意味着什么，即倾听他人和把自身利益放在一旁的强烈意愿。在这方面，罗马尼亚的内部政治争端可能表明该国在欧洲舞台上并不是一个统一的实体。

社会民主党（SDP）是执政联盟中的主要政党。根据其领导人利维乌·德拉格内亚在2018年12月的讲话，社会民主党在2018年的管理计划取得了巨大成功且治理也富有成效，他们将以此开始新的一年。事实上，在一项与公民信任有关的调查中，社会民主党的支持率经历了几十年以来最严重的下滑。从经济角度来看，预计经济增长将放缓至2.8%（根据特兰西瓦尼亚银行的预测）或3.8%（根据欧盟委员会的预测），这与社会民主党根据与GDP增长相关的统计数据的预测相矛盾。

此外，利维乌·德拉格内亚对欧盟提出了质疑，因为欧盟指责罗马尼亚太过腐败而无法成为一个拥有完整权利的成员（如加入申根地区）。他说，对于2018年8月10日抗议事件的指责过于严厉，因为类似的事情到处都在发生。公司和外国银行是另外一个大问题，它们被指控实行更高利率，进口质量较低的产品，但在罗马尼亚的利润却高于其他国家，这最终影响了人民生活品质。最后，约翰尼斯总统被指控背叛，而德拉格内亚迫切要求政府采取行动通过特赦法案（amnesty law）。

特赦法案的最初通过引发了自1989年以来最大规模的抗议活动，抗议活动发生在2017年2月。而司法法律的通过将继续成为2019年议程上的热点议题。尽管如此，从2019年年初担任欧盟轮值主席国开始，罗马尼亚就受到严密监督，所以关于这一主题制定紧急法令将更加难以实现。司法部部长宣布反对这种选择。此外，这将消耗社会民主党巨大的政治成本，特别是在2019年和2020年地方和议会代表选举即将到来的情况下更加难以承受。不过，一些行动可能会有类似的结果。由于五名法官小组的重组（小组负责对官员和治安法官的判决。根据罗马尼亚宪法法院的决定，2014年组建的这些小组是不符合法律的），一些案件的重审存在着压力，这可能导致要么出现缺乏证据的判决，要么与先前判决结果相同。无论如何，任何推迟都可能影响一些重要的腐败案件的判决结果。但是，正在进行的判决不会受到影响。在这方面，总统有关反腐败全民公投的组织问题受到质疑，如果政府的行动导致刑事立法被削弱或司法机关的关键机构被攻击，则这一次公投会被利用。

与此相关的是，国际媒体似乎不愿意承认罗马尼亚在担任欧盟理事会主席国时会获得成功，法国和英国媒体都表达了各种担忧，主要认为腐败是罗马尼亚社会和政治层面的基本特征。欧洲自由和民主联盟党团（ALDE）领袖居伊·费尔霍夫施塔特（Guy Verhofstadt）表示，罗马尼亚执政联盟中的第二个党派自由民主党在欧洲自由和民主联盟党团中的存在取决于他们根据威尼斯委员会的

九　罗马尼亚

建议，决定遵守法律并进行司法和刑法改革。事实上，作为社会民主党成员的罗马尼亚欧盟区域政策委员科里纳·克雷楚（Corina Cretu）也批评了布加勒斯特的执政联盟领导层，理由是在党内同事受到处罚之后，（该党）有可能无法获得欧洲议会选举的合格席位。

最大的反对党明显在强调政府的错误，其目的也是获得大部分选民的选票。与此同时，新的反对党拯救罗马尼亚联盟（USR）发展迅速，主要是因为它促使直到最近较少参与政治的人们参加了政治活动。如果他们在议会中将他们的影响力和有利的背景条件放在一起，那么在成功提出不信任案的情况下，也可能会出现政府改组。反对党在春季有更多的机会这样做，但这可能会产生影响欧洲议程的内部政治危机。

在这些反复失败和对主要政党不信任加剧之后，越来越多的人认为罗马尼亚政治需要新的政党和领导人。传统政党正在不断妥协，无法革新自身或推动国家现代化。罗马尼亚人了解他们的政府，并开始感受到事情必须改变，并且他们有能力这样做，特别是在最近一段时期，医疗保健系统的几次失败，基础设施质量的差劲，无法在该地区开展大型项目以及劳动力和年轻人口的外流。这就是为什么从旧党派中催生新党派不再可行的原因。确实，有关新政治阶层的讨论在过去也经常发生，但这次有一个新的因素，可能有利于把事情引导到这个方向上，即民间的政治参与度的提高。罗马尼亚人开始捍卫自己的权利和自由，在某些情况下，政府已经失败，议会法律已经被反转或是政府的政策已经停止。此外，这引起了国际社会的注意。政治行为体开始明白他们面临着监督，有可能在未来的选举中受到惩罚。

（二）2019年罗马尼亚经济展望*

2019年将是充满经济发展挑战的一年。2018年年底，政府采取了新的财政措施，很大程度上影响了银行业和电信业，由此开始，预计2019年公共基础设施价格将会出现补充性增长，而且本国货币可能会贬值。鉴于截至目前所有财政不稳定的状况以及最近政府采取的措施，似乎银行融资将更难、更贵，同时私人投资的兴趣下降。政治领域的紧张局势肯定会反映在经济领域。在全球经济放缓的悲观视角下，罗马尼亚面临一个经济衰退的时期，这一时期要么会于2019年年底开始，要么就会在接下来的两年内爆发。

由于各种内部和外部因素，2018年开始的经济增长减缓趋势将持续到2019年。根据咨询公司Frames的"经济状况晴雨表"，大多数企业代表（64%）认为GDP增长率会处于3%—3.5%，而23%的企业代表估计增长率低于3%。

由于政府做出的决策，罗马尼亚的商业环境发展自2018年年底以来遇到了新的阻碍。2019年的预算遭遇难产。政府代表表示，他们的目标是保持预算赤字低于国内生产总值的3%，重点放在公共投资领域，但在2018年年底，政府的紧急条例对能源行业和银行部门征收新税并采取了激进的变革，这一行为破坏了经济环境，但也可能是确保国家必要财政收入的一种方法。事实上，国家财政管理局（NAFA）局长因国家财政收入征收不佳而在2019年年初被解雇。令人担心的是，没有足够的资金来支持2018

---

* 作者：Oana Popovici；翻译：李乐萱；校对：贺之杲；审核：陈新。

年政府做出的两项重要的社会民生决议（即工资法和养老金法的施行）所产生的支出，因此，这些为新投资而分配的资金将处于较低水平。

紧急条例（Emergency Ordinance）有以下几个负面后果。

第一，征收银行新税，非正式名称为"贪婪税"，如果当季ROBOR指数（Romanian Interbank Offer Rate，罗马尼亚银行间拆借利率）平均值超过了2%的参考门槛，那么银行机构需要对金融资产征税。

第二，改革私人养老金体系。经过五年的强制性私人养老金支付后，员工有权决定他的养老金是否由国家管理。私人养老金体系改革的背景是几位政府高级官员2018年宣称国家比私立机构更有能力管理养老金，并宣布必须在这方面做出改变，当时人们普遍担心政府会取消私人养老金制度。此外，由于目前私人养老金管理人员（的工资）具有不稳定性，最终可能会导致私人养老金制度的瓦解，因此政府应该大幅度增加最低社会资本额度。

第三，该条例还规定了天然气价格的上限，能源和电信公司的新收费标准，国有企业员工的奖金和养老金的冻结问题（本应在2019年提高），国有企业的雇用限制，（在养老金增加的基础上）退休时间点的调高将推迟到2019年9月。

这些措施对私人企业的影响很大，以至于在政策公布当天的交易日结束时，布加勒斯特证券交易所跌幅成为全球最高（11.21%）。这是罗马尼亚证券交易市场上最显著的一次因国内政策而导致的下滑，这次下滑抵销了2018年全年资本市场的资金积累。此外，私人养老金支柱资金的减少也将影响证券交易所的交易，因此罗马尼亚将可能无法被定位为"新兴市场"（emerging market），而是将继续被列为（风险更高的）边境市场（frontier market）。

对银行征收的新税可能会导致金融危机。企业发票开具到发票支付时间变长。由于罗马尼亚国民经济中90%以上的公司规模较小且资本不足，这可能会导致破产企业数量增加。此外，公司和个人的资金都可能会减少。资金流通条件可能变得更加严苛，从而减少了投资的可能性。对于个人而言，预计在提供贷款时需要贷方增加佣金，以抵销由于这一税收而可能导致的利润减少。对于银行而言，银行放贷会减少，因此消费将会受阻。

欧洲出版物 Euromoney 指出，这种税收非常不公平，因为税收将随当季ROBOR指数（Romanian Interbank Offer Rate，罗马尼亚银行间拆借利率）而增加。财政部部长在证明这一措施的合理性时表示，罗马尼亚的银行已经赚取了过多的利润并建立了人为维持利率的安排。罗马尼亚国家银行（NBR）行长认为货币政策的灵活性会受到影响，这对政府没有帮助。罗马尼亚的另一家重要银行调低了经济增长预期，在政府未公布措施时，预期2019年经济增长率为3.4%，措施公布后，该银行下调预期至不到3%。考虑到全球和欧洲增长放缓的前景，罗马尼亚的国内生产总值可能将仅增长2.5%，除非公共投资有强劲复苏。

至于外部环境，经济分析人士警告说，全球经济活动将在2019年出现下滑，这一趋势将在未来两年继续下去。罗马尼亚国家银行在关于金融稳定性的报告中确定了罗马尼亚面临的两个主要的外部系统性风险。第一个风险是投资者对新兴经济体的信心下降，并且可能因政府采取的新财政措施而加剧。第二个风险是欧盟经济发展的不确定性。罗马尼亚的贸易和投资与欧盟紧密联系；其整个出口量和进口量的近70%都是与欧盟成员国进行的，因此欧盟经济放缓将对罗马尼亚的经济发展产生负面影响。

在这些假设下，经济衰退的可能性越来越大，即使不是2019

年，危机也会在2020年或2021年袭来。

确实，罗马尼亚拥有欧盟基金，这是一个不可忽略的优势。欧洲中央银行（European Central Bank）表示这些资金可用于进行强有力投资，同时改善本国劳动力市场，确保中东欧国家的强劲经济增长。对罗马尼亚而言，情况并不乐观，因为2018年12月初，罗马尼亚欧盟资金有效吸收率仅为15.16%（此比率考虑到了欧盟委员会的补偿。根据发送给欧盟委员会的费用表计算出的比率相比于已经过去的财政期间也很小，仅为20.9%）。有效吸收率低的原因是，过去几年罗马尼亚过度重视了消费在经济增长中的作用，而相对忽略了投资对经济增长的重要作用。因此，罗马尼亚的投资可行性研究依然只局限于大型投资项目（如基础设施和地区医院建设），而不是对有效进行的小项目的研究。

预计2019年通货膨胀将继续保持较高的水平，尽管与2018年的通货膨胀并不相似。不过，上述提到的财政措施也将对价格构成压力。对能源公司征税可能会提高电价，而燃料、烟草和酒精消费税的增加也将导致这些产品的价格上涨。由于经济形势差，在进口高于出口的贸易逆差背景下，本国货币的贬值幅度超过2018年，在咨询公司Frames的调查中，86%的投资者认为货币在2019年将会贬值。

据Frames公司称，2019年农业和贸易部门的发展预计将会呈乐观态势，运输业会因刺激消费的政策而得到发展。

（三）罗马尼亚2019年社会展望[*]

劳动力外流，加上频繁跳槽的就业趋势，公司和政府压力剧

---

[*] 作者：Oana Popovici；翻译：李乐萱；校对：贺之杲；审核：陈新。

增。新一轮财政改革增加了公司的雇用开支，进一步加剧了上述问题，同时也可能导致裁员或公司倒闭。除了增加工资和养老金外，生活质量的提高也是罗马尼亚人在国外工作的主要诉求。由于中央政府难以处理此类请求，不同地区出现了若干区域联盟倡议，以便为民众提供所需的基础设施。

1. 改革与挑战

考虑到2019年将举行两轮选举，并且要为2020年的下两轮选举做好准备，人力资本和公民将在2019年塑造罗马尼亚发展轨迹。罗马尼亚人口大幅减少，原因是低出生率和高移民率——尤其是年轻人和活跃劳动力的高移民率。养老金和工资增加也无法阻止移民现象出现。相反，由于卫生、教育和基础设施领域的不稳定条件，移民现象变得更为突出。

在2019年，有几个挑战可能会伴随社会改革出现。

罗马尼亚公司将会受到2018年年底出台的财政政策的影响。一家招聘公司进行的一项调查显示，1月将提高最低工资标准，因此超过一半的雇主正在考虑采取措施，通过减少或合并某些职能和责任以减少员工支出。在最糟糕的情况下，私营公司可能关闭他们的工厂。雀巢已经出现这种情况，该公司最近宣布将在5月底关闭蒂米什瓦拉（Timisoara）的工厂，但没有明确说明原因。然而，财政情况出现的不稳定已经引起外国投资者的怀疑，并可能阻碍罗马尼亚的实体经济发展。

鉴于政府倾向于增加工资，同时考虑到即将进行的选举，要求采取类似措施的罢工次数可能会增加。2019年年初，奥尔特尼亚能源公司（Oltenia energy complex）的雇员举行了一场罢工，为发电厂提供燃料的煤矿工人要求提高工资。在紧急处理这场罢工之后，能源状况似乎变得复杂，因为政府强制要求所有能源公司支付占营业额2%的税款。

根据同一调查，越来越多的罗马尼亚人倾向于改变他们的工作，首要原因是不满意私企薪水，其次是原来的工作缺乏足够的发展机会。养老金和工资增长，以及持续的劳动力外流使得几个经济生产部门急需劳动力。人员流失在建筑行业尤为严重，因此2019年政府决定在近几年有大量罗马尼亚工人迁入的几个主要国家举办招聘会。第一次活动将于2月在意大利举行。事实上，政府采取了针对建筑业的若干措施，例如最低工资的增幅高于其他经济部门，以及雇主缴纳的税款可以有至少60%的优惠。这些措施还使雇主为工人提供更好的条件，包括将工资提高至1000欧元、提供培训或私人诊所医疗，以说服那些在外国工作的建筑人才回国。尽管如此，似乎越来越多在国外工作的罗马尼亚人提出了与生活质量有关的其他条件，但这些条件不可能由公司满足，只能靠政府改善。他们要求更好的基础设施，针对所有类型事故的社保，并要求提高医院医疗质量。

2019年，政府正在讨论另一项侧重于提高员工对工作单位忠诚度的措施：向在同一公司工作超过三年的员工授予一种新的非强制养老金——"职业养老金"（occupational pension）。雇主将资金投入私人基金，成为养老金制度的第三大支柱，而对雇员的回报由其在公司的地位、业绩或资历决定。职业养老金的吸引力在于其对税收减免的程度。

人力资源专家承认，许多经济领域的人员波动很大，如果人员被永久替换或员工为公司工作少于三年就离开公司，公司的成本会呈指数级增长。

另外，自2008年改革以来，2019年养老金制度改革会迎来新的重大变化。紧急法令（Emergency Ordinance）第一次规定了个人有权利由每年缴纳强制私人养老金转为支付5年养老金后转换为国家养老金。因此，对私人养老金的支付款，即工资的3.75%，可以直接用于国家养老基金。鉴于到目前为止，罗马尼亚的私人养老金缴纳是强制性的（除非有书面声明），缴税人默认支付私人养老金，因此很难预测700万名私人养老金缴税者中有多少会决定转为支付国家养老金。私人基金的营业额将会减少，由于他们是国内证券交易的主要参与者，可能会使证券交易受到进一步的负面影响。

2018年年底通过的养老金法遭到了反对党的质疑。反对党警告宪法法院称，在拟议的法案中，养老金制度可能会影响几类养老金受益者的许多基本权利，并引起极大的社会不公平现象。其中一个主要问题是养老金的冻结以及推迟制定2019年1月1日至9月1日养老金指数。养老金领取者应该从年初开始增加9%的养老金，而过去4个月的养老金增长仅占应有增加额的15%。由于宪法法院可以阻止最近通过的养老金改革，因此预计养老金方面的改革将成为2019年的持续话题。

在这两年的选举中，工资和养老金是重要的议题。现任罗马尼亚劳工部长认为反对党反对的是增加用于提升养老金和工资的资金，如果反对党执政，他们就会冻结这些资金。

2. 区域联盟的出现

2018年年底，罗马尼亚最具活力的四个城市（全部位于该国西部，是罗马尼亚最发达的几座城市）决定组建一个地区联盟，从而在布加勒斯特和布鲁塞尔代表他们的利益。联盟出现的导火线是这几个城市需要更好的基础设施：这四个城市既没有高速公路连接，也没有直航（它们地理位置太近），而铁路票价又昂贵。因此，西部联盟提出的第一个项目是建设连接四个城市的高速铁路线。该计划旨在实现高速公路、高速铁路建设，并为建设与大都市区连接的道路等共同目标做好准备，以确保当地通勤者在2021—2027年的下一个财政规划期间能实现更好的流动。

这样的倡议可能会重新定义地方政府的运作方式，因为在2018年12月，罗马尼亚东部摩尔多瓦（Moldova）地区的七个县宣布他们打算在东北部地区组建一个类似的联盟，其他三个东北部的县也做出了类似的决定。

2019年年初，当摩尔多瓦发展协会运动（Association Movement for the Development of Moldova）成立时，这些地区性联盟倡议得以巩固发展。摩尔多瓦发展协会的目的在于提出一种行政权力下放的国家模式，以便更好地维护区域利益。该协会由公民社团的几个人组成，协会代表的八个县共有400万有投票权的人口，是2019年选举的重要部分。协会针对的主要问题是，基础设施的缺乏使该地区与所有可能创造新就业机会的外国投资项目隔离开来。因此，摩尔多瓦地区是一个外迁移民多发的地区——1/3的罗马尼亚移民来自摩尔多瓦。此外，罗马尼亚一些最贫穷的地方也位于摩尔多瓦地区。

世界银行2017年"磁铁城市、罗马尼亚的移民和通勤"（Magnet Cities. Migration and Commuting in Romania）的研究表明，二级城市是欧盟的主要增长引擎，各国经济将深受这些城市发展趋势的影响。罗马尼亚没有像波兰那样利用欧盟基金在整体投资框架下对其大都市区进行可持续的城市化发展，而是直接将欧盟基金用于多瑙河三角洲地区的建设。上述提到的三个区域性联盟倡议似乎在带头呼吁政府更好地增加现有资源和基金（通常来自国家预算分配）的附加值，更好地满足这些地区的需求，如改善（城市间的）联通性。

（四）罗马尼亚2019年外交展望[*]

2019年是罗马尼亚外交政策面临最大挑战的一年，从2019年1月1日起的六个月内，罗马尼亚接管欧盟理事会主席国席位。考虑到罗马尼亚期望影响欧盟的工作和决策以及促进其文化丰富性，接下来的这一时期是一个绝佳的机会。尽管如此，罗马尼亚主持欧洲事务的效率仍然面临着一些挑战，这些挑战既与内部（国内政治冲突）有关，又与外部（欧盟在这一时期所需处理问题的复杂性和敏感性）有关。

罗马尼亚将"凝聚力"作为其担任轮值主席国期间的座右铭，意在通过缩小发展差距、平等获得利益并消除造成成员国之间隔离或等级的因素来改变欧洲的不平衡问题。罗马尼亚担任欧盟理事会主席国期间采取的措施有四大支柱：融合的欧洲、更安全的欧洲、更强大的全球行动者和欧洲共同价值观念。在担任欧盟理事会主席国期间，罗马尼亚还负责组织欧盟决策机构的正式和非正式会议。虽然正式会议通常在布鲁塞尔举行，但非正式会议将主要在罗马尼亚举行。

对于欧盟而言，2019年被认为是极其困难的一年，因为至少需要处理四个敏感议题，不用说对于一个首次担任轮值主席国的成员国，即使是对于有经验的国家而言，这些问题也相当棘手。罗马尼亚将要处理的是：英国脱欧议题，探讨2021—2027年多年

---

[*] 作者：Oana Popovici；翻译：宋一丰；校对：贺之杲；审核：陈新。

九　罗马尼亚

度财政框架的预算，筹备欧洲议会选举，在锡比乌（Sibiu）组织欧洲理事会峰会。完成这些主要问题有不同的时间限制。预计主要精力将集中在欧洲议会选举活动上，其他事宜将略微放缓。例如，批准下一个欧盟多年度财政框架的热度已经降低，因为预计最早在2019年秋天做出决定。这并不意味着罗马尼亚没有这方面的压力。罗马尼亚对欧盟预算的进展非常感兴趣，因为根据最后的预算草案，罗马尼亚可以获得270亿欧元的欧洲基金，比前一时期高出了8%。这就是为什么在罗马尼亚担任主席国期间就这个议题达成初步协议是有可能的。

英国脱欧的情况也很难处理，因为英国议会已经拒绝批准脱欧协议。罗马尼亚应该防止3月29日英国出现未经协议脱欧的危机局势。根据欧盟理事会的建议，罗马尼亚应与米歇尔·巴尼耶（Michel Barnier）领导的欧盟谈判小组进行合作，并为这种情况准备欧盟成员国的立场。事实上，罗马尼亚直接参与了这个议题，因为它应该保护居住在英国的42万名罗马尼亚公民的权利。

尽管如此，担任理事会主席国不能仅去维护自己国家的利益，而是要在各成员国表达的不同意见之间进行调解，寻求共识并以客观和中立的方式行事。而罗马尼亚成为欧盟的主要参与者是十分具有挑战性的，因为它在过去12年中一直是谈判桌上简单的参与者，并且通常更喜欢作为被动的一方。

此外，这些事件与其他几个背景因素重叠，增加了欧盟理事会轮值主席国的压力。2019年是容克（Juncker）委员会以及欧洲议会五年任期的结束时期，因此其有意愿完成更多未决问题。由于欧盟理事会的主要任务在于立法方面，欧盟议会选举将在5月进行，与欧洲议会一起制定立法提案的有效期将缩短，意味着这是一段集中努力的时期。担任主席国是否成功与解决委员会立法环节中的许多优先议题密切相关，这些议题包括从食品透明度规则到电子商务裁决工作（ecommerce ruling）。鉴于欧洲议会在罗马尼亚担任主席国期间的最后一次全体会议将于4月中旬举行，罗马尼亚似乎有大约三个半月的时间来推动采纳重要的立法举措，这非常具有挑战性。鉴于罗马尼亚在2018年被指责放弃反腐败努力和欧盟价值观，罗马尼亚带头制定欧盟决策遭到了怀疑，将要面对更大的压力。为了证明事实并不是这样，罗马尼亚必须在欧洲选举前给予部分立法文件一些决定性的推动力。

预计在锡比乌举行的欧洲理事会峰会将通过一项关于欧盟未来的联合声明，该声明对刺激欧洲公民投票具有足够的吸引力。罗马尼亚的代表将会是总统克劳斯·约翰尼斯（Klaus Iohannis），而组织峰会的责任由外交部部长承担。这个峰会十分重要，因为欧盟正在面临加强超国家一体化和加强政府间合作的两种观点之间的分歧。

从布加勒斯特的角度来看，成功担任主席国意味着罗马尼亚可以加入申根地区。虽然技术标准已经符合，但罗马尼亚仍需努力，以获得其他成员国的信任。

有几个内部挑战可能会破坏罗马尼亚担任主席国主持事务的成功和效率。首先是罗马尼亚政府和总统之间的明显分歧，这似乎不会停止，并将继续存在。事实上，总统约翰尼斯在2019年1月被邀请作为欧盟理事会主席国代表参加法国和德国之间的双边条约签署仪式，并在亚琛发表讲话。罗马尼亚参议院领袖（他同时也是其中一个执政党的领袖）表示，议会必须通过一项框架授权来为罗马尼亚参与锡比乌峰会做准备。该框架应列出国家利益，罗马尼亚政府将在此基础上建立联盟以获得国际支持。这表明2018年出现的罗马尼亚总统在外交政策领域的责任争端将继续存在。

其次是在过去两个月中几位部长被替换也造成了一个弱点,因为新的部长们并不为欧盟的同行所知,也无法被当作让人信任的谈判伙伴。有关司法、财政立法或经济管理的有争议的决策也引起了国际媒体的注意,并且已经对罗马尼亚的形象造成了负面影响。最近,欧盟领导人越来越倾向于将罗马尼亚纳入被视为摒弃欧盟共同价值观和自由民主原则的国家的一员。这导致欧洲和国际伙伴对罗马尼亚民主、法治和反腐败领域的信任受到损害,从而损伤了政府形象。在这方面,罗马尼亚政府发布的关于尊重欧洲建设的价值观和原则的声明(捍卫公民权利和自由、法治、司法独立和打击腐败)缺乏可信度。政府的立场是继续声称欧盟官员在这些议题上被误导。此外,分析人士认为,竞选活动可能会影响罗马尼亚的授权活动,因为一些政党可能会采取与欧盟传递出的严厉信息有关的态度,并作为其选举战略的一部分,而反对派则倾向于攻击政府,从而加剧政治冲突。在此期间罗马尼亚的内部冲突也被外部密切监测。

虽然担任欧盟理事会主席国是罗马尼亚外部政策的重要部分,但罗马尼亚仍然致力于发展与美国的战略伙伴关系以及承担北约成员国的责任。除军事部分外,发展与美国的双边关系是罗马尼亚政府的优先目标。罗马尼亚和美国官员讨论的最新议题是网络安全、商业和贸易关系的改善以及能源安全的长久发展,后者凸显了罗马尼亚在该地区减少能源依赖的重要作用。此外,从罗马尼亚方面看,担任欧盟理事会主席国是一个促进和加强跨大西洋伙伴关系的机会。

十　马其顿

（一）2019年马其顿政治：（永无）定论？*

对于马其顿政治来说，2019年将会是激动人心的一年。随着2018年各类事态逐步发展，马其顿长期的政治危机或将告一段落，同时，2019年或许可以为马其顿在2015—2017年的政治混乱暂时画上句号。与此同时，马其顿与希腊的长期争端或许也可以在2019年得到解决，并且有望在加入北约和欧盟进程中迈出重要一步。然而，在2019年，无论是执政党还是反对党仍都处于困境之中，因为2018年各种事态的发展已百寒成冰，所有政治行为体都为此付出了代价。2019年又是大选年——马其顿将举行总统选举。并且，如果达成共识，马其顿也有可能继续提前进行议会选举，这将为马其顿未来一年书写浓墨重彩的一笔。

1. 政治深陷泥沼

进入2019年，马其顿又一次面临政治改组。按照《普雷斯帕协议》的部分规定，马其顿社会民主联盟与阿族融合民主联盟（SDSM-DUI）政府已成功地更改国名；为此，他们甚至成功从反

---

* 作者：Anastas Vangeli；翻译：裴梓原；校对：贺之昊；审核：陈新。

对派马其顿内部革命组织民族统一民主党（VMRO-DPMNE）获取了支持，尽管该党名义上反对与希腊的协定。然而，这需要付出代价：为了换取对更改国名问题的支持，一些犯有各种罪行的马其顿内部革命组织民族统一民主党现任和前任高级官员在2018年最后几天获得赦免。

因此，反对党（成员）的大赦为马其顿社会民主联盟领导的政府带来了最深重的矛盾：一方面，更改国名是加入北约和欧盟的必要一步，但一般而言，该政府的目标是使马其顿远离马其顿内部革命组织民族统一民主党执政时的政治文化，并尽量与过去形成鲜明对比；另一方面，因为马其顿内部革命组织民族统一民主党中的一些官员被赦免，反对党的势力一定程度上也得到了恢复，并在2019年政治变革过程中相对安然无恙。赦免行为也助长了公众谣言，即前总理尼古拉·格鲁耶夫斯基（Nikola Gruevski）的潜逃可能是现任政府造成的。即使格鲁耶夫在2018年11月从马其顿潜逃，但直到2019年1月，马其顿当局能提供的官方信息仍旧很少——因此公众对于2019年的主要期望之一是希望马其顿这起最高调的潜逃案件可以被澄清，并且需要做出解释，谁将对此次案件承担责任。

在民众支持轻微下降的情况下，马其顿社会民主联盟步入了2019年。鉴于马其顿社会民主联盟大部分的公众支持及其合法性都是基于其承诺要为社会带来正义、对重大腐败以及以各种形式滥用权力的人进行制裁，并且保持与阿族融合民主联盟的合作关系（其本身是马其顿内部革命组织的初级合作伙伴，也是一些不法行为的共犯），同时，赦免马其顿内部革命组织民族统一民主党官员甚至也使那些最热心的支持者感到非常失望。由于一些马其顿内部革命组织民族统一民主党成员被认为参与了可疑的政治行动（腐败、滥用权力、裙带关系）以及涉及一些旧的问题（比如医疗保健、污染、教育和普遍缺乏福利等问题），马其顿社会民主联盟越来越被视为仅仅是马其顿内部革命组织民族统一民主党领导的政府的代替。此外，马其顿社会民主联盟领导的政府将大部分人力物力都用于解决与希腊的国名争端；其他燃眉之急的问题都被搁置到国名问题被解决之后。在政治危机期间（2015—2017年），一些需要落实的政策进程已经被搁置；因此，马其顿社会民主联盟领导下的民众生活似乎没有什么变化。所以该党在2019年的主要目标之一是重新赢得民众的支持。

但是，马其顿社会民主联盟所领导的政府威信渐失没有为马其顿内部革命组织民族统一民主党带来更多支持。2019年，马其顿内部革命组织民族统一民主党似乎处于历史上最脆弱阶段。由于被多种法律上的麻烦困扰，马其顿内部革命组织民族统一民主党也未能在马其顿面临的最重要问题上拥有坚定立场，并最终也在国内外遭到疏远。虽然该党名义上反对变更国名，但其许多支持者对该党的无所作为感到失望。该党名义上表现出亲西方的态度，但众多国际合作伙伴对它不支持更改国名的态度仍感到失望。该党严厉批评执政党的领导力；然而马其顿内部革命组织民族统一民主党曾经也犯下了同样的错误。

2018年主流政党的挫败为那些势力较小的政治行为体开辟了空间，也促进了其在政治领域获得更大的发言权和知名度。极左翼党莱维卡（Levica），亲俄联盟（Edinstvena Makedonija）以及其他一些政党都持反精英、反体制的立场（包括右翼网上运动"我抵制"，"#Bojkotiram"）。2019年，所有这些政治行为体都可以在更广阔的平台上获取人气，并超越他们原处于边缘的角色；然而，这些行动是否足以产生影响还有待观望。

十　马其顿

展望 2019 年，马其顿社会民主联盟和阿族融合民主联盟（SDSM-DUI）政府若希望实施他们不太受欢迎的政策与行动，就需在 2019 年取得外交方面的成功。比如，成功加入北约或开始加入北约的谈判事宜。以上这两项成就首先取决于希腊是否承认《普雷斯帕协定》的进程。如果《普雷斯帕协议》将得到希腊议会的批准，那么成为北约成员国也就有径可寻。（本节报告写于 2019 年 1 月初，1 月 25 日，希腊议会批准通过了《普雷斯帕协定》——编者注）

尽管如此，开启加入欧盟的谈判道路仍极具挑战性——除了不稳定的政治因素以及一些成员国对欧盟渐生的厌倦之外，马其顿还需要达到某些基准，尤其是法治方面，马其顿或因赦免了被指控腐败的前官员而遭到不信任。在很大程度上，赦免前腐败官员一事已使特别检察署（SPO）失去了其合法性。特别检察署，一个在国际共同体合作基础上建立的特殊法律机构，确保了 2016—2017 年政府换届的司法稳定。因此，2019 年是马其顿走向法治国家的"成败"年。

对于族裔间政治与关系来说，2019 年也将是不稳定的一年。马其顿在 2019 年已正式成为一个双语国家，阿尔巴尼亚语成为该国的第二官方语言。这一政策被视为马其顿社会民主联盟对阿族融合民主联盟做出的另一项让步，以换取在困难时期的支持。此外，这未经马其顿总统的批准，而是经阿族融合民主联盟党魁塔拉特·贾菲里（Talat Xhaferi）的批准，"马其顿官方公报"已经刊登了"语言使用法"，这一越界行为也推波助澜了族裔问题的紧张局势。族裔关系因国名的变更而再度恶化，不少马其顿族人心怀不满（而绝大多数阿尔巴尼亚族人支持变更国名）。阿族融合民主联盟，以及议会小党阿尔巴尼亚政党（贝萨和阿尔巴尼亚联盟，

Besa and the Alliance of Albanians）也认为更改国名对其族裔有利。两个族裔间的民族主义话语大量增加。2019年或继续延续这种趋势，尤其是考虑到即将举行的选举。

2. 大选将临

2019年4月，马其顿将举行第六次总统大选。马其顿总统将通过民众投票选举产生；如果候选人在第一轮中获得了50%及以上支持率，则将胜选；若未达到该选票要求，则进入第二轮投票。根据宪法，总统只能连任两届（每届为五年）。现任总统格奥尔基·伊万诺夫（Gjorge Ivanov）将在执政第10年（2009—2019年）后卸任，2019年将会诞生一位新总统。伊万诺夫是第一位完整连任两届的总统。

据称，伊万诺夫与马其顿内部革命组织民族统一民主党领导的政府合作密切，并且在执政的头七年（2009—2016年）的大部分时间里保持缄默；在2015—2017年的长期政治危机期间，他的声望逐渐显现，并力保马其顿内部革命组织民族统一民主党的利益（而且常常因违反宪法而受到指责）。在马其顿社会民主联盟掌权后，在更改国名一事上伊万诺夫成为最重要的对手，他促进引入阿尔巴尼亚语作为该国的第二官方语言。因此，尽管根据法律条文，总统并不能单独发挥决定性的作用，但伊万诺夫作为一个重要的政治角色，证明了总统职位的关键政治影响力。

对于马其顿社会民主联盟来说，2019年的大选也将会是个扩大权力的好机会。现在，马其顿社会民主联盟领导中央政府，并拥有绝大多数的地方自治行政单位；该党只是还未掌握总统席位去指挥全局。为了确保其候选人获得广泛支持，马其顿社会民主联盟还要依靠阿族融合民主联盟和其他小党派的支持。因此，他

十　马其顿

们提出了"自愿候选人"（Consensual Candidate）的概念。虽然马其顿社会民主联盟尚未宣布其候选人，但一份潜在候选人名单已在谣言中诞生，其中包括：副总理拉米拉·谢克林斯卡（Radmila Shekerinska，曾任国防部部长，是在马其顿社会民主联盟中威望较高的一名部长）、内政部部长奥利韦尔·斯帕索夫斯基（Oliver Spasovski）；外交部部长尼古拉·季米特洛夫（Nikola Dimitrov）；马其顿与北约首席谈判代表潘达洛夫斯基（Stevo Pendarovski，2014年马其顿社会民主联盟总统候选人）。在某些时候，有传言说佐兰·扎埃夫（Zoran Zaev）已厌倦了总理一职，可能会竞选总统，这种事在马其顿并不是首次发生，早在2014年，鲍里斯·特拉伊科夫斯基（Boris Trajkovski）总统去世后，马其顿社会民主联盟的总理布兰科·克尔文科夫斯基（Branko Crvenkovski）就成功竞选成为总统。

而对于马其顿内部革命组织民族统一民主党来说，2019年的大选或可以使他们重新找回状态，并通过保留总统职位而重新掌权。马其顿内部革命组织民族统一民主党的候选人很可能会以民族主义为手段，赢得那些不满的马其顿人的支持。然而，马其顿内部革命组织民族统一民主党处于不利境地，因为历史上，总统选举一直由阿尔巴尼亚人的选票决定（目前，他们似乎坚定地站在马其顿社会民主联盟的一边）。马其顿内部革命组织民族统一民主党也还未宣布候选人；到目前为止，只有议员弗拉基米尔·戈列切夫（Vladimir Gjorchev）宣布自己有意竞选总统，他在马其顿内部革命组织民族统一民主党长期担任高级官员，在政治危机期间，一直保持相对"干净"。

最后，与2019年的总统大选相伴而来的是议会选举。马其顿原定将于2020年举行到期的议会选举。尽管如此，马其顿内部革命组织民族统一民主党的领导人米克科斯奇（Hristijan Mickoski）已经要求议会选举要在2019年春季与总统大选一起举行，因为他认为，在国家签署《普雷斯帕协定》、更改国名如此重大的事件之后，也必须要倾听公民的声音。马其顿社会民主联盟表示不排除这种可能性，该党的领导层认为有望赢得早期选举。然而，提前进行议会选举便意味着一些日常政策问题会被搁置，也就会继续保持2018年的趋势——由于《普雷斯帕协定》，许多问题被推迟到2019年解决，而这些问题是否会在2019年得到解决，我们可以拭目以待。

（二）2019年马其顿经济腾飞的挑战[*]

马其顿带着对经济增长的期待进入了2019年。为了赶上欧盟成员国的经济水平，马其顿迫切需要在未来一段时间内实现每年至少5%—6%的经济增长率。然而，这一目标未能实现，在2017年GDP增长率仅为0.2%之后，马其顿经济在2018年的GDP增长只达到2.3%。因此，马其顿降低了对2019年和未来几年经济增长的预期。根据世界银行报告，2019年马其顿的GDP预计将以每年2.9%的速度增长，这一增长率将是西巴尔干地区最慢的；而马其顿当局持不同意见，并认为马其顿GDP的年增长率会超过3%的门槛，并在不久的将来释放出更大的潜力。总理扎埃夫（Zaev）和其他官员宣称，2019年将是"经济年"，并做出了一些承诺，设定了相当高的基准（其中一个主要的目标是该国的平均工资水平要达到每月500欧元，而目前的月平均工资略低于400欧元）。马

---

[*] 作者：Anastas Vangeli；翻译：裴梓原；校对：贺之杲；审核：陈新。

十　马其顿

其顿当局持乐观态度的主要原因是,马其顿似乎正在走出政治危机和不确定性的恶性循环(这些被视为阻碍经济增长的因素),更重要的是,与希腊近三十年的国名争端暂告一段落(这被视为限制马其顿融入国际社会的因素)——根据政府的说法,这或许最终能为马其顿迎来一个经济繁荣的时代。政府坚信,一旦马其顿坚定地走上北约和欧盟成员国的道路(在2019年的某个时候,如果《普雷斯帕协议》的实施顺利进行),经济将立刻崛起。然而,这还是要看政府将如何应对政治以外的一系列挑战。其中,尤其要关注的是:第一,政府的经济政策;第二,影响马其顿经济发展的一般环境和结构性因素。

1. 2019年经济政策

马其顿社会民主联盟—阿族融合民主联盟政府的观点是,尽管从数字上看增长率较低,但2018年的积极趋势已开始显现,这些趋势也将在2019年得以延续。2018年可以描述为"无增长"模式,更不如说是政府采取更加保守、健康、公平的增长方式选择。该模式的特点为:第一,国家投资相对保守;第二,注重对社会较贫困阶层的再分配;第三,增加了中产阶级的压力;第四,经济增长较为依赖龙头企业和最富有的社会阶层(希望并相信龙头企业和最富有的社会阶层能带来经济增长);第五,希望加入北约和欧盟的进展可以自动转化为经济价值,改善经济表现。政府给出的官方话语为,2017—2018年,"无增长"模式为新的经济模式奠定了基础,2019年马其顿终能获得硕果。鉴于2020年将举行计划中的议会选举,2019年是政府出台更具雄心的经济政策和改善国家经济的最后机会。如果议会选举在2019年提前进行,可以预见的是,政府大部分承诺的落实或将再次推迟,并且不会取得重大进展。

马其顿也带着自独立以来最沉重的国家预算进入了2019年（37亿欧元，其中财政赤字占国内生产总值的2.5%）。政府的首要目标是通过财政整顿保持宏观经济的稳定（允许国债水平略有上升），预计2019年将继续保持。据政府称，经济的增长将主要依靠持续的国内消费和不断增长的出口，以及国外直接投资（考虑到加入北约和欧盟进程的推进）。但是还有一个因素可能会改变2019年的经济目标，就是国家投资的增加。

与2017年和2018年不同的是，政府未能启动新的基础设施建设项目，甚至没有继续一些重大基础设施项目的建设（这也是经济放缓的核心原因之一），预计2019年政府会重启（并可能极其重视）基础设施建设，这可能促进经济起飞。马其顿克服了基切沃—奥赫里德（Kicevo-Ohrid）高速公路建设的挑战（由中国进出口银行资助，并与中国水电签约合同），计划修建从斯科普里（Skopje）到布拉斯（Blace）的新高速公路（旨在进一步联通马其顿与科索沃），欧盟基金分配用于建设马其顿—保加利亚铁路（已比计划中推迟20多年），被视为促进基础设施建设的动力。同时，在政府实施较为保守的宏观经济政策背景下，这个项目也将谨慎地进行。然而，基础设施建设方面的谨慎态度导致了国家对2018年大型项目的投资不足计划中一半。政府是否会更加坚定，还有待观察。

2019年将继续实施2017年和2018年出台的再分配政策。新的社会福利措施也将在2019年最终敲定下来，包括明显增加的失业援助。政府还承诺增加公共医疗保健和教育工作者的工资，以及军队和警察的工资。政府还计划为私营企业提供财务和其他支持，以便他们能够提高工资并雇用更多的员工；同时计划为农业

十　马其顿

生产者设置补贴。社会福利政策也将面临克服过去庇护主义的挑战，当时的公共资金最终用于购买政治支持；另外一项挑战是确保资金分配符合正确的目标。

2019年以一起有关洗钱计划的新丑闻开始，据称是涉及阿族融合民主联盟（DUI）的官员，与养老基金有关。支持私营部门的挑战需要杜绝腐败和克服裙带关系——在执政的头两年，马其顿社会民主联盟—阿族融合民主联盟政府本身已经面临更严格的审查和强烈的反对——将国家资金分配给马其顿社会民主联盟成员，这应通过招标或专门计划来支持创新和创业。

与此同时，马其顿还要在2019年施行新的税收制度。其中较为重要的两项改变是，引入了关于个人所得税的累进税率，以及集中的电子支付监管系统。其目标是获得更多税收，以确保国家不断增加的支出。新系统投入使用的效果还有待在实践中观察。但新系统同样具有风险，主要问题在于，累进税只适用于两类收入级别（收入为1000欧元以上的高收入，或1000欧元以下的低收入），这样的设置将中产阶级和最富裕的阶层混为一谈，从而对中产阶级造成极大的影响（即那些几乎不符合"高收入"标准的人）。在新税制中，也没有关于增加龙头企业利润税的表述，这一事实也令人怀疑，政府并不是主要根据"从富人到穷人"进行资金分配的，而是"从中等富裕的人到穷人"，而同时最富有人群相对来说不会受到影响。

但是，政府还需要解决大量问题才能确保可持续发展。例如，尽管马其顿政府意识到大气污染越来越严重（马其顿许多城市是世界上污染最严重的城市），但政府却减少了用于防治污染的财政支出。另外，由于马其顿准备加入北约，国防开支飙升。与防治污染相比，政府在支持几个主要政党方面投入的资金更多。这些

·519·

问题使人们对政府所追求的经济模式的可持续性产生了越来越多的质疑。

2. 挑战

2019年，马其顿的经济无疑会受到不断变化的全球经济格局影响。首先，马其顿经济完全依赖于欧元区国家，特别是德国，德国处于供应链的第一位；其次，马其顿的大部分投资也来自欧元区。然而，2019年将会是欧元区极不稳定的一年——包括德国。因此，欧盟的任何动荡都可能对马其顿产生溢出效应。

此外，新的一年中，无论是在欧洲还是世界范围内，保护主义和民族经济主义势力都渐长，作为非欧盟小型经济体的马其顿变得异常脆弱。例如，由于受欧盟施加钢铁进口关税的影响，马其顿的钢铁工业将在2019年遭受重创。随着欧洲对外投资证券化趋势（securitization tendencies）的出现，马其顿或也将调整其吸引国外投资的战略。到目前为止，马其顿政府仍不分青红皂白地吸引来自世界各地的投资者。但是，马其顿现在也有可能会对其他一些理想投资者的态度发生转变——如土耳其企业，或如华为和中兴通讯（扎埃夫首相曾多次设法获得投资）等中国企业，这些企业现在越来越容易受到欧盟和美国的审查。

加速发展的障碍和结构性问题将在2019年持续存在。马其顿的生产率较低，而且仍然以劳动密集型、低技术含量、相对廉价的产品而闻名。没有任何迹象表明马其顿经济将在2019年推出重大举措而升级价值链。随着越来越多的劳动力离开该国，人才流失将严重降低其创新能力。高技能人群普遍渴望移民到其他国家。据一些报道称，马其顿很快将面临医务人员短缺的问题；IT行业也将受到人才流失的影响。与此同时，马其顿在经济部门中还面临非高技能劳动力的短缺（如建筑施工）。2019年，马其顿政府也未采取任何重大措施来减轻人才流失的负面影响。

总而言之，对于马其顿的经济来说，2019年将与过去几年如出一辙。但是，这也不意味着2019年将会是特别糟糕的一年（马其顿经济即将取得进展），马其顿期盼的中长期经济效益显著提高的转折点能否到来，还需拭目以待。

（三）2019年马其顿社会展望：负面趋势会影响社会稳定吗？*

总的来说，马其顿社会在2018年经历了一系列的倒退，或者更确切地说，是极其严重的负面趋势主导了社会发展，掩盖了积极的趋势。这种倒退或在2019年持续下去。根据一些关键参数显示，社会总体状况的特点之一是一些因素缓慢下降（其中最显而易见的问题是人口危机），其中一些事件会削弱社会的稳定性（最明显的是生活条件的不可持续性，以及民族国家身份和民族怨恨情绪问题）。这些问题是否会产生新的不稳定因素，并且逐渐扩散其负面影响。本节我们将对2019年各种社会问题如何相互作用进行论述。

1. 社会普遍趋势

进入2019年，马其顿公众普遍认为，暂且不关注政治变化，在马其顿仅拥有体面的生活越来越困难。虽然马其顿社会民主联盟与阿族融合民主联盟政府已经根据国名争端的解决方案向民众

---

* 作者：Anastas Vangeli；翻译：裴梓原；校对：贺之昊；审核：陈新。

传达了不少胜利话语，比如即将加入北约的机会，或是经济复兴的承诺，但一些主要的社会趋势仍然十分不利。从表面上看，经济无保障和其他形式的不安全性，以及对机构、个人之间的不信任，为2019年马其顿的"社会情绪"造成隐患。然而，这些担忧的根本原因是结构性因素。

就人口统计而言，马其顿面临着人口老龄化的问题，同时，随着人才流失达到新的高度，年轻且高素质的劳动力迅速消失。越来越多的年轻、拥有高技能的人才渴望离开这个国家。人才的流失对社会多个层面产生了巨大的影响。

首先，人才流失的经济成本是巨大的：它明显降低了总生产率系数，而良好的生产率不仅有利于实现必要的经济增长，而且有助于保持经济和社会功能。2018年，医疗工作者或工程师等职业的离职率也相当惊人。人才流失也对社会结构产生了负面影响，马其顿的很大一部分人口已经放弃改善其自身、其生活社区以及本国的生活条件。相反，他们将所有资源或精力都投入如何离开这个国家。由于政府没有采取适当的措施来解决这一问题，人才流失预计将在2019年继续并可能更加严重。社交媒体上充斥着各种已经或计划从马其顿"撤离"的年轻人的故事；与此同时，越来越多的招聘也吸引马其顿工人转移到其他地方工作。

其次，人才的流失影响着较小的城镇和乡村，其中许多城镇已成为空城。马其顿内部移居模式更为集中，因为只有斯科普里（Skopje）有着更多的机会；所以，越来越多的居民选择移居到首都。斯科普里的居民人数长期以来已超过具有可持续性的居民人数的门槛，因此，首都的生活质量已显著恶化。据估计，首都容纳了该国一半的人口（自2002年以来，马其顿就没有进行人口普查，因此缺少官方数据）。在过去十年中，斯科普里的居民变得更加不满,并多次动员市民捍卫他们自己的城市权利。因此,在 2019 年,城市治理问题可能比国家政治议程更为重要,这样的趋势也影响着社会和政治话语。过去几年的一个重要问题是大气污染。马其顿的空气质量每年都在下降,斯科普里和其他一些马其顿城镇如今常被列入世界上污染最严重的地区。导致污染的相关原因是浪费、糟糕的城市治理、无计划的城市建设以及贫困等。斯科普里的另一个重要问题是各个经济部门的有组织犯罪的增加,以及帮派和暴徒行动更加猖獗,因为暴力事件再次成为城市日常生活的一部分。因此,对于斯科普里来说,2019 年将是成败攸关的一年:这决定了这个城市是否能够恢复某种程度的平稳和文明,或是会进一步陷入混乱。

到目前为止,民众的不满以及对更美好生活的渴望带来的社会情绪还未导致任何重大的动员活动或社会运动的出现。在 2018 年,2015—2017 年以来的社会政治动荡就造成了很大损失,但即使是最激烈的问题,公民也没有因此大规模地走上街头。在过去政治危机的余波中,社会的自由主义阶层(以及有组织的公民团体),作为一直以来引导公众情绪和推动社会动员的一个主要因素,他们的怒火已经很大程度上被平息了(其中很大一部分被当权者拉拢),从而使公共领域焕发出新生力量。这种潜力是否会在 2019 年出现还有待观察。另一个特殊问题是,马其顿可能会受国外的溢出效应影响,因为欧洲正经历着各种抗议活动——不仅法国被"黄马甲运动"(the Yellow Vests)震撼,而且巴尔干地区也有不少抗议活动。然而,鉴于 2017 年和 2018 年的经历,在这个节点上,社会问题或许不是最可能导致社会动荡或剧变的因素,而是民族问题。

2. 民族关系和民族主义

2018年，族裔间关系经历了深刻变化，据最近的事态发展，有关马其顿民族遭受迫害的言论进一步被强调，可以体现在《普雷斯帕协定》（Prespa Agreement）和变更国名一事（以及其他重要的民族身份特征），以及持续出台适应阿尔巴尼亚族认同要求的政策上。这种言论早在2016—2017年已经显现。而2018年有关《普雷斯帕协议》的全民公投则为此推波助澜，导致该言论激增。在此之际，一场大规模抵制全民公投的运动拉开序幕，由"我抵制"（"#Bojkotiram"，"#iBoycott"）标签下的右翼在线匿名者领导。这也极大程度上导致了全民公投的失败（因为投票率不足）。然而，这一运动并没能在全民公投之外的社会政治生活中发挥特殊作用。尽管如此，一些马其顿族人以及其他族裔群体的成员痛苦地进入了2019年，因为在接下来的几个月内仍旧面临变更国名的问题。对他们来说，这不仅是一场政治失败，而且有关民族身份认同的核心问题——打击政府或扭转局面仍是他们未来的核心政治目标。这意味着变更国名的进程会伴随着社会上的各种争议，尤其是互联网上新生的如同病毒般的抗议。

马其顿民族——以及可能来自较小民族社区的成员——也越来越多地批评政府为进一步推进阿尔巴尼亚族政党的身份认同议程而不断出台政策。2019年，马其顿成为了名副其实的双语国家，《使用语言法》（Law on the Use of the Languages）生效。阿尔巴尼亚族人将其视为一种政府的赋权行为，而自由主义者支持该政策是推进多元文化的良法，但一些马其顿公民认为，将阿尔巴尼亚语作为国家第二种官方语言，是改变该国政治秩序的潜在手段，与过去的紧张局势相呼应。阿尔巴尼亚语作为国家官方语言的消息

十 马其顿

与变更国名一事让更多马其顿族人感到不满。因此，2019年，这种普遍的怨恨情绪会笼罩该国，任何有关促进该国多元文化、和平共处的愿望都会被蒙上一层阴影。

作为该国最大的族裔群体，马其顿族人经历越来越多的失望和沮丧。但是他们没有团结一致，也没有共同的政治代表。2018年，很多政治行动者试图吸引他们的注意力并赢取他们的支持。这种趋势预计将在2019年继续下去。马其顿内部革命组织民族统一民主党（VMRO-DPMNE），马其顿最大的民族主义支持者，将受到较小政党的进一步质疑和挑战；有人试图重新点燃"我抵制"运动并开始新的运动。在总统大选期间，这一想法可能会得到新的动力，一个富有魅力的领导者或将脱颖而出，引导马其顿族人的愤怒和沮丧。

这些事态发展也影响到阿尔巴尼亚族人。对于大多数马其顿的阿尔巴尼亚人来说，更改国名是推动马其顿加入北约和欧盟的条件，这是一个可喜的结果；将阿尔巴尼亚语作为国家第二官方语言和其他政策措施的引入被视为一种赋权。尽管如此，这些发展和政策掩盖不了阿尔巴尼亚族人的生活尚未得到改善的事实，不足以安抚阿尔巴尼亚族人的情绪，他们的大部分赋权都是象征性的，属于身份认同政治的范畴。因此，在2019年，较小的阿尔巴尼亚族政党——例如阿尔巴尼亚人和贝萨联盟（Besa），以及潜在的新生行动体和运动——可能借阿族融合民主联盟（DUI）之力发展，它是自2008年以来进入政府的最大的阿尔巴尼亚族政党。但是，可以预计的是，较小的阿尔巴尼亚族政党和新的参与者或倾向于通过推动更加彻底的以阿尔巴尼亚为中心的议程来支持阿族融合民主联盟。考虑到马其顿族人越来越深的怨恨，2019年可能会成为族裔间矛盾加剧和摩擦再次增多的一年，这可能会影响社会稳定。

（四）北马其顿2019年外交展望：
继续保持"双重一体化"[*]

虽然马其顿社会民主联盟—阿族融合民主联盟最初的选举议程主要集中在经济复兴和反腐败议题，但2017年上台后，外交政策却迅速成为该政府的优先事项之一。2018年，该政府解决与希腊的国名争端，这是马其顿加入北约和欧盟的必经之路，同时，确保国际社会对这一进程的支持也是其首要任务。由于该政府专注处理各种外交事宜，有时甚至无暇顾及国内事务议程。与此同时，由佐兰·扎埃夫（Zoran Zaev）总理领导的政府将自身塑造为具有坚定的西方地缘政治倾向的形象，同时，事实也证明他们已经做好了充分的准备，以便最终被"西方俱乐部录取"，就如同马其顿人经常通俗地称，"趟入"北约和欧盟。经过与希腊一年的艰苦谈判，为寻求国际支持的游说，马其顿2018年9月举行了全民公投以及探讨国内政策以修改宪法，马其顿于2019年正式更名为北马其顿。作为回报，马其顿也加速融入北约和欧盟的进程。在完全专注于加入北约和欧盟以及国名争端的同时，政府可能在一定程度上会倾向于关注其他外交政策议题，而其态度可能会因新的现实情况受到影响（首先是成为北约成员带来的影响）。本节概述了马其顿外交事务的两个方面：第一，在追求核心战略首要事宜（双重一体化："欧洲—大西洋一体化"）和作为西方地缘政治的一部分的过程中采取的方法与步骤；第二，次要目标——即有关外交

---

[*] 作者：Anastas Vangeli；翻译：裴梓原；校对：贺之昊；审核：陈新。

十 马其顿

事务的所有其他方面，包括区域外交以及与非西方国家的双边关系。

1. 首要优先事项

加入北约和欧盟仍是马其顿政府 2019 年的首要优先事项；为了确保斯科普里（Skopje）的"欧洲—大西洋议程"向前推进，首先要解决与希腊的国名问题争端，这取决于《普雷斯帕协议》（Prespa Agreement）的全面实施。关于更改国名的大部分准备、调查工作是在 2018 年完成的，因此，更加实际的问题在 2019 年尤为重要。

2019 年 1 月和 2 月，尽管缺乏国内共识，《普雷斯帕协定》将被最终敲定，并且会像政府所说的那样，在随后终会收获成果。在希腊议会投票通过了协议后，马其顿（即将被更名为"北马其顿"）加入北约之路或多或少地会更加顺利。在清除了所有行政障碍（其中包括所有北约成员国批准马其顿加入的协议书）之后，马其顿预计将于 2019 年 12 月在伦敦举行的北约峰会期间加入北约军事联盟。在此之外，没有其他实质性的事宜，因为马其顿在近十多年以来已经履行了针对北约的大部分义务，在《普雷斯帕协定》通过之后，就没有其他障碍可以阻挡马其顿成为北约的正式成员。与此同时，尽管一些国内人士反对更改国名，但议会中的所有党派就加入北约达成共识（唯一反对的党派也是议会外的反对党）。

因此，除了双方定期的外交接触、联合活动和军事演习外，在加入北约这方面不会有其他重大进展。由于所有议会内党派就加入北约达成了共识，因此也没有国内障碍。然而，随着美国总统唐纳德·特朗普（Donald Trump）不断寻求欧洲的北约成员国给予更多义务上的付出以及国防开支，北约内部的矛盾或将升级，特殊的挑战也就由此而生。在美国发表关于北约的言论中，马其顿未来的成员资格经常被视为一种责任——这是马其顿领导人将在2019年必须应对之事。

虽然加入北约似乎可以相当顺利地进行，但想要在2019年加快加入欧盟的进程将会是一个更大的挑战。2019年夏季启动加入欧盟的谈判是马其顿的主要目标。为实现这一目标，在外交方面，得到一些反对在这个时刻扩大欧盟规模的成员国的支持至关重要——首先是法国。鉴于欧洲政治的发展，尤其是英国脱欧的现实，获得法国及其他国家的支持非常具有挑战性。与此同时，马其顿政府将不得不在国内进行一系列与法治、媒体自由及其政治和经济制度有关的改革，以满足欧盟委员会的期望。这将作为开启入盟谈判的先决条件。

作为"允许加入"西方俱乐部的一部分，马其顿很可能在2019年将自己的定位与美国或是西欧国家对齐，并将自身与一些全球性问题紧密结合，有时候甚至会更严格地坚持自己的目标。特别是在外交活动方面，据估计，马其顿或将巩固与美国的外交关系（二者关系已在2018年得到强化），同时，鉴于其未来即将获得北约成员国资格，马其顿还试图将自己定位为更接近美国的盟友。在这个关键点上，这或许会促进该国的全球前景发生某种程度的转变。虽然马其顿在21世纪初并没有回避在全球政治中选边（马其顿是最先向伊拉克派兵的国家之一），但在过去二十年的大部分时间里，马其顿仍然处于相对被动和保守的状态。然而，马其顿外交政策的态势正在逐渐变化，比如，马其顿领导人曾就朝鲜、俄罗斯影响力等问题发表过评论，同时，他们还在2019年承认委内瑞拉的胡安·瓜伊多（Juan Guaido）是合法代理总统。

预计马其顿将会保持这种外交策略。

2. 次要目标

2018年，马其顿外交官的工作大多围绕雅典、布鲁塞尔、柏林或是华盛顿的相关议程。即使其他事宜出现，也是根据马其顿期望加入欧盟和北约一事，以及国名问题而产生的。这也可能会在2019年延续下去，尽管越来越多的外交事务将被马其顿政府提上日程。

首先，马其顿将继续与所有邻国保持睦邻友好关系。在此过程中，马其顿必须克服与每个邻国之间的问题。例如，马其顿与保加利亚曾在2018年就一些历史解释和象征符号问题上发生过小摩擦，尽管双方都支持"睦邻友好关系协定"。但总的来说，马其顿与保加利亚的关系预计将朝着积极的方向发展（遵循2017年的协议），虽然会伴有斯科普里和索菲亚之间的显著矛盾。与此同时，进入2019年，马其顿与塞尔维亚的关系尤为恶化，这可以追溯到扎埃夫和武契奇之间意识形态的差异。虽然二人试图改善关系，但有关基本问题的分歧依然存在；因此，马其顿与塞尔维亚在新一年里的关系更无法预测。马其顿政府还需审慎留意塞尔维亚与科索沃的关系及其对马其顿的影响。由于普里什蒂纳的政治局势极其复杂（总统与总理之间存在明显分歧），马其顿将特别注意任何受其影响所加剧的危机以及溢出效应。与阿尔巴尼亚的关系总体来说虽然朝着积极方向发展，但偶尔会受到马其顿族裔间关系的影响。2019年，预计马其顿和阿尔巴尼亚双方的领导人都将继续推动民族团结，以及促进与地拉那的紧密联系，但反过来这或将引起一些马其顿族人的反对。

马其顿政府在2019年还面临一特殊问题，即处理前总理尼古拉·格鲁耶夫斯基（Nikola Gruevski）潜逃匈牙利一事的后果。首先，马其顿不得不谨慎地处理与布达佩斯的关系，格鲁耶夫斯基因政治观点受到迫害，但已经得到庇护，这可能对马其顿在世界上的形象产生影响。但是，匈牙利是北约和欧盟成员国，因此马其顿将尽力避免破坏其与布达佩斯的关系。此外，在处理格鲁耶夫斯基潜逃的案件时，马其顿与三个国家（这是格鲁耶夫斯基通往布达佩斯的沿途国家）的关系将受到影响——阿尔巴尼亚、黑山和塞尔维亚。到目前为止，马其顿还没有与其他国家成功合作侦破案件；这是否会在2019年发生变化还有待观察。

2019年，马其顿将不会给予非西方国家太多重视，特别是与土耳其、俄罗斯和中国之间的关系，这样的策略始于2018年。其中一个原因是马其顿缺乏人力物力等资源来给予它们与西方国家同等的关注。加入北约和欧盟的进程是马其顿的头等大事，其强有力的优先次序决定了国家的付出和支持力度；然而，随着全球政治格局变得越来越复杂，与非西方主体的关系将被视为带有政治敏感性。政治敏感性可能使马其顿在这些关系方面变得更加被动，或刺激马其顿政府出台警惕性政策。目前，马其顿可以毫不隐讳地与俄罗斯对抗，这种态度也将在2019年延续——甚至可能会更进一步，比如，马其顿不再担心俄罗斯可能在联合国反对《普雷斯帕协定》。作为马其顿的战略伙伴，土耳其仍然发挥着重要作用，因此，在2019年，马其顿或许会试图找到一种方法来调和其虔诚的亲美态度和对土耳其的积极态度，同时不损害与后者的关系。最后，马其顿社会民主联盟—阿族融合民主联盟政府可能会继续维持但不会加深与中国的合作，该政府会根据中欧关系以及中美关系的变化，追随其他中东欧国家的新趋势。

最后，马其顿将在2019年举行总统大选。现任总统格奥尔

十　马其顿

基·伊万诺夫（Gjorge Ivanov）一直非常反对马其顿社会民主联盟—阿族融合民主联盟政府更改国名的决策。但是，总统这一职位对外交政策的影响有限。因此，即使马其顿选举一位在核心问题上反对政府的总统，对国家的发展方向也影响不大。与此同时，如果支持马其顿社会民主联盟—阿族融合民主联盟政府的候选人在大选中获胜，这将进一步推动目前进程向前发展。

十一 塞尔维亚

（一）2019年塞尔维亚政治展望：拖延的又一年[*]

从过去两年观察到的一些趋势来看，2019年塞尔维亚的政治发展是很容易预测的。亚历山大·武契奇（Aleksandar Vučić）总统在此期间获得的绝对权力是不太可能被反对派组织的街头抗议所动摇的，尽管大多数塞尔维亚反对派多年以来首次联合组成了塞尔维亚联盟（the Alliance for Serbia）。反对派面临着克服媒体的偏见、基于裙带关系的制度及武契奇总统对外交政策的熟练操控等棘手难题，且自身缺乏严密制度和统一的意识形态。反对派企图利用武契奇总统在科索沃问题或其他国际热点问题上的失策之举来抨击他，但这种期望必然落空。科索沃问题将会维持现状，武契奇总统并不打算冒着失去政权的风险来接受某些不良解决方案，而科索沃的阿尔巴尼亚族人也不愿意接受任何可能达成政治妥协的解决方案。

2017—2018年，武契奇总统获得了比任何政治家都要多的政治权力，这是1990年塞尔维亚实行多党制以来首位获得了如此之多政治权力的政治家。他以压倒性优势赢得了他的首届总统选举，

---

[*] 作者：塞尔维亚国际政治经济研究所（IIPE）；翻译：高贺初盈；校对：贺之昊；审核：陈新。

随后又赢得了贝尔格莱德地方选举。武契奇这种占绝对优势的影响力有几个支柱。塞尔维亚的媒体大多数偏向于支持武契奇总统和塞尔维亚进步党（Serbian Progressive Party）。与20世纪90年代不同的是，不再有许多私人且独立的媒体抵制国家电视台及报纸拥护政府统治的宣传，如今一些私人媒体是最积极拥护武契奇的媒体，而其他媒体则普遍存在着自动审查制度。塞尔维亚进步党在其统治的六年内，几乎在社会所有水平层次和垂直层次上建立了基于裙带关系的制度。无论是富有还是贫穷，居住在城市还是乡村，年老或是年轻，受雇于公共部门还是私人部门，人们都投票支持武契奇所在的阵营，因为他们依赖这个制度。与斯洛博丹·米洛舍维奇（Slobodan Milošević）总统所统治的20世纪90年代不同，如今没有强大的民间组织可以独立于国家之外来提供资金支持。武契奇总统证明了他是一个操控外交政策的大师，并在其国内政治的管理中获得了支持。他持续且令人信服地向公众展示自己是一个伟大的爱国者和亲俄分子，而且没有重复米洛舍维奇与西方公开对抗的错误。就像在他之前没有人能够成功地同时从支持俄罗斯的选民和支持欧盟的选民那里获得选票一样，如今他又成为首位同时从认为"科索沃应该永远属于塞尔维亚"的选民和"可以接受用科索沃的分裂换取更大的利益"的选民那里获得支持的政治家。武契奇总统通过财政及货币规则的手段达到了稳定塞尔维亚经济的最终目的。最后一点，也是非常重要的一点，他削弱并分裂了反对派——实际上，反对派是自我削弱和分裂的，由于他们领导人的自负和党内存在着不同的意识形态观点，使得他们无法团结在同一旗帜下，无法在总统选举及贝尔格莱德地方选举中对武契奇构成威胁。

然而，在2018年下半年，反对派建立了多年以来首次看似统一的战线。尽管塞尔维亚联盟并没有召齐所有重要的反对党，但似乎大多数反对武契奇的选民开始视它为最重要的反对派力量。这主要可以从2018年秋季在贝尔格莱德及其他城市爆发的一系列民众抗议活动中看出，这些抗议活动是由针对塞尔维亚联盟的领导人之一——波尔克·斯特凡诺维奇（Borko Stefanović）的野蛮身体攻击引发的。不属于塞尔维亚联盟的反对党的支持率正在逐渐下降。其中一些政党，如塞尔维亚激进党（Serbian Radical Party）或自由民主党（Liberal Democratic Party），甚至没有被选民视为"真正的"反对党。一旦那些政党下降到不足1%的支持率，许多已经足够有前途的官员就会放弃这一选择。在总统选举中名列第二的萨沙·詹科维奇（Saša Janković）甚至退出了政坛。因此，如果现在举行议会选举，最有可能的结果是议会中包括少数党在内只存在三个政党：塞尔维亚进步党、塞尔维亚社会党（Socialist Party of Serbia）和塞尔维亚联盟。2019年会有这样的选举吗？议会选举定于2020年春季举行，所以如果选举发生在2019年年底的某个时候，就不能称之为临时选举。然而塞尔维亚联盟宣布，即使选举在2020年举行，如果它不能满足塞尔维亚联盟提出的自由和公平两个条件，他们将不参加选举，这使情况变得复杂起来。

在这么短的时间内，完全满足这一要求是不可能的。人们既不能命令私人媒体该如何剪辑他们的节目，也无法阻止记者间的自动审查机制。基于裙带关系的政治制度不可能在一夜之间瓦解，当然也不可能因为街头抗议而被废除。塞尔维亚联盟认为外交政策是他们的最强王牌，但这或许是他们的致命弱点。显然，他们在等待武契奇总统在科索沃问题或其他重要的国际议题上失策，这样他们就可以给他冠以"卖国贼"的罪名并利用他政治支持率的下降。反对派的领导人及分析人士不断重申着，在不远的将来，

十一　塞尔维亚

武契奇将签署对塞尔维亚不利的科索沃协议并谴责塞族共和国（Republic of Srpska），塞尔维亚将加入北约并对俄罗斯实行制裁。其中一些人甚至宣称，武契奇与西方势力达成了协议，答应满足他们的这些要求以换取自己继续掌权。但他们错了。

当然，在缺乏证据的情况下，我们既不能确认也不能否认这种交易的存在。但无论如何，我们不必为这个问题感到困扰，因为有一件事是确定的——不管交易存在与否，不管是在2019年还是在任何可预见的未来，武契奇总统都不会做上述所提到的几件事情中的任何一个。因为在采取任何此类行动之后，他不仅会失去他的绝对权力，而且他的政治生涯将岌岌可危。而且并非每件事都由他决定。以科索沃为例，即使武契奇总统认真地考虑通过"详细阐述"的形式达成一个所谓的"双方妥协的解决方案"（这个方案可能以任何形式呈现，但绝不可能是一个真正的妥协），谈判的另一方甚至连这样的解决方式也不愿意接受。鉴于普里什蒂纳（Priština）针对塞尔维亚的商品提高了100%的关税，并单方面成立科索沃军队（Army of Kosovo）的奇怪之举，我们不仅无法预料何时才能找到科索沃问题的解决方案，也无法预测贝尔格莱德与普里什蒂纳何时才能重新开始谈判。毕竟，这个结果本来是可以由武契奇总统提前计划好的。这让我们想起，他在2017年发起关于科索沃问题的内部对话，并承诺将在2018年3月之前提出他自己对科索沃问题解决方案的建议。然后他多次推迟这个期限，只模糊地提出了"详细阐述"的想法。最终，科索沃的阿尔巴尼亚族人失去了耐心，采取了一些措施，使任何解决方案都变得遥遥无期。如果这是武契奇总统拖延战略的一部分，那么它生效了。阿尔巴尼亚族人或他们幕后的西方势力对于武契奇总统没有继续放弃国家利益而感到失望，塞尔维亚反对派亦是如此。它将在

2019年及之后多年里保持失望的状态。

无论即将到来的选举是在2019年还是2020年举行，如果塞尔维亚联盟将抵制它，那么它都将一事无成，甚至可能会损失惨重。它缺席竞选只可能使某些"虚假的"反对派借机进入议会，并使武契奇所在的党派获得超过三分之二的多数议会席位。塞尔维亚联盟的领导人足够明智，能够认识到这一点，因此抵制不太可能发生。他们将继续把民众抗议作为施压的工具，以促成至少具备一些自由和公平特质的选举，比如在公共服务电视上拥有更多的位置。这可能使他们得到一个像样的选举结果，但无法达到威胁武契奇压倒性胜利的地步。除了之前所提到过的武契奇难以挫败的权力支柱，塞尔维亚联盟还存在一些内部问题。它不具备塞尔维亚迄今为止所有政治力量掌权所需的条件——单一领导人。它甚至没有两位突出的领导人，就像2000年的塞尔维亚的民主反对派（Democratic Opposition Of Serbia，DOS）拥有科斯图尼察（Koštunica）和金吉奇（Đinđić），或是2012年的塞尔维亚进步党拥有尼科利奇（Nikolić）和武契奇那样，一个负责吸引选民，另一个负责发挥领导作用。塞尔维亚联盟有几个强有力的领导人，但没有一个人在形式上凌驾于其他领导人之上。他们中的一些人曾是民主党的成员，民主党也属于塞尔维亚联盟的一部分。吉拉斯（Đilas）、耶雷米奇（Jeremić）和斯特凡诺维奇（Stefanović）在与民主党的领导方针意见相左时选择退出该党派，耶雷米奇和斯特凡诺维奇甚至是在吉拉斯任职党派领导人期间退出的，所以他们不太可能再次团结在单一的领导人和政策下。

因此，2019年没有什么可以动摇武契奇总统的绝对权力。最有可能发生的是，这将是他实施拖延战略的又一年，他会表现得像是他会解决一些棘手的国家问题，但如果可行的解决方案会使他面临失去权力的风险,那么他会选择不解决任何问题。那些反对武契奇总统的人将拥有在街上或选举活动中表态的自由,但很难在除此之外的活动中拥有这一自由,因为他们是少数群体。塞尔维亚将在法律上保持民主国家的地位,但同时具有许多专制国家的特点,这种国家性质从某种程度上讲也是一种国际趋势。科索沃问题将维持原样。总体政治稳定是不太可能被动摇的。

总而言之,2019年塞尔维亚的政治局势将保持稳定,武契奇总统将继续掌控绝对权力,偶尔会爆发反对派组织的街头抗议活动,科索沃问题及其他热点问题的解决将被无期限地推迟。

(二)2019年塞尔维亚经济展望[*]

1. 2019年塞尔维亚经济预测

(1)基于2018年的结果

根据不同政府机构的报告和官方声明,塞尔维亚政府对2018年取得的经济成果非常满意,并且对2019年做出了同样的预测趋势。

与2018年相比,2019年年初的大多数经济指标有所改善。根据塞尔维亚国家银行(NBS)在2018年12月发表的报告:"六年来,塞尔维亚经济已经转变为低通货膨胀和稳定增长、财政盈余、公共债务下降、对外经济失衡显著减少以及劳动力市场复苏的发展状态。"在此报告中,塞尔维亚国家银行表示,2018年第一季度至第三季度的GDP增长率为4.5%,这主要得益于消费和出口支撑的投资活动。根据塞尔维亚国家银行的数据,最终GDP增长率

---

[*] 作者:塞尔维亚国际政治经济研究所(IIPE);翻译:甘霖、高贺初盈;校对:贺之昊、孙艳;审核:陈新。

将为 4.2%。欧洲复兴开发银行（EBRD）预测，到 2018 年年末，GDP 增长率会在 4% 左右。

塞尔维亚国家银行表示，11 月底的通胀率约为 1.9%，但仍低于 3.0% 的目标点。国家货币第纳尔（RSD）仍保持了稳定态势，2018 年全年平均汇率稳定保持在 118.3 第纳尔兑 1 欧元。预算盈余继续增长，2018 年年底增长率达 1.5% 左右，比 2017 年增加 0.5%。

关于公共债务，根据财政部长马里（Mali）的说法，比 2017 年下降得更多，在 2018 年年末时，公共债务占 GDP 的比例为 56.6%。

失业率也从 2017 年开始下降，2018 年的失业率为 12%。

总理布尔纳比奇（Brnabic）还表示，2018 年政府在解决不景气的国有企业问题方面取得了很大成功，无论是通过出售还是为他们寻找战略合作伙伴的方法。这些企业包括塞尔维亚机械和拖拉机产业公司（IMT）、博尔煤矿公司（RTB Bor）、贝尔格莱德农用综合企业（PKB）、塞尔维亚巴士制造公司（Ikarbus）、塞尔维亚巴士公司（Lasta）、贝尔格莱德啤酒厂（BIP）或诺维萨德港口（Port of Novi Sad）等陷入困境的公司，而塞尔维亚政府对这些做出改变的企业在未来几年的发展给予了厚望。

2018 年，塞尔维亚废止了 2014 年引入的临时养老金削减措施（为了减少公共债务），这表明塞尔维亚的（债务）危机已经结束，并且有足够的资金来偿还债务。

不过，多家国际机构和国内分析机构都提出了一些建议，即尽管 2018 年的情况比前一年更好，但仍有进一步改进的空间。关于 2018 年本来可以做到但却没有做到的事情，不成功的国有企业（如塞尔维亚石化公司 Petrohemija）进一步私有化，GDP 增长率仍然低于中东欧国家的水平,(特别是来自中小企业)投资水平还有提高的空间,几个营商环境指标不达标,对区域国家出口量小,但对欧盟出口量很大,国有企业的数据结果透明度相对较低,以及从国内的角度来看非常重要的一点是,塞尔维亚公民的经济标准仍然在下降。

考虑到上述所有情况,我们可以得出结论,2017年的大部分计划措施都在2018年得到了实施,塞尔维亚取得了比预计更好的成果。根据新的预算,我们将观察2019年塞尔维亚政府的经济措施和预测。

(2)2019年塞尔维亚政府的预算和预测

2018年12月初,塞尔维亚国家议会接受了来自塞尔维亚政府的拟议预算。这一预算的主旨是塞尔维亚经济的长远和快速发展、财政和货币稳定以及塞尔维亚公民生活水平的提高。除此之外,该预算的一个主要特点是通过减税(如失业税或收入税等)以及实施不同的经济激励措施,来为在塞尔维亚开展业务的公司提供进一步的帮助及刺激其增长。

此外,国际货币基金组织和世界银行提出的一项建议已纳入2019年预算,即资本投资(主要是基础设施)的增加,为此目的,政府将支出2200亿第纳尔。这些项目包括对道路的投资,如莫拉夫斯基(Moravski)走廊、贝尔格莱德环城公路;普尔利纳(Preljina)和波热加(Pozega)的城市建设工作;诺维萨德(Novi Sad)的科技园;贝尔格莱德的临床医疗中心;等等。

塞尔维亚政府计划2019年财政赤字占GDP的0.5%,但这是通过国际货币基金组织的协议来完成的,因此与2018年不同的是,塞尔维亚将不会有财政盈余。预计2019年的GDP增长率为3.5%。此外,政府将采取相同的货币政策,同时试图削减国有机构的不良贷款。

政府还计划将失业率降至更低，主要通过在塞尔维亚开设新公司和减少税收以刺激进一步就业。

其中一个优先事项是继续完善那些在2018年未被采纳的法律措施——这也导致塞尔维亚在"营商环境报告"中失去了有利的位置。

根据新预算，卫生、农业和就业这三个主要领域将会获得更多的资金（公共部门的工资将提高7%—12%）。

政府将继续加强EPS（国家电力公司）和其他主要公共企业的公司治理工作，同时努力缩小塞尔维亚现有灰色经济的规模。

（3）国际机构的预测

欧盟委员会将塞尔维亚2019年的预期经济增长率从之前的3.3%上调至3.8%，预计2020年也将会保持同样的增长率。并且，塞尔维亚的公共债务将在2019年降至54.1%，2020年降至52.1%。

欧盟委员会认为："2019年塞尔维亚的投资将保持稳健，国内消费将进一步受到就业率提高和收入增长的推动，预计融资条件和财政政策将有助于经济增长率的提高。"但是，它们同样认为国内需求的增加和贸易条件的恶化将导致通货膨胀和外部失衡。

欧盟委员会还表示，塞尔维亚预算赤字不仅会在2019年持续减少，还会持续到2020年。它们认为，通过持续的税收政策、公共行政改革和完成国有企业私有化，塞尔维亚将取得良好的财政成果。

欧盟委员会预测2019年失业率为12%，2020年为10.9%。关于通货膨胀，欧盟委员会表示，2019年可能约为2.9%，而2020年则为3%。欧盟委员会的结论是，2018年经济取得了不错的成果，塞尔维亚经济将放缓步伐，但主要由于强劲的国内需求，还将继续保持强势。

欧洲复兴开发银行和国际货币基金组织的预测相对一致，且与欧盟委员会的预测相比差别不大。这两个机构都不像欧盟委员会那么乐观，但结论大致相同。据塞尔维亚财经网站（bne Intelli News）报道："尽管预测存在一些微小的差异，但所有国际机构都指出，经济将受到强劲的国内需求的驱动，这是由于私人和公共消费的增长，以及账目盈余的变化和投资两位数的增长。"值得一提的是，除了塞尔维亚财政部部长所提到的基础设施项目外，外国媒体和分析人士还考虑到了一些非常重要的项目，如贝尔格莱德至萨拉热窝的高速公路的建设项目（7000万欧元）和水运项目——由欧洲投资银行（EIB）贷款（2亿欧元）。除此之外，此网站还引用了惠誉（Fitch）在讨论2019年塞尔维亚经济预测时指出的一件非常重要的事情，即人口负增长率和相对较低的国内储蓄水平，这可能会损害国内经济。

在国际货币基金组织2018年的最终报告（国际货币基金组织代表团在11月访问塞尔维亚期间完成并发表）中，我们可以看到国际货币基金组织总体上对塞尔维亚政府取得的成果非常满意，并且他们会继续支持塞尔维亚政府在2019年所要开展的改革工作。他们的预测较塞尔维亚政府的预测结果稍显悲观，但是总体保持一致。

（4）最终结论

考虑到上述一切信息，我们可以得出以下结论：2018年塞尔维亚取得了比预期更好的成果。大多主要的宏观经济指标都很良好，或正朝着正确的方向发展。政府在靠自己努力以及国际货币基金组织和世界银行等国际机构的帮助下，努力取得更好的经济成果。

对2019年的预测与2018年类似。经济发展速度将会放缓的最主要的表现是GDP增长率，这是2019年的主要负面因素。即使资本投资将会很高，且塞尔维亚将开始或完成一些重要项目，但这些仍然不足以使GDP增长率达到4%以上。我们还必须牢记，塞尔维亚有可能再增加一个选举周期，这通常意味着会带来更糟糕的经济结果。科索沃的政治问题仍然存在，这同时也是国内经济面临的巨大问题。

公共债务稳步下降以及塞尔维亚实行稳定的货币和财政政策是一件好事。法律政策的所有改变将有助于改善2019年的一些经济指标。

关于2019年的预算，我们可以看到经济政策的一些积极变化。首先，农业和卫生预算增加。与此同时，政府将向警察、军队、卫生工作者和教师投入一大笔资金，这一措施最终将提高这一部分民众的生活水平。在这方面，内政部和国防部将有充足的资金来改善其安全和防卫系统。

然而，遗憾的是教育部、文化部和社会福利部，2019年不会受益。这在某种程度上令人担忧——因为如果没有良好的教育体系，塞尔维亚就无法发展成为一个良好的社会，也无法为第四次工业革命做好准备。

国内中小型企业的稳定也是至关重要的，这些企业仍在努力争取国内市场中的一席之地。减税政策所带来的一些变化将有助于它们的发展，而仍有许多措施有待实施以给它们一个展现自己的舞台。同样重要的是，要认可国家龙头企业，政府可以给其提供支持，使其走出国门、拓展海外业务。只有拥有强大的国内企业，塞尔维亚才能改善自身的市场。这并不意味着不应该支持国际企业和投资，但塞尔维亚应该给予国内企业更多关注和支持。

2. 2019 年年初的塞尔维亚经济

2019 年，塞尔维亚以最终一次性付清费用为条件，转让了尼古拉·特斯拉机场（Aerodrom Nikola Tesla）未来 25 年的特许经营权；塞尔维亚与俄罗斯及俄罗斯公司签署了 20 多项国家间及企业间协议；塞尔维亚为商业银行（Komercijalna Banka）最终选定了新的私有化顾问，这项私有化招标已经推迟了整整十年。

（1）尼古拉·特斯特机场特许经营权转让

塞尔维亚几乎整整一年都在等待尼古拉·特斯拉机场的特许经营费。这是塞尔维亚经济中重要的投资之一，因为无论是过去还是现在，位于贝尔格莱德的尼古拉·特斯拉机场都仍然是该国盈利最多的公司。

法国基础设施集团万喜机场公司（Vinci Airports）2018 年 1 月的报价是最好的。这家欧洲最大的建筑和特许经营公司提出支付 5.01 亿欧元，并承诺将在未来 25 年内再投资 7.32 亿欧元。除此之外，万喜公司还承诺在特许经营期间每年支付 440 万欧元到 1510 万欧元不等的年费。

2018 年 3 月 22 日，塞尔维亚与万喜公司签署了对贝尔格莱德尼古拉·特斯拉机场融资、扩建、升级改造、维护和基础设施管理运营的特许经营协议。此后，又开始了为期 6 个月的"关闭金融建设"。特许经营费预计于 2018 年 9 月支付，但直至三个月后，也就是 2019 年到来的前几天才兑现。

2018 年 12 月 21 日，万喜公司向塞尔维亚共和国（the Republic of Serbia）支付了 5.01 亿欧元。第二天，万喜公司便成为贝尔格莱德尼古拉·特斯拉机场为期 25 年的运营商。但目前协议（合约）内容尚未公布。万喜公司仅宣布，为完成这项交易，它已从4家多边机构及6家商业银行筹集了总价值为4.2亿欧元、还款期限最长为17年的贷款。这4家多边机构分别为：国际金融公司（International Finance Corporation，IFC），它是世界银行集团（World Bank Group）的成员之一；欧洲复兴开发银行（European Bank for Reconstruction and Development，EBRD）；法国发展署（Agence Française de Développement），通过其分支机构经济合作投资和促进公司（Proparco）达成合作；德国复兴信贷银行（KFW Bankengruppe，KFW）的子公司德国投资与开发有限公司（Deutsche-Investitions-und-Entwicklungsgesellschaft-mbH，DEG）。万喜公司表示，这笔贷款将补充在运营方面的股本投资中，还包括支付给当局的5.01亿欧元的特许经营预付款，以及合约中所提到的机场扩建和升级工程款项。

2019年2月13日，万喜公司正式接管贝尔格莱德机场的运营权。万喜公司为开启在塞尔维亚的业务以及开始在尼古拉·特斯拉机场为期25年的运营而进行庆祝。

万喜公司的网络在2018年最后一个季度接待了近4800万名乘客，比2017年同季度增长了7.2%以上。2018年共接待2.4亿名乘客，其中接待的1.952亿名乘客是在并购伦敦盖特威克机场（London Gatwick Airport）之前。

2018年，贝尔格莱德机场接待了564万名乘客，比2017年增长了5.4%。据公司报道，机场在2018年第四季度接待了122万名旅客，比2017年第四季度增长了2%。新管理层预计，在特许经营结束前能够接待1500万名乘客。

与此同时，万喜公司与希腊输电网集团（GEK Terna Group，是意大利Terna能源企业的希腊子公司）的附属公司输电网股份公司（Terna S. A）就机场五年内的扩建和升级改造工程签署了协议。正如输电网公司所宣布的，该项目是万喜公司出资51%、输电网公司出资49%的合资项目，预算为2.62亿欧元。该项目范围包括一系列基础设施检修，旨在根据当前和未来的数据，开发和改进机场的容纳能力及运营条件，使航空公司能够提供新的航线，促进客运量和货运量与塞尔维亚的经济发展实现同步增长。

（2）希腊输电网集团

接下来所面临的大问题是，该如何分配这一次性付清的5.01亿欧元特许经营费。这实际上代表了贝尔格莱德机场的利益。这笔钱款的一部分应支付给塞尔维亚共和国，因为它是贝尔格莱德尼古拉·特斯拉机场的主要股东。剩余的小部分钱款则应以股息的形式支付给小股东——公民和雇员。由于合约内容尚未公布，目前只能粗略地估计这两笔钱款的数额。这笔特许经营费将按持股比例分配给所有股东：塞尔维亚共和国将获得4.17亿欧元，其余的小股东将共同分配8500万欧元。

由于贝尔格莱德机场总共有3503万股股份，其中1.26%是公司本身持有，剩余的3458万股是分红的基数，因此每股总价值将为14.49欧元。国家拥有每股的全部金额，而公民则要扣除15%的税，也就是每股12.31欧元。

贝尔格莱德机场股票在贝尔格莱德证券交易所（Belgrade Stock Exchange）上市。在万喜公司接手塞尔维亚机场管理后，该股票的价格于2018年12月25日达到历史最高。截至2019年2月20日，价格已经降至50%以下。不过，有关股息的细节将在2019年3月18日公司例会后公布。

然而，尽管尼古拉·特斯拉机场的特许经营权被认为是塞尔维亚最大的投资之一，但协议内容仍未公布，看起来似乎是暗藏玄机。首先，位于尼什（Niš）的康斯坦丁大机场（Konstantin Veliki）将由塞尔维亚政府掌管，而非当地政府。塞尔维亚政府称，康斯坦丁大机场与尼古拉·特斯拉机场的特许经营权没有任何关系。但是，根据那项未公开的协议，似乎不允许康斯坦丁大机场接待超过100万名乘客，否则塞尔维亚政府需向万喜公司缴纳罚金。

第二个没有得到广泛宣传的决定是贝尔格莱德机场将更改"尼古拉·特斯拉"的名称，它本是得名于既是塞尔维亚也是世界闻名的伟大科学家尼古拉·特斯拉（Nikola Tesla）。更准确地说，万喜公司称他们只更改了机场的标志设计，机场的名称没有改变。从今往后，它将只是"贝尔格莱德机场"，取消了标志上"尼古拉·特斯拉"的字样。万喜公司表示，新标志的设计是为了使其适应万喜机场的国际标准。

（3）与俄罗斯的经济关系

2019年1月，俄罗斯总统弗拉基米尔·普京（Vladimir Putin）访问塞尔维亚。随之而来的还有一批商人和企业家，因此俄罗斯与塞尔维亚会晤的主题是增进两国的经济合作。两国代表团就未来合作签署了20多项协议、备忘录、合约和协定书。

俄罗斯原子能公司（Rosatom）首席执行官阿列克谢·利哈乔夫（Alexey Likhachev）同塞尔维亚创新部（Serbian Minister for Innovations）部长奈纳德·波波维奇（Nenad Popović）就和平利用原子能签署了协议，这是最重要的协议之一。签署的另外两个重要文件是《俄罗斯和塞尔维亚数字技术领域合作谅解备忘录》（the Memorandum of Understanding on Russian-Serbian cooperation in the field of digital technologies）及《关于电力部门创新发展的备忘录》（the Memorandum on the development of innovations in the electricity sector）。

俄罗斯联邦航天局（Roscosmos）局长德米特里·罗戈津（Dmitry Rogozin）签署了《俄罗斯和塞尔维亚关于研究领域以及和平利用宇宙空间合作协议》（the Russian-Serbian cooperation in the field of research and use of cosmic space for peaceful purposes）。

俄罗斯铁路（RZD International）总经理谢尔盖·巴甫洛夫（Sergey Pavlov）同塞尔维亚铁路基础设施（Railway Infrastructure Serbia）总负责人米洛柳巴·耶夫蒂奇（Miroljub Jevtić）签署了一份价值2.3亿欧元的商业合约。该合约涉及塞尔维亚铁路基础设施同俄罗斯铁路关于塞尔维亚铁路基础设施的扩建工程和建造塞尔维亚独一无二的铁路交通管理调度中心的设计与实施。

（4）国际货币基金组织与塞尔维亚

国际货币基金组织代表团于2019年1月25日至2月5日访问塞尔维亚。

在国际货币基金组织工作人员总结对塞尔维亚的访问时，认为塞尔维亚的经济计划持续传达出取得强劲成效的信号。但同时需要重视的是，国际货币基金组织的任务是支持塞尔维亚当局的计划，以便迅速推进商业银行及HIP石油化工厂（HIP-Petrohemija）的私有化进程。

媒体已经猜测，几家俄罗斯公司有兴趣收购位于潘切沃（Pančevo）的HIP石油化工厂。私有化招投标预计在2019年2月底进行。

塞尔维亚共和国占股41.75%的商业银行终于有了新的私有化顾问——由拉扎德投资银行（investment bank Lazard）领导的财团。拉扎德财团曾就万喜公司获得尼古拉·特斯拉机场的特许经营权一事向国家提出建议，并于2015年就塞尔维亚电信公司（Telekom Srbija）最新的私有化进程一事向国家提出建议（该项建议并未被采纳）。

根据同国际货币基金组织商定的政策协调工具（the Policy Co-ordination Instrument），为商业银行选择新战略合作伙伴的招标将于 2019 年 6 月底启动，并将于 2019 年年底同新的战略伙伴签署协议。商业银行的私有化进程被推迟了几次。其主要问题是，如果国家决定不出售其股份，那么作为其少数股东的欧洲复兴开发银行和国际金融公司必须按照 2006 年协商的内容支付 2.52 亿欧元。

（5）结论

公开贝尔格莱德机场特许经营权的合约内容将大大增强公众对这项投资的信心。与万喜公司的合约细节有太多未知之处，只有特许经营费和投资是已知的项目。塞尔维亚在这份合约中承担的义务仍然是未知的。按照交通部（the Ministry of Transport）的说法，公开这份合约内容的新"最后期限"是 2019 年 2 月底。同样重要的是，国家将如何使用这笔特许经营费，这也是合约中不曾提及的。

（三）2019 年塞尔维亚社会展望[*]

塞尔维亚 2019 年面临的三大主要社会挑战包括环境保护、法治方面的挑战，议会选举以及塞尔维亚加入欧盟的进程。

1. 环境与自然保护

由于环境保护领域的措施不完善，塞尔维亚公民遭受了巨大的损失。根据国家战略和财政委员会的预测，环保项目的拨款会在

---

[*] 作者：塞尔维亚国际政治经济研究所（IIPE）；翻译：甘霖；校对：贺之昊；审核：陈新。

下一季度增加，直到2025年，它们会占GDP的2.5%—3.0%。

公共资源的环境成本高增长、公共政策的实施和监督缺乏公众参与、自然资源开发领域未能建立法律和司法系统、滥用现行法律法规，将极大助长腐败以及该领域公共资源和执法部门滥用资金的情况。负面做法将会继续，如建立小型水电站、非法处理废物、非法储存和清理危险物质、噪声等。环境犯罪行为的法庭诉讼数量几乎可以忽略不计，而且这种趋势将继续存在，正在庭审的环境犯罪案件大部分都会停止在检察官办公室，而且对犯罪者没有任何刑事法律后果。系统性腐败将继续通过占有公共和私有部门的重要财政资源的形式存在，最明显的就是小型水电站的建造。关于水资源保护的国家战略和行动计划还未得到通过。未经处理的污水仍然是污染的主要根源。塞尔维亚可能不会为加强行政能力做出重大努力，尤其是在监督、执法和机构间协调方面。通过地方治理，制定关于设施运营和维护责任的明确规则的方法应该不会得到改善。

2. 法治

2018年1月塞尔维亚提交了公众期待已久的司法宪法改革草案，该草案被送交威尼斯委员会（Venice Commission）征求意见前，已经提交公众讨论，目前取得了一些进展，其中一项重大进步就是减少旧执法案件的积压和采取措施协调法院实践。同时，修订宪法和立法框架以进一步改善司法独立性的准备工作仍在进行。

政治影响对司法机构的干涉范围可能仍然是个问题。如果仅通过修改与法官和检察官的任命、职业管理和纪律程序有关的宪法和立法规定，加强司法独立性和检控自治方面可能无法取得重大进展。考虑到执政党的内部政治利益，高级司法委员会和国家检察委员会不能全面发挥作用，也不会实现连贯高效的司法管理。能否在司法系统的效率和效力方面实现可衡量的改进还仍是一个重大难题。

现行的宪法和立法的框架仍为对司法机构的不正当政治干涉留有可乘之机。在建立一个全面客观、透明和以绩效为基础的法官和检察官任命制度方面进展甚微。此外，法院院长和检察机关负责人对个别法官和副检察官工作的广泛的自由裁量权可能会影响他们的独立性和公正性。

2017年5月启动的关于司法独立性的宪法改革进程在2018年1月再度推进，并且在2019年会引起激烈的辩论。塞尔维亚当局和利益相关者将会参与到公众辩论中，这也预示着其很可能不会是广泛的、包容的、建设性的辩论。

（3）2019年塞尔维亚的社会抗议活动

塞尔维亚2019年的社会抗议——以"停止血腥的衬衫"（Stop bloody shirts）和"五百万分之一"（1 in 5 million）口号闻名的社会抗议始于2018年秋末，因为一名反对派领导人在一次事件中遭受了身体暴力。如果对这些抗议运动的战略目标和组织进行思考，可以得出这样的结论：这些抗议是2017年反独裁运动的间接延续，并且是对总统亚历山大·武契奇（Aleksandar Vučić）行使权力方式的抗议。这些抗议是自2000年政治变革以来塞尔维亚时间最长的大规模反政府示威游行活动。

与以前大多数由各种正式或非正式公民群体发起的反对派示威活动不同，这次抗议活动是政治反对派组织以及公民运动和倡议在抗议活动中发挥了重要作用。与2017年春季的示威活动相比，这些抗议活动不是每天进行的，而是在规定的时间间隔内进行的。

社会抗议活动将在2019年继续进行，并且规模很可能会扩大到举行特别议会的程度。抗议活动的组织者将更多地依赖社会不同层面和不同类别的公民中存在的社会问题和不满情绪。养老金领取者、学术界人士、社会贫困阶层、私营部门员工以及围绕不同社会问题而聚集的公民的不满情绪将越来越严重。

最有影响力的，同时也给塞尔维亚公民带来最大压力的问题是政府的运作方式和不发达的政治文化。政府在巩固国家财政和提高塞尔维亚的国际声誉和地位方面的工作成果是显而易见的。然而，在"深渊势力集团"（deep state）发挥作用的活动中取得的成果却少得可怜。与前几年相比，2018年塞尔维亚的民主领域没有任何改善，而且与2014年相比还有所下降。这样的趋势甚至有可能持续到2019年。

随之而来的是违反媒体自由的趋势，政治文化水平将停滞不前，公民参与政治进程的程度将会缩小，政府运作和深层管理将出现更加明显的问题。

政治参与度、公民参与民主和政治进程，其中涉及的政治决定的通过，会对公民生活产生直接影响，将成为年轻和受过教育的人口离开塞尔维亚以寻求更好的经济和社会生活的另一个动机。政治行为体之间的关系和彼此相互尊重，以及公民对自己政治权利和义务的了解将比前一段时期更差。

对那些反对现政府的社会参与者的信息和媒体迫害将继续存在这样的风险：如果宣布特别议会选举，这些社会参与者的数量就会呈现增长趋势。此趋势出现的原因主要是基于所有公民资助的公共服务。此外，选举前、选举中和选举后也可能会出现暴力和现任政府滥用公共资金、机构、国有企业、公共机构、检察官的现象。

(4) 结论

塞尔维亚的社会发展中不会发生重大的变化。公民抗议活动将增加，尤其体现在议会选举之前的一段时期。这些抗议的主题将围绕着不同的问题进行，主要是社会问题。如果（提前）举行议会选举，议会中政治权力的分配可能不会发生变化。执政的塞尔维亚进步党可能会赢得选举，并会在可触及的一切领域中巩固其政权，而在与普里什蒂纳（Pristina）和外国的关系中，政府的活动会与可能的解决方案保持一致。政府和总统武契奇将不得不承担做出艰难决定的责任。问题是，如果其他一些反对党执政的话，会不会做出一些非同凡响的重大成就呢？然而，许多国家和社会发展的战略问题仍然没有得到解决或者事倍功半。关于司法独立性的宪法改革进程将在2019年进行激烈辩论。塞尔维亚当局和利益相关者将会参与到公众辩论中，这也预示着这场辩论很可能不会是广泛的、包容的、建设性的。

一个小型的高效的国家需要的是真正的变化——使这个国家运作透明，并且建立在自由公民的支持之上，而不是基于公民的恐惧、压迫、剥削。在这种要求得到社会一致认可之前，在发展至了解自己国家情况之前，我们将陷入深渊，坠入更加无望的境地。

（四）2019年塞尔维亚外交展望[*]

2019年，塞尔维亚的外交政策将侧重于经济发展、解决安全议题等关键问题上，巩固并强化加入欧盟的进程。同2018年一样，

---

[*] 作者：塞尔维亚国际政治经济研究所（IIPE）；翻译：高贺初盈；校对：贺之杲；审核：陈新。

塞尔维亚在前两个议题上将依赖俄罗斯和中国作为主要合作伙伴。科索沃军队的组建所引发的问题影响到塞尔维亚,使其加强与俄罗斯和中国的安全合作。普里什蒂纳(Pristina)决定对来自塞尔维亚与波黑的货物增税,这可能会带来科索沃和梅托希亚(Metohija)未来地位的谈判进程的终止。为解决这一问题,塞尔维亚必须依赖欧盟,而欧盟也有意废除该项税收政策并促进两者关系正常化。

2018年年底,科索沃和梅托希亚出现了重大的经济问题及安全问题,这将是2019年政治活动的重点。这些问题危及该地区的安全、经济稳定、人权以及关于科索沃与梅托希亚未来地位的谈判进程。2018年11月21日,普里什蒂纳当局对于来自塞尔维亚中部及波黑的货物提高了100%的税率。这导致科索沃及梅托希亚地区的塞尔维亚商品进口量大幅度下降。这一决定严重影响了塞尔维亚的经济。塞尔维亚现在每天损失100万欧元。这是普里什蒂纳当局对塞尔维亚施加的又一压力,其目的是使塞尔维亚承认南部省份的独立。普里什蒂纳当局的决定尤其打击了在科索沃和梅托希亚居住的塞尔维亚族人,他们如今的处境变得更糟,因为他们甚至不能从塞尔维亚获得人道主义援助。2018年12月,科索沃军队(the Army of Kosovo)建立,这使得贝尔格莱德和普里什蒂纳的关系进一步恶化。

俄罗斯与中国在国际关系中对塞尔维亚的政治支持是塞尔维亚外交政策的重要支柱,也是在国际领域维护塞尔维亚利益的重要保障。如今,普里什蒂纳当局做出了危险的决定,且欧盟和美国并未持否定态度,那么塞尔维亚依赖俄罗斯和中国的支持就变得至关重要。科索沃军队的建立破坏了该地区的安全平衡,加剧了紧张局势。为巩固其在该地区的地位,塞尔维亚在2019年必定会加强国防能力，其重要的一步将是在安全与军事技术合作领域与俄罗斯及中国建立更加紧密的联系。与俄罗斯的军事技术合作已经在进行中。现在我们可以推测，这项合作将以塞尔维亚军队（Army of Serbia）现代化为重点，以交流经验为目标，聚焦于现代化武器及军事人员交流。这次交流还将进一步加强两国之间的联系。中国在技术领域发展很快，这一点在军工业的发展及国内军事能力的现代化中也得到了明显的体现。塞尔维亚对于向中国购买新武器，尤其是具有高科技特征的武器的军事合作十分感兴趣。由于科索沃与梅托希亚对塞尔维亚的出口货物所征收的税额对塞尔维亚经济造成了巨大的负面影响，塞尔维亚必将采取新措施扩大与中国的经济合作。通过两国之间经济的新领域合作，塞尔维亚可以弥补其因税收而遭受的经济损失。在这一困难时期，中国是塞尔维亚保持经济发展的重要合作伙伴之一。科索沃军队的组建和塞尔维亚货物的商品税导致了极为复杂的局面，俄罗斯和中国将在稳固塞尔维亚地位的问题上发挥不同作用。俄罗斯将主要同塞尔维亚在安全领域合作，尤其是在加强塞尔维亚军队以维护地区稳定这一方面。中国将成为塞尔维亚的重要经济伙伴，致力于维护塞尔维亚经济体系的稳定，促进塞尔维亚工业发展。作为塞尔维亚重要的经济伙伴之一，中国将在这一时期成为塞尔维亚经济稳定的支柱。普里什蒂纳当局的决定使塞尔维亚同俄罗斯及中国的关系变得更加密切和牢固。

欧盟并未就科索沃军队的组建问题采取具体立场，但它指出，这一进程本应持续得更久。我们可以得出结论，欧盟已经含蓄地接受了科索沃军队的建立。对于大多数欧盟国家来说，科索沃和梅托希亚是独立国家，这个"独立"国家可以自由地安排它的安全体系。许多欧盟国家都明白科索沃军队的建立可能造成的危险。

十一　塞尔维亚

尽管如此，欧盟作为一个整体，并未对这项决定表现出明确的反对态度。欧盟将会进行调解，因为向塞尔维亚的商品征税是普里什蒂纳当局向塞尔维亚施压的一种方法，其最终目标是使塞尔维亚承认它的独立，但对于塞尔维亚族人来说，这份压力太大。就像普里什蒂纳当局决定组建军队力量一样，大多数欧盟国家认为科索沃和梅托希亚可以自由地向不同的国家采取经济措施。欧盟面临的问题是塞尔维亚的官方立场，它拒不承认科索沃和梅托希亚的独立性，这意味着谈判再次遇到了障碍。如果普里什蒂纳不中止收税，塞尔维亚将拒绝继续谈判。欧盟关心的是谈判的继续，它试图找到这一问题的解决办法。2019年1月8日，欧盟的高级代表费代丽卡·莫盖里尼（Federica Mogherini）在布鲁塞尔会见普里什蒂纳的代表时坚持应暂停收税的观点。她指出，这一决定不利于贝尔格莱德和普里什蒂纳之间的关系正常化，并影响着整个地区。正常化是普里什蒂纳融入欧洲的条件之一。莫盖里尼明确地告知普里什蒂纳当局，这一决定危及他们在欧洲的未来。欧盟的这一立场是塞尔维亚未来与欧盟合作的"资本"，因为普里什蒂纳当局在没有确切理由、没有考虑谈判过程的情况下，以非常令人不快的方式设置了税收。普里什蒂纳当局的这一决定使欧盟和塞尔维亚在这一进程中成为关系更加密切的伙伴。塞尔维亚必定会利用这一"资本"采取新的措施，协调关于科索沃与梅托希亚最终地位的目标。普里什蒂纳征收商品税的这一决定使得欧盟与塞尔维亚的合作伙伴关系比往年更加牢固，2019年双方的合作必定会扩大和加强。塞尔维亚必定会成为这一新合作时期的发起者。如今，在获得授权批准后，塞尔维亚关于塞尔维亚族自治省共同体（Community of Serb Municipalities）的谈判立场将会保证科索沃和梅托希亚的塞尔维亚族人的存续，这可以获得欧盟更强有力的

· 555 ·

支持。这对向普里什蒂纳施加压力，并最终建立起这个拥有行政权力的共同体具有至关重要的作用。

欧盟坚持认为贝尔格莱德和普里什蒂纳必须继续谈判。欧盟有必要更好地了解居住在科索沃和梅托希亚的塞尔维亚族人所面临的问题。因此，塞尔维亚必须采取必要措施，与欧盟建立更紧密的联系和相互信任。塞尔维亚将通过这种方法获得更大的支持，以阻止普里什蒂纳当局加入各种国际组织。这是塞尔维亚前几年取得的重要成就之一，它将继续贯彻这一政策以保护其在这些领域的利益。塞尔维亚改善与欧盟关系的另一个目标是保护居住在科索沃与梅托希亚的塞尔维亚族人，并赋予他们更大的权利。实现这一目标的关键任务是建立塞尔维亚族自治省共同体，并使其有能力保护居住在科索沃与梅托希亚的塞尔维亚族人。

美国国务院代表马修·帕尔默（Matthew Palmer）宣布，美国支持科索沃安全部队（Kosovo Security Forces）向科索沃军队转型。此前，美国驻贝尔格莱德大使凯尔·斯科特（Kyle Scott）表示，科索沃与梅托希亚是一个名为"科索沃"的独立国家，美国与科索沃的关系同美国与其他任何国家的关系一样。美国也加入了支持对塞尔维亚商品暂停收税的行列。美国驻普里什蒂纳大使菲利普·考斯奈特（Philip Kosnett）于2019年1月21日会见了拉穆什·哈拉迪纳伊（Ramush Haradinaj）和卡迪尔·维塞利（Kadri Veseli）。考斯奈特坚持对塞尔维亚商品暂停收税。他明确指出，普里什蒂纳将面临制裁，并将会失去美国对于安全部队转型的支持。值得注意的是，这项关于税收的决定也影响了欧洲和美国的公司。更具体地说，对塞尔维亚商品征收的税同样适用于在塞尔维亚境内工厂生产制造的外国货物。因此，这项决定对西方公司及其利润也产生了不良影响。这是欧盟和美国对普里什蒂纳施压，

十一 塞尔维亚

并要求其暂停税收的又一原因。普里什蒂纳当局不顾来自欧盟和美国的反对，尤其是来自美国的压力，正在考虑对来自塞尔维亚的商品再加征10%的税。然而这只能被理解为普里什蒂纳当局展现力量的手段，并不能够确定税收是否会进一步增加，因为这项决定对于在塞尔维亚的外国公司也产生了影响。塞尔维亚几乎没有或根本没有空间来改变美国在科索沃军队的组建问题上的立场。但在塞尔维亚商品征税这件事的基础上，塞尔维亚与美国有了很大的合作空间。如今塞尔维亚与美国有着共同的利益，因为在塞尔维亚的美国公司也同样遭受着经济损失。这对于塞尔维亚和美国在其他领域扩大合作来说是个很好的基础，如在科索沃与梅托希亚建立塞尔维亚族自治省共同体这一领域。塞尔维亚必定会通过共同努力解决税收问题，来争取美国对于塞尔维亚在科索沃与梅托希亚的权利问题的支持。塞尔维亚可利用税收问题来强调普里什蒂纳当局利用美国支持做出产生不良影响的决定，反过来期望塞尔维亚在科索沃与梅托希亚的利益问题上获得美国的支持，以免再次出现产生不良影响的决定。如果塞尔维亚更加政治化地呈现在科索沃与梅托希亚，这对塞尔维亚来说是一个向美国呈现其对该地区经济稳定的积极影响的良机，因为普里什蒂纳当局的政策在该地区及更加广泛的地区造成了不良影响。我们可以预料，塞尔维亚将利用税收问题这张牌，表现出它是谈判过程中最值得信赖的伙伴，使得其政治形象对美国更有吸引力。

　　科索沃军队的组建不仅是安全威胁，也是重大的政治信号。欧盟并没有向普里什蒂纳施加强大压力，使其停止这一进程。很明显，欧盟支持普里什蒂纳的这一进程。这样，普里什蒂纳当局就有了迫使塞尔维亚承认科索沃与梅托希亚独立的自由空间。科索沃军队的组建过程表明，普里什蒂纳当局无疑获得了欧盟的默许。

美国的支持是清晰而显而易见的。塞尔维亚别无选择，只能增强其武装部队，以恢复该地区的权力平衡。科索沃军队的建立，以及美国和欧盟对这一进程的支持，动摇了该地区的稳定以及关于未来地位的谈判。矛盾的是，如今普里什蒂纳的地位比科索沃军队成立前更为强大，尽管组建军队违反了联合国第1244号决议（Resolution 1244）。另外，由于普里什蒂纳当局的决定，塞尔维亚的政治地位有所改善。塞尔维亚做出了良好的反应，并呈现了"期待和平解决问题的值得信赖的合作伙伴"的形象。然而，塞尔维亚在这些问题上必须依靠俄罗斯与中国在安全和经济领域的支持。

十二 斯洛伐克

（一）2019年斯洛伐克政治发展前瞻：总统选举[*]

2018年多次启动议会选举的尝试都受到了抗议者的挫败。但在2019年，抗议者及其他的斯洛伐克成年公民至少有机会在春天举行的总统大选中选出他们的新总统。尽管总统的角色在斯洛伐克政界并非至关重要，人们也更寄希望于议会换届选举，但总统大选和其带来的影响可能会与此前的那些议会选举一样重要。

1. 现任总统

2018年，斯洛伐克总统安德烈·基斯卡（Andrej Kiska）发表了他对于斯洛伐克的政治状况或是政治危机的不满。他无惧于直面这些重要问题，不过这也把他置于风口浪尖之上。安德烈·基斯卡从不是个圣人，他和斯洛伐克其他的政治人物一样，经常面临各种指控，其中也有关于他依靠放高利贷来发家致富和获得权力的指控。即便如此，安德雷·基斯卡仍在2018年的政治和社会政治事件中发挥了重要作用。他是少数批评执政党，甚至与执政党进行斗争的政治要员之一。

---

[*] 作者：Institute of Asian Studies, Bratislava；翻译：张嵘皓；校对：马骏驰；审核：陈新。

在调查记者扬·库恰克（Ján Kuciak）和其未婚妻马丁娜·古什妮洛娃（Martina Kušnírová）被谋杀后发生了诸多事件。例如人们在抗议中要求多位政治人士辞职，提前进行议会选举，并且不仅要对谋杀案进行调查，还要求妥善调查牵涉了多位高官的腐败案。这一切都使斯洛伐克处于四分五裂的局面之中。安德烈·基斯卡也牵涉其中，他公开指责执政联盟的行为也无异于火上浇油。现在看来，斯洛伐克已截然划分为两大阵营，一边是把一切祸端都归咎于执政联盟的人，这些人喜爱并支持安德烈·基斯卡，而支持执政联盟的人则希望安德烈·基斯卡尽快下台。

基斯卡甚至在其2019年的新年致辞中也不忌惮谈论2018年的问题。他再次含沙射影地批评了当权者，同时赞扬那些决意为建设更好的斯洛伐克而战的人："……调查记者扬·库恰克和其未婚妻马丁娜·古什妮洛娃被谋杀一案发生后，本应庆祝和纪念的一年成为了人们心中为道义和正义奋斗的一年。两名年轻人的遇害以及随后发生的事件都迫使我们重新长久地、认真地审视自身，正视我们生活的这个社会，正视我们所处的和正在建设的国家。我们不能再蒙蔽双眼，逃避问题了。这一年，在国家自身和其维护公正的能力方面，人们的信心大打折扣。我们也不得不怀疑这样一个社会的可持续性。我相信，那些聚集在广场上和其他地方、希冀道义和正义的人民，无论是现在还是将来，都能够发展并保护自由与民主。也会有人指明那些多年来一直对正义和尊严嗤之以鼻的政客，指明那些仍然相信这些政客可以继续当政或者重拾权力的人。"

基斯卡还反对极端主义，称其是真正的威胁。因为有些人可能会寻求一些极端方式来发泄他们的不满和怒火，还有一些政客则对民主和自由嗤之以鼻。

由于基斯卡确定他将不会参与即将到来的总统大选以求连任，

所以这次新年演讲将是他的告别演出。尽管基斯卡做出了这样的决定，但他仍可能继续留在政界。或许他会创办一个新政党或是加入一个现有政党。

2. 新一任总统的候选人

罗伯特·菲佐（Róbert Fico）是前任总理和目前权力最大（也是最具争议）的政党——斯洛伐克方向党（SMER-SD）的主席。他曾声明不会参与总统角逐（此前，他曾在总统竞选中输给了现任总统安德烈·基斯卡）。现任总理佩莱格里尼也拒绝参选，称新任总统的最好人选是斯洛伐克外交部长米罗斯拉夫·莱恰克（Miroslav Lajčák）。据佩莱格里尼来看，总统更像是个外交官，应当代表这个国家，而非改变它。因此，莱恰克无疑是最佳人选，如果他同意参选的话将更好。

2018年秋季，佩莱格里尼在提到总统候选人时，认为"有些人在愚弄大选"。尽管2018年12月初菲佐宣称，方向党已有一位候选人，但方向党至今仍未宣布其候选人的名字。菲佐称，方向党可能到2019年2月才会公布他们的候选人，以保护候选人在宣布参选后免遭抨击，而这可能也代表此人难以为抗议者和反对派所接受。另一位可能参选的方向党人为前外交部部长扬·库比什（Jan Kubiš），他自称有意参与竞选。但库比什也表示，他不会作为方向党候选人参选。

2018年12月，斯洛伐克民族党（SNS）议员、议会主席安德雷·丹科（Andrej Danko）承认，尽管他并非真的有志于成为总统，但他仍可能参与竞选。最近，丹科和他法学博士学位的丑闻依然热度未减。丹科称，他所在的政党理应有一位竞选人，但由于无人愿意竞选，他很有可能参与竞选。但他也表示，他所在政党不会采取积极态度，也不会开展任何竞选活动，因为欧盟机构的选举更为重要。

执政联盟里的第三个政党桥党（Most-Híd）已经有了候选人。自2018年6月以来，人们就已经知道了这位候选人是谁。他就是桥党的主席贝拉·布加尔（Béla Bugár）。2018年9月他就已经集齐了必需的公民签名。

至于反对派一边，罗伯特·米斯特里克（Róbert Mistrík）似乎是一个强有力的候选人，他是一名科研人员。他于2018年5月宣布参选，并于2018年11月收集到了足够的签名。2018年5月，米斯特里克表示，他将作为无党派的独立候选人参加竞选。自那时起，他就获得了反对党自由与团结党（SaS）和共同党（SPOLU）的支持。

尽管罗伯特·米斯特里克是一个强有力的候选人，但他承认如果到时候没有某些候选人下台使他获得有利地位，以他的实力可能不足以进入选举的第二轮。米斯特里克还说，尽管他对候选人都怀有敬意，但他也认为，如果没有好的策略，他们没有人能进入第二轮。

米斯特里克提到的竞选人主要有：宣布以无党派身份参选的议会前议长弗兰季谢克·米克洛什科（František Mikloško）、"进步的斯洛伐克"运动的发起人苏桑娜·查普托娃（Zuzana Čaputová）和反对党"我们是一家"党（Sme Rodina）的米兰·克莱涅克（Milan Krajniak）。"我们是一家"党是由克莱涅克参与竞选，而非该党备受争议的主席博里斯·克拉尔（Boris Kollár）。

其他已确定的独立竞选人有：证券分析师尤莱·扎博伊尼（Juraj Zabojnik）、商人和社会活动家博休米拉·托玛诺娃（Bohumila Tauchmannova）、前最高法院主席兼司法部部长什特凡·哈拉宾

(Štefan Harabin)、前环境部职员拉多凡·兹纳什克（Radovan Znašik）和斯洛伐克复兴运动（Slovak Revival Movement）的领袖罗伯特·什维奇（Róbert Švec）等。

至少还有六位其他候选人宣布竞选，包括人民党——我们的斯洛伐克党（L'SNS）主席马里安·科特勒巴（Marián Kotleba）。这一政党是一个纳粹主义和极端主义政党。

那么每位参选人的获胜概率如何呢？根据福克斯（Focus）2018年10月实施的调查，如果选举于当年9月进行，那么当选人应为米罗斯拉夫·莱恰克（他后来退出了竞选），支持率为26%；排名第二的是安德雷·丹科，支持率为12.3%；其后为罗伯特·米斯特里克，支持率为9.5%；什特凡·哈拉宾和马里安·科特勒巴的支持率则分别为9.1%和8.7%。

其中一位候选人苏桑娜·查普托娃则要求发起一项新的调查，这项调查排除了所有来自方向党和民族党的候选人，并于2018年12月由斯洛伐克的安可公司（AKO，这是一家市场调研公司，于1991年成立）进行。根据这项调查，新的总统将是罗伯特·米斯特里克，他在本次调查中获得了16.8%的投票；贝拉·布加尔获得了16.2%的投票；什特凡·哈拉宾获得了12.8%的票数；查普托娃则位列第五。

3. 小结

即使斯洛伐克的总统并不像美国总统那样掌握巨大权力，但考虑到斯洛伐克近来发生的一系列事件和当前的政治状况，明智地选择一位新总统至关重要。一位不断挑战执政联盟的总统或许不能最妥当地解决这些政治危机，但选择一位没有自己主见和立场的总统也不可取。

方向党参与总统竞选的候选人还未确定，但方向党是执政联盟中最强的政党。该党的出身就是一大优势。根据相关民意调查，来自其他执政党的候选人也有很大概率当选，因此很可能不会出现"第二个基斯卡"，除非反对党或某个独立候选人取得了足以进入选举第二轮的选票并最终当选。即使新总统是一个心怀善意的人，也并不意味着所有事都会自动变好。但至少会有人警醒当政者恪守服务人民的诺言，行事正义且不失公允。

（二）2019年斯洛伐克经济展望[*]

预计2019年，斯洛伐克的经济地位将有所提高。斯洛伐克中央银行的报告中指出，2018年第三季度斯洛伐克GDP增速加快至4.6%。而2018年GDP的增速加快将保证未来一段时间GDP的持续增长。此外，预计个人消费将成为斯洛伐克经济总体增长的主要驱动力。劳动力市场的进一步扩张可能会使个人消费成为2019年GDP增长的关键因素。由于全球经济增长逐渐放缓，斯洛伐克央行修改了对2019年GDP增长的预期。在此前预测中，斯洛伐克央行预计2019年的经济增长率接近4.5%，而修订预测后预计增长率为4.3%。西班牙经济聚焦网（Focus Economics）的专家则预测，2019年斯洛伐克GDP将增长3.8%，比此前的预测高出0.1个百分点，而2020年将增长3.2%。

此外，采取一个负责任的财政政策将使公共债务占GDP的比率再次下降。受预期盈余和强劲的名义GDP增长推动，预计到2019年，政府债务占GDP的比例将下降至46.4%，到2020年将

---

[*] 作者：Institute of Asian Studies, Bratislava；翻译：张嵘皓；校对：马骏驰；审核：陈新。

降至44.2%。斯洛伐克央行也一直在改变信贷标准，以确保家庭借贷的增加。这减缓了信贷增长，而目前信贷增长仍处于相当高的水平。房地产专家认为，来自本地购房者和外国投资者的房地产需求将继续上升。与此相对，经济增长也存在一些风险，比如英国脱欧谈判、欧盟政治（尤其是意大利）和保护主义等，这些风险依然存在。

与GDP的增长态势相反，第三季度就业率的增长同比放缓至1.9%。根据斯洛伐克央行的数据，除了服务业以外，每个行业的就业水平都在下降。然而，就业者的平均工资增长了6.1个百分点。劳动力市场的改善、积极的财务条件下投资的稳定增长以及欧盟拨款的增加都有利于斯洛伐克内需的增长。

与此同时，由于斯洛伐克不同地区发展的不平衡，导致劳动力持续短缺。预计这一情况将推动工资增长水平超过生产率增长的水平。这很可能会使斯洛伐克经济的对外竞争力下降，并波及某些经济部门的进一步发展。由于2018年劳动力市场状况有所改善，斯洛伐克的失业率降至历史新低，这也导致劳动力短缺，而这种短缺在许多行业都比较严重。2018年第三季度失业率降至6.4%，就业率增长1.4%。预计2019年失业率为6.2%，2020年继续降至5.7%。考虑到较低的失业风险和有利的金融环境，消费者的支出和投资可能会继续集中在房地产市场。2019年名义工资平均增长可能达到6.4%，2020年则保持在6%左右。

尽管有关数据显示欧元区的经济增速放缓，斯洛伐克的出口应该会受益于汽车制造业。此外，还应看到位于尼特拉（Nitra）的捷豹路虎（Jaguar Land Rover）新厂正在扩大汽车的出口能力，而这也将有助于2019年之后斯洛伐克的出口继续快速增长。捷豹路虎的到来不仅影响了工业，也影响了住房市场。汽车行业及其供应商将继续推动目前对新工厂的需求，而劳动力市场的积极发展则会推动对办公场所的需求。工资增长也会带动零售行业。

2018年年底，斯洛伐克的通货膨胀率降至2.1%，预计2018年全年通胀率为2.6%。专家估计2019年的通胀率为2.5%。原材料是主要影响因素。油价上涨还将导致未来一段时期能源消费和能源管制价格的增长。预计食品价格将继续上涨。不过，食品价格的上涨应保持在近期2.5%左右的水平。工资增长、食品价格上涨、产能压力以及强劲的个人需求预计也会导致消费者价格的上涨。

预计个人所得税和社保方面的财政收入将显著上升。由于企业盈利能力的提高，该方面收入预计将会增加，而增值税的收入很可能会从改善的税收制度中获益。与实际GDP的显著增长和强劲的劳动力市场相一致，税收收入预计将继续增长。

政府计划到2020年达到预算平衡，这也完全符合欧盟标准的要求。2018年12月议会通过了2019年的预算案。在该预算案中斯洛伐克的预算赤字将在现代历史上首次降至零点。政府的财政政策目标是到2020年消除预算赤字。预计到2019年，政府赤字将占GDP的0.1%，到2020年达到平衡，2021年将有占GDP 0.2%的盈余。

然而，仍要注意的是，下一期预算大部分的收入将来自强劲的周期性增长，而结构性的增长则可忽略不计。此外，政府计划在2019—2020年每年将公共部门人员的工资提高10%。

根据财政部公布的草案，2019年斯洛伐克经济预计将增长4.5%。据报道，2019年预算赤字为21.38亿欧元。预计财政总收入将达154.97亿欧元，支出为176.35亿欧元。由于财政部的预算草案反映出财政管理体制改革带来的影响，预计人员支出将比前一年增加3510万欧元。国家资助的信息技术支出将增加到8040万欧元，与2018年的数字相比增长幅度有所下降。

然而，考虑到斯洛伐克容易受到全球保护主义升级、巨大的需求压力和欧元区低利率政策的影响，应实行更为紧缩的财政政策。政府应继续努力改善税收，提高公共部门的效率，以便为迫在眉睫的结构性改革，特别是教育和罗姆人融入社会方面的结构性改革提供资金。为了扭转教育水平下降的趋势，必须采取更多措施来改善贫困家庭儿童的机会可获得性。儿童教育和高薪高质的教师是这项改革中必不可少的部分。

2019年，斯洛伐克的经济增长将保持强劲势头。劳动力市场状况趋紧、通胀减轻、移民工人的流入以及工资稳步增长都将提高消费者支出。汽车工业及其供应商将继续推动目前对新工业场地的需求，而劳动力市场的积极发展则会推动对办公场所的需求。此外，活跃的劳动力市场和增强的消费者信心也将促进个人消费的增长。有利的财政状况、欧盟拨款的增加以及新的基础设施项目将促进投资增长。工资增长推动零售行业的销售。此外，由于新汽车厂的产量增加，预计2019年工业产出将扩大，这将有利于出口的增加。产能压力上升有可能致使经济过热，导致通胀加剧并削弱竞争力。此外，斯洛伐克容易受到全球保护主义升级的影响。欧盟结构性资金的支出也可能让人喜忧参半。如果产能扩张速度高于预期，那么强劲的增长可能会持续更长时间。

（三）2019年斯洛伐克需要关注的社会发展问题[*]

2018年是斯洛伐克自1993年独立以来最为动荡的一年。2019

---

[*] 作者：Institute of Asian Studies, Bratislava；翻译：张瑞琪；校对：马骏驰；审核：陈新。

年无疑将给斯洛伐克带来一定的发展变化。2018年大规模民众示威的余波还将持续很长一段时间。然而，震撼了整个西方世界的民粹主义和极端主义势力的抬头可能会使社会的积极动员黯然失色。媒体和教育部门的发展将决定斯洛伐克能否成为一个自由和成功的国家。另外的问题还有，处于东西方之间的斯洛伐克，其文明归属问题以及效仿波兰和匈牙利的"非自由民主"的问题。

2019年，社会的发展将继续值得关注。2018年无疑可以说是斯洛伐克充斥着抗议活动的一年。调查记者杨·库恰克（Jan Kuciak）和他的未婚妻被谋杀一事引发数万人走上街头抗议。这是自1989年"天鹅绒革命"（Velvet revolution）导致政权垮台以来该国规模最大的示威活动。抗议者自称为"体面的斯洛伐克"（Decent Slovakia）的运动，证明了斯洛伐克社会的活力。该运动的影响预计将持续2019年全年。不过在没有一些非常严重的导火线的情况下，2018年3月和4月发生的那种大规模抗议预计不会再发生。新总理彼得·佩莱格里尼（Peter Pellegrini）领导的政府试图采取更温和的立场。因此，公众的愤怒至少在公开表现上有所缓和。随着社会的力量得到证明，政府将更加谨慎地避免再次引发愤怒。

2018年，斯洛伐克的情况已经表明公众对精英阶层的怨恨并不一定伴随着破坏性和非理性的反体制潮流。相反，它可以支持该国的民主价值观念、政治环境和政治体制。然而，斯洛伐克也不能幸免于当前欧洲民粹主义和极端主义抬头的危险趋势。在2016年的选举中，与新纳粹有关联的极右翼政党"科特勒巴—我们的斯洛伐克"（Kotleba-Our Slovakia）赢得了该党历史上最多的选票。尽管新执政联盟宣称它将成为"反极端主义的大坝"，但极端分子的地位并未削弱。相反，前总理菲佐利用极端主义政党所宣称的"索罗斯阴谋"，使极端主义观点成为主流。菲佐即使在辞去总理职务（极有可能东山再起）之后仍继续支持斯洛伐克境内的极端主义和阴谋论，这使民粹主义和极端主义的观点可能会进一步释放其力量。此外总统候选人之一——史蒂芬·哈拉宾（Štefan Harabin）所代表的就是支持民粹主义、反民主、民族主义和极端主义分子的反体制角色。他在民意调查中的表现持续强劲。他在选举中可能的胜利（不太可能发生的黑天鹅事件）也许会使2019年成为一个出现惊人逆转的年份。

2019年的另一个值得关注的对象是媒体。正如过去几年的发展所显现的那样，媒体是民粹主义政治家的普遍目标。他们精心策划的对媒体的不信任无疑是政治局势恶化的迹象。在整个中欧区域，新闻自由受到越来越多的攻击。在匈牙利，任何对政府持批评态度的媒体都被边缘化了。在捷克，总理控制的媒体在其报道中表现出明显的、一贯的偏见。在斯洛伐克，对调查记者库恰克的谋杀也许已成为对媒体攻击的最严重的象征。这一悲惨的事件本身并不能反映斯洛伐克媒体优于其邻国。尽管如此，前总理菲佐依旧不断抨击和贬低媒体，攻击他们的工作，指责他们有政治目的。毫无疑问，这使得媒体的环境更加不利。与此同时，随着人们对"主流媒体"的不信任加深，所谓的"另类媒体"获得了越来越多的追随者。事实上，它们往往成为传播扭曲的、虚假的新闻的平台，而这些假新闻往往类似于俄罗斯的宣传文章。

2019年值得密切关注的一个具体事件是斯洛伐克国家广播电视（RTVS）的情况。自从新领导被任命以来，斯洛伐克国家广播电视的版画引起了很多争议。许多有经验和知名的记者或者被解雇，或者被迫离开，或者因为工作环境恶化而主动辞职。有指控称，与现任政府有联系的新领导层限制了报道自由，并危及了在前任主管领导下获得了良好声誉的广播公司的中立性。此外，斯洛伐克国家广播电视还引入了来自"另类媒体"圈子的人,这引发了人们对其发展方向的担忧。2019 年,斯洛伐克国家广播电视领导层的变动将值得关注,因为这是对媒体乃至国家民主方向的试金石。

2019 年的另一个问题是教育领域的发展。鉴于目前的技术和就业形式,为了在 21 世纪成为一个成功的国家,素质教育正变得更加重要。在教育领域的管理不善将影响未来的几十年。多年来斯洛伐克教育领域缺乏系统的思考,没有进行过有意义的改革,甚至完全缺乏对教育问题的关注,这些问题使目前的情况已变得不可持续。自从斯洛伐克 1989 年剧变以来,这种教育方式没有发生过任何根本性的改革。另外,教师薪酬明显偏低,这影响了教师群体的素质水平。在高等教育中,情况也不甚乐观。只有一所斯洛伐克大学——布拉迪斯拉发的考门钮斯大学(Comenius University)跻身世界 500 所最好的大学之列。相当大比例的大学生选择在捷克或其他国家留学,这造成了人才流失的问题。最重要的是,斯洛伐克议会议长安德烈·丹科(Andrej Danko)的丑闻贬低了教育的价值。事实证明,他的学术头衔是根据抄袭作品获得的,但他拒绝为此承担任何责任。2019 年,教育部门急需严肃的公众讨论以及真正的政治意愿来进行艰难但急需的改革。然而,短期内改善的前景并不乐观。

不变的是为确定斯洛伐克文明的方向而进行的斗争将继续。随着自由民主国家困境的加剧,欧盟长期的政治危机,特别是难民危机的余波,离心倾向日益明显。相当一部分斯洛伐克人认为斯洛伐克不是西方的一员,而是东西方之间的"桥梁"。其中俄罗斯是一个重要因素。执政联盟中的亲俄成员斯洛伐克民族党(Slovak National Party)甚至阻止了一份将俄罗斯列为斯洛伐克威胁的战略

十二 斯洛伐克

文件。在文化方面，也有部分斯洛伐克人认为相比"专制的欧盟"，俄罗斯是更受欢迎的伙伴，前者被指责传播与斯洛伐克传统不相符和违背斯洛伐克国家利益的价值观。部分人还把目光投向邻国匈牙利和波兰，这两个国家的政府一直重视保护传统价值观和民族认同感，同时追求某种形式的"非自由民主"。大多数斯洛伐克人并不支持这种方向，但对此表示支持的声音仍然在增加。根据最新的民意调查，四分之一的斯洛伐克人更喜欢一个强势的政府，而不是当前的西方民主体制。吸取其他国家发展的教训，尤其是在外部冲击或经济危机的情况下，斯洛伐克朝这个方向转变的可能性不能小觑。这一点在 2019 年同样值得关注。

（四）2019 年斯洛伐克对外关系的展望[*]

2019 年将是斯洛伐克对外关系的重要一年，因为斯洛伐克将举行许多战略活动和周年纪念活动。

在 2019 年年初，斯洛伐克外交和欧洲事务部部长米洛斯拉夫·莱恰克（Miroslav Lajčak）正式接任欧洲安全与合作组织（OSCE）的主席职位。这是 2019 年斯洛伐克担任的两个轮值主席国身份之一。另一个是继续自 2018 年 6 月开始的维谢格拉德集团为期一年的轮值主席国。

在安德烈·基斯卡（Andrej Kiska）总统五年任期结束之后，斯洛伐克将在 3 月的总统选举中选出一位新的国家元首。除了总统选举，斯洛伐克还将在两个月后的 5 月提名欧洲议会的新代表。

2019 年给欧盟的未来带来了一个巨大的问号，这是因为英国

---

[*] 作者：Institute of Asian Studies, Bratislava；翻译：张瑞琪；校对：马骏驰；审核：陈新。

脱欧已经近在咫尺。特蕾莎·梅（Teresa May）的脱欧方案在1月15日遭到拒绝后，情况变得更加复杂。有许多斯洛伐克公民生活在英国，他们的未来是不确定的。

斯洛伐克在乌克兰冲突中的外部参与十分必要，尤其是从安全和自然资源的角度来说。2019年还是"天鹅绒革命"30周年。这一事件结束了共产主义时代，并催生了一个采取西方制度和价值观的国家。

1. 欧洲安全与合作组织轮值主席国

2019年1月1日，斯洛伐克历史性地首次担任欧洲安全与合作组织轮值主席国。该组织办事处将由斯洛伐克外交的关键人物之一，担任斯洛伐克外交和欧洲事务部部长的米洛斯拉夫·莱恰克领导。

最近米洛斯拉夫·莱恰克被斯洛伐克公众多次讨论。起因是在他担任第72届联合国大会（UNGA）主席期间，联合国发布的《促进安全、有序和正常难民全球契约》。尽管该文件的性质不明确，但在斯洛伐克并不受欢迎，而且因为它涉及一个高度敏感的议题——难民（有越来越多的民族极端情绪），所以备受争议。该文件正被滥用为斯洛伐克各政党内部政治斗争的武器。[1] 斯洛伐克政府拒绝同意这项契约，决定不参与执行。因此莱恰克决定辞职，但随后因为即将履行欧安组织的职责撤回辞职申请。[2]

---

[1] Braňo Závodsky, "M. Lajčák: We have to Deal with Questions and Problems related to UN Compact from behind of negotiation desk", *Rádio Expres*, 23 November 2018, https://www.youtube.com/watch?v=oE59XKFAgi8.

[2] Katarína Filová and Michal Horsky, "Lajčák will stay. Kiska and Pellegrini look for a way, how to do it", *Pravda*, 5 December 2018, https://spravy.pravda.sk/domace/clanok/494091-rokovaniu-vlady-bude-dominovat-lajcakova-demisia.

担任欧安组织的主席国是一项巨大的挑战，但对斯洛伐克而言无疑也是一个巨大的机会。担任2018年联合国大会轮值主席国和维谢格拉德集团轮值主席国给予了斯洛伐克国际上的认可，并且帮助斯洛伐克在国际上树立了良好的形象。斯洛伐克有权制定欧安组织安全谈判的议程，并有机会根据其自己的外交政策需要影响各项活动。任期开始时确定的三个优先事项是：

第一，预防和减轻冲突的后果；

第二，一个安全的未来；

第三，有效的多边主义。

它们集中体现在斯洛伐克担任轮值主席国期间的主题中："负责任的未来：保护人民的包容性对话。"欧安组织将特别注意乌克兰的局势。米洛斯拉夫·莱恰克作为欧安组织代理主席首次访问就到了冲突地区，他说："如果有任何方式能够缓解该地区人民的现状，我们不得不使用它。"[1]

2. 乌克兰问题

在俄罗斯吞并克里米亚之后，两国之间在2018年11月出现了新一轮紧张局势，当时一艘俄罗斯船只扣押了三艘载有船员的乌克兰船只。两国相互指责对方挑起了刻赤事件，以试图通过创造境外的紧张局势来稳定本国内政——乌克兰总统彼得罗·波罗申科（Petro Porošenko）以此来提高他在3月的总统选举中的支持率；俄罗斯也有类似的情况。[2]

---

[1] "Slovak presidency in OSCE: Program and priorities", *MZVaEZ SR*, 8 January 2019, https://www.mzv.sk/zahranicna-politika/predsednictvo-slovenska-v-obse/program-a-priority.

[2] Carl Bildt, "2019 Presidential Election in Ukraine: What to Expect Before and After", *Hromadske International*, 18 September 2018, https://en.hromadske.ua/posts/2019-presidential-election-in-ukraine-what-to-expect-before-and-after.

斯洛伐克作为欧盟成员国和乌克兰的邻国，表示全力支持乌克兰，并赞赏乌克兰为加入欧洲—大西洋结构所作的改革努力。① 如果发生公开冲突，斯洛伐克将有两个关切事项。首先是安全，斯洛伐克内政部和国防部拟订了一项行动计划，以保护边界和应对乌克兰公民可能向西迁移的浪潮。其次是能源，如果能源受到威胁（俄罗斯将停止向乌克兰供应天然气，斯洛伐克也将失去天然气供应），斯洛伐克有一些储备，但无法在冬季通过逆流向乌克兰供应天然气。斯洛伐克总理彼得·佩莱格里尼（Peter Pelegrini）认为，对俄罗斯的制裁不会产生预期的影响，但他会尊重欧盟的协议。② 所有预防措施，例如欧安组织的特别监测团和三边联系小组都已启用，同时斯洛伐克将密切关注乌克兰局势。③

3. 英国脱欧和欧盟的未来

根据2018年6月23日的公投结果，英国决定退出欧盟。《里斯本条约》（Lisbon Treaty）第50条规定，每个决定退出欧盟的国家都有两年的时间就退出条款达成一致，而英国的退出日期则定在2019年3月29日。英国首相特蕾莎·梅为英国和欧盟之间的协议进行了艰苦的谈判，然而，英国议员在1月的投票中拒绝了这份文件，也不支持他们的首相。英国可能会在没有达成协议的情况下离开欧盟。支持和反对英国脱欧的议员都认为，不达成协议退

---

① Branislav Wáclav, "Pellegrini: Ukraine can count on Slovakia's suport", *Aktuality. sk*, 4 December 2018, https://www.aktuality.sk/clanok/647486/pellegrini-ukrajina-moze-ratat-s-pod-porou-slovenska.

② "We have to be ready for crisis scenario, said Pellegrini in the context of Ukraine", *Pravda*, 28 November 2018, https://spravy.pravda.sk/domace/clanok/493278-pellegrini-slovensko-musi-pocitat-s-krizovymi-scenarmi-pre-konflikt-ukrajina-rusko.

③ "Slovak presidency in OSCE: Program and priorities", *MZVaEZ SR*, 8 January 2019, https://www.mzv.sk/zahranicna-politika/predsednictvo-slovenska-v-obse/program-a-priority.

出的后果将比留在欧盟更糟糕。① 英国的未来仍不明朗。

斯洛伐克赞同欧盟在这一问题上的立场，斯洛伐克官员认为脱欧协议是公平和平衡的，不应就米歇尔·巴尼耶（Michel Barnier）的措辞进行进一步讨论。斯洛伐克的主要利益是斯洛伐克公民在英国的地位，以及英国脱欧后的金融解决方案。优先事项包括斯洛伐克侨民的法律关系、社会和医疗保障。②

4. 斯洛伐克总统选举

2019年3月16日，斯洛伐克将选出该国的新总统。现任总统安德烈·基斯卡决定不竞选连任。在过去的五年里，安德烈·基斯卡平衡了政府的政治力量，得到了广大民众的支持。在他的引领下，斯洛伐克成为一个进步的和亲欧洲的国家，以自由、公正和民主为其核心价值。

总统选举对斯洛伐克的未来发展十分重要。这不仅关系到谁将成为国家元首，还关系到2020年的政府选举，2018年年初的悲惨事件后政治舞台上不容置疑的变化，以及斯洛伐克未来几年的发展方向。③

候选人名单还没有出炉。有一些人选备受争议，比如极右翼的代表马利安·科特勒巴（Marián Kotleba），以及与前首相罗伯特·菲佐（Robert Fico）有负面关系的最高法院法官史蒂芬·哈拉宾（Štefan Harabin）。另外，有一些可能代表进步的斯洛伐克并且可

---

① Alex Hunt and Brian Wheeler, "Brexit: All you need to know about the UK leaving the EU", *BBC*, 21 January 2019, https://www.bbc.com/news/uk-politics-32810887.

② "Miroslav Lajčák: From perspective of Slovakia, Brexit deal is good, there is no necessity to change it", Youtube, 19 November 2018, https://www.youtube.com/watch?v=hTSzk3o4LD8.

③ Štefan Hríb, "Will decent Slovakia win in 2019?", *týždeň*, 5 January 2019, https://www.tyzden.sk/podlampou/52617/pod-lampou-vyhra-v-roku-2019-slusne-slovensko.

以带来新一批政治领导人的人选——科学家罗伯特·米斯特里克（Robert Mistrík）、律师祖赞娜·查布托娃（Zuzana Čaputová）以及"天鹅绒革命"的关键人物之一弗兰基西克·米克罗斯科（František Mikloško）。①

5. "天鹅绒革命" 30 周年

2019年斯洛伐克将纪念1989年11月的事件——"天鹅绒革命"。这场和平抗议成为改变历史的里程碑；捷克斯洛伐克表达了希望成为西方的一部分的意愿。

周年纪念还将与当前斯洛伐克的政治形势有关，因为人们将"天鹅绒革命"与当下的抗议活动——"体面的斯洛伐克"相联系。这场抗议活动由调查记者杨·库恰克（Jan Kuciak）和他的未婚妻玛蒂娜·库什尼罗娃（Martina Kušnírová）于2018年3月被谋杀的事件引发，并且得到了广大公众的支持。

6. 结论

斯洛伐克2019年外交的关键角色是斯洛伐克外交和欧洲事务部长米洛斯拉夫·莱恰克，以及他将在欧安组织担任的主席职务。这一角色非常重要，因为在2018年11月的刻赤事件之后，乌克兰和俄罗斯之间的紧张局势有所加剧。此外，英国脱欧的深远影响将是2019年全年的一个热门话题——斯洛伐克同意欧盟的声明，即英国脱欧协议是公平和平衡的，不应该对措辞进行进一步讨论。斯洛伐克在英国脱欧中的优先事项是斯洛伐克公民在英国的地位

---

① Miro Mezei, "Who has already announced the candidacy for the 2019 presidential election?," *Sme. sk*, 18 January 2019, https：//domov. sme. sk/c/20838913/prezidentske-volby-2019-pozrite-si-zoznam-kandidatov. html.

（社会和医疗保障、法律关系）以及英国脱欧后的财政问题解决方式。2019年3月，斯洛伐克将选举新的国家元首来接替安德烈·基斯卡，并确定该国的未来方向。

十三　斯洛文尼亚

（一）2019年斯洛文尼亚政治展望：
新政府的挑战*

在2018年6月的议会选举之后，马里安·沙雷茨（Marjan Šarec）在8月当选总理，新政府于9月宣誓就职。由五个政党组成的少数派联盟与联盟外的伙伴政党结成的松散的政府面临着一项艰巨的任务，即在没有议会多数稳定的情况下完成几项重大任务。其中最重要的任务是修订2019年度的预算和改革医疗保健系统。

1. 背景——沙雷茨政府艰难的起步

尽管米罗·采拉尔（Miro Cerar）领导的前政府怀揣着一个雄心勃勃的联合计划，但前政府在完成几项重要任务方面不够有效，最终引发了政府危机，导致采拉尔总理于2018年3月辞职。采拉尔辞职的主要问题据称是启动迪瓦卡（Divača）和科佩尔（Koper）之间的第二条铁路线建设工程失败，该段铁路是连接科佩尔港口的关键路线。然而还有更多紧迫的问题，政府未能与公共部门辛

---

* 作者：Helena Motoh；翻译：刘维航；校对：贺之昊；审核：陈新。

迪加谈判成功，在谈判完成后退出了折中协议的签署。斯洛文尼亚最大的银行新卢布尔雅斯克银行私有化问题引发了一场艰难的冲突，在这场冲突中，由于未能在规定时间内出售国有股份，导致其与欧盟委员会进行了艰苦的谈判。另外，尽管卫生部最初希望积极促进医疗保健改革，但这一问题也始终处于停滞状态，在解决专科治疗预约时间等待过长这一问题方面几乎没有成效。最后，特别是在北约的做法令人大失所望之后，斯洛文尼亚军队和警察部队的现状也被人诟病。

在2018年6月大选过后，总理候选人的马里安·沙雷茨于8月当选，其新政府于2018年9月宣誓就职。沙雷茨政府将面临两方面的挑战。一方面，在许多议会政党进行了长时间的联合政府谈判之后，五个政党达成了最后妥协，类似的影响也体现在议会席位方面。沙雷茨还与另外一个左翼议会政党达成妥协，即左翼党（The Left）支持新政府，将其作为联合政府外的伙伴，支持拟议的政府部部长，而不是投反对票（但可以弃权），并在之后支持他们达成一致的某些项目。在没有议会多数支持的情况下，新政府必须在每一项事务任务中争取支持，这可能会使政治决策过程相当复杂。另一方面，新政府继承了采拉尔领导的前政府未能成功解决的问题，尤其是导致政府倒台、总理辞职的问题。其中一些已经在沙雷茨政府就职的头几个月中得到了处理。尽管在新卢布尔雅斯克银行的出售问题上存在着巨大的政治争论，但该项目最终得以实现。批评之声主要来自反对党之中的右翼。斯洛文尼亚民主党（SDS）、新斯洛文尼亚党（NSi）和斯洛文尼亚民族党（SNS）指控（由前政府成员组成的现任政府成员）推迟出售造成了严重损害。同时，左翼仍然强烈反对抛售。作为首批措施之一，新政府成功地完成了与公共部门辛迪加的谈判，该谈判曾在采拉尔于3月辞职后陷入停滞。议会还批准提高最低工资,除了这些首批成功解决的事项,还有许多任务仍然亟待解决。最重要的是2019年预算的修改,以及民众期待已久的医疗保健体系改革,这两者都具有至关重要的财政和政治意义。

2. 2019年预算的修订

新政府必须解决的关键议题之一是修订预算。2018年年底,政府发布了关于2018年预算的报告,从1月到11月,国家预算大约有90.4亿欧元的收入,比2017年同期增长了12.4%。不同于2017年同期预算1.581亿欧元的赤字,2018年支出增速放缓至约1.3%,使预算盈余达到7.297亿欧元。

2018年12月20日,政府通过了起草2019年修订预算的决定,这主要是因为与公共部门辛迪加达成了协议,提高了公共机构和其他公共部门单位的开支。修订后的预算预计将国家预算支出的上限设定为101.6亿欧元,其目标是到2019年年底实现预算盈余为GDP的0.3%。政府要求所有预算用户在2019年1月10日前编制2019年的财政计划,并将增加支出,因与公共部门辛迪加达成的协议,提高公务员的工资和其他相关费用。修订预算的另一个重要项目是在2014—2020年欧洲凝聚政策框架下的欧盟基金相关支出,以及斯洛文尼亚准备在2021年下半年接任欧盟轮值主席国的相关费用。

按照各部委划分,预算最大增幅来自劳工部,该部门预算增加了1.46亿欧元,这主要是由于社会转移支付和其他援助的增加。公共部门雇员工资提高是导致教育部将预算提高到1.29亿欧元的主要原因。环境部(7200万欧元)、基础设施部(4000万欧元)、经济发展部(4900万欧元)和国防部(4800万欧元)的预算增幅相对较低。

在这个充满雄心的预算出台之后,众多的批评之声也随之而来。特别是财政委员会(Fiscal Council)对此表示怀疑,经修订的预算可能超出财政规则所确定的限额,并将使国家财政偏离结构平衡的目标。专家们还批评称,增加的预算并没有进行足够的结构改革,并不能减轻预算的长期压力。

3. 医疗保健制度改革

医疗保健改革是前采拉尔政府的主要承诺之一,由前卫生部部长米洛伊卡·科拉尔·塞拉克(Milojka Kolar Celarc)主导改革,被视为上届政府的主要失败之一。新的医疗保健和健康保险法律的制定花费了相当长的时间,其中遇到了一些阻碍。由科拉尔·塞拉克提出的主要变更之一是废除由私人保险公司经营的额外健康保险,以及将整个健康保险系统转移到国家健康保险机构,并将根据个人的收入计算及支付合并后的健康保险。医生和私人保险公司的强烈反对妨碍了该法律的通过,直到整个过程因采拉尔辞职而完全停止。

通过关于医疗保健和健康保险的新法律以及关于公共保健机构管理的新法律,将是沙雷茨政府的关键任务之一。最近,斯洛文尼亚健康保险研究所前总干事、新任卫生部部长萨莫·法金(Samo Fakin)提出了他对医疗保健部门主要问题的拟议解决办法。作为亟待解决的优先事项之一,他提出了等待专家检查的排队时间过长的问题,这是斯洛文尼亚公共医疗保健制度中的另一个紧迫的反常现象。他承诺在2019年公共保健研究所将追加5500万欧元,从而缩短等候时长。特别是现在普遍等待时间过长的CT和MRI扫描两个检查项目,预计等候时间将在年底前大大缩短。此外，关于医疗改革立法的计划仍然尚不明确。

4. 结论

新政府成立的 100 天内，已经完成了一些关键的任务：与公共部门的成功谈判、结束新卢布尔雅那银行的出售、修改最低工资法等。然而，还有诸多其他紧迫任务，如 2019 年预算修订和医疗保健制度改革，作为少数政府，它们获得议会支持的难度将会增大。

（二）斯洛文尼亚 2019 年经济前景——经济放缓的挑战及有前景的投资案例[*]

在国际金融危机爆发的几年后，斯洛文尼亚经济迅速复苏。如今全球经济增长趋势似乎正逐渐放缓，2019 年斯洛文尼亚经济也将面临一些相关挑战。尽管一些有前景的项目和大规模的投资开始结出硕果，但在进口放缓的情况下，一些部门的经济仍将受到影响。根据专家预测，国内生产总值的增长将与消费的增加有较大关系。

1. 背景：2018 年斯洛文尼亚经济情况

2018 年第三季度的国内生产总值增长超过 2017 年同期，增长 4.8%（2017 年为 4.2%）。影响国内生产总值增长的主要因素是国内消费和净出口。国内消费占 3.1%，包括资本资产投资总额（2.7%）和家庭消费（1.2%）。大部分家庭消费，包括汽车、家

---

[*] 作者：Helena Motoh；翻译：刘维航；校对：贺之杲；审核：陈新。

具和家用电器等长期购买商品，都与工资增长和就业增加有关。另外，建筑投资总额增长最快（19.6%），其中只有公寓投资增长最慢（3.6%），其他建筑类型的投资增长为25.5%。汽车行业投资增长率较高（10.2%）。

国家宏观经济分析和发展研究所进行的年度评估也为这些具体数据提供了更广泛的框架。《2018年发展报告》得出结论，斯洛文尼亚的经济发展趋缓，落后于欧盟平均水平。到2018年，斯洛文尼亚仍属于自金融危机开始以来发展水平下降幅度最大的欧盟国家之列。自2015年以来，国家债务一直在稳步减少，这一趋势在2018年保持稳定。经过4年的增长，2017年的国内生产总值超过了危机前的峰值。在危机时期经历了相对快速的下降之后，2018年斯洛文尼亚的经济增长率（5%）连续第四年超过了欧盟的经济增长率（2.4%）。自2013年达到最低点以来，2017年的政府总体赤字首次实现了平衡。危机的影响仍然存在于金融领域——尤其是银行业和保险业，后者的影响相对较小。斯洛文尼亚平均生产率低于欧盟平均生产率的水平，比金融危机前的水平高。另外，斯洛文尼亚出口的市场份额正在接近危机前的峰值（约为全球需求的0.2%）。自2013年以来斯洛文尼亚出口市场份额一直在稳步增长，在欧盟市场上，斯洛文尼亚已经超过了危机前的水平，但在欧盟以外的世界市场上，斯洛文尼亚的增长率仍低于2008年之前。市场份额增长较快的是汽车工业、医药产品和电子设备。

2. 2019年趋势预期

欧盟委员会预测2019年斯洛文尼亚及其出口市场的经济增长将会放缓，尽管两者仍将保持相当高的增长率。斯洛文尼亚预计2019年的增长率为3.3%（低于2018年4.3%），这主要基于国内消费和（较小程度上的）净出口。而国家宏观经济分析和发展研究所的预测数据略高一些（3.7%）。国内消费增长的主要原因仍然是就业增长（预计2019年7.4万人失业，2020年不足7万人）以及工资上涨。在出口市场，特别是斯洛文尼亚最重要的出口目的地德国，尽管预测的增长率仍然是1.8%，但经济增长放缓的迹象更加明显。国家宏观经济分析和发展研究所以及欧盟委员会都预测了类似的出口趋势。根据这两个指标，出口将继续增长，但速度较慢，出口效率较低。许多其他因素也造成了增长率的不可预测性，最重要的是影响国际政治舞台并产生经济后果的两个因素：英国脱欧的结果和中美贸易谈判的结果。

对斯洛文尼亚不同经济部门的预测各不相同。建筑部门主要依靠大型国家建设项目，预计2019年将保持强劲势头，这一趋势主要得到了一些已规划的基础设施项目的支持，最重要的是迪瓦卡到科佩尔（Divač-Koper）的第二条铁路项目。在运输和物流领域，在经历了创纪录的2018年之后，目标市场出现了降温的迹象，这也意味着该行业在未来一年的发展趋势将放缓。专家声称，对汽车行业的预测在今后的几年中将越发困难。许多技术进步和转变，即电动车辆和自动车辆的发展，以及不可预测的贸易冲突，均可能导致不可预测的销售趋势。基于同样的原因，电力工业的增长将取决于公司是否有能力迅速和成功地适应原材料价格的变化情况，以及技术的改进和发展趋势。金属行业的业绩也将在很大程度上取决于英国脱欧的结果和美国的贸易政策。至于零售业，预测结果将主要取决于零售企业采用新的销售、付款和交付技术的能力。在过去几年里，旅游业是斯洛文尼亚经济的一个快速发展部门，但由于机票价格较高以及爱彼迎（Airbnb）平台的影响，旅游业也可能面临一些结构性变化的风险。预计制药业将继续强劲增长，尤其是在非专利药品领域。信息和通信技术部门的增长预计将放缓。

3. 2019年最重要的投资项目

尽管存在一些隐患，一些较长期的投资战略将在2019年开始产生切实的结果，给斯洛文尼亚国家和地方层面的经济带来重大改善。

斯洛文尼亚的成功企业之一，高科技混合动力汽车和电动车电机制造商伊德里亚（Hidria），计划投资2100万欧元（比2018年增加100万欧元），用于高科技设备和开发。这些投资的主要领域是转向系统、摩托车车架以及在供暖、通风和冷却技术方面的工业应用。伊德里亚在斯洛文尼亚的欠发达地区科切夫耶（Kočevje）建造两个重要的综合工厂。日本雅川机器人公司（Yaskawa robots）是生产运动控制器、交流电机驱动器、开关和工业机器人的制造商，于2018年开始在科切夫耶建造工厂，2019年将开始运营，并计划在一年半内扩建另一个机械电子机器人部件工厂。短袜厂和叠合建筑框架厂也将在科切夫耶开始建厂。2019年上半年，卢布尔雅那机场计划扩建客运站楼和更新整个机场的信息通信技术。预计该机场2019年的旅客人数将增长8.5%。2019年3月，法兰克福机场集团将在其航空学院开设一个训练中心。在机场附近，一家奥地利物流公司"货运伙伴"（Cargo-partner）正在建造一个新的物流中心。这笔价值2500万欧元的投资预计将带来25000平方米的仓储面积和100多个就业岗位。另一个机场附近的项目是由瑞士物流公司（Kuehne + Nagel）运营的医药物流园区，正致力于成为欧洲和世界上最大的制药储存中心之一。

斯洛文尼亚的主要制药公司克勒卡集团（Krka Group）的预计

销售收入和员工数量增长为4%。其有史以来最大的投资之一将是在固体药品工厂开设新的生产线。一个新的克勒卡开发和控制中心将在新梅斯托（Novo mesto）建立，他们计划将其生产扩大到新的治疗领域，同时扩大兽药的生产规模。目前，在麦格纳斯泰尔汽车公司（Magna Steyr）公司对 Hoče 进行的一项备受争议的投资中，投资工厂已全部完工，该厂目前正在等待非政府组织结束对其环境许可证提出的上诉程序。其他重要投资是苏格兰 BSW 公司在贡米尔斯科（Gomilsko）的巨型锯木厂，以及德国超市 Lidl 在阿贾瓦斯建设的斯洛文尼亚的新中央储存库，其价值为 7000 万欧元。

4. 结论

随着全球经济增长趋势放缓，刚刚开始恢复到危机前水平的斯洛文尼亚经济正面临重大挑战，2019 年的经济预测在不同经济部门也有很大差异。出口的优先地位必须与国内消费的重要性相平衡，这就要求制定政策，将就业和工资水平保持在适当水平。另外，最近实现的几项重要的投资，其中一些投资也对斯洛文尼亚经济欠发达地区的结构调整与发展做出了重要贡献。

（三）2019 年斯洛文尼亚社会展望——关于未来发展的辩论：研究、发展和创新战略[*]

2019 年年初，随着国家预算的修订，斯洛文尼亚如何制定出适合国家发展的不同战略的问题变得越来越多。毫无疑问，对斯洛文尼亚整个社会的未来产生影响的主要议题之一是为研究和创

---

[*] 作者：Helena Motoh；翻译：刘维航；校对：贺之杲；审核：陈新。

新的发展制定一项明确的战略。这一领域的预算获得多少资金将对本届政府的成败具有决定性的意义，这个长期战略对国内以及该国在欧洲的地位都将具有更重要的意义。

1. 欧洲研究区（ERA）背景下斯洛文尼亚的研究、发展与创新（RDI）

欧盟将欧洲共同政策扩展到研究、开发和创新（research, development and innovation，下文简称RDI）领域的决定可以追溯到20世纪90年代后期。2000年，里斯本会议最终建成了一个RDI进程的统一体系，名为欧洲研究区（ERA）。欧洲研究区体系的目的是促进思想自由交流、促进研究的协同作用和优化研究工作，就像商品和人员的自由流动，也是欧盟规则的基础之一。研究内容和资金来源主要取决于欧盟RDI的核心工具——框架方案（the Framework Programmes），第一个是2002—2006年的框架方案。为了克服成员国之间在这方面的巨大利益分歧，从2008年框架方案7开始，欧盟提出了一项新的倡议，即《卢布尔雅那进程》。该进程的出台是欧盟在存在诸多分歧的情况下为确保RDI在欧盟内更协调地发挥作用所做的一次尝试，随后确定了实现这些目标的六个优先事项：第一，高效的国家研究和在国家边界内具有更好的竞争力的创新系统，以及更多和更稳定的RDI资金；第二，优化跨国合作与竞争，建立有效的合作机制和基础设施；第三，消除障碍，为研究人员建立开放的就业市场；第四，贯彻两性平等，支持年轻的优秀研究人员；第五，ERA数字化研究结果的传播；第六，加强ERA的国际化水平。

这些指导方针是在金融危机之前制定的，金融危机改变了许多欧洲国家的预算战略，包括斯洛文尼亚。作为一个以出口为导向的小型经济体，斯洛文尼亚特别容易受到危机的影响，第一个消极后果之一是关于研究和发展资金的预算迅速减少。2009年之后，这一数字每年都在下降，直到2015年趋势有所逆转，但改善的速度非常缓慢。根据斯洛文尼亚研究机构（Slovenian research Agency）提供的数据，在2018年磋商成功后，研究资金达到1.67亿欧元，但仍远低于金融危机前的数字，最佳年份是2009年，获得资金是1.82欧元。根据同样的统计数据，研究人员的数量也仍然低于2011年。

面对金融危机和预算削减的负面影响，《关于斯洛文尼亚2011—2020年研究和创新战略的决议》于2011年发布（Reris11-20）。该决议的目标是执行若干战略，以缓解目前斯洛文尼亚发展研究方面的危机。其中一个重要目标是改进研究和创新方面的公共资助制度。该战略的关键部分是大幅度增加研究和发展预算，公共和私人在研究方面的投资目标是到2020年达到国内生产总值的3%，其中的1.2%来自国家预算。到2012年，1%的门槛已经达到。除了这一数字目标外，决议还强调了实地研究的重要性，认为这是与公营和私营部门公司开展应用性合作的先决条件。它还承诺执行以研究机构自主权、独立外部评价系统为主的其他若干面向发展的准则和战略。

由于未能实现这些积极目标，决议通过后，RDI的国家预算资金仍然在下降。另外，工业领域出现了RDI基金的名义增加，但后来在一些案例中发现，所谓的RDI基金只是一种避免征税的会计策略。基于这个原因，在过去几年里RDI获得的真实私人基金是极其难以评估的。

2. 斯洛文尼亚政府对RDI的看法

2018年欧洲创新指数——该项目是对欧盟国家、其他欧洲国家和地区邻国创新绩效的比较分析——表明斯洛文尼亚在许多领域都出现了相对下滑。虽然斯洛文尼亚在高等教育和出版物方面取得了进步，但值得注意的是，它在研究和发展预算方面的得分几乎减少了一半。虽然仍被列为"强大创新者"国家之一，斯洛文尼亚在这一方面低于欧盟平均水平，并几乎已经掉出这一类别之外。

斯洛文尼亚政府的回应是在欧洲研究区内采取斯洛文尼亚战略，其主要愿景是使该国高于欧盟平均水平，并在2030年之前跻身于第一批"创新领袖"集团。斯洛文尼亚的目标是成为将其国内生产总值投资RDI的七个最高比率的国家之一。为此，文件中提到了若干战略。根据该战略，斯洛文尼亚能够相对较快地改革其RDI部门。从地缘上讲，斯洛文尼亚更加接近阿尔卑斯山地区的国家，特别是瑞士和奥地利，可以加强与这些国家的研究机构和网络的合作。斯洛文尼亚也与这些国家共同拥有一个相似的高等教育和研究机构组织体系。通过与"地平线2020"方案协同实施更多的凝聚力工具，斯洛文尼亚旨在确保更快地发展研究基础设施。

政府战略再次重申了《关于斯洛文尼亚2011—2020年研究与创新战略的决议》的目标，制定了将1.5%的国内生产总值预算资金用于研究的决定，并评估了当前研究的预算资金严重不足，远远低于1%的情况。政府战略还在管理和组织RDI方面遵循了决议准则。作为最大的障碍之一，政府战略指出决议缺乏能更好地适应RDI变化情况的法律条例。目前的《研究和发展法》（Law on Research and Development）可追溯到2002年，这与2011年决议的准则并不一致。通过新的研究和发展法律是新政府的首要优先事项之一。

3. 批判的声音：向科学进军

尽管提出了雄心勃勃的决议和政府方案，但上届政府缺乏任何切实的改革。这给研究机构造成了许多困难，这些困难在继其他国家采取类似举措之后，由"向科学进军"（2017年4月）第一次公开表达出来。在两年的时间里，斯洛文尼亚"向科学进军"组织得到了全国的重视，目前聚集了斯洛文尼亚大部分研究部门和高等教育机构的代表。"向科学进军"的目的是对政府在解决农村发展投资领域的危机方面缺乏切实措施进行批评，并将其主要目标确定为：第一，研究机构自主权；第二，基金的透明、充足和稳定；第三，基金逐步从国民生产总值的0.4%增至1%以上；第四，号召国家研究项目的规律性和可预测性；第五，出台新的研究与发展法。"向科学进军"组织的代表一再指出，由于未能及时解决这些问题，尤其会伤害到年轻研究人员，他们往往被迫出国，并且没有回国的动机。他们还指出，国家政策未能确保RDI的长期连续性，将不可避免地在较长时期内损害国家发展。

在预算进行修订之前，这些问题将再次进行讨论。根据他们的主要方针，左翼政党将把增加RDI预算作为他们通过预算修正案的条件之一。由于投票需要依靠这个少数政府的非政府伙伴，这就给RDI国家战略辩论增加了额外的压力。

4. 结论

在金融危机之后，存在一个明显的差异，一方面是野心勃勃的政府研究和开发战略，另一方面是该部门的实际生存能力逐渐下降。与欧盟及其他区域邻国相比，斯洛文尼亚能否为改善RDI的财政和结构找到成功的战略无疑是至关重要的。此外，正如RDI

部门的批评人士指出，这些战略还需要得到实际措施和政策的支持，才能产生重大影响。

（四）2019年斯洛文尼亚外交展望——变化中的欧盟及对斯洛文尼亚的影响[*]

英国退出欧盟的最终决定将在2019年3月底出炉，欧盟的未来结构仍不清楚，因为英国是否完全脱欧尚不明确。由于斯洛文尼亚是一个出口导向型经济体，欧盟内部转移也可能影响斯洛文尼亚经济的稳定和增长。在英国脱欧之后，5月下旬将举行欧洲议会选举。这可能会导致许多国家从更极端的政治派别、更多民粹主义的人物中产生新的政治力量，并且也会引发一场新的实质性辩论，讨论欧盟未来几十年的发展进程。

1. 英国脱欧进程

英国下议院否决了英国与欧盟2018年11月谈判达成的协议后，英国脱欧进程可能产生不理想结果的概率增加。随后，下议院对特蕾莎·梅（May）投下的信任票，让她得以继续担任首相一职，但她要完成英国脱欧进程，同时将对英国造成的损害降至最低，这几乎是不可能的任务。欧盟也对英国脱欧的结果十分担忧，尤其是因为特蕾莎·梅为欧盟与英国的协议争取支持，英国完全脱欧，即无协议脱欧的可能性要大得多。在下议院大规模反对后，英国似乎有可能接受与欧盟的协议，而对欧盟来说，修正或调整协议似乎同样是不可能的，英国也面临着一个艰难的选择，那就

---

[*] 作者：Helena Motoh；翻译：刘维航；校对：贺之杲；审核：陈新。

是英国可以选择不继续脱欧，留在欧盟，因为欧盟法院最近的一项裁决给出了这一法律上的可能性。

无协议脱欧无疑是最糟糕的选择。一旦欧盟与英国达成的协议不再有效，这将开启一个不可预测的过渡期，在这个过渡时期，从签证制度到贸易协定再到海关监管和税收制度，在英国与欧盟双边关系的所有方面都必须分别达成协定。2018年12月19日，欧盟委员会发布了"无协议"应急行动计划，以防英国离开欧盟时无法达成协议。《行动计划》强调了"公民优先"的主要原则，使在欧盟的英国公民能够合法地继续在欧盟居住与停留，并确保在接到通知后尽快与英国建立免签制度。为了保护其余27个成员国的财政稳定，英国必须遵守若干规定，一些规定已经在实施，其中大多数是以一年或两年的暂停期为基础。在运输方面也将采取类似措施，特别是针对航空旅行、海关、欧盟气候政策和北爱尔兰和平方案。

2. 对斯洛文尼亚的影响

英国"无协议"脱欧会立即影响在英国的斯洛文尼亚公民和在斯洛文尼亚的英国公民的地位。对于生活在英国的大约5000名斯洛文尼亚公民来说，他们在英国的地位不会有太大的改变，因为根据英国的承诺，他们将执行英国与欧盟协议（虽然被拒绝）中商定的措施。斯洛文尼亚公民到英国旅行很可能不需要签证，仍然可以使用身份证。对于生活在斯洛文尼亚的大约700名英国人来说，他们的地位必须通过新的法律修正案加以规范。他们可以继续在斯洛文尼亚居住，但由于他们现在拥有第三国公民的身份，因此他们没有选举权，也不允许他们购买房地产。

在经济方面，如果英国无协议脱欧，斯洛文尼亚将面临与其他欧盟成员国类似的后果。根据不歧视政策，贸易条例必须遵循世界贸易组织的一般标准，而不是欧盟内部关系标准，英国将不得不对来自欧盟成员国的产品征收关税。斯洛文尼亚对英国的出口规模相当小，根据出口份额，英国只在斯洛文尼亚伙伴国家中排名第13位，并且只有740个斯洛文尼亚公司向英国市场出口产品。对英国"无协议"脱欧对斯洛文尼亚经济出口导向部门的损害程度的估计，因专家不同而有很大差异；大多数专家估计，斯洛文尼亚对英国的出口将减少大约20%。有些部门受到的影响要比其他部门大得多，特别是制药工业、电子、核技术和家具生产这几个部门。除了进口条例和关税的变化之外，另一个挑战将是不断增长的通货膨胀对需求减缓的潜在间接影响，特别是向英国供货的汽车工业和电子工业。通过其他欧盟国家对英国进行的间接出口也将减少，特别是对向德国、法国、荷兰和比利时的出口造成损害。然而，大多数斯洛文尼亚出口商都试图在英国设立分公司，或在英国脱欧前加快出口，同时在英国租赁更多的存储设施，以更好地度过过渡期，为最糟糕的英国脱欧局面做准备。硬脱欧会对英国更紧密的经济伙伴（尤其是德国和法国）造成损害，可能间接导致斯洛文尼亚向这些国家的出口放缓。

另外，财政部则警告称，英国脱欧，尤其是在不达成协议的情况下，将对斯洛文尼亚产生另一个重要影响。如果英国决定在2020年前不向欧盟预算贡献自己的份额，这将意味着欧盟财政关系的内部平衡发生根本性的变化。到目前为止，英国是欧盟预算的第三大贡献国，英国脱欧将导致缺少约165亿欧元资金，将必须由其他成员国提供。斯洛文尼亚财政部已经把4200万欧元的潜在贡献纳入了他们的预测中，而根据其他的估计（例如布鲁盖尔智库），这一数字可能要高出大约1500万欧元。根据较高的估计，这一数据仍然大大低于欧盟其他成员国提供的预算，即奥地利 5 亿欧元，意大利 21 亿欧元，德国 42 亿欧元，而成本仍将对国家预算的可持续性造成巨大干扰。此外，尚不明确英国脱欧是否会导致欧盟的净贡献者和净接受者的结构改变。随着英国在欧盟预算中所占份额的缺席，斯洛文尼亚面临的另一个问题可能是欧盟凝聚基金（Cohesion Funds）的危机——即缩小其未来计划的总体规模，以及现有凝聚项目中支付方面的潜在问题。

3. 欧洲议会选举以及可能结果

在英国脱欧进程结束的两个月后，欧盟还将进行欧洲议会选举。2019 年 5 月 23—26 日，欧洲公民将选举 705 名欧洲议员。在斯洛文尼亚，欧洲议会选举遵循比例投票制，以及偏好投票制（preferential votes）。

目前，欧盟正面临着诸多挑战，媒体和政治代表广泛认同的是，2019 年的选举可能对欧盟未来产生至关重要的影响。因此，这场竞选活动的关键议题将是移民、气候变化、安全、消费者保护以及英国与欧盟伙伴关系的未来，而后者在很大程度上受到 3 月底英国脱欧结果的影响。随着整个欧盟政治生态中民粹主义的增长，人们普遍预计目前领先的欧洲人民党党团与社会主义和民主党进步联盟党团的支持率会减少。这一增长将影响左右翼政党，预计欧洲自由民主联盟以及欧洲民族和自由右翼联盟的支持率将会出现最大限度的上升。

在斯洛文尼亚，2018 年大选之后，新的政府联盟刚刚形成，目前还不清楚各政党将如何决定欧洲议会的竞选活动。到目前为止，可能出现的情况是，较为自由的左翼和中间党派——属于欧洲自由民主联盟党团（ALDE）——包括现代中心党（SMC）、阿林卡·布拉图塞克党（SAB）和马里安·沙雷茨的名单党（LMŠ）将组成一个自由联盟，并将努力在整个欧洲范围内逐步增加支持。左翼的社会民主党（social Democrats）——属于社会主义和民主党进步联盟党团——将继续参与竞选，其关键的候选人是目前成功当选欧洲议员的塔尼亚·菲虹（Tanja Fajon）。极左的左翼党（The Left）仍然没有公开表达他们的选举计划。在右翼政党方面，最大的右翼政党——斯洛文尼亚民主党（SDS）将独立选举，新斯洛文尼亚党（NSi）——来自欧洲人民党党团的基督教民主党——也将单独选举，而较小的右翼政党可能组成联盟，其中包括议会外的斯洛文尼亚人民党（SLS），属于欧洲人民党党团。

4. 结论

预计欧盟2019年将出现实质性变化，主要基于英国脱欧进程和欧洲议会选举的结果相当不可预测。两者都有可能在相当大程度上对斯洛文尼亚造成影响。英国脱欧，尤其是在"无协议"情况下，将对斯洛文尼亚经济的出口导向部门产生重要影响。英国在欧盟预算中缺席的份额也将意味着额外的基金必须由其他成员国提供，同时也可能影响到欧盟净贡献者和净受益者的平衡，这可能使斯洛文尼亚经济结构产生问题。2019年5月的欧洲议会选举无疑将决定欧盟的未来及其成员国之间的关系，同时也将间接影响到斯洛文尼亚内部的政治联盟。

十四 希腊

（一）2019年希腊政治展望[*]

2019年伊始，执政党激进左翼联盟以及总理阿历克西斯·齐普拉斯（Alexis Tsipras）面临着两个重要挑战。随着独立希腊人党的党魁帕诺斯·卡梅诺斯（Panos Kammenos）1月中旬宣布不再支持当前政府，齐普拉斯发起了对于政府的信任投票，并且以151票获胜。几天之后，他还将《普雷斯帕协议》（Prespes agreement）提交给了议会，并成功获得了153名议员的赞成票。然而，鉴于下一次全国大选将在2019年举行，总理齐普拉斯正身处巨大的困境中。他同卡梅诺斯之间的关系或许将对政府内部运作造成严重问题。除此之外，激进左翼联盟目前正指望来自两个独立议员和四个反对卡梅诺斯并决定将支持现任政府的议员的支持。

2019年是希腊的大选之年。实际上选举的前期工作已经开展。新年伊始，齐普拉斯就因为国防部部长、独立希腊人党的党魁卡梅诺斯宣布退出政府而不得不发起一轮信任投票。1月13日，在马其顿议会批准《普雷斯帕协议》后，齐普拉斯和卡梅诺斯在马克西姆大厦曾会面。如卡梅诺斯所说，"马其顿问题让他不得不辞

---

[*] 作者：George N. Tzogopoulos；翻译：潘梓阳；校对：马骏驰；审核：陈新。

十四 希腊

掉工作"。紧接着,他宣布不再支持现任联合政府,因为他认为《普雷斯帕协议》不符合希腊的国家利益。几个月以来,卡梅诺斯在这一事件上的立场并不是一直都很明确,但最终他还是在希腊议会就这一议案进行投票之际宣布离开现任政府。

卡梅诺斯的这一决定理论上来讲将会导致政府出现严重危机。但他所属的独立希腊人党内部,并非所有成员都支持卡梅诺斯的这一决定——有四位议员支持现任政府。基于此,再加上另外两名独立议员的支持,在1月16日的信任投票中,齐普拉斯共获得了151名议员的信任票,这一票数高过了148张不信任票。在他看来,这一结果对于希腊的稳定至关重要。与此相反,最大反对党的党魁基里亚科斯·米佐塔基斯(Kyriakos Mitsotakis)认为这一结果是"对于过去四年国家灾难性表现的认可"。

在信任投票结果公布后,卡梅诺斯开始着手重组他的政党。两位支持现任政府的议员被开除了党籍。截至目前,另一位支持现任政府的议员萨纳西斯·帕帕克里斯托普洛斯(Thanasis Papachristopoulos)的命运仍不从得知。不过根据卡梅诺斯的说法,他也会被开除党籍,而这将会导致卡梅诺斯无法继续领导一个议会党团。根据相关规定,议会的党团至少需要有五名议员在最近一次选举被选中,且来自同一政党并共同工作,这样的党团才可以存在于议会之中。除帕帕克里斯托普洛斯以外,独立希腊人党剩下的议员只剩包括卡梅诺斯在内的四人。1月中旬,一名刚刚离开中间派联盟的议员加入了独立希腊人党,但他并不能取代帕帕克里斯托普洛斯的议员席位,因为他之前已经在另一政党中被选为议员。

信任投票是齐普拉斯2019年面临的第一个政治考验。几天过后,《普雷斯帕协议》被提交到议会。在这一背景下,齐普拉斯成功将其票数从151票提高到了153票。除145张来自激进左翼联盟的投票外，还有斯塔夫罗斯·塞奥多拉基斯（Stavros Theodorakis）、斯皮罗斯·礼库迪斯（Spyros Lykoudis）、斯皮罗斯·达内里斯（Spyros Danelis）、卡特里娜·帕帕科斯塔（Katerina Papakosta）、海伦·孔图拉（Elena Kountoura）、塔纳西斯·帕帕克里斯托普洛斯（Thanasis Papachristopoulos）、乔治·马夫罗塔斯（George Mavrotas）、塔纳西斯·塞奥哈洛普洛斯（Thanasis Theocharopoulos）这8人投了赞成票。这其中，有4名议员，即卡特里娜·帕帕科斯塔（Katerina Papakosta）、海伦·孔图拉（Elena Kountoura）、斯皮罗斯·达内里斯（Spyros Danelis）和塔纳西斯·帕帕克里斯托普洛斯（Thanasis Papachristopoulos）在信任投票中也投出了赞成票。

希腊议会的两次重要投票使希腊政局变得模糊不清。部分议员仅支持现任政府而并不支持《普雷斯帕协议》或者不支持现任政府而支持协议。该现象很难解释。这两次投票显然存在内在关联。先前提到的反对《普雷斯帕协议》的议员科斯塔斯·祖拉里斯（Costas Zouraris）和瓦西里斯·科卡里斯（Vassilis Kokkalis），为了提前大选并阻止此后针对协议的投票，原本是可以针对信任案投反对票的。而对于河流党（To Potami）党魁斯塔夫罗斯·塞奥佐拉基斯（Stavros Theodorakis）来说，相反的做法却不成立。正如他所说，"支持《普雷斯帕协议》并不意味着支持现任政府"。因此那些并未支持现任政府的议员们本可让大选提前进行。显然，这些议员的立场略有些伪善，因为对于《普雷斯帕协议》的投票是对政府的信任投票的延续。塞奥佐拉基斯认为赞同《普雷斯帕协议》是一个"爱国者的责任"。

齐普拉斯圆满应对了1月的两项政治挑战。然而，在选举前的几个月里，他仍将面对一些新的挑战。由左翼政党激进左翼联盟和右翼政党独立希腊人党所组成的联合政府在过去的四年中展现出了很强的适应能力。目前正处在经济危机期间政府能够继续执政的创纪录时期。具体来讲，中间偏左的政党泛希社运（PASOK）在 2009 年开始执掌政权，但在 2011 年总理乔治·帕潘德里欧（George Papandreou）宣布辞职后倒台。在过渡政府执政后，保守的新民主党同泛希社运组成了联合政府并一直执政到 2014 年 12 月。在那一个月中，议会由于无法选举出新的总统而解散。2015 年 1 月，激进左翼联盟同独立希腊人党组成的联合政府开始执政。这一政府的任期在 2015 年 9 月的大选中得以延续。虽然独立希腊人党的个体议员支持激进左翼联盟，但 2019 年 1 月所发生的事件进展给这两个政党的合作画上了句号。

卡梅诺斯古怪的性格使得未来几乎无法预测。举例来讲，这位前国防部部长已经公开批评齐普拉斯。他把自己的议员支持激进左翼联盟这一事件归咎于齐普拉斯承诺给议员们以政府职位和未来政治上的优惠待遇。若独立希腊人党的议会党团解散，卡梅诺斯会以发动"战争"为威胁。激进左翼联盟正试图修改有关章程以确保独立希腊人党的议会席位，以此来避免和卡梅诺斯的正面交锋。但卡梅诺斯目前已经拒绝了这一提议，声称他的政党并不需要来自任何人的"优惠待遇"。

对于下一次大选的具体日期，目前众说纷纭。尽管齐普拉斯在 3 月提请提前大选的可能性并不能被排除，他还是也有可能在 5 月提请大选，以让大选和欧洲议会选举同期举行。在这种情况下，部分激进左翼联盟的成员希望，民众更喜欢通过欧洲议会选举的投票来表达对政府政策的不满，而不通过更为重要的国内选举来表达他们对于政府政策的不满。还有一种选择是，若激进左翼联盟在欧洲议会选举中失败，那么会为该党参加国家选举带来负面影响。因此国家大选还是选择在 9 月或 10 月开展更为稳妥。

如果齐普拉斯认为激进左翼联盟在 5 月的欧洲议会选举中的失败是可控的，那么他将会去实现上一个计划。该计划将会给予他时间来制定一些减缓危机的新政策。在 1 月的最后几天，他曾宣布了将最低工资提高 11% 的政策。这也是在希腊陷入危机后十年以来首次提高最低工资标准。此外，希腊夏季旅游季的到来也将给国家经济带来强大推动力，从而使齐普拉斯从中受益。

下一次国家大选在 5 月或者在 9 月、10 月开展的可能性更大。齐普拉斯正在考量不同方案，或让他的政党赢得选举，或者以微弱的劣势失利。但在此之前，政府的任务都将会是艰巨的。虽然齐普拉斯赢得了 1 月的信任投票，也促成《普雷斯帕协议》通过了议会投票，他同独立希腊人党领导人及前国防部部长卡梅诺斯的关系仍然是紧张的。此外，151 张信任票中有 6 票来自独立议员，这使未来议会的立法程序变得复杂。

（二）2019 年希腊经济展望[*]

2019 年伊始，希腊经济的复苏之路依然漫长。国家预算符合欧盟要求，但由于已进入选举前阶段，改革可能会受到影响。除了不确定的政治进程之外，降低不良风险敞口（Non Performing Exposures）过程中面临的困境也会引发更多的质疑。与此同时，希腊政府正试图通过与欧盟就长期预算展开艰难的谈判来提升自身地位。

十年前，也就是在 2009 年，希腊经济迎来了前所未有的不稳定局面。政治家们未能在经济不景气的情况下采取行动，再加上

---

[*] 作者：George N. Tzogopoulos；翻译：李佳祺；校对：马骏驰；审核：陈新。

欧洲层面缺乏准备,这些使得希腊成为欧元区最脆弱的一环。当国际金融危机蔓延至欧洲时,首当其冲的便是希腊。由于无法从国际市场获得救助,希腊需要欧盟和国际货币基金组织提供财政援助,以防出现严重违约和退出欧元区的后果。希腊已分别于2010年5月、2012年2月和2015年7月接受了三轮救助计划。2019年年初,希腊经济逐步恢复,但挑战依然存在。

希腊经济危机的经验表明,政治发展能够对经济发展产生重要影响。2019年是大选之年,因此对经济发展的走势很难做出可靠的预判。在选举前阶段,希腊政客往往会忽视需要完成的财政目标及必须履行的义务。因此,倒退不是不可能发生。新年伊始,德国总理默克尔访问希腊,在记者会上肯定了希腊经济改革工作在过去几年取得的成就。这并不意味着改革时期的结束。债权人加强对希腊经济的监督旨在确保改革朝着既定目标前进,防范一切政策层面的偏离。

2019年1月,欧盟委员会代表团预计将访问希腊。此行的目的是在第二次救助完成后的评估框架内考察希腊政府工作情况。在访问之前,欧盟委员会希腊事务的负责人德克兰·科斯特罗(Declan Costello)致函希腊政府,要求其就一系列问题给出具体解释。这些问题包括希腊总理齐普拉斯承诺的救济发放,继续维持爱琴海东部五岛的增值税税率不变,以及因司法决议反对之前退休金削减政策所产生的成本。欧盟委员会还计划要求希腊政府给出关于保护债务人主要住所的具体方案。此外,欧盟委员会还关心从欧洲稳定机制(ESM)中偿还那些属于债权人的9亿欧元拖欠债款问题。这方面如出现问题,将威胁到欧央行和欧元区国家各个央行从希腊债券(根据证券市场计划和净金融资产协议,英文分别为 Security Market Programs 和 Agreement on NET Financial Assets）中获得的利润能否顺利返还希腊。

希腊还需加快私有化的进度。例如，埃里尼克（Elliniko）旧机场的开发以及艾格纳提亚公路（Egnatia Odos）和地方港口的特许经营权成为私有化工作的重中之重。然而进展并不明显。尽管中远集团已在2018年秋季提交了比雷埃夫斯港的综合规划方案，但目前尚未获得批准。欧盟负责经济事务的委员皮埃尔·莫斯科维奇（Pierre Moscovici）于2019年1月16日访问雅典，敦促希腊政府继续推动相关改革以确保第二次救助后评估工作的成功。希腊政府避免使用这些术语，其政治策略取决于这些救助计划的结束。

由于收入增长快于支出，希腊政府2018年GDP基本盈余水平预计将超过预计目标3.5%。正如希腊中央银行的分析所表明的那样，约三分之二的国家基本预算盈余增长来自基本支出的减少。这一变化反映在社会保障体系、各中央和地方政府以及医院等部门支出的减少。根据希腊国家财政预算，2019年GDP基本盈余将占到3.6%，经济预计将实现2.5%的增长。政治发展肯定会影响经济走势。国际组织也对2019年做出了预测，例如经合组织（OECD）预测2019年希腊GDP增长率将高达2.2%，主要基于出口、私人消费和投资等。

2019年的预算在2018年12月希腊议会投票表决之前已经得到欧盟委员会的批准。同2018年的情况类似，基本支出（占GDP的1.6%）将减少。税收收入占比也将下降1%。此外由于社会救济措施带来额外支出，社会保障体系的盈余将从2018年占GDP的1.2%下降到2019年的0.9%。这些主要来自对自由职业者、个体户和农民的社保缴费将减少三分之一，同时为低收入家庭提供住房补贴。此外，预计公共投资预算不会在增长的基本盈余中发挥重要作用，因为它占 GDP 的百分比总体上保持不变。

2019 年希腊经济面临的最大挑战可能是降低不良风险敞口率。平衡资产负债表的主要任务仍迫在眉睫，需要在项目结束后立即着力解决。截至 2018 年 6 月，银行正在根据监管目标降低这一比率。然而这些目标现在变得更具挑战性，没有简单的解决方案能加快降低速度。根据已商定的目标，到 2019 年年底这一比率将降低至 35%。相应地，银行预计到 2021 年年底将其降至 20% 左右。这一过程很复杂，已经出现了对于失败可能性的猜测。2019 年 1 月中旬《金融时报》的一篇文章题为"留给希腊银行业的时间不多了"。

从另一个角度来看，欧盟层面正在商讨的 2021—2027 年多年度财政框架对希腊具有重要意义。随着谈判的继续，希腊正在努力表明其立场。在希腊看来，新的多年度财政框架将反映出欧盟作为一个整体的共同目标，即更贴近公民的权利并能够灵活有效地应对现在和未来的新旧挑战。特别是，希腊认为新的多年度财政框架总额即使没有增加但至少也应保持不变，并建议引入新的财政来源以应对英国脱欧，这可能包括对国际金融交易征税、征收统一的公司税和对跨境数字交易征税。

希腊致力于提高欧盟的经济、社会和区域凝聚力，并希望所有欧盟国家都能均衡地受惠于新的多年度财政框架。欧盟的三大支柱之一是社会政策。希腊目前正试图推动这一支柱所反映的基本原则的落实，即希腊主张资源分配不仅要与人均国内生产总值相关，还要与失业指标相关联。此外，该原则还提出要关注弱势地区，包括山区和岛屿地区的发展。在这方面，希腊政府认为欧盟需要制定一个特别的岛屿政策，通过对现有资金进行合理的重新配置，解决岛民因脱离大陆而遇到的各种挑战。

农业部门的可持续性是希腊面临的一个核心问题。也就是说，希腊认为共同农业政策的现有资金水平至关重要。共同农业政策当前的结构，即直接转移支付和农村发展，这两个支柱必须保持，因为它们的战略目标和首要任务可以相互补充。具体而言，直接转移支付继续保持目前的水平是必要的，它为欧盟的农民提供了基本收入保障。鉴于农业收入受到各种因素的影响，直接转移支付作为安全保障体系进一步发挥作用。希腊反对任何与直接转移支付有关的联合融资想法，因为这将意味着共同农业政策重新国有化的趋势。

就多年财政框架而言，希腊乐于接受欧盟委员会提出的制订改革支持计划和建立欧盟投资稳定功能的提议。新的欧盟预算工具旨在通过投资延续性和为国内结构改革提供动力，从而在面对压力的时候促进社会稳定。尽管如此，欧洲货币联盟的设计因欧洲央行干预措施的欠缺依然不完整。正如希腊央行行长扬尼斯·斯托纳拉斯（Yannis Stournaras）所说，关键是要确保欧盟委员会的宏观经济失衡程序在有外部赤字的成员国和有外部盈余的成员国能够得到更加均衡的执行。

2019年对希腊经济的发展是至关重要的一年。政治不确定性可能导致的倒退或将威胁希腊经济的复苏。尽管总体的数字表现是积极的，国家预算也已经得到欧盟的批准，但改革应该继续坚持下去，德国总理默克尔在1月访问希腊时重申了这一点。希腊目前正尝试通过参与欧盟多年度财政框架的相关谈判以提升其地位，这一谈判预计将于秋季结束。希腊经济的疲软状况也将影响其谈判进展。

（三）2019年希腊社会展望——民意前景[*]

2019年年初，希腊所有的民意调查都预计主要反对党新民主党（New Democracy）将在下次全国大选中获胜，但该党及其领导人基里阿科斯·米措塔基斯（Kyriakos Mitsotakis）无法动员社会，这一点让激进左翼联盟（SYRIZA）和总理亚历克西斯·齐普拉斯（Alexis Tsipras）有机会在全国大选前再奋力一搏。那些尚未决策的选民或许可以在接下来几个月里比较激进左翼联盟和新民主党在一些政策领域的表现，并做出最终决定。《普雷斯帕协议》（The Prespes Agreement）目前仍没有在齐普拉斯试图改写政治博弈时助其一臂之力，几个月后该协议可能将不再被列入议事日程。

2019年，民意在希腊的作用至关重要。随着全国大选的临近，希腊公民将决定新的国家领导人。虽然欧洲议会选举将在2019年5月举行，但希腊民众的目光肯定将聚焦于全国大选。迄今新民主党在所有民意调查中都具有明显的领先优势。例如欧洲议会的民意调查（European Parliament's Public Opinion Monitoring Unit）最新出炉的一份报告显示，1月，作为欧洲人民党的一员，新民主党的支持率平均值高达39.2%，而激进左翼联盟，作为欧洲联合左派的一员，则为25%。就小党而言，新纳粹主义政党"金色黎明"（Golden Dawn）以7%的支持率排名第三，变革运动（Movement for Change）以6.8%的支持率排名第四，希腊共产党（KKE）以6.4%的支持率排名第五。根据同一份报告，人民团结（Popular

---

[*] 作者：George N. Tzogopoulos；翻译：李佳祺；校对：马骏驰；审核：陈新。

Unity)、中间派联盟（Union of Centrists）和独立希腊人（Independent Greeks）等较小政党预计均不会获得进入议会所需的3%以上的支持率。

其他机构根据不同方法，做出了大致相似的预测。民意调查（Opinion Poll）1月的调查结果显示，新民主党将获得31.5%的选票，而激进左翼联盟将获得16.5%的选票。金色黎明的支持率为4.3%，希腊共产党的支持率为4.1%，变革运动的支持率为3.8%。无独有偶，2月Metron Analysis为希腊论坛报（*To Vima*）所做的民意调查结果显示，28.4%的受访者表示他们会投票支持新民主党，相比之下，19.2%的人表示支持激进左翼联盟。极右翼组织金色黎明党以6.9%的支持率排名第三，变革运动以5.4%的支持率位列第四，希腊共产党以4.7%的支持率排名第五。另外，Interview公司在2月初为Vergina TV做的另一项调查显示激进左翼联盟（21.1%）与新民主党（31.1%）之间的支持率差异为10.2个百分点。其他政党的支持率情况是：金色黎明为6.4%，希腊共产党为5.5%，变革运动为5.2%。

尽管《普雷斯帕协议》为希腊与马其顿之间的关系开启了一个新的政治篇章，但激进左翼联盟的形象目前正受到该协议的破坏。许多希腊人对"马其顿"这个名字的敏感性使他们对激进左翼联盟提出的那种通过做出一些让步来解决问题的提议持怀疑态度。Pulse代表SKAI TV开展的一项民意调查显示，62%的受访者认为对马其顿国名问题的处理"或许不合适"或"绝对不合适"。前面提到的Metron Analysis所做的调查还发现，71%的受访者以首都名称斯科普里代称马其顿。此外，Interview公司所做的调查显示，22.3%的受访者认为新民主党在围绕《普雷斯帕协议》所进行的辩论中持有正确立场，而12.6%的受访者表示激进左翼联盟持有正确的立场。

虽然大多数公司预测了新民主党的显著胜利,但确实存在一些例外。Vox Pop Analysis 公司最近在周报 Documento（该报支持激进左翼联盟）上公布了其调查结果。根据该结果,激进左翼联盟和新民主党之间的支持率差异似乎没有其他民意调查中那么大。特别是,在"投票意向"的问题中,27.5%的受访者选择激进左翼联盟,29.5%的受访者选择新民主党。更重要的是,这项调查显示激进左翼联盟正在逐步提升其支持率（从2018年7月的23.8%和2018年9月的26%到2019年1月的29.5%）。相比之下,新民主党的支持率保持稳定（从2018年7月的28.4%和2018年9月的29.5%到2019年1月的29.5%）。有趣的是,尽管该公司将大多数希腊公民对《普雷斯帕协议》的看法视作是负面的,但仍做出了选举大战将十分激烈的判断。调查发现,64%的受访者认为《普雷斯帕协议》在国名问题上的处理方式不符合希腊的国家利益。

紧跟着需要面对的问题是,激进左翼联盟是否能够在未来几个月内扭转局势,或者新民主党能否证明其具有不可逆转的领先优势。虽然也有可能会出现意想不到的政治变化,但仔细分析现有调查结果的细节可以为把握当前趋势提供有意义的见解。就具体分析而言,可以比较两项结果不同的调查,即 Metron Analysis（激进左翼联盟和新民主党的支持率差异被估测为9.2%）和 Vox Pop Analysis（两党之间的支持率差异被估测为2%）。两项调查中未决选民的比例依然很高。在 Metron Analysis 的调查中,这一比例为11.4%,在 Vox Pop Analysis 的调查中为13.9%。通过未决选民的表现可以推测全国大选的结果。

民意调查中新民主党的领先地位并不意味着希腊公民对其表现

以及对该党领导人基里阿科斯·米措塔基斯的表现感到满意。Metron Analysis 的调查发现，相比于齐普拉斯（19%），希腊人更希望米措塔基斯（30%）成为新总理，不过同时也对米措塔基斯过去所存在问题表示关注。60%的受访者不认可他在政治领域的表现。在这一点上，Vox Pop Analysis 的调查显示，相比于米措塔基斯（28.4%），希腊人更喜欢齐普拉斯（29.2%）。总体上，两项民意调查都反映了部分受访者对主要反对党领导人的认可，而总理齐普拉斯自然也看到他在执政四年后受损的形象。

在全国大选之前的几个月里，齐普拉斯有望利用两极分化的态势向幻想破灭的激进左翼联盟支持者们传达明确的信息，以获取他们的选票。这将如何影响那些未决选民目前仍无从得知，特别是那些在政治中坚守中立的选民。Metron Analysis 的调查显示，许多未决选民在 2015 年时曾各自支持不同的党派。激进左翼联盟占 13%，新民主党占 6%，民主联盟（Democratic Alliance）占 4%，希腊共产党占 3%，河流党（To Potami）占 2%。毫无疑问，大多数希腊人对国家目前的经济状况感到不满意（根据 Metron Analysis，41%的人持悲观态度）。但如果他们决定投票，他们将必须在政党之间进行权衡取舍，判断哪个政党能更好地服务于他们的个人利益以及国家利益。

在这种背景下，Vox Pop Analysis 请受访者对激进左翼联盟和新民主党在特定政策领域中的表现做出评价。新民主党在提高安全性（34.7%，相比于激进左翼联盟的 24.3%）、发展前景（35%，相比于激进左翼联盟的 26.9%）和失业率下降（30.3%，相比于激进左翼联盟的 29.5%）等问题上处于领先水平。但在其他方面，激进左翼联盟保持着领先地位，其中包括反腐败斗争（29.3%，相比于新民主党的 19.4%）、公平税收（26.8%，相比于新民主党的25.6%)、社会政策(30.8%，相比于新民主党的23.4%)和劳动条件(30%，相比于新民主党的19.8%)。显然，上述问题的答案中呈现出的均衡态势无疑将对下一次全国大选中新民主党的领先优势构成挑战。

几家民意调查公司过去对希腊民意所做的估量和分析曾以失败告终。但他们的调查结果是唯一可以用来推测可能的选举结果的方法。新民主党的领先优势是不容置疑的，但同时新民主党及其领导人基里阿科斯·米措塔基斯似乎无法担当起振奋希腊民众的重任。这给了激进左翼联盟和总理亚历克西斯·齐普拉斯在选举前再奋力一搏的机会。目前让许多希腊人懊恼的《普雷斯帕协议》在几个月后可能将不再会被列入议事日程。此外，齐普拉斯将有机会宣布实施新的社会政策并提高个人声望。总体上，新民主党很可能赢得全国大选，但不排除出现其他结果的可能性。

(四) 2019 年希腊外交政策[*]

2019年伊始，希腊总理同土耳其总统埃尔多安在安卡拉进行了重要会面。希土关系尽管在诸如难民问题等方面取得了进展，但总体上仍然存在诸多争议和不和。双方将在2019年继续开展对话。同样，在《普雷斯帕协议》得到正式批准后，2019年对于希腊来说将会是其实行巴尔干地区政策非常有利的一年。希腊同美国的关系有望进一步取得进展，而同俄罗斯之间的关系也有望得到改善。除此之外，尽管中远集团在比雷埃夫斯港总体规划的实施上存在着一些延迟，但希腊将同中国在"一带一路"倡议框架

---

[*] 作者：George N. Tzogopoulos；翻译：潘梓阳；校对：马骏驰；审核：陈新。

下协同努力。

　　希土关系的进展在 2019 年对于希腊来说将会是当务之急。尽管仍存在争端，但希腊总理齐普拉斯以及土耳其总统埃尔多安已经建立了对话渠道，以此来促进双边交流并防止危机的产生。2 月初，两国领导人在安卡拉进行了会面。正如齐普拉斯在记者会上所说，两国近年来所开展的对话是诚实的对话，不仅对希腊人民，同时对整个区域而言都是极其重要的。整体上来讲，希腊当局认为同土耳其高层定期举行此类对话是有益的。在这一框架下，埃尔多安曾于 2017 年 12 月造访希腊，尽管这一举动当时招致了包括欧洲和美国在内的诸多批评。

　　两国间开展对话交流并不意味着双方的争端和矛盾都已经化解。土耳其战机侵犯希腊领空的次数颇高，并导致在海上和空中的一系列危险对峙。除此之外，塞浦路斯北部被土耳其军队所非法占领，这一问题也一直悬而未决。在这一问题上，国际社会的涉入并没有有效解决问题，而塞浦路斯的统一目前来看遥遥无期。此外，希腊对于土方在塞浦路斯专属经济区问题上的立场略有担忧。安卡拉方面无视国际法，经常试图阻止勘探活动，或者擅自组织自己的勘探行为。

　　齐普拉斯出访土耳其过程中还提及了东正教哈尔基神学院（Orthodox Halki Seminary）自 1971 年关闭以来重新开放的问题。齐普拉斯亲自访问了哈尔基神学院，并表达了希望神学院能在未来重新开放的愿景。《经济学人》发表的文章也称："神学院的恢复的确有利于希土关系的发展。"但这一过程不能被当作理所应当。土耳其方面始终将其对于色雷斯地区希腊穆斯林的政策同其人权和宗教信仰自由问题相联系。埃尔多安在被一位记者问及这一神学院问题时坚定地表示："每当这个问题被提及时，我都会告诉他们，我们应当解决色雷斯地区的穆斯林问题，同时也会解决这一问题。"2019年2月，埃尔多安又将有关在雅典的费特希耶清真寺（Fethiye Mosque）内建造一座宣礼塔的事宜提上了日程。

希土关系错综复杂的另一个原因是，2016年曾参与反埃尔多安政变的8名士兵在希腊经过法庭判定之后被希腊给予了庇护。这8名士兵的名字被包含在一份最新的通缉令中。因此土耳其方面正向希腊施压，要求遣返这8名士兵。希腊方面对此的官方表态是，希腊有着自己的司法系统，因此司法独立会被尊重，而分权制衡是希腊宪法的根本原则。然而土方对此事仍不罢休。2018年8月，两名被关押进土耳其监狱的希腊士兵被释放，土方也因此表示希望希腊能在此事件上采取同样做法。

除了上述不和之外，希土关系在部分领域正取得进展。自2016年4月以来，两国一直在根据欧盟与土耳其的难民协议开展合作。合作的总体目标是限制从土耳其经由希腊涌入欧洲的难民数量。这一合作在2019年预计将会继续。与此同时，希腊同土耳其方面也计划加强经济联系。萨洛尼卡（Thessaloniki）和伊兹密尔（Izmir）之间的渡轮航线有望在2019年夏天实现。除此之外，齐普拉斯和埃尔多安已达成共识，两国将着手组织一场新的经贸论坛。

总体来讲，预测希土关系的未来进展并不简单。自从政变失败以来，埃尔多安的国际行为相比政变之前有了很大变化。他对于希腊、欧盟以及美国的坚决态度和不可预测性，正在催生对他的怀疑情绪。二十年来，希腊外交政策的原则都是围绕土耳其能否加入欧盟而展开的，而土耳其加入欧盟的可能性正在日渐缩小。因此，希腊需要重新考量其外交政策的主要原则。

尽管2019年是希腊的选举年，舆论的中心会是国内政治，但是有关希腊外交部和国防部的讨论仍会继续。2018年上半年显示，爱琴海（或东地中海）地区的军事事件并不是没有可能发生的。因此，希腊方面有必要采取有效准备措施。

马上要到来的马其顿加入北约的事情为希腊和马其顿的国名争端画上了句号。2月希腊议会以153票赞成和140票反对批准了马其顿加入北约的协议。希腊总理齐普拉斯和马其顿总理佐兰·扎耶夫（Zoran Zaev）也因为推动了巴尔干的稳定而受到了国际社会的称赞。在2019年慕尼黑安全会议上，德国总理默克尔对两国表达了热烈的祝贺。希腊希望能在巴尔干承担起领袖的责任，并成为巴尔干和平稳定的典范，因此希腊方面支持欧盟对于西巴尔干的立场。

除此之外，希腊同美国的关系有望在2019年进一步发展。美方重视希腊在东地中海和东南欧所发挥的作用。尽管土耳其仍是美国非常重要的地缘政治考量，但美国似乎更为相信由齐普拉斯所领导的希腊政府。2019年2月，美国希腊教育进步协会（American Hellenic Educational Progressive Association）对美国国会支持希腊的军方教育培训活动，并阻止向土耳其出售F-35战机表示赞赏。整体而言，美方无意调节希土关系，但希腊和美国关系的发展有益于希腊外交政策。

希腊同俄罗斯关系有望在2019年得到进一步的稳固。2018年夏天的外交危机自齐普拉斯正式访问俄罗斯并同俄罗斯总统普京展开对话后得到解决。俄罗斯方面并不支持《普雷斯帕协议》，并据称干涉了别国内政以阻止该协议的批准。但希腊和马其顿双方的坚定立场让俄罗斯不得不接受现实。希腊政府有意同俄罗斯方面就土耳其溪（Turkish Stream）的管道延长项目展开合作，但欧盟和美国均反对该计划的实施。在这一背景下，希腊同俄罗斯方面将探索合作的共同立场，以求不吸引到欧盟和美国的关注。

最后，希腊同中国的关系在一整年中都将持续取得进展。鉴于希腊是实施"一带一路"倡议的关键，目前一切都在朝着积极的一面发展。然而，希腊选举时期的到来，使得中远集团在比雷埃夫斯港的发展计划受到了耽搁。希腊《每日报》（*Kathimerini*）报道了中远集团对于比港的总体投资计划，其中包括建立四个酒店、一个商场以及其他规划。鉴于有可能会影响到地方利益，这些规划短期内很难得以实现。这并不是第一次发生类似的情况。中方对于希腊的官僚体系体现出了足够的耐心。

希腊处在一个动荡多事的地理位置，因此同土耳其的关系是非常重要的。总理齐普拉斯同埃尔多安于2019年2月在安卡拉举行了会面。两国所建立的对话渠道将会对两国关系的发展非常有利，但却很难对于化解争端起到实质性作用。除希土关系外，2019年希腊同马其顿以及美国的关系将会翻开新的篇章并取得新的进展。希腊同俄罗斯将会促进双边关系的正常化，并同中国协同努力，促进"一带一路"倡议的落实。

十五　匈牙利

（一）2019年匈牙利政治前景展望[*]

本节将对2019年匈牙利政治的可能议题和主要事件进行简要概述，分析将主要集中在以下三个议题上。

第一，定于2019年5月举行的欧洲议会选举。尽管该选举可以被认为是外交政策问题，但鉴于匈牙利政治精英在欧洲政治中的参与度以及竞选期间将被讨论的议题（难民、欧盟的未来），选举结果也会对匈牙利反对派和执政党青民盟—基民党联盟（Fidesz-KDNP，以下简称"执政党"）的政治回旋余地产生重大影响。此外，欧洲层面反难民政治力量可能的最终成功，也将带来一种新的、可以被匈牙利所利用的政治局势。

第二，从2018年12月开始的街头示威活动在各反对派之间能产生多大的政治凝聚力，以及更重要的是，这种凝聚力能维持多久并最终引向匈牙利政治格局的重塑。这个问题对许多小反对党的政治前途至关重要。

第三，匈牙利地方选举。地方选举的结果在匈牙利政治中同样重要，原因有二：其一，对执政党来说，这将是一种获得对过去

---

[*] 作者：Csaba Moldicz；翻译：马昕；校对：马骏驰；审核：陈新。

几个月执政情况的反馈，并巩固其政治权力的简单方式。其二，在地方选举之后，如果结果反映出对执政党政策的大力支持，匈牙利公共服务改革的重组也可以由此获得新的动力。

1. 欧洲议会选举

关于欧洲议会选举，由于英国脱欧，从 2019 年到 2024 年，欧洲议会议员数量将从 751 人减少到 705 人。在 73 个议会席位中有 46 个席位将会作为潜在新成员国的候补席位而被保留。匈牙利的议员数量也将从 22 人减少到 21 人。然而，其中的利害关系要比赢得这些席位大得多，因为在 2018 年匈牙利议会选举期间，执政党非常关注欧盟的未来，这一战略非常成功。因此，执政党极有可能在 2019 年继续坚持这一战略，并试图重现这样的结果。

最近几个月，一些就匈牙利总理欧尔班可能的未来政治生涯的分析和文章被发布。此类文章中经常辩称，这一战略的基本目标是让匈牙利总理成为一个有影响力的欧盟决策者，这将使他能够比以往任何时候都更有效地推动自己的政治意图。虽然这种情况是否真的会带来更高的政治自由度是值得怀疑的，但即使是现在，欧尔班依然很能在欧洲层面上影响政治话语。

分析人士还强调，由于执政党的政治话语并不符合欧洲主流政治，因而这些尝试似乎是徒劳的。然而，欧洲议会选举的基本问题是主流政治能否以及如何改变其在欧洲的路线。例如，几年前，很难想象一个主要的欧盟国家（意大利）会谋求改变其难民政策。在 2015 年，德国的"欢迎"文化背后似乎存在着一种政治上的团结。如今，即使在主流政党之中，对德国难民的批评声音也不绝于耳。

直到 2019 年 5 月，主流政治观点是否会随着欧洲议会选举而调整的问题仍然没有答案。然而，最近的变化也预示着，在欧洲层面上收紧的难民政策将会获得更大的活动空间。

但核心问题仍然是，在经济、政治和文化日益全球化的世界中，民族国家的未来是什么？不失去国家主权就不能跨越的红线又在哪里？可以确定的是，西欧与中欧之间存在一条分界线。又或是还有其他的关键点？（南欧与北欧；全球化的大城市与乡村等）。每个国家的答案肯定是不同的，因为民族身份的性质取决于历史背景、经济发展、经济一体化水平等多个方面。

这两次选举及其结果将在新一年的政治议程中占据主导地位。然而，由于2018年经济快速增长、公共财政状况良好、劳动力市场趋势改善，执政党在改变公众情绪上有很大的活动空间。在2019年，匈牙利政府的政策措施可以克服反对党最终将获得的政治支持。

2. 反对党之间的团结与合作

劳动法修正案引发了街头示威，反对该修正案也成为各反对党的共同点。修正案产生的动机是劳动力短缺。它允许将每年最长加班时间从250小时增加到300小时，并可以在雇员和雇主之间达成书面协议的情况下增加到400小时。自那以后，更多的示威活动爆发。随着节假日的到来，示威活动也随之中断。问题在于，人们能否对示威活动继续保持新的热情，还是随着时间的推移会减少对其的支持。政治分析人士也强调说，反对派之间的合作程度似乎达到了一个新的水平，但示威者的强度在减弱，数量也在减少。

3. 地方选举

可以通过重新定义反对党和执政党的政治话语和政治概貌来

了解地方选举的重要性。《世界经济周刊》（*HVG*）发表了对霍德梅泽瓦市新当选市长马尔基·泽·彼得（Márki-Zay Péter）的采访。这位独立候选人的当选也让分析师和执政党感到惊讶。他于2018年秋天发起了一项名为"每个人的匈牙利"（Everybody's Hungary）的运动，试图在国家层面上重现此前反对派的合作。在他看来，地方选举极其重要，因为这些地区是对执政党进行政治抵抗的最后手段。他进一步强调说，有三个要素可以限制执政党的全部权力：地方政府、法院和独立媒体。地方政府虽然受到政府财政资源撤出的威胁和惩罚，但其受到的约束并不比以前多。他强调他们希望成为反对派力量和所有没有参与政治生活的人的保护伞。

选举的具体日期仍未确定。根据匈牙利《基本法》，选举将于2019年10月举行。然而，几个月前就已经有人提出了将地方选举定在欧洲议会选举当日的想法。从好的方面来说，这样可以节省公共资金，但从坏的方面来说，要节省公共资金，就必须修订《基本法》。无论最后的决定如何，执政党有足够的时间来制衡反对派力量和独立候选人的最终合作。即使反对派力量取得成功，随后的合作也将被各反对党之间的分歧阻碍。

4. 总结

如上所述，两个主要事件（地方选举和欧洲议会选举）和一个重要问题（反对派力量之间新出现的政治合作）将会影响匈牙利2019年的政治前景。虽然匈牙利的政治形势会受到各派政治力量的影响，但根本问题是，执政党是否能够维持经济的迅速增长，能否进一步提高工资和薪金，能否保持低通货膨胀并向家庭和小型企业提供经济刺激措施，或者如果有必要，是否能够有效地应对全球性经济衰退。到目前为止，全球经济和政治环境对匈牙利经济发展是有利的。因此，也更容易加强对政府经济、社会和政治政策的国内政治支持。

（二）2019年匈牙利的经济趋势[*]

本节将根据各研究机构、欧盟委员会和其他国际组织（如国际货币基金组织和经济合作与发展组织）的分析，重点讨论匈牙利未来的经济趋势。匈牙利是世界上全球化或者说国际化程度最高的经济体之一。因此，本节将首先概述近期外部经济环境的若干变化，这对分析匈牙利经济极为重要。匈牙利在2018年的瑞士联邦苏黎士理工学院经济研究所（KOF）全球化指数中排名第12位，而中国排名第79位。鉴于匈牙利的经济开放性和经济规模，世界经济的每一个小的变化都会对匈牙利经济的主要趋势产生重大影响。

1. 2019年匈牙利外部经济和政治环境

由于以下一些因素，在过去一年中，匈牙利的外部经济环境明显比前几年更加不稳定：

第一，英国脱欧谈判尚未结束；

第二，美国和中国之间出现贸易战，出口企业受到打击；

第三，美国利率上升对国际投资产生负面影响，导致资金流入美国国债；货币市场波动更加明显，部分新兴市场货币疲软；

第四，政治的不确定性，例如朝鲜半岛的政治紧张局势日益加

---

[*] 作者：Csaba Moldicz；翻译：张欣颖；校对：马骏驰；审核：陈新。

剧；俄罗斯与乌克兰之间出现新的争端；美国宣布其从叙利亚撤军的计划以及许多国家的军费开支不断增加等，这些都使原本不稳定的市场更加动荡；

第五，意大利的经济政策对银行业问题的影响也还未显现。

鉴于地缘政治和政治的不确定性以及匈牙利经济的全球化程度，2019年匈牙利政府需要进行审慎的经济政策规划。如果外部经济环境恶化，甚至可以采取快速反应的政策措施。其中公共债务的融资问题至关重要。由于国际利率和国内通胀率缓慢上升，匈牙利中央银行可能不得不略微上调基准利率，从而抑制经济的快速增长。

各项经济预测均一致认为2019年匈牙利的经济增长将放缓。据分析，增长速度放慢是由于外部环境而不是内部环境引起的。国内经济的变化不一定会导致经济增长进一步放缓。

2. 经济预测

欧盟委员会在2018年秋季公布了其对成员国的半年度经济预测，并在分析中强调，2019年匈牙利经济增长率必然下降，主要有三个原因。

首先，如上所述，世界经济的不确定性对匈牙利的经济发展不利。逆风环境很可能会影响匈牙利的融资条件。其次，预测认为，公共财政的短期增长将在2019年逐渐消失，而制造业极有可能停滞不前，建筑业则会面临产能瓶颈，急剧上升的建筑成本是产能出现问题的信号。最后，虽然个人需求使得企业投资仍然强劲，但该分析认为，由于劳动力市场的就业增长率将下降，个人家庭的需求也将逐渐减小。

基于这些前提，欧盟委员会预测匈牙利政府的总预算水平将进一步下降至1.9%。根据分析，2019年匈牙利实际GDP预计将增长3.4%。但必须强调的是，欧盟委员会2018年的预测数值远低于实际数据（4.9%）。经合组织则在预测中指出了2019年经济发展的关键因素：实际工资上涨使得个人消费强劲；投资仍将依赖欧盟结构性基金；强劲的需求会使通胀率升高到4.0%。

匈牙利经济研究院（GKI）预测，2019年匈牙利实际GDP将增长3.2%。他们认为，2018年经济的快速增长得益于欧盟转移支付和政府在选举前（2018年4月前）出台的财政措施。而GDP较快的增长率在2019年是无法维持的。据该研究院预测，个人消费的增长率将放缓，但与此同时投资占GDP的比重将从2018年的24.5%提高到2019年的25%左右。公共投资将以欧盟的转移支付为基础，而私人投资的增长率将低于平均水平。世界石油价格上涨以及时薪和工资增长导致个人家庭需求强劲，再加上货币的疲软，这些因素都可能导致更高的通货膨胀率，但该研究院还是将通货膨胀率的预测值定为3.5%。

匈牙利中央银行于2018年12月发布了通货膨胀报告。该报告预测2019年实际GDP增长率为3.5%，并且由于工资、时薪和投资的增长更为缓慢，实际GDP增长率还将放缓。该报告还强调了宝马公司投资的积极影响，认为它将显著提高匈牙利经济的增长率。根据财政部的预估，2009—2021年（包括乘法效应，不包括进口）宝马公司的投资使经济增长率提高0.3%。

可以看出，上述各类经济预测在两点上基本达成一致，即2019年的增长势头强劲，但像2018年那样的快速增长很可能不会再次上演。

表 15.1　　　　　　　　　2019 年经济预测概览　　　　　　　单位：%

	GDP 增长率	通货膨胀率	失业率	总预算平衡
欧盟委员会	3.4	3.3	3.3	-1.9
匈牙利经济研究院	3.2	3.5	3.6	-2.0
匈牙利中央银行	3.5	2.9	3.4	-1.6——1.7
国际货币基金组织	3.3	3.26	3.479	-2.03
经济合作与发展组织	3.9	4.0	3.2	-2.0

数据来源：笔者根据已发布数据进行的汇编。

除经济预测外，政策措施也值得简要介绍，特别是税收和招商引资的措施，因为这些措施可有效促进经济发展。

2018 年匈牙利政府一直实行扩张性财政政策和货币政策。鉴于 2019 年会进一步减税，扩张性的财政和货币政策将得到延续。政府对特殊税收 KIVA（Kisvállalati adó 小企业的特殊税收）的规则进行了修改，使其更加有利于企业的发展，同时也扩大了税收优惠的范围。

正如之前提到的那样，匈牙利是全球化程度最高的经济体之一，这一方面使它更容易受到外部威胁的影响，但另一方面发展经济可以通过相对容易的渠道，利用外国直接投资来创造就业机会、提升价值链以及吸引尖端技术。2018 年的数据清楚地表明，德国仍是匈牙利最大的投资者。2018 年，在 98 项大型投资中有 28 项是由德国投资的，美国在这份名单中排名第二。向东开放政策也取得了成功，2018 年中国、日本、印度和韩国的企业进行了 17 个项目的大型投资。2018 年是吸引外国直接投资最成功的一年。由于匈牙利出口在很大程度上依赖于跨国公司，因此匈牙利政府在 2019 年也将极力推进这些项目。

3. 总结

总而言之，匈牙利的经济发展将会放缓，实际 GDP 增长率将会下降。但是劳动力市场的积极趋势（就业机会充足、时薪和工资上涨）将创造强劲的国内需求。与此同时，投资增长率将稳中有升。目前匈牙利经济面临三个真正的威胁。

第一个威胁是国际政治和经济紧张局势加剧等外部变化可能导致匈牙利福林走弱，并迫使匈牙利中央银行提高利率。

第二个威胁是通货膨胀率上升会明显改变匈牙利经济的融资条件。

第三个威胁具有长期性，与近期的技术变革有关。主要影响附加值的评估和技术的进步。克服此威胁需要把目光放长远并投资于基础设施和教育。

第一个威胁基本上不受匈牙利经济政策的影响，但是后两个威胁受国内政策制定的影响，是可以改变的。据各类采访和其他信息显示，匈牙利政府和中央银行对这些威胁的认知非常明确，并且在最近几个月，他们已经准备好进行必要的变革。匈牙利总理称，将在 2019 年 2 月公布相关的政策措施。

（三）2019 年匈牙利社会展望：就业、劳动力市场趋势和与家庭相关的政策措施[*]

1. 2019 年的劳动力市场

2018 年匈牙利劳动力市场的特点可以总结为数据十分亮眼。

---

[*] 作者：Csaba Moldicz；翻译：张欣颖；校对：马骏驰；审核：陈新。

因此想要超越去年的成绩，匈牙利政府在2019年需要做出较大的努力。2018年年末，匈牙利失业率降至历史最低水平（2018年12月为3.6%）。就业率和受雇者人数在2018年达到历史最高水平。如今，匈牙利劳动力市场的就业人数比八年前增加了78.5万人。根据匈牙利政府的估计，2019年将有约30万人进入劳动力市场，即约有17万失业或待业人口以及13万公共部门员工可以为匈牙利企业所用。

2. 2019年的政策措施

进入劳动力市场的人口数量增加不仅能推动经济增长，而且有利于社会财富的再分配。到目前为止，这些政策措施的细节尚不清楚。匈牙利总理明确表示，有关家庭福利的社会政策将在2019年2月公布。但有些家庭和劳动力市场的政策措施是已公布的，并从2019年的第一个月开始生效。

（1）一般措施

第一，2018年12月，私营部门与政府定期磋商论坛（Versenyszféra és a Kormány Állandó Konzultációs Fóruma-VKF）就提高最低工资和保证工资标准达成了一致。必须强调的是，两者在2020年将实现相同幅度，即8%的提升（2019年和2020年最低工资总额将分别达到14.9万福林和16.1万福林，而保证工资将分别增长到19.5万福林和21.06万福林）。

第二，为了创造更多的工作岗位和推动创业，社保缴纳比例也可能在2019年7月从19.5%降至17.5%。

（2）家庭政策措施

第一，匈牙利财政部称，2019年家庭税补贴总额将达到3350亿福林，几乎是2010年青民盟和基民党上台执政时的30倍。根据财政部提供的数据，有 1 个孩子的家庭补贴额为 1 万福林；有 2 个孩子的家庭为 4 万福林；2 个以上则每个孩子为 3.3 万福林（如 3 个孩子为 9.9 万福林，4 个孩子为 13.2 万福林等）。

第二，家庭支持补贴计划（Family Home-Support Subsidy Program）近年来在匈牙利非常受欢迎。到目前为止，已有约 9.2 万个家庭申请了补贴贷款和补助金。该计划是近年来建筑业蓬勃发展的关键因素。该计划在 2018 年 12 月得到延长。现在有 2 个孩子的家庭也可以申请贷款和国家补贴。

（3）关于退休人员的政策措施

第一，2019 年养老金将提高 2.7%，这将影响到 250 万名退休人员并促进总需求的增加。

第二，自 2019 年 1 月 1 日起，被雇用的退休者和雇主都不需要缴纳社保税费（19.5%）。在这种情况下，雇主也无须缴纳教育特别税（1.5%）。因此在雇用退休人员时，雇主可以节省 21% 的税费。在此情况下，再就业的退休人员只需支付 15% 的所得税。目前约有 7 万名退休人员实现再就业，根据政府的信息，这一数字可能会在 2019 年内翻一番。

（4）与公共部门相关的其他措施

第一，2019 年 1 月，警察的平均工资增长了 5%，与 2015 年相比增长了 50%。同样，2019 年军人的工资也将大幅度提高。2015 年政府就曾决定将该部门的平均工资提高 50%。继上次增长 5% 之后，本次增长达到了 7.4%，因此月薪平均也将提高 3 万福林。

第二，紧急医疗系统从 2019 年 1 月 1 日开始集中运作。该系统的集中化有助于将患者登记于统一的系统中，使医院能够为患者提供最佳的治疗。比起低危患者，高危患者获益更大。

由此观之，匈牙利政府试图利用近期有利的融资条件来帮助家庭和促进国内需求，同时希望实现两个基本目标：增加社会中低阶层人群的收入和确保公共部门就业者的收入水平。

3. 强有力的再分配政策背后的理念

强有力的再分配政策背后的基本理念很简单。根据经济学理论，如果社会阶层较低的人群收入增加，那么花费在商品和服务上的支出将按比例增加，从而直接促进GDP增长。而上层阶级收入的增加将导致储蓄增长，在这种情况下，花费在商品和服务上的支出不会立刻增长。

还有一种理论强调增加富裕阶层的收入（"下渗经济学"）。该理论认为，当上层阶级的收入增加时，增长的财富将"下渗"到中低阶层。中低阶层会生产富裕阶层所需并且会购买商品和服务。更重要的是，给富裕阶层提供税收优惠可以推动新企业的创办，从而创造更多的就业机会。尽管这些理论都很具吸引力，但经济的全球化进程使它们存在一定的漏洞。商品和服务不再依靠国内生产，而可以通过进口很容易地获得。而且给予富人的税收优惠不一定能创造就业机会和推动企业的创办。这些资金可以被转移并投资到国外。这可能就是为什么里根经济学从未在促进经济繁荣方面取得重大成果的原因。

匈牙利政府的选择非常明确，其出台的这些措施都侧重于增加低收入者的收入。但由于这些措施具备以下两个非常鲜明的特点，因此还远不能将其定义为社会民主党式的再分配政策。

第一，该经济政策不仅注重对已经存在的财富进行再分配，而且政府试图通过提供政策优惠来引导私营经济的参与者。

第二，这种收入再分配政策针对的是家庭，而不是个人。换言之，该政策措施更加倾向于家庭而非个人。

4. 加强公共部门的建设

公共部门现代化是政府在不久的将来面临的主要挑战之一。达成该目标需要公共部门实现劳动力的合理化，同时提高其职工的经济收入。在这种情况下，不仅可以充分利用财富再分配的理论，而且确保公共部门职工的收入也明显有助于提高公共服务的质量和匈牙利的经济竞争力。

总而言之，公共部门劳动力的合理化以及其他税收和激励措施能够调动越来越多的人，特别是失业人员、退休人员和通过公共就业计划实现就业的工作者，从而促进社会和经济的发展，"把蛋糕做大"。

"把蛋糕做大"这一表达恰当地反映了匈牙利政策制定者的观点，即从长远来看，只进行财富再分配是不够的，还需要采取适当的政策促进整个国家的经济增长。换言之，通过税收制度进行强有力的再分配与通过优惠政策创造就业机会、推动企业创办以及鼓励生育是密不可分的。

（四）2019年匈牙利外交政策的挑战[*]

1. 欧洲方面

（1）俄罗斯和美国与维谢格拉德四国以及欧盟的关系

俄罗斯与欧盟和中欧国家的关系在2019年将如何发展，还是个未知数。从很多方面来说，美国宣布从叙利亚撤军的计划标志

---

[*] 作者：Csaba Moldicz；翻译：马昕；校对：马骏驰；审核：陈新。

着一个地缘政治的转折点，换句话说，这是一个俄罗斯外交政策拥有更大活动空间的新时代。这种潜在选择的扩大并不一定意味着俄罗斯在维谢格拉德四国中的影响力会自动增长，但这种可能性在最近几个月内也一直在上升。然而，这也与美国外交政策进程是否会继续推进，以及美国总统在外交政策中的理念如何实施等问题有着密切的联系。

由于俄罗斯和美国与匈牙利间都没有根本性的外交争端，因此匈牙利外交的战略地位似乎非常有利。同时也存在一些问题，比如美国政府停摆和有关墨西哥边境墙的争端将如何结束，目前政治僵局的结果和解决方案将影响美国总统的地位。美国前国防部长詹姆斯·马蒂斯（James Mattis）的离职也清楚地表明，美国总统特朗普奉行十分强硬的外交政策，而且特朗普并不愿意改变这一原则。

需要在2019年回答的基本问题是，美国从中东、欧洲和全球性组织或制度中"撤退"的政策是会结束还是会继续。同时必须指出的一点是，外交政策不能避免对抗，特别是在贸易政策领域。为了有效地利用其经济实力，美国试图以双边方式解决贸易政策问题与争论。

由于世界政治的局势并不明朗，匈牙利的外交政策就必须追求谨慎。一方面，现有的政治和经济框架（北约和欧盟）确保了匈牙利外交政策的欧洲基础；另一方面，欧盟和北约的紧张局势也破坏了在外交政策的战略规划中采取更长远眼光的可能性。

（2）英国脱欧及其对匈牙利外交政策的影响

近年来，匈牙利与英国的货物和服务贸易往来占匈牙利总贸易的5%。这个数字并不高，说明英国脱欧未来对匈牙利经济的影响不大，但脱欧的真正影响取决于英国将如何退出欧盟。目前，有序推动脱欧和无协议强行脱欧的可能性都很高。最终的结果无法预测。在这一点上，匈牙利外交政策的回旋余地非常有限。结果也不会使匈牙利受到影响。因此，到目前为止，匈牙利关注的是在英国的匈牙利公民的权利。

从2014年到2020年，英国对欧盟预算的贡献一直在6%左右。由于新的欧盟预算周期即将到来，匈牙利也试图减小欧盟预算缩减所带来的影响。与此同时，英国首相特蕾莎·梅（Theresa May）的脱欧协议在议会中被否决，使得形势变得不可评估、不可预测。因此，匈牙利的外交政策必须为每一种情况做好准备。

（3）难民问题

欧洲议会议员的重大变化将会给匈牙利的外交政策制定者以更多的自由。围绕国家和欧盟两个层面展开的、关于难民问题的辩论和不同意见，似乎是主张建立一个分界线。这一分界线两边分别是那些支持超国家的欧洲的群体，以及那些支持国家在塑造欧盟未来方面重要性的群体。尽管近几个月来难民规模有所下降。

匈牙利强调与土耳其的良好关系，这并不令人感到意外。虽然土耳其经常被西欧政治家和权威人士认为是独裁统治，但匈牙利总理近年来一直试图加强与土耳其的联系。在土耳其总统埃尔多安于2018年10月访问布达佩斯时，双方提议将双边贸易额翻一番，并以其他方式扩大双边经济关系。此外，匈牙利和土耳其也谋求在国防工业方面的合作。欧尔班在埃尔多安访问前曾表示："今天，整个喀尔巴阡山盆地和欧洲的安全取决于土耳其、以色列和埃及的稳定，因为他们能够阻止穆斯林的涌入。"欧尔班指出，反难民政策与土耳其、以色列和埃及的政治稳定之间的联系，正是匈牙利在该领域的核心利益所在。这一政策也很有可能将在2019年继续推行。

难民争论的一个重点，是德国执政党基督教民主联盟（CDU）的新主席，安妮格雷特·克兰普－卡伦鲍尔（Annegret Kramp-Karrenbauer）希望重新审视从 2015 年开始的德国难民政策。这一改变可能会有助于那些希望看到对难民问题采取更强硬态度的人取得胜利。因此，可以说，难民问题将继续出现在包括匈牙利在内的许多欧洲大国的议程上，特别是在欧洲议会选举之前的这段时间之内。但不是因为难民本身，而是因为这一问题为欧洲的未来提供了一个极好的讨论点。

2. 全球性问题

在世界政治和经济的许多潜在威胁中，美中贸易紧张局势的升级将是匈牙利外交政策必须采取预防措施的事件之一。尽管两国在 2018 年 11 月底达成了 90 天的休战协议，并在最近几周内取得了进展；但国际贸易的增长水平会受到贸易战的影响。这一事实强烈地提醒了人们，匈牙利的贸易在多大程度上会受到外部威胁和事件的影响。近年来，匈牙利外交政策一直致力于国家贸易关系的多样化，这是匈牙利外交政策中最具前瞻性的战略立场之一。

在欧盟一体化于 21 世纪初基本完成之后，匈牙利明显无法减少对西欧的贸易、资本和技术的依赖。虽然多样化政策已经取得了一些成果，但在目前的形势下，匈牙利的外交政策制定者仍然必须了解，哪个国家或地区对匈牙利的出口更为重要。还有一个重要因素是，美中贸易谈判只是该问题的一部分。贸易战的争论不仅涉及关税，还涉及市场准入、知识产权保护和关键产业部门的国家补贴。所有这些问题能否在 2019 年 2 月底之前进行讨论并得到解决，是值得怀疑的。

总之，匈牙利的外交政策在未来一年将面临许多挑战。从根本上说，潜在的威胁正是源于政治和技术的不断变化，这也是国际金融危机以来世界政治和经济的特征。地缘政治格局仍在变化，期待已久的稳定目前仍然离我们很远。